A ASCENSÃO DO TERCEIRO REICH

Título original:
The Coming of the Third Reich

Tradução: Miguel Mata

Revisão: João Moita

Capa: Almedina
Na capa: Adolf Hitler durante a marcha das SA em Dortmund, 1933
© SZ Photos/Fotobanco.pt

Depósito Legal n.º 456384/19

Biblioteca Nacional de Portugal – Catalogação na Publicação

EVANS, Richard J.

A ascensão do Terceiro Reich. – (Extra-coleção)
ISBN 978-972-44-2166-7

CDU 94(430)"193/194"

Paginação:
Aresta Criativa – Artes Gráficas

Impressão e acabamento:
Papelmunde
para
EDIÇÕES 70
maio de 2019

EDIÇÕES 70, uma chancela de Edições Almedina, S.A.
Avenida Engenheiro Arantes e Oliveira, 11 – 3.º C – 1900-221 Lisboa/Portugal
e-mail: editoras@grupoalmedina.net

www.edicoes70.pt

A ASCENSÃO DO TERCEIRO REICH

Richard J. Evans

70

Para Matthew e Nicholas

Índice

Lista de ilustrações

12. Registo de presos sociais-democratas à chegada ao campo de concentração de Oranienburg. Ref.ª: AKG74298 (RM) – © AKG/Fotobanco.pt
13. Estudantes nazis queimam livros de autores judeus e de esquerda junto da Universidade de Berlim, em 10 de maio de 1933. Ref.ª: AKG74294 (RM) – © AKG/Fotobanco.pt
14. SA colam avisos na montra de uma loja pertencente a judeus durante o boicote de 1 de abril de 1933. Ref.ª: alb3347092 (RM) – © Album/Fotobanco.pt
15. Postal nazi de 1933 traçando uma linha direta entre Frederico, *o Grande*, da Prússia, Bismarck e Hitler. Ref.ª: AKG6398953 (RM) – © AKG/Fotobanco.pt

Lista de mapas e diagramas

Prefácio

I

Este livro é o primeiro de uma trilogia sobre a história do Terceiro *Reich*. Narra a história das origens do Terceiro *Reich* no Império Bismarckiano do século XIX, na Primeira Guerra Mundial e nos amargos anos do pós-guerra da República de Weimar, fazendo de seguida o relato da ascensão dos nazis ao poder através de uma combinação de vitórias eleitorais e violência política generalizada nos anos da Grande Depressão, entre 1929 e 1933. O tema central do livro é a forma como os nazis conseguiram estabelecer uma ditadura de partido único na Alemanha num espaço de tempo bastante curto e perante a resistência aparentemente diminuta do povo alemão. O segundo livro abordará o desenvolvimento do Terceiro *Reich*, entre 1933 e 1939. Irá analisar as suas instituições centrais, descrever o seu funcionamento e a vida quotidiana sob o seu regime e passar em revista a sua campanha para preparar o povo para uma guerra destinada a restaurar a posição da Alemanha como principal potência da Europa. A guerra é o tema do terceiro e último livro, que abordará a rápida radicalização das políticas de conquista militar, de mobilização e repressão sociais e culturais e de extermínio racial implementadas pelo Terceiro *Reich*, até ao seu colapso e destruição total, em 1945. O último capítulo irá examinar o período que se seguiu ao fim dos doze breves anos da história do *Reich* e o seu legado para o presente e para o futuro.

Estes três livros destinam-se, em primeiro lugar, às pessoas que não sabem nada do assunto ou que sabem um pouco e gostariam de saber mais. Espero que os especialistas os considerem interessantes, embora não sejam os principais destinatários destes livros. O legado do Terceiro *Reich* tem sido muito debatido na comunicação social nos últimos anos. As restituições e indemnizações, as culpas e desculpas tornaram-se questões políticas e morais delicadas. As imagens do Terceiro *Reich* e os museus e monumentos que chamam a atenção para o impacto da Alemanha nazi entre 1933 e 1945 são omnipresentes. Todavia, o contexto de tudo isto na história do Terceiro *Reich* está habitualmente em falta, e o objetivo desta trilogia é precisamente oferecer o contexto.

Qualquer pessoa que se lance num projeto como este terá inevitavelmente de começar por perguntar a si própria se é realmente necessário escrever mais uma história da Alemanha nazi. Já não há que cheguem? Haverá alguma coisa a acrescentar ao muito que já foi escrito? De facto, poucos tópicos históricos têm merecido um estudo tão intensivo. A edição mais recente da bibliografia canónica sobre o nazismo, publicada pelo infatigável Michael Ruck no ano 2000, enumera mais de 37 mil títulos; a primeira edição, que surgiu em 1991, referia apenas 25 mil. Este aumento espantoso é um testemunho eloquente da produção continuada e infindável de publicações sobre o tema.[1] Nenhum historiador pode esperar dominar uma parte considerável de uma literatura tão vasta. Aliás, alguns consideraram o volume da informação tão proibitivo e tão impossível de configurar que desesperaram e desistiram. Por conseguinte, tem havido, na realidade, e de forma surpreendente, poucas tentativas de escrever a história do Terceiro *Reich* em larga escala. É verdade que nos últimos anos foram publicadas algumas panorâmicas breves e sinópticas excelentes, com destaque para os trabalhos de Norbert Frei e Ludof Herbst[2], algumas abordagens analíticas estimulantes, em particular *Inside Nazi Germany*, de Detlev Peukert[3], e algumas compilações interessantes de documentos, com destaque para a antologia em quatro volumes com comentários extensos de Jeremy Noakes.[4]

No entanto, o número de histórias da Alemanha nazi escritas para o grande público conta-se pelos dedos de uma mão. A primeira, de longe a de maior sucesso, foi *The Rise and Fall of the Third Reich*, de William L. Shirer, publicada em 1960. Nas quatro décadas desde a sua publicação, o livro de Shirer terá vendido milhões de exemplares. Nunca esteve esgotado e continua a ser o ponto de partida para muitas pessoas que desejam uma história generalista acessível da Alemanha nazi. Existem razões de peso para o sucesso do livro. Shirer foi um jornalista americano que trabalhou na Alemanha nazi até à entrada dos Estados Unidos na guerra, em dezembro de 1941, e tinha o dom do repórter para o pormenor revelador e para o episódio esclarecedor. O livro abunda em interesse humano, com muitas citações cativantes dos atores do drama, e está escrito com o talento e o estilo dos comunicados enviados da frente de combate por um correspondente de guerra veterano. Porém, foi arrasado pelos historiadores profissionais. O emigrado académico alemão Klaus Epstein falou por muitos ao observar que o livro de Shirer oferecia um relato «incrivelmente tosco» da história alemã, como se a conquista do poder pelos nazis fosse um desfecho inevitável. Tinha «lacunas assustadoras». Centrava-se demasiado na alta política, na política externa e nos acontecimentos militares, e mesmo sendo uma obra de 1960, «não está a par dos estudos correntes sobre o período nazi». Passado meio século, este comentário é ainda mais justificado do que no tempo de Epstein. Por conseguinte, não obstante todas as suas virtudes, o livro de Shirer não oferece uma história da Alemanha nazi à altura das exigências do leitor do século XXI.[5]

O politólogo alemão Karl Dietrich Bracher ofereceu uma panorâmica completamente diferente em *The German Dictatorship*, publicada em 1969. A obra é o resumo dos estudos pioneiros e ainda inovadores de Bracher sobre a queda da República de Weimar e a conquista do poder pelos nazis, e é mais forte nas origens e no crescimento do nazismo e na sua relação com a história alemã, precisamente as áreas em que Shirer é mais fraco. Quase metade do livro é dedicada a estes temas; o resto é uma cobertura menos abrangente da estrutura política do Terceiro *Reich*, da política externa, da economia e da sociedade, da cultura e das artes, do regime durante a guerra e do colapso do sistema nazi. Mas apesar da sua irregularidade, a cobertura é magistral e autoritária, e o livro continua a ser um clássico. A grande virtude da abordagem de Bracher é a sua clareza analítica e a sua intenção constante de explicar, justificar e interpretar tudo. É um livro ao qual se regressa sempre com proveito. Contudo, além de ser irregular no tratamento do tema, é assumidamente académico na abordagem; nem sempre é fácil de ler e foi inevitavelmente ultrapassado pela investigação desenvolvida em muitas áreas nas últimas três décadas e meia.[6]

Se Shirer representou a faceta popular e Bracher o lado académico da literatura sobre a Alemanha nazi, outro autor conseguiu recentemente fazer a ponte entre eles. Os dois volumes de *Hitler*, do historiador britânico Ian Kershaw, integram com êxito a vida de Hitler na história alemã moderna e mostram que a sua ascensão e queda estiveram ligadas a fatores históricos mais latos. No entanto, o livro de Kershaw não é uma história da Alemanha nazi. De facto, ao seguir o isolamento crescente de Hitler durante a guerra, vai-se tornando inevitavelmente menos abrangente. Centra-se nas áreas às quais Hitler dedicou mais atenção, nomeadamente a política externa, a guerra e a raça. Não pode, por definição, adotar as perspetivas das pessoas comuns, nem alongar-se demasiado nas muitas áreas em que Hitler não esteve diretamente envolvido.[7] Por conseguinte, um dos objetivos principais do presente livro e dos dois volumes seguintes é cobrir uma vasta gama de aspetos importantes da história do Terceiro *Reich*, não só a política, a diplomacia e os assuntos militares, mas também a sociedade, a economia, a política racial, a polícia e a justiça, a literatura, a cultura e as artes, com uma abrangência que por várias razões falta às abordagens anteriores, para juntá-los e mostrar a sua interligação.

O sucesso da biografia de Kershaw demonstrou que a investigação sobre a Alemanha nazi é uma atividade internacional. A grande e mais recente panorâmica, *The Third Reich: A New History*, também saiu da pena de um autor britânico, Michael Burleigh. Desde a primeira página, transmite ao leitor a violência que esteve no cerne do regime nazi de um modo que nenhum outro livro consegue fazer. É com demasiada frequência, tal como Burleigh acertadamente se queixa, que os autores académicos pintam um retrato relativamente exangue e quase abstrato dos nazis, como se as teorias e debates sobre eles fossem mais importantes do que as pessoas. O seu livro reequilibra dramaticamente esta situação. O principal propósito de Burleigh foi oferecer uma história moral do Terceiro *Reich*. *The Third Reich: A New History* centra-se principalmente nos assassinatos em massa, na resistência e no colaboracionismo, na violência e na coerção políticas, nos crimes e nas atrocidades. E ao fazê-lo, reafirma poderosamente a visão da Alemanha nazi como uma ditadura totalitária que nos últimos anos tem sido demasiadamente tratada de forma eufemística. Contudo, o livro não oferece uma análise pormenorizada da política externa, da estratégia militar, da economia, da mudança social, da cultura e das artes, da propaganda, das mulheres e da família, bem como de muitos outros aspetos da Alemanha nazi recentemente investigados. Além do mais, ao dar prioridade aos julgamentos morais, tende a menosprezar a explicação e a análise. Por exemplo, a ideologia nazi é classificada de «tolice», «disparate pretensioso», etc., para realçar a imoralidade do abandono, por parte dos alemães, do seu dever moral de pensar. Todavia, impõe-se uma abordagem diferente e que, tal como a de Bracher, leve estas ideias a sério, por muito repugnantes ou ridículas que possam parecer ao leitor moderno, e explique como e porque é que tantos alemães acreditaram nelas.[8]

A presente história procura combinar as virtudes de relatos anteriores como estes. Tal como o livro de Shirer, é primeiramente uma história narrativa. Procura contar a história do Terceiro *Reich* de forma cronológica e mostrar como umas coisas levaram a outras. A história narrativa esteve fora de moda durante muitos anos nas décadas de 70 e 80, quando os historiadores se centraram em abordagens analíticas principalmente derivadas das ciências sociais. No entanto, um conjunto recente de grandes histórias narrativas mostrou que é possível adotar essa abordagem sem sacrificar o rigor analítico ou a capacidade de explicação.[9] Também à semelhança da obra de Shirer, este livro tenta dar voz às pessoas que viveram nos anos que constituem o seu tema. A distorção facciosa nazi do academismo histórico alemão, o culto da personalidade e a veneração da liderança pelos historiadores do Terceiro *Reich* fizeram com que, depois da Segunda Guerra Mundial, os historiadores alemães reagissem eliminando completamente da história as personalidades individuais. Nos anos 70 e 80, sob a influência da história social moderna, interessaram-se sobretudo pelas grandes estruturas e processos.[10] Os seus trabalhos fizeram avançar incomensuravelmente o nosso entendimento da Alemanha nazi, mas a demanda da compreensão intelectual deixou praticamente de lado os seres humanos. Por conseguinte, um dos propósitos do presente livro foi repor os indivíduos no retrato; e eu procurei ao máximo citar dos escritos e discursos dos contemporâneos e sobrepor à narrativa e à abrangência analítica do livro as histórias de homens e mulheres, desde o topo do regime até ao cidadão comum, que foram apanhados no drama dos acontecimentos.[11]

A narração das experiências dos indivíduos mostra, como mais nada consegue mostrar, a complexidade das escolhas que tiveram de fazer e a dificuldade e a natureza amiúde opaca das situações com que se viram confrontados. Os contemporâneos não conseguiram ver as coisas tão claramente como nós: em 1930, não podiam saber o que ia acontecer em 1933; em 1933, não podiam saber o que ia acontecer em 1939 ou em 1942 ou em 1945. Se soubessem, não restariam dúvidas de que as suas escolhas teriam sido diferentes. Um dos maiores problemas de escrever história é imaginarmo-nos no mundo do passado, com todas as dúvidas e incertezas que as pessoas enfrentaram ao lidar com um futuro que para o historiador se tornou o passado. Desenvolvimentos que em retrospetiva parecem inevitáveis não o pareceram de todo na altura, e ao escrever este livro procurei lembrar repetidas vezes ao leitor que as coisas podiam ter sido muito diferentes em várias momentos da história da Alemanha na segunda metade do século XIX e na primeira metade do século XX. Os povos fazem a sua própria história, como disse memoravelmente Karl Marx, mas não sob condições por eles escolhidas. Estas condições incluem não só o contexto histórico em que vivem, mas também a forma como pensam, os pressupostos sob os quais agem e os princípios e convicções que influenciam o seu comportamento.[12] Um dos objetivos centrais deste livro é recriar todas estas coisas para o leitor moderno e recordá-lo de que — citando outro aforismo bastante conhecido sobre a história — «o passado é um país estrangeiro onde as coisas se fazem de forma diferente»[13].

Por todas estas razões, não me parece apropriado que uma obra de história se permita fazer juízos morais. Além de não ser uma atitude histórica, é uma postura arrogante e presunçosa. Eu não posso saber como me teria comportado se tivesse vivido no Terceiro *Reich*, até porque, se tivesse, teria sido uma pessoa diferente da que sou hoje. Desde o início dos anos 90, os estudos históricos sobre a Alemanha nazi — e cada vez mais sobre outros temas — têm sido invadidos por conceitos e abordagens derivados da moralidade, da religião e do direito. Estes conceitos talvez sejam apropriados para concluir se um indivíduo ou grupo deve ou não ser compensado pelos sofrimentos vividos às mãos dos nazis, ou, por outro lado, se deve ou não ser obrigado a indemnizar os sofrimentos infligidos a terceiros, e, neste contexto, a sua aplicação, além de legítima, é importante. Mas o seu lugar não é numa obra de história.[14] Diz Ian Kershaw: «Para alguém de fora, um estrangeiro que não viveu o nazismo, talvez seja demasiado fácil criticar, esperar normas de comportamento que eram quase impossíveis de praticar naquelas circunstâncias.»[15] A esta distância temporal, este princípio aplica-se à maioria dos alemães. Por conseguinte, procurei ao máximo abster-me de usar linguagem com uma carga moral, religiosa ou ética. O propósito do livro é compreender: cabe ao leitor julgar.

Compreender como e porquê os nazis chegaram ao poder é tão importante hoje como sempre, ou, devido ao apagamento da memória, talvez ainda o seja mais. Temos de entrar na mente dos nazis. Temos de descobrir porque é que os seus opositores não os travaram. Temos de perceber a natureza e o funcionamento da ditadura nazi. Temos de descobrir os processos através dos quais o Terceiro *Reich* mergulhou a Europa e o mundo numa guerra de uma ferocidade ímpar que acabou no seu colapso cataclísmico. A primeira metade do século XX assistiu a outras catástrofes, das quais a mais notável terá sido o reinado de terror desencadeado por Estaline na Rússia nos anos 30, mas nenhuma teve efeitos tão profundos ou duradouros. Da entronização da discriminação e do ódio raciais no centro da sua ideologia até ao lançamento de uma guerra de conquista implacável e destrutiva, o Terceiro *Reich* ficou gravado na consciência do mundo moderno como nenhum outro regime conseguiu fazer — e ainda bem. A história de como a Alemanha, um país estável e moderno, conduziu a Europa, em menos de uma geração, à ruína e ao desespero moral, físico e cultural, é uma história com lições para todos nós, lições que, mais uma vez, deverá ser o leitor a tirar deste livro e não o autor a dá-las.

II

A explicação de como tudo isto aconteceu tem ocupado desde a primeira hora muitos tipos de historiadores e comentadores. Nos anos 30 e 40, intelectuais dissidentes e emigrados, como Konrad Heiden, Ernst Fraenkel e Franz Neumann, publicaram análises do Partido Nazi e do Terceiro *Reich* que ainda vale a pena ler e que tiveram um efeito duradouro na orientação da investigação.[16] No entanto, a primeira tentativa séria de colocar o Terceiro *Reich* no seu contexto histórico saiu da pena do principal historiador alemão da época, Friedrich Meinecke, logo após o fim da Segunda Guerra Mundial. Meinecke atribuiu a culpa principal pela ascensão do Terceiro *Reich* à crescente obsessão da Alemanha com o poder mundial a partir do final do século XIX, que teria começado com Bismarck e se teria intensificado na época do *Kaiser* Guilherme II e da Primeira Guerra Mundial. Na sua perspetiva, o espírito militarista espalhou-se pela Alemanha e conferiu ao exército uma influência nociva e determinante sobre a situação política. A Alemanha adquiriu um poderio industrial impressionante, mas fê-lo concentrando-se em excesso na formação estritamente técnica em detrimento da educação moral e cultural. «Procurámos o que havia de "positivo" na obra de Hitler», escreveu Meinecke sobre a elite da classe média-alta culta, à qual pertencia; e foi suficientemente honesto para acrescentar que tinham encontrado nela algo que lhes pareceu responder às necessidades da época. Mas foi uma ilusão. Ao olhar para trás, para uma vida suficientemente longa para se lembrar da unificação da Alemanha com Bismarck, em 1871, e de tudo o que aconteceu entre essa altura e a queda do Terceiro *Reich*, Meinecke concluiu que talvez existisse algo de errado no Estado-nação alemão desde o momento da sua fundação em 1871.

As reflexões de Meinecke, publicadas em 1946, foram tão importantes pelas suas limitações como pela sua tentativa de repensar as convicções e aspirações políticas de uma vida. O velho historiador viveu na Alemanha durante o Terceiro *Reich*, mas, ao contrário de muitos outros, não aderiu ao Partido Nazi nem escreveu ou trabalhou para o regime. Em todo o caso, foi limitado pelas perspetivas do nacionalismo liberal com as quais cresceu. Para ele, a catástrofe foi, como diz o título das suas reflexões de 1946, uma catástrofe *alemã*, e não uma catástrofe judaica, europeia ou mundial. Ao mesmo tempo, Meinecke, como há muito faziam os historiadores alemães ao apontarem as causas da catástrofe, deu primazia à diplomacia e às relações internacionais e não aos fatores sociais, culturais ou económicos. Para Meinecke, o problema residiu essencialmente não no que ele de passagem designou de «loucura racial» que se apoderou da Alemanha com os nazis, mas na maquiavélica política de poder do Terceiro *Reich* e na sua tentativa de domínio mundial, que resultaram na sua própria destruição.[17]

Não obstante as suas deficiências, a tentativa de compreensão de Meinecke fez uma série de perguntas cruciais que, tal como ele previu, continuam a ser estudadas. Porque é que uma nação avançada e extremamente culta como a Alemanha cedeu tão depressa e tão facilmente à força bruta do nacional-socialismo? Porque houve tão pouca resistência à tomada do poder pelos nazis? Como é que um partido insignificante da direita radical conseguiu chegar ao poder com uma rapidez tão espetacular? Porque é que tantos alemães foram incapazes de se aperceber das consequências potencialmente desastrosas de ignorarem a natureza violenta, racista e letal do movimento nazi?[18] As respostas a estas perguntas têm variado muito com o tempo e em função da nacionalidade e da posição política dos historiadores e analistas.[19] O nazismo foi apenas uma das ditaduras violentas e impiedosas estabelecidas na Europa na primeira metade do século XX, numa tendência tão generalizada que um historiador se referiu à Europa daquele tempo como um «Continente Negro»[20]. Por sua vez, isto suscita as questões de saber até que ponto o nazismo estava enraizado na história da Alemanha ou resultou de desenvolvimentos mais latos ocorridos na Europa, e em que medida partilhou as características centrais das suas origens e do seu domínio com outros regimes europeus da época.

Estas considerações comparativas sugerem que é questionável partir do princípio de que uma sociedade economicamente avançada e culturalmente sofisticada tem menos probabilidades de cair no abismo de violência e destruição. O facto de a Alemanha ter dado origem a Beethoven, a Rússia, a Tolstói, a Itália, a Verdi, e a Espanha, a Cervantes, é completamente irrelevante para o facto de estes países terem vivido ditaduras brutais no século XX. Os grandes feitos culturais ao longo dos séculos não tornam a queda na barbárie política mais explicável do que a sua inexistência; a cultura e a política não se influenciam mutuamente de forma tão simples e direta. Se a experiência do Terceiro *Reich* nos ensina alguma coisa, é que o amor à grande música, à grande arte e à grande literatura não confere às pessoas nenhuma espécie de imunização moral ou política à violência, às atrocidades ou à subserviência à ditadura. De facto, a partir dos anos 30, muitos comentadores de esquerda argumentaram que a natureza avançada da cultura e da sociedade alemãs tinha sido a causa principal do triunfo do nazismo. A economia alemã era a mais poderosa da Europa, e a sociedade alemã era a mais desenvolvida. O empreendedorismo capitalista tinha atingido uma escala e um nível organizacional inéditos na Alemanha. Por conseguinte, argumentaram os marxistas, a luta de classes entre os donos do capital e aqueles que eles exploravam tinha-se progressivamente agudizado até ao ponto de rutura. Os grandes empresários e os seus dependentes, desesperados por preservar o seu poder e os seus lucros, usaram toda a sua influência e todos os meios de propaganda ao seu dispor para dar origem a um movimento de massas dedicado a servir os seus interesses — o Partido Nazi —, e depois para o colocar no poder e daí tirar benefícios.[21]

Esta perspetiva, avançada com muita sofisticação por um conjunto de académicos marxistas dos anos 20 aos anos 80, não deve ser imediatamente rejeitada como mera propaganda; inspirou uma vasta gama de trabalhos académicos durante muitos anos em ambos os lados da Cortina de Ferro que dividiu a Europa durante a Guerra Fria entre 1945 e 1990. Contudo, enquanto explicação abrangente e geral, tem muitas falhas. Ignora praticamente as doutrinas raciais do nazismo e não explica de todo o facto de os nazis terem canalizado um ódio tão violento para os judeus, não só na sua retórica como na realidade. Tendo em conta a quantidade de recursos do Terceiro *Reich* destinados à perseguição e destruição de milhões de pessoas, muitas das quais irrepreensivelmente da classe média, produtivas, abastadas e, em muitos casos, capitalistas, não se entende como se pode reduzir o fenómeno do nazismo ao resultado de uma luta de classes contra o proletariado ou a uma tentativa de preservação de um sistema capitalista que tantos judeus alemães contribuíam para sustentar. Além do mais, se o nazismo foi o resultado inevitável da chegada do capitalismo monopolista e imperialista, como se explica que só tenha surgido na Alemanha e não noutras economias capitalistas avançadas como a da Grã-Bretanha, da Bélgica ou dos Estados Unidos?[22]

Foi precisamente esta pergunta que muitos estrangeiros fizeram durante a Segunda Guerra Mundial e que alguns alemães fizeram a si mesmos no pós-guerra imediato. Foi sobretudo nos países que tinham vivido uma guerra contra a Alemanha, em 1914–1918, que muitos comentadores defenderam que a ascensão e a vitória do nazismo eram os resultados inevitáveis de séculos de história alemã. Nesta perspetiva, que foi avançada por autores tão díspares como o jornalista americano William L. Shirer, o historiador britânico A. J. P. Taylor e o académico francês Edmond Vermeil, os alemães tinham sempre rejeitado a democracia e os direitos humanos, tinham-se rebaixado perante líderes fortes, descartado o conceito do cidadão ativo e embarcado em sonhos vagos, mas perigosos, de domínio mundial.[23] Curiosamente, esta visão fez eco da versão nazi da história alemã, segundo a qual os alemães, devido a um instinto racial básico, possuíam estes traços fundamentais, embora tivessem sido afastados deles por influências estrangeiras como a Revolução Francesa.[24] Porém, tal como muitos críticos observaram, esta visão simplista suscita imediatamente a questão de saber porque é que os alemães não sucumbiram a uma ditadura de tipo nazi muito antes de 1933. Ignora a existência de fortes tradições liberais e democráticas na história alemã, tradições que encontraram expressão na turbulência política, como a Revolução de 1848, quando os regimes autoritários foram derrubados em toda a Alemanha. E em vez de facilitar, torna difícil explicar como e porquê os nazis chegaram ao poder, dado que ignora a oposição generalizada ao nazismo que existiu na Alemanha, mesmo em 1933, e nos impede de fazer a pergunta crucial: porque foi a oposição vencida? Sem reconhecer a existência da oposição ao nazismo na Alemanha, a história dramática da ascensão do nazismo deixa de ser um drama: torna-se meramente a concretização do inevitável.

Muitos historiadores tendem a olhar para a história alemã de 1933 para trás e a interpretar quase tudo o que aconteceu como tendo contribuído para a ascensão e triunfo do nazismo. Esta postura tem dado origem a toda a espécie de distorções. Alguns historiadores citam seletivamente pensadores alemães como Herder, o apóstolo do nacionalismo do final do século XVIII, ou Martinho Lutero, o fundador do protestantismo no século XVI, para exemplificarem traços enraizados nos alemães de desprezo pelas outras nacionalidades e de obediência cega à autoridade no interior das suas fronteiras.[25] Mas quando olhamos mais atentamente para as obras destes pensadores, descobrimos que Herder pregou a tolerância e a simpatia pelas outras nacionalidades e que Lutero insistiu celebremente no direito de a consciência individual se rebelar contra a autoridade espiritual e intelectual.[26] Além do mais, embora as ideias tenham um poder próprio, é sempre um poder condicionado, por muito indiretamente que seja, pelas circunstâncias sociais e políticas, um facto do qual os historiadores que generalizam sobre o «carácter alemão» ou a «mente alemã» se esquecem com demasiada frequência.[27]

Uma corrente de pensamento diferente, por vezes avançada pelos mesmos autores, não sublinha a importância da ideologia e das convicções na história alemã, mas a sua irrelevância. Segundo esta perspetiva, os alemães não estavam verdadeiramente interessados na política e nunca se habituaram ao debate político democrático. Porém, de todos os mitos da história alemã que foram mobilizados para explicar a chegada do Terceiro *Reich* em 1933, nenhum é menos convincente do que o do «alemão apolítico». Este conceito, que foi principalmente criado pelo romancista Thomas Mann durante a Primeira Guerra Mundial, tornou-se subsequentemente num álibi para a classe média culta alemã, que assim se absolveu da culpa por ter apoiado o nazismo, aceitando as críticas pelo crime muito menos grave de não se lhe ter oposto. Diversos historiadores disseram que a classe média alemã se retirou da política depois do desastre de 1848, refugiando-se na criação de fortunas ou na literatura, na cultura e nas artes. Os alemães cultos puseram a eficiência e o sucesso à frente da moralidade e da ideologia.[28] Mas existem muitas provas em contrário, como veremos neste livro. A Alemanha foi afetada por muitas coisas nos anos 20, mas a falta de empenhamento político e de convicções não foi uma delas, muito pelo contrário.

Os historiadores alemães, como seria de esperar, objetaram veementemente estas generalizações negativas sobre o carácter alemão. Logo após a Segunda Guerra Mundial, não se pouparam a esforços para desviar as críticas, apontando para as raízes europeias da ideologia nazi. Chamaram a atenção para o facto de Hitler não ser alemão, mas austríaco, e aduziram paralelos com outras ditaduras europeias da época, desde a Itália de Mussolini à Rússia de Estaline. Disseram que, à luz do colapso das democracias europeias entre 1917 e 1933, a chegada dos nazis tinha de ser obrigatoriamente vista não como o culminar de um prolongado conjunto de desenvolvimentos históricos singularmente alemães, mas como o colapso da ordem estabelecida na Alemanha e noutras paragens devido ao impacto cataclísmico da Primeira Guerra Mundial.[29] Nesta perspetiva, o estabelecimento da sociedade industrial colocou as massas no palco político pela primeira vez. A guerra destruiu a hierarquia social, os valores morais e a estabilidade económica em toda a Europa. Os impérios Habsburgo, Alemão, Czarista e Otomano entraram em colapso, e os Estados democráticos que os substituíram foram rapidamente vitimados pela demagogia de agitadores sem escrúpulos que seduziram as massas e as convenceram a votar na sua própria escravidão. O século XX tornou-se uma época de totalitarismo, que culminou nas tentativas de Hitler e de Estaline de estabelecerem uma nova espécie de ordem política assente no controlo policial total, no terror, na repressão e na eliminação física implacável de milhões de opositores reais ou imaginários, por um lado, na mobilização e no estímulo do entusiasmo das massas através de métodos de propaganda sofisticados, por outro.[30]

Percebe-se facilmente que estes argumentos serviram os interesses dos expoentes ocidentais da Guerra Fria nos anos 50 e 60, que equipararam implícita ou explicitamente a Rússia de Estaline à Alemanha de Hitler, mas o conceito de ambas como variantes de um mesmo fenómeno foi recentemente ressuscitado.[31] É perfeitamente legítimo comparar os dois regimes.[32] A ideia do totalitarismo como fenómeno político geral data do início da década de 20 do século passado. Foi usada num sentido positivo por Mussolini, que, tal como Hitler e Estaline, procurou controlar totalmente a sociedade e recriar a natureza humana sob a forma de um «novo» tipo de ser humano. Mas independentemente das similaridades entre estes vários regimes, as diferenças entre as forças subjacentes à origem, ascensão e triunfo do nazismo e do estalinismo são demasiado diferentes para oferecerem uma explicação cabal. O conceito das semelhanças acaba por ser mais útil como descrição do que como explicação, e é provavelmente melhor para nos ajudar a compreender o comportamento das ditaduras do século XX depois de chegarem ao poder do que para explicar a forma como lá chegaram.

É verdade que antes da Primeira Guerra Mundial existiram algumas similaridades entre a Rússia e a Alemanha. Foram governadas por monarquias autoritárias apoiadas por uma burocracia poderosa e por uma forte elite militar, e viram-se confrontadas com mudanças sociais rápidas causadas pela industrialização. Estes dois sistemas políticos foram destruídos pela crise profunda provocada pela derrota na Primeira Guerra Mundial e foram sucedidos, durante um breve período de tempo, por democracias assoladas por conflitos que foram posteriormente sanados com o advento de ditaduras. Mas também existiram muitas diferenças cruciais. Os bolcheviques fracassaram por completo na sua tentativa de conquista do apoio massificado do público em eleições livres, ao passo que os nazis tiveram nas eleições uma base essencial para chegarem ao poder. A Rússia era atrasada e esmagadoramente rural, e carecia das funções básicas de uma sociedade civil e de uma tradição de representatividade política. Era um país dramaticamente diferente da avançada e extremamente culta Alemanha, com as suas longas e acarinhadas tradições de instituições representativas, do primado da lei e de cidadãos politicamente ativos. É verdade que a Primeira Guerra Mundial destruiu a velha ordem em toda a Europa, mas a velha ordem variava substancialmente de país para país e foi destruída de formas diferentes e com consequências diferentes. Se procurarmos outro país com desenvolvimentos comparáveis, veremos que a Itália, a outra nação europeia unificada no século XIX além da Alemanha, é um lugar muito melhor para começar do que a Rússia.

A procura da explicação das origens e ascensão do nazismo na história alemã corre inegavelmente o risco de fazer com que o processo pareça inevitável. Porém, em quase todos os momentos, as coisas podiam ter sido diferentes. Até aos primeiros meses de 1933, o triunfo do nazismo foi tudo menos garantido. Mas também não foi um acidente histórico.[33] Aqueles que argumentam que o nazismo chegou ao poder no âmbito de um conjunto de desenvolvimentos essencialmente europeu só têm razão até certo ponto. Dão pouca atenção ao facto de o nazismo, embora longe de ter sido o desfecho inevitável do curso da história alemã, também ter assentado o seu sucesso em tradições e desenvolvimentos políticos e ideológicos de natureza especificamente alemã. Estas tradições poderão não remontar a Martinho Lutero, mas podem certamente ser reportadas ao desenvolvimento da história alemã durante o século XIX, sobretudo ao processo através do qual Bismarck transformou o país num Estado unificado, em 1871. Por conseguinte, faz sentido começar a partir dessa altura, como fez Friedrich Meinecke nas suas reflexões, de 1946, quando procurou as razões pelas quais os nazis tinham chegado ao poder pouco mais de seis décadas depois e provocado tanto caos na Alemanha, na Europa e no mundo com tão pouca oposição por parte da maioria dos alemães. Veremos neste livro e nos dois volumes seguintes que estas perguntas têm muitas respostas diferentes, desde a natureza da crise que se apoderou da Alemanha no princípio dos anos 30 até ao modo como os nazis estabeleceram e consolidaram o seu domínio depois de chegarem ao poder, e sopesá-las a todas umas em relação às outras não é fácil. No entanto, a história alemã teve um peso inegável, e, por conseguinte, este livro tem de começar pela história alemã.

III

O início do século XXI é uma altura particularmente boa para empreender este tipo de projeto. A investigação histórica sobre o Terceiro *Reich* passou por três grandes fases desde 1945. Na primeira, do fim da guerra até meados dos anos 60, assistiu-se a uma concentração acentuada na resposta às perguntas que são primariamente tratadas no presente volume. Politólogos e historiadores como Karl Dietrich Bracher produziram obras importantes sobre o colapso da República de Weimar e a conquista do poder pelos nazis.[34] Nas décadas de 70 e 80, o enfoque passou a ser a história do período 1933–1939 (o tema do segundo volume deste estudo), auxiliado pela devolução de uma enorme quantidade de documentos capturados pelos Aliados nos arquivos alemães. Martin Broszat e Hans Mommsen, em particular, produziram uma série de estudos pioneiros sobre as estruturas internas do Terceiro *Reich*, contestando a visão prevalecente de que o Terceiro *Reich* era um sistema totalitário no qual as decisões tomadas no topo por Hitler eram implementadas até ao fundo da hierarquia, e examinaram o complexo de centros de poder cuja rivalidade, na sua perspetiva, levou o regime a adotar políticas cada vez mais radicais. Os seus trabalhos foram complementados por uma enorme quantidade de novas investigações sobre a história da vida quotidiana durante o regime nazi, particularmente centradas nos anos que antecederam a eclosão da Segunda Guerra Mundial.[35] Nos anos 90, a investigação entrou na terceira fase, na qual se tem assistido a um enfoque particular no período 1939–1945 (o tema do terceiro e último volume do presente estudo). A descoberta de documentos nos arquivos do antigo bloco soviético e o crescente destaque público dado à perseguição e ao extermínio por parte dos nazis dos judeus e outros grupos, desde os homossexuais aos «associais», dos trabalhadores-escravos aos deficientes, geraram uma grande quantidade de conhecimentos novos.[36] Por conseguinte, parece acertado tentar produzir uma síntese que reúna os resultados destas três fases da investigação e aproveitar a grande quantidade de materiais novos que ficaram recentemente disponíveis, desde os diários de Joseph Goebbels e Victor Klemperer até às atas das reuniões do governo alemão e à agenda de Heinrich Himmler.

Uma tarefa como esta é, para qualquer historiador, audaciosa, ou mesmo temerária ou imprudente, e ainda mais para um historiador que não é alemão. No entanto, venho refletindo há muitos anos nas questões tratadas neste livro. O meu interesse pela história alemã foi despertado por Fritz Fischer, cuja visita a Oxford, quando eu estudava naquela universidade, foi um momento de grande significado intelectual. Mais tarde, em Hamburgo, durante a investigação para o meu doutoramento, fui contagiado pelo entusiasmo extraordinário gerado por Fischer e pela sua equipa, cuja abertura da questão da continuidade na história moderna alemã criou um sentimento real de fermentação ou mesmo de cruzada entre os historiadores alemães mais novos, que ele reuniu à sua volta. Nessa altura, no princípio dos anos 70, eu estava principalmente interessado nas origens do Terceiro *Reich* na República de Weimar e no Império Guilhermino; só mais tarde escrevi sobre a forma como a Alemanha nazi suscitou uma controvérsia acalorada entre os historiadores alemães modernos e fiz alguma investigação nos arquivos sobre o período de 1923–1945 no âmbito de um projeto relacionado com a pena de morte na história moderna alemã.[37] Com o passar dos anos, tive a sorte de ser ajudado de muitas maneiras por um conjunto de amigos e colegas alemães, nomeadamente Jürgen Kocka, Wolfgang Mommsen, Volker Ullrich e Hans-Ulrich Wehler. Espero que as minhas numerosas e prolongadas estadas na Alemanha, frequentemente financiadas de forma generosa por instituições como a Fundação Alexander von Humboldt e o Serviço Alemão de Intercâmbio Académico, tenham contribuído para me dar uma melhor compreensão da história e da cultura alemãs do que a que eu tinha no princípio da década de 70. Poucos países teriam sido mais generosos ou mais abertos aos estrangeiros interessados em estudar o seu passado problemático e desconfortável. A comunidade de especialistas em história alemã da Grã-Bretanha também foi sempre um grande apoio; no princípio, durante o meu tempo em Oxford, Tim Mason foi uma fonte de inspiração particular, e Anthony Nicholls orientou com mão segura as minhas investigações. É claro que nada disto pode compensar o facto de eu não ser alemão, mas talvez esta desvantagem óbvia seja de alguma forma compensada com um certo distanciamento inevitável, ou pelo menos com uma diferença de perspetiva enquanto estrangeiro.

Embora eu já tivesse escrito sobre as origens, as consequências e a historiografia do Terceiro *Reich*, investigado uma parte da sua história nos arquivos e ministrado um curso universitário baseado em documentos, que se foi desenvolvendo lentamente durante mais de vinte anos, só lhe dediquei a minha atenção a tempo inteiro na década de 90. Por conseguinte, estou eternamente grato a Anthony Julius por me ter pedido para depor como especialista no processo por difamação intentado por David Irving contra Deborah Lipstadt e a sua editora, à equipa de defesa e, muito especialmente, ao principal advogado, Richard Rampton, bem como aos meus assistentes de investigação, Nik Wachsmann e Thomas Skelton-Robinson, pelas muitas horas de debates frutuosos e estimulantes sobre os muitos aspetos da história do Terceiro *Reich* que vieram à baila durante o julgamento.[38] Foi um privilégio participar num julgamento cuja importância se revelou maior do que qualquer um de nós esperava. Além disto, uma das grandes surpresas do trabalho que desenvolvemos na altura foi a descoberta de que muitos aspetos dos temas com os quais estávamos a lidar continuavam bastante mal documentados.[39] Outra grande surpresa foi a falta de um relato abrangente e pormenorizado sobre o contexto histórico das políticas nazis para os judeus no âmbito da história do Terceiro *Reich*, apesar da existência de muitas narrativas excelentes sobre essas políticas em contextos menos latos. Esta sensação de uma fragmentação crescente dos conhecimentos sobre a Alemanha nazi foi reforçada pouco depois do julgamento, quando me pediram para integrar o Painel Consultivo sobre Espoliações criado pelo governo britânico para analisar os pedidos de restituição de património cultural roubado aos seus proprietários entre 1933 e 1945. Era outra área em que a resposta a perguntas específicas dependia por vezes do conhecimento do contexto mais lato, mas não existia nenhuma história da Alemanha nazi para a qual eu pudesse orientar os restantes membros do painel para os ajudar na matéria. Ao mesmo tempo, o meu confronto direto com estas importantes dimensões jurídicas e morais da experiência nazi através do meu trabalho nestes dois contextos muito diferentes convenceu-me mais do que nunca da necessidade de uma história do Terceiro *Reich* que não assumisse juízos morais ou jurídicos como quadro de referência.

Por conseguinte, estas são algumas das razões pelas quais escrevi este livro, e talvez expliquem algumas das suas características diferenciadoras. Para começar, numa história como esta, dirigida ao grande público, é importante fugir ao palavreado técnico. Muitos termos em alemão estão traduzidos: mantê-los teria sido uma espécie de mistificação ou mesmo de romantização que deve ser evitada. Mas existem exceções. Por exemplo, *Reich*, que, tal como é explicado no Capítulo I, tinha uma ressonância específica e intraduzível na Alemanha muito para lá do equivalente «império», com o seu termo associado, *Reichstag*, que refere o parlamento nacional alemão. São palavras certamente conhecidas dos leitores e seria obviamente artificial dizer «Terceiro Império» em vez de «Terceiro *Reich*» ou «incêndio do Parlamento» em vez de «incêndio do *Reichstag*». O título *Kaiser* também foi mantido em detrimento do equivalente aproximado de «imperador», dado que também despertava memórias históricas específicas e potentes. Existem outras palavras ou termos associados ao Terceiro *Reich* que se tornaram correntes em inglês, mas ao fazê-lo afastaram-se dos seus significados originais: *Gauleiter*, por exemplo, significa simplesmente déspota nazi, pelo que para lhe dar um significado mais preciso traduzi-o por «Líder Regional». Da mesma forma, Hitler não é mencionado ao longo do livro por *Führer*, mas pelo seu equivalente «Líder». E apesar de toda a gente estar familiarizada com o título do livro de Hitler *Mein Kampf*, provavelmente poucos saberão que significa *A Minha Luta*, a menos que saibam alemão.

Um dos objetivos da tradução destes termos é dar aos leitores a possibilidade de terem a perceção do que estas coisas realmente queriam dizer; não se tratava de meros títulos ou palavras, mas acarretavam uma pesada bagagem ideológica. Algumas palavras alemãs não têm equivalente exato em inglês, pelo que preferi ser inconsistente na minha tradução, traduzindo *national* ora por «nacional», ora por «nacionalista» (tem um pouco de ambas), e um termo igualmente complexo, *Volk*, por «povo» ou «raça», consoante o contexto. Nem sempre as traduções são minhas, mas sempre que recorri a versões previamente traduzidas para inglês, confrontei-as com os originais e, nalguns casos, alterei-as em conformidade. Leitores especialistas que conheçam o alemão vão provavelmente achar tudo isto bastante irritante; aconselho-os a ler a versão alemã deste livro, publicada em simultâneo com o título *Das Dritte Reich, I: Aufstieg*, pela Deutsche Verlags-Anstalt.

De modo semelhante, tendo em conta que o leitor não está perante uma monografia académica especializada, procurei limitar o mais possível as notas. Destinam-se principalmente a permitir ao leitor verificar as afirmações feitas no texto; não pretendem oferecer referências bibliográficas completas para os tópicos em apreço, nem incluem, com muito poucas exceções, uma discussão pormenorizada de temas de interesse secundário. No entanto, procurei indicar ao leitor interessado a literatura relevante, caso pretenda estudar o tema em causa de modo mais aprofundado do que foi possível neste livro. Quando há traduções inglesas de um livro alemão, tentei citá-lo nessa edição em detrimento do alemão original. Para limitar a extensão das notas, apenas é dada a informação necessária para localizar a fonte, nomeadamente autor, título, subtítulo, lugar e data de publicação. A publicação de livros é um negócio global, com os principais agentes baseados em diversos países, pelo que apenas é indicada a principal data de publicação.

Quando se escreve sobre a Alemanha nazi, um dos principais problemas é a permeação da linguagem da época pela terminologia nazi, como Victor Klemperer observou há muito no seu estudo clássico sobre o que classificou de *Lingua tertii Imperii*, a linguagem do Terceiro *Reich*.[40] Alguns historiadores distanciam-se desta linguagem colocando os termos nazis entre aspas ou acrescentando-lhe um epíteto negativo: «Terceiro *Reich*», ou mesmo «o chamado "Terceiro *Reich*"». Porém, num livro como este, a adoção de qualquer destes procedimentos comprometeria seriamente a sua legibilidade. Não devia ser necessário dizer isto, mas é altura de referir que a terminologia nazi utilizada no presente livro reflete o seu uso na época: não deve ser considerada uma aceitação e muito menos uma aprovação dos termos em causa como forma válida de denotar o seu significado. No tocante ao Partido Nazi, uso a maiúscula inicial em Partido, mas não no caso dos demais partidos; de modo similar, a Igreja é a organização formal dos cristãos e uma igreja é um edifício.

Se tudo isto tornar mais claro e legível as palavras que se seguem, terá cumprido o seu propósito. E se o livro for, como espero, fácil de seguir, uma grande parte do mérito pertence aos amigos e colegas que amavelmente aceitaram ler o primeiro manuscrito num curto espaço de tempo, eliminaram muitas infelicidades e detetaram erros, em particular Chris Clark, Christine L. Corton, Bernhard Fulda, *Sir* Ian Kershaw, Kristin Semmens, Adam Tooze, Nik Wachsmann, Simon Winder e Emma Winter. Bernhard Fulda, Christian Goeschel e Max Horster verificaram as notas e localizaram documentos originais; Caitlin Murdock fez o mesmo em relação às autobiografias das SA arquivadas na Hoover Institution. Bernhard Fulda, Liz Harvey e David Welch disponibilizaram generosamente alguns documentos. Estou profundamente grato a todos eles pela ajuda prestada. Andrew Wylie foi um agente soberbo cujos poderes de persuasão garantiram que este livro tivesse as melhores editoras; Simon Winder, da Penguin, foi uma fortaleza em Londres, e foi um prazer trabalhar estreitamente com ele. Em Nova Iorque, Scott Moyers amparou-me com o seu entusiasmo e contribuiu muito com os seus comentários perspicazes sobre o manuscrito; na Alemanha, Michael Neher foi um milagre de organização que permitiu a rápida publicação da edição alemã. Foi um prazer trabalhar de novo com os tradutores, Holger Fliessbach e Udo Rennert, e também com András Bereznáy, que desenhou os mapas. Também estou grato a Chloe Campbell, da Penguin, pelo seu enorme contributo com a investigação fotográfica, obtendo autorizações e encontrando originais para as ilustrações; a Simon Taylor, pela disponibilização generosa de algumas imagens; a Elizabeth Stratford, pela revisão meticulosa do texto final; e às equipas de produção e conceção de ambas as editoras pela feitura do livro.

Finalmente, a minha dívida maior, como sempre, é para com a minha família, para com Christine L. Corton pela sua assistência prática e pela sua experiência na publicação de livros, e para com os nossos filhos, Matthew e Nicholas, aos quais esta trilogia é dedicada, pelo apoio que me deram durante um projeto que trata de acontecimentos difíceis e terríveis e que nós tivemos a sorte de nunca ter vivido.

Cambridge, julho de 2003

1
O LEGADO DO PASSADO

Peculiaridades alemãs

I

Será errado começar com Bismarck? Ele foi, a vários níveis, uma figura crucial na chegada do Terceiro *Reich*. Por um lado, o seu culto póstumo levou muitos alemães a desejar o regresso à liderança forte que o seu nome representava; por outro, os seus atos e as suas políticas em meados do século XIX, contribuíram para a criação de um legado ominoso para o futuro da Alemanha. Contudo, Bismarck foi uma figura complexa e contraditória, tão europeu como alemão, tão moderno como tradicional. Também neste aspeto, o seu exemplo aponta para o emaranhado do velho e do novo que foi muito característico do Terceiro *Reich*. Importa recordar que apenas sessenta anos separaram a fundação do Império Alemão por Bismarck, em 1871, das vitórias eleitorais dos nazis, em 1930–1932. É impossível negar uma ligação entre as duas coisas. É aqui, e não nas remotas culturas religiosas e entidades políticas hierárquicas da Reforma ou do «absolutismo esclarecido» do século XVIII, que encontramos o primeiro momento da história alemã que é possível associar diretamente à chegada do Terceiro *Reich* em 1933.[1]

Otto von Bismarck, que nasceu em 1815, construiu uma reputação de feroz defensor do conservadorismo alemão, dado a declarações brutais e a atos violentos, sem medo nenhum de afirmar de forma inequívoca e enérgica o que gente mais cautelosa receava dizer em voz alta. Bismarck, oriundo de um meio tradicional, aristocrático e conservador assente na classe terratenente dos *Junkers* e na nobreza do funcionalismo público, pareceu a muita gente tipificar uma versão radical do prussianismo, com todas as suas virtudes e vícios. O domínio que exerceu sobre a política alemã na segunda metade do século XIX foi brutal, arrogante e total. Bismarck não conseguiu disfarçar o seu desprezo pelo liberalismo, pelo socialismo, pelo parlamentarismo, pelo igualitarismo e por muitos outros aspetos do mundo moderno. No entanto, nada disto pareceu prejudicar a reputação quase mítica que ele adquiriu depois da sua morte como criador do Império Alemão. No centenário do seu nascimento, em 1915, quando a Alemanha estava envolvida na Primeira Guerra Mundial, um liberal compassivo como o historiador Friedrich Meinecke extraiu conforto e inspiração da imagem do «Chanceler de Ferro» como homem de força e poder: «É o espírito de Bismarck», escreveu ele, «que nos proíbe de sacrificarmos os nossos interesses vitais e que nos impõe a decisão heroica de empreendermos a luta prodigiosa contra o Oriente e o Ocidente, nas palavras de Bismarck: "como um tipo forte com dois bons punhos, um para cada adversário".»[2] Era o grande líder decisivo cuja falta muitos alemães sentiram agudamente no momento crucial do trajeto do seu país, e sentiram-na ainda mais no pós-guerra.

Porém, na realidade, Bismarck foi um personagem muito mais complexo do que esta imagem crua que os seus acólitos difundiram depois da sua morte. Não foi o jogador imprudente e arriscado no qual a lenda o tornou. Poucos alemães se recordaram de que foi Bismarck quem definiu a política como «a arte do possível»[3]. Bismarck frisou sempre que a sua técnica era calcular o desenrolar dos acontecimentos para depois se aproveitar deles, tendo-a definido de forma mais poética: «Um estadista não pode criar nada sozinho. Tem de esperar e ouvir até escutar os passos de Deus nos acontecimentos; e nessa altura, deve saltar e agarrar a orla do Seu traje.»[4] Bismarck sabia que não podia impor aos acontecimentos um padrão que lhe conviesse. Por conseguinte — usando outra das suas metáforas preferidas —, se a arte da política era navegar com o navio do Estado pelas águas do tempo, qual era a direção da corrente na Alemanha oitocentista? Durante mais de um milénio, a Europa Central esteve fragmentada numa miríade de Estados autónomos, alguns poderosos e bem organizados, como a Saxónia e a Baviera, «Cidades Livres» de pequena ou média dimensão, ou principados e morgadios minúsculos constituídos por pouco mais do que um castelo e uma propriedade de tamanho modesto. Estes Estados estiveram agrupados no Sacro Império Romano da Nação Alemã, fundado por Carlos Magno em 800 e dissolvido por Napoleão em 1806. Foi o célebre «*Reich* dos mil anos», que os nazis ambicionaram emular. Quando se desmoronou, devido à pressão das invasões napoleónicas, o *Reich* estava numa condição miserável; as tentativas de criação de um nível significativo de autoridade central tinham falhado e alguns Estados-membros poderosos e ambiciosos como a Áustria e a Prússia começaram cada vez mais a impor-se como se o *Reich* não existisse.

Quando a poeira assentou, depois da derrota de Napoleão em Waterloo, em 1815, os Estados europeus criaram uma organização sucessora do *Reich* sob a forma da Confederação Alemã, cujas fronteiras eram mais ou menos as mesmas e incluíam, tal como antes, as partes de língua alemã e checa da Áustria. Durante algum tempo, o sistema policial estabelecido na Europa Central pelo chanceler austríaco, o príncipe Metternich, conseguiu manter tapado o caldeirão fervilhante das atividades liberais e revolucionárias que os franceses tinham incentivado antes de 1815, no seio de uma minoria culta e empenhada. Contudo, em meados dos anos 40, a nova geração de intelectuais, advogados, estudantes e políticos locais ficou descontente com a situação. Na sua perspetiva, a forma mais rápida de libertarem a Alemanha das suas tiranias, grandes e pequenas, era substituir os Estados-membros da Confederação por uma única entidade política alemã assente em instituições representativas e garante dos direitos e liberdades elementares — a liberdade de expressão, a liberdade da imprensa, etc. — que ainda eram negados em tantas partes da Alemanha. O descontentamento popular gerado pela pobreza e pela fome dos «Anos Quarenta da Fome» [«*Hungry Forties*»] ofereceu-lhes a oportunidade. A revolução que eclodiu em Paris em 1848 espalhou-se pela Europa. Os governos alemães foram derrubados e os liberais chegaram ao poder.[5]

Os revolucionários organizaram rapidamente eleições na Confederação, incluindo na Áustria, e um parlamento nacional devidamente constituído em Frankfurt. Depois de muitos debates, os deputados aprovaram uma lista de direitos fundamentais e uma Constituição de cariz liberal clássico. Todavia, não conseguiram garantir o controlo dos exércitos dos dois principais Estados, a Áustria e a Prússia, e este fracasso revelou-se decisivo. No outono de 1848, os monarcas e os generais de ambos os Estados recuperaram a coragem. Rejeitaram a

Constituição e, depois de uma vaga primaveril de atividades revolucionárias radicais e democráticas que assolou a Alemanha, dissolveram pela força o Parlamento de Frankfurt e recambiaram os deputados para casa. A revolução acabou. A Confederação foi restabelecida e os principais revolucionários foram presos, encarcerados ou forçados ao exílio. Os historiadores consideram a década seguinte um período de grande reação, quando os valores liberais e as liberdades cívicas foram esmagados pelo calcanhar de ferro do autoritarismo alemão.

Para muitos historiadores, a derrota da Revolução de 1848 foi um acontecimento crucial da história moderna alemã — foi o momento, na célebre frase do historiador A. J. P. Taylor, em que «a história alemã chegou ao seu ponto de viragem e não virou»[6]. Contudo, depois de 1848, a Alemanha não embarcou imediatamente numa «via especial» e sem desvios rumo ao nacionalismo agressivo e à ditadura política.[7] Durante o trajeto, houve muitas viragens evitáveis. Para começar, no princípio dos anos 60, a posição dos liberais sofreu de novo uma transformação dramática. A postura pós-revolucionária, longe de ser um regresso total à velha ordem, procurou aceder a muitas das exigências dos liberais — excluindo a unificação nacional ou a soberania parlamentar. No fim da década de 1860, já estavam implementados em quase toda a Alemanha o julgamento por júri, a igualdade perante a lei, a liberdade de empreendedorismo, a abolição das formas mais contestadas da censura da literatura e da imprensa, o direito de reunião e associação e muito mais. Além disso, de forma crucial, muitos Estados instituíram assembleias representativas nas quais deputados eleitos tinham liberdade de debate e gozavam de alguns direitos sobre a legislação e os impostos.

Foi precisamente este último direito que os liberais usaram na Prússia, em 1862, para bloquearem o aumento dos impostos enquanto o exército não fosse colocado sob o controlo da legislatura, como não acontecera, fatalmente, em 1848. Esta postura ameaçou gravemente o financiamento do aparelho militar prussiano. Para lidar com a crise, o rei nomeou o homem que viria a ser a figura dominante da política alemã nas três décadas seguintes: Otto von Bismarck. Os liberais concluíram acertadamente que não havia hipóteses de a Alemanha se unir, como em 1848, num Estado-nação que incluísse a Áustria germanófona. Para que tal acontecesse, seria necessário fragmentar a monarquia habsburguesa, que abarcava vastos territórios, desde a Hungria ao norte de Itália, situados fora das fronteiras da Confederação Alemã e com muitos milhões de não falantes de alemão. Mas os liberais também consideraram que depois da unificação da Itália, em 1859–1860, era chegada a sua vez. Se os italianos tinham conseguido criar o seu próprio Estado-nação, os alemães também conseguiriam certamente fazê-lo.

Bismarck pertencia a uma geração de políticos europeus, entre os quais Benjamin Disraeli na Grã-Bretanha, Napoleão III em França e Camillo Cavour em Itália, dispostos a recorrer a meios radicais ou mesmo revolucionários na prossecução de objetivos essencialmente conservadores. Bismarck reconheceu que as forças do nacionalismo não deviam ser negadas, mas também viu que, depois das frustrações de 1848, muitos liberais estavam dispostos a sacrificar alguns dos seus princípios no altar da unidade nacional para alcançarem os seus objetivos. Numa série de manobras rápidas e implacáveis, Bismarck aliou-se aos austríacos para roubar os ducados de Schleswig-Holstein ao Reino da Dinamarca, e de seguida engendrou durante a sua administração uma guerra entre a Prússia e a Áustria, que resultou na vitória total das forças prussianas. A Confederação Alemã entrou em colapso e foi sucedida por uma instituição que não incluiu os austríacos nem os seus aliados alemães do Sul. À falta de um termo mais imaginativo, Bismarck deu-lhe o nome de Confederação da Alemanha do Norte. A maior parte dos liberais prussianos, sentindo a iminência do estabelecimento de um Estado-nação, perdoou imediatamente Bismarck pela sua política (implementada com um desdém sublime pelos direitos parlamentares nos quatro anos anteriores) de cobrança de impostos e financiamento do exército sem a aprovação do Parlamento. E aclamaram-no quando ele engendrou uma nova guerra, desta vez contra a França, que receava — e com razão — que a criação de uma Alemanha unida significasse o fim da sua predominância na política de poder europeia na década e meia anterior.[8]

À destruição dos exércitos franceses em Sedan e noutros campos de batalha, seguiu-se a proclamação de um novo Império Alemão na Sala dos Espelhos do antigo palácio real de Versalhes. O palácio, construído por Luís XIV, o «Rei Sol», no apogeu do seu poder, quase duzentos anos antes, foi transformado num símbolo humilhante da impotência e da derrota da França. Foi um momento crucial na história moderna da Alemanha e da Europa. Os liberais consideraram-no a concretização dos seus sonhos, mas tiveram de pagar um preço muito elevado. Várias características da criação de Bismarck tiveram consequências sombrias. Primeiro, a decisão de chamar «*Reich* Alemão» ao novo Estado conjurou inevitavelmente a memória do seu antecessor milenar, que durante muitos séculos fora a potência dominante na Europa. Houve até quem se referisse à criação de Bismarck como «Segundo *Reich*». A utilização deste termo também implicou que onde o Primeiro *Reich* tinha falhado, por causa da agressão da França, o Segundo tinha perseverado. De entre os muitos aspetos da criação de Bismarck que sobreviveram à queda do *Reich* Alemão, em 1918, o uso continuado do termo «Império Alemão» (*Deutsches Reich*) pela República de Weimar não foi de todo o menos significativo. Para os alemães cultos, a palavra «*Reich*» conjurava uma imagem que ecoava muito para lá das estruturas institucionais criadas por Bismarck: o sucessor do Império Romano; a visão do Império de Deus na Terra; a universalidade da sua pretensão à suserania; e num sentido mais prosaico, mas igualmente poderoso, o conceito de um Estado alemão que incluiria todos os falantes de alemão da Europa Central — «um Povo, um *Reich*, um *Führer*», como proclamariam os nazis.[9] Mas muitos alemães continuaram a considerar a criação de Bismarck uma concretização incompleta da ideia do verdadeiro *Reich* Alemão. A sua voz foi inicialmente abafada pela euforia da vitória, mas com o tempo foram aumentando de número.[10]

A Constituição que Bismarck concebeu para o novo *Reich* Alemão em 1871 ficou muito aquém, em bastantes aspetos, dos ideais sonhados pelos liberais em 1848. Foi a única das constituições alemãs modernas sem uma declaração de princípios sobre os direitos humanos e as liberdades cívicas. Em termos formais, o novo *Reich* era uma confederação de Estados independentes, muito à imagem do seu antecessor. O chefe titular era o imperador (*Kaiser*), cujo título derivava do antigo líder do Sacro Império Romano e, em última análise, do nome latino «César». O imperador possuía poderes muito abrangentes, incluindo o de declarar guerra e fazer a paz. As instituições do novo *Reich* eram mais fortes do que as do antigo, com um parlamento eleito a nível nacional, o *Reichstag* — cujo nome, derivado do Sacro Império

Romano, sobreviveu às divisões revolucionárias de 1918 —, e com várias instituições administrativas centrais, em especial o Ministério dos Negócios Estrangeiros, às quais foram sendo acrescentadas outras. Mas a Constituição não conferiu ao Parlamento nacional o poder para eleger ou demitir o governo e seus ministros, e alguns aspetos cruciais da tomada de decisões políticas, sobretudo nas questões relacionadas com a guerra e a paz e com a administração do exército, ficaram reservados ao monarca e ao seu círculo. Os ministros, incluindo o chefe da administração civil, o chanceler do *Reich* — um cargo que Bismarck criou e ocupou durante vinte anos —, eram funcionários públicos e não políticos partidários, e respondiam ao *Kaiser* e não ao povo ou aos seus representantes no parlamento. A influência do *Reichstag* aumentou com o passar do tempo, mas não muito. O grande pensador revolucionário Karl Marx descreveu o *Reich* bismarckiano, sem exagerar muito e com uma frase convoluta que capturou muitas das suas contradições internas, como um «despotismo militar burocraticamente construído, aperaltado com formas parlamentares, misturado com um elemento de feudalismo, mas ao mesmo tempo influenciado pela burguesia»[11].

II

O poder dos militares e, em particular, do corpo de oficiais prussiano não foi um simples resultado dos tempos de guerra. Derivou de uma longa tradição histórica. Nos séculos XVII e XVIII, o Estado prussiano, que estava em expansão, organizou-se em bases essencialmente militares, com um sistema neofeudal de proprietários agrícolas — os famosos *Junkers* — e servos, interligado com o recrutamento dos oficiais e soldados.[12] O sistema foi desmantelado com o fim da servidão, e o prestígio tradicional do exército caiu muito devido a uma série de derrotas esmagadoras nas Guerras Napoleónicas. Em 1848 e 1862, os liberais quase conseguiram colocar o exército sob o controlo do Parlamento. A nomeação de Bismarck em 1862 destinou-se sobretudo a proteger a autonomia do corpo de oficiais das interferências dos liberais. Bismarck declarou de imediato que «as grandes questões do dia não se decidem com discursos nem com resoluções por maioria — foi este o grande erro de 1848 e 1849 —, mas com sangue e ferro»[13]. E não faltou ao que disse. A Guerra Austro-Prussiana, em 1866, destruiu o Reino de Hanôver, que foi incorporado na Prússia, e expulsou a Áustria e a Boémia da Alemanha, pondo fim a séculos de grande influência de ambas sobre o seu destino; e a Guerra Franco-Prussiana, em 1870–1871, tirou a Alsácia-Lorena à França e colocou-a sob a suserania direta do Império Alemão. Bismarck foi apodado, com alguma justificação, de «revolucionário branco»[14]. O *Reich* foi criado pela força militar, que eliminou instituições legítimas, reconfigurou as fronteiras do Estado e derrubou tradições muito antigas com um radicalismo e uma implacabilidade que lançaram uma sombra enorme sobre os desenvolvimentos subsequentes na Alemanha. Por conseguinte, o uso da força para fins políticos foi legitimado a um nível muito superior ao que era comum na maior parte dos outros países, exceto nos casos de conquista imperialista. O militarismo do Estado e da sociedade deu um contributo importante para a destruição da democracia alemã nos anos 20 e para a chegada do Terceiro *Reich*.

Bismarck garantiu que o exército era praticamente um Estado dentro do Estado, com acesso imediato ao *Kaiser* e regido pelas suas próprias regras. O *Reichstag* apenas tinha o direito de aprovar o orçamento do exército de sete em sete anos, e o ministro da Guerra respondia perante o exército e não perante a legislatura. Os oficiais gozavam de muitos privilégios sociais e não só e contavam com a deferência dos civis quando os encontravam na rua. Não admira que muitos profissionais burgueses ambicionassem ser admitidos como oficiais no exército de reserva, e, no caso das massas, o serviço militar obrigatório familiarizou-as com os códigos de conduta, os ideais e os valores militares.[15] Em alturas de emergência, o exército tinha o direito de decretar a lei marcial e suspender as liberdades civis, uma medida que foi considerada com tanta frequência durante o período guilhermino que alguns historiadores, com um exagero desculpável, disseram que os políticos e legisladores da época viveram sob a ameaça permanente de um golpe de Estado a partir de cima.[16]

O impacto do exército na sociedade deu-se a vários níveis, de forma mais intensa na Prússia e, depois, a partir de 1871, de forma mais indireta, devido ao exemplo prussiano, noutros Estados alemães. O seu prestígio, garantido com as vitórias espantosas das guerras de unificação, era enorme. Os sargentos que permaneciam no quadro depois de cumprirem o serviço militar obrigatório tinham direito automático a um emprego no sector público quando deixavam o exército. Por conseguinte, a grande maioria dos polícias, carteiros, ferroviários e outros funcionários públicos menores compunha-se de ex-militares que tinham sido socializados no exército e se comportavam do modo militar, ao qual estavam acostumados. O manual de uma instituição como a polícia centrava-se na aplicação de modelos de comportamento militares, insistia em que o público fosse mantido à distância e garantia que nos desfiles e nas manifestações fosse mais provável que a multidão fosse tratada como uma força inimiga do que como uma congregação de cidadãos.[17] O conceito militar de honra estava suficientemente difundido para garantir a vitalidade continuada da prática do duelo entre os civis, mesmo na classe média, embora os duelos também fossem comuns na Rússia e em França.[18]

Com o passar do tempo, a identificação do corpo de oficiais com a aristocracia prussiana diminuiu, e os códigos militares aristocráticos foram acrescidos de novas formas de militarismo popular, incluindo, no princípio do século XX, a Liga da Marinha e as associações de veteranos.[19] Na altura da Primeira Guerra Mundial, a maior parte dos postos principais do corpo de oficiais era ocupada por profissionais, e a aristocracia predominava nos ramos tradicionais de prestígio social e snobismo, como a Cavalaria e a Guarda, tal como sucedia noutros países. Mas a profissionalização do corpo de oficiais, acelerada pelo advento das novas tecnologias militares, desde a metralhadora e o arame farpado ao avião e ao carro de combate, não o tornou mais democrático, antes pelo contrário. A arrogância dos militares foi reforçada pela experiência colonialista, quando as tropas alemãs debelaram implacavelmente as rebeliões de povos indígenas como os hereros, na África do Sudoeste Alemã (atual Namíbia).[20] Em 1904–1907, num ato de genocídio intencional, o exército alemão massacrou milhares de homens, mulheres e crianças hereros e expulsou muitos mais para o deserto, onde morreram de fome. De uma população de cerca de oitenta mil indivíduos antes da guerra, os hereros eram apenas 15 mil em 1911.[21] Numa parte ocupada do Império Alemão, a Alsácia-Lorena, retirada à França e anexada em

MAR DO NORTE
DINAMARCA
SCHLESWIG-HOLSTEIN E LAUENBURGO
Heligolândia (britânica)
Kiel
para OLD.
Lübeck
MECKLENBURGO-SCHWERIN
Hamburgo
OLDEMBURGO
Bremen
MECKLENBURGO-STRELITZ
REINO UNIDO
HOLANDA
SCHAUMBURG-LIPPE
Hanôver
BR.
BRUNSVIQUE
LIPPE-DETMOLD
ANHALT
AN.
EST. TUR.
Halle
Leipzig
WALDECK
BÉLGICA
Colónia
ESTADOS TURÍNGIOS
HESSE
LUXEMBURGO
Frankfurt
para OLD.
BAVARIA
Nuremberga
ALSÁCIA-LORENA
Estrasburgo
Estugarda
BADEN
VURTEMBERGA
BAVIERA
FRANÇA
SUÍÇA
TIROL
As abreviaturas designam pequenas partes de Estados cujos nomes completos constam no mapa.

Mapa 1. A Unificação da Alemanha, 1864-1871

1871, o exército comportou-se frequentemente como uma força conquistadora perante uma população hostil e rebelde. Alguns dos exemplos mais escandalosos deste tipo de comportamento deram origem em 1913 a um debate acalorado no *Reichstag*, e os deputados aprovaram uma moção de censura. É óbvio que o governo não foi obrigado a demitir-se, mas o caso mostrou a crescente polarização da opinião pública em relação ao papel do exército na sociedade alemã.[22]

O controlo de Bismarck sobre os impulsos mais desabridos do exército e o seu desejo de grandes anexações territoriais após as vitórias militares passaram despercebidos a muita gente na época. De facto, em especial depois de ter sido obrigado a demitir-se em 1890, nasceu o mito — difundido pelo ressentido ex-chanceler e pelos seus partidários — de Bismarck como líder carismático que tinha cortado implacavelmente os nós górdios da política e resolvido as grandes questões da época pela força. Foram as guerras revolucionárias de Bismarck na década de 1860 que ficaram gravadas na memória pública alemã e não as duas décadas subsequentes durante as quais ele fez por manter a paz na Europa para que o *Reich* Alemão se consolidasse. O diplomata Ulrich von Hassell, um dos líderes da resistência conservadora a Hitler em 1944, escreveu no seu diário durante uma visita à antiga residência de Bismarck, em Friedrichsruh:

> É lamentável a falsidade da imagem que nós próprios criámos dele no mundo, como o político militarista da violência, infantilmente contentes por alguém ter finalmente colocado de novo a Alemanha numa posição de influência. Na realidade, o seu maior dom foi para a diplomacia e para a moderação. Ele compreendeu como ninguém a forma de conquistar a confiança do mundo; é o oposto exato de hoje.[23]

O mito do líder ditatorial não foi a expressão de um aspeto antigo e enraizado do carácter alemão; foi uma criação muito mais recente.

Esta criação foi alimentada, no princípio do século XX, pela recordação da postura dura de Bismarck contra aqueles que considerou inimigos internos do *Reich*. Na década de 70 do século XIX, ao reagir contra as tentativas do papa para reforçar o seu controlo sobre a comunidade católica com o Sílabo dos Erros (1864) e a Declaração da Infalibilidade

Papal (1871), Bismarck desencadeou o que os liberais designaram de «luta pela cultura», uma série de leis e medidas policiais destinadas a colocar a Igreja Católica sob o controlo do Estado prussiano. O clero católico negou-se a aceitar a legislação, que impôs a sua formação em instituições oficiais e a aprovação do Estado para as nomeações eclesiásticas. Os infratores foram perseguidos pela polícia e encarcerados. Em meados dos anos 70, havia 989 paróquias sem párocos e 223 padres na cadeia. As ordens religiosas foram dissolvidas — com a exceção das envolvidas na enfermagem —, dois arcebispos e três bispos foram removidos dos seus cargos, e o bispo de Trier morreu pouco depois de ter passado nove meses na prisão.[24] Mas o mais preocupante foi que este ataque generalizado às liberdades civis de cerca de 37% da população do *Reich* foi saudado pelos liberais alemães, para os quais o catolicismo era uma ameaça tão grave à civilização que justificava o recurso a medidas radicais.

O conflito terminou, mas tornou a comunidade católica inimiga figadal do liberalismo e da modernidade, apostada em provar a sua lealdade ao Estado, em particular através do movimento político que formou para se defender das perseguições: o Partido do Centro. Mas antes de este processo chegar ao fim, Bismarck desferiu outro golpe contra as liberdades civis com as Leis Antissocialistas, aprovadas pelo *Reichstag* depois de dois atentados contra a vida do idoso *Kaiser* Guilherme, em 1878. Na verdade, o incipiente movimento socialista alemão não teve nada que ver com os terroristas e era uma organização respeitadora da lei que confiava na via parlamentar para chegar ao poder. Contudo, mais uma vez, os liberais foram convencidos a descartar os seus princípios em nome do que lhes foi apresentado como sendo o interesse nacional. Os comícios socialistas foram proibidos, os jornais e revistas socialistas foram encerrados e o Partido Socialista foi ilegalizado. A pena capital, que estava temporariamente suspensa na Prússia e nos demais grandes Estados alemães, foi reintroduzida. Os socialistas foram encarcerados em massa.[25]

As consequências das Leis Antissocialistas foram ainda mais abrangentes do que as da luta contra a Igreja Católica. A legislação também falhou no seu objetivo imediato de repressão de supostos «inimigos do *Reich*». Os socialistas não podiam ser legalmente proibidos de se candidatarem às eleições parlamentares enquanto indivíduos, e, com a aceleração da industrialização da Alemanha e o rápido crescimento da classe operária, os candidatos socialistas foram garantindo cada vez mais votos. Em 1890, a lei não foi renovada, e os socialistas reorganizaram-se no Partido Social-Democrata da Alemanha. Na véspera da Primeira Guerra Mundial, o partido era a maior organização política do mundo, com mais de um milhão de filiados. Nas eleições de 1912, apesar do enviesamento intrínseco do sistema eleitoral a favor dos círculos eleitorais rurais conservadores, os sociais-democratas ultrapassaram o Partido do Centro e tornaram-se o maior partido do *Reichstag*. A repressão decorrente das Leis Antissocialistas tinha empurrado o partido para a esquerda, e, no princípio da década de 1890, os sociais-democratas adotaram um credo marxista rígido segundo o qual as instituições da Igreja, do Estado e da sociedade, desde a monarquia e o corpo de oficiais até às grandes empresas e à bolsa, seriam derrubadas por uma revolução proletária da qual nasceria uma república socialista. O apoio dos liberais às Leis Antissocialistas fez com que os sociais-democratas desconfiassem de todos os partidos políticos «burgueses» e rejeitassem toda e qualquer ideia de cooperação com os apoiantes políticos do capitalismo ou com os expoentes do que consideravam ser uma mera reforma paliativa do sistema político vigente.[26] O movimento social-democrata, vasto, extremamente disciplinado e aparentemente imparável na sua marcha para a predominância eleitoral, encheu de terror o coração das classes média e alta. Abriu-se um fosso profundo entre os sociais-democratas e os partidos «burgueses». Esta divisão política intransponível perdurou até aos anos 20 e teve uma importância crucial na crise que acabou por levar os nazis ao poder.

Contudo, o partido decidiu, ao mesmo tempo, fazer todos os possíveis para não infringir a lei nem oferecer pretexto algum para ser novamente alvo de uma ilegalização, com a qual era ameaçado com frequência. Lenine, num raro momento de humor, terá dito que os sociais-democratas alemães nunca lançariam uma revolução de sucesso porque quando assaltassem as estações de caminhos de ferro fariam ordeiramente bicha para comprar o bilhete. O partido adquiriu o hábito de esperar pelos acontecimentos em vez de os criar. Com o passar do tempo, a sua estrutura institucional extremamente complexa, com as suas organizações culturais, os seus jornais e revistas, os seus bares, os seus clubes desportivos e o seu aparelho educativo, ofereceu aos seus filiados uma forma de vida e transformou-se num conjunto de interesses velados que poucos membros do partido estavam dispostos a ameaçar. Sendo uma instituição respeitadora da lei, o partido depositou a sua confiança nos tribunais para impedir as perseguições, mas não era fácil respeitar a lei, mesmo depois de 1890. As chicanas da polícia eram toleradas pelos juízes e procuradores conservadores e pelos tribunais, para os quais os sociais-democratas continuavam a ser revolucionários perigosos. Em 1914, eram poucos os oradores ou editores de jornais sociais-democratas que não tinham já cumprido várias penas de prisão por lesa-majestade ou por insultarem funcionários do Estado: era crime criticar o monarca, a polícia ou mesmo os funcionários públicos que administravam o país. Antes de 1914, o combate aos sociais-democratas tornou-se na missão de toda uma geração de juízes, procuradores, chefes de polícia e funcionários públicos. Estes homens, bem como a maior parte dos seus apoiantes das classes média e alta, nunca aceitaram os sociais-democratas como um movimento político legítimo. Na sua perspetiva, o propósito da lei era defender as instituições do Estado e da sociedade e não agir como um árbitro neutro entre agrupamentos políticos opostos.[27]

Os liberais não contribuíram nada para sanar a situação. Perderam muitos votos e lugares no *Reichstag* nas décadas de 1880 e 1890, mas conseguiram manter bastante apoio nas cidades e vilas. As suas constantes cisões no final do século XIX foram um dos seus grandes problemas; e mesmo depois de os grupos mais orientados para a esquerda terem novamente juntado forças em 1910, continuaram a existir dois partidos liberais «centristas», o Partido Nacional Liberal e o Partido Progressista, cujas diferenças remontavam à recusa destes últimos de perdoarem a Bismarck a cobrança de impostos na Prússia sem autorização do Parlamento na década de 1860. Mas a direita do espectro político estava igualmente dividida. Existiam dois partidos conservadores, dado que os apoiantes da fusão de Bismarck do particularismo prussiano com as instituições do *Reich* em 1871 — um anátema para a nobreza prussiana da linha dura — mantiveram a sua identidade distinta como Partido Conservador Livre. Além disso, estes dois grandes partidos, maioritariamente protestantes e do norte da Alemanha, tinham de concorrer com um partido de direita ainda maior, o Partido do Centro, cujo antimodernismo e apoio ao *Reich* eram contrabalançados pela sua promoção da assistência social e pela sua atitude crítica em relação ao colonialismo alemão em África. Ou seja, antes de 1914, havia seis grandes partidos na Alemanha: os sociais-democratas, os dois partidos liberais, os dois partidos conservadores e o Partido do Centro, um reflexo, entre outras coisas, das divisões da sociedade alemã por região, religião e classe social.[28] Dada a existência de um executivo forte que não era diretamente responsável perante a legislatura, a possibilidade de a política partidária ter uma influência determinante no Estado era reduzida.

III

A competição entre os partidos, longe de dar origem a uma desilusão com a política, contribuiu para aquecer o clima político até este atingir uma temperatura completamente febril em 1914. O sufrágio universal masculino, complementado pelo voto mais ou menos secreto e pelas regras rígidas de decoro aquando das campanhas eleitorais, fez com que os eleitores confiassem no sistema eleitoral. Nas eleições para o *Reichstag* em 1912, a participação atingiu o número espantoso de 85% de qualificados para votar.[29] Todas as provas indicam que os eleitores levavam o seu dever a sério e ponderavam cuidadosamente a conciliação da sua posição ideológica com o cenário político quando se tratava, o que acontecia com frequência, de votar pela segunda vez em eleições de duas voltas no sistema da representação proporcional adotado pela Constituição alemã para as eleições para o *Reichstag*. O sistema eleitoral, garantido por disposições e salvaguardas legais, abriu um espaço para o debate democrático e convenceu milhões de alemães de muitas cores políticas de que a política pertencia ao povo.[30] Além do mais, a imprensa diária da Alemanha imperial era quase exclusivamente política: os jornais estavam assumidamente associados a este ou àquele partido político e expressavam os seus pontos de vista em quase tudo o que publicavam.[31] A política não era apenas o tema de conversa habitual da elite e da classe média: constituía um foco central de debate nos bares e nas tabernas dos operários e influenciava as escolhas de atividades de lazer das pessoas.[32]

Com a entrada no século XX, as conversas e os debates políticos incidiram cada vez mais no lugar da Alemanha na Europa e no mundo. Os alemães começaram a perceber que a criação do *Reich* por Bismarck estava incompleta em vários aspetos. Para começar, incluía minorias étnicas e culturais substanciais, o resultado de séculos de engrandecimento do Estado e de conflitos étnicos. Havia dinamarqueses no Norte, francófonos na Alsácia-Lorena e o pequeno grupo eslavo dos sorábios no centro da Alemanha, mas havia sobretudo milhões de polacos que habitavam partes do antigo reino da Polónia anexadas pela Prússia no século XVIII. No tempo de Bismarck, o Estado procurava cada vez mais germanizar as minorias, atacando o uso das suas línguas nas escolas e encorajando fortemente o povoamento por lavradores alemães. Na véspera da Primeira Guerra Mundial, o alemão era a língua obrigatória nas reuniões públicas em todo o *Reich* e estava em curso uma revisão das leis agrárias de forma que privasse os polacos dos seus direitos económicos fundamentais.[33] A ideia de que as minorias étnicas tinham direito ao mesmo respeito que a maioria da população era defendida por uma ínfima e decrescente minoria de alemães. Em 1914, até os sociais-democratas consideravam a Rússia e o leste Eslavo terras atrasadas e bárbaras e tinham pouca ou nenhuma simpatia pelos esforços dos trabalhadores polacos da Alemanha para se organizarem em defesa dos seus direitos.[34]

Olhando da Alemanha e da Europa para o mundo, os chanceleres do *Reich* que assumiram funções depois de Bismarck viram o seu país como uma nação de segunda categoria quando comparada com a Grã-Bretanha e a França, possuidoras de impérios ultramarinos que se estendiam pelo globo. A Alemanha, que entrara tardiamente em cena, só conseguira deitar a mão aos restos e migalhas deixados pelas grandes potências coloniais europeias. Tanganica, a Namíbia, a Togolândia, os Camarões, a Nova Guiné, diversas ilhas do Pacífico e o porto chinês de Jiaozhou, adquirido por tratado, eram praticamente todos os territórios que constituíam o império ultramarino da Alemanha na véspera da Primeira Guerra Mundial. Bismarck não lhes tinha dado muita importância e fora com bastante relutância que assentira na sua aquisição. Mas os seus sucessores tiveram uma opinião diferente. Segundo Bernhard von Bülow, ministro dos Negócios Estrangeiros no final da década de 1890 e depois chanceler do *Reich* até 1909, o prestígio e a posição da Alemanha no mundo exigiam um «lugar ao sol». Começou a ser construída uma esquadra enorme cujo objetivo a longo prazo era garantir cedências coloniais por parte da Grã-Bretanha, senhora do maior império ultramarino do mundo, ameaçando-a com a danificação ou destruição do grosso da Royal Navy num embate titânico no Mar do Norte.[35]

Estes sonhos cada vez mais ambiciosos de poderio mundial foram sobretudo articulados pelo *Kaiser* Guilherme II, um homem bombástico, presunçoso e extremamente loquaz, que não perdia uma oportunidade para expressar o seu desprezo pela democracia e pelos direitos civis, o seu desdém pelas opiniões de terceiros e a sua crença na grandeza da Alemanha. O *Kaiser*, tal como muitos dos seus admiradores, cresceu depois da unificação da Alemanha. Tinha uma consciência reduzida da via precária e aventureira através da qual Bismarck tinha concretizado a unificação em 1871. Seguindo os historiadores prussianos do seu tempo, o *Kaiser* considerava o processo de unificação historicamente predeterminado. Desconhecia por completo os receios nervosos de Bismarck em relação ao futuro da Alemanha, que o tinham levado a adotar uma política externa muito cautelosa nos anos 70 e 80 do século XIX. O carácter do *Kaiser* era demasiado errático e a sua personalidade era demasiado imprevisível para lhe permitirem um efeito consistente na condução dos assuntos do Estado, e os seus ministros procuravam frequentemente contrariar a sua influência em vez de trabalharem para implementar os seus desejos. As suas proclamações constantes de que era o grande líder de que a Alemanha necessitava apenas serviam para pôr a nu as suas deficiências na matéria, e contribuíam para alimentar o mito nostálgico da determinação e astúcia bismarckianas. Muitos alemães contrastaram a implacabilidade da atuação amoral de Bismarck como estadista, na qual os fins justificavam os meios e os estadistas podiam dizer uma coisa e fazer ou preparar-se para fazer outra, com as fanfarronadas impulsivas e a desavisada falta de tato de Guilherme.[36]

Independentemente das personalidades, estas características da Alemanha criada por Bismarck também eram mais ou menos observáveis noutros países. Em Itália, o exemplo carismático de Garibaldi, o líder das forças populares que ajudaram a unificar a nação em 1859, foi um modelo para Mussolini. Em Espanha, o exército estava tão fora do controlo político como na Alemanha, e em Itália, tal como na Alemanha, respondia perante o soberano e não perante a legislatura. Na Áustria-Hungria, o funcionalismo público era igualmente forte e as instituições parlamentares tinham poderes ainda mais limitados. Em França, estava em curso um conflito entre a Igreja e o Estado, que em termos de ferocidade ideológica não ficava muito atrás da «luta pela cultura» alemã. Na Rússia, também era aplicado um conceito equivalente ao do *Reich* à política interna e às relações com os seus vizinhos mais próximos.[37] O regime czarista reprimia os socialistas ainda mais duramente do que o alemão, e não ficou atrás das autoridades alemãs na sua tentativa de assimilação dos milhões de polacos que estavam sob o seu domínio. Em 1914, o liberalismo, independentemente da sua definição, era débil não só no *Reich* Alemão, mas também em todos os grandes Estados da Europa Central e de Leste. A cena política era ainda mais fragmentada em Itália do que na Alemanha, e a crença de que a guerra era justificada para atingir objetivos políticos, em particular a criação de um império continental, era comum a muitas potências europeias, como mostrou de forma terrivelmente inequívoca a eclosão da Primeira Guerra Mundial, em agosto de 1914. Em todo o continente europeu, as forças crescentes da democracia ameaçavam a hegemonia das elites conservadoras. A parte final do século XIX e o princípio do século XX foram a era do nacionalismo não só na Alemanha, mas também em toda a Europa, e a «nacionalização das massas» estava em curso em muitos outros países.[38]

Contudo, a Alemanha foi a única nação europeia em que todas estas condições se apresentaram ao mesmo tempo e com a mesma dimensão. Além do mais, a Alemanha não era um país europeu qualquer. Os historiadores escreveram muito sobre vários aspetos do suposto atraso da Alemanha na altura, sobre o seu alegado défice de valores cívicos, a sua estrutura social inegavelmente antiquada, a sua classe média cobarde e a sua aristocracia aparentemente neofeudal. Mas não era assim que a maior parte dos contemporâneos via a Alemanha. Muito antes da Primeira Guerra Mundial, a Alemanha já tinha a economia mais rica, mais poderosa e mais avançada do continente. Nos últimos anos de paz, a Alemanha produziu dois terços do aço e metade do carvão e da lenhite da Europa, e mais 20% de eletricidade do que a Grã-Bretanha, a França e a Itália combinadas.[39] Em 1914, o Império Alemão, com cerca de 67 milhões de habitantes, dispunha de muito mais recursos humanos do que qualquer outra potência continental, com a exceção da Rússia. Em comparação, o Reino Unido, a França e a Áustria-Hungria tinham populações de entre quarenta a cinquenta milhões de habitantes. A Alemanha era líder mundial nas indústrias mais modernas, tais como os químicos, os produtos farmacêuticos e a eletricidade. Em 1914, o recurso massificado aos fertilizantes artificiais e à maquinaria já tinha transformado a eficiência das grandes propriedades do norte e do leste do país, e a Alemanha produziu, por exemplo, um terço da produção mundial de batatas. A qualidade de vida tinha aumentado muito rapidamente desde a viragem do século, ou mesmo antes. Os produtos das grandes empresas industriais como a Krupps e a Thyssen, a Siemens e a AEG, ou a Hoechst e a BASF, eram conhecidos em todo o mundo pela sua qualidade.[40]

Vista nostalgicamente da perspetiva dos primeiros anos do período entre as guerras, a Alemanha anterior a 1914 pareceu a muita gente ter sido um paraíso de paz, prosperidade e harmonia social. Todavia, por baixo da sua superfície próspera e autoconfiante, era nervosa e insegura e estava assolada por tensões internas.[41] O ritmo acelerado da mudança económica e social era assustador e desconcertante para muitas pessoas. Os valores antigos pareciam estar a desaparecer numa confusão de materialismo e ambição desmedida. A cultura modernista, desde a pintura abstrata à música atonal, contribuiu para a sensação de desorientação de alguns sectores da sociedade.[42] A antiga hegemonia da aristocracia terratenente prussiana, que Bismarck tinha procurado ao máximo preservar, foi minada pela entrada repentina da sociedade alemã na era moderna. Em 1914, os valores, hábitos e comportamentos burgueses já se tinham imposto nas classes média e alta, mas estas estavam a ser desafiadas pela assertividade crescente da classe operária, organizada no enorme movimento laboral social-democrata. A Alemanha, ao contrário de todos os outros países europeus, não se tornou um Estado-nação antes da Revolução Industrial, mas no seu auge, e não sob a forma de um Estado único, mas de uma federação de muitos Estados diferentes cujos cidadãos alemães estavam principalmente unidos por uma língua, uma cultura e uma etnicidade comuns. As pressões e tensões originadas pela rápida industrialização interligaram-se com ideias contraditórias acerca da natureza do Estado e da nação alemã e do seu lugar na Europa e no mundo. A sociedade alemã não se tornou uma nação em 1871 de forma totalmente estável. Foi assolada por conflitos internos que se agudizaram rapidamente e que foram cada vez mais exportados para as tensões não resolvidas do sistema político criado por Bismarck.[43] Estas tensões encontraram um escape num nacionalismo cada vez mais sonoro e misturado com doses assustadoramente estridentes de racismo e antissemitismo que criaram um legado nocivo para o futuro.

O evangelho do ódio

I

No final de 1889, Hermann Ahlwardt, diretor de uma escola primária de Berlim, estava à beira da ruína financeira. Ahlwardt, nascido em 1846 no seio de uma família pobre da Pomerânia, constatou que o salário que auferia na sua posição menor no ensino prussiano não chegava para as suas consideráveis despesas quotidianas. Entrou em desespero e cometeu um crime que quase pareceu calculado para chocar os seus superiores hierárquicos: roubou dinheiro dos fundos angariados para pagar a festa de Natal das crianças da escola. O seu delito foi rapidamente descoberto, e ele foi demitido, perdendo assim a sua última fonte de rendimento. Muitas pessoas ter-se-iam sentido esmagadas por estes desastres e por sentimentos de culpa e remorsos, mas Hermann Ahlwardt não. «O diretor», como ele depressa se tornou conhecido do grande público, decidiu contra-atacar. Ao procurar alguém para culpar pelas suas desgraças, centrou-se rapidamente nos judeus.[1]

A comunidade judaica da Alemanha era um grupo social extremamente aculturado e bem-sucedido, cuja principal distinção em relação aos demais alemães era a sua religião.[2] No século XIX, as desvantagens civis dos não cristãos dos Estados alemães foram gradualmente removidas, tal como a discriminação religiosa formal foi abolida noutros países, por exemplo, na Grã-Bretanha, com a Emancipação Católica de 1829. Na Alemanha, os últimos impedimentos legais à plena igualdade de direitos foram eliminados com a unificação, em 1871. Depois da introdução do casamento civil em lugar das cerimónias religiosas, o número de casamentos entre judeus e cristãos alemães aumentou rapidamente.

Por exemplo, em Breslau, em 1915, realizaram-se 35 casamentos entre judeus e cristãos por cada cem casamentos entre judeus, em comparação com apenas nove no final da década de 70 do século anterior. Poucos cônjuges cristãos eram de famílias de judeus convertidos, e os casamentos mistos eram transversais a todas as camadas sociais. Em 1904, 19% dos judeus e 13% das judias berlinenses desposaram cristãos. Em Düsseldorf, em meados da primeira década do século, 25% dos judeus que casaram desposaram cristãos; em 1914, foram um terço. Na véspera da Primeira Guerra Mundial, tiveram lugar 38 casamentos mistos por cada cem casamentos judaicos; em Hamburgo, realizaram-se 73. Os judeus também começaram a converter-se ao cristianismo em número cada vez maior; nos primeiros setenta anos do século XIX, converteram-se onze mil, e nas três décadas seguintes, onze mil e quinhentos. Entre 1880 e 1919, foram batizados cerca de vinte mil judeus alemães. Este fenómeno foi dissolvendo lentamente a identidade da comunidade judaica como grupo religioso fechado.[3]

Os cerca de seiscentos mil judeus praticantes que viviam no Império Alemão eram uma pequena minoria religiosa numa sociedade esmagadoramente cristã, representando cerca de 1% do conjunto da população. Os judeus, excluídos durante séculos das fontes tradicionais de riqueza como a posse de terras, permaneceram fora do «sistema» do *Reich* porque a discriminação social informal continuou a negar-lhes um lugar nas instituições principais, como o exército, a magistratura e os escalões cimeiros do funcionalismo público; aliás, o seu acesso a estas instituições diminuiu na última década do século XIX e na primeira do século seguinte.[4] Os judeus convertidos sofriam diariamente com o antissemitismo, ao ponto de muitos adotarem nomes com uma sonoridade mais cristã.[5] No século XIX, a discriminação levou à emigração de cerca de cem mil judeus alemães, em especial para os Estados Unidos, mas a maior parte ficou, principalmente por causa do crescimento acelerado da economia no fim do século. Os judeus estavam concentrados nas maiores cidades e vilas: em 1910, 25% viviam em Berlim, e em 1933 eram cerca de um terço. Nas cidades, aglomeraram-se em bairros específicos: em 1885, quase metade dos judeus de Hamburgo residia nos dois distritos de classe média de Harvestehude e Rotherbaum; e em 1900, quase dois terços dos judeus de Frankfurt residiam em quatro dos catorze distritos; em 1923, 70% dos judeus de Berlim residiam em cinco bairros centrais e ocidentais, quase todos de classe média. E mesmo nas cidades com as maiores populações judaicas — Berlim, Breslau e Frankfurt —, os judeus constituíam uma ínfima minoria, representando 4,3%, 6,4% e 7,1% das respetivas populações em 1871.[6]

Muitos judeus encontraram lugar no sector empresarial e nas profissões liberais. Ao lado da grande família de banqueiros Rothschild, surgiram muitas outras casas financeiras judaicas importantes, tais como a empresa bancária Bleichröder, à qual Bismarck confiou as suas finanças pessoais.[7] Muitos dos novos tipos de empresas de retalho, tais como os grandes armazéns, dos quais existiam cerca de duzentos na Alemanha antes da Primeira Guerra Mundial, eram propriedade de judeus, tais como a família Tietz ou os irmãos Wertheim.[8] Os judeus estavam particularmente bem representados na medicina, na advocacia, na ciência e na investigação, no ensino universitário, no jornalismo e nas artes.[9] A comunidade judaica estava a transformar-se lentamente de minoria religiosa ostracizada num dos muitos grupos étnicos de uma sociedade cada vez mais multicultural, a par de minorias como os polacos, os dinamarqueses, os alsacianos, os sorábios e outros. Tal como os demais grupos, foi adquirindo instituições representativas cada vez mais seculares, em especial a Associação Central dos Cidadãos Alemães de Religião Judaica, fundada em 1893. Porém, ao contrário da maior parte dos outros grupos étnicos, tinha sucesso económico, e os seus membros, em vez de fundarem o seu próprio partido político, tendiam a filiar-se e, por vezes, a assumir posições de liderança nos partidos políticos não extremistas, em particular da esquerda e do centro. A maior parte dos judeus identificava-se fortemente com o nacionalismo alemão, e se os partidos liberais foram particularmente atrativos para eles, isso deveu-se muito ao facto de apoiarem inequivocamente a criação de um Estado-nação alemão.[10] Por conseguinte, a história dos judeus no final do século XIX era essencialmente uma história de sucesso, e os judeus estavam ligados sobretudo aos desenvolvimentos mais modernos e progressistas que ocorriam na sociedade, na cultura e na economia.[11]

Foram desenvolvimentos como estes que tornaram os judeus alvos de agitadores insatisfeitos e sem escrúpulos como Hermann Ahlwardt. Para os descontentes e falhados, para os que tinham sido atropelados pelo rolo compressor da industrialização e ansiavam por uma sociedade mais simples, mais ordenada, mais segura e mais hierárquica, como a que imaginavam ter existido num passado não muito distante, os judeus simbolizavam a modernidade cultural, financeira e social. Era esse o caso, em especial, na cidade adotada por Ahlwardt, Berlim. Em 1873, a economia berlinense sofreu um golpe devastador com o fim abrupto do frenesi despesista e de investimentos que acompanhou a euforia da fundação do *Reich*. A depressão económica mundial, desencadeada pelo fracasso dos investimentos ferroviários nos Estados Unidos, causou falências e insolvências na Alemanha. As pequenas empresas e os trabalhadores foram duramente atingidos. Na sua incompreensão das forças que estavam a destruir o seu sustento, os mais afetados acreditaram facilmente nas afirmações dos jornalistas católicos e conservadores de que a culpa era dos financeiros judeus.

A depressão não dava sinais de abrandamento e o pregador da corte, Adolf Stöcker, fez coro com os jornalistas. Stöcker, que era um homem com origens humildes, lançou-se numa cruzada para salvar a classe trabalhadora da influência da social-democracia. Fundou o Partido Social-Cristão, que concorreu às eleições na década de 80 do século XIX com uma campanha explicitamente antissemita. A causa foi ajudada por Max Liebermann von Sonnenberg, que em 1880 ajudou a organizar uma petição nacional para a remoção dos judeus dos cargos públicos. Um dos principais radicais era Ernst Henrici, cuja retórica provocou tumultos na cidade pomerânia de Neustettin que culminaram no incêndio da sinagoga. Hermann Ahlwardt gravitou para este movimento nos anos 80 do século XIX, vingando a sua desgraça com um livro que atribuiu o seu infortúnio financeiro às maquinações dos prestamistas judeus, e sugeriu que os judeus eram todo-poderosos na sociedade alemã. Mas teve azar. Descobriu-se que as provas que forneceu para sustentar as suas afirmações, sob a forma de documentos que mostravam que o governo alemão estava a soldo do banqueiro judeu Gerson von Bleichröder, tinham sido escritas por si, e foi condenado a quatro meses de cadeia. Contudo, mal foi libertado, escreveu outro conjunto de afirmações emotivas e igualmente infundadas, declarando que um fabricante de armamento judeu tinha fornecido ao exército espingardas intencionalmente deficientes no âmbito de uma conspiração franco-judaica destinada a minar a eficácia militar da Alemanha. Tal como seria de esperar, estas afirmações valeram a Ahlwardt outra pena de prisão, desta vez de cinco meses.[12]

Mas ele não a cumpriu porque tinha conseguido convencer os pequenos lavradores de um círculo eleitoral profundamente rural de Brandemburgo a elegerem-no para o *Reichstag*. Andou de quinta em quinta a dizer-lhes que as suas desgraças, que na realidade se deviam a uma queda dos preços dos produtos agrícolas a nível mundial, eram obra dos judeus, que para os agricultores eram uma minoria religiosa distante e obscura residente nas grandes cidades e nos centros financeiros da Europa e do *Reich*. Por conseguinte, Ahlwardt beneficiou da imunidade parlamentar. O seu êxito demonstrou a atratividade daquele tipo de demagogia para os eleitores rurais; e outros antissemitas, tal como o bibliotecário hessiano Otto Böckel, também foram eleitos, em particular, por proporem aos camponeses medidas concretas como a criação de cooperativas para ultrapassarem as suas dificuldades económicas. No princípio de 1890, a ameaça dos antissemitas à hegemonia eleitoral do Partido Conservador Alemão nos distritos rurais foi considerada tão grave que o partido, alarmado com uma política governamental que iria provavelmente prejudicar ainda mais os interesses dos agricultores, aprovou no seu congresso de Tivoli de 1893, a inclusão no seu programa de um apelo ao combate à «intrometida e putrefacta influência judaica na vida do nosso povo»[13].

Mas esta situação revelou-se um ponto de viragem para o conjunto desgarrado dos políticos antissemitas. Não obstante a tentativa esforçada de outro agitador antissemita, Theodor Fritsch, para unir as várias tendências do antissemitismo político e capitalizar o descontentamento das classes média e baixa urbanas em termos económicos, o egotismo de figuras como Böckel impediu uma união genuína, e os antissemitas foram prejudicados por disputas intestinas. A influência de Fritsch fez-se sentir de outro modo. Publicou inúmeros textos antissemitas populares que foram lidos por muita gente até à sua morte e depois. Quando faleceu, em setembro de 1933, era deputado nazi no *Reichstag*. Contudo, nos anos que antecederam a guerra, Fritsch foi uma figura política marginal. No princípio da primeira década do século XX, os antissemitas foram desfeiteados pela coligação entre o Partido Social-Cristão berlinense e o Partido Conservador, e bloqueados nas regiões católicas pela disponibilidade do Partido do Centro para usar uma retórica antissemita semelhante. Böckel, Ahlwardt e outros rebeldes perderam os seus lugares de deputados, e os seus partidos, juntamente com as organizações antissemitas como a de Fritsch, desapareceram. Ahlwardt até conseguiu alienar outros antissemitas devido à violência da sua linguagem. Viveu durante algum tempo nos Estados Unidos e, quando regressou, dedicou-se a combater os males da maçonaria. Em 1909, foi novamente parar à cadeia, desta vez por chantagem; as suas dificuldades financeiras continuadas levaram-no inevitavelmente a tentar soluções cada vez mais criminosas. Morreu em 1914, de forma algo anticlimática, num acidente de viação.[14]

II

Ahlwardt foi um representante radical, mas não totalmente atípico do novo antissemitismo que começou a manifestar-se na Alemanha e na Europa no fim do século XIX. O antissemitismo tradicional centrava-se na religião dos judeus e derivava a sua potência política da sanção bíblica. O Novo Testamento culpa os judeus pela morte de Cristo e condena-os à infâmia eterna, declarando que eles aceitaram que o sangue de Cristo fosse derramado sobre eles e sobre os seus descendentes. Enquanto minoria não cristã numa sociedade regida por crenças e instituições cristãs, os judeus eram alvos óbvios e fáceis do ódio popular em tempos de crise como a Peste Negra, em meados do século XIV, quando a populaça europeia culpou os judeus pela enorme mortalidade e se vingou com inúmeros atos de violência e destruição. Não é por acaso que a história do antissemitismo moderno na Alemanha começa com Adolf Stöcker, pregador da corte. A hostilidade cristã aos judeus ofereceu uma rampa de lançamento crucial para o antissemitismo moderno, em especial porque incluiu com frequência um forte elemento de preconceitos raciais e se transformou em antissemitismo racial de várias formas. Todavia, em finais do século XIX, o antissemitismo de cariz religioso começou a ficar cada vez mais antiquado, pelo menos na sua forma mais pura e tradicional, em particular porque os judeus deixaram de ser uma minoria religiosa facilmente identificável e começaram a converter-se ao cristianismo e a entrar para a sociedade cristã pela via do matrimónio. Na década de 1870, ao procurarem bodes expiatórios para as suas dificuldades económicas, alguns demagogos e escrevinhadores das classes baixa e média viraram-se para os judeus, não como minoria religiosa, mas racial, e em lugar de advogarem a assimilação moral dos judeus pela sociedade alemã exigiram a sua exclusão total da sociedade.[15]

O mérito desta viragem — se é que mérito é uma palavra apropriada — é geralmente atribuído a Wilhelm Marr, um autor obscuro cujo panfleto *Der Sieg des Judenthums über das Germanenthum – Vom nicht konfessionellen Standpunkt aus betrachtet**, publicado em 1873, foi o primeiro a declarar, como ele escreveu num texto posterior, que: «Não se devem invocar preconceitos religiosos quando se trata de uma questão de raça e quando a diferença reside no "sangue".»[16] Marr inspirou-se nas teorias em voga de um racista francês, o conde Joseph Arthur de Gobineau, para comparar os judeus não com os cristãos, mas com os alemães, insistindo que eram duas raças distintas. Os judeus, afirmou ele, estavam na mó de cima na luta racial e mandavam praticamente no país; por conseguinte, não admirava que os artesãos e pequenos empresários honestos alemães estivessem a sofrer. Marr inventou o termo «antissemitismo», e em 1879 fundou a Liga dos Antissemitas, a primeira organização da história com esta palavra no nome. A organização, segundo Marr, dedicou-se a diminuir a influência dos judeus na vida alemã. Os seus escritos eram de um pessimismo apocalíptico. No seu «Testamento», Marr proclamou: «A questão judaica é o eixo em torno do qual gira a roda da história mundial», e registou sombriamente a sua opinião de que «todos os nossos desenvolvimentos sociais, comerciais e industriais assentam numa visão judaica do mundo»[17].

Mas o desespero de Marr também era de natureza pessoal. Ele tinha dificuldades financeiras constantes e foi duramente atingido pela turbulência financeira dos anos 70. A sua segunda mulher, uma judia, apoiou-o financeiramente até à sua morte, em 1874; a terceira, da qual

---

* «A vitória do judaísmo sobre o germanismo – Considerada de uma perspetiva não religiosa.» (*N. do T.*)

se divorciou depois de uma relação breve e desastrosa, era meio-judia, e ele culpou-a parcialmente da sua falta de dinheiro por ter de lhe pagar somas consideráveis para criar o filho de ambos. Marr concluiu de tudo isto — elevando com ousadia a sua experiência pessoal a uma regra geral da história mundial — que a pureza racial era admirável e a mistura racial uma garantia de calamidades. Dadas as raízes bastante pessoais do seu antissemitismo, não admira que Marr não se tenha envolvido muito na política: a Liga dos Antissemitas foi um fracasso e ele negou-se a apoiar os partidos antissemitas por considerá-los demasiado conservadores.[18] No entanto, outros autores juntaram-se rapidamente a Marr como propagandistas do novo antissemitismo racial. Por exemplo, o revolucionário Eugen Dühring equiparou o capitalismo aos judeus e argumentou que o socialismo tinha de procurar principalmente privar os judeus da sua influência financeira e política. O historiador nacionalista Heinrich von Treitschke disse que os judeus estavam a subverter a cultura alemã e popularizou a frase «os judeus são a nossa desgraça», palavras que nos anos seguintes se tornaram um *slogan* de muitos antissemitas, incluindo os nazis. Estes autores eram tudo menos figuras marginais do tipo de Hermann Ahlwardt. Eugen Dühring, por exemplo, exerceu uma atração poderosa sobre o movimento socialista, levando Friedrich Engels a escrever o seu célebre texto de 1878, *Anti-Dühring*, para bloquear a sua influência sobre o movimento laboral socialista. A história escrita por Heinrich von Treitschke foi uma das histórias da Alemanha mais lidas no século XIX, e as suas diatribes contra o que ele considerou o materialismo e a desonestidade dos judeus suscitaram uma reação em massa dos seus colegas berlinenses, entre os quais o classicista Theodor Mommsen, o patologista Rudolf Virchow e o historiador Gustav von Droysen, que fizeram coro com muitos outros académicos numa condenação inequívoca do «ódio e fanatismo raciais» do seu colega.[19]

Estas reações mostraram que não obstante a influência crescente dos autores antissemitas, a grande maioria da opinião pública respeitável da Alemanha, de esquerda e de direita, da classe média e da classe trabalhadora, continuava a opor-se a este tipo de racismo. As tentativas de levar o povo alemão a engolir ideias antissemitas tiveram pouco sucesso. A classe operária, em particular, e o seu principal representante político, o Partido Social-Democrata (a maior organização política da Alemanha, com mais deputados no *Reichstag* do que qualquer outro partido depois de 1912 e, pouco depois, com o maior número de votos nas eleições nacionais), opunham-se resolutamente ao antissemitismo, que consideravam atrasado e antidemocrático. E até os filiados mais humildes do partido rejeitavam os *slogans* de ódio do antissemitismo. Em 1898, um agente da polícia que escutava as conversas sobre política nas tabernas e bares de Hamburgo ouviu um operário dizer:

> O sentimento nacionalista não deve degenerar numa nação a sobrepor-se a outra. E pior será se considerarmos os judeus uma raça subordinada e a combatermos. Os judeus têm alguma culpa de descenderem de outra linhagem? Foram sempre um povo oprimido, por isso estão dispersos (pelo mundo). O social-democrata pretende obviamente a igualdade de toda a gente com espírito humano. O judeu não é o pior, longe disso.[20]

Noutras ocasiões, trabalhadores foram ouvidos a desdenhar dos antissemitas, a condenar a violência antissemita e a apoiar o desejo de igualdade civil dos judeus. Estas opiniões eram completamente típicas dos operários dos meios do movimento laboral antes de 1914.[21]

O pior de que os sociais-democratas podiam ser acusados era de não levarem a sério a ameaça colocada pelo antissemitismo e de deixarem alguns estereótipos antissemitas aparecerem num pequeno número de caricaturas publicadas nas suas revistas recreativas.[22] Em algumas zonas, os sociais-democratas e os antissemitas apoiaram-se mutuamente nas segundas voltas eleitorais, mas isto não significou que subscrevessem os respetivos princípios; apenas fizeram temporariamente causa comum enquanto partidos de protesto contra as elites estabelecidas.[23] Nalgumas vilas e aldeias atrasadas, principalmente no Leste profundamente rural, as acusações medievais de assassinatos rituais ocasionalmente lançadas contra os judeus granjearam algum apoio popular e até deram origem a manifestações de protesto. Mas nenhuma destas acusações foi provada em tribunal. Os pequenos empresários, os lojistas, os artesãos e os pequenos agricultores eram os mais dados ao antissemitismo declarado, seguindo uma tradição de antissemitismo populista organizado que remonta pelo menos à Revolução de 1848 em algumas regiões, mas não na sua forma racista moderna.[24] Contudo, a maior parte dos empresários e profissionais liberais da classe média culta continuou a trabalhar sem problema nenhum com os seus colegas judeus, cuja presença nos partidos políticos liberais era suficientemente forte para os impedir de adotarem os argumentos centrais ou as atitudes dos antissemitas. Os partidos antissemitas continuaram a ser um fenómeno marginal e de protesto e desapareceram quase todos pouco depois da viragem do século.

Todavia, o seu declínio e queda foi relativamente enganador. Uma das razões do seu desaparecimento foi a adoção de ideias antissemitas pelos partidos não radicais, cujos eleitores incluíam os segmentos das classes média e baixa economicamente ameaçados e aos quais os antissemitas tinham apelado — o Partido Conservador e o Partido do Centro. O Partido Conservador baseou-se nas políticas antissemitas do seu programa de Tivoli, adotado em 1893, e continuou a exigir a diminuição do que considerava ser a influência subversiva dos judeus na vida pública. Os seus preconceitos antissemitas agradaram a segmentos importantes da sociedade rural protestante do norte da Alemanha e aos artesãos, lojistas e pequenos empresários representados na ala social-cristã do partido. No caso do Partido do Centro, que era muito maior, mas que tinha menos influência no *Reich*, os judeus, ou antes, a sua imagem distorcida e polémica, simbolizavam o liberalismo, o socialismo e a modernidade, que eram rejeitados pela Igreja. Esta visão agradava ao grande número de artesãos e camponeses filiados no partido; foi difundida por grupos de protesto autónomos organizados pelo campesinato católico cujas ideias não eram muito diferentes das de Otto Böckel, e era partilhada por uma grande parte da liderança eclesiástica, muito pela mesma razão. No Vaticano, o antissemitismo religioso e racial fundiu-se com algumas das diatribes antijudaicas publicadas por autores eclesiásticos em alguns dos jornais e revistas ultramontanos da linha dura.[25]

Além do mais, os preconceitos antissemitas eram suficientemente potentes nas camadas superiores da sociedade — a corte, o funcionalismo público, o exército e as universidades — para funcionarem como um aviso permanente aos judeus de que eles não eram membros iguais da nação alemã.[26] Os antissemitas conseguiram colocar a «questão judaica» na agenda política, pelo que a participação dos judeus nas principais instituições sociais nunca deixou de suscitar discussões e debates. No entanto, a questão foi sempre discutida sem grande alacridade, mesmo pelos padrões da época. Um historiador especulou sobre o que aconteceria se um viajante temporal oriundo de 1945 regressasse à Europa imediatamente antes da Primeira Guerra Mundial e dissesse a um contemporâneo inteligente e informado que daí a trinta anos uma nação europeia iria fazer uma tentativa sistemática para matar todos os judeus da Europa, tendo exterminado quase seis milhões. Se o viajante convidasse o contemporâneo a adivinhar qual seria essa nação, o mais provável era que ele escolhesse a França, onde o caso Dreyfus tinha recentemente conduzido a uma eclosão generalizada de antissemitismo popular violento. Ou talvez escolhesse a Rússia, onde as Centenas Negras czaristas vinham massacrando um grande número de judeus desde o fracasso da Revolução de 1905.[27] Que a Alemanha, com a sua comunidade judaica extremamente aculturada e a ausência comparativa de antissemitismo político declarado ou violento, seria a nação que desencadearia a campanha de extermínio, era algo que não lhe teria ocorrido. A política antissemita ainda era bastante marginal. No entanto, alguma propaganda dos antissemitas começou a ganhar ouvintes na política «normal» — por exemplo, a ideia de que uma coisa chamada «espírito judeu» era «subversiva», ou de que os judeus tinham uma influência «excessiva» em áreas da sociedade como o jornalismo e a magistratura. Além disso, os partidos antissemitas introduziram um modo demagógico e agitador de fazer política que se libertou das restrições habituais impostas pelo decoro político. Este estilo também continuou a ser marginal, mas, também neste caso, tornou-se possível articular nas sessões parlamentares e nos comícios eleitorais ódios e preconceitos que em meados do século XIX teriam sido considerados totalmente inaceitáveis no discurso público.[28]

Os anos 80 e o princípio da década de 90 do século XIX assistiram essencialmente, além da familiarização com o antissemitismo, à reunião, nas franjas da vida política e intelectual, de muitos dos ingredientes que mais tarde entraram na potente e eclética poção ideológica do nacional-socialismo. Um dos papéis principais deste processo foi desempenhado por autores antissemitas como o escritor populista Julius Langbehn, que afirmou no livro *Rembrandt als Erzieher** (publicado em

* *Rembrandt como Educador.* (*N. do T.*)

1890) que o pintor holandês era de um tipo racial norte-alemão clássico e apelou ao regresso da arte alemã às suas raízes raciais, um imperativo cultural que os nazis adotariam com muito entusiasmo. Estes autores desenvolveram uma nova linguagem de veemência e violência nas suas diatribes contra os judeus. Para Langbehn, os judeus eram «um veneno para nós e terão de ser tratados como tal»; «os judeus não passam de uma praga e de uma cólera passageiras», escreveu ele em 1892. O livro de Langbehn teve quarenta edições e continuou a vender imenso durante bastante tempo, combinando ataques grosseiros ao que o autor chamou «judeus e idiotas, judeus e velhacos, judeus e prostitutas, judeus e professores, judeus e berlinenses» com o apelo à restauração de uma sociedade hierárquica liderada por um «*Kaiser* secreto» que surgiria um dia das sombras para devolver à Alemanha a sua antiga glória.[29]

Estas ideias foram adotadas e trabalhadas pelo círculo reunido em torno da viúva do compositor Richard Wagner, em Bayreuth. Wagner viveu nesta cidade do norte da Baviera até à sua morte em 1883, e as suas epopeias músico-dramáticas eram interpretadas todos os anos na ópera que ele tinha mandado construir para o efeito. As suas obras foram concebidas, em particular, para difundir mitos nacionalistas pseudo-germânicos nos quais figuras heroicas das lendas nórdicas serviam de modelos de líderes para o futuro alemão. Wagner já era um antissemita cultural no princípio dos anos 50 do século XIX, tendo argumentado no seu famigerado livro *O Judaísmo na Música* que o «espírito judeu» era inimigo da profundidade musical. O remédio que propôs foi a assimilação completa dos judeus pela cultura alemã e a substituição da religião judaica — aliás, de todas as religiões — pelos impulsos estéticos seculares como os que ele introduzia nos seus dramas musicais. Contudo, no fim da sua vida, as suas opiniões adquiriram um tom cada vez mais racista devido à influência da sua segunda mulher, Cosima Wagner, filha do compositor Franz Liszt. No fim da década de 1870, ela escreveu no seu diário que Wagner, que na altura tinha uma opinião nitidamente pessimista sobre a civilização, tinha lido o texto antissemita publicado por Wilhelm Marr em 1873 e estava de acordo com ele. Devido a esta mudança de posição, Wagner deixou de desejar a assimilação dos judeus pela sociedade alemã e passou a pretender a sua exclusão. Em 1881, Cosima escreveu no seu diário que o marido, ao falar do clássico teatral *Nathan, o Sábio*, da autoria de Lessing, e de um incêndio desastroso no Ringtheater de Viena, no qual tinham morrido mais de quatrocentas pessoas, incluindo muitos judeus, dissera «com um remoque veemente, que os judeus deviam arder todos durante uma representação de *Nathan*»[30].

A viúva de Wagner transformou Bayreuth numa espécie de templo para um grupo de seguidores dedicados a cultivar a memória sagrada do mestre. As opiniões do círculo que se reuniu em seu torno em Bayreuth eram de um antissemitismo raivoso. O círculo de Bayreuth não se poupou a esforços para interpretar as óperas de Wagner como opondo heróis nórdicos contra vilões judeus, embora a sua música pudesse obviamente ser interpretada de muitas outras maneiras. Duas das figuras de proa eram Ludwig Schemann, um erudito que traduziu em 1898 o tratado de Gobineau sobre a desigualdade racial para alemão, e o inglês Houston Stewart Chamberlain, nascido em 1855, que desposou uma das filhas de Wagner e publicou uma biografia elogiosa do grande homem. Enquanto Cosima e os seus amigos difundiam as suas ideias, publicando mensalmente o boletim *Bayreuther Blätter*, Schemann viajava pelo país falando em reuniões antissemitas e fundando diversas organizações racistas radicais, em especial a Sociedade Gobineau, em 1894. Nenhuma teve grande sucesso, mas a difusão das ideias do teórico racial francês por Schemann contribuiu muito para consagrar o termo por ele inventado, «ariano», nos meios racistas alemães. Este termo, originalmente usado para denotar os antepassados comuns dos falantes de línguas germânicas como o inglês e o alemão, começou a ser utilizado devido ao argumento de Gobineau segundo o qual a sobrevivência racial só podia ser garantida pela pureza racial, tal como estava supostamente preservada no campesinato alemão ou «ariano», e de que a mistura racial resultava num declínio cultural e político.[31]

Mas quem teve o maior impacto foi Chamberlain, com o livro *Die Grundlagen des neunzehnten Jahrhunderts*[*], publicado em 1900. Num texto vaporoso e místico, Chamberlain retratou a história em termos de uma luta pela supremacia entre as raças alemã e judaica, os dois únicos grupos raciais que tinham mantido a sua pureza original num

[*] *Os Fundamentos do Século XIX*. (*N. do T.*)

mundo de miscigenação. Os alemães, heroicos e cultos, tinham pela frente os implacáveis e mecanísticos judeus que Chamberlain, em vez de menosprezar como grupo marginal ou inferior, elevou ao estatuto de ameaça cósmica à sociedade humana. A luta racial estava ligada a uma luta religiosa, e Chamberlain dedicou uma grande parte do livro a tentar provar que o cristianismo era essencialmente germânico e que Jesus, não obstante todas as provas em contrário, não era judeu. A obra de Chamberlain impressionou muitos leitores com o seu apelo à ciência para sustentar os seus argumentos; neste aspeto, o contributo mais importante de Chamberlain foi a fusão do antissemitismo e do racismo com o darwinismo social. O cientista inglês Charles Darwin disse que os reinos animal e vegetal estavam sujeitos a uma lei de seleção natural na qual os mais aptos sobreviviam e os mais fracos ou menos adaptados pereciam, garantindo assim o melhoramento da espécie. Os darwinistas sociais aplicaram este modelo à raça humana.[32] Foi assim que se fundiram algumas das ideias-chave posteriormente adotadas pelos nazis.

III

Chamberlain não foi o único a avançar este tipo de ideias. Diversos autores, cientistas e outros contribuíram para o aparecimento, na última década do século XIX, de uma variante dura e selecionista do darwinismo social que, em lugar de dar enfoque à evolução pacífica, se centrou na luta pela sobrevivência. Um dos representantes característicos desta nova escola de pensamento foi o antropólogo Ludwig Woltmann, que aventou em 1900 que a raça ariana ou alemã representava o apogeu da evolução humana e, logo, era superior a todas as outras. Por conseguinte, disse ele, «a raça germânica foi escolhida para dominar a terra»[33]. Porém, as outras raças estavam a impedir que tal acontecesse. Na perspetiva de algumas pessoas, os alemães necessitavam de mais «espaço vital» — *Lebensraum* —, que teria de ser adquirido à custa de terceiros, mais provavelmente dos eslavos. Isto não porque o país estivesse literalmente sobrelotado — não existiam provas de que estivesse —, mas porque os proponentes destas opiniões pegaram na ideia da territorialidade do reino animal e aplicaram-na à sociedade humana. Assustados com o enorme crescimento das cidades alemãs, pretendiam a restauração de um ideal rural no qual colonos alemães mandariam nos camponeses eslavos «inferiores», tal como tinham feito, começaram os historiadores a dizer-lhes, no centro e no leste da Europa durante a Idade Média.[34] Estas visões da política internacional como uma arena de luta entre raças diferentes pela supremacia ou pela sobrevivência já eram moeda corrente no seio da elite política alemã quando a Primeira Guerra Mundial eclodiu. Figuras como Erich von Falkenhayn, o ministro da Guerra, Alfred von Tirpitz, o ministro da Marinha, Kurt Riezler, conselheiro de Bethmann Hollweg, o chanceler do *Reich*, e Georg Alexander von Müller, chefe do Gabinete Naval Imperial, viam a guerra como um meio de preservar ou afirmar a raça alemã contra os latinos e os eslavos. A guerra, como disse celebremente o general Friedrich von Bernhardi num livro publicado em 1912, era uma «necessidade biológica»: «Sem a guerra, as raças inferiores ou decadentes abafariam facilmente o crescimento dos rebentos saudáveis e seguir-se-ia a decadência universal.» A política externa não deveria ser conduzida entre Estados, mas entre raças. Foi um início da diminuição da importância do Estado que teve um papel importantíssimo na política externa nazi.[35]

O sucesso na guerra, uma preocupação crescente dos líderes e políticos alemães do centro e da direita depois da viragem do século, também exigia (para alguns) a tomada de medidas positivas para melhorar a raça. Um dos aspetos da deriva selecionista do darwinismo social na última década do século XIX foi uma ênfase acrescida na «seleção negativa». Houve quem dissesse que melhorar a raça com habitação de melhor qualidade, uma nutrição saudável, higiene e saneamento e outras políticas similares era muito bom, mas não bastaria para contrariar a influência do abandono pela sociedade do princípio da luta pela sobrevivência, por cuidar dos fracos, dos não saudáveis e dos inaptos. Semelhante política, argumentaram alguns médicos cujas opiniões foram reforçadas pelo aparecimento da ciência da genética, estava a intensificar a degeneração da raça humana. Tinha de ser contrariada com uma abordagem científica à procriação que reduzisse ou eliminasse os fracos e melhorasse e multiplicasse os fortes. Um dos que formularam este tipo de argumentos foi Wilhelm Schallmayer, cujo ensaio advogando uma abordagem eugenística às políticas sociais ganhou o primeiro prémio num concurso nacional organizado pelo industrial Alfred Krupp em 1900. O médico Alfred Ploetz também disse que o apogeu da evolução humana tinha sido atingido pelos alemães. Segundo ele, em caso de guerra, os espécimes inferiores deveriam ser enviados para a frente de combate para que os inaptos fossem eliminados primeiro. O mais lido de todos foi Ernst Haeckel, cuja obra de divulgação das ideias darwinistas, *Os Enigmas do Universo*, publicada em 1899, foi um *bestseller*.[36]

No entanto, seria um erro ver estas opiniões como elementos constituintes de uma ideologia coerente ou unificada, e muito menos de uma ideologia que denote uma linha reta até ao nazismo. Schallmayer, por exemplo, não era antissemita e rejeitou liminarmente a ideia da superioridade da raça «ariana». Woltzmann também não era hostil aos judeus e a sua atitude fundamentalmente positiva em relação à Revolução Francesa (cujos líderes, disse ele, de forma algo implausível, eram racialmente alemães, como todas as grandes figuras históricas) não agradou minimamente aos nazis. Mas Haeckel argumentou que a pena capital devia ser usada em larga escala para eliminar os criminosos da cadeia da hereditariedade, e advogou o assassinato dos doentes mentais com injeções de químicos e eletrochoques. Haeckel também era racista e pronunciou o veredicto de que nenhuma raça com o cabelo encarapinhado tinha realizado o que quer que fosse com importância histórica. Contudo, também disse que a guerra seria uma catástrofe eugénica porque mataria os melhores jovens e os mais valentes do país. Por conseguinte, os seus discípulos, organizados na Liga Monista, tornaram-se pacifistas e rejeitaram completamente a ideia da guerra — uma doutrina que os não tornou queridos dos nazis. Muitos pagaram caro os seus princípios depois da eclosão da guerra em 1914.[37]

O que mais prefigurou a ideologia nazi foram os escritos de Ploetz, que apimentou as suas teorias com uma dose considerável de antissemitismo e colaborou com grupos supremacistas nórdicos. Contudo, até à Primeira Guerra Mundial, não parece existir muitas provas de que Ploetz tenha considerado a raça «ariana» superior às demais, ao contrário de um dos seus colaboradores mais próximos, Fritz Lenz. Ploetz assumiu uma posição implacavelmente meritocrática em relação ao planeamento eugénico, argumentando, por exemplo, que em todos os partos devia estar presente um painel de médicos incumbido de decidir se o bebé deveria viver ou ser morto por ser fraco e inadequado. O darwinista Alexander Tille advogou o assassinato dos deficientes mentais e físicos e concordou com Ploetz e Schallmayer em que as doenças infantis não deviam ser tratadas para que os fracos fossem eliminados da cadeia da hereditariedade. Em 1905, Ploetz e o seu ex-cunhado, Ernst Rüdin, fundaram a Associação Alemã de Higiene Racial para propagar as suas opiniões. A associação tornou-se rapidamente influente nos meios médicos e de assistência social. Gobineau era, em muitos aspetos, um conservador e via o ideal eugénico corporizado pela aristocracia. Mas estes pensadores alemães assumiram uma posição muito mais dura e potencialmente mais revolucionária, considerando os traços hereditários independentes da classe social.[38]

Na véspera da Primeira Guerra Mundial, as suas ideias já tinham chegado, numa forma ou noutra, a esferas como a medicina, a assistência social, a criminologia e o direito. Os desviantes sociais como as prostitutas, os alcoólicos, os ladrões, os vagabundos e quejandos eram cada vez mais vistos como hereditariamente maculados, e os apelos dos especialistas à sua esterilização à força tornaram-se demasiado sonoros para passarem despercebidos. Estas ideias tiveram tanta influência nos meios da assistência social que até os sociais-democratas levaram a sério a proposta de Alfred Grotjahn de associar os melhoramentos na habitação e na assistência social à esterilização obrigatória dos dementes, dos «madraços» e dos alcoólicos.[39] Estes desenvolvimentos refletiram a influência crescente da profissão médica em especialidades em rápido crescimento como a criminologia e a assistência social. As vitórias da ciência médica alemã no século XIX, com a descoberta dos bacilos causadores de doenças como a cólera e a tuberculose, conferiram-lhe um prestígio intelectual ímpar e ofereceram inadvertidamente aos antissemitas uma linguagem completamente nova para expressarem o seu ódio e medo em relação aos judeus. O resultado foi a medicalização da sociedade, e as pessoas comuns, incluindo uma percentagem cada vez maior da classe operária, começaram a adotar práticas de higiene como a lavagem regular, a desinfeção das casas de banho, a fervura da água para beber e assim por diante. O conceito de higiene começou a propagar-se da medicina a outras esferas da vida, incluindo não só a «higiene social» mas também, de forma crucial, a «higiene racial».

Todavia, não obstante todas as discussões e debates sobre estas questões antes de 1914, estas ideias não tiveram um efeito muito grande nas políticas governamentais e sua implementação. Fora da comunidade científica, os propagandistas da procriação de uma super-raça loura ariana, como Lanz von Liebenfels, editor da *Ostara, Briefbücherei der Blonden und Mannesrechtler**, agradavam apenas a um submundo de política extremista e a seitas políticas minoritárias e excêntricas.[40] No entanto, o aparecimento destas ideias, juntamente com a influência crescente que tiveram no debate público, foi um elemento significativo nas origens da ideologia nazi. A multidão desgarrada de cientistas, médicos e propagandistas da higiene racial uniu-se em torno de vários princípios fundamentais. O primeiro era que a hereditariedade tinha uma importância significativa na determinação do carácter e do comportamento humano. O segundo, decorrente do primeiro, era que a sociedade, liderada pelo Estado, devia gerir a população de forma que aumentasse a eficiência nacional. Os «aptos» tinham de ser persuadidos ou forçados a procriar mais, e os «inaptos» a procriar menos. Terceiro, independentemente da forma como estes termos eram entendidos, o movimento da higiene racial introduziu uma lógica ameaçadoramente racional e a classificação científica das pessoas entre as que eram e as que não eram «valiosas» para a nação. O termo «baixa qualidade» — em alemão, *minderwertig*, literalmente «de valor inferior» — começou a ser usado pelos assistentes sociais e pelos médicos para muitos tipos de desviantes sociais antes da Primeira Guerra Mundial. Ao rotularem assim as pessoas, os higienistas sociais abriram a porta ao controlo, ao abuso e, por fim, ao extermínio dos «sem valor» por parte do Estado através de medidas como a esterilização forçada e até a execução, que alguns deles começaram a advogar antes de 1914. Por último, esta abordagem tecnocraticamente racionalista à gestão populacional pressupôs uma abordagem inteiramente secular e instrumental da moralidade. Preceitos cristãos como a santidade do matrimónio e da paternidade ou a igualdade de valor de todos os seres dotados de uma alma imortal

* *Ostara, a Revista dos Louros e Masculinistas.* (*N. do T.*)

foram lançados borda fora. Estas ideias podiam ser muitas coisas, mas não eram tradicionais nem antiquadas. Aliás, alguns dos seus proponentes, tais como Woltzmann e Schallmayer, consideravam-se de esquerda, embora poucos sociais-democratas comungassem das suas ideias. Fundamentalmente, a higiene racial nasceu da ideia de a sociedade ser governada com princípios científicos, independentemente de quaisquer outras considerações. Representou uma variante nova do nacionalismo alemão com poucas probabilidades de ser partilhada pelos conservadores ou pelos reacionários, ou aprovada pelas Igrejas cristãs ou mesmo por qualquer forma de religião organizada ou estabelecida.[41]

O antissemitismo e a higiene racial foram os componentes principais da ideologia nazi. Integraram-se numa secularização geral do pensamento que ocorreu no final do século XIX como aspetos de uma rebelião contra o que um número crescente de escritores e pensadores considerou a complacência apática e estupidificante das atitudes liberais e burguesas que tinham dominado a Alemanha em meados do século. O contentamento de muitos alemães cultos da classe média com a concretização da nacionalidade na década de 1870 deu lugar a uma variedade de insatisfações nascidas do sentimento de que o desenvolvimento espiritual e político da Alemanha tinha parado e precisava de continuar. Este descontentamento foi energicamente expressado na palestra universitária inaugural do sociólogo Max Weber, durante a qual chamou à unificação de 1871 uma «partida de adolescentes» da nação alemã.[42] O profeta mais influente destas opiniões foi o filósofo Friedrich Nietzsche, que se insurgiu, numa prosa poderosa e contundente, contra o conservadorismo ético do seu tempo. Nietzsche foi, de muitas formas, uma figura comparável a Wagner, pelo qual nutriu uma enorme admiração durante uma grande parte da sua vida. Tal como Wagner, Nietzsche era uma figura complexa cuja obra podia ser interpretada de muitas maneiras. Nietzsche defendeu nos seus escritos que o indivíduo devia libertar-se das restrições morais convencionais vigentes. Os seus textos foram comummente interpretados, até 1914, como um apelo à emancipação pessoal. Tiveram uma grande influência sobre diversos grupos liberais e radicais, incluindo, por exemplo, o movimento feminista, onde uma das figuras mais imaginativas, Helene Stöcker, escreveu em numerosos ensaios, numa prosa subnietzschiana, que a mensagem do mestre era que as mulheres se deviam libertar para desenvolverem a sua sexualidade fora do matrimónio com a ajuda de contracetivos mecânicos e direitos iguais para os filhos ilegítimos.[43]

No entanto, houve quem retirasse uma ilação diferente dos escritos do grande filósofo. Nietzsche era um opositor enérgico do antissemitismo; era profundamente crítico do culto vulgar do poder e do sucesso que tinha resultado (na sua opinião) da unificação da Alemanha pela força militar, em 1871, e os seus conceitos mais célebres, tais como «vontade de poder» e «super-homem», destinaram-se a uma aplicação exclusiva à esfera do pensamento e das ideias e não da política nem da ação. Todavia, a força da sua prosa permitiu a redução fácil destas palavras a *slogans*, que foram privados do seu contexto filosófico e aplicados de formas que ele teria inequivocamente desaprovado. O seu conceito do ser humano ideal, liberto de restrições morais e vitorioso sobre os fracos através da força de vontade, foi apropriado sem grande dificuldade pelos que acreditavam — ao contrário dele — na procriação da raça humana com base em critérios raciais e eugénicos. A sua irmã, Elisabeth Förster, teve uma influência central nestas interpretações, pois vulgarizou e popularizou as suas ideias, sublinhando os seus aspetos brutais e elitistas, e tornou-as apelativas para os nacionalistas radicais de direita. Autores como Ernst Bertram, Alfred Bäumler e Hans Günther reduziram Nietzsche a um profeta do poder e o seu conceito de super-homem a um apelo ao aparecimento de um grande líder alemão liberto das restrições morais ou da teologia cristã.[44]

Outros, inspirados nos estudos antropológicos alemães sobre as sociedades indígenas da Nova Guiné e de outras partes do império colonial alemão, levaram o elitismo espiritual de Nietzsche mais longe e apelaram à criação de uma sociedade governada por um grupo de irmãos de armas, uma elite de jovens vigorosos que governaria o Estado como uma irmandade de cavaleiros medievais. Nesta visão profundamente misógina do mundo, as mulheres não tinham qualquer papel, exceto a procriação da elite do futuro, uma crença partilhada de formas menos radicais por muitos eugenistas e higienistas raciais. Heinrich Schurtz e outros académicos difundiram a ideologia dos irmãos de armas através de diversas publicações, mas a maior influência desta ideologia foi sobre o movimento juvenil, no qual os jovens, na sua maioria da classe média, faziam caminhadas, comungavam com a natureza, cantavam canções nacionalistas à roda da fogueira e desdenhavam da política bafienta, da moralidade hipócrita e do artificialismo social do mundo dos adultos. Hans Blüher e outros autores, muito influenciados pelo movimento juvenil, chegaram ao extremo de apelar a que o Estado fosse reorganizado de forma antidemocrática e liderado por um grupo coeso de homens heroicos unidos por laços homoeróticos de amor e afeto. Os proponentes destas ideias começaram a fundar organizações pseudomonásticas e conspiratórias antes da Primeira Guerra Mundial, em particular a Ordem Germânica, criada em 1912. No mundo destas minúsculas seitas seculares, o simbolismo e os rituais «arianos» tinham um papel central: os seus membros reclamaram as runas e o culto solar como sinais essenciais de germanismo e adotaram o símbolo indiano da suástica como emblema «ariano» sob a influência do poeta de Munique Alfred Schuler e do teórico racial Lanz von Liebenfels, que em 1907 arvorou uma bandeira com a suástica no seu castelo na Áustria. Eram ideias estranhas, mas a sua influência em muitos jovens da classe média que passaram pelas organizações do movimento juvenil antes da Primeira Guerra Mundial não deve ser subestimada, nem que seja porque contribuíram para uma revolta generalizada contra as convenções burguesas da geração nascida na última década do século XIX e no decénio seguinte.[45]

O enfoque destas correntes de pensamento contrastava de forma acentuada com as virtudes burguesas da sobriedade e da moderação, e era diametralmente oposto aos princípios basilares do nacionalismo liberal, tais como a liberdade de pensamento, o governo representativo, a tolerância pelas opiniões dos outros e os direitos fundamentais do indivíduo. É mais do que provável que a grande maioria dos alemães ainda acreditasse nestas coisas na viragem do século. O partido político mais popular da Alemanha, o Partido Social-Democrata, considerava-se o guardião dos princípios que, na sua perspetiva, os liberais alemães não tinham conseguido defender. Os liberais ainda tinham muito peso e até houve sinais de um modesto revivalismo liberal nos últimos anos de paz.[46] Contudo, nessa altura já estavam a ser feitas tentativas sérias para fundir numa nova síntese algumas das ideias do nacionalismo radical, do antissemitismo e da rebelião contra as convenções, e para lhe dar uma forma organizacional. O turbilhão político das ideologias raciais que deu origem ao nazismo já estava a girar poderosamente muito antes da Primeira Guerra Mundial.[47]

O espírito de 1914

I

No outro lado da fronteira, na Áustria germanófona, Georg Ritter von Schönerer, filho de um engenheiro ferroviário enobrecido pelo imperador habsburgo por serviços prestados ao Estado, ofereceu outra versão do antissemitismo racial. No ano a seguir a ser derrotada pela Prússia, em 1866, a monarquia habsburguesa restruturou-se em duas metades iguais, a Áustria e a Hungria, ligadas pela pessoa do imperador Francisco José e pela administração central de Viena. O pessoal administrativo compunha-se esmagadoramente de falantes de alemão, e os cerca de seis milhões de alemães austríacos reconciliaram-se com a sua expulsão da Confederação Alemã, identificando-se fortemente com os Habsburgos e considerando-se o elemento governante do Império. Mas Schönerer não estava satisfeito com isto. «Quem dera que pertencêssemos ao Império Alemão!», exclamou ele no parlamento austríaco em 1878. Schönerer era um proprietário agrícola radical e progressista, e um proponente do sufrágio universal masculino, da secularização total do ensino, da nacionalização dos caminhos de ferro — quiçá um reflexo da profissão do pai — e do apoio do Estado aos pequenos agricultores e artesãos. Considerava os húngaros e as outras nacionalidades da monarquia habsburguesa travões ao progresso dos alemães, que na sua perspetiva estariam muito melhor em termos económicos e sociais numa união com o *Reich* Alemão.[1]

Com o passar do tempo, a crença de Schönerer na superioridade racial alemã associou-se a um antissemitismo cada vez mais intenso. Em 1885, Schönerer acrescentou aos onze pontos do seu Programa de

Linz, um manifesto nacionalista alemão elaborado em 1879, um décimo segundo ponto a exigir «a eliminação da influência judaica de todos os sectores da vida pública» como precondição para as reformas que ele pretendia. A presença de Schönerer no parlamento austríaco permitiu-lhe fazer campanha contra a influência dos judeus, por exemplo, nas empresas ferroviárias, e conferiu-lhe imunidade quando usava uma linguagem extravagante para os condenar. Schönerer fundou uma série de organizações para difundir as suas opiniões, e uma delas, a Associação Pangermânica, conseguiu eleger vinte e um deputados para o Parlamento em 1901. A associação fragmentou-se pouco depois devido às querelas pessoais entre os seus líderes, mas o seu exemplo deu origem a outras organizações antissemitas. A sua insistência constante na suposta influência maligna dos judeus foi um pretexto para que um político municipal cínico como o conservador social-cristão Karl Lueger usasse a demagogia antissemita para se guindar ao cargo de presidente da Câmara de Viena como representante do Partido Social-Cristão, um movimento de direita em rápida ascensão em 1897. Lueger manteve-se em funções durante uma década e deixou a sua marca indelével na cidade com uma mistura de agitação populista e reformas municipais criativas e socialmente progressistas.[2]

Schönerer nunca teve tanto apoio popular, mas se o antissemitismo de Lueger, apesar de influente, era essencialmente oportunista — «Eu é que decido quem é *Yid*», disse ele celebremente ao ser criticado por jantar com judeus influentes em Viena —, o de Schönerer era visceral e inflexível. De facto, Schönerer proclamou que o antissemitismo era «a maior realização do século»[3]. Com o passar do tempo, as suas ideias foram-se tornando cada vez mais radicais. Schönerer descreveu-se a si próprio como pagão, liderou um movimento anticatólico com a palavra de ordem «fora com Roma», e cunhou a saudação pseudo-medieval «salve!» — *Heil* —, que usou no parlamento em 1902, para indignação geral dos deputados, quando concluiu um discurso declarando a sua fidelidade à família real alemã e não à austríaca — «Viva e salve os Hohenzollerns!» Os seguidores de Schönerer chamavam-lhe «Líder» (*Führer*), outro termo que terá sido introduzido pelo seu movimento no vocabulário político da extrema-direita. Schönerer propôs rebatizar os festivais anuais e os meses do ano com nomes germânicos como

«*Yulefest*» (Natal) e «Lua do Feno» (junho). Mas ainda mais excêntrica foi a sua proposta de criação de um novo calendário a partir da derrota de um exército romano pela tribo germânica dos cimbros na Batalha de Noreia em 118 a.C. Schönerer organizou um festival (sem grande sucesso) para inaugurar o novo milénio com o ano 2001 n.N. (as iniciais de *nach Noreia*, «depois de Noreia»).[4]

Schönerer era um antissemita racial inflexível. Um dos seus *slogans* tipicamente atrativos era: «As religiões são todas a mesma coisa, quem tem culpa é a raça.» O seu extremismo meteu-o em sarilhos com as autoridades em várias ocasiões, em especial em 1888, quando uma notícia falsa sobre a morte do *Kaiser* Guilherme I o levou a irromper pelos escritórios do jornal em causa e a atacar fisicamente alguns funcionários. Depois de brindar em público a Guilherme como «o nosso glorioso imperador», o indignado imperador habsburguês, Francisco José, privou-o do seu título de nobreza, e o Parlamento retirou-lhe a imunidade para ele cumprir uma pena de quatro meses de cadeia. Mas nada disto o impediu, depois de ser libertado, de declarar que «ansiava pelo dia em que um exército alemão invadisse a Áustria e a destruísse». Por causa do seu extremismo, Schönerer nunca saiu verdadeiramente das franjas da política. Aliás, em 1907, não conseguiu ser reeleito para o Parlamento e o número de deputados que seguiam a sua linha diminuiu para três. Talvez Schönerer estivesse mais interessado em propagar ideias do que em adquirir poder, mas desta forma teve mais tarde uma influência considerável sobre o nazismo.[5]

O antissemitismo austríaco não foi de todo um fenómeno separado do antissemitismo alemão. A língua e a cultura em comum com a Alemanha e o facto de a Áustria ter pertencido ao Sacro Império Romano da Nação Alemã durante mais de mil anos e, depois, à Confederação Alemã até à sua rude expulsão por Bismarck, em 1866, fez com que as influências políticas e culturais atravessassem facilmente a fronteira. Schönerer, por exemplo, era um discípulo assumido do antissemita alemão Eugen Dühring. Os cidadãos do *Reich* Alemão, em particular no sul católico, que procuravam inspiração em Viena, repararam inevitavelmente no misto de reformas sociais, fidelidade católica e retórica antissemita de Lueger. A definição racial dos judeus formulada por Schönerer, o seu culto do mito «ariano», o seu paganismo assumido e a sua antipatia pelo cristianismo, a sua crença na superioridade dos alemães e o seu desprezo pelas outras raças, em especial pelos eslavos, eram parcialmente partilhados pelos antissemitas mais radicais do Império Alemão. Nenhuma das suas ideias podia ser considerada estrangeira; pertenciam essencialmente à mesma corrente de pensamento extremista. O pangermanismo de Schönerer condenava-o ao fracasso enquanto a monarquia habsburguesa existisse. Mas se deixasse de existir, as suas minorias germanófonas ver-se-iam inequivocamente confrontadas com a questão de se juntarem ao *Reich* Alemão ou formarem um Estado separado. Nesta eventualidade, o pangermanismo prosperaria.

II

No *Reich* Alemão, a acessão do *Kaiser* Guilherme II em 1888 conduziu rapidamente a um grave enfraquecimento da posição de Bismarck enquanto chanceler do *Reich*. Quando os dois entraram em choque por causa da renovação das Leis Antissocialistas, com as suas múltiplas restrições às liberdades civis, Bismarck foi forçado a demitir-se. A não renovação desta legislação deu origem a um conjunto de novos movimentos sociais e políticos de todo o comprimento do espectro político. Surgiram na cena política figuras novas e coloridas que contrastaram com o cinzentismo dos sucessores imediatos de Bismarck no cargo de chanceler, Caprivi e Hohenlohe. Uma delas atraiu a admiração por ser o tipo exato de herói procurado pelos nacionalistas alemães. Carl Peters foi um aventureiro colonial típico do final do século XIX, cujas proezas se tornaram rapidamente lendárias. Quando Bismarck adquiriu a contragosto colónias alemãs nominais em 1884, Peters tratou de transformar as conquistas no papel em conquistas reais. Chegou ao litoral da África Oriental, montou uma expedição e partiu para o interior, onde concluiu vários tratados com os chefes indígenas. Contudo, de forma característica, não consultou previamente o governo alemão, e Bismarck repudiou os tratados. Peters meteu-se novamente em sarilhos quando veio a lume que ele maltratava os seus carregadores e tinha relações sexuais com as negras. Os relatos sobre o seu comportamento chocaram a opinião burguesa, mas Peters prosseguiu o seu desiderato de fundar um grande Império Alemão em África.[6]

A imaginação fértil e o espírito irrequieto de Peters levaram-no a fundar diversas organizações, incluindo, em 1884, a Sociedade para a Colonização Alemã, que em 1887 se fundiu com uma organização similar para formar a Sociedade Colonial Alemã. A preeminência de Peters e a influência dos seus apoiantes eram tais que Bismarck se sentiu obrigado a reconhecer as suas iniciativas na África Oriental e a declarar um protetorado alemão nas regiões que ele tinha explorado, no que foi o primeiro passo na criação da colónia alemã da Tanganica. Todavia, em 1890, Leo von Caprivi, o sucessor de Bismarck, aceitou ceder à Grã-Bretanha alguns dos territórios reclamados por Peters, em particular a ilha de Zanzibar, em troca da ilha de Heligolândia, no Mar do Norte. Peters ficou indignado e, no princípio de 1891, presidiu a uma reunião organizada por um grupo de nacionalistas, incluindo o jovem funcionário público Alfred Hugenberg, que viria a desempenhar um papel fatídico na ascensão e triunfo do nazismo. Os presentes fundaram a Liga Geral Alemã, que foi rebatizada Liga Pangermânica em 1892. O objetivo da nova organização era promover energicamente a expansão alemã e a germanização das minorias nacionais da Alemanha. Outra organização com o mesmo propósito, fundada em 1894, foi a Sociedade Alemã das Marcas Orientais, com ligações relativamente próximas ao governo, em comparação com as dos pangermanistas, que se dedicou à destruição da identidade polaca nas províncias orientais alemãs. Outra organização relativamente semelhante, fundada em 1881 em resposta às disputas sobre as línguas oficiais na monarquia habsburguesa, foi a Associação Escolar Alemã, apostada em preservar a língua alemã nas áreas de povoamento alemão fora do *Reich*; mais tarde, foi rebatizada Associação para o Germanismo no Estrangeiro, devido ao aumento fundamental da sua abrangência para cobrir todos os aspetos da cultura alemã no resto do mundo.[7]

E surgiram mais organizações nacionalistas. A mais significativa foi, quiçá, a Liga da Marinha, fundada em 1898 com dinheiro do fabricante de armamentos Krupp, obviamente interessado na construção de uma grande marinha alemã, que estava em vias de ser aprovada pelo *Reichstag*. Decorrida uma década, a Liga da Marinha era um colosso em comparação com os outros grupos nacionalistas, com mais de trezentos mil membros, se contarmos com as organizações afiliadas. Em contraste, os outros grupos de pressão nacionalistas raramente conseguiram ultrapassar a marca dos cinquenta mil membros, e os pangermanistas pareciam estar encravados abaixo dos vinte mil.[8] A maior parte destes grupos de pressão era liderada por agitadores profissionais como August Keim, um oficial do exército cujas atividades jornalísticas lhe tinham causado problemas em termos de promoção. Estes homens eram proeminentes em várias associações nacionalistas, e eram geralmente eles que as imbuíam do seu ímpeto radical. Keim, por exemplo, era uma figura destacada da Liga da Marinha e da Liga de Defesa Alemã, tendo fundado outras associações menos conhecidas como a Liga Alemã para a Prevenção da Emancipação das Mulheres (1912), que procurava recambiar as mulheres para casa para terem mais filhos para o *Reich*.[9]

A estas figuras relativamente marginais juntaram-se vários notáveis descontentes que procuravam um escape para os seus impulsos políticos num mundo cada vez mais democrático em que a deferência aos patrimoniados e aos cultos, que sustentara os destinos eleitorais dos nacionais-liberais e de outros partidos mais à direita entre os anos 60 e 80 do século XIX, deixara de funcionar eficazmente. Muitos destes agitadores alcançaram o seu estatuto trabalhando arduamente para adquirirem uma formação universitária e, depois, subindo lentamente os escalões das partes menos atrativas do funcionalismo público. Mais uma vez, a ansiedade social foi um motor importante. A identificação — quiçá excessiva — com a nação alemã deu a todas as figuras destacadas das organizações nacionalistas, independentemente dos seus antecedentes, um sentimento de orgulho e pertença e um objeto de empenho e mobilização.[10] Muitos destes homens aderiam a mais do que uma organização, e não era raro dois ou mais fazerem causa comum num combate político específico, apesar das suas rivalidades pessoais e políticas.

A par dos objetivos específicos de cada organização e independentemente das suas frequentes zaragatas internas, todas as associações nacionalistas consideravam que a obra de Bismarck de construção da nação alemã ficara lastimavelmente incompleta e que urgia concluí-la. E também começaram cada vez mais a pensar que a liderança do *Reich* não estava a fazer o que lhe competia nesta matéria. As convicções dos nacionalistas vieram ao de cima de forma particularmente espetacular em 1912, quando o presidente da Liga Pangermânica, o advogado Heinrich Class, publicou, sob pseudónimo, um manifesto com o título cativante de *Wenn ich Kaiser wär**. Class não foi modesto nos seus objetivos. Disse que se tivesse o poder de Guilherme II, lidaria primeiro que tudo com os inimigos internos do *Reich*, os sociais-democratas e os judeus. Class proclamou que a vitória dos sociais-democratas nas eleições para o *Reichstag*, no princípio do ano, tinha sido o resultado de uma conspiração dos judeus destinada a minar a nação. Os judeus estavam a subverter a arte alemã, a destruir a criatividade alemã, a corromper as massas alemãs. Class escreveu que se fosse o *Kaiser*, os judeus perderiam de imediato os seus direitos civis e seriam classificados como estrangeiros. O Partido Social-Democrata seria ilegalizado, e os seus principais ativistas, deputados, editores de jornais e chefes sindicais seriam expulsos da Alemanha. O sufrágio para o *Reichstag* seria restruturado de forma a dar mais poder eleitoral aos cultos e aos patrimoniados, e só os melhores seriam autorizados a sentar-se na câmara. Os comícios nacionalistas e os festivais patrióticos aglutinariam as massas em torno da causa nacional.[11]

Os nacionalistas disseram que a pacificação interna incluiria a eliminação das culturas minoritárias como a dos polacos das províncias orientais da Prússia, expulsando-as das suas terras, proibindo o uso das suas línguas e, se necessário, recorrendo à força para subjugar os «eslavos» alegadamente inferiores e incivilizados. Os pangermanistas e os seus aliados, liderados por Class, advogaram um rearmamento maciço, maior do que o que estava em curso desde as Leis da Marinha, desde 1898. Seguir-se-ia uma guerra na qual a Alemanha conquistaria a Europa e anexaria regiões de língua alemã como a Suíça, a Holanda, a Bélgica, o Luxemburgo e a Áustria. Ignoraram por completo as outras nacionalidades que habitavam naquelas regiões e passaram por cima das diferenças linguísticas e culturais que tornavam provável que nem os separatistas flamengos da Bélgica, para não falar de outros dissidentes políticos, lhes dessem o seu apoio. Por razões estratégicas, acrescentaram a Roménia, e disseram que as possessões ultramarinas belgas

* *Se eu Fosse o Kaiser.* (*N. do T.*)

e holandesas, incluindo, por exemplo, o Congo, ofereceriam a base para um império colonial muito superior ao britânico. Inspirando-se ecleticamente em Nietzsche, Langbehn, Darwin, Treitschke e outros, e banalizando frequentemente as suas ideias, retirando-as do contexto ou simplificando-as ao ponto de as tornarem irreconhecíveis, os pangermanistas e os seus aliados nacionalistas assentaram a sua ideologia numa visão do mundo que tinha como crenças nucleares a luta, o conflito, a superioridade étnica «ariana», o antissemitismo e a vontade de poder.[12]

Contudo, ao mesmo tempo que nutriam estas ambições quase ilimitadas de domínio mundial alemão, a Liga Pangermânica e as outras organizações nacionalistas exprimiam-se num tom de preocupação, ou mesmo de desespero, em relação à situação vigente e às perspetivas futuras da Alemanha. Na sua ótica, o povo alemão estava rodeado de inimigos, desde os «eslavos» e «latinos» que cercavam a Alemanha por fora, até aos judeus, jesuítas, socialistas e outros agitadores e conspiradores subversivos que a minavam por dentro. A linguagem do racismo pangermânico reduziu todas as nações a uma entidade racial simples e uniforme na ação: «germanismo», «eslavismo», «anglo-saxonismo» ou «judiaria». As outras raças estavam a procriar mais do que os alemães e a ameaçar «engolfá-los» ou, como no caso dos franceses, estavam em declínio, logo, exerciam uma influência corruptora através da sua decadência. Os nacionalistas radicais apresentaram-se como vozes no deserto; se não lhes dessem ouvidos, seria tarde de mais. O perigo total exigia medidas totais. Só o regresso às raízes raciais da nação alemã — existentes no campesinato, nos artesãos independentes, nos pequenos empresários e na família nuclear tradicional — poderia remediar a situação. As grandes cidades eram fossas de imoralidade e desordem antialemãs. Eram necessárias medidas robustas para salvar a ordem, a decência e um conceito de cultura apropriadamente alemão. Para salvar a nação, era necessário um novo Bismarck, duro, implacável, sem medo de implementar políticas agressivas no país e no estrangeiro.[13]

Com o passar do tempo, as associações nacionalistas tornaram-se mais veementes nas suas críticas ao governo alemão por causa do que consideravam ser a sua tibiez doméstica e no estrangeiro. As organizações nacionalistas, habitualmente quezilentas, foram impelidas para a ação radical pela vitória eleitoral dos sociais-democratas em 1912, depois do desfecho de uma crise internacional em Marrocos, no ano anterior, que consideraram humilhante para a Alemanha, e uniram-se no apoio à recém-fundada Liga de Defesa Alemã, que pretendia fazer pelo exército o que a Liga da Marinha fazia pela marinha. A nova organização era muito mais independente do governo do que a Liga da Marinha; comungava plenamente das opiniões dos pangermanistas e, decorridos dois anos da sua fundação, em 1912, contava com noventa mil membros, oferecendo aos pangermanistas o apoio massificado que eles nunca tinham conseguido criar. Os pangermanistas lançaram uma campanha conjunta com a Sociedade Colonial para convencer o governo a deixar de reconhecer a validade jurídica dos casamentos entre colonos alemães e negros nas colónias. Figuras destacadas do Partido Conservador começaram a cooperar com os pangermanistas. Em agosto de 1913, a Liga Agrária, um enorme grupo de pressão de grandes e pequenos proprietários agrícolas com laços muito estreitos aos conservadores, juntou-se à Associação Central dos Industriais Alemães e à organização nacional dos artesãos e artífices para formar o Cartel das Profissões Produtivas. O Cartel, além de contar com milhões de filiados, incorporou muitos dos objetivos e convicções centrais dos pangermanistas, incluindo a marginalização ou eliminação do *Reichstag*, a supressão dos sociais-democratas e a prossecução de uma política externa agressiva, com a possibilidade de desencadeamento de uma grande guerra de conquista.[14]

Estes grupos de pressão nacionalistas radicais não resultaram de nenhuma estratégia manipulativa das elites guilherminas: foram um movimento genuinamente populista de mobilização política a partir de baixo. Mas não tinham partidários na classe operária; os seus apoiantes situados mais abaixo na escala social eram os trabalhadores de colarinho branco e os amanuenses, e um dos seus sindicatos, o violentamente antissemita Sindicato Nacional dos Trabalhadores do Comércio Alemães, insurgia-se contra os interesses empresariais dos judeus, que não estariam a deixar subir os salários dos seus filiados, e atacava a intrusão das mulheres nos cargos secretariais e administrativos como uma tentativa dos judeus para destruírem a família alemã.[15] No entanto, a proeminência acrescida das organizações nacionalistas a partir de 1912 colocou o governo alemão sob uma pressão enorme, que se intensificou quando os pangermanistas fizeram amigos na imprensa de direita. Um dos apoiantes dos pangermanistas, o general na reforma Konstantin von Gebsattel, ficou impressionado com *Wenn ich Kaiser wär* e escreveu um longo memorando apelando à luta contra as «maquinações dos judeus e a agitação dos líderes sociais-democratas», à criação de um *Reich* «não parlamentar», a um *Kaiser* que realmente governasse em vez de ser uma mera figura decorativa e que conduzisse uma política externa agressiva com um «punho couraçado» e a um sistema eleitoral que restringisse ao máximo a influência das massas.

Segundo as propostas avançadas no memorando, os judeus deveriam ser tratados como estrangeiros, proibidos de adquirir terras e privados do seu património caso emigrassem. Deveriam ser excluídos das profissões tuteladas pelo Estado, tais como o funcionalismo público, a magistratura, as universidades e o exército. Para Gebsattel, o batismo não fazia obviamente diferença nenhuma para o facto de alguém ser judeu; quem tivesse mais de 25% de «sangue judeu» nas veias deveria ser tratado como judeu e não como alemão. A «imprensa judaica» deveria ser encerrada. Tudo isto era necessário porque, segundo Gebsattel, a vida da Alemanha estava dominada pelo «espírito judeu», que era superficial, negativo, destrutivamente crítico e materialista. Era chegada a altura do reaparecimento do verdadeiro espírito alemão — profundo, positivo e idealista. Estas medidas seriam concretizadas através de um golpe de Estado lançado a partir de cima e consolidado com uma declaração de Estado de Sítio e com a introdução da lei marcial. Gebsattel e o seu amigo Heinrich Class, um dos líderes dos pangermanistas, consideraram que o memorando era moderado. Mas a suposta moderação tinha uma razão de ser: a ideia era enviá-lo ao príncipe Guilherme, o herdeiro do trono, que era conhecido pela sua simpatia pela causa nacionalista. O príncipe, entusiasmado, passou o memorando ao pai e ao homem que ocupava o antigo cargo de Bismarck, o chanceler do *Reich* Theobald von Bethmann Hollweg.[16]

Bethmann e o *Kaiser* rejeitaram as ideias de Gebsattel de forma cortês, mas firme, considerando-as impraticáveis e até perigosas para a estabilidade da monarquia. O chanceler do *Reich* admitiu que a «Questão Judaica» era uma área na qual existiam «grandes perigos para o desenvolvimento da Alemanha», mas, prosseguiu ele, as soluções draconianas de Gebsattel não eram para levar a sério. O *Kaiser* deitou mais água fria nas propostas, avisando o filho de que Gebsattel era um «entusiasta bizarro», com muitas ideias «completamente infantis». No entanto, o *Kaiser* também admitiu que mesmo sendo economicamente desaconselhável expulsar os judeus da Alemanha, era importante «eliminar a influência judaica do exército e da administração e limitá-la o mais possível às esferas da arte e da literatura». O *Kaiser* também considerou que na imprensa «a judiaria encontrou a sua melhor e mais perigosa coutada», mas uma restrição geral da liberdade de imprensa como a advogada por Gebsattel seria, na sua perspetiva, contraproducente. Por conseguinte, os estereótipos antissemitas tinham penetrado nos escalões cimeiros do Estado, reforçados, no caso do *Kaiser*, pela sua leitura de *Die Grundlagen des neunzehnten Jahrhunderts*, de Houston Stewart Chamberlain, que ele elogiou como um alerta à nação alemã. Além do mais, enquanto os pangermanistas, fiéis ao seu programa, intensificavam as críticas ao chanceler em público e nos bastidores, Bethmann sentiu-se forçado a adotar uma posição cada vez mais dura na política externa, com resultados fatídicos na crise que conduziu à Primeira Guerra Mundial, em agosto de 1914.[17]

III

Tal como outras nações europeias, a Alemanha entrou na Primeira Guerra Mundial com otimismo, acreditando plenamente na vitória, muito provavelmente num curto espaço de tempo. O ministro da Guerra, Erich von Falkenhayn, e outros militares contavam com um conflito mais prolongado e até receavam que a Alemanha pudesse ser derrotada, mas a sua perspetiva de especialistas não se transmitiu às massas nem a muitos dos políticos que tinham nas mãos o destino da Alemanha.[18] O sentimento de invencibilidade foi aumentado pelo crescimento explosivo da economia alemã nas décadas anteriores e estimulado pelas vitórias impressionantes do exército alemão na Frente Oriental em 1914–1915. A invasão russa da Prússia Oriental levou o chefe do Estado-Maior General alemão a nomear um general na reforma, Paul von Hindenburg, nascido em 1847 e veterano da

NORUEGA
SWEDEN
FINLÂNDIA
Junho 1918
Helsínquia
ESTÓNIA
Riga
R. Dvi
MAR DO NORTE
REINO UNIDO
DINAMARCA
MAR BÁLTICO
Zeebrugge
Bruges
Ostende
Dunquerque
Calais
HOLANDA
Antuérpia
BÉLGICA
Bolonha
Paris
FLANDRES-VALÓNIA
Setembro 1914
FRANÇA
REICH ALEMÃO
Berlim
Varsóvia
POLÓNIA
Brest-Litovsk
R. Danúbio
SUÍÇA
MONARQUIA AUSTRO-HÚNGARA
R. Sava
ROMÉNIA
Bucareste
R. Danúbio
ITÁLIA
SÉRVIA
BULGÁRIA
MONTENEGRO
ALBÂNIA
GRÉCIA

Mapa 2. A expansão alemã na Primeira Guerra Mundial

Guerra Franco-Prussiana, para o comando da campanha. O seu chefe de Estado-Maior era Erich Ludendorff, um especialista técnico e engenheiro militar de origem nobre que tinha construído a sua reputação com o ataque a Liège no princípio da guerra. Os dois generais atraíram os exércitos invasores para uma armadilha e aniquilaram-nos, tendo depois alcançado uma série de vitórias. No final de setembro de 1915, os alemães estavam senhores da Polónia e tinham causado baixas colossais aos exércitos russos, forçando-os a recuar mais de 400 km em relação às posições que tinham ocupado no ano anterior.

Estes feitos deram a Hindenburg a reputação de um general praticamente invencível. Desenvolveu-se rapidamente um culto do herói; a sua presença maciça e fleumática parecia oferecer um elemento de estabilidade no meio da viragem negativa na guerra. Porém, na realidade, Hindenburg tinha uma visão e uma capacidade política limitadas. Em muitos aspetos, foi o testa de ferro do seu enérgico subordinado, Ludendorff, cujas ideias sobre a condução da guerra eram muito mais radicais e implacáveis do que as dele. Os triunfos do duo no Leste contrastaram de forma acentuada com o impasse no Oeste, onde, decorridos poucos meses da eclosão da guerra, cerca de oito milhões de soldados se enfrentavam mutuamente ao longo de 700 km de trincheiras, do Mar do Norte à fronteira suíça, sem conseguirem penetrar significativamente nas respetivas linhas de defesa. A natureza macia do terreno possibilitou a construção de linhas sucessivas de profundas trincheiras defensivas. Os obstáculos de arame farpado impediam o avanço do inimigo e os ninhos de metralhadoras ceifavam quaisquer tropas que conseguissem aproximar-se o suficiente para serem alvejadas. Ambos os lados canalizaram recursos cada vez maiores para esta contenda inútil. Em 1916, a pressão começou a fazer-se sentir.

Em todos os principais países beligerantes, houve uma mudança de liderança a meio da guerra, um reflexo da perceção de que era necessária mais energia e mais implacabilidade na mobilização da nação e dos seus recursos. Clemenceau chegou ao poder em França; Lloyd George, na Grã-Bretanha. Na Alemanha, de forma característica, quem chegou ao poder não foi um político civil radical, mas os dois generais mais vitoriosos, Hindenburg e Ludendorff, que pegaram nas rédeas do poder em 1916. O «Programa Hindenburg» procurou galvanizar e reorganizar a economia alemã para a submeter ao propósito supremo da vitória na guerra. O Ministério da Guerra, chefiado por outro general da classe média, Wilhelm Groener, cooptou os sindicatos e os políticos civis na tarefa da mobilização, mas esta medida era um anátema para os industriais e para outros generais, e Groener foi rapidamente dispensado. Hindenburg e Ludendorff marginalizaram os políticos civis e estabeleceram uma «ditadura silenciosa» com governação militar de bastidores, cortes severos nas liberdades civis e controlo central da economia, e com os generais a decidir da formulação dos objetivos de guerra e da política externa. Estes desenvolvimentos foram precedentes significativos para o destino mais drástico da democracia alemã e das liberdades civis menos de duas décadas depois.[19]

A deriva para uma condução mais implacável da guerra foi contraproducente em vários aspetos. Ludendorff ordenou a exploração económica sistemática das áreas de França, da Bélgica e da Europa Central e Oriental sob ocupação alemã. As recordações que isto deixou nos países ocupados custariam caro aos alemães no fim da guerra. Os inflexíveis e ambiciosos objetivos de guerra dos generais alienaram muitos alemães do centro liberal e da esquerda, e a decisão, no início de 1917, de desencadear uma guerra submarina sem restrições no Atlântico para cortar o abastecimento da Grã-Bretanha com origem nos Estados Unidos fez com que os americanos entrassem na guerra ao lado dos Aliados. A partir de 1917, a mobilização da economia mais rica do mundo começou a fazer pender a balança para os Aliados, e no fim do ano as tropas americanas começaram a chegar à Frente Ocidental em número cada vez maior. O único aspeto verdadeiramente positivo para os alemães foi a continuação das vitórias no Leste.

Mas estas também tiveram um preço. A pressão incessante dos exércitos alemães e dos seus aliados no Leste deu frutos no princípio de 1917, com o colapso do ineficiente e impopular governo do czar Nicolau II e a sua substituição por um governo provisório controlado pelos liberais. Todavia, estes não se revelaram mais capazes do que o czar de mobilizar os recursos gigantescos da Rússia para uma guerra vitoriosa. Com o país à beira da fome, com o caos instalado na administração e uma sensação crescente de derrota e desespero na frente de combate, a opinião pública de Moscovo e Leninegrado foi ficando cada vez mais contra a guerra, e a precária legitimidade do governo provisório começou a esfumar-se. O principal beneficiário desta situação foi o único movimento político da Rússia que se tinha consistentemente oposto à guerra desde a primeira hora, o Partido Bolchevique, um grupo marxista radical, muitíssimo organizado e implacavelmente determinado, cujo líder, Vladimir Ilyich Lenine, dissera sempre que a derrota na guerra era a maneira mais fácil de gerar uma revolução. Lenine viu a sua oportunidade e, no outono de 1917, montou um Golpe de Estado que encontrou pouca resistência.

A «Revolução de Outubro» degenerou rapidamente num caos sangrento. Quando os adversários dos bolcheviques tentaram montar um contragolpe, o novo regime reagiu com o «terror vermelho». Os outros partidos foram ilegalizados. Foi estabelecida uma ditadura sob a liderança de Lenine. O recém-criado Exército Vermelho, chefiado por Leon Trotsky, travou uma terrível guerra civil contra os «Brancos», que procuravam restaurar o regime czarista. Os seus esforços não serviram de nada ao czar, que foi executado pelos bolcheviques, juntamente com a família. A polícia política bolchevique, a Cheka, reprimiu implacavelmente os opositores do regime em todo o comprimento do espectro político, desde os socialistas moderados, os mencheviques, os anarquistas e os sociais-revolucionários ligados aos camponeses, à esquerda, até aos liberais, conservadores e czaristas, à direita. Milhares de pessoas foram torturadas, assassinadas ou encarceradas em condições brutais nos primeiros campos do que nos anos 30 se tornou num vasto sistema prisional.[20]

O regime de Lenine saiu vitorioso: desfeiteou os «Brancos» e seus apoiantes e estabeleceu o seu controlo sobre uma grande parte do antigo império czarista. O líder bolchevique e os seus sucessores iniciaram a construção da sua versão de um Estado e de uma sociedade comunistas: a socialização da economia representou, pelo menos em teoria, a posse comum do património, a abolição da religião destinou-se a garantir uma consciência secular e socialista, e o estabelecimento do «centralismo democrático» e de uma economia planificada conferiu poderes ditatoriais inéditos à administração central, baseada em Moscovo. Contudo, estes desenvolvimentos ocorreram num Estado e numa sociedade que Lenine sabia serem economicamente atrasados e falhos de recursos modernos. Na sua perspetiva, economias mais modernas como a alemã possuíam sistemas sociais mais desenvolvidos nos quais a revolução era ainda mais provável do que fora o caso na Rússia. Aliás, Lenine acreditava que a Revolução Russa só sobreviveria caso se verificassem revoluções similares noutros países.[21]

Por conseguinte, os bolcheviques criaram a Internacional Comunista («Comintern») para propagarem a sua versão da revolução no resto do mundo, aproveitando o facto de em muitos países os movimentos socialistas se terem cindido devido a questões suscitadas pela guerra. Na Alemanha, em particular, o monolítico Partido Social-Democrata, que começou por apoiar a guerra como uma medida essencialmente defensiva contra a ameaça do Leste, começou a ter dúvidas quando se tornou clara a dimensão das anexações exigidas pelo governo. Em 1916, o partido cindiu-se em fações pró e contra a guerra. A maioria continuou a apoiar a guerra, com algumas reservas, e a defender reformas moderadas, em vez de uma revolução. A minoria fundou o Partido Social-Democrata Independente da Alemanha, mas depois, em dezembro de 1918, alguns dos seus membros, liderados por Karl Liebknecht e Rosa Luxemburgo, fundaram o Partido Comunista Alemão. No princípio dos anos 20, a maior parte da minoria social-democrata aderiu ao Partido Comunista.[22]

É difícil exagerar o medo e o terror que estes acontecimentos geraram em muitas partes da Europa Ocidental e Central. As classes média e alta ficaram alarmadas com a retórica radical dos comunistas e viram os seus homólogos russos perderem o seu património e desaparecerem nas câmaras de tortura e nos campos prisionais da Cheka. Os sociais-democratas ficaram aterrorizados: se os comunistas chegassem ao poder no seu país, eles teriam o mesmo destino que os socialistas moderados, os mencheviques, e que os sociais-revolucionários, ligados ao campesinato, em Moscovo e São Petersburgo. Em todos os países, os democratas perceberam de imediato que os comunistas estavam apostados em suprimir os direitos humanos, em desmantelar as instituições representativas e em abolir as liberdades civis. O terror convenceu-os de que era preciso parar os comunistas a qualquer custo, mesmo com recurso a meios violentos e à revogação das liberdades civis que eles próprios estavam decididos a defender. Na perspetiva da direita, o comunismo e a social-democracia eram duas faces da mesma moeda, uma tão ameaçadora como a outra. Na Hungria, em 1918, Béla Kun instalou um breve regime comunista que tentou abolir a Igreja, mas foi rapidamente derrubado pelos monárquicos, liderados pelo almirante Miklós Horthy. O regime contrarrevolucionário instaurou um «terror branco» durante o qual milhares de bolcheviques e socialistas foram detidos, brutalmente maltratados, encarcerados e mortos. Os acontecimentos da Hungria ofereceram à Europa Central a primeira amostra dos novos níveis de violência e conflito políticos que resultariam das tensões criadas pela guerra.[23]

Na Alemanha, no princípio de 1918, a ameaça do comunismo ainda parecia relativamente distante. Lenine e os bolcheviques negociaram rapidamente um acordo de paz para ganharem o tempo de que necessitavam para consolidar o seu poder. Os alemães negociaram de forma implacável, e o Tratado de Brest-Litovsk, assinado em março de 1918, garantiu-lhes a anexação de vastos territórios. Entretanto, os alemães transferiram quinhentos mil soldados da redundante Frente Oriental para lançarem uma nova ofensiva de primavera na Frente Ocidental; a vitória final parecia estar à vista. Na sua proclamação anual ao povo alemão, em agosto de 1918, o *Kaiser* garantiu que o pior da guerra pertencia ao passado. Era verdade, mas não no sentido em que ele falou.[24] A sangria colossal do exército alemão na ofensiva desencadeada por Ludendorff na primavera abriu o caminho aos Aliados, reforçados por um enorme número de tropas frescas e abastecimentos americanos, que romperam as linhas alemãs e progrediram rapidamente ao longo da Frente Ocidental. O moral do exército alemão entrou em colapso, e um número crescente de soldados começou a desertar ou a render-se. Os golpes fatais aconteceram quando a Bulgária, aliada da Alemanha, pediu a paz, e os exércitos habsburgueses, no Sul começaram a fragmentar-se devido às renovadas ofensivas italianas.[25] No final de setembro, Hindenburg e Ludendorff viram-se obrigados a informar o *Kaiser* de que a derrota era inevitável. A censura, ainda mais apertada, garantiu que durante algum tempo os jornais continuassem a oferecer a perspetiva de uma vitória final, quando na realidade essa possibilidade já tinha desaparecido há muito. Por conseguinte, as ondas de choque desencadeadas pela notícia da derrota da Alemanha foram ainda maiores[26], e revelaram-se demasiado fortes para o que restava do sistema político do império criado por Bismarck em 1871.

Foi este cadinho de guerra e revolução que forjou o nazismo. A derrota da Alemanha em 1918 e o advento do Terceiro *Reich* em 1933 estão separados por apenas quinze anos, mas o trajeto abundou em voltas e reviravoltas. O triunfo de Hitler não era de todo inevitável em 1918, tal como não foi predeterminado pelo rumo da história alemã. A criação do *Reich* Alemão e a sua ascensão ao poderio económico e ao estatuto de Grande Potência criaram expectativas em muitas pessoas, mas tornou-se claro que o *Reich* e as suas instituições eram incapazes de as cumprir. O exemplo de Bismarck como um líder supostamente impiedoso e duro que não tinha receio de recorrer à violência e ao embuste para atingir os seus objetivos estava presente na mente de muitas pessoas, e a determinação com a qual ele tinha atuado para cercear a ameaça democratizadora do catolicismo político e do movimento laboral socialista era muito admirada pela classe média protestante. A «ditadura silenciosa» de Hindenburg e Ludendorff pôs em prática os preceitos de uma governação implacável e autoritária num momento de crise nacional suprema, em 1916, e criou um precedente ameaçador.

O legado do passado alemão era pesado em muitos aspetos, mas não tornou inevitáveis a ascensão e a vitória do nazismo. As sombras lançadas por Bismarck poderiam ter sido afastadas. Todavia, quando a Primeira Guerra Mundial chegou ao fim, tinham-se adensado de forma quase imensurável. Os problemas legados ao sistema político alemão por Bismarck e pelos seus sucessores foram infinitamente agudizados pelos efeitos da guerra, e a estes problemas acrescentaram-se outros que auguraram mais complicações no futuro. Sem a guerra, o nazismo não teria surgido como uma força política séria, nem tantos alemães teriam desesperadamente procurado uma alternativa autoritária às políticas civis que pareciam ter falhado clamorosamente à Alemanha na sua hora de necessidade. Em 1914–1918, a parada foi tão alta que tanto a direita como a esquerda se dispuseram a tomar medidas de um extremismo que antes da guerra só fora concebido por figuras marginais da política. As recriminações violentas acerca da culpa pela derrota da Alemanha exacerbaram a luta política. A dimensão enorme do sacrifício, da privação e da morte deixou os alemães de todas as cores políticas amargurados e à procura de uma explicação. Os custos financeiros quase inimagináveis da guerra impuseram à economia mundial um ónus colossal durante trinta anos, e a Alemanha foi o país mais atingido. As orgias de ódio nacionalista às quais todos os países beligerantes se entregaram durante a guerra deixaram para o futuro um terrível legado de ressentimento. Porém, enquanto os exércitos alemães regressavam a casa e o regime do *Kaiser* se preparava relutantemente para entregar o poder a um sucessor democrático, ainda parecia estar tudo em jogo.

Caos

I

Em novembro de 1918, a maior parte dos alemães pensou que estando a guerra a terminar sem os Aliados terem entrado em território alemão, as condições de paz seriam relativamente equitativas. Durante os quatro anos anteriores, tinha sido muito debatida a extensão dos territórios que a Alemanha devia anexar depois da vitória. Os objetivos de guerra do governo tinham incluído a anexação de uma quantidade substancial de territórios na Europa Ocidental e de Leste, e o estabelecimento de uma hegemonia alemã absoluta no continente. Os grupos de pressão de direita foram muito mais longe.[1] Tendo em conta a dimensão do que os alemães contavam ganhar em caso de vitória, talvez fosse de esperar que compreendessem o que teriam a perder em caso de derrota. Mas ninguém estava à espera das condições de paz que a Alemanha foi obrigada a aceitar no armistício de 11 de novembro de 1918: retirada das tropas alemãs para leste do Reno; entrega da frota mercante e de uma quantidade enorme de equipamento militar aos Aliados; abolição do Tratado de Brest-Litovsk; entrega da Frota de Alto Mar e de todos os submarinos aos Aliados. E para garantirem o cumprimento destas condições, os Aliados mantiveram o bloqueio económico da Alemanha, agravando a situação do aprovisionamento alimentar. O bloqueio só foi levantado em julho do ano seguinte.[2]

Estas disposições foram quase universalmente sentidas na Alemanha como uma humilhação nacional injustificada, e o ressentimento foi exacerbado pelas medidas tomadas para garantir a sua aplicação, sobretudo pelos franceses. A severidade dos termos do Armistício foi agudizada pelo facto de muitos alemães se negarem a acreditar que as suas forças armadas tinham sido derrotadas. Em largas camadas da opinião pública de centro e direita, estabeleceu-se rapidamente um mito fatídico, promovido e tolerado por algumas altas patentes do exército. Inspirando-se no drama musical *O Crepúsculo dos Deuses*, de Richard Wagner, muitas pessoas começaram a acreditar que o exército alemão só tinha sido derrotado porque tal como Siegfried, o corajoso herói wagneriano, fora apunhalado nas costas pelos seus inimigos internos. Os chefes militares alemães Hindenburg e Ludendorff declararam pouco depois da guerra que o exército fora vítima de uma «campanha demagógica secreta e planeada» que condenara os seus esforços heroicos ao fracasso. «Um general inglês afirmou corretamente: o exército alemão foi apunhalado nas costas.»[3] O *Kaiser* Guilherme II repetiu a frase nas suas memórias, escritas nos anos 20: «O exército foi o meu orgulho durante trinta anos. Para ele vivi, nele trabalhei, mas depois de quatro anos e meio de guerra brilhantes, com vitórias inéditas, entrou em colapso, apunhalado nas costas com a adaga da revolução, precisamente na altura em que a paz estava ao alcance!»[4] Até os sociais-democratas contribuíram para esta lenda confortante. No dia 10 de dezembro de 1918, quando as tropas regressaram a Berlim, o líder do partido, Friedrich Ebert, disse-lhes: «Nenhum inimigo vos derrotou!»[5]

A derrota na guerra levou ao colapso imediato do sistema político criado por Bismarck quase meio século antes. Depois de a Revolução Russa de fevereiro de 1917 ter acelerado o fim do despotismo czarista, Woodrow Wilson e os Aliados ocidentais começaram a proclamar que o principal objetivo da guerra era salvaguardar o mundo para a democracia. Quando Ludendorff e a liderança do *Reich* concluíram que a guerra estava irremediavelmente perdida, advogaram a democratização do sistema político imperial alemão para melhorarem a probabilidade de os Aliados aceitarem termos de paz razoáveis ou mesmo favoráveis. E Ludendorff também decidiu que se os termos não agradassem ao povo alemão, o ónus de os aceitar caberia aos políticos democráticos alemães e não ao *Kaiser* nem às chefias do exército. O governo formado pelo príncipe liberal Max von Baden não conseguiu controlar a marinha, cujos oficiais tentaram fazer-se ao mar para salvarem a honra numa última batalha suicida contra a esquadra britânica. Tal como seria de esperar, os marinheiros amotinaram-se. A sublevação contagiou rapidamente a população e o *Kaiser* e todos os demais príncipes, desde o rei da Baviera até ao grão-duque de Baden, foram forçados a abdicar. O exército esfumou-se com a conclusão do armistício de 11 de novembro, e os partidos democráticos, tal como Ludendorff pretendera, foram obrigados a negociar — se é que esta palavra se aplica — os termos do Tratado de Versalhes.[6]

O tratado impôs à Alemanha a perda de 10% da sua população e de 13% do seu território, incluindo a Alsácia-Lorena, devolvida à França depois de quase meio século de governação alemã, juntamente com os territórios fronteiriços de Eupen, Malmédy e Moresnet. O Sarre foi retirado à Alemanha no âmbito de um mandato com a promessa de a população poder decidir mais tarde se queria pertencer à França; era claramente esperado que quisesse, isto se os franceses estivessem interessados. Para garantir que as forças armadas alemãs não entravam na Renânia, um número considerável de tropas britânicas, francesas e, por pouco tempo, americanas esteve estacionado na região durante a maior parte dos anos 20. O Schleswig do Norte foi cedido à Dinamarca e em 1920 Memel foi cedida à Lituânia. A criação de um novo Estado polaco, que anulou as partilhas do século XVIII através das quais a Polónia tinha sido devorada pela Áustria, a Prússia e a Rússia, significou para a Alemanha a perda de Posen, de uma grande parte da Prússia Ocidental e da Alta Silésia. Danzig tornou-se uma «Cidade Livre» sob o controlo nominal da recém-fundada Liga das Nações, antepassada da Organização das Nações Unidas, criada depois da Segunda Guerra Mundial. Para dar à Polónia acesso ao mar, os acordos de paz criaram um «corredor» que separou a Prússia Oriental do resto da Alemanha. As colónias ultramarinas alemãs foram confiscadas e redistribuídas sob mandatos da Liga das Nações.[7]

Outro desenvolvimento significativo e chocante foi a recusa por parte das potências vitoriosas de permitir a união entre a Alemanha e a Áustria germanófona, que teria sido a concretização dos sonhos radicais de 1848. Quando as nações constituintes do Império Habsburgo se separaram no fim da guerra para formarem os Estados-nações da Hungria, Checoslováquia e Jugoslávia, ou para se unirem a Estados-nações antigos ou novos como a Polónia e a Roménia, os cerca de seis milhões de falantes de alemão que ficaram na Áustria propriamente dita, entalados entre a Alemanha e a Itália ao longo e para lá dos Alpes, consideraram que o melhor a fazer seria juntarem-se ao *Reich* Alemão. Quase ninguém acreditou que o que restava da Áustria fosse política ou economicamente viável. Durante décadas, a esmagadora maioria da população austríaca tinha-se considerado o principal grupo étnico da monarquia multinacional habsburguesa, e Schönerer e outros proponentes da solução de 1848 — separação e união com o *Reich* Alemão — tinham ficado confinados à franja dos lunáticos. Contudo, a Áustria fora agora subitamente isolada dos territórios nucleares, sobretudo da Hungria, da qual tanto dependera do ponto de vista económico. Estava onerada com uma capital, Viena, cuja população, engrossada por burocratas e administradores militares habsburgueses tornados subitamente redundantes, representava mais de um terço dos habitantes do novo Estado. O que antes fora excentricidade política, parecia agora fazer sentido político. Até os socialistas austríacos pensaram que a união com o *Reich* Alemão, que era mais avançado, seria mais conducente à concretização do socialismo do que se tentassem fazê-lo sozinhos.[8]

Além do mais, o presidente americano Woodrow Wilson tinha declarado, nos seus célebres «Catorze Pontos», para os quais desejava que as potências aliadas estivessem a trabalhar, que todas as nações deveriam poder determinar o seu futuro sem interferências de terceiros.[9] Se isso se aplicava aos polacos, aos checos e aos jugoslavos, não devia aplicar-se também aos alemães? Mas não se aplicou. Os Aliados perguntaram-se a si próprios: será que lutámos para agora o *Reich* Alemão ser aumentado em seis milhões de pessoas e uma quantidade considerável de territórios, incluindo uma das maiores cidades da Europa? A união foi vetada. De todas as disposições territoriais do tratado, esta pareceu a mais injusta. Os proponentes e os críticos da posição assumida pelos Aliados podiam discutir os méritos das outras disposições e debater a justiça dos plebiscitos que decidiram a questão territorial em lugares como a Alta Silésia, mas no tocante à questão austríaca não havia discussão possível. Os austríacos queriam a união; os alemães estavam dispostos a aceitar a união; o princípio da autodeterminação nacional exigia a união. A proibição da união foi uma fonte constante de ressentimento na Alemanha e condenou a nova «República da Áustria Alemã», como ficou conhecida,

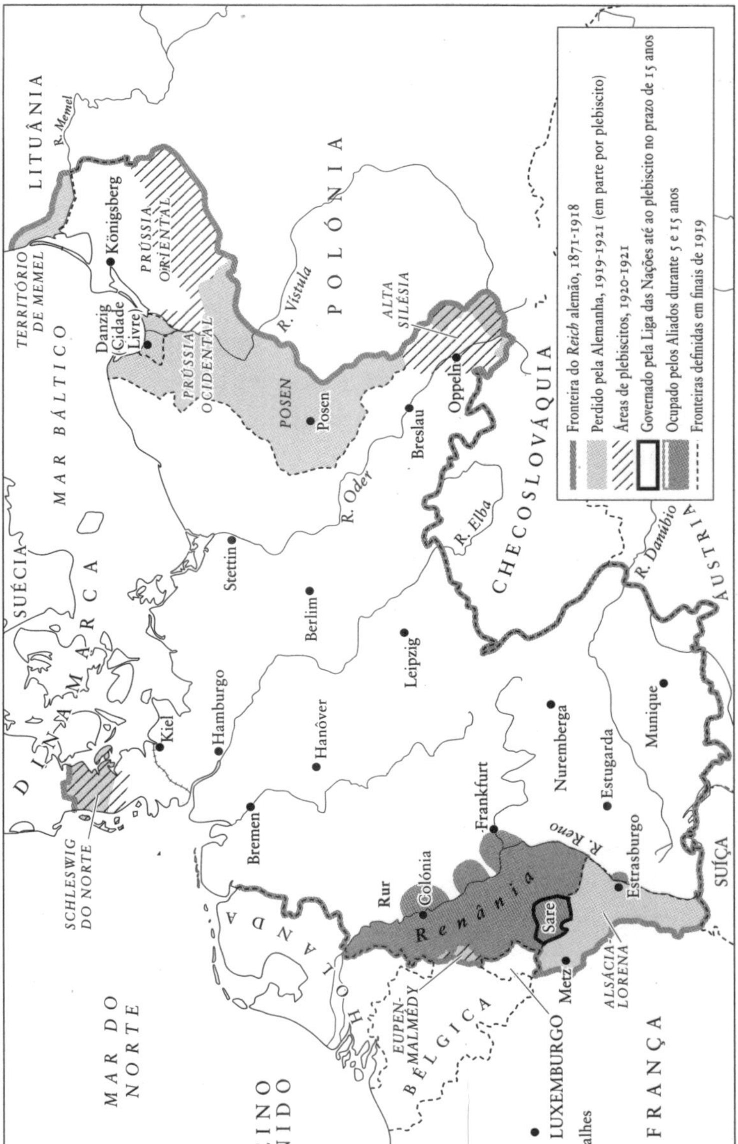

Mapa 3. O Tratado de Versalhes

a duas décadas de conflitos e crises durante as quais poucos dos seus cidadãos acreditavam na sua legitimidade.[10]

Muitos alemães perceberam que os Aliados justificaram a sua proibição da união entre a Alemanha e a Áustria, bem como muitas disposições do Tratado de Versalhes, com o Artigo 231.º, que obrigava a Alemanha a aceitar a «culpa exclusiva» pela eclosão da guerra em 1914. Outros artigos, igualmente insultuosos para os alemães, determinaram o julgamento do *Kaiser* e de muitos oficiais por crimes de guerra — as tropas alemãs tinham efetivamente perpetrado atrocidades durante a invasão da Bélgica e do norte da França em 1914. Todavia, os poucos julgamentos realizados, em Leipzig, perante um tribunal alemão, resultaram quase todos num fiasco, porque o sistema judicial alemão não aceitou a legitimidade da maior parte das acusações. Dos novecentos criminosos de guerra indicados para julgamento, sete foram condenados, dez foram absolvidos e os restantes nunca foram verdadeiramente julgados. Enraizou-se na Alemanha a ideia de que o conceito de crimes de guerra, ou mesmo a própria noção de leis da guerra, era uma invenção controversa dos vencedores com base em propaganda falsa sobre supostas atrocidades. Isto deixou um legado fatídico para as atitudes e comportamento das forças armadas alemãs na Segunda Guerra Mundial.[11]

Todavia, o verdadeiro propósito do Artigo 231.º era legitimar a imposição de reparações financeiras punitivas à Alemanha para compensar os franceses e os belgas, em particular, pelos danos causados por mais de quatro anos de ocupação alemã. Apoderaram-se de mais de 2 milhões de toneladas de navios mercantes, de 5 mil locomotivas e 136 mil carruagens e vagões, de 24 milhões de toneladas de carvão e muito mais. As reparações financeiras deveriam ser pagas em ouro durante um número de anos quase interminável.[12] E para a eventualidade de isto não impedir a Alemanha de financiar a reconstrução do seu poderio bélico, o Tratado de Versalhes limitou o exército alemão a 100 mil efetivos e proibiu os carros de combate, a artilharia pesada e a conscrição. Foi imposta a destruição de 6 milhões de espingardas, mais de 15 mil aviões, mais de 130 mil metralhadoras e muito outro equipamento militar. A marinha alemã foi efetivamente desmantelada e proibida de construir navios de grandes dimensões, e a Alemanha não foi autorizada a possuir uma força aérea. Foram estes os termos que os Aliados ocidentais apresentaram aos alemães, em 1918–1919, como condições para a paz.[13]

II

Estes desenvolvimentos foram recebidos com um horror incrédulo pela maior parte dos alemães.[14] O sentimento de indignação e incredulidade que atingiu as classes média e alta como uma onda de choque foi quase universal e teve também um impacto enorme em muitos dos trabalhadores partidários dos sociais-democratas moderados. Na perspetiva da maior parte dos alemães, a força e o prestígio internacionais da Alemanha estavam em crescendo desde a unificação em 1871, mas agora a Alemanha deixava súbita e brutalmente de ser uma grande potência e era cumulada de uma vergonha imerecida. Versalhes foi condenado como uma paz ditada e imposta unilateralmente sem a possibilidade de negociação. O entusiasmo que muitos alemães da classe média tinham mostrado pela guerra em 1914 transformou-se, quatro anos depois, num ressentimento profundo face às condições de paz.

Na realidade, o acordo de paz criou oportunidades para a política externa alemã na Europa Central e de Leste, onde os poderosos impérios Habsburgo e Romanov foram substituídos por um amontoado de Estados pequenos, quezilentos e instáveis como a Áustria, a Checoslováquia, a Hungria, a Polónia, a Roménia e a Jugoslávia. As disposições territoriais do tratado foram suaves em comparação com as que a Alemanha teria imposto ao resto da Europa se tivesse vencido a guerra, como indicou o programa elaborado em setembro de 1914 pelo chanceler Bethmann Hollweg, que foi inequivocamente confirmado pelo Tratado de Brest-Litovsk, assinado com os russos derrotados na primavera de 1918. A vitória da Alemanha teria imposto reparações colossais aos Aliados, sem dúvida muitas vezes maiores do que as que Bismarck impôs aos franceses depois da Guerra Franco-Prussiana de 1870–1871. As reparações que a Alemanha teve efetivamente de pagar a partir de 1919 não estavam além dos recursos do país nem foram irrazoáveis, tendo em conta a destruição indiscriminada causada pelas forças de ocupação alemãs na Bélgica e na França. O acordo de paz de 1918–1919 foi em muitos aspetos uma tentativa corajosa de combinar princípios e pragmatismo num mundo dramaticamente alterado. Noutras circunstâncias, talvez tivesse tido uma hipótese de sucesso, mas não na conjuntura de 1919, quando quase quaisquer condições de paz teriam sido condenadas pelos nacionalistas alemães, crentes de que a vitória lhes tinha sido injustamente roubada.[15] A prolongada ocupação militar aliada de partes da Alemanha Ocidental e do Vale do Reno desde o fim da guerra até quase ao fim dos anos 20 também gerou muito ressentimento e intensificou o nacionalismo alemão nas regiões em causa. Um social-democrata nascido em 1888 e que tinha sido pacifista comentou: «Depois de sentir as coronhadas dos franceses, tornei-me novamente patriota.»[16] Embora os britânicos e os americanos tenham estacionado tropas numa grande parte da Renânia, foram os franceses, ali como no Sarre, que suscitaram mais ressentimento. A indignação atingiu o auge por causa da sua proibição das canções e festivais patrióticos alemães, do seu apoio aos movimentos separatistas locais e da sua ilegalização dos grupos nacionalistas radicais. Segundo um mineiro do Sarre, os novos proprietários franceses das minas expressavam a sua germanofobia tratando duramente os trabalhadores.[17] A resistência passiva, em particular dos pequenos funcionários públicos patriotas, como os amanuenses ferroviários, que se recusaram a trabalhar para as autoridades francesas, incentivou o ódio aos políticos de Berlim que tinham aceitado a situação, e a rejeição da democracia alemã por não a remediar.[18]

Mas se o acordo de paz indignou a maior parte dos alemães comuns, o seu efeito sobre os apóstolos do nacionalismo radical, em especial os pangermanistas, foi muito pior. Os pangermanistas acolheram a eclosão da guerra, em 1914, com um entusiasmo quase extático. Para figuras como Heinrich Class, era a concretização do sonho de uma vida. As coisas pareciam correr finalmente de feição aos pangermanistas. Os planos desmedidamente ambiciosos de anexações territoriais e hegemonia na Europa gizados pela Liga Pangermânica antes da guerra pareciam ter possibilidade de se concretizarem, dado que o governo de Bethmann Hollweg elaborou um conjunto de objetivos de guerra muito parecidos com os dos pangermanistas em termos de abrangência e dimensão. Os industriais e outros grupos de pressão, bem como os conservadores e outros partidos políticos, exigiram a anexação de grandes territórios depois da vitória.[19] Mas a vitória não aconteceu, e a oposição ao anexionismo aumentou. Nestas circunstâncias, Class e os pangermanistas começaram a compreender que precisavam de fazer outra tentativa de peso para alargarem a sua base de apoio e pressionarem novamente o governo. Porém, enquanto experimentavam várias alianças com outros grupos, foram subitamente ultrapassados por um novo movimento, fundado por Wolfgang Kapp, ex-funcionário público, agricultor e associado de Alfred Hugenberg, magnata empresarial e membro fundador da Liga Pangermânica. Na perspetiva de Kapp, nenhum movimento nacionalista vingaria sem apoio de massas, e em setembro de 1917 fundou o Partido Alemão da Pátria, com um programa centrado em objetivos de guerra anexionistas, alterações constitucionais de cariz autoritário e outros pontos programáticos dos pangermanistas. A nova organização, apoiada por Class, pelos industriais, pelo ex-ministro da Marinha, Alfred von Tirpitz e, de resto, por todos os grupos anexionistas, incluindo o Partido Conservador, apresentou-se acima das disputas partidárias e exclusivamente comprometida com a nação alemã e não com nenhuma ideologia abstrata. Muitos professores, pastores protestantes, oficiais do exército e outros aderiram ao movimento. Passado um ano, o Partido Alemão da Pátria contava com 1,25 milhões de filiados.[20]

Mas nem tudo era o que parecia. Para começar, o número de filiados no partido foi inflacionado pela contagem em duplicado de pessoas que aderiam como indivíduos e como membros de organizações afiliadas — segundo um memorando interno de setembro de 1918, o número real de filiados não ultrapassava os 445 mil. Além disso, Class e os pangermanistas foram rapidamente marginalizados porque a liderança do partido considerou que a sua presença afastaria os potenciais apoiantes das partes menos radicais do espectro político. O Partido Alemão da Pátria esbarrou com muita oposição dos liberais e com a enorme desconfiança do governo, que proibiu os oficiais e os soldados de aderirem ao partido e disse aos funcionários públicos que não lhe deveriam prestar qualquer ajuda. A ambição do partido de recrutar de entre a classe operária foi frustrada pelos sociais-democratas, que arrasaram a sua ideologia fraturante, e pelos feridos de guerra, cuja presença por convite num comício do Partido Alemão da Pátria em Berlim, em janeiro de 1918, degenerou em trocas de palavras acaloradas com os oradores, pelo que os superpatriotas expulsaram-nos no meio de cenas de pancadaria que exigiram a intervenção da polícia. Tudo isto veio confirmar que, na realidade, o Partido Alemão da Pátria era outra versão dos movimentos ultranacionalistas anteriores, ainda mais dominado do que eles por notáveis da classe média. O partido não fez nada de novo para conquistar o apoio da classe operária, não tinha nenhum orador operário e, não obstante toda a sua demagogia, carecia totalmente do sentido do homem comum. Manteve-se firmemente nos limites da política respeitável, evitou a violência e revelou, mais do que qualquer outra coisa, a falência das ambições políticas pangermanistas convencionais, que se confirmou quando a Liga Pangermânica não conseguiu adaptar-se ao novo mundo político da Alemanha do pós-guerra e caiu na obscuridade sectária depois de 1918.[21]

III

A transformação da cena nacionalista radical não se ficou a dever à guerra, mas à experiência da derrota, da revolução e do conflito armado no fim da guerra. Neste contexto, foi muito importante o mito da «geração da frente» de 1914–1918: a união dos soldados, num espírito de camaradagem e sacrifício, em torno de uma causa heroica acima de todas as diferenças políticas, regionais, sociais e religiosas. Ernst Jünger, cujo livro *In Stahlgewittern** se tornou num *best-seller*, e outros autores celebraram a experiência do combatente e cultivaram a intensificação rápida da nostalgia pela união dos anos da guerra.[22] Este mito exerceu uma atração poderosa, em particular sobre a classe média, à qual as dificuldades partilhadas, na realidade e no espírito, com os operários e os camponeses nas trincheiras ofereceram temas para a celebração literária nostálgica nos anos do pós-guerra.[23] Muitos soldados sentiram um ressentimento enorme em relação à eclosão da revolução em 1918. Algumas unidades de regresso da frente de combate desarmaram e prenderam os conselhos de operários e de soldados nas localidades por

---

* *Tempestades de Aço* [*N. do R.*]

onde passaram.[24] Alguns combatentes converteram-se ao nacionalismo radical porque os revolucionários, em vez de os elogiarem, insultaram-nos e obrigaram-nos a rasgar as dragonas e a renegar a sua lealdade à bandeira preta, branca e vermelha imperial. Segundo um veterano:

> No dia 13 de novembro de 1918, eu estava em trânsito entre o hospital, em Bad Nauheim, e a minha guarnição, em Brandemburgo. Na estação de comboio de Potsdam, em Berlim, ia eu coxeando com a minha bengala, um grupo de homens de uniforme, com braçadeiras vermelhas, mandou-me parar e exigiu que eu lhe entregasse as dragonas e as insígnias. Ergui a bengala, mas eles subjugaram-me rapidamente. Atiraram-me ao chão, e foi a intervenção de um funcionário dos caminhos de ferro que me salvou da minha posição humilhante. A partir daquela altura, fiquei com um ódio de morte aos criminosos de novembro. Logo que a minha saúde melhorou um pouco, juntei-me aos grupos empenhados no derrube da rebelião.[25]

Outros soldados viveram um regresso «ignominioso» e «humilhante» a uma Alemanha que tinha derrubado as instituições pelas quais tinham combatido. «Foi para isto», perguntou um deles, «que a juventude viçosa da Alemanha foi ceifada em centenas de batalhas?»[26] Segundo outro veterano, que tinha ficado sem uma perna em combate e que no dia 9 de novembro de 1918 estava num hospital militar:

> Nunca esquecerei aquela cena: um camarada sem um braço entrou na enfermaria e atirou-se para cima da cama num pranto. A ralé vermelha, que nunca tinha ouvido o silvo de uma bala, tinha-o atacado: arrancaram-lhe as insígnias e as medalhas. Gritámos de raiva. Era por aquela Alemanha que tínhamos sacrificado o nosso sangue e a nossa saúde e enfrentado todos os tormentos do inferno e um mundo de inimigos durante anos.[27]

«Quem nos traiu?», perguntou outro veterano, e a resposta não tardou muito: «Foram os bandidos que quiseram transformar a Alemanha numa balbúrdia... demónios estrangeiros.»[28]

Estes sentimentos não eram universais entre os veteranos, nem a experiência da derrota os transformou a todos em carne para canhão da extrema-direita. Na fase final da guerra, um grande número de soldados, confrontado com a força esmagadora dos Aliados, tinha desertado e não queria continuar a lutar.[29] Milhões de soldados da classe operária regressaram ao seu meio político social-democrata ou gravitaram para os comunistas.[30] Alguns grupos de pressão dos veteranos disseram categoricamente que não queriam que nem eles nem mais ninguém voltassem a passar pelas experiências às quais tinham sido sujeitos em 1914–1918. Contudo, os ex-soldados e o seu ressentimento acabaram por ter um papel crucial na promoção de um clima de violência e descontentamento depois da guerra, e o choque da adaptação às condições do tempo de paz empurrou muitos para a extrema-direita. Os que já estavam enquadrados nas tradições conservadoras e nacionalistas radicalizaram as suas opiniões no novo contexto político dos anos 20, e à esquerda também se assistiu ao aparecimento de uma predisposição para a violência, condicionada pela experiência direta ou indireta da guerra.[31] À medida que a guerra foi ficando para trás, o mito da «geração da frente» deu origem à convicção generalizada de que os veteranos, que tanto tinham sacrificado pela nação, mereciam um tratamento muito melhor, um sentimento que foi obviamente partilhado por muitos dos próprios veteranos.[32]

A associação de veteranos mais importante, que comungava totalmente deste ressentimento, lançou uma campanha vigorosa em prol do regresso ao antigo sistema imperial pelo qual os seus filiados tinham combatido. A associação, chamada Capacetes de Ferro – Liga dos Soldados da Frente, foi fundada no dia 13 de novembro de 1918 por Franz Seldte, proprietário de uma fabriqueta de água gaseificada de Magdeburgo. Seldte, nascido em 1882, tinha pertencido a um clube duelista estudantil e depois combatera na Frente Ocidental, onde fora condecorado por bravura. Num dos primeiros comícios públicos, quando alguns dos presentes puseram em dúvida o seu empenho na causa nacionalista, Seldte mostrou-lhes o coto do braço esquerdo, uma sequela da Batalha do Somme. Seldte, que era instintivamente cauteloso e conservador, preferiu dar ênfase à função primária dos Capacetes de Aço como fonte de apoio financeiro aos veteranos em dificuldades. Seldte caiu facilmente sob a influência de personagens mais fortes, em particular as que tinham convicções mais arreigadas do que ele. Uma destas figuras era outro líder dos Capacetes de Aço, Theodor Duesterberg, ex-oficial do exército que tinha combatido na Frente Ocidental e depois assumira vários cargos de Estado-Maior, em particular a ligação com potências aliadas como a Turquia e a Hungria. Duesterberg, nascido em 1875, formara-se numa escola de cadetes e era um oficial prussiano típico, obcecado com a disciplina e a ordem, inflexível e inamovível nas suas convicções políticas e, tal como Seldte, incapaz de se adaptar a um mundo sem o *Kaiser*. Por conseguinte, acreditavam ambos que os Capacetes de Aço deviam estar «acima da política». Mas o que isto significava na prática era que pretendiam ultrapassar as divisões partidárias e restaurar o espírito patriótico de 1914. O manifesto emitido pela organização em 1927 em Berlim declarou: «Os Capacetes de Aço anunciam o combate à moleza e à cobardia que pretendem enfraquecer e destruir o sentimento de honra do povo alemão através da renúncia do direito à defesa e à vontade de defesa.» O manifesto denunciou o Tratado de Versalhes e exigiu a sua anulação, reclamou a restauração da bandeira nacional preta, branca e vermelha do *Reich* bismarckiano e atribuiu os problemas económicos da Alemanha à «escassez de espaço vital e de território para trabalhar». Para implementar este programa, era necessária uma liderança forte. O espírito de camaradagem nascido na guerra tinha de ser a base de uma união nacional que ultrapassaria as diferenças partidárias. Em meados dos anos 20, os Capacetes de Aço tinham cerca de trezentos mil membros. Eram uma presença formidável e decididamente militarista nas ruas quando realizavam os seus desfiles e comícios; em 1927, 132 mil filiados desfilaram de uniforme em Berlim como manifestação de lealdade à velha ordem.[33]

Para a maior parte dos alemães, tal como para os Capacetes de Aço, o trauma da Primeira Guerra Mundial, sobretudo o choque da derrota inesperada, teimava em não sanar. Depois de 1918, quando os alemães falavam do «tempo de paz», não se estavam a referir à atualidade, mas ao período anterior à Grande Guerra. Depois de 1918, a Alemanha não fez a transição da guerra para a paz. Manteve-se em pé de guerra: consigo própria e com o resto do mundo, dado que o choque do Tratado de Versalhes uniu praticamente todas as partes do espectro político na intenção tenaz de anular as suas disposições principais, recuperar os territórios perdidos, pôr fim ao pagamento das reparações e restabelecer a Alemanha como potência dominante da Europa Central.[34] Os modelos de comportamento militar eram generalizados na sociedade e na cultura alemãs antes de 1914, mas depois da guerra tornaram-se quase universais. A linguagem política encheu-se de metáforas bélicas, os outros partidos eram inimigos a esmagar, e a luta, o terror e a violência tornaram-se armas legítimas do combate político. Os uniformes eram omnipresentes. Invertendo um célebre ditado do teórico militar oitocentista Carl von Clausewitz: a política tornou-se na continuação da guerra por outros meios.[35]

A Primeira Guerra Mundial legitimou a violência a um nível que nem as guerras de unificação de Bismarck em 1864–1870 tinham conseguido fazer. Antes da guerra, os alemães, mesmo os de cores políticas bastante antagónicas, tinham conseguido discutir as suas diferenças sem recurso à violência.[36] Porém, depois de 1918, as coisas tornaram-se completamente diferentes. A mudança começou a ser visível nas sessões parlamentares. Durante o Império, tinham sido relativamente decorosas, mas depois de 1918 degeneraram com demasiada frequência em gritaria indecente, com as partes a mostrar desprezo mútuo e o presidente da Câmara incapaz de manter a ordem. Mas a situação nas ruas era muito pior: toda a gente organizou esquadrões de rufiões armados, as lutas e zaragatas tornaram-se comuns, e os espancamentos e assassinatos tornaram-se meios muito usados. Os perpetradores destes atos de violência não eram exclusivamente veteranos de guerra, incluíam adolescentes ou homens saídos da adolescência que tinham sido demasiado jovens para combater na guerra e para os quais a violência civil se tornou uma forma de adquirir legitimidade perante o mito poderoso da geração dos soldados da frente.[37] O jovem Raimund Pretzel, filho de um alto funcionário público abastado, recordou a sua experiência típica: em 1914–1918, ele e os seus colegas de escola brincavam constantemente às guerras, seguiam avidamente os relatos dos combates e, tal como o resto da sua geração, «vivemos a guerra como um grande jogo emocionante e cativante entre nações que oferecia muito mais entusiasmo e satisfação emocional do que a paz poderia oferecer; e esta», acrescentou ele nos anos 30, «é hoje a visão subjacente ao nazismo»[38]. Para eles, a guerra, o confronto armado, a violência e a morte eram conceitos abstratos: matar era um ato sobre o qual tinham lido e tinham absorvido, com a sua mente de adolescentes, sob a influência de uma propaganda que o apresentava como heroico, necessário e patriótico.[39]

Os partidos políticos associaram-se rapidamente a esquadrões uniformizados e armados, forças paramilitares com a missão de fornecer segurança em comícios, impressionar o público desfilando pelas ruas como se fossem militares, e intimidar, espancar e ocasionalmente matar membros das unidades paramilitares dos outros partidos. A relação entre os políticos e os paramilitares era frequentemente muito tensa, e as organizações paramilitares mantiveram sempre um grau maior ou menor de autonomia. No entanto, a sua cor política era geralmente inequívoca. Os Capacetes de Ferro, que aparentemente eram apenas uma organização de veteranos, não deixavam dúvidas a ninguém quanto às suas funções paramilitares quando marchavam pelas ruas ou se metiam em zaragatas com grupos rivais. As suas afinidades com a direita da linha dura acentuaram-se em meados dos anos 20, quando assumiram uma posição mais radical: proibiram a filiação de judeus, apesar de terem como objetivo a prestação de ajuda a todos os ex-soldados da frente, havendo muitos veteranos judeus que precisavam do seu apoio. Os nacionalistas também criaram «Ligas de Combate», que sujeitavam mais facilmente aos seus objetivos do que os confusos e divididos Capacetes de Ferro. Em 1924, os sociais-democratas estiveram na primeira linha da fundação da Bandeira Preta-Vermelha-Dourada do *Reich*, que expressou a sua fidelidade à República incorporando no nome as cores da sua bandeira, ainda que em conjunção com o conceito muito mais ambivalente de *Reich*. Os comunistas fundaram a Liga dos Combatentes da Frente Vermelha; o termo «Frente Vermelha» foi uma incorporação reveladora de uma metáfora militar no combate político.[40] Na extrema-direita, existiam «Ligas de Combate» mais pequenas com a natureza de grupos ilegais e conspiratórios como a «Organização Escherich», com ligações estreitas aos Capacetes de Ferro, e a «Organização Cônsul», que operava no mundo nebuloso dos assassinatos políticos. A visão de homens uniformizados desfilando pelas ruas e lutando brutalmente uns contra os outros tornou-se comum na República de Weimar e contribuiu para a atmosfera geral de violência e agressividade na vida política.[41]

A Revolução Alemã de 1918–1919 não resolveu os conflitos latentes no país na fase final da guerra. Pouca gente ficou totalmente satisfeita com os resultados da Revolução. Na extrema-esquerda, os revolucionários liderados por Karl Liebknecht e Rosa Luxemburgo viram nos acontecimentos de novembro de 1918 a oportunidade de criarem um Estado socialista governado pelos conselhos de operários e soldados que tinham aparecido por todo o país devido à desintegração do sistema imperial. Tomando como modelo a Revolução Bolchevique de Lenine, gizaram planos para uma segunda revolução destinada a concluir a obra da primeira. Os sociais-democratas moderados recearam que os revolucionários instituíssem um «terror vermelho» como o que estava em curso na Rússia. Temendo pela vida e cientes da necessidade de impedir que o país caísse na anarquia, sancionaram o recrutamento de grupos paramilitares fortemente armados, compostos por veteranos de guerra e homens mais jovens — os Corpos Francos —, para debelarem eventuais sublevações revolucionárias.

Nos primeiros meses de 1919, quando a extrema-esquerda desencadeou uma insurreição mal organizada em Berlim, os Corpos Francos, incitados pelos sociais-democratas, reagiram com uma violência e uma brutalidade inéditas. Karl Liebknecht e Rosa Luxemburgo foram assassinados, e os revolucionários foram abatidos ou executados sumariamente em várias cidades alemãs que tinham controlado ou onde pareciam constituir uma ameaça. Estes acontecimentos deixaram na esquerda um legado permanente de ressentimento e ódio que se agudizou com outra eclosão de grande violência política na primavera de 1920. Um Exército Vermelho de operários, inicialmente formado pelos sociais-democratas de esquerda e pelos comunistas para defender as liberdades civis na região industrial do Rur frente a uma intentona da direita em Berlim, começou a fazer exigências políticas mais radicais. Depois da derrota da intentona com uma greve geral, o Exército Vermelho foi subjugado pelos Corpos Francos, apoiados pelos sociais-democratas moderados e pelo exército no que foi, para todos os efeitos, uma guerra civil regional. Mais de mil membros do Exército Vermelho foram massacrados, na sua maioria prisioneiros «abatidos quando tentavam fugir»[42].

Estes acontecimentos condenaram ao fracasso toda e qualquer espécie de cooperação entre os sociais-democratas e os comunistas. O medo, as recriminações e o ódio mútuos pesaram muito mais do que qualquer objetivo que pudessem ter em comum. Mas o legado da Revolução de

1918 não foi menos ominoso para a direita. A violência extrema contra a esquerda foi legitimada pelos sociais-democratas moderados, mas isto não os livrou de serem alvos, dado que os Corpos Francos se viraram contra eles. Muitos dos chefes dos Corpos Francos eram ex-oficiais do exército que acreditavam inabalavelmente no mito da «punhalada nas costas». O ódio dos Corpos Francos à Revolução e seus apoiantes era praticamente ilimitado. A linguagem da sua propaganda, das suas memórias, das suas representações fictícias das operações militares em que participaram exsuda um espírito raivoso de agressão e vingança que, em muitos casos, é quase patológico. Para eles, os «vermelhos» eram uma massa inumana, uma rataria, um fluxo venenoso desaguado sobre a Alemanha que para ser contido exigia medidas de extrema violência.[43]

Os seus sentimentos eram partilhados, em maior ou menor grau, por um grande número de oficiais do exército e pela grande maioria dos políticos da direita. Muitos jovens estudantes e outros indivíduos que não tinham participado na guerra acorreram à sua bandeira. Para eles, os socialistas e os democratas de qualquer espécie não passavam de traidores: foram rapidamente apodados de «criminosos de novembro» ou «traidores de novembro», os homens que tinham apunhalado o exército nas costas e que depois, em novembro de 1918, tinham cometido o crime duplo de derrubarem o *Kaiser* e assinarem o Armistício. Com efeito, para alguns políticos democráticos, o facto de terem assinado o Tratado de Versalhes equivaleu a uma sentença de morte, dado que os Corpos Francos criaram esquadrões secretos para exterminarem e assassinarem aqueles que consideravam traidores da nação. Foi o que aconteceu com o político democrático Walther Rathenau, o destacado socialista Hugo Haase e o proeminente deputado do Partido do Centro, Matthias Erzberger.[44] A violência política atingiu novos píncaros em 1923, um ano marcado pela repressão sangrenta de uma intentona comunista em Hamburgo, por tiroteios entre grupos políticos rivais em Munique e por recontros armados na Renânia, que envolveram separatistas apoiados pelos franceses. No início da década de 20, Karl Plättner, Max Hölz e outros radicais de esquerda lançaram campanhas de assaltos e «expropriações» à mão armada que só acabaram quando foram presos e condenados a longas penas de prisão.[45]

Foi nesta atmosfera de trauma nacional, extremismo político, conflitos violentos e agitação revolucionária que o nazismo nasceu. A maior parte dos elementos que entraram para a sua eclética ideologia eram correntes na Alemanha antes de 1914, e durante a guerra tornaram-se mais conhecidos do público. A queda dramática da Alemanha no caos político no final de 1918, um caos que durou vários anos, foi o estímulo para a tradução de ideias radicais em ação violenta. A inebriante mistura de ódio, medo e ambição que tinha intoxicado um pequeno número de radicais pangermanistas ganhou subitamente um elemento crucial: a predisposição, ou mesmo a determinação, para recorrer à força física. Para muitas pessoas, a humilhação nacional, o colapso do império bismarckiano, a vitória eleitoral dos sociais-democratas e a ameaça do comunismo justificavam a utilização da violência e do homicídio para implementar as medidas de recuperação da nação alemã que os pangermanistas, os antissemitas, os eugenistas e os ultranacionalistas vinham advogando desde antes da viragem do século.

Todavia, estas ideias ainda eram exclusivas de uma minoria, mesmo depois de 1918, e o recurso à força física para as implementar ainda estava limitado a uma minúscula franja extremista. A polarização da sociedade e da política alemãs deveu-se ao colapso de 1918–1919 e não a um entusiasmo geral pelo nacionalismo radical. Aliás, de forma crucial, o terreno médio da política ainda estava ocupado por pessoas e partidos empenhados na criação de uma democracia parlamentar estável e funcional, na reforma social, na liberdade cultural e nas oportunidades económicas para todos. O colapso do *Reich* guilhermino também lhes ofereceu a sua oportunidade, e eles agarraram-na com as duas mãos. Para o ultranacionalismo se afirmar na política, teria de derrubar as barreiras erguidas pela primeira democracia alemã, a República de Weimar.

2
O FRACASSO DA DEMOCRACIA

As debilidades de Weimar

I

No fim da Primeira Guerra Mundial, o medo e o ódio mandavam na Alemanha. Tiroteios, assassinatos, motins, massacres e turbulência civil negavam aos alemães a estabilidade na qual uma nova ordem democrática pudesse florescer. Mas depois da abdicação do *Kaiser* e do colapso do *Reich* criado por Bismarck, alguém teria de assumir as rédeas da governação. Os sociais-democratas avançaram. No meio da confusão do princípio de novembro de 1918, um grupo de figuras destacadas do movimento laboral formou uma organização revolucionária, o Conselho dos Delegados do Povo. O Conselho, que uniu durante um breve período as duas alas do movimento social-democrata (o Partido Social-Democrata Maioritário, que tinha apoiado a guerra, e o Partido Social-Democrata Independente da Alemanha, que se lhe tinha oposto), era liderado por Friedrich Ebert, social-democrata de longa data. Ebert nasceu em 1871 e era filho de um alfaiate. Tornou-se correeiro e entrou para a política através das suas atividades sindicais. Trabalhou na redação do jornal social-democrata de Bremen e, em 1893, abriu um bar na cidade, que tal como muitos outros espaços semelhantes funcionava como centro das organizações laborais locais. Em 1900, participou na política municipal de Bremen e, enquanto líder dos sociais-democratas, deu um grande contributo para a melhoria da eficácia do partido. Em 1905, foi eleito secretário do comité central nacional, em Berlim, e em 1912 entrou para o *Reichstag*.

Ebert conquistou o respeito do partido não por ser um grande orador ou um líder carismático, mas como negociador calmo, paciente e subtil que parecia unir sempre as diferentes fações do movimento laboral. Era um pragmático típico da segunda geração de líderes sociais-democratas, que aceitava a ideologia marxista do partido, mas centrava os seus esforços na melhoria quotidiana da vida dos trabalhadores através dos seus conhecimentos em áreas como o direito do trabalho e os seguros sociais. Foi principalmente o seu trabalho esforçado que contribuiu para a remodelação e melhoramento da eficiência da administração e do aparelho eleitoral do partido antes da guerra, e ele ficou com uma grande parte do mérito pela célebre vitória nas eleições para o *Reichstag* em 1912. Depois da morte de August Bebel, o líder de longa data do partido, em 1913, Ebert foi eleito líder juntamente com Hugo Haase, uma figura mais radical. Tal como muitos organizadores sociais-democratas, Ebert punha a lealdade ao partido acima de quase tudo, e a sua indignação perante a recusa de Haase e de outros opositores da guerra de seguirem as decisões da maioria foi um dos principais fatores que o convenceram a expulsá-los. Os dissidentes, liderados por Haase, formaram o Partido Social-Democrata Independente da Alemanha, em 1917, e trabalharam a partir de diversas perspetivas para porem fim à guerra. Ebert acreditava na disciplina e na ordem, e durante a guerra procurou estabelecer uma cooperação com o Partido do Centro e os liberais de esquerda para obrigar o governo do *Kaiser* a aceitar o parlamentarismo. O seu objetivo em 1918–1919 refletiu a preocupação característica do administrador sóbrio: manter os serviços essenciais a funcionar, impedir o colapso da economia e restaurar a lei e a ordem. Ebert só aceitou a possibilidade da abdicação do *Kaiser* quando compreendeu que se ele não abdicasse haveria uma revolução na sociedade; numa conversa com o último chanceler, o príncipe Max von Baden, ele disse: «Não quero a abdicação, aliás, abomino-a.»[1]

Em vez de uma revolução, Ebert queria uma democracia parlamentar. No início de 1919, em colaboração com o Partido do Centro e com os liberais de esquerda, entretanto rebatizados Partido Democrata Alemão, Ebert e os seus associados do Conselho dos Delegados do Povo organizaram eleições nacionais para uma assembleia constituinte frente à oposição de elementos mais radicais, que viam nos conselhos de operários e soldados a base de um governo de tipo soviético. Muitos eleitores, independentemente das suas opiniões políticas, consideraram que a melhor maneira de impedir a criação de um soviete alemão e evitar a ameaça de uma revolução bolchevique era votar nos três partidos democráticos. Por conseguinte, os sociais-democratas, o Partido Democrata Alemão e o Partido do Centro garantiram a maioria nas eleições para a Assembleia Constituinte. A Assembleia reuniu-se na cidade termal de Weimar, ligada à vida e à obra do poeta, romancista e dramaturgo Johann Wolfgang von Goethe, que viveu em finais do século XVIII e no início do século seguinte.[2] A Constituição aprovada em 31 de julho de 1919 foi essencialmente uma versão modificada da Constituição estabelecida por Bismarck para o novo *Reich* quase meio século antes.[3] O *Kaiser* foi substituído por um presidente do *Reich* eleito, tal como o presidente dos Estados Unidos, por sufrágio popular. Este aspeto dava-lhe independência no seu trato com a legislatura e promovia a sua utilização de poderes de emergência muito abrangentes, que lhe foram conferidos pelo Artigo 48.º. Em alturas problemáticas, podia governar por decreto e usar o exército para restaurar a lei e a ordem em qualquer Estado federado caso considerasse que estavam ameaçadas.

O poder de governar por decreto destinava-se apenas a situações de emergência, mas Ebert, enquanto primeiro presidente da República, usou-o nada menos do que 136 vezes. Depôs governos legitimamente eleitos na Saxónia e na Turíngia quando estes ameaçaram, na sua perspetiva, fomentar a desordem. E de forma ainda mais perigosa, em 1920, aquando da guerra civil no Rur, emitiu um decreto antedatado aplicando a pena de morte para crimes contra a ordem pública, legitimando retrospetivamente muitas das execuções sumárias de membros do Exército Vermelho levadas a cabo pelos Corpos Francos e pelo exército.[4] Em ambos os casos, de forma significativa, estes poderes destinaram-se a reprimir supostas ameaças da esquerda à República, mas quase não foram usados contra o que muita gente considerava ser a ameaça maior, a direita. Não existia praticamente nenhuma salvaguarda contra o abuso da utilização do Artigo 48.º, dado que o presidente podia ameaçar usar os poderes que lhe eram conferidos pelo Artigo 25.º para dissolver o *Reichstag* caso este rejeitasse um decreto presidencial. Além do mais, os decretos podiam ser usados para criar um facto consumado ou uma situação em que o *Reichstag* não tivesse outra opção a não ser aprová-los (por exemplo, embora nunca tenha sido este o seu propósito, os decretos podiam ser usados para intimidar e abafar a oposição ao governo). É certo que em algumas circunstâncias terão existido poucas alternativas à governação por decreto, mas o Artigo 48.º não incluía nenhuma disposição para o restabelecimento do poder da legislatura, e Ebert não o usou apenas para emergências, mas também em casos em que teria sido muito difícil aprovar a legislação no *Reichstag*. Ebert, com o seu uso e abuso do artigo, acabou por torná-lo numa potencial ameaça às instituições democráticas.[5]

O feito de Ebert na supervisão do nascimento da República de Weimar é inegável. Contudo, ele fez muitas concessões apressadas que mais tarde prejudicaram a República. O seu desejo de garantir uma transição da guerra para a paz sem problemas levou-o a colaborar estreitamente com o exército sem exigir alterações ao corpo de oficiais, que era convictamente monárquico e conservador, estando, porém, em posição de o fazer em 1918–1919. No entanto, a disponibilidade de Ebert para fazer compromissos com a velha ordem não lhe granjeou amigos entre aqueles que lamentavam o seu desaparecimento. Durante a sua presidência, foi sujeito a uma incessante campanha de vilificação pela imprensa de direita. Para quem achava que o chefe do Estado devia possuir uma dignidade olímpica, muito acima das vulgaridades da vida quotidiana, uma fotografia publicada num jornal da figura atarracada e rechonchuda do presidente do *Reich* a passar férias à beira-mar com dois amigos, de calções de banho, expô-lo ao ridículo e ao desdém. A campanha de assassinato de carácter da imprensa de direita também o caluniou associando-o a escândalos financeiros. Ebert, quiçá de forma disparatada, intentou nada menos do que 173 processos por difamação, mas nunca foi ressarcido.[6] Num julgamento realizado em 1924, no qual o réu foi acusado de chamar Ebert de traidor da pátria, o tribunal aplicou ao homem uma multa simbólica de dez marcos, porque, segundo o veredicto, Ebert tinha-se efetivamente revelado um traidor por manter contactos com os grevistas das fábricas de munições de Berlim no último ano da guerra (apesar de ele o ter feito para que a greve terminasse rapidamente através de negociações).[7] A vaga incessante de ódio desencadeada pela extrema-direita contra Ebert surtiu efeitos: além de minar a sua posição, desgastou-o física e mentalmente. Obcecado com limpar o nome de todas as calúnias, Ebert negligenciou uma rutura no apêndice que teria sido tratada facilmente pela ciência médica da época. Morreu no dia 28 de fevereiro de 1925, com 54 anos.[8]

As eleições presidenciais foram um desastre para as perspetivas democráticas da República de Weimar. A influência nociva da fragmentação política e da falta de legitimidade de Weimar fizera-se sentir, dado que na primeira volta não pareceu haver nenhum candidato vencedor, pelo que a direita recrutou o relutante marechal Paul von Hindenburg para aglutinar os seus apoiantes divididos. Na segunda volta, se os comunistas ou a ala bávara autónoma do Partido do Centro tivessem votado a favor do adversário mais forte de Hindenburg, o político católico Wilhelm Marx, talvez o marechal tivesse perdido, mas graças ao egoísmo dos bávaros, em especial, ele foi eleito com uma maioria confortável. Hindenburg, um símbolo por excelência da velha ordem militar e imperial, era um homem corpulento e fisicamente imponente, cujo aspeto escultural, o uniforme, os serviços prestados na guerra e a reputação lendária — bastante imerecida — por ter vencido a grande Batalha de Tannenberg e por ter orientado o destino militar da Alemanha faziam dele uma figura muito reverenciada, sobretudo pela direita. A eleição de Hindenburg foi saudada pelas forças da direita como símbolo de restauração. «No dia 12 de maio», registou no seu diário o académico conservador Victor Klemperer (um observador alarmado e agastado), «quando Hindenburg tomou posse, bandeiras pretas, brancas e vermelhas foram agitadas por todo o lado. A bandeira do *Reich* só se viu nos edifícios públicos». Klemperer disse que de cada dez bandeiras imperiais que viu, oito eram como as pequenas usadas pelas crianças.[9] Para muita gente, a eleição de Hindenburg foi um grande passo para longe da democracia de Weimar e em direção à restauração da velha ordem monárquica. Começou a correr o boato de que Hindenburg tinha considerado necessário pedir ao ex-*Kaiser* Guilherme, exilado na Holanda, autorização para assumir o cargo de presidente. Não era verdade, mas o facto de o boato se ter espalhado diz muito acerca da reputação de Hindenburg.[10]

Depois de tomar posse, Hindenburg, influenciado pelo seu forte sentido de dever e para surpresa de muita gente, respeitou a Constituição à letra. Todavia, com o decorrer dos sete anos de mandato e depois de entrar na casa dos 80, foi ficando cada vez mais impaciente com as complexidades dos acontecimentos políticos e ainda mais suscetível à influência do seu círculo íntimo de conselheiros, que comungavam da sua convicção instintiva de que o único poder sobreano legítimo no *Reich* era a monarquia. Convencido da adequabilidade do uso dos poderes de emergência presidenciais pelo exemplo do seu antecessor, Hindenburg começou a pensar que uma ditadura conservadora exercida em seu nome era a única saída para a crise na qual a República tinha caído no princípio da década de 1920. Por conseguinte, a curto prazo, a eleição de Hindenburg poderá ter levado os opositores da República a aceitar a sua existência, mas a longo prazo foi um desastre total para a democracia de Weimar. Em 1930, o mais tardar, já era evidente que o poder presidencial estava nas mãos de um homem que não acreditava nas instituições democráticas, nem tinha intenção de as defender dos seus inimigos.[11]

II

Além do cargo de presidente do *Reich*, a Constituição de Weimar consagrou uma legislatura nacional, também chamada *Reichstag*, mas eleita por todos os adultos de ambos os sexos e com um sistema de representação proporcional mais direto do que antes de 1918. Os eleitores votavam no partido da sua escolha e cada partido recebia um número de lugares no *Reichstag* que correspondia exatamente à percentagem de votos colhidos. Por conseguinte, um partido com 30% dos votos receberia 30% dos lugares; de forma mais preocupante, um partido com 1% dos votos receberia 1% dos lugares. Diz-se com frequência que este sistema favorecia os pequenos partidos e os grupos marginais, e é verdade. No entanto, a votação total nos partidos das franjas nunca excedeu 15%, ou seja, na prática, os partidos maiores raramente tiveram necessidade de os cooptarem para formarem governo. Mas o sistema de representação proporcional equilibrou a competição pelos votos entre os partidos maiores, dado que se o sistema eleitoral fosse de escrutínio uninominal maioritário, os partidos maiores teriam tido melhores resultados e talvez tivessem surgido governos de coligação mais estáveis com um número mais reduzido de pequenos parceiros, o que por sua vez talvez tivesse levado um número maior de pessoas a acreditar nas virtudes do parlamentarismo.[12]

Por conseguinte, as mudanças de governo na República de Weimar foram muito frequentes. Entre 13 de fevereiro de 1919 e 30 de janeiro de 1933, existiram nada menos do que vinte governos diferentes: cada um durou, em média, 239 dias, cerca de menos de oito meses. Dizia-se que os governos de coligação governavam de forma instável por causa das constantes quezílias pessoais e políticas entre os parceiros. E a sua governação também era fraca, dado que só conseguiam reger-se pelo menor denominador comum e seguir a via de menor resistência. Todavia, os governos de coligação de Weimar não resultaram apenas da representação proporcional. Também derivaram das fraturas antigas e profundas existentes no sistema político alemão. Os partidos que tinham dominado a cena imperial transitaram para a República de Weimar. O Partido Popular Nacional Alemão resultou da fusão do velho Partido Conservador com grupos políticos mais pequenos. Os liberais não conseguiram ultrapassar as suas diferenças e permaneceram divididos em esquerda (Partido Democrata Alemão) e direita (Partido Popular Alemão). O Partido do Centro não sofreu quase nenhuma alteração, mas a ala bávara saiu e formou o Partido Popular da Baviera. À esquerda, os sociais-democratas tiveram de enfrentar um novo rival, o Partido Comunista. No entanto, nenhum destes desenvolvimentos resultou exclusiva ou principalmente da representação proporcional. Os meios políticos dos quais estes partidos saíram existiam desde os primeiros tempos do império bismarckiano.[13]

Estes meios políticos, com os seus jornais, clubes e associações, eram invulgarmente rígidos e homogéneos. Antes de 1914, este desenvolvimento resultou na politização de esferas da vida que noutras sociedades estavam muito mais livres de identificações ideológicas. Por exemplo, quando um alemão queria entrar para um coro masculino, tinha de escolher, em algumas regiões, entre um coro católico ou protestante, e noutras, entre um coro socialista ou nacionalista. O mesmo acontecia com os clubes de ginástica, de ciclismo, de futebol, etc. Antes da guerra, um filiado no Partido Social-Democrata poderia ter quase toda a sua vida abarcada pelo partido e suas organizações: poderia ler um jornal social-democrata, frequentar um bar social-democrata, pertencer a um sindicato social-democrata, pedir livros emprestados numa biblioteca social-democrata, ir a festivais ou ver peças de teatro sociais-democratas, casar com uma mulher filiada na organização feminina social-democrata, matricular os filhos no movimento juvenil social-democrata e ser enterrado com a ajuda de um subsídio social-democrata.[14] Pode dizer-se a mesma coisa em relação ao Partido do Centro (com os seus simpatizantes organizados em massa na Associação Popular da Alemanha Católica, no movimento sindicalista católico e em toda a espécie de clubes e associações recreativos católicos) e também, até certo ponto, em relação aos outros partidos.[15] Estes meios político-culturais inequivocamente definidos não desapareceram com o advento da República de Weimar[16], mas, nos anos 20, a massificação comercializada das atividades de lazer e o aparecimento dos tabloides baseados no sensacionalismo e nos escândalos do cinema, dos romances de cordel, dos salões de baile e de todo o tipo de atividades recreativas ofereceu fontes alternativas de identificação aos jovens, deixando-os menos ligados aos partidos políticos do que a geração anterior.[17] A geração mais velha de ativistas políticos era demasiado apegada à sua ideologia para chegar a compromissos e cooperar com outros políticos e seus partidos. Em contraste com a situação de depois de 1945, não se assistiu a nenhuma fusão dos grandes partidos políticos em unidades mais eficazes.[18] Por conseguinte, tal como em muitos outros aspetos, a instabilidade política dos anos 20 e do início da década seguinte ficaram mais a dever-se a continuidades estruturais com a política das eras bismarckiana e guilhermina do que às novas disposições da constituição de Weimar.[19]

Ao contrário do que por vezes se diz, a representação proporcional não promoveu a anarquia política, facilitando assim a ascensão da extrema-direita. Um sistema de escrutínio uninominal maioritário, com o candidato mais votado em cada círculo a ser automaticamente eleito, talvez tivesse dado ainda mais lugares ao Partido Nazi do que os que lhe garantiu nas últimas eleições da República de Weimar, mas é impossível dizer ao certo, pois as táticas eleitorais dos partidos teriam sido outras e o sistema teria certamente sido benéfico nas primeiras fases da existência da República, o que talvez tivesse reduzido a votação posterior nos nazis.[20] De forma semelhante, o efeito desestabilizador da possibilidade de realização de referendos ou plebiscitos consagrada na Constituição tem sido frequentemente exagerado; outros sistemas políticos têm existido sem problemas com este tipo de disposição constitucional, além disso, o número de plebiscitos realizados foi muito pequeno. As suas campanhas contribuíram certamente para a ebulição da atmosfera política da República, mas os plebiscitos nacionais tiveram poucos efeitos políticos diretos, embora um plebiscito regional tenha conseguido derrubar um governo democrático em Oldemburgo, em 1932.[21]

Seja como for, a instabilidade governamental de Weimar é frequentemente exagerada, dado que as constantes mudanças de governo esconderam continuidades a longo prazo em alguns ministérios. Alguns cargos, em especial o de ministro da Justiça, foram usados como moeda de troca nas negociações entre os parceiros das coligações, e foram ocupados por uma sucessão de muitos ministros diferentes, o que terá inevitavelmente colocado mais poder nas mãos dos altos funcionários públicos de carreira, embora a sua liberdade de ação tenha sido diminuída pela devolução de muitas funções da administração judicial aos Estados federados. Mas apesar dos caprichos da construção das coligações, outros ministérios tornaram-se a coutada de um político específico, o que facilitou a formulação e implementação de políticas fortes e decisivas. Gustav Stresemann, por exemplo, foi ministro dos Negócios Estrangeiros em nove governos sucessivos, ocupando o cargo durante mais de seis anos consecutivos. Heinrich Brauns, deputado do Partido do Centro, foi ministro do Trabalho em doze governos consecutivos, de junho de 1920 a junho de 1928. Otto Gessler, do Partido Democrata Alemão, foi ministro do Exército em treze governos consecutivos, de março de 1920 a janeiro de 1928. Estes ministros conseguiram desenvolver e implementar políticas a longo prazo, independentemente das frequentes mudanças na liderança dos governos que serviram. Outros ministérios também foram ocupados pelos mesmos políticos em dois, três ou quatro governos diferentes.[22] Foi, obviamente, nessas áreas, sobretudo nos negócios estrangeiros, no trabalho e na segurança social, que a República conseguiu desenvolver as suas políticas mais fortes e consistentes.

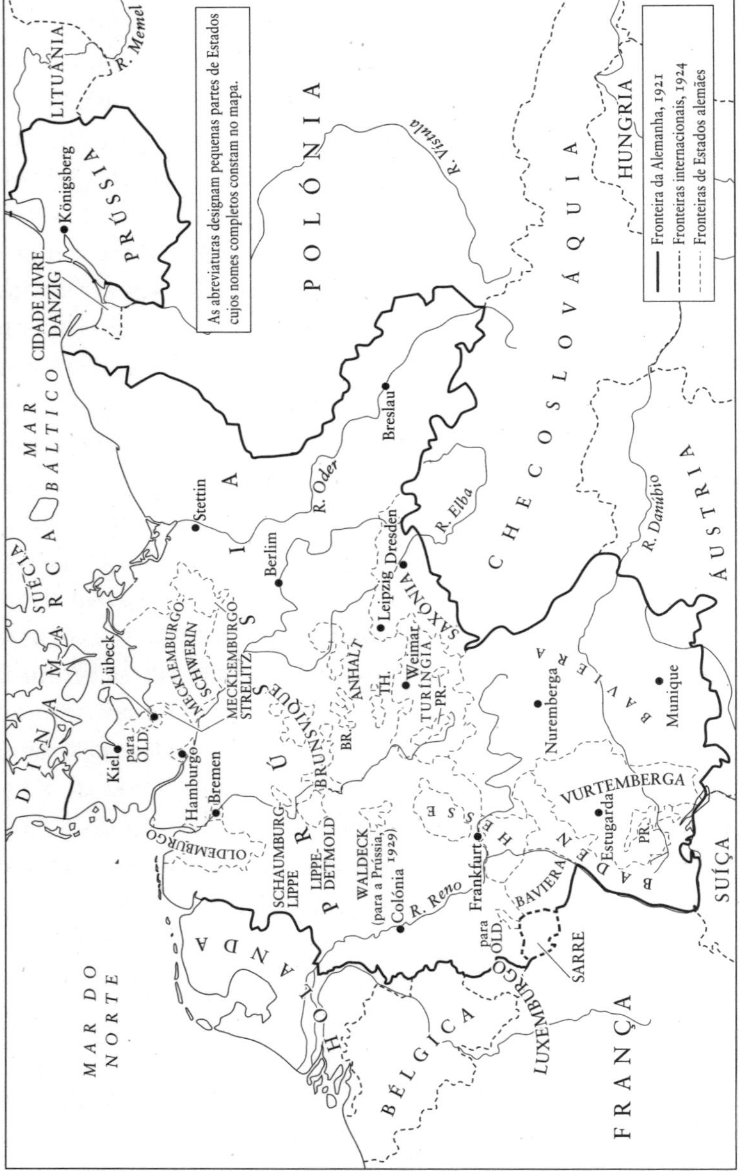

Mapa 4. A República de Weimar

No entanto, a capacidade do governo do *Reich* de atuar de forma firme e decisiva foi sempre comprometida por outra disposição da Constituição, nomeadamente, a decisão de manter a estrutura federal que Bismarck impôs ao *Reich* em 1871 para adoçar a pílula da unificação aos príncipes alemães, como o rei da Baviera e o grão-duque de Baden. Os príncipes foram corridos sem cerimónias pela Revolução de 1918, mas os seus Estados continuaram a existir. Foram dotados de instituições parlamentares democráticas, mas mantiveram muita autonomia em áreas-chave da política interna. O facto de alguns Estados, como por exemplo a Baviera, terem uma história e uma identidade com muitos séculos encorajou-os a obstruir as políticas do governo do *Reich* quando estas não lhe agradavam. Por outro lado, a tributação direta passou a estar nas mãos do governo do *Reich*, e muitos Estados mais pequenos ficaram dependentes das ajudas de Berlim em caso de dificuldades financeiras. As tentativas de secessão do *Reich* terão parecido uma ameaça, em especial nos conturbados primeiros anos da República, mas, na realidade, nunca foram suficientemente fortes para serem levadas a sério.[23] Os problemas mais graves derivaram das tensões entre a Prússia e o *Reich*, dado que o Estado prussiano era maior do que todos os outros Estados combinados. No entanto, nos anos 20 e no início da década seguinte, a Prússia foi liderada por governos moderados e pró-republicanos que constituíram um contrapeso importante para o extremismo e a instabilidade de Estados como a Baviera. Por conseguinte, quando tomamos todos estes fatores em conta, o sistema federal, não obstante as tensões entre o *Reich* e os Estados, não parece ter sido um fator importante na subversão da estabilidade e da legitimidade da República de Weimar.[24]

III

Em termos globais, a Constituição da Alemanha de Weimar não era pior do que as constituições da maior parte dos outros países nos anos 20, e era bastante mais democrática do que muitas. As suas disposições mais problemáticas não teriam tido tanta importância noutras circunstâncias, mas a fatal ausência de legitimidade da República magnificou muitas vezes as deficiências da Constituição. Havia três partidos identificados com o novo sistema político: o Partido Social-Democrata, o Partido Democrata Alemão (liberal) e o Partido do Centro. Depois de alcançarem uma maioria clara de 76,2% nas eleições de janeiro de 1919, os três partidos combinados obtiveram apenas 48% dos votos em junho de 1920, 43% em maio de 1924, 49,6% em dezembro do mesmo ano, 49,9% em 1928 e 43% em setembro de 1930. Ou seja, a partir de 1920, estiveram sempre em minoria no *Reichstag*, confrontados com deputados dos inimigos da República à direita e à esquerda. Além disso, o apoio destes partidos da «coligação de Weimar» à República foi, em muitas ocasiões, na melhor das hipóteses, mais retórico do que concreto, e, na pior, equívoco, comprometido ou politicamente inútil.[25]

Os sociais-democratas eram considerados por muita gente o partido criador da República, e eles próprios também se assumiam como tal. Contudo, nunca foram muito felizes como partido de governo: integraram apenas oito dos vinte governos de Weimar e só ocuparam o cargo de chanceler do *Reich* em quatro.[26] Permaneceram presos ao molde ideológico marxista de antes da guerra, à expectativa de que o capitalismo fosse derrubado e de que a burguesia fosse substituída pelo proletariado como classe governante. A Alemanha dos anos 20 podia ser muita coisa, mas era inegavelmente uma sociedade capitalista, e para muitos sociais-democratas foi difícil conciliar a participação no governo com o radicalismo verbal da sua ideologia. Os sociais-democratas, não habituados à governação e excluídos da participação política durante duas gerações antes da guerra, tiveram uma experiência dolorosa na colaboração com os políticos «burgueses». Não podiam libertar-se da sua ideologia marxista sem perderem uma grande parte do apoio eleitoral da classe trabalhadora, mas, por outro lado, uma postura política mais radical, como por exemplo a criação do Exército Vermelho miliciano com operários em vez do recurso aos Corpos Francos, impossibilitou a sua participação em governos de coligação burgueses e atraiu a eles a fúria do exército.

A força principal dos sociais-democratas residia na Prússia, o Estado que abarcava metade do território e 57% da população da República de Weimar. Na Prússia, uma região maioritariamente protestante com grandes cidades como Berlim e áreas industriais como o Rur, os sociais-democratas dominavam o governo. A sua política foi tornar a Prússia um bastião da democracia de Weimar, e embora não tenham implementado reformas com muito vigor ou consistência, os inimigos da democracia de Weimar assumiram como um dos seus grandes objetivos, no princípio dos anos 30, afastá-los do poder no maior Estado alemão.[27] Contudo, no *Reich*, a posição dos sociais-democratas era muito menos dominante. A sua força no princípio da República deveu-se muito mais ao apoio dos eleitores da classe média, que consideraram que um Partido Social-Democrata forte oferecia a melhor defesa contra o bolchevismo por concretizar uma transição rápida para a democracia parlamentar. Com a diminuição da ameaça bolchevique, a representação dos sociais-democratas no *Reichstag* caiu de 163 lugares em 1919 para 102 em 1920. Apesar da sua recuperação considerável — 153 lugares em 1928 e 143 em 1930 —, os sociais-democratas perderam quase dois milhões e meio de votos para sempre: depois de colherem 38% dos votos em 1919, ficaram-se pelos cerca de 25% nos anos 20 e no princípio da década seguinte. No entanto, não deixaram de ser um movimento político enormemente poderoso e bem organizado, merecedor da fidelidade e da devoção de milhões de operários fabris de todo o país. Se algum partido merecia ser chamado o bastião da democracia na República de Weimar, era o Partido Social-Democrata.

O segundo braço da «coligação de Weimar», o Partido Democrata Alemão, foi um participante relativamente mais entusiástico na governação, tendo integrado quase todos os governos da década de 1920. Aliás, o autor principal da criticada Constituição de Weimar foi um dos membros do partido, Hugo Preuss. No entanto, apesar de conquistar 75 lugares nas eleições de janeiro de 1919, o Partido Democrata Alemão perdeu 36 nas eleições seguintes, em junho de 1920, e ficou-se pelos 28 em maio de 1924. O partido foi vítima da deriva dos eleitores da classe média para a direita e nunca recuperou.[28] A sua reação às perdas eleitorais em 1928 foi um desastre. Em julho de 1930, algumas figuras destacadas do partido, lideradas por Erich Koch-Weser, uniram-se ao movimento paramilitar da Ordem da Juventude Alemã e a alguns políticos de outros partidos da classe média e transformaram o Partido Democrata Alemão no Partido do Estado Alemão. A ideia era criar um forte bloco centrista que estancasse a hemorragia de eleitores burgueses para os nazis, mas a fusão foi precipitada e eliminou a possibilidade de união com grupos políticos maiores do centro. Alguns membros do partido, na sua maioria da ala esquerda, saíram em protesto. À direita, a Ordem da Juventude Alemã perdeu o apoio de muitos dos seus membros. A sorte eleitoral do novo partido não melhorou: depois das eleições de setembro de 1930, ficou com apenas 14 deputados no *Reichstag*. Na prática, a fusão significou um forte desvio para a direita. A Ordem da Juventude Alemã comungava do ceticismo de uma grande parte do movimento juvenil em relação ao sistema parlamentar, e a sua ideologia estava muito tingida de antissemitismo. O Partido do Estado Alemão manteve viva a coligação social-democrata na Prússia até às eleições estaduais de abril de 1932, mas o seu objetivo, anunciado pelo historiador Friedrich Meinecke, passou a ser retirar o poder político ao *Reichstag* e aos Estados e conferi-lo a um governo do *Reich* forte e unitário. Por conseguinte, também neste caso, a erosão da base de apoio empurrou o partido para a direita, mas o único efeito disto foi eliminar o que o distinguia de outras organizações políticas mais eficazes que advogavam a mesma coisa. Os complexos esquemas constitucionais do Partido do Estado Alemão, além de exporem a sua falta de realismo político, mostraram o enfraquecimento do seu compromisso com a democracia de Weimar.[29]

Dos três partidos da «coligação de Weimar», só o Partido do Centro manteve a sua base de apoio, cerca de cinco milhões de votos ou 85–90 lugares no *Reichstag*, incluindo os do Partido Popular da Baviera. O Partido do Centro também foi um parceiro crucial de todos os governos de coligação, de junho de 1919 até ao fim, e, com o seu forte interesse pela legislação social, terá tido tanto mérito na criação do Estado social de Weimar como os sociais-democratas. O partido era conservador em termos sociais e empenhou-se bastante no combate à pornografia, à contraceção e a outros males do mundo moderno, bem como na defesa dos interesses católicos no sistema escolar. O seu calcanhar de Aquiles foi a inevitável influência do papado. Nos anos 20, Pio XI, enquanto chefe da Igreja Católica, estava crescentemente preocupado com o avanço dos ateus comunistas e socialistas. Tal como o seu núncio na Alemanha, Eugenio Pacelli — o futuro Pio XII —, desconfiava profundamente do liberalismo de muitos políticos católicos e considerava o regresso a uma forma de política mais autoritária a melhor maneira de proteger os interesses da Igreja contra a ameaça da esquerda ímpia. O resultado foi a assinatura de uma concordata com o regime fascista de Mussolini, em 1929, tendo a Igreja apoiado posteriormente a ditadura «clerical-fascista» de Engelbert Dollfuss, aquando da guerra civil austríaca em 1934, e os nacionalistas do general Franco durante a Guerra Civil de Espanha, que eclodiu em 1936.[30]

Com o Vaticano a dar este tipo de sinais, mesmo nos anos 20, as perspetivas para o catolicismo político na Alemanha não eram as melhores, e pioraram significativamente em dezembro de 1928, quando um associado íntimo do núncio apostólico Pacelli, o prelado Ludwig Kaas, que também era deputado do *Reichstag*, conseguiu ser eleito líder do Partido do Centro como candidato de compromisso durante uma luta entre as alas direita e esquerda por causa da sucessão do presidente do partido, Wilhelm Marx, que se ia retirar. Todavia, sob a influência de Pacelli, Kaas inclinou-se cada vez mais para a direita e levou muitos políticos católicos consigo. Com o aumento da desordem e da instabilidade no *Reich*, em 1930 e 1931, Kaas, que se tinha tornado num visitante frequente do Vaticano, começou a trabalhar com Pacelli para a assinatura de uma concordata nas linhas do acordo recentemente concluído com Mussolini. Nesta situação, era de importância primordial garantir a existência futura da Igreja. Tal como muitos outros políticos católicos destacados, Kaas considerou que tal só seria realmente possível num Estado autoritário em que a repressão policial debelasse a ameaça da esquerda. Em 1929, Kaas declarou: «Nunca o apelo à liderança em grande escala ecoou mais vívida e impacientemente na alma do povo alemão como numa altura em que a Pátria e a sua cultura correm tanto perigo que a alma de todos nós está oprimida.»[31] Kaas exigiu, entre outras coisas, uma independência muito maior do executivo em relação à legislatura. Outro político destacado do Partido do Centro, Eugen Bolz, ministro-presidente de Vurtemberga, colocou a questão de forma mais inequívoca quando disse à esposa, em 1930: «Tenho há muito a opinião de que o parlamento não consegue resolver os problemas políticos internos. Se houvesse a possibilidade de termos um ditador durante dez anos, eu escolhê-la-ia.»[32] O Partido do Centro deixou de ser um dos bastiões da democracia de Weimar muito antes do dia 30 de janeiro de 1933.[33]

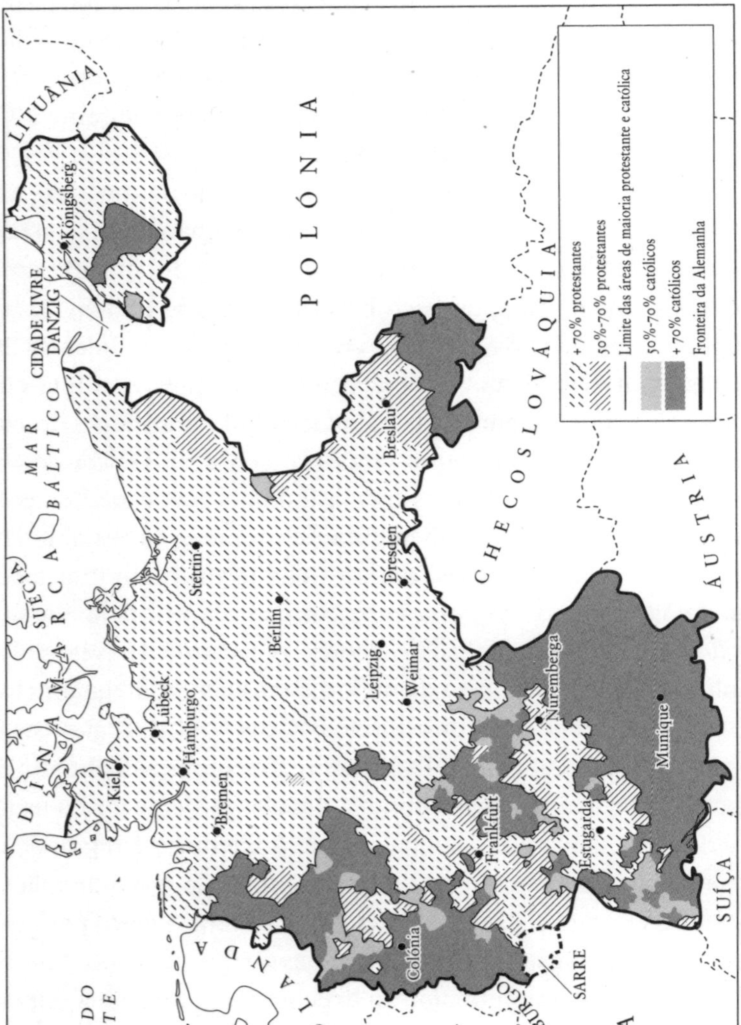

Mapa 5. A divisão religiosa

Por conseguinte, no fim dos anos 20, até os maiores pilares da democracia na República de Weimar se estavam a desmoronar. E sem contar com eles, a paisagem democrática ainda era mais desoladora. Nenhum outro partido oferecia um apoio sério à República e às suas instituições. À esquerda, a República estava confrontada com o fenómeno de massas dos comunistas. No período revolucionário de 1918–1921, os comunistas foram um grupo de elite extremamente coeso sem grande apoio eleitoral, mas em 1922, quando o Partido Social-Democrata Independente da Alemanha, privado do fator unificador da oposição à Primeira Guerra Mundial, se fragmentou, um grande número dos seus filiados aderiu ao Partido Comunista, que se tornou num partido de massas. Em 1920, as forças combinadas do Partido Social-Democrata Independente da Alemanha e do Partido Comunista garantiram 88 lugares no *Reichstag*. Em maio de 1924, os comunistas obtiveram 62 lugares e, depois de uma ligeira queda no mesmo ano, garantiram 54 em 1928 e 77 em 1930. Três milhões duzentos e cinquenta mil eleitores votaram no partido em 1924, e mais de quatro milhões e meio em setembro de 1930. Todos estes votos foram a favor da destruição da República de Weimar.

Apesar de todas as curvas e viragens nas suas políticas nos anos 20, o Partido Comunista Alemão nunca se desviou da sua convicção de que a República era um Estado burguês cujos objetivos primários eram a defesa da ordem económica capitalista e a exploração da classe trabalhadora. Os comunistas pensavam que o capitalismo iria inevitavelmente entrar em colapso e que a República «burguesa» iria ser substituída por um Estado soviético parecido com o russo. O Partido Comunista tinha o dever de concretizar estas ideias logo que possível. Nos primeiros anos da República, isto significou a preparação para uma «revolução de outubro» através de uma revolta armada. Porém, depois do fracasso da insurreição de janeiro de 1919 e do colapso ainda mais catastrófico dos planos para uma sublevação em 1923, esta ideia foi posta na prateleira. Crescentemente orientado a partir de Moscovo, onde o regime soviético, sob a influência crescente de Estaline, apertou o seu controlo financeiro e ideológico sobre os partidos comunistas na segunda metade da década de 20, o Partido Comunista Alemão teve de seguir uma via mais moderada em meados dos anos 20, embora, no fim da década, reassumisse uma posição radical «esquerdista».

Isto significou não só a recusa de fazer causa comum com os sociais--democratas na defesa da República mas também a colaboração ativa com os inimigos da República para a derrubar.[34] Aliás, a hostilidade do partido em relação à República e às suas instituições levaram-no a opor-se a reformas que poderiam ter tornado a República mais popular junto da classe trabalhadora.[35]

A oposição implacável da esquerda à República foi mais do que contrabalançada pela animosidade raivosa da direita. O desafio maior e mais significativo a Weimar veio do Partido Popular Nacional Alemão, que conquistou 44 lugares no *Reichstag* em janeiro de 1919, 71 em junho de 1920, 95 em maio de 1924 e 103 em dezembro do mesmo ano. Esta votação tornou-o o maior partido, com a exceção dos sociais--democratas. Nos dois escrutínios de 1924, o partido obteve cerca de 20% dos votos. Ou seja, um em cada cinco eleitores votou num partido que deixou claro, desde a primeira hora, que considerava a República de Weimar completamente ilegítima e que apelava à restauração do *Reich* bismarckiano e ao regresso do *Kaiser*. Esta posição foi expressa de muitas formas diferentes, desde a defesa da antiga bandeira imperial preta, branca e vermelha em lugar das novas cores republicanas preta, vermelha e dourada, à aprovação tácita e, por vezes, explícita do assassinato de figuras importantes da República por grupos armados conspiratórios e aliados aos Corpos Francos. A propaganda e as políticas do Partido Popular Nacional Alemão nos anos 20 contribuíram muito para difundir as ideias da direita radical pelo eleitorado e preparar o terreno para o nazismo.

Na década de 20, o Partido Popular Nacional Alemão participou em dois governos de coligação, mas a experiência não foi feliz. Os nacionalistas demitiram-se de um governo passados dez meses, e quando entraram para outro governo a meio do mandato, foram obrigados a aceitar compromissos que desagradaram profundamente a muitos dos seus filiados. As perdas graves sofridas nas eleições de outubro de 1928, com a sua representação no *Reichstag* a cair de 103 para 73 deputados, convenceram a ala direita do partido de que era chegada a altura de assumir uma posição mais inflexível. O presidente do partido, o conde Westarp, um tradicionalista, foi corrido e substituído por Alfred Hugenberg, barão da imprensa, industrial e nacionalista radical, que era uma das luminárias do movimento pangermânico desde a sua fundação na última década do século anterior. O programa do Partido Popular Nacional Alemão, elaborado em 1931 sob a influência de Hugenberg, era nitidamente mais à direita do que os anteriores. Exigiu, entre outras coisas, a restauração da monarquia Hohenzollern, o serviço militar obrigatório, uma política externa forte direcionada para a revisão do Tratado de Versalhes, a devolução das colónias ultramarinas e o reforço dos laços com os alemães residentes noutras partes da Europa, em especial na Áustria. O *Reichstag* ficaria apenas com um papel de supervisão e com uma «voz crítica» na legislação, e teria a companhia de «um órgão representativo estruturado em função do estatuto profissional nas esferas económica e cultural», na linha do Estado que estava a ser criado na Itália fascista. Além disto, dizia o programa, «opomo-nos ao espírito subversivo e não alemão sob todas as suas formas, quer provenha dos meios judaicos ou de outros. Opomo-nos enfaticamente à prevalência da judiaria no governo e na vida pública, uma prevalência que se vem afirmando cada vez mais continuamente desde a revolução»[36].

Com Hugenberg, os nacionalistas afastaram-se da democracia partidária interna e aproximaram-se do «princípio de liderança». O novo líder não se poupou a esforços para decidir sozinho das políticas do partido e restringir a liberdade de voto dos seus deputados do *Reichstag*. Como forma de protesto, uma dúzia de deputados saiu do partido em dezembro de 1929, e outros tantos em junho de 1930, tendo estes ido juntar-se a grupos de direita marginais. Hugenberg aliou o partido à extrema-direita para conseguir a realização de um referendo popular contra o Plano Young, um esquema internacionalmente acordado em 1929, com mediação dos americanos, para a recalendarização dos pagamentos das reparações. O fracasso da campanha, que foi extremamente renhida, convenceu Hugenberg da necessidade de uma oposição ainda mais radical a Weimar e da sua substituição por um Estado autoritário e nacionalista reminiscente dos tempos gloriosos do império bismarckiano. Mas nada disto funcionou. O snobismo e o elitismo dos nacionalistas impediram-nos de conquistar um verdadeiro apoio de massas e tornou os seus apoiantes vulneráveis à sedução da demagogia realmente popular dos nazis.[37]

Menos radical, mas só ligeiramente menos veemente na sua oposição à República, era o Partido Popular Alemão, mais pequeno do que o

Partido Popular Nacional Alemão, herdeiro do antigo Partido Nacional Liberal pró-bismarckiano. Obteve 65 lugares nas eleições de 1920 e andou nos 45–50 até ao fim da década, com 2,7–3 milhões de votos. A hostilidade do partido em relação à República foi parcialmente disfarçada pela decisão da sua principal figura, Gustav Stresemann, de reconhecer temporariamente a realidade política e aceitar a legitimidade da República, mais por necessidade do que por convicção. Embora o partido nunca tenha confiado plenamente em Stresemann, a sua capacidade de persuasão era considerável. Graças à sua perícia negocial, o Partido Popular Alemão integrou quase todos os governos da República, ao contrário do Partido Popular Nacional Alemão, que permaneceu na oposição durante a maior parte dos anos 20. No entanto, isto significou que a maioria dos governos formados depois da fase inicial da existência da República incluiu pelo menos alguns ministros dúbios, isto para não dizer mais, em relação ao direito da República à vida. Além disso, Stresemann, que já estava em dificuldades dentro do partido, adoeceu e morreu em outubro de 1929, o que eliminou a principal influência moderadora na liderança do partido.[38] A partir dessa altura, o partido também gravitou rapidamente para a extrema-direita.

Por conseguinte, o sistema político já parecia extremamente frágil em meados dos anos 20. Noutras circunstâncias, talvez tivesse sobrevivido. Aliás, em retrospetiva, o período 1924–1928 é descrito por muita gente como os «Anos de Ouro de Weimar». No entanto, a ideia de que nessa altura a democracia estava a caminho de vingar na Alemanha é uma ilusão criada *a posteriori*. Na realidade, não existia sinal nenhum de que estivesse a ficar mais segura, antes pelo contrário. O facto de os dois maiores partidos burgueses, o Partido do Centro e o Partido Popular Nacional Alemão, terem caído rapidamente nas mãos de inimigos declarados da democracia foi um mau augúrio, mesmo sem os choques que ocorreram depois. E o facto de a discutível lealdade do Partido Popular Alemão com a República se dever exclusivamente à persistência e à liderança inteligente de um único homem, Gustav Stresemann, era outro sinal de fragilidade. Nem nas circunstâncias relativamente favoráveis de 1928 os partidos da «coligação de Weimar» conseguiram garantir a maioria no *Reichstag*. Depois de 1923, o sentimento generalizado de que a ameaça da revolução bolchevique tinha diminuído tornou os partidos burgueses menos disponíveis para compromissos com os sociais-democratas no interesse da preservação da República como bastião contra o comunismo.[39] E de forma ainda mais ominosa, organizações paramilitares como os Capacetes de Aço começaram a expandir a sua luta das ruas para as campanhas políticas para tornarem mais influentes as suas posições antirrepublicanas. Entretanto, a violência política, apesar de estar muito distante da guerra civil que caraterizou uma grande parte da fase inicial da República, continuou a um nível assustadoramente elevado em meados dos anos 20.[40] A realidade brutal era que, mesmo em 1928, a República estava tão longe como sempre de alcançar a estabilidade e a legitimidade.

IV

A República de Weimar também foi enfraquecida por não ter conquistado o apoio sincero do exército e do funcionalismo público, que tiveram muita dificuldade em ajustar-se à transição do *Reich* autoritário para a República democrática em 1918. Para as chefias do exército, em particular, a derrota de 1918 foi uma ameaça alarmante. O Estado-Maior General, liderado por um dos seus oficiais mais inteligentes e perspicazes, o general Wilhelm Groener, concordou com o Partido Social-Democrata Maioritário de Friedrich Ebert que a melhor maneira de afastar a ameaça dos conselhos revolucionários de operários e soldados era cooperarem para estabelecer uma democracia parlamentar estável. Para Groener, tratou-se de uma medida de conveniência e não de convicção. Garantiu a preservação do antigo corpo de oficiais nas circunstâncias limitadas do exército alemão depois do Tratado de Versalhes. Os efetivos do exército foram restringidos a cem mil, o exército foi proibido de utilizar tecnologias modernas, como o carro de combate, e a massa de conscritos teve de dar lugar a uma pequena força profissional. Groener esbarrou com a oposição inflexível dos militares da linha dura por causa do seu compromisso com os sociais-democratas, tal como o seu homólogo, Gustav Noske, o especialista militar social-democrata, fora duramente criticado pelos seus camaradas de partido por ter deixado o corpo de oficiais intacto em vez de o substituir por uma estrutura e pessoal mais democráticos.[41] Porém, nas circunstâncias desesperadas de 1918–1919, a posição de ambos acabou por vingar.

Contudo, passado pouco tempo, os conselhos de operários e soldados desapareceram da cena política, e muitas altas patentes consideraram que os compromissos com as forças democráticas deixavam de ser necessários. Esta realidade ficou dramaticamente clara em março de 1920, quando os Corpos Francos, em protesto contra a sua redundância iminente, marcharam sobre Berlim e derrubaram o governo eleito na tentativa de restaurar um regime autoritário semelhante à antiga monarquia. Os insurretos, chefiados por Wolfgang Kapp, ex-funcionário público pangermânico e luminária do antigo Partido da Pátria Alemã, foram apoiados por elementos das forças armadas em algumas áreas. Quando o chefe do exército, o general Walther Reinhardt, procurou garantir a lealdade ao governo das forças armadas, foi substituído pelo general Hans von Seeckt, mais próximo da direita. Seeckt proibiu imediatamente todas as unidades do exército de se oporem aos conspiradores e fez vista grossa às que os apoiaram. Subsequentemente, ordenou ao exército que cooperasse na sangrenta repressão da sublevação armada dos operários que se tinham oposto à intentona no Rur. Seeckt era hostil à República desde a primeira hora. Era uma figura distante, autoritária e inacessível, que exibia as suas credenciais de classe alta com um monóculo no olho esquerdo, e que simbolizava as tradições da classe de oficiais prussiana. Mas também era um realista político, tendo percebido que as possibilidades de derrubar a República pela força eram limitadas. Por conseguinte, Seeckt procurou manter o exército unido e livre do controlo do parlamento, à espera de melhores tempos, uma posição plenamente apoiada pelos seus camaradas oficiais.[42]

Sob a liderança de Seeckt, o exército manteve a sua «bandeira de guerra», com as antigas cores imperiais preta, branca e vermelha. Seeckt fez uma distinção nítida entre o Estado alemão, que incorporava o ideal abstrato do *Reich*, e a República, que ele considerava uma aberração temporária. Em 1928, o general Wilhelm Groener, o mentor de Seeckt, descreveu o exército como o «único poder» e um «elemento de poder no seio do Estado que ninguém pode ignorar».[43] Independentemente do que Seeckt pudesse dizer em contrário, o exército não era de todo uma organização neutral acima da refrega político-partidária.[44] Seeckt não hesitou em intervir contra o governo eleito quando considerou que este era contra os interesses do *Reich*. Até pensou em assumir ele próprio a chancelaria com um programa de centralização do *Reich* e de redução da autonomia da Prússia, de abolição dos sindicatos e sua substituição por «corporações profissionais» (como as posteriormente criadas em Itália por Mussolini), e de «eliminação de todas as tendências dirigidas contra a existência do *Reich* e contra a autoridade legítima do *Reich* e do Estado com recurso aos meios de poder do *Reich*»[45]. Seeckt derrubou o governo, mas não conseguiu tornar-se chanceler; isso tocaria a um dos seus sucessores, o general Kurt von Schleicher, que pertenceu ao círculo íntimo de conselheiros de Seeckt quando este comandou o exército.

Nos anos 20, o exército, que fez quase sempre o que quis, procurou ao máximo contornar as restrições impostas pelo Tratado de Versalhes. As chefias fizeram secretamente causa comum com outra Grande Potência enfraquecida e ressentida, a União Soviética, e organizaram sessões de instrução clandestinas na Rússia para os oficiais desejosos de aprender a utilizar carros e aviões de combate e dispostos a fazer experiências com gás venenoso.[46] Foi organizada secretamente a instrução de tropas auxiliares para contornar o limite de cem mil efetivos imposto por Versalhes, e o exército olhou para os paramilitares como uma reserva em potência.[47] Estes e outros subterfúgios, incluindo a instrução com carros de combate a fingir, deixaram claro que o exército não fazia tenção de respeitar os termos do Acordo de Paz de 1919 e que se libertaria dele logo que as circunstâncias o permitissem. Estas violações clandestinas de Versalhes, longe de serem exclusivamente lideradas por conservadores prussianos inveterados, foram organizadas sobretudo por técnicos com uma mentalidade moderna e sem paciência para as restrições da política democrática e dos acordos internacionais.[48] A deslealdade do exército e as intrigas constantes das suas chefias contra os governos civis eram um mau presságio para a viabilidade continuada da República em caso de crise grave.[49]

Se a primeira democracia da Alemanha não podia contar com muito apoio por parte dos seus servos militares, também não podia esperar muito apoio dos seus servos civis, igualmente herdados do *Reich* Alemão. O funcionalismo público tinha uma importância enorme porque cobria uma área muito grande da sociedade e incluía não só os funcionários que trabalhavam na administração central do *Reich* mas também todos os que tinham garantido o cargo, o estatuto e os emolumentos concebidos para os administradores de topo. Estes incluíam os funcionários dos Estados federados, das empresas públicas como os caminhos de ferro e os correios e de instituições públicas como as universidades e as escolas, pelo que os professores universitários e liceais também pertenciam a esta categoria. Neste sentido lato, o número de funcionários públicos era enorme. Abaixo deste nível relativamente elevado, existiam milhões de funcionários públicos pagos por instituições públicas. Por exemplo, os caminhos de ferro eram de longe o maior empregador da República de Weimar, com setecentos mil trabalhadores no final dos anos 20; a seguir, vinham os correios, com trezentos e oitenta mil. Se acrescentarmos os familiares, dependentes e pensionistas, cerca de três milhões de pessoas dependiam dos caminhos de ferro.[50] No total, no fim da década de 1920, existiam 1,6 milhões de funcionários públicos na Alemanha; cerca de metade trabalhava para o Estado propriamente dito, e os outros para serviços públicos como os caminhos de ferro. Com um número tão grande de funcionários, o sector público era obviamente muito diversificado em termos políticos, com centenas de milhares de trabalhadores filiados em sindicatos socialistas, partidos políticos liberais ou grupos de pressão das mais variadas orientações políticas. Em 1919, um milhão de funcionários públicos pertencia à Federação dos Funcionários Públicos Alemães, de tendência liberal, mas sessenta mil saíram em 1921 e formaram uma organização mais à direita; e no ano seguinte, saíram outros trezentos e cinquenta mil, que formaram um sindicato. Por conseguinte, de modo nenhum os funcionários públicos foram uniformemente hostis à República desde a primeira hora, apesar de a sua formação e a sua socialização terem decorrido durante o *Reich* guilhermino.[51]

No dia 9 de novembro de 1918, Friedrich Ebert, a figura principal da administração revolucionária de transição, apelou a todos os funcionários públicos no sentido de continuarem a trabalhar para evitar a anarquia.[52] A grande maioria permaneceu nos seus postos de trabalho. A estrutura de carreiras e os deveres dos funcionários públicos não sofreram alterações. A Constituição de Weimar tornou-os inamovíveis.

Contudo, na prática, isto tornou quase impossível demitir um funcionário público, dada a enorme dificuldade de provar perante a lei que ele tinha violado o seu juramento de fidelidade.[53] Enquanto instituição derivada dos Estados autoritários e burocráticos do final do século XVIII e do princípio do século XIX, muito antes do advento dos parlamentos e dos partidos políticos, o alto funcionalismo público, em particular, estava habituado há muito a considerar-se a verdadeira casta governante, sobretudo na Prússia. Até 1918, por exemplo, todos os ministros foram funcionários públicos nomeados pelo monarca e não pelo *Reichstag* nem pelas assembleias legislativas dos Estados federados. Em alguns ministérios do *Reich* em que durante a República os ministros tinham uma rotatividade elevada, um alto funcionário público podia deter um poder enorme, como foi o caso de Curt Joël no Ministério da Justiça, que esteve em funções praticamente durante toda a República, enquanto a pasta era ocupada por dezassete ministros; e em 1930, tornou-se ministro. Para estes homens, a continuidade administrativa era o ditame supremo do dever, sobrepondo-se a todas as considerações políticas. Independentemente do que possam ter pensado em privado sobre os golpistas de Kapp, em março de 1920, os altos funcionários públicos de Berlim, incluindo os das Finanças, continuaram a trabalhar, ignorando as ordens em contrário dos insurretos.[54]

A neutralidade dos funcionários públicos nesta ocasião deveu-se muito à sua insistência caracteristicamente escrupulosa nos deveres impostos pelo seu juramento de fidelidade. Mais tarde, em 1922, o governo introduziu uma lei destinada a ligar mais estreitamente os funcionários públicos à República e a impor sanções disciplinares a todos os que se associassem aos seus inimigos. Mas a medida foi relativamente inócua. Somente na Prússia se assistiu a um esforço sério, liderado por Carl Severing e Albert Grzesinski, dois sociais-democratas que ocuparam sucessivamente a pasta do Interior, de substituição dos antigos administradores imperiais, sobretudo nas províncias, por sociais-democratas e outros elementos leais à República.[55] Todavia, até os esforços prussianos para a criação de um funcionalismo público leal aos princípios da democracia e imbuído de um sentimento de dever no serviço ao governo se revelaram insuficientes. Severing e Grzesinski entenderam que os partidos deviam estar representados no alto funcionalismo público numa proporção mais ou menos equivalente à sua presença nos governos de coligação prussianos, e o resultado foi que um número considerável de cargos importantes foi ocupado por homens de organizações políticas como o Partido do Centro, o Partido Popular Alemão e o Partido do Estado Alemão, cuja lealdade à República diminuiu rapidamente a partir do final dos anos 20. No resto da Alemanha, incluindo ao nível do funcionalismo público do *Reich*, este tipo de reforma quase nem foi tentado e muito menos implementado, e o funcionalismo público era muito mais conservador ou, em algumas partes, completamente hostil à República.[56]

Mas o problema não foi tanto o facto de o alto funcionalismo público contribuir ativamente para minar Weimar; o problema foi que a República fez muito pouco para garantir que os funcionários públicos, independentemente do seu nível, estivessem ativamente empenhados na ordem política democrática e resistissem a toda e qualquer tentativa de a derrubar. E os funcionários públicos que eram hostis à República — provavelmente uma minoria — conseguiram ficar relativamente impunes. Por exemplo, um alto funcionário público prussiano, nascido em 1885 e filiado no Partido Popular Nacional Alemão depois de 1918, fundou diversos grupos marginais para funcionários públicos, e não só, explicitamente destinados a combater «o *Reichstag*, o quartel-general vermelho», a frustrar as políticas dos «traiçoeiros e ímpios sociais-democratas», a opor-se à «potência mundial imperialista», a Igreja Católica, e, finalmente, a lutar contra «todos os judeus». O seu antissemitismo, bastante latente antes de 1918, tornou-se explícito depois da Revolução. Mais tarde, recordou ele, «sempre que um judeu se punha com impertinências na ferrovia elevada ou no comboio e não acatava a minha descompostura sem mais impertinências, eu ameaçava atirá-lo para fora da carruagem em movimento... se ele não se calasse imediatamente». Numa ocasião, ameaçou operários «marxistas» com uma pistola. Trata-se obviamente de um exemplo extremo de um funcionário público oposto à República, que, mesmo assim, não foi demitido, apenas foi disciplinado por duas vezes e lhe foi negada uma promoção, isto apesar de ter sido julgado por perturbar a ordem pública. «Sempre considerei», escreveu ele, «uma fraqueza dos meus inimigos políticos no funcionalismo público o facto de terem sempre deixado escapar-me tão facilmente». O pior que lhe aconteceu durante a República foi o bloqueio das suas perspetivas de carreira.[57]

Não restam dúvidas de que mesmo no bastião republicano da Prússia, a grande maioria dos funcionários públicos tinha pouca lealdade genuína à Constituição à qual tinha jurado fidelidade. Se a República se visse ameaçada de destruição, poucos pensariam em acorrer em seu auxílio. A dedicação ao dever manteve-os nos seus postos de trabalho quando o Estado foi desafiado, como na intentona de Kapp em 1920, mas também os manteve a trabalhar quando o Estado foi derrubado. O funcionalismo público foi outra instituição central leal ao conceito abstrato do *Reich* e não aos princípios concretos da democracia. Neste aspeto, tal como em muitos outros, a legitimidade política de Weimar foi um dos seus pontos fracos desde o início.[58] Foi afetada por problemas inultrapassáveis de violência política, assassinatos e conflitos insanáveis relacionados com o seu direito à vida. Não era amada nem defendida pelos seus servos do exército e da burocracia. Foi acusada da humilhação nacional do Tratado de Versalhes e enfrentou problemas económicos enormes, a começar pela colossal inflação monetária que tornou a vida muito difícil para muita gente nos anos em que se tentou consolidar.

A grande inflação

I

Até o maior reacionário poderia ter eventualmente aprendido a tolerar a República se esta tivesse oferecido aos cidadãos um nível razoável de estabilidade económica e um rendimento adequado e permanente. Porém, a República foi afetada, desde a primeira hora, por fracassos económicos de uma dimensão inédita na história da Alemanha. Logo após a eclosão da Primeira Guerra Mundial, o governo do *Reich* começou a endividar-se para pagar a sua beligerância. A partir de 1916, as despesas excederam em muito as receitas do governo provenientes de endividamento ou de qualquer outra fonte. De forma bastante natural, o governo contava compensar as perdas anexando ricos territórios industriais a ocidente e a oriente, obrigando as nações derrotadas a pagar reparações financeiras avultadas e impondo à Europa conquistada uma ordem económica dominada pela Alemanha.[1] Mas estas expectativas foram destroçadas. Foi a Alemanha que saiu derrotada e que teve de pagar a conta. Logo, as coisas pioraram muito. O governo tinha imprimido dinheiro sem os necessários recursos económicos. Antes da guerra, a taxa de câmbio do dólar em Berlim era pouco mais de quatro marcos de papel. Em dezembro de 1918, um dólar já custava quase o dobro. A taxa continuou a aumentar para um valor um pouco superior a 12 marcos em abril de 1919 e 47 marcos no fim do ano.[2]

Os sucessivos governos da República de Weimar foram apanhados numa armadilha política que foi, pelo menos em parte, obra sua. A necessidade de exportar receitas do governo para outros países sob a forma de reparações significou um desgaste adicional dos recursos numa altura em que as dívidas de guerra ainda tinham de ser pagas e os recursos económicos e o mercado interno da Alemanha estavam bastante reduzidos. As regiões industriais densamente povoadas da Lorena e da Silésia tinham sido retiradas pelo Tratado de Versalhes. Em 1919, a produção industrial era de 42% em relação a 1913, e o país estava a produzir menos de metade dos cereais que produzia antes da guerra. Eram necessários gastos colossais para financiar o ajustamento a uma economia de paz e a segurança social dos ex-soldados que procuravam emprego ou que não o conseguiam encontrar devido às deficiências físicas causadas pela guerra. No entanto, quando o governo procurava colmatar o fosso financeiro aumentando os impostos de forma significativa, era imediatamente acusado pelos seus inimigos da direita nacionalista de recorrer aos impostos para pagar as reparações aos Aliados. Para a maior parte dos governos, era politicamente mais astuto dizer às potências estrangeiras que os problemas monetários da Alemanha só seriam resolvidos com a abolição das reparações, ou pelo menos com a sua recalendarização para um nível mais aceitável. A energia e a agressividade com que vários governos alemães seguiram esta política perigosa variaram, e em 1920 e 1921 a queda do marco em relação ao dólar foi travada mais do que uma vez. No entanto, em novembro de 1921, os alemães que quiseram comprar um dólar tiveram de pagar 263 marcos, e em julho de 1922 o preço já era quase o dobro, 493 marcos.[3]

A inflação nesta escala teve efeitos diferentes nos diversos agentes do jogo económico. A capacidade de endividamento para adquirir produtos, equipamentos, instalações industriais, etc., e para pagar as dívidas quando valiam uma fração do seu valor original contribuiu para estimular a recuperação industrial depois da guerra. Até meados de 1922, as taxas de crescimento económico foram muito elevadas, e o desemprego baixo. Sem esta situação de quase pleno emprego, uma greve geral como a que frustrou a intentona de Kapp, em março de 1920, teria sido muito mais difícil de lançar. As taxas de impostos reais também eram suficientemente baixas para estimular a procura. A economia alemã fez a transição para a paz com mais eficácia do que algumas economias europeias onde a inflação foi menos acentuada.[4]

Mas a recuperação foi um castelo de areia. Apesar de algumas paragens temporárias, a inflação revelou-se imparável. Para comprar um dólar, eram necessários mais de mil marcos em agosto de 1922, três mil em outubro e sete mil em dezembro. O processo de depreciação monetária ganhou vida própria. As consequências políticas foram catastróficas. O governo deixou de poder pagar as reparações, uma vez que tinham de ser pagas em ouro e cujo preço no mercado internacional já não era possível pagar. Além do mais, no fim de 1922, o governo já estava seriamente atrasado noutra componente do programa de reparações: as entregas de carvão aos franceses. Em janeiro de 1923, tropas francesas e belgas ocuparam o Rur, a principal região industrial da Alemanha, para obrigar os alemães a cumprir as obrigações impostas pelo Tratado. O governo de Berlim proclamou quase de imediato uma política de resistência passiva e não cooperação com os franceses para negar aos ocupantes os frutos da produção industrial do Rur. A luta só foi cancelada no fim de setembro. A resistência passiva agravou a situação económica. Em janeiro de 1923, quem quisesse comprar um dólar teria de pagar mais de 17 mil marcos, em abril, 24 mil, e em julho, 353 mil. Era uma hiperinflação numa escala verdadeiramente espantosa, e a melhor maneira de expressar a taxa de câmbio do dólar em marcos até ao fim do ano é com números que nem sequer se encontravam numa lista telefónica: 4 milhões e 621 mil em agosto; 98 milhões e 860 mil em setembro; 25 mil milhões e 260 milhões em outubro; 2 biliões 193 mil milhões e 600 milhões em novembro; 4 biliões e 200 mil milhões em dezembro.[5] Os jornais começaram a informar os leitores da nomenclatura dos números grandes, que variava confusamente de país para país. Segundo um colunista, os franceses chamavam trilião a um milhão de milhões, ao passo que «para nós, um trilião é igual a um milhão de biliões (1 000 000 000 000 000 000), e Deus queira que não cheguemos a estes ou a valores numéricos maiores na nossa moeda quotidiana, senão os manicómios vão ficar sobrelotados»[6].

O auge da hiperinflação foi assustador. O dinheiro perdeu praticamente o seu significado. As tipografias não conseguiam acompanhar a necessidade de imprimir notas de banco com denominações cada vez mais astronómicas, e os municípios começaram a imprimir o seu próprio dinheiro de emergência, usando apenas um lado do papel. Os salários eram pagos com tantas notas que as pessoas os levantavam munidas de cestos de compras ou carrinhos de mão e depois corriam para as lojas para se abastecerem antes que a queda continuada do valor do dinheiro tornasse os produtos demasiado caros. Raimund Pretzel, um aluno do liceu, recordou mais tarde que no fim do mês o pai, um alto funcionário público, levantava o salário e corria a comprar um passe do comboio para se conseguir deslocar para o emprego no mês seguinte, enviava cheques para pagar as despesas correntes, levava a família inteira para um corte de cabelo e depois entregava o que restava à mulher, que ia com os filhos ao mercado e comprava montes de alimentos não deterioráveis com os quais tinham de viver até ao próximo salário. A família ficava sem dinheiro nenhum para o resto do mês. As cartas tinham de ser remetidas com as notas da denominação mais recente agrafadas ao envelope porque os selos com o valor correto não eram impressos a tempo de acompanharem os aumentos do preço. O correspondente alemão do *Daily Mail* noticiou, em 29 de julho de 1923: «Nas lojas, os preços são datilografados e mudam hora a hora. Por exemplo, um gramofone que às 10h00 custava cinco milhões de marcos passou a custar 12 milhões de marcos às 15h00. Uma cópia do *Daily Mail* comprada ontem na rua por 35 mil marcos custava hoje sessenta mil.»[7]

Os efeitos mais dramáticos e graves foram nos preços dos produtos alimentares. Uma senhora pedia um café por cinco mil marcos, mas uma hora depois, ao pagar, o criado pedia-lhe oito mil. Um quilo de pão de centeio, um elemento básico da alimentação diária alemã, custava 163 marcos no dia 3 de janeiro de 1923, dez vezes mais em julho, nove milhões de marcos em 1 de outubro, 78 biliões de marcos em 5 de novembro e 233 biliões de marcos quinze dias depois, em 19 de novembro.[8] No auge da hiperinflação, mais de 90% dos gastos de uma família média eram com a alimentação.[9] As famílias com rendimentos fixos começaram a vender os seus haveres para terem o que comer. As lojas começaram a açambarcar produtos alimentares na expectativa dos aumentos de preços.[10] Incapazes de pagar as necessidades mais básicas, as pessoas começaram a amotinar-se e a saquear as mercearias. Registaram-se tiroteios entre grupos de mineiros que iam para os campos roubar alimentos e os lavradores que tentavam proteger as suas culturas e que também não as queriam vender por notas de banco que não tinham qualquer valor. O colapso do marco tornou praticamente impossível a importação de produtos alimentares. A ameaça da fome era bastante real, em particular na área ocupada pelos franceses, onde a resistência passiva estava a bloquear as redes de transporte.[11] A subnutrição causou um aumento imediato nas mortes por tuberculose.[12]

Uma experiência típica foi a do académico Victor Klemperer, cujos diários oferecem uma perspetiva pessoal da história da Alemanha neste período. Klemperer, que subsistia com dificuldade com contratos de ensino temporários, era um veterano de guerra, e em fevereiro de 1920 ficou contente ao receber um pequeno subsídio de guerra. Porém, refere ele, «o que era um pequeno rendimento não passa hoje de uma gorjeta»[13]. Nos meses seguintes, o diário de Klemperer foi-se enchendo cada vez mais de cálculos financeiros por causa da aceleração da inflação. Já em março de 1920, encontrava no comboio, nos arredores de Munique, «forrageiros, gentinha com mochilas»[14]. Com o passar do tempo, Klemperer foi pagando contas cada vez mais fantásticas «com uma espécie de fatalismo entorpecedor»[15]. Em 1920, conseguiu finalmente um emprego fixo na Universidade Técnica de Dresden, mas não ganhou segurança financeira. Em cada mês, recebia um salário cada vez mais astronómico com retroativos para compensar a inflação desde o pagamento anterior. Em maio de 1923, auferiu quase um milhão de marcos, mas não conseguiu pagar a conta do gás nem os impostos. Todos os seus conhecidos estavam a tentar ganhar dinheiro na Bolsa. Klemperer também tentou, mas os seus primeiros ganhos, duzentos e trinta mil marcos, foram uma ninharia em comparação com os de um dos seus colegas, o professor Förster, «um dos piores antissemitas, agitadores teutónicos e patriotas da universidade», que segundo se dizia estaria a ganhar um milhão de marcos por dia a especular nos mercados.[16]

Klemperer, que era um frequentador habitual dos cafés, pagou 12 mil marcos por um café e um bolo no dia 24 de julho; no dia 3 de agosto, referiu que um café e três bolos lhe tinham custado 104 mil marcos.[17] No dia 28 de agosto, uma segunda-feira, Klemperer disse que semanas antes tinha comprado dez bilhetes para o cinema, um dos seus principais prazeres na vida, por cem mil marcos. «Imediatamente a seguir, o preço subiu em flecha, e agora o nosso lugar de dez mil marcos já custa duzentos mil. Ontem à tarde», escreveu ele, «quis comprar mais. As filas do meio já custam trezentos mil marcos», e eram os segundos bilhetes mais baratos; já tinha sido anunciado um novo aumento dos preços para a quinta-feira seguinte, três dias depois.[18] Em 9 de outubro, Klemperer escreveu: «A nossa ida ao cinema ontem custou 104 milhões, incluindo o transporte.»[19] A situação levou-o, tal como a muita gente, à beira do desespero:

> A Alemanha está a cair gradualmente, de forma arrepiante... O dólar vale mais de oitocentos milhões, cada dia custa mais trezentos milhões do que na véspera. E não é só o que se lê nos jornais, há um impacto imediato na vida das pessoas. Durante quanto tempo ainda teremos o que comer? Onde vamos ter de apertar o cinto a seguir?[20]

Klemperer passava cada vez mais tempo a tentar arranjar dinheiro. No dia 2 de novembro, escreveu:

> Ontem, fiquei a manhã inteira, quase até às 2 da tarde, à espera do dinheiro no gabinete do tesoureiro da universidade, e no fim não me deram um cêntimo, nem sequer o que ficou do pagamento de outubro, porque ontem o dólar subiu de 65 para 130 biliões, por isso hoje tenho de pagar a conta do gás e outras coisas ao dobro do preço de ontem. No caso do gás, é capaz de fazer uma diferença de uns bons 150 biliões.[21]

Klemperer disse que tinham começado a rebentar motins em Dresden por causa da comida, alguns tingidos de antissemitismo, e começou a recear que a sua casa fosse arrombada na busca frenética de alimentos. Era impossível trabalhar. «As questões de dinheiro ocupam muito tempo e esfrangalham-nos os nervos.»[22]

A Alemanha estava a parar. As empresas e os municípios já não conseguiam pagar aos seus funcionários nem comprar materiais para os serviços públicos. No dia 7 de setembro, sessenta das noventa rotas de elétrico de Berlim já não funcionavam.[23] Era óbvio que a situação não podia continuar. O país saiu da beira do abismo através de uma combinação de iniciativas políticas astutas e de reformas financeiras inteligentes. Gustav Stresemann, que iniciou o seu longo período de ministro dos Negócios Estrangeiros em agosto de 1923, e que nos primeiros meses ocupou também o cargo de chanceler do *Reich*, implementou uma política de «cumprimento» ao negociar a retirada dos franceses do Rur, em setembro, em troca da garantia de que a Alemanha pagaria as reparações, independentemente do que acontecesse. A comunidade internacional aceitou rever o sistema das reparações e o plano elaborado por uma comissão presidida pelo especialista financeiro americano Charles Dawes foi negociado e aceite no ano seguinte.

O Plano Dawes não ofereceu nenhuma perspetiva de fim dos pagamentos, mas pelo menos implementou uma série de medidas tendentes a garantir que eram exequíveis, e nos cinco anos seguintes foram efetivamente cumpridos sem grandes problemas.[24] A política de Stresemann não lhe valeu aplausos da direita nacionalista, que resistia a toda e qualquer cedência no tocante às reparações, mas a dimensão da hiperinflação convenceu a maior parte das pessoas de que era a única política realista, uma opinião que talvez não tivesse vingado um ano antes.[25] Na frente financeira, no dia 22 de dezembro de 1923, o governo de Stresemann nomeou Hjalmar Schacht, um financeiro astuto e com consideráveis contactos políticos, para a chefia do banco central, o *Reichsbank*. No dia 15 de novembro, tinha sido emitida uma nova moeda, o *Rentenmark*, indexado ao ouro.[26] Schacht implementou várias medidas para proteger o *Rentenmark* contra a especulação, e a nova moeda, que pouco depois se passou a chamar *Reischmark*, começou a ficar disponível, substituiu a antiga e foi aceite por toda a gente.[27] A hiperinflação tinha acabado.

Outros países também foram afetados pela inflação depois da guerra, mas nenhum tanto como a Alemanha. No auge da hiperinflação, que variou de país para país, os preços subiram catorze mil vezes em relação ao nível anterior à guerra na Áustria, 23 mil vezes na Hungria, 2,5 milhões de vezes na Polónia e 4 mil milhões de vezes na Rússia, embora neste caso a inflação não fosse totalmente comparável aos níveis verificados noutros lugares, porque os bolcheviques tinham praticamente retirado a economia soviética dos mercados mundiais. Porém, na Alemanha, os preços chegaram a um bilião de vezes o seu nível anterior à guerra, uma queda que entrou para os anais da história económica como a maior hiperinflação de sempre. Não passou despercebido o facto de nenhum destes países ter vencido a guerra. Cada um acabou por estabilizar a sua moeda, mas sem muita referência aos outros. Nos anos 20, não surgiu nenhum sistema financeiro internacional comparável ao conjunto complexo de instituições e acordos que passaram a reger as finanças internacionais depois da Segunda Guerra Mundial.[28]

II

As consequências da hiperinflação e da forma como chegou ao fim foram marcantes. Contudo, é difícil avaliar os seus efeitos a longo prazo na situação económica da população alemã. Costumava pensar-se que destruiu a prosperidade económica da classe média, mas a classe média era um grupo muito diversificado em termos económicos e financeiros. Quem investiu dinheiro em obrigações de guerra ou noutros empréstimos ao Estado ficou sem ele, mas quem pediu uma quantia avultada contra a hipoteca de uma moradia ou apartamento terá ficado com a propriedade por uma ninharia. Estas duas situações combinaram-se com frequência na mesma pessoa. Mas para aqueles que dependiam de um rendimento fixo, os resultados foram ruinosos. Os credores ficaram ressentidos. A coesão económica e social da classe média foi destroçada, com os ganhadores e perdedores frente a frente, separados por novas linhas divisórias sociais. O resultado, na segunda metade dos anos 20, foi a fragmentação crescente dos partidos políticos da classe média, que os deixou impotentes perante a demagogia da extrema-direita. E de forma crucial, quando os efeitos deflacionários da estabilização se começaram a fazer sentir, atingiram todas as camadas sociais. A memória popular fundiu os efeitos da inflação, da hiperinflação e da estabilização numa única catástrofe económica na qual praticamente todas as camadas da sociedade alemã saíram a perder.[29] Victor Klemperer foi uma figura típica deste processo. Com a estabilização, desapareceram «o medo das desvalorizações monetárias súbitas, a correria louca às compras», mas no seu lugar chegou a «indigência», visto que, com a nova moeda, Klemperer ficou praticamente sem nada de valor e quase sem dinheiro nenhum. Depois da sua especulação bolsista, concluiu ele sombriamente, «as minhas ações mal valem cem marcos, as reservas de dinheiro que tenho em casa valem mais ou menos a mesma coisa, e mais nada — o meu seguro de vida está completamente perdido. Cento e cinquenta milhões em papel = 0,015 *pfennigs*»[30].

O dinheiro perdeu o valor, os bens tornaram-se na única coisa que valia a pena ter e o país foi assolado por uma enorme vaga de criminalidade. As condenações por roubo, que em 1913 tinham sido 115 mil, atingiram o pico em 1923, com 365 mil. Em 1923, foram condenados sete vezes mais recetadores do que em 1913. Em 1921, os pobres ainda estavam tão desesperados que um jornal social-democrata noticiou que de cem homens enviados para a prisão de Plötzensee, em Berlim, oitenta não tinham meias, sessenta não tinham sapatos e cinquenta nem sequer tinham camisa.[31] O roubo nas docas de Hamburgo, onde os estivadores tinham o hábito de deitar a mão a uma parte das cargas que eram pagos para manusear, atingiu níveis inéditos. Dizia-se que os estivadores se recusavam a carregar alguns tipos de produtos por não lhes servirem de nada. Segundo os sindicatos, muitos estivadores só iam para os cais para roubarem, e quem tentasse impedi-los era espancado. O café, a farinha, o toucinho e o açúcar eram despojos muito apreciados. Na realidade, os trabalhadores estavam cada vez mais a impor o pagamento em géneros por causa da diminuição do valor dos salários em dinheiro. O fenómeno tornou-se tão generalizado que em 1922–1923 algumas empresas de navegação começaram a descarregar noutras paragens.[32] As transações em dinheiro também começaram a ser substituídas por uma economia de roubo e troca noutras profissões e localidades.

A violência ou a ameaça de violência manifestava-se ocasionalmente de forma espetacular. Gangues de até duzentos jovens fortemente armados foram vistos a assaltar celeiros. Todavia, apesar da atmosfera de criminalidade quase incontrolável, as condenações por ofensas à integridade física baixaram de 113 mil em 1913 para 35 mil em 1923, e assistiu-se a uma diminuição comparável noutras categorias de crimes não relacionadas diretamente com o roubo. Quase toda a gente parecia estar concentrada em roubar pequenas quantidades de alimentos e outras necessidades para sobreviver. Havia relatos de raparigas que se vendiam por pacotes de manteiga. A amargura e o ressentimento aumentaram com a sensação de que algumas pessoas estavam a fazer lucros chorudos com transações ilícitas de moeda, contrabando transfronteiriço, especulação e movimentação ilegal de bens. O negociante do mercado negro e o especulador, que já antes de a inflação galopante se transformar em hiperinflação tinham sido denunciados pelos demagogos populistas, tornaram-se objetos de ódio. Existia o sentimento generalizado de que os especuladores passavam a noite na borga enquanto os lojistas e artesãos honestos tinham de vender a mobília da casa para comprarem um pão. Os valores morais tradicionais pareciam acompanhar a descida do valor monetário.[33] A queda no caos económico, social, político e moral parecia total.[34]

O dinheiro, o rendimento, a solidez financeira, a ordem económica, a regularidade e a previsibilidade tinham estado no centro dos valores e da vida burgueses antes da guerra. Agora, tudo isto parecia ter sido varrido juntamente com o sistema político aparentemente sólido do *Reich* guilhermino. A cultura de Weimar começou a denotar um cinismo generalizado, desde filmes como *O Doutor Mabuse* à *Ópera dos Três Vinténs*, de Bertolt Brecht e Kurt Weiler, que retratou o crime, a velhacaria e a traição como as características básicas da vida quotidiana nas ruas. Também foi a inflação que levou a cultura de Weimar a ficar fascinada com os criminosos, os autores de desfalques, os jogadores, manipuladores, ladrões e vigaristas de toda a espécie. A vida parecia ser um jogo de azar e a sobrevivência uma questão do impacto arbitrário de forças económicas incompreensíveis. Nesta atmosfera, começaram a abundar as teorias da conspiração. O jogo, com cartas ou na Bolsa, tornou-se numa metáfora para a vida. Muito do cinismo que em meados dos anos 20 deu à cultura de Weimar a sua acutilância e fez muitas pessoas desejarem o regresso do idealismo, da abnegação e da dedicação patriótica derivou dos efeitos desconcertantes da hiperinflação.[35] A hiperinflação tornou-se num trauma que influenciou durante muito tempo o comportamento dos alemães de todas as classes. Nas camadas mais conservadoras da população, contribuiu para a sensação de um mundo virado do avesso, primeiro pela derrota, depois pela revolução e finalmente pela situação económica. Destruiu a confiança na neutralidade do direito como regulador social entre devedores e credores e ricos e pobres, e subverteu as noções de justiça e equidade que a lei devia supostamente defender. Aviltou a linguagem política, que já se tornara hiperbólica devido aos acontecimentos de 1918–1919. Tornou mais potentes as habituais imagens fantasiosas do mal, não só o criminoso e o jogador, mas também o especulador e, de forma fatídica, o manipulador financeiro judeu.[36]

III

Um dos grupos considerados ganhadores na turbulência económica do início dos anos 20 foi o dos grandes industriais e financeiros, um facto que causou ressentimento contra os «capitalistas» e os «especuladores» em muitos sectores da sociedade alemã. No entanto, os empresários alemães não tinham a certeza de terem ganhado assim tanto. Muitos olhavam com nostalgia para o *Reich* guilhermino, uma época durante a qual o Estado, a polícia e os tribunais tinham mantido o movimento laboral em cheque e as empresas tinham influenciado o governo em matérias-chave da política económica e social. Talvez esta imagem cor-de-rosa fosse inexata, mas a verdade é que antes da guerra, as grandes empresas tinham efetivamente ocupado uma posição privilegiada, apesar das irritações provocadas pelas ocasionais interferências do Estado na economia.[37] A rapidez e a escala da industrialização da Alemanha, além de transformarem o país na grande potência económica da Europa continental em 1914, criaram um sector empresarial notável pela dimensão das suas empresas e pela proeminência pública dos seus gestores e empresários. Homens como o fabricante de aço Krupp, os magnatas do ferro e do aço Stumm e Thyssen, o armador Ballin, os patrões das empresas de eletricidade Rathenau e Siemens, e muitos outros, eram nomes conhecidos, ricos, poderosos e politicamente influentes.

Estes homens tenderam, com mais ou menos energia, a resistir à sindicalização e a rejeitar a ideia da negociação coletiva. Contudo, durante a guerra, tornaram-se menos antagónicos devido à crescente interferência do Estado nas relações laborais, e, no dia 15 de novembro de 1918, o patronato e os sindicatos, respetivamente representados por Hugo Stinnes e Carl Legien, assinaram um pacto que estabeleceu um novo quadro de negociação coletiva, incluindo a consagração do dia de trabalho de oito horas. Ambas as partes estavam interessadas em evitar a ameaça da socialização originada pela extrema-esquerda, e o acordo preservou a estrutura das grandes empresas enquanto concedeu aos sindicatos igualdade de representação numa rede nacional de comissões negociais conjuntas. Tal como outros elementos do sistema guilhermino, as grandes empresas aceitaram a República porque lhes pareceu a melhor forma de evitar algo pior.[38]

Por conseguinte, as coisas não pareceram muito más para as empresas nos primeiros anos da República. Depois de terem aceitado a realidade de que a inflação ia continuar, muitos industriais compraram grandes quantidades de maquinaria com dinheiro emprestado, que quando pagaram tinha perdido o seu valor. Mas ao contrário do que por vezes se diz, isto não significou que eles tivessem impulsionado a inflação por terem visto que lhes era vantajosa. Pelo contrário, muitos ficaram confusos, sem saber o que fazer, sobretudo durante a hiperinflação de 1923, e os seus ganhos não foram tão espetaculares como frequentemente se alega.[39] Além do mais, a deflação acentuada que resultou inevitavelmente da estabilização da moeda causou problemas graves à indústria, que em muitos casos tinha investido em mais infraestruturas do que necessitava. As falências multiplicaram-se, o gigantesco império industrial e financeiro de Hugo Stinnes entrou em colapso e muitas grandes empresas defenderam-se com uma vaga de fusões e cartéis, em especial a Vereinigte Stahlwerke AG, formada em 1924 a partir de várias empresas da indústria pesada, e a colossal IG Farben, criada no mesmo ano a partir das empresas químicas Agfa, BASF, Bayer, Griesheim, Hoechst e Weiler-ter-Meer, e que se tornou a maior empresa da Europa e a quarta maior do mundo, a seguir à General Motors, à United States Steel e à Standard Oil.[40]

As fusões e os cartéis foram concebidos não só para dominarem o mercado mas também para possibilitarem a redução de custos e o aumento da eficiência. As novas empresas apostaram em racionalizar a produção como a supereficiente Ford Motor Company dos Estados Unidos. O «fordismo» automatizou e mecanizou a produção sempre que possível em prol da eficiência. Foi acompanhado pela reorganização do trabalho de acordo com os novos estudos americanos de tempos e movimentos conhecidos por taylorismo, que foi muito debatido na Alemanha na segunda metade da década de 20.[41] Estas mudanças foram implementadas a um nível espetacular na indústria de carvão do

Rur, onde o carvão extraído manualmente passou de 98% antes da guerra para 13% em 1929. A utilização de brocas pneumáticas para extrair o carvão e de correias transportadoras para o levar para o ponto de carga, combinada com a reorganização dos métodos de trabalho, aumentou a produção anual de carvão por mineiro de 255 toneladas em 1925 para 380 toneladas em 1932. Estes ganhos de eficiência permitiram às empresas mineiras reduzir rapidamente a sua força laboral de 545 mil trabalhadores em 1922 para 409 mil em 1925 e 353 mil em 1929. Este processo de racionalização e mecanização também ocorreu noutros sectores económicos, em especial na indústria automóvel, que estava em rápido crescimento.[42] Todavia, noutras áreas, tais como a produção de ferro e aço, os ganhos de eficiência foram alcançados não tanto através da mecanização e da modernização, mas com fusões e a criação de monopólios. No fim da década de 1920, não obstante todas as discussões e debates sobre o fordismo, o taylorismo, etc., uma grande parte da indústria alemã ainda tinha um aspeto bastante tradicional.[43]

Seja como for, o ajustamento à nova situação económica depois da estabilização traduziu-se em redução de despesas e custos e perda de empregos. A situação foi agravada pela chegada ao mercado de trabalho de um número relativamente grande de indivíduos nascidos antes da guerra, que mais do que compensavam os vitimados pelo conflito ou pela devastadora epidemia de gripe que assolou o mundo imediatamente após o conflito. O censo laboral de 1925 revelou a existência de mais cinco milhões de pessoas na força de trabalho disponível em relação a 1907; o censo seguinte, realizado em 1931, revelou mais um milhão adicional. No final de 1923, devido à racionalização e ao crescimento populacional geracional, havia um milhão de desempregados; em março de 1926, já eram para cima de três milhões.[44] Nestas circunstâncias, o patronato deixou de estar disponível para compromissos com os sindicatos. Devido à estabilização, as empresas deixaram de poder refletir os aumentos salariais nos preços. A estrutura organizada da negociação coletiva acordada entre patrões e sindicatos durante a Primeira Guerra Mundial desmoronou-se e foi substituída por uma relação cada vez mais agreste entre o capital e o trabalho, que foi perdendo espaço de manobra. No entanto, o patronato continuou a sentir-se frustrado na sua intenção de reduzir custos e melhorar a produtividade devido à força dos sindicatos e aos obstáculos legais e institucionais colocados pelo Estado. Na sua perspetiva, o sistema arbitral implementado pela República de Weimar viciava os dados a favor dos sindicatos nas disputas laborais. Em 1928, quando uma grande disputa salarial na indústria do ferro e do aço do Rur foi decidida através da arbitragem obrigatória, os patrões negaram-se a pagar o pequeno aumento salarial decidido e bloquearam o acesso de mais de duzentos mil metalúrgicos aos seus postos de trabalho durante quatro semanas. Os operários foram apoiados pelo governo do *Reich*, liderado pelos sociais-democratas na «Grande Coligação» formada nesse ano, e o Estado pagou-lhes um subsídio de auxílio. Os patrões começaram a achar que a estrutura da República de Weimar estava contra eles.[45]

Na perspetiva do patronato, a situação foi agravada pelas obrigações financeiras que o Estado lhe impôs. Para poupar os trabalhadores às consequências mais graves da estabilização e impedir a repetição do quase colapso da segurança social que tinha ocorrido durante a hiperinflação, o governo introduziu de forma faseada um esquema complexo de subsídio de desemprego em 1926 e 1927. A mais substancial destas leis, aprovada em 1927 e concebida para cobrir cerca de 17 milhões de trabalhadores, requeria as mesmas contribuições a patrões e trabalhadores e criava um fundo para lidar com as grandes crises quando o número de desempregados excedesse o número para o qual o subsídio de desemprego estava concebido. Sendo este número de apenas oitocentos mil desempregados, era óbvio que o esquema teria problemas graves caso o número de desempregados fosse maior. Na realidade, o número de desempregados ultrapassou o limite ainda antes de o subsídio entrar em vigor.[46] Tal como seria de esperar, a comunidade empresarial viu com desagrado este sistema de segurança social, que representou uma intervenção crescente do Estado na economia. O sistema criou custos adicionais ao obrigar os patrões a contribuir para as regalias dos trabalhadores, e impôs encargos fiscais acrescidos não só às empresas como até aos empresários ricos. Os mais hostis eram os patrões da indústria pesada do Rur. As restrições legais às horas de trabalho impediram-nos, em muitos casos, de utilizar os seus equipamentos vinte e quatro horas por dia. As contribuições para o subsídio de desemprego implementadas em 1927 foram consideradas extremamente prejudiciais. Em 1929, a organização nacional dos industriais declarou que o país não se podia dar ao luxo de semelhante coisa e apelou a cortes substanciais nas despesas do Estado e ao fim formal do acordo com os sindicatos que tinha preservado as grandes empresas aquando da Revolução de 1918. As afirmações de que era o sistema de segurança social e não o estado da economia internacional que estava a causar problemas às empresas eram, no mínimo, empoladas, mas a nova postura de muitos patrões de hostilidade para com os sindicatos e os sociais-democratas na segunda metade dos anos 20 era inconfundível.[47]

Por conseguinte, os grandes empresários já estavam desiludidos com a República de Weimar no final da década de 1920. A influência de que tinham gozado até 1914, e ainda mais durante a guerra e depois durante a inflação, parecia drasticamente reduzida. Além do mais, a sua posição pública, outrora tão elevada, sofreu muito com os escândalos financeiros e outros que tinham rebentado durante a inflação. As pessoas que perderam a sua fortuna em investimentos dúbios procuraram bodes expiatórios. Em 1924–1925, o alvo principal foi Julius Barmat, um empresário russo-judeu que tinha colaborado com sociais-democratas destacados na importação de produtos alimentares logo após a guerra, e que depois tinha investido os créditos disponibilizados pelo Banco Estatal Prussiano e pelos Correios em especulações financeiras durante a inflação. Quando os seus negócios entraram em colapso, no fim de 1924, com dívidas no valor de dez milhões de *Reichsmarks*, a extrema-direita agarrou a oportunidade e lançou uma vil campanha de imprensa acusando o ex-chanceler Gustav Bauer e outros sociais-democratas importantes de aceitarem subornos. Este tipo de escândalo financeiro foi geralmente mais aproveitado pela extrema-direita para sustentar as suas afirmações de que a corrupção dos judeus exercia uma influência indevida no Estado de Weimar e era a causadora da ruína financeira de muitos alemães comuns da classe média.[48]

Que podiam fazer os empresários para remediar a situação? O seu espaço de manobra político era limitado. Desde o princípio da República, tinham procurado insular a indústria contra as interferências políticas e garantir influência política, ou pelo menos boa vontade, com donativos aos partidos «burgueses», em especial o Partido Popular Nacional

Alemão e o Partido Popular Alemão. Muitas grandes empresas controlavam jornais importantes, mas isto raramente se traduzia em influência política direta. Em muitos casos, as interferências dos proprietários na política editorial, como sucedia com Alfred Hugenberg (cujo império mediático se expandiu rapidamente durante a República de Weimar), não tinham que ver com os interesses da comunidade empresarial. Aliás, no princípio dos anos 30, muitos grandes empresários ficaram tão irritados com o radicalismo de direita de Hugenberg que conspiraram para correr com ele da liderança do Partido Popular Nacional Alemão. Longe de falar a uma só voz das questões que o afetavam, o patronato estava dividido de cima a baixo não só em termos políticos, como indica o exemplo de Hugenberg, mas também no tocante aos interesses económicos. As empresas do ferro, do aço e mineiras do Rur eram furiosamente opostas ao Estado social e ao sistema de negociação coletiva de Weimar, ao passo que companhias como a Siemens ou a IG Farben, os colossos dos sectores mais modernos da economia, estavam mais disponíveis para assumir compromissos. E também existiam alguns conflitos de interesses entre os sectores orientados para a exportação, que prosperaram relativamente nos anos da estabilização e da redução de despesas, e os sectores que produziam principalmente para o mercado interno, que incluíam, mais uma vez, os magnatas do aço e do ferro do Rur. Mas mesmo entre estes existiam grandes diferenças de opinião: em 1928, Krupp opôs-se ao *lock-out*.[49] No fim da década de 1920, a comunidade empresarial estava dividida em termos políticos e constrangida pelas restrições impostas pelo Estado de Weimar. Tinha perdido muita da influência de que tinha gozado durante a inflação, e a sua frustração com a República transformou-se rapidamente em hostilidade aberta por parte de alguns dos seus representantes mais influentes.

Guerras culturais

I

Os conflitos que despedaçaram Weimar não foram meramente políticos ou económicos. A sua natureza visceral deveu-se bastante ao facto de não terem sido travados apenas nos parlamentos e nas eleições, tendo permeado todos os aspetos da vida. Nos anos que conduziram ao Terceiro *Reich*, a indiferença à política não foi uma característica dos alemães, que porventura até terão sido exagerados no seu empenhamento e ativismo políticos. Um sinal desta realidade encontra-se nos níveis extremamente elevados de participação nas eleições: 80% do eleitorado na maior parte dos escrutínios.[1] As eleições não foram alvo de indiferença, o que é alegadamente sinal de uma democracia madura. Pelo contrário: em muitas partes da Alemanha, durante as campanhas eleitorais, as paredes e as colunas Morris pareciam cobertas de cartazes, havia bandeiras em todas as janelas e os edifícios estavam decorados com as cores deste ou daquele partido político. Isto estava muito para lá do sentido de dever que, segundo alguns, tinha levado os eleitores às urnas antes da guerra. Parecia não existir nenhuma área da sociedade ou da política imune à politização.

Esta realidade era particularmente evidente na imprensa. Em 1932, eram publicados na Alemanha quatro mil e setecentos jornais, 70% dos quais eram diários. Muitos eram locais, com uma circulação reduzida, mas alguns, tais como o *Frankfurter Zeitung*, eram órgãos de informação importantes e com fama internacional. Estas publicações constituíam apenas uma pequena parte da imprensa política, que representava cerca de 25% da totalidade dos jornais. Quase 75% dos jornais de cariz político eram fiéis ao Partido do Centro ou ao seu equivalente no Sul, o Partido Popular da Baviera, ou aos sociais-democratas.[2] Os partidos políticos apostavam muito nos seus diários. O *Vorwärts* (*Avante*) social-democrata e o *Rote Fahne* (*Bandeira Vermelha*) comunista eram elementos-chave dos aparelhos de propaganda dos respetivos partidos e encabeçavam uma estrutura complexa de revistas semanais, jornais locais, periódicos ilustrados e publicações especiais. O organizador de propaganda jornalística Willi Münzenberg, chefe da imprensa comunista, conquistou uma reputação quase mítica como criador e manipulador de meios de comunicação social.[3] Na extremidade oposta do espectro político, um estatuto igualmente semilendário era ocupado por Alfred Hugenberg. Em 1916, quando era presidente do Conselho de Administração do fabricante de armamento Krupp, Hugenberg adquiriu o grupo editorial Scherl. Dois anos depois, comprou uma importante agência noticiosa através da qual forneceu reportagens e artigos de fundo a uma grande parte da imprensa durante a época de Weimar. No fim da década de 1920, Hugenberg tornou-se proprietário da gigantesca produtora cinematográfica UFA. Hugenberg usou o seu império mediático para propagar as suas ideias virulentamente nacionalistas e difundir a mensagem de que era chegada a altura da restauração da monarquia. Tal era a sua reputação que no final dos anos 20 lhe chamavam o «rei não coroado» da Alemanha e «um dos homens mais poderosos» do país.[4]

Porém, independentemente do que as pessoas julgavam, este grande poder mediático não se traduzia diretamente em poder político. O domínio de Hugenberg sobre os meios de comunicação social não conseguiu travar minimamente o declínio imparável dos nacionalistas depois de 1924. A maior parte dos jornais políticos tinha uma circulação reduzida: em 1929, por exemplo, o *Rote Fahne* vendia 28 mil exemplares por dia, o *Vorwärts*, 74 mil, e o *Der Tag* de Hugenberg, pouco mais de 70 mil. Não eram números impressionantes. Além do mais, as vendas do *Rote Fahne* caíram para 15 mil quando o voto nos comunistas começou a aumentar, no início da década de 1930. A circulação da imprensa política caiu quase 30% entre 1925 e 1932, e a circulação dos diários de qualidade de tendência liberal também baixou.[5] As vendas do *Frankfurter Zeitung*, talvez o mais prestigioso dos diários liberais, caíram de 100 mil exemplares em 1915 para 71 mil em 1928. Os editores sabiam que muitos leitores da imprensa pró-liberal de Weimar votavam em partidos opostos a Weimar. O poder político dos editores e proprietários também era limitado neste domínio.[6]

O que prejudicou a imprensa política nos anos 20 foi sobretudo o aparecimento dos tabloides baratos que eram vendidos nas ruas, em particular à tarde e à noite, e que não dependiam de assinantes regulares. Estes jornais, com muitas ilustrações e uma cobertura alargada do desporto, do cinema, das notícias locais, dos crimes, dos escândalos e das sensações, colocavam a ênfase no entretenimento e não na informação. Mas também podiam ter uma orientação política, tal como o *Nachtausgabe* de Hugenberg, cuja circulação aumentou de 38 mil exemplares em 1925 para 220 mil em 1930, ou o *Welt am Abend* de Münzenberg, que aumentou as vendas de 12 mil exemplares em 1925 para 220 mil em 1930. A imprensa pró-Weimar não conseguiu derrotar este tipo de concorrência, embora o império mediático Ullstein, de orientação liberal, produzisse o *Tempo* (145 mil exemplares vendidos em 1930) e o *BZ am Mittag* (175 mil exemplares vendidos no mesmo ano). Os sociais-democratas não conseguiram competir neste mercado.[7] Foi a este nível que as atividades políticas da imprensa tiveram um impacto real. Os tabloides minaram a República com a sua denúncia sensacionalista das malfeitorias financeiras reais ou imaginárias dos políticos pró-República; as ilustrações transmitiam o contraste com a época imperial. A enorme publicidade dada pela imprensa popular aos julgamentos por homicídio e às investigações policiais criou a impressão de uma sociedade atolada em criminalidade violenta. Nas províncias, os jornais locais ostensivamente apolíticos, mas alimentados com frequência pelas agências noticiosas de direita, tiveram um efeito semelhante, embora um pouco menos estridente. O império mediático de Hugenberg não conseguiu travar o declínio dos nacionalistas, mas a sua litania constante sobre as iniquidades da República também contribuiu para o enfraquecimento de Weimar e para convencer as pessoas de que era necessária outra coisa. Por conseguinte, em última análise, a imprensa teve algum peso nas intenções de voto, sobretudo ao influenciar os eleitores contra a democracia de Weimar.[8]

O aparecimento da imprensa popular sensacionalista foi apenas um dos desenvolvimentos novos e, para muita gente, inquietantes da cena mediática e cultural dos anos 20 e do princípio da década seguinte. A literatura experimental, a «poesia concreta» dadaísta, os romances modernistas de Alfred Döblin, as peças de teatro de crítica social de Bertolt Brecht e o jornalismo contundente e polémico de Kurt Tucholsky e Carl von Ossietzky dividiram os leitores entre uma minoria que aceitou o desafio do novo e a maioria que considerou as obras «bolchevismo cultural». Ao lado da vibrante e radical cultura literária de Berlim, existia o mundo literário do elemento conservador e nacionalista da classe média, enraizado na nostalgia pelo passado bismarckiano perdido e profetizando o seu regresso com o ansiado colapso da República de Weimar. Um livro particularmente popular foi *A Decadência do Ocidente*, de Oswald Spengler, que dividiu a história da humanidade nos ciclos naturais da primavera, verão, outono e inverno, e situou a Alemanha do início do século XX na estação invernal, caracterizada por «tendências de um cosmopolitismo urbano irreligioso e não metafísico» no qual a arte sofria de uma «preponderância de formas artísticas estrangeiras».

Na política, segundo Spengler, o inverno reconhecia-se pelo domínio das massas cosmopolitas ignorantes e pelo colapso das formas estatais estabelecidas. Spengler conquistou muitos partidários com a afirmação de que isto anunciava a iminência da transição para uma nova primavera, que seria «intuitivamente agrícola» e regida por uma «estrutura orgânica de existência política» conducente às «criações potentes de uma alma que desperta carregada de sonhos».[9] Outros autores atribuíram ao período de revivalismo iminente um nome que foi rapidamente adotado com entusiasmo pela direita radical: Terceiro *Reich*. Este conceito foi popularizado pelo escritor neoconservador Arthur Moeller van den Bruck, que em 1923 publicou o livro *Das Dritte Reich**. O autor proclamou que o ideal do *Reich* tinha surgido com Carlos Magno e fora ressuscitado por Bismarck; era o oposto do governo partidário característico da República de Weimar. De momento, disse ele, o Terceiro *Reich* era um sonho; para o tornar realidade, seria necessária uma revolução nacionalista. Os partidos políticos que dividiam a Alemanha seriam

* *O Terceiro Reich* (*N. do R.*)

eliminados. Quando o Terceiro *Reich* finalmente chegasse, abarcaria todos os grupos políticos e sociais num revivalismo nacional. Restauraria a continuidade da história alemã, recriando a sua glória medieval; seria o «último *Reich*».[10] Outros autores, entre os quais o jurista Edgar Jung, pegaram neste conceito e advogaram uma «revolução conservadora», que daria origem ao «Terceiro *Reich*» num futuro próximo.[11]

Abaixo deste nível de abstração algo rarefeito, muitos escritores glorificaram, de uma ou de outra forma, as alegadas virtudes que, na sua perspetiva, a República de Weimar não tinha. Ernst Jünger, ex-oficial do exército, propagou o mito de 1914, e no seu popular livro *Tempestades de Aço* exaltou a imagem das tropas de primeira linha, que só tinham encontrado o seu verdadeiro ser no exercício da violência e no sofrimento e infliçção de dor.[12] Os Corpos Francos deram origem a um cânone de romances celebrando o ódio dos veteranos aos revolucionários, que era expresso com frequência em termos arrepiantes, e retratando o homicídio e a violência indiscriminada como expressões máximas de uma masculinidade ressabiada em busca de vingança pelo colapso de 1918 e pelo advento da revolução e da democracia.[13] Em lugar dos compromissos tíbios da democracia parlamentar, estes e muitos outros autores proclamaram a necessidade de uma liderança forte, implacável, inflexível, severa e disposta a destruir sem hesitações os inimigos da nação.[14] Outros olharam para o passado, para um mundo rural idílico do qual as complexidades e a «decadência» da vida urbana moderna estavam completamente ausentes, como por exemplo no romance *Die Dithmarscher*, de Adolf Bartels, que em 1928 já tinha vendido mais de duzentos mil exemplares.[15]

Tudo isto foi expressão de uma sensação crescente de crise cultural, e não apenas por parte da elite conservadora. É certo que muitos aspetos da cultura e dos meios de comunicação social modernistas já existiam antes da guerra. A arte vanguardista chegou ao grande público através das obras de expressionistas como Ernst Ludwig Kirchner, August Macke ou Emil Nolde, e de pintores abstratos como Wassily Kandinsky, nascido na Rússia, mas residente em Munique. A música atonal e expressionista emanava da Segunda Escola de Viena de Schoenberg, Webern, Berg e Zemlinsky, e o teatro sexualmente explícito, na forma de peças como *O Despertar da Primavera*, de Frank Wedekind, causou um grande furor. No *Reich* guilhermino, tinha havido disputas constantes sobre os limites do decoro na literatura e a ameaça colocada pelos livros alegadamente antipatrióticos e subversivos ou pornográficos e imorais, muitos dos quais foram proibidos pela polícia.[16]

A sensação de crise cultural que o aparecimento da arte e da cultura modernistas gerou na classe média depois da viragem do século foi travada durante o regime guilhermino e as suas manifestações mais radicais permaneceram restritas a uma pequena minoria, embora depois de 1918 se tenham tornado mais generalizadas. O fim ou, pelo menos, a diminuição da censura, que fora bastante apertada durante a guerra e muito ativa no período guilhermino, encorajou os meios de comunicação social a aventurarem-se em áreas anteriormente tabus. O teatro tornou-se num veículo para experiências radicais e para a agitação e propaganda da esquerda.[17] A diminuição dos custos das técnicas de reprodução e impressão facilitaram a publicação de jornais e revistas ilustrados baratos destinados ao mercado de massas. A Bauhaus, criada pelo arquiteto Walter Gropius através da fusão da Academia das Artes de Weimar e da Escola de Artes e Ofícios de Weimar, deu origem a muita controvérsia. Era um centro educativo apostado em combinar a arte elevada com o desenho prático, e o seu corpo docente incluía, entre outros, Wassily Kandinsky, Oskar Schlemmer, Paul Klee, Theo van Doesberg e László Moholy-Nagy. Os seus alunos e alunas boémios eram impopulares junto dos habitantes de Weimar, e os seus desenhos radicalmente simples, limpos e ultramodernos foram condenados pelos políticos locais como mais próximos das formas artísticas das raças primitivas do que de qualquer coisa alemã. O Estado retirou o seu financiamento em 1924, e a Bauhaus mudou-se para Dessau, mas continuou a ser alvo de controvérsias, em especial com o novo diretor, Hannes Meyer, cujas simpatias comunistas resultaram, em 1930, na sua substituição pelo arquiteto Mies van der Rohe. Mies expulsou os alunos comunistas e substituiu os valores comunitários da Bauhaus por um regime mais estruturado ou mesmo autoritário. Todavia, a maioria nazi eleita para a Câmara Municipal em novembro de 1931 encerrou a escola depois de uma inspeção oficial realizada pelo ultraconservador Paul Schultze-Naumburg, autor do livro *Kunst und Rasse**. A Bauhaus

---

* *Arte e Raça.* (*N. do T.*)

mudou-se para uma fábrica de Berlim, mas tornou-se uma sombra de si própria. O destino da Bauhaus mostrou a dificuldade de uma cultura vanguardista ser oficialmente aceite, mesmo na atmosfera culturalmente descontraída da República de Weimar.[18]

Os novos meios de comunicação social contribuíram para a sensação de que os antigos valores culturais estavam ameaçados. Foi neste período que a rádio se começou a afirmar como instituição cultural popular: em 1926, havia um milhão de ouvintes registados, em 1932, eram três milhões, e as ondas estavam abertas a uma grande variedade de opiniões, incluindo as da esquerda. Os cinemas começaram a abrir nas grandes cidades antes de 1914, e no final dos anos 20 atraíam um público massificado que aumentou ainda mais com a chegada do sonoro, no fim da década. Filmes expressionistas como *O Gabinete do Dr. Caligari*, com os seus célebres cenários com ângulos bizarros, e os de cariz erótico como *A Caixa de Pandora*, com a atriz americana Louise Brooks, provocaram uma sensação de desorientação estética a muitos conservadores culturais. Uma sátira contundente às convenções burguesas como *O Anjo Azul*, baseada num livro de Heinrich Mann e protagonizada por Emil Jannings e Marlene Dietrich, meteu-se em sarilhos com a produtora, a UFA de Hugenberg, em particular pelo erotismo cínico e manipulador da personagem feminina principal.[19] O filme sobre o romance de Erich Maria Remarque, *A Oeste Nada de Novo*, suscitou uma campanha furiosa por parte dos ultranacionalistas, que consideraram antipatriótica a sua mensagem pacifista.[20]

A cultura burguesa assentava em ideais de beleza, elevação espiritual e pureza artística que as manifestações dadaístas pareciam ridicularizar, e a «Nova Objetividade» (*Neue Sachlichkeit*) colocou os acontecimentos e os objetos do quotidiano no centro para estetizar a vida urbana moderna. Nem toda a gente gostou. Em vez de se perderem em pensamentos portentosos inspirados no ciclo *O Anel do Nibelungo* ou no drama musical ritual e religioso *Parsifal*, ambos de Wagner, os burgueses que iam à ópera trajados a rigor foram confrontados com a produção da Ópera Kroll de *Neues vom Tage*, de Paul Hindemith, na qual uma diva desnuda cantava uma ária sentada numa banheira. Ao lado do romantismo tardio do principal compositor alemão do sistema, Richard Strauss, uma ex-ovelha negra transformada em criador de operetas emocionalmente simples como *Intermezzo* e *Die ägyptische Helena*, o público assistiu à obra-prima expressionista *Wozzeck*, de Alban Berg, passada entre os pobres e espezinhados do início do século XIX, e que incorporou música atonal e padrões de fala coloquial. O compositor conservador Hans Pfitzner falou por muita gente ao denunciar estas tendências como sintomas de degeneração nacional, atribuindo-as à influência dos judeus e ao bolchevismo cultural. Segundo ele, a tradição musical alemã tinha de ser protegida destas ameaças, que se acentuaram em 1925, quando o governo prussiano nomeou o atonalista austríaco-judeu Arnold Schoenberg para professor de composição na academia de música estatal em Berlim. A vida musical era central para a identidade burguesa na Alemanha, talvez mais do que em qualquer outro país europeu, e estes desenvolvimentos acertaram-lhe em cheio.[21]

Nesta perspetiva, uma ameaça ainda maior era a influência americana do *jazz*, que permeou obras como *A Ópera dos Três Vinténs*, com música de Kurt Weil e libreto de Bertolt Brecht. Tratava-se de uma denúncia cáustica da exploração passada num mundo de ladrões e criminosos, que lançou ondas de choque no mundo cultural aquando da estreia, em 1928. Um efeito similar foi causado por *Jonny spielt auf*, de Ernst Krenek, estreada em fevereiro de 1927 e protagonizada por um músico negro. Muitos compositores modernistas renovaram a sua música estimulados pelo *jazz*. O *jazz* era obviamente uma forma artística popular e ouvia-se em diversos estilos em inúmeros clubes noturnos e bares, sobretudo em Berlim, e em salões de baile, teatros de revista e hotéis. As grandes orquestras e os coros estrangeiros como as Tiller Girls animavam a cena berlinense, e os mais ousados podiam passar a noite num clube como o Eldorado, «um supermercado de erotismo», como lhe chamou o popular compositor Friedrich Hollaender, e ver Anita Berber interpretar danças pornográficas com nomes como «Cocaína» e «Morfina» perante uma assistência onde abundavam os travestis e os homossexuais. Anita Berber morreu prematuramente, em 1928, devido à toxicodependência. Os espetáculos dos cabarés acrescentaram a tudo isto um elemento de sátira política acutilante e antiautoritária e enraiveceram os conservadores pomposos com as suas piadas sobre os «sentimentos e práticas nacionalistas e religiosos dos cristãos e alemães», como se queixou furiosamente um deles. A ira dos moralistas convencionais foi suscitada por danças como o tango, o foxtrot e o *charleston*, e a retórica racista foi apontada aos músicos negros (apesar de serem muito poucos e de serem quase todos contratados como percussionistas ou bailarinos para darem um toque de exotismo aos espetáculos).

O destacado crítico musical Alfred Einstein chamou ao *jazz* «a traição mais nojenta à música civilizada ocidental», e Hans Pfitzner, num ataque vitriólico ao Conservatório de Frankfurt por ter incluído o *jazz* no seu currículo, insurgiu-se contra o seu suposto primitivismo como produto do «sangue dos pretos» e «expressão musical de americanismo»[22]. O *jazz* e o *swing* pareciam ser a crista de uma onda de americanização cultural na qual fenómenos tão diversos como os filmes de Charlie Chaplin e os métodos industriais modernos do fordismo e do taylorismo foram considerados por alguns uma ameaça à suposta identidade histórica da Alemanha. A produção em série augurou a possibilidade do consumo massificado; os grandes armazéns ofereciam uma variedade espantosa de produtos internacionais, e as cadeias de retalho estrangeiras como a Woolworth's colocaram alguns deles ao alcance da família operária média. Os programas de habitação de massas e os modelos de edifícios para uma vida moderna desafiaram o ideal conservador do estilo de cariz folclórico e deram origem a debates acalorados. Para os críticos culturais da direita, a influência da América, símbolo por excelência da modernidade, implicava a necessidade premente de ressuscitar o modo de vida alemão, as tradições alemãs e os laços dos alemães ao sangue e ao solo.[23]

Os alemães mais velhos, em particular, sentiram-se alienados, principalmente devido à nova atmosfera de liberdade cultural e sexual que se estabeleceu depois do fim da censura e dos controlos policiais, em 1918, e que era simbolizada por muitos dos clubes noturnos de Berlim. Um oficial do exército nascido em 1878 recordou mais tarde:

> Quando regressámos a casa, já não encontrámos o bom povo alemão, mas uma turba a reboque dos seus instintos mais vis. As virtudes que dantes se encontravam nos alemães pareciam ter-se afundado para sempre numa torrente lamacenta... A promiscuidade, a impudência e a corrupção reinavam supremas. As mulheres pareciam ter esquecido os modos alemães. Os homens pareciam ter esquecido o sentido de honra e honestidade. Os escritores e a imprensa judeus «malhavam» com impunidade, arrastando tudo para a imundície.[24]

O sentimento de que a ordem e a disciplina tinham sido varridas pela Revolução e de que a degeneração moral e sexual se estava a apoderar da sociedade tanto se encontrava à direita como à esquerda. Os sociais-democratas e os comunistas assumiram com frequência uma visão bastante puritana das relações pessoais, colocando o empenhamento político e a abnegação acima da realização pessoal, e muitos ficaram chocados com a cultura abertamente hedonista de muitos jovens de Berlim e de outras paragens durante os «loucos anos vinte». A comercialização do lazer no cinema, no tabloide, no salão de baile e na rádio afastou muitos jovens dos valores mais rígidos e mais tradicionais da cultura do movimento laboral.[25]

A liberdade sexual de que os jovens manifestamente desfrutavam nas grandes cidades era uma fonte particular de condenação da geração mais velha. Também neste caso, os primeiros indícios surgiram antes da guerra. O aparecimento de um movimento feminista numeroso e sonoro habituou o público e a imprensa a que as mulheres se pronunciassem sobre todo o tipo de questões, ocupassem algumas posições de responsabilidade e seguissem o seu caminho no mundo. A partir de 1910, no Dia Internacional da Mulher, 8 de março, as maiores cidades assistiram a manifestações de rua em prol do sufrágio feminino, e em 1912 até as feministas da classe média organizaram um desfile, ainda que em carruagens. A par desta campanha, que acabou por ter êxito, uma minoria de feministas exigiu satisfação sexual, igualdade de direitos para as mães solteiras e aconselhamento gratuito sobre contraceção. As ideias de Freud, com a sua tendência para atribuir motivações sexuais aos atos e desejos do ser humano, já eram debatidas antes da guerra.[26] Berlim, em particular, ao aumentar rapidamente de tamanho e estatuto como metrópole cosmopolita, já era o centro de uma variedade de subculturas sociais e sexuais que incluíam uma vibrante cena homossexual.[27]

Os críticos ligaram estas tendências a um suposto declínio iminente da família, causado principalmente pela crescente independência económica das mulheres. O aparecimento rápido do sector dos serviços, com novas possibilidades de emprego para as mulheres, quer nas vendas nos grandes armazéns, quer em funções de secretariado no cada vez maior mundo dos escritórios (impulsionado pela potente influência da máquina de escrever), criou novas formas de exploração, mas também deu a um número crescente de mulheres jovens e solteiras uma independência financeira e social que nunca tinham tido. Esta realidade tornou-se ainda mais pronunciada depois de 1918, quando existiam 11,5 milhões de mulheres no mercado de trabalho, que representavam cerca de 36% da população laboral. Não foi de todo uma mudança dramática em relação à situação anterior à guerra, mas muitas mulheres passaram a ocupar empregos bastante visíveis, tornando-se condutoras de elétricos, vendedoras em grandes armazéns ou, ainda que em pequeno número, juristas, professoras universitárias e médicas.[28] O aumento da concorrência feminina para os empregos ocupados pelos homens e o receio dos nacionalistas de que a força da Alemanha estava a ser minada pela diminuição da taxa de natalidade iniciada na viragem do século combinaram-se com receios culturais mais latos e geraram uma reação violenta que começou a manifestar-se antes de 1914.[29] Existiu uma crise de masculinidade discernível na Alemanha antes da guerra, quando os nacionalistas e os pangermanistas começaram a exigir o regresso das mulheres ao lar e à família para cumprirem o seu destino de gerar e educar mais crianças para a nação. A dureza da reação ao desafio feminista empurrou as feministas para a defensiva, marginalizou as mais radicais e pôs em causa as suas credenciais impecavelmente nacionalistas e o seu desejo de não irem longe de mais nas suas exigências de mudança.[30]

Depois de 1918, as mulheres passaram a poder votar e a candidatar-se em eleições em quase todos os níveis, desde os conselhos municipais até ao *Reichstag*. Receberam formalmente o direito de entrar para as profissões mais importantes, e o seu papel na vida pública tornou-se muito mais destacado do que antes da guerra. De forma correspondente, a hostilidade dos supremacistas masculinos, que entendiam que o lugar da mulher era em casa ganhou muito mais partidários. A sua condenação foi reforçada pela exibição muito mais aberta da sexualidade do que antes da guerra no ambiente libertado das grandes cidades. E ainda mais chocante para os conservadores foi a campanha pública em prol dos direitos dos homossexuais levada a cabo por diversas figuras, entre as quais Magnus Hirschfeld, que em 1897 fundou uma instituição com um nome inócuo, o Comité Científico-Humanitário. Na realidade, Hirschfeld era um homossexual assumido e propagou, em numerosas publicações, a ideia controversa de que os homossexuais eram um «terceiro sexo» cuja orientação resultava de fatores congénitos e não do meio ambiente. O Comité empenhou-se na abolição do Parágrafo 173 do Código Penal do *Reich*, que ilegalizava as «atividades indecentes» entre adultos do sexo masculino. O que suscitou a fúria dos conservadores foi que em 1919 o governo social-democrata do Estado da Prússia concedeu a Hirschfeld um donativo avultado para ele converter o Comité, que era uma instituição informal, no Instituto de Ciência Sexual, financiado pelo Estado e instalado no elegante bairro do Tiergarten, no centro da capital. O Instituto oferecia aconselhamento sexual, organizava sessões populares de perguntas e respostas sobre tópicos como «qual é a melhor maneira de fazer sexo sem fazer um bebé?» e fazia campanha pela reforma de todas as leis que regulamentavam o comportamento sexual. Nos anos 20, Hirschfeld reuniu rapidamente uma grande variedade de contactos internacionais, organizados na Liga Mundial para a Reforma Sexual, da qual o Instituto era a sede efetiva. Hirschfeld foi o impulsionador da difusão das clínicas públicas e privadas de controlo da natalidade e aconselhamento sexual na República de Weimar. Tal como seria de esperar, Hirschfeld foi repetidamente vilipendiado pelos nacionalistas e pelos nazis, cuja tentativa de tornarem a legislação ainda mais severa, com o apoio do Partido do Centro, foi derrotada à justa pelos votos dos comunistas, dos sociais-democratas e dos democratas na Comissão do *Reichstag* para a Reforma do Direito Penal, em 1929.[31]

A animosidade dos nacionalistas foi mais do que um tosco conservadorismo moral. A Alemanha tinha perdido dois milhões de homens na guerra, e a taxa de natalidade continuava a cair de forma pronunciada. Entre 1900 e 1925, o número de nados-vivos por mil mulheres casadas com menos de 43 anos de idade baixou muito acentuadamente. As leis que restringiam a venda de preservativos foram relaxadas em 1927, pelo que no princípio dos anos 30 havia mais de mil e seiscentas máquinas de venda em espaços públicos, e uma empresa berlinense produzia anualmente mais de 25 milhões de unidades. Foram abertos centros de aconselhamento sexual que ofereciam informações sobre contracetivos e, tal como o Instituto de Hirschfeld, muitos deles eram financiados ou, em alguns casos, operados pelo governo prussiano e outros governos regionais, para indignação dos conservadores morais.

A questão do aborto era muito mais controversa, em particular por causa dos riscos clínicos envolvidos, mas a legislação também foi relaxada, e em 1927 a gravidade do crime foi reduzida. Em dezembro de 1930, a denúncia ribombante do controlo da natalidade pela encíclica papal *Casti Connubii* atiçou as chamas do debate, e em 1931 os comunistas lançaram uma campanha massificada com cerca de mil e quinhentos comícios e manifestações contra o aborto clandestino.[32]

Para muitas pessoas, este tipo de campanhas fazia parte de uma conspiração para destruir a fertilidade e a fecundidade da raça alemã. Não seria aquilo, perguntaram os conservadores e os nacionalistas radicais, a consequência da emancipação feminina e da defesa moralmente subversiva da sexualidade isenta do desejo de procriação? Para os nacionalistas, as feministas eram pouco melhores do que traidoras à pátria por incentivarem as mulheres a trabalhar fora do lar. Mas as próprias feministas ficaram igualmente alarmadas com a nova atmosfera de libertação sexual. A maior parte das feministas tinha denunciado os dois pesos e as duas medidas da moralidade sexual — liberdade para os homens, pureza para as mulheres — antes da guerra, advogando o mesmo padrão de contenção sexual para ambos os sexos. O seu puritanismo, expresso em campanhas contra os livros pornográficos e os filmes e quadros sexualmente explícitos, e na denúncia das jovens que preferiam os salões de baile aos grupos de leitura, pareceu ridículo a muitas mulheres da geração mais nova, e no final dos anos 20 as organizações feministas tradicionais, já privadas da sua causa principal pela conquista do direito de voto para as mulheres, começaram a queixar-se do envelhecimento das suas filiadas e da sua falta de atratividade para as jovens.[33] O feminismo estava à defesa, e as mulheres da classe média, que eram o seu pilar, começaram a desertar do seu meio liberal tradicional para os partidos da direita. O movimento feminista sentiu a necessidade de se defender contra a acusação de que minava a raça alemã e insistiu no seu apoio à revisão nacionalista do Tratado de Versalhes, ao rearmamento, aos valores familiares e à contenção sexual. O tempo mostraria que a atração do radicalismo de direita foi tão poderosa para as mulheres como para os homens.[34]

II

Os jovens, em especial os adolescentes do sexo masculino, começaram a desenvolver um estilo cultural muito próprio antes da Primeira Guerra Mundial. Uma das influências principais neste processo foi o «movimento juvenil», um conjunto díspar e em rápido crescimento de clubes e associações informais centrados em atividades como as caminhadas, a comunhão com a natureza, a interpretação de canções populares e a récita de poemas patrióticos à volta da fogueira. Todos os partidos políticos procuraram obviamente recrutar gente jovem, em particular depois de 1918, com organizações juvenis próprias — por exemplo, os nacionalistas criaram a Juventude Bismarckiana, e o Partido do Centro fundou a Liga de Windthorst* —, mas a característica mais notável do movimento juvenil em geral era a sua independência das instituições políticas formais, frequentemente combinada com o desprezo pelo que as suas principais figuras consideravam ser os compromissos e as desonestidades morais da vida política dos adultos. O movimento promovia a desconfiança em relação à cultura moderna, à vida urbana e às instituições políticas. Muitos grupos juvenis usavam uniformes paramilitares parecido com os dos escuteiros e estavam bastante tingidos de antissemitismo, recusando-se a admitir judeus nas suas fileiras. Alguns davam ênfase à necessidade de pureza moral e rejeitavam o consumo de tabaco e de álcool ou as ligações com raparigas. Outros, como vimos, eram supremacistas masculinos. Embora a responsabilidade do movimento juvenil ao abrir o caminho ao nazismo tenha sido exagerada pelos historiadores, a esmagadora maioria das organizações juvenis independentes era hostil à República e aos seus políticos, tinha uma postura nacionalista e era militarista no seu carácter e nas suas aspirações.[35]

A influência do movimento juvenil, que era particularmente forte na classe média protestante, mal foi contrariada pelo impacto do sistema educativo sobre os jovens. «Todos os alunos do liceu são nacionalistas», escreveu Victor Klemperer em 1925. «Aprendem a sê-lo com os professores.»[36] Mas talvez a situação fosse um pouco mais complexa do que ele imaginava. Durante o *Reich* guilhermino, o *Kaiser* exerceu

* Líder do Partido do Centro, falecido em 1891. (*N. do T.*)

a sua influência pessoal no sentido de substituir as tradições liberais do ensino, baseadas em modelos clássicos, pela educação patriótica centrada na história e na língua alemãs. Em 1914, muitos professores eram nacionalistas, conservadores e monárquicos, e os manuais e as aulas seguiam praticamente a mesma linha política. No entanto, uma minoria considerável defendia uma variedade de opiniões do centro e da esquerda liberais. Além do mais, nos anos 20, os Estados dominados pelos sociais-democratas, em especial a Prússia, fizeram um esforço considerável para persuadirem as escolas a educar os alunos como cidadãos exemplares leais às instituições democráticas da República, e a atmosfera do sistema escolar mudou em conformidade. Milhões de jovens saíram da escola como comunistas ou sociais-democratas convictos ou tornaram-se fiéis ao Partido do Centro, e outros milhões adotaram opiniões conservadoras ou as perspetivas políticas da direita radical. Em última análise, nenhum professor liberal, social-democrata ou conservador e monárquico terá tido muita influência nas opiniões políticas dos seus alunos, e muitas das suas próprias ideias políticas foram rejeitadas pelos seus pupilos como irrelevantes para o que eles consideravam ser as realidades da vida na República de Weimar. Para muitos jovens que se tornaram nazis, o início do empenhamento político deveu-se mais frequentemente a uma rebelião contra a rigidez do sistema escolar do que à inspiração de professores protonazis ou nazis. Um estudante nacionalista nascido em 1908 recordou que estava sempre a entrar em choque com os seus professores «porque desde a infância odiei a submissão servil»; admitiu que tinha sido politizado por um professor nacionalista, mas também disse que o ensino ministrado pelo seu ídolo «era um contraste enorme com tudo o que era ensinado na escola»; outro estudante alimentou um ressentimento duradouro em relação à sua escola, que o tinha repetidamente castigado por insultar os seus colegas judeus.[37]

A fidelidade política dos jovens à extrema-direita era sobretudo evidente nas universidades, muitas das quais eram centros de ensino famosos, com tradições que remontavam à Idade Média. Durante a República de Weimar, poucos professores de esquerda conseguiram ocupar cargos universitários. As universidades continuaram a ser instituições de elite depois da guerra, e quase todos os seus alunos eram da classe média. Os clubes de duelos estudantis eram particularmente poderosos, e todos os seus membros eram conservadores, monárquicos e nacionalistas. Alguns clubes participaram na violenta repressão das erupções revolucionárias de 1919–1921. No princípio de 1919, para neutralizar a sua influência, estudantes de todas as universidades criaram orgãos representativos democráticos consonantes com a República, as Associações de Estudantes. Todos os estudantes eram obrigados a aderir e tinham o direito de eleger os representantes dos seus orgãos governativos.[38]

As Associações de Estudantes formaram uma associação nacional e começaram a ter alguma influência em áreas como a assistência escolar e a reforma universitária. Mas também caíram sob a influência da extrema-direita. Devido aos acontecimentos políticos, desde o Tratado de Versalhes, em 1919, até à invasão francesa do Rur, em 1923, novas gerações de estudantes aderiram às associações nacionalistas e aos corpos estudantis tradicionais. Pouco depois, começaram a ser eleitos candidatos da direita para as Associações de Estudantes, embora a desilusão dos estudantes com a democracia alemã aumentasse com a inflação, que desvalorizava os seus rendimentos, e com a sobrelotação das universidades, que tornava insuportáveis as suas condições. O número de alunos aumentou rapidamente, de 60 mil em 1914 para 104 mil em 1931, em particular devido à mudança demográfica. Os governos canalizaram muito dinheiro para alargarem o acesso ao ensino superior, e as universidades tornaram-se uma via importante de ascensão social para os filhos dos funcionários públicos menores, dos pequenos empresários e, até certo ponto, dos trabalhadores manuais. Os problemas financeiros da República obrigaram muitos estudantes a trabalhar para conseguirem estudar na universidade, o que causou ressentimento acrescido. No entanto, em 1924, as hipóteses de o número crescente de graduados encontrar lugar no mercado de trabalho começaram a diminuir, e depois de 1930 tornaram-se praticamente inexistentes.[39]

A grande maioria dos professores, tal como tinham mostrado as suas declarações públicas coletivas de apoio aos objetivos de guerra da Alemanha em 1914–1918, também era fortemente nacionalista. Muitos contribuíram para a atmosfera intelectual de direita com as suas palestras de denúncia do Tratado de Versalhes de 1919, e com resoluções e decisões administrativas a atacar o que consideravam ser a ameaça dos estudantes judeus «racialmente estrangeiros» que chegavam às universidades vindos do Leste. Muitos escreveram em termos alarmistas sobre a possibilidade iminente (que só existia na sua imaginação) de áreas temáticas inteiras do ensino universitário serem dominadas por professores judeus e formularam a sua política de contratação de professores de forma a impedi-lo. Em 1923, as universidades foram assoladas por uma gigantesca onda de indignação nacionalista quando os franceses ocuparam o Rur, e os grupos estudantis envolveram-se na promoção da resistência. Muito antes do fim da década, as universidades tornaram-se viveiros da extrema-direita. Estava a ser criada uma geração de graduados que se considerava de elite, como ainda faziam os graduados numa sociedade em que só uma ínfima percentagem da população conseguia entrar na universidade, mas era uma elite que após a Primeira Guerra Mundial colocava a ação acima do pensamento e o orgulho nacional acima do conhecimento abstrato, uma elite para a qual o racismo, o antissemitismo e a ideia da superioridade alemã eram quase inatos e que estava decidida a combater os compromissos tíbios de uma democracia liberal excessivamente tolerante com a dureza que os mais velhos tinham mostrado na Primeira Guerra Mundial.[40] Para estes jovens, a violência era uma resposta racional aos desastres que tinham atingido a Alemanha. Para os mais inteligentes e cultos, a geração dos ex-soldados tinha demasiadas cicatrizes emocionais e era demasiado desordeira; a causa da regeneração nacional impunha sobriedade, planeamento e uma implacabilidade total.[41]

Para a maior parte dos contemporâneos dos estudantes, estas influências foram, em última análise, secundárias. Deram muito mais importância à experiência suprema da deslocação política, das privações económicas, da contenda civil, da inflação, da derrota nacional e da ocupação parcial por potências estrangeiras. Esta experiência foi partilhada pelos jovens nascidos na década que conduziu à Primeira Guerra Mundial. Um jovem amanuense nascido em 1911 escreveu:

> Não fomos poupados a nada. Conhecíamos e sentíamos as preocupações em casa. A sombra da necessidade nunca deixou a mesa de jantar e tornou-nos silenciosos. *Fomos rudemente arrancados à infância e não*

> *nos mostraram o caminho a seguir*. A luta pela vida apanhou-nos cedo. A miséria, a vergonha, o ódio, as mentiras e a guerra civil gravaram-se nas nossas almas e amadureceram-nos precocemente.[42]

A geração nascida entre a viragem do século e a eclosão da Primeira Guerra Mundial foi efetivamente a geração do incondicional, disposta a tudo; e iria desempenhar, em muitos aspetos, um papel fatídico no Terceiro *Reich*.

III

A cultura radicalmente modernista de Weimar estava obcecada, a um nível que muita gente da classe média terá certamente achado doentio, com os desvios da normalidade, os homicídios, as atrocidades e os crimes. Os desenhos vívidos do artista George Grosz abundavam em cenas de violações e assassinos sexuais em série, temas que também se encontravam nas obras de outros artistas contemporâneos. Os assassinos eram figuras centrais em filmes como *Matou*, de Fritz Lang, em peças de teatro como *A Ópera dos Três Vinténs*, de Bertolt Brecht, e em romances como *Berlin Alexanderplatz*, a obra-prima modernista de Alfred Döblin. Os julgamentos de assassinos em série como Fritz Haarmann ou Peter Kürten, «o vampiro de Düsseldorf», foram sensações mediáticas de âmbito nacional, cobertas de forma vívida pela imprensa para uma massa de leitores que seguia a par e passo o desenrolar dos acontecimentos. A corrupção tornou-se o tema central dos romances sobre Berlim de autores estrangeiros de visita à capital, tais como *Mister Norris Muda de Comboio*, de Christopher Isherwood. O criminoso, além de causar medo, tornou-se um objeto de fascínio, alimentando receios compreensíveis em relação à ordem social e intensificando a antipatia da classe média perante a inversão de valores que parecia estar no centro da cultura modernista. A enorme publicidade dada aos assassinos em série convenceu muita gente de que a pena de morte devia ser rigorosamente aplicada a essas «bestas» e de que era necessário reintroduzir a censura para travar a sua celebração na cultura popular e nos tabloides.[43] O período de inflação e desordem do pós-guerra assistiu ao aparecimento do crime organizado numa escala quase igual à da Chicago contemporânea, em particular em Berlim, onde as «associações do anel»* do crescente submundo do crime eram celebradas em filmes como *Matou*.[44]

A sensação de que a criminalidade estava descontrolada era comum entre os responsáveis pela manutenção da lei e da ordem, que muitas pessoas consideravam ameaçadas. O sistema judicial do período guilhermino transitou inalterado para a era de Weimar; o Código Civil e o Código Penal não foram praticamente emendados e as iniciativas para os liberalizar, por exemplo, com a abolição da pena de morte, não deram em nada.[45] Tal como antes, a magistratura era um órgão composto por homens formados desde o princípio para serem juízes em vez de nomeados para a magistratura depois de uma carreira relativamente longa como procuradores ou na barra. Por conseguinte, muitos juízes em funções nos anos 20 eram membros da magistratura há décadas e tinham formado os seus valores e comportamentos pessoais fundamentais na época do *Kaiser* Guilherme II. A sua posição foi reforçada durante a República, dado que um dos princípios básicos da nova democracia era a independência da magistratura em relação ao controlo político, um princípio consagrado rapidamente e sem controvérsias no Artigos 102.º e 104.º da Constituição. Por conseguinte, tal como sucedeu com o exército, a magistratura funcionou durante longos períodos de tempo sem grandes interferências políticas.[46]

Os juízes eram particularmente independentes porque a grande maioria considerava que as leis promulgadas por assembleias legislativas, e não por um monarca divinamente ordenado, não eram neutras, mas como disse o presidente da Associação dos Juízes Alemães (que representava cerca de 80% dos juízes), «legislação partidária, de classe e bastarda... uma legislação de mentiras». «Quando a governação é exercida por vários partidos», queixou-se ele, «o resultado são leis de compromisso. Estas leis são uma mixórdia, expressam os propósitos antagónicos dos partidos governantes, são leis bastardas. Toda a majestade caiu, e a majestade da lei também.»[47] Talvez existisse alguma justificação na queixa de que os partidos políticos exploravam o sistema

* Os membros usavam um anel específico a título de identificação. (*N. do T.*)

judicial em benefício próprio e criavam leis com objetivos políticos específicos. Os partidos da extrema-direita e da extrema-esquerda tinham secções dedicadas à atividade cínica de tirar dividendos políticos dos julgamentos e possuíam equipas de advogados políticos que desenvolviam uma bateria de técnicas extremamente sofisticadas e sem escrúpulos para transformar os trabalhos dos tribunais em sensações políticas.[48] Não restam dúvidas de que na perspetiva de muita gente, isto contribuiu para desacreditar a justiça de Weimar. No entanto, no contexto do advento da democracia parlamentar, também se poderia dizer que os juízes exploravam os julgamentos para os seus próprios fins políticos. Depois de anos ou décadas a tratar como criminosos os sociais-democratas e os liberais de esquerda críticos do governo do *Kaiser*, os juízes não se quiseram adaptar à nova situação política. Não ofereceram a sua lealdade à República, mas ao mesmo ideal abstrato do *Reich* que os seus homólogos do corpo de oficiais continuavam a servir, um ideal essencialmente assente na recordação do sistema autoritário do *Reich* bismarckiano.[49] Quiçá de forma inevitável, nos numerosos julgamentos que resultaram dos profundos conflitos políticos dos anos de Weimar, os juízes alinharam quase sempre com os criminosos da extrema-direita, que disseram ter agido em nome desse mesmo ideal, e saudaram a acusação dos criminosos da esquerda que não o disseram.

Em meados dos anos 20, Emil Julius Gumbel, estatístico de esquerda, publicou números que mostraram que os 22 assassinatos políticos cometidos por criminosos da esquerda entre finais de 1919 e meados de 1922 tinham resultado em 38 condenações, incluindo dez execuções e penas de prisão com uma média de 15 anos. Em contraste, os 354 assassinatos políticos que Gumbel atribuiu a criminosos da direita no mesmo período tinham resultado em 24 condenações, sem qualquer execução e com penas de prisão médias de apenas quatro meses; além disso, 23 assassinos da direita que confessaram os seus crimes tinham sido absolvidos pelos tribunais.[50] É certo que as estatísticas poderiam não ser totalmente exatas. Além disso, os partidos radicais acordaram numerosas amnistias para «presos políticos» no *Reichstag* com o apoio dos outros grupos políticos, de modo que muitos criminosos políticos foram libertados depois de uma passagem relativamente breve pela cadeia. Mas o que contava em relação ao comportamento dos juízes era a mensagem que transmitia ao público, uma mensagem reforçada pela condenação por traição de numerosos pacifistas, comunistas e outros indivíduos de esquerda na época de Weimar. Segundo Gumbel, nas últimas três décadas de paz do *Reich* bismarckiano, somente 32 pessoas tinham sido condenadas por traição, ao passo que nos quatro anos também relativamente pacíficos entre o princípio de 1924 e o fim de 1927 tinham sido emitidos mais de dez mil mandados de captura por traição, que tinham resultado em 1071 condenações.[51]

Um número considerável de julgamentos teve como réus pessoas suficientemente corajosas para denunciarem na imprensa os armamentos e as manobras secretas do exército. O caso mais célebre terá sido o do pacifista e editor de esquerda Carl von Ossietzky, condenado em 1931 a dezoito meses de prisão por ter publicado na sua revista *Die Weltbühne* um artigo a revelar que o exército alemão estava a treinar com aviões de combate na Rússia soviética, o que era ilegal segundo os termos do Tratado de Versalhes.[52] Outro caso igualmente famoso envolveu o jornalista de esquerda Felix Fechenbach. O seu crime, cometido em 1919, foi ter publicado documentos bávaros de 1914 relacionados com a eclosão da Primeira Guerra Mundial, o que na ótica do tribunal tinha sido prejudicial para os interesses do país nas negociações de paz por sugerir um elemento de responsabilidade da Alemanha. Fechenbach foi sentenciado a onze anos de cadeia pelo Tribunal Popular de Munique, um órgão de emergência criado para administrar justiça sumária aos saqueadores e assassinos durante a Revolução Bávara de 1919.[53] No ano seguinte, aquando da contrarrevolução, estes tribunais foram adaptados para julgar casos de «traição». Só foram dissolvidos em 1924, apesar de terem sido proibidos cinco anos antes pela constituição de Weimar. A criação destes tribunais, à margem do sistema judicial, com a inexistência do direito de recurso contra os seus veredictos e a sua atribuição implícita da justiça ao «povo» e não à lei, constituiu um precedente sombrio para o futuro: em 1933, foram reativados pelos nazis.[54]

Para contrariar estas influências, os sociais-democratas conseguiram aprovar a Lei para a Proteção da República, em 1922. O Tribunal do Estado criado por esta legislação destinou-se a retirar o julgamento dos criminosos políticos de direita de um sistema judicial que lhes era demasiado simpático e a colocá-lo nas mãos de juízes nomeados pelo presidente do *Reich*. Mas a magistratura conseguiu rapidamente neutralizar o tribunal, que teve pouco efeito no padrão geral dos veredictos.[55] Friedrich Ebert e os sociais-democratas, apesar de supostamente opostos à pena de morte por uma questão de princípio político, inseriram-na na Lei para a Proteção da República e aprovaram retrospetivamente execuções sumárias levadas a cabo durante as desordens públicas do pós-guerra imediato. Com esta atitude, facilitaram aos governos futuros a introdução de leis similarmente draconianas para proteção do Estado e a subversão de um princípio central da justiça, a não aplicação retroativa de penas a atos que não eram puníveis pela lei quando foram cometidos.[56] Foi outro precedente perigoso para o futuro.

Os tribunais marimbaram-se para os princípios enunciados na Lei para a Proteção da República. Os juízes mostravam quase sempre clemência ao réu quando este dizia ter agido por motivos patrióticos, independentemente do crime.[57] Por exemplo, a intentona de Kapp, uma tentativa armada de derrubar um governo legitimamente eleito lançada em 1920, resultou na condenação de um único participante, e a sentença limitou-se a um breve período de detenção numa fortaleza, porque os juízes consideraram o seu «patriotismo abnegado» um fator atenuante.[58] Em 1923, quatro homens ganharam o seu recurso para o Tribunal *Reich*, a antiga autoridade judicial suprema do país, de uma sentença de três meses de prisão por terem gritado num comício da Ordem da Juventude Alemã, um grupo de direita, realizado em Gotha: «Não precisamos de uma república judaica, abaixo a república judaica!» No seu acórdão, o Tribunal do *Reich* declarou, de forma pouco convincente, que o significado das palavras não era óbvio:

> Podem significar a nova ordem jurídica e social existente na Alemanha, em cuja criação foi relevante a participação de judeus alemães e estrangeiros. Também podem significar o poder e a influência excessivos que na perspetiva de largas camadas do povo é exercido por um pequeno número de judeus em relação ao total da população... Não ficou sequer inequivocamente provado que os réus tenham insultado a forma de Estado constitucionalmente consagrada do *Reich*, somente que insultaram a forma

presente de Estado do *Reich*. Por conseguinte, não é de excluir a possibilidade de um erro judicial.[59]

A distinção que o Tribunal do *Reich* fez entre os dois tipos de Estado e a insinuação de que a República de Weimar era apenas uma espécie de aberração temporária que não estava «constitucionalmente consagrada» demonstraram de forma inequívoca onde residia a verdadeira lealdade dos juízes. Este tipo de veredicto tinha inevitavelmente impacto. Os julgamentos políticos, e não só, eram grandes acontecimentos na República de Weimar, presenciados por um grande número de pessoas nas galerias abertas ao público, cobertos a fundo e com algumas passagens transcritas palavra por palavra na imprensa e debatidos apaixonadamente nas assembleias legislativas, nos clubes e nas associações. Veredictos como este só podiam dar alento aos opositores de extrema-direita da República e contribuir para minar a sua legitimidade.

O enviesamento de direita e antirrepublicano da magistratura era partilhado pelos procuradores públicos. Ao considerarem as acusações a pronunciar contra os criminosos de direita, ao lidarem com a argumentação da defesa, ao inquirirem as testemunhas e ao formularem as suas alegações iniciais e finais, os procuradores tratavam sempre as convicções e intenções de cariz nacionalista como fatores atenuantes. Destas diversas formas, os juízes e os procuradores, a polícia, os governadores e os diretores das prisões, os administradores judiciais e os agentes de policiamento de todos os tipos subverteram a legitimidade da República com o seu enviesamento a favor dos seus inimigos. E mesmo que não tenham tido a intenção de sabotar a nova democracia, mesmo que a tenham aceitado como uma necessidade temporária inevitável, difundiram, com a sua postura, o pressuposto de que a República não representava a verdadeira essência do *Reich* Alemão. Poucos deles terão sido democratas convictos ou contribuído para que a República funcionasse. Com a lei e seus agentes contra ela, que hipóteses tinha a República?

Aptos e inaptos

I

Se houve uma realização que poderia ter valido à República de Weimar a lealdade e a gratidão das massas, foi a criação de um novo Estado social. A Alemanha já dispunha de instituições de segurança social antes de 1914, em particular porque Bismarck foi pioneiro em áreas como os seguros de saúde, os seguros contra acidentes e as pensões de velhice para afastar a classe trabalhadora da social-democracia. Os programas de Bismarck, que foram melhorados e alargados nos anos após a sua saída de funções, foram pioneiros para a época e não podem ser vistos meramente como uma capa para dissimular o autoritarismo governamental. Alguns, em especial o sistema de seguros de saúde, cobriam milhões de trabalhadores em 1914 e incorporavam um elemento considerável de autonomia, que ofereceu a muitos operários a possibilidade de participação no ato eleitoral. No entanto, nenhum destes programas se aproximou sequer do fundo da escala social, onde a assistência aos pobres, administrada pela polícia e que acarretava a privação dos direitos civis, incluindo do direito de voto, foi a norma até ao fim do período guilhermino. Todavia, nesta área, o funcionamento do sistema também fora reformado e normalizado em 1914, e os assistentes sociais, uma profissão que nasceu com as reformas bismarckianas, começaram a avaliar e regulamentar os pobres, os desempregados e os indigentes, tal como faziam no caso dos trabalhadores comuns.[1]

No entanto, com base nesta versão moderna do paternalismo burocrático prussiano, a República de Weimar erigiu uma estrutura muito mais complexa e abrangente, combinando, com alguma tensão, as influências do catolicismo social e da filantropia protestante com o igualitarismo social-democrata.[2] A Constituição de Weimar estava cheia de sonantes declarações de princípios sobre a importância da vida familiar e a necessidade de a apoiar, sobre a proteção dos jovens contra o mal, sobre o direito ao trabalho e sobre a obrigação do Estado de providenciar um lar decente a todos os cidadãos.[3] Com base nestes princípios, foi aprovado no *Reichstag* um conjunto de legislação, desde a assistência aos jovens (1922) e os tribunais de menores (1923) até à regulamentação da prestação de assistência e formação profissional aos deficientes de guerra (1920), decretos que substituíram a assistência aos pobres pela assistência pública (1924), e, sobretudo, como vimos, a atribuição estatutária do subsídio de desemprego (1927). Os programas de seguros de saúde, pensões, etc., foram melhorados e alargados a todos os cidadãos. Foram iniciados enormes programas de habitação, muitos deles socialmente inovadores, e entre 1927 e 1930 foram entregues mais de trezentas mil residências novas ou renovadas. O número de camas dos hospitais aumentou 50% em relação ao período anterior à guerra e a profissão médica cresceu em conformidade. As doenças infecciosas diminuíram de forma acentuada e foi criada uma rede de clínicas e instituições de segurança social de apoio aos indivíduos vulneráveis, desde as mães solteiras aos jovens que tinham problemas com a polícia.[4]

A criação de um sistema de segurança social abrangente e gratuito para todos os cidadãos foi uma das grandes realizações da República de Weimar; em retrospetiva, talvez tenha sido a mais importante. No entanto, não obstante a sua dimensão, não correspondeu às promessas grandiosas da Constituição de 1919, e o fosso entre o prometido e o cumprido acabou por ter, aos olhos de muitos cidadãos, um grande efeito negativo na legitimidade da República. Primeiro, as dificuldades económicas vividas pela República quase desde a primeira hora impossibilitaram a sustentação do sistema de segurança social. Devido à guerra, o número de pessoas necessitadas de apoio era muito grande. Entre 1914 e 1918, cerca de 13 milhões de homens serviram nas forças armadas alemãs. Mais de dois milhões morreram. Segundo uma estimativa, isto equivaleu a uma morte por cada 35 habitantes do *Reich*, ou seja, quase o dobro da percentagem de mortos de guerra do Reino Unido, onde morreu um soldado por cada 66 habitantes, e quase o triplo em relação à Rússia, com uma morte de guerra por cada 111 habitantes. No fim do conflito, havia na Alemanha mais de meio milhão de viúvas de guerra e um milhão de crianças sem pai. Cerca de 2,7 milhões de homens regressaram da guerra com ferimentos, amputações e deficiências e tornaram-se uma fonte permanente de descontentamento, pois as recompensas prometidas pelos políticos pelo serviço que eles tinham prestado à nação não se concretizaram.

O governo foi aumentando os impostos sobre os mais abastados para tentar sustentar o sistema, até que os encargos fiscais chegaram quase ao dobro em percentagem do rendimento nacional real; segundo uma estimativa viciada, aumentaram de 9% em 1913 para 17% em 1925.[5] No entanto, isto não bastou para cobrir as despesas, e nenhum governo se atreveu a ir mais longe, com medo de ser acusado de aumentar as receitas fiscais para pagar as reparações e de alienar sobremaneira os que pagavam mais impostos. A economia, além de ter de suportar, a partir de 1927, os encargos com o subsídio de desemprego, em 1926 ainda pagava pensões a quase oitocentos mil deficientes de guerra e trezentas e sessenta mil viúvas de guerra, e apoiava mais de novecentas mil crianças sem pai e órfãs, isto sem contar com o sistema de assistência aos idosos. O pagamento das pensões representava a percentagem mais elevada da despesa, a seguir às reparações.[6] E, por fim, o sistema de segurança social dilatou ainda mais a enorme burocracia do *Reich* e dos Estados federados, tendo aumentado 40% entre 1914 e 1923, quase duplicando o custo da administração pública *per capita* em relação à população alemã.[7] Estas despesas colossais poderiam ter sido sustentáveis com uma economia em grande crescimento, mas devido à crise económica da República de Weimar não eram possíveis sem imprimir dinheiro e alimentar a inflação, como aconteceu entre 1919 e 1923, ou, a partir de 1924, suspendendo os pagamentos das reparações, reduzindo o pessoal das instituições de segurança social e impondo condições cada vez mais restritivas aos requerentes.

Por conseguinte, muitos requerentes compreenderam que o sistema de segurança social não lhes estava a pagar o que necessitavam. As autoridades locais eram particularmente somíticas, uma vez que suportavam uma percentagem considerável dos encargos financeiros da segurança social. Exigiam com frequência aos requerentes que entregassem as suas poupanças ou o seu património como condição para receberem apoio. Os bisbilhoteiros da segurança social informavam sobre fontes de rendimento dissimuladas e incentivavam os vizinhos a denunciar os que se negavam a revelá-las. Além do mais, os organismos da segurança social, que careciam do pessoal necessário para tratar rapidamente do grande número de solicitações, causavam demoras intermináveis na resposta aos pedidos de apoio ao corresponder-se com outras agências para verificarem se os requerentes já tinham recebido algum benefício, ou tentavam desviar a prestação da assistência para outros organismos. Por conseguinte, a segurança social de Weimar tornou-se rapidamente um instrumento de discriminação e controlo, dado que os funcionários deixavam claro aos requerentes que estes só receberiam o mínimo do que tinham direito e, para garantirem que assim era, inquiriam de forma intrusiva sobre as suas circunstâncias pessoais.

Nada disto tornou a República querida daqueles que era suposto ajudar. As reclamações, as zaragatas, as cenas de pugilato e até as manifestações eram comuns dentro e fora das instalações da segurança social. O caso de um correeiro e estofador chamado Adolf G. ilustra com nitidez os problemas que a segurança social enfrentava e a forma como lidava com eles.[8] Adolf, que nasceu em 1892, combateu na guerra de 1914–1918 e sofreu um ferimento grave, não num combate heroico contra o inimigo, mas causado por um coice de um cavalo no estômago. No princípio dos anos 20, Adolf foi operado seis vezes aos intestinos. Além do ferimento de guerra, um antigo acidente de trabalho e seis filhos colocavam-no noutras categorias de potencial beneficiário da segurança social. Depois da guerra, Adolf não conseguiu encontrar emprego e pediu apoio ao Estado. Todavia, as autoridades de Estugarda exigiram-lhe, como condição para continuar a receber os seus benefícios por acidente depois de 1921, que entregasse o seu rádio e a respetiva antena, dado que eram proibidos nas habitações camarárias em que ele vivia. Adolf recusou, e a família foi expulsa. Adolf reagiu com uma campanha enérgica de cartas para as autoridades, incluindo o Ministério do Trabalho, em Berlim. Adquiriu uma máquina de escrever para tornar as suas cartas mais legíveis e tentou obter outros tipos de benefícios consonantes com a sua situação de deficiente de guerra e pai de muitos filhos. A disputa intensificou-se. Em 1924, Adolf passou um mês e meio na cadeia por ter auxiliado numa tentativa de aborto, presumivelmente por ele e a mulher terem pensado que, dadas as circunstâncias, seis filhos já eram suficientes; em 1927, foi multado por comportamento insultuoso; em 1929, os seus benefícios foram reduzidos e limitados a certos fins, tais como a aquisição de vestuário, e a sua subvenção residencial passou a ser paga diretamente aos senhorios; em 1931, Adolf foi acusado de fraude por tentar ganhar algum dinheiro à margem como adelo, uma acusação que se repetiu em 1933 por ele cantar na rua a troco de algumas moedas. Adolf contactou com organizações políticas da direita e da esquerda para obter ajuda. Uma tentativa para convencer as autoridades de que necessitava de três vezes mais comida do que um homem comum porque o seu ferimento no estômago não o deixava digerir a maior parte do que comia foi rejeitada com uma formalidade inflexível. Em 1931, já sem poder mais, escreveu ao Ministério do Trabalho, em Berlim, a comparar os funcionários da segurança social de Estugarda aos barões salteadores da Idade Média.[9]

O que enfureceu o algo obsessivo Adolf G. não foi apenas a pobreza à qual ele e a sua família foram condenados a viver, mas, sobretudo, os insultos à sua honra e posição, mesmo nas camadas mais baixas da sociedade alemã, por um aparelho de segurança social aparentemente apostado em pôr em causa os seus motivos e o seu direito a procurar o apoio de que ele se considerava merecedor. A burocracia anónima e agarrada aos regulamentos da segurança social insultou a sua individualidade. Este sentimento era muito comum nos requerentes, em particular quando o seu pedido de auxílio decorria dos sacrifícios que tinham feito durante a guerra. O abismo entre as promessas da República de um sistema de segurança social genuinamente universal baseado na necessidade e no direito e a dura realidade da discriminação, da intrusão e do insulto mesquinhos aos quais muitos requerentes eram expostos pelos organismos da segurança social não contribuiu em nada para o reforço da legitimidade da constituição onde estas promessas estavam consagradas.[10]

Mas muito mais sombrio foi, de longe, o facto de os organismos da saúde e da segurança social, decididos a criar formas racionais e científicas de abordagem às privações sociais, aos desvios da norma e à criminalidade, com o objetivo último de os eliminar da sociedade alemã em gerações futuras, terem incentivado políticas que começaram a corroer as liberdades civis dos pobres e dos deficientes. Com a transformação da administração da segurança social numa burocracia enorme, as doutrinas da higiene racial e da biologia social, que já antes da guerra eram generalizadas entre os profissionais da assistência social, começaram a ganhar mais influência. A convicção de que a hereditariedade tinha algum peso em muitos tipos de desvios sociais, não só nas deficiências mentais e físicas mas também no alcoolismo crónico, na pequena criminalidade recorrente e até na «idiotice moral» de grupos como as prostitutas (muitas das quais, na realidade, eram forçadas a vender-se devido às circunstâncias económicas), transformou-se num dogma. Os cientistas médicos e os administradores sociais começaram a compilar fichas completas dos «associais», como passaram a ser chamados estes desviantes. Os reformadores penais liberais argumentaram que embora alguns reclusos das cadeias pudessem ser reclamados para a sociedade com programas educativos corretos, muitos eram completamente incorrigíveis, em grande parte por causa da degeneração herdada do seu carácter.[11] A polícia também desempenhou o seu papel e identificou um grande número de «criminosos profissionais» e «transgressores habituais» a colocar sob vigilância intensiva. Isto dava frequentemente origem a um círculo vicioso, dado que a vigilância e a identificação não davam aos ex-reclusos a possibilidade de terem um trabalho honesto. Em 1930, o arquivo de impressões digitais de Berlim contava com mais de meio milhão de fichas de impressões de dez dedos.[12]

A propagação destas ideias nas esferas profissionais da medicina, do policiamento, da administração penal e do trabalho social teve consequências muito reais. Os psicólogos aos quais foi solicitada a avaliação da saúde mental dos criminosos condenados começaram a usar critérios biológicos, como sucedeu no caso de Florian Huber, um vagabundo condenado por assalto à mão armada e homicídio na Baviera, em 1922: «Huber», concluiu uma avaliação psicológica do jovem, condecorado com a Cruz de Ferro por ferimentos graves sofridos na guerra,

> embora não se possa provar que é hereditariamente deficiente noutros aspetos, apresenta algumas provas físicas de degeneração: a estrutura da sua fisionomia é assimétrica ao ponto de o olho direito se situar marcadamente

mais abaixo do que o esquerdo, tem tendência para falar alto, os lóbulos das orelhas são alongados e, sobretudo, é gago desde a infância.[13]

Esta avaliação não foi tomada como prova de que Huber era inimputável, mas, sim, de que era incorrigível e devia ser executado, o que realmente aconteceu. Em muitas partes da Alemanha, os funcionários judiciais começaram a usar termos como «verme» ou «peste» para designarem os criminosos, denotando uma conceptualização biológica da ordem social como uma espécie de corpo cujo florescimento exigia a remoção dos parasitas nocivos e dos microorganismos estranhos. Na busca de formas mais exatas e abrangentes de definir e aplicar estes conceitos, o especialista médico Theodor Viernstein fundou o Centro de Informação Criminal e Biológica, na Baviera, em 1923, para recolher informações de todos os criminosos conhecidos, suas famílias e respetivos antecedentes, com o objetivo de identificar cadeias hereditárias de desvio. No fim da década, Viernstein e os seus colaboradores já tinham reunido um vasto índice de casos e estavam à beira de concretizar o seu sonho. Pouco depois, foram fundados centros semelhantes na Turíngia, em Vurtemberga e na Prússia. Para muitos especialistas, depois dessas dinastias de seres humanos «inferiores» serem cartografadas, a esterilização obrigatória era a única forma de impedir que se reproduzissem.[14]

Em 1920, dois destes especialistas, o advogado Karl Binding e o psiquiatra forense Alfred Hoche, foram mais longe: num pequeno livro no qual cunharam a frase «uma vida indigna da vida», disseram que o que designavam por «existências-lastro», pessoas que não passavam de um fardo para a comunidade, deviam ser pura e simplesmente mortas. Argumentaram que os doentes incuráveis e os atrasados mentais custavam milhões de marcos e ocupavam milhares de camas de hospitais que eram muito necessárias. Por conseguinte, os médicos deviam ser autorizados a matá-los. Foi um desenvolvimento ameaçador no debate sobre o que fazer com os doentes mentais, os deficientes, os criminosos e os desviantes. Na República de Weimar, esbarrou com a hostilidade emotiva da maior parte da profissão médica. A insistência fundamental da República nos direitos do indivíduo impediu que a doutrina da esterilização obrigatória ganhasse qualquer tipo de apoio oficial, e muitos médicos e funcionários da segurança social continuaram a duvidar da legitimidade ética ou da eficácia social deste tipo de política. A influência bastante considerável da Igreja Católica e das suas agências de assistência social também foi firmemente orientada contra semelhantes políticas. Enquanto as circunstâncias económicas permitiram imaginar que as aspirações sociais da República poderiam ser um dia realizadas, o debate sobre a esterilização e a «eutanásia» continuou por resolver.[15]

II

A classe média alemã reagiu à Revolução de 1918 e à República de Weimar de muitas formas. O relato mais pormenorizado que temos de uma reação pessoal provém, quiçá, dos diários de Victor Klemperer, cuja vivência da inflação já abordámos. Klemperer foi, em muitos aspetos, um típico alemão culto da classe média que só queria viver a sua vida sossegado e ligava relativamente pouco à política, embora votasse nas eleições e se interessasse pelos desenvolvimentos políticos correntes. A sua carreira não foi inteiramente convencional nem de grande sucesso. Klemperer começou por escrever num jornal e depois virou-se para o mundo universitário, qualificando-se com duas teses obrigatórias, a primeira sobre a língua alemã e a segunda sobre literatura francesa. Por ser novo nos meios universitários, Klemperer teve de começar a sua carreira académica na Universidade de Nápoles, de onde observou com preocupação a deterioração da situação internacional antes de 1914. Klemperer apoiou a declaração de guerra da Alemanha em 1914 e considerou justa a causa alemã. Regressou à Alemanha, alistou-se e serviu na Frente Ocidental. Em 1916, foi transferido das tropas de combate por invalidez e trabalhou no departamento de censura do exército até ao fim da guerra.

Tal como outros alemães da classe média, Klemperer viu as suas esperanças de uma carreira estável destroçadas com a derrota da Alemanha. Para ele, só o regresso a uma situação política ordeira poderia oferecer a base para um rendimento fixo e um emprego permanente numa instituição académica.[16] Os acontecimentos dos dois últimos meses de 1918 deixaram-no bastante perturbado. Klemperer escreveu no seu diário:

> O jornal traz tantas vergonhas, desastres, colapsos, coisas que dantes eram consideradas impossíveis, que eu, que já estou pelos cabelos, aceito tudo, já quase nem o leio... Afinal de contas, vejo e ouço, acho que a Alemanha vai acabar mal se este *Desconselho* de Soldados e Operários, esta ditadura da insensatez e da ignorância, não for rapidamente varrido. Deposito as minhas esperanças num general do exército regressado da guerra.[17]

No princípio de 1919, Klemperer, que estava a trabalhar temporariamente em Munique, ficou alarmado com as palhaçadas do governo revolucionário — «falam entusiasticamente de liberdade, mas a sua tirania é cada vez pior» — e escreveu que tinha passado horas nas bibliotecas a tentar fazer o seu trabalho académico enquanto lá fora silvavam as balas das forças invasoras dos Corpos Francos.[18] Klemperer queria normalidade e estabilidade, mas não era possível. Em 1920, como vimos, Klemperer conseguiu obter um cargo de professor na Universidade Técnica de Dresden, onde ensinou literatura francesa, fez investigação e escreveu e editou um jornal académico. Klemperer foi-se sentindo cada vez mais frustrado ao ver homens mais novos obterem posições superiores em instituições melhores. Klemperer era, em muitos aspetos, um conservador moderado típico do seu tempo, patriótico, burguês, alemão dos pés à cabeça nas suas atitudes culturais e na sua identidade, e um crente na noção de carácter nacional, que expressou de forma extensa nos seus trabalhos históricos sobre a literatura francesa setecentista.

No entanto, Victor Klemperer era diferente num aspeto crucial: era judeu. Klemperer era filho de um pregador do extremamente liberal judaísmo reformista de Berlim e foi batizado como protestante, a exemplo do número cada vez maior de judeus alemães que se aculturaram desta forma. Foi uma decisão mais cultural do que religiosa, dado que Klemperer não parece ter tido qualquer tipo de sentimentos religiosos fortes. Em 1906, Klemperer ofereceu uma prova adicional da sua aculturação ao desposar uma não judia, a pianista Eva Schlemmer, com a qual partilhou muitos interesses intelectuais e culturais, sobretudo, talvez, o amor ao cinema. Não tiveram filhos, mas durante as muitas vicissitudes dos anos 20 foi o casamento que deu estabilidade a Klemperer, apesar dos crescentes problemas de saúde do casal, talvez exagerados por uma hipocondria cada vez mais acentuada.[19] Durante a década de

1920, Klemperer levou uma vida estável, mas não muito feliz, perturbada muito cedo pelo receio de uma guerra civil, embora tal nunca tenha acontecido e se tenha tornado menos provável depois de 1923.[20] Klemperer encheu o diário com informações sobre o seu trabalho, os seus tempos livres, os seus entretenimentos, as suas relações com a família, os amigos e os colegas e outros aspetos da sua rotina quotidiana. «Interrogo-me muitas vezes», escreveu ele em 10 de setembro de 1927, «porque é que escrevo um diário tão extenso»; Klemperer não tinha resposta para a sua pergunta, era uma compulsão — «Não consigo pô-lo de lado.»[21] Era duvidoso que alguma vez o publicasse. Qual era então o seu propósito? «Recolher a vida. Recolher sempre. Impressões, conhecimentos, leituras, acontecimentos, tudo. Sem perguntar porquê nem para quê.»[22]

Klemperer descaía-se ocasionalmente, dizendo que sentia a sua carreira bloqueada por ser judeu. Apesar da sua produção crescente de obras académicas sobre a história da literatura francesa, estava encalhado na Universidade Técnica de Dresden, sem perspetivas de transferência para um posto numa instituição universitária importante. «Existem universidades reacionárias e universidades liberais», escreveu ele em 26 de dezembro de 1926. «As reacionárias não aceitam judeus, e as liberais já têm dois judeus e não aceitam um terceiro.»[23] A intensificação do antissemitismo na República de Weimar também tornou problemática a posição política de Klemperer. «Compreendo cada vez melhor», escreveu ele em setembro de 1919, «que o antissemitismo é um obstáculo novo e intransponível para mim. E eu que me alistei como voluntário para a guerra! E agora aqui estou, batizado e nacionalista, sem saber para onde me virar.»[24] Klemperer era bastante invulgar entre os profissionais judeus da classe média por causa das suas opiniões políticas conservadoras. O antissemitismo cada vez mais rábido do Partido Popular Nacional Alemão, com cuja linha política ele até simpatizava, impossibilitou-lhe continuar a apoiá-lo, apesar da sua nostalgia pelo *Reich* bismarckiano e guilhermino de antes da guerra. Tal como muitos outros alemães, Klemperer sentiu-se «apático e indiferente» perante os violentos conflitos político-partidários da República de Weimar.[25] Klemperer era instintivamente hostil à esquerda, mas em março de 1920, ao ouvir a notícia da intentona de Kapp, em Berlim, escreveu:

A minha inclinação para a direita diminuiu bastante... por causa do constante antissemitismo. Gostava muito de ver os golpistas encostados à parede, não sinto realmente nenhum entusiasmo por um exército que viola o seu juramento, e ainda menos pelos estudantes imaturos e desordeiros — mas também não sinto pelo governo «legal» de Ebert nem pela esquerda radical. Acho-os a todos repugnantes.

«Que tragicomédia angustiante», escreveu ele, «5000–8000 solados conseguem derrubar o *Reich.*»[26]

De forma talvez surpreendente para um homem que dedicou a sua vida profissional ao estudo da literatura francesa, Klemperer era muito a favor de uma nova guerra contra os franceses — talvez por causa das suas experiências na Frente Ocidental e sobretudo devido à sua manifesta indignação face ao Tratado de Versalhes. Mas tal não parecia possível com a República de Weimar. No dia 20 de abril de 1925, Klemperer escreveu:

A minha bandeira é a monarquia, anseio pelo antigo poder alemão, quero constantemente atacar de novo a França. Mas os racistas alemães são uma companhia nojenta! E vai ser cada vez mais nojenta se a Áustria se unir a nós. Mas tudo o que hoje sentimos foi sentido com mais ou menos justificação pelos franceses depois de 70. E com Guilherme II eu não me poderia ter tornado professor, mas mesmo assim...[27]

Em 1925, Klemperer considerou a eleição de Hindenburg para presidente um desastre em potência, comparável ao assassinato do arquiduque Francisco Fernando em 1914. «Fascismo por todo o lado. Os terrores da guerra foram esquecidos, o terror russo está a empurrar a Europa para uma reação.»[28] Com o passar do tempo, Klemperer fartou-se da excitação política permanente. Em agosto de 1932, quando a República de Weimar entrou na sua turbulenta fase final, ele escreveu:

Além do mais, não preciso de escrever a história do meu tempo. E as informações que ofereço são entediantes, estou meio repugnado e meio cheio de um medo ao qual não me quero entregar, não sinto o mínimo

> entusiasmo por partido nenhum. Tudo isto é sem sentido, indigno, miserável — ninguém age por si próprio, são todos uns fantoches... Hitler às portas — se não ele, quem? E que vai ser de mim, o professor judeu?

Klemperer preferiu escrever sobre a gatinha preta que tinha entrado por acaso em sua casa e se tornou o animal de estimação do casal.[29] Sob a influência não só da situação política ameaçadora mas também da grave depressão e das frequentes doenças da mulher, Klemperer escrevia cada vez menos e, no final de 1932, parecia à beira de desistir do diário.

O pessimismo político de Klemperer tinha muito que ver com os seus problemas pessoais, mas a sua atitude era comum a muitos judeus alemães patrióticos e liberais-conservadores, que se sentiam perturbados com os conflitos políticos da República de Weimar. Fora isto, a sua antipatia pelos extremos da política e a sua inquietação perante a violência e o fanatismo que o rodeavam foram decerto característicos de muitos alemães de classe média, independentemente dos seus antecedentes. A etnia judaica de Klemperer tornou-o alvo de alguma discriminação, mas, ao mesmo tempo, capacitou-o para ver de forma perspicaz e sardónica os desenvolvimentos políticos que eram ameaçadores para o futuro, como ele bem adivinhou. Mas Klemperer não sofreu excessivamente com o antissemitismo, não foi alvo de violência, aliás, naquele período, não registou no seu diário um único caso de insulto pessoal. Em termos formais, os judeus como Klemperer gozaram de muito mais liberdade e igualdade na República de Weimar do que antes. A República ofereceu novas oportunidades aos judeus no funcionalismo público, na política, nas profissões liberais e até no governo: um ministro dos Negócios Estrangeiros judeu como Walther Rathenau teria sido impensável no *Reich* guilhermino. A imprensa que estava nas mãos de judeus, em particular os jornais controlados pelas empresas liberais de Mosse e Ullstein, que em conjunto produziam mais de metade dos jornais vendidos em Berlim nos anos 20, era uma forte apoiante das instituições liberais da República. A nova liberdade das artes em relação à censura e à desaprovação oficial pôs em destaque muitos escritores, pintores e músicos judeus como apóstolos da cultura modernista, onde coexistiam sem problemas com não judeus como o compositor Paul Hindemith, o poeta e dramaturgo Bertolt Brecht ou os artistas Max Beckmann e George Grosz. Os judeus assinalaram o seu apoio à República votando no Partido Democrata Alemão e, em menor número, nos partidos da esquerda.[30]

Por outro lado, a década de 1920 assistiu, em parte como resposta a estes desenvolvimentos, ao alargamento e aprofundamento da corrente antissemita na política e na sociedade alemãs. Antes da guerra, os pangermanistas e outros elementos da direita tinham produzido propaganda acusando os judeus de minarem a nação alemã. Este tipo de teoria da conspiração racista era mais do que comungado por chefes militares como Ludendorff. Teve uma flagrante expressão durante a guerra no chamado censo judaico de outubro de 1916, ordenado pelas altas patentes do exército, que assim esperavam justificar a sua recusa de admitir judeus no corpo de oficiais depois da guerra. O censo teve como objetivo revelar a natureza cobarde e desleal dos judeus e demonstrar estatisticamente que eles estavam sub-representados no exército e que os que se tinham alistado como voluntários estavam sobrerrepresentados em funções de secretaria. Na realidade, o censo mostrou o oposto: muitos judeus alemães, tais como Victor Klemperer, eram nacionalistas até à medula e identificavam-se fortemente com o *Reich*. Os judeus alemães estavam sobre e não sub-representados nas forças armadas e na frente de combate. Os resultados do censo frustraram as expectativas dos oficiais antissemitas e foram abafados. No entanto, a realização do censo causou uma angústia enorme aos judeus, apesar de a atitude que pôs a nu não ser partilhada pela maior parte dos soldados.[31]

Depois da guerra, a convicção generalizada da direita de que o exército alemão tinha sido «apunhalado nas costas» pelos revolucionários em 1918 traduziu-se facilmente em demagogia antissemita. Para homens como Ludendorff, quem tinha dado a punhalada tinham sido «os judeus», que chefiavam instituições subversivas como o Partido Comunista, que tinham concordado com o Tratado de Versalhes e que tinham instalado a República de Weimar. A verdade é que em 1918, o exército alemão foi derrotado no campo de batalha. Vimos que não houve nenhuma punhalada nas costas. Os principais políticos que assinaram o Tratado, tais como Matthias Erzberger, não eram judeus. E embora os judeus, como, por exemplo, Rosa Luxemburgo, estivessem sobrerrepresentados na liderança do Partido Comunista ou, como no caso Eugen Leviné na agitação revolucionária de Munique, no princípio de 1919, não agiram como judeus, mas como revolucionários, ao lado de muitos não judeus (como Karl Liebknecht, que muita gente da direita achou instintivamente que era judeu por causa das suas opiniões políticas ultraesquerdistas). A maior parte dos judeus apoiava os sólidos partidos liberais do centro ou, em menor grau, os sociais-democratas, e não a esquerda revolucionária, cujo ativismo violento chocou e horrorizou um cidadão respeitável como Klemperer. No entanto, os acontecimentos de 1918–1919 alimentaram o antissemitismo da direita, convencendo muitas pessoas hesitantes de que afinal de contas as teorias da conspiração racistas sobre os judeus eram verdadeiras.[32]

A par da propaganda da extrema-direita, que transformou os judeus em bodes expiatórios das catástrofes de 1918–1919, surgiu uma forma mais popular de antissemitismo, apontado em particular aos que tinham lucrado com a guerra e ao pequeno número de financeiros que enriqueceu durante a inflação. O antissemitismo vinha sempre à superfície em alturas de crise económica, e a da República de Weimar ultrapassou em muito tudo o que a Alemanha tinha vivido. Uma fonte nova de conflito foi a intensificação da imigração de judeus empobrecidos em fuga da violência antissemita e da guerra civil na Rússia. Antes da Primeira Guerra Mundial, existiriam oitenta mil «judeus de leste» na Alemanha, e a sua chegada, juntamente com a do número muito maior de trabalhadores imigrantes oriundos da Polónia e de outras paragens, levou o governo do *Reich* a introduzir, em 1913, uma lei de cidadania virtualmente única segundo a qual só as pessoas que demonstrassem ascendência alemã poderiam requerer a nacionalidade alemã.[33] Depois da guerra, assistiu-se a um influxo renovado de refugiados judeus, à medida que a Revolução Bolchevique dava origem, em toda a Rússia, a *pogroms* e assassinatos antissemitas numa escala gigantesca, perpetrados pelos contrarrevolucionários czaristas. Os imigrantes eram relativamente poucos e aculturaram-se rapidamente, mas constituíram um alvo fácil para o ressentimento popular. No dia 6 de novembro de 1923, no auge da hiperinflação, um jornalista assistiu a tumultos graves num bairro de Berlim com uma percentagem elevada de imigrantes judeus do Leste:

> A turba ululante enche as ruas secundárias. As pilhagens decorrem a coberto da escuridão. Uma sapataria na esquina da Dragonerstrasse é saqueada, os estilhaços da montra estão espalhados pela rua. De repente, ouve-se um apito. A polícia avança num longo cordão humano a toda a largura da via. «Saiam da rua!», grita um oficial. «Vão para casa!» A multidão afasta-se lentamente. Ouvem-se os mesmos gritos por todo o lado: «Matem os judeus à pancada!» Os demagogos manipulam as pessoas famintas há tanto tempo que elas caem em cima das pobres criaturas que vivem de um miserável comércio de artigos na cave da Dragonerstrasse... o que as leva a pilhar não é a fome, é ódio racial inflamado. Os rapazes seguem imediatamente todo o transeunte com aspeto judeu para lhe caírem em cima na altura certa.[34]

Esta erupção pública de violência foi sintomática da nova predisposição dos antissemitas, tal como faziam muitos outros grupos das franjas da política alemã, para usarem direta ou indiretamente a violência e o terror na prossecução dos seus fins, em vez de se restringirem à retórica, como tinham feito quase sempre antes de 1914. O resultado foi uma vaga de incidentes de violência contra os judeus e seu património, de ataques a sinagogas e de atos de profanação dos cemitérios judeus, um desenvolvimento que ainda não está adequadamente documentado.[35]

Não foi apenas a predisposição para traduzir preconceitos vincados em atos violentos que distinguiu, em termos gerais, o antissemitismo pós-1918 do antissemitismo anterior à guerra. Durante a República de Weimar, a maioria esmagadora dos alemães continuou a rejeitar o uso da força contra os judeus, mas a linguagem do antissemitismo fixou-se no discurso político como nunca antes. A «punhalada nas costas», os «traidores de novembro», a «República judaica» e a «conspiração judaico-bolchevique» para minar a Alemanha e muitos outros *slogans* demagógicos semelhantes liam-se regularmente nos jornais, quer nos editoriais, quer nas reportagens sobre os incidentes, discursos e julgamentos políticos. Ouviam-se diariamente nas assembleias legislativas, onde a retórica do Partido Popular Nacional Alemão, o segundo maior partido a seguir aos sociais-democratas nos anos médios da República, abundava em frases antissemitas. Estas expressões eram mais radicais e mais frequentes do que as usadas antes da guerra pelo Partido

Conservador Alemão e foram amplificadas pelas fações dissidentes da direita, que em conjunto tinham muito mais apoiantes do que os partidos antissemitas de Ahlwardt, Böckel e quejandos. A Igreja Evangélica Alemã era uma aliada estreita de muitos destes grupos; era profundamente conservadora e nacionalista e dada a erupções de antissemitismo. No entanto, o antissemitismo católico também se revigorou nos anos 20, animado pelo receio do bolchevismo, que no fim da guerra tinha lançado ataques violentos contra o cristianismo na Hungria e na Rússia. Depois de 1918, muitos eleitores da direita e do centro desejaram ardentemente o renascimento do orgulho e da glória da Alemanha, e estavam mais ou menos convencidos de que isso só seria possível ultrapassando o espírito subversivo «judeu» que tinha supostamente posto a Alemanha de joelhos no fim da guerra.[36] Muitos alemães ficaram com a sua sensibilidade tão embotada com esta vaga de retórica antissemita que não se aperceberam de nada excecional num movimento político que surgiu depois da guerra e que colocou o antissemitismo no centro das suas convicções fanáticas: o Partido Nazi.

3
A ASCENSÃO DO NAZISMO

Os revolucionários boémios

I

Quando Kurt Eisner foi libertado da cela n.º 70 da prisão de Stadelheim, em Munique, ao abrigo da amnistia geral anunciada em outubro de 1918, não havia muitas indicações de que ele estava prestes a tornar-se num dos principais revolucionários da Alemanha. Eisner era um conhecido crítico de teatro e personificava o estilo de vida boémio associado ao bairro de Schwabing, próximo do centro de Munique.[1] A sua aparência denotava o seu estilo boémio. Eisner era baixo e tinha uma barba farta; costumava andar de capa preta, com um enorme chapéu preto de abas largas e um pequeno par de óculos de aço encavalitados no nariz. Eisner não era natural da Baviera; nasceu em Berlim, em 1867, no seio de uma família judaica da classe média. Identificava-se com a pequena fação de direita do Partido Social-Democrata, e no princípio da primeira década do século foi despedido do jornal do partido por causa do seu apoio aos «revisionistas», que queriam que os sociais-democratas descartassem o marxismo. Contudo, tal como muitos outros revolucionários, Eisner opôs-se à guerra e teve um papel de destaque nas greves organizadas em janeiro de 1918 para tentar pôr fim ao conflito.[2]

No dia 7 de novembro de 1918, quando a situação estava à beira do caos, Eisner, com o seu talento para a retórica e o seu desdém pelas convenções políticas, assumiu a liderança em Munique. O Partido Social-Democrata Maioritário organizou uma marcha com uma banda de música à cabeça e faixas com palavras de ordem pela capital bávara numa manifestação ordeira e tradicional a favor da paz, mas Eisner saltou para a tribuna dos oradores e disse à multidão para ocupar as casernas e assumir o controlo da cidade. E tratou de o fazer, com um grupo de seguidores, sem a oposição dos soldados. Depois de obter autorização do conselho revolucionário de operários e soldados da cidade, Eisner proclamou a república na Baviera e assumiu a liderança de um governo revolucionário composto por sociais-democratas maioritários e independentes. Todavia, o governo formado por Eisner falhou redondamente nas tarefas básicas de garantir o abastecimento alimentar, providenciar empregos, desmobilizar as tropas e manter o sistema de transportes a funcionar, até porque os Aliados tinham requisitado a maior parte das locomotivas. Os operários começaram a apupar Eisner e a gritar com ele nos comícios, não o deixando falar. No gabinete, um dos ministros, furioso, disse-lhe: «És um anarquista... Não és um estadista, és um idiota... Estamos a ser arruinados pela má gestão.»[3] Tal como seria de esperar, as eleições realizadas no dia 12 de janeiro resultaram numa vitória esmagadora dos sociais-democratas maioritários e numa derrota humilhante dos independentes de Eisner.

Eisner era tudo o que a direita radical da Baviera odiava: boémio e berlinense, judeu e jornalista; durante a guerra, tinha feito campanha em prol da paz, e era um agitador que estivera preso por causa do seu envolvimento nas greves de janeiro de 1918. Pior ainda: aquando da eclosão da guerra, tinha publicado, juntamente com o seu secretário, o jornalista Felix Fechenbach, documentos secretos e incriminatórios dos arquivos bávaros. Em suma, Eisner era o alvo ideal para projetar a lenda da «punhalada nas costas». No dia 21 de fevereiro de 1919, o ódio da extrema-direita teve a sua expressão máxima: quando Eisner ia a caminho do Parlamento, um jovem estudante, o conde Anton von Arco-Valley, matou-o com dois tiros à queima-roupa.[4] Os guarda-costas de Eisner dispararam e feriram Arco-Valley, que foi cercado por uma multidão enraivecida; foi a intervenção pronta de Fechenbach que o salvou de um linchamento. O assassino foi encarcerado na cela que Eisner tinha ocupado um ano antes na prisão de Stadelheim. O atentado desencadeou uma vaga de violência na capital bávara. Um dos admiradores socialistas de Eisner entrou no Parlamento, sacou de uma arma e, perante os olhares dos deputados, atirou duas vezes sobre o crítico mais severo de Eisner, o líder dos Partido Social-Democrata Maioritário,

Erhard Auer, que sobreviveu por pouco aos ferimentos. Entretanto, de forma irónica, tinha sido descoberto no bolso de Eisner um documento em que ele apresentava a sua demissão. O assassinato foi completamente desnecessário.

No entanto, o Parlamento bávaro, receoso de novos atos de violência, suspendeu-se a si próprio, e o Partido Social-Democrata Maioritário, sem ir a votos, declarou-se o governo legítimo. Porém, o novo governo de coligação, liderado por Johannes Hoffmann, um obscuro social-democrata maioritário, não conseguiu restaurar a ordem perante as gigantescas manifestações realizadas após o funeral de Eisner. No consequente vácuo de poder, foram distribuídas armas e munições aos conselhos de operários e soldados. As notícias da eclosão de uma revolução comunista na Hungria galvanizaram subitamente a extrema-esquerda, que declarou a formação de um Conselho Republicano, no qual o Parlamento seria substituído por um regime de tipo soviético.[5] Mas o líder da República Soviética da Baviera não era um Lenine. A ribalta foi novamente ocupada por um boémio literário, desta vez um dramaturgo. Ernst Toller, de apenas 25 anos, era um poeta e dramaturgo conhecido. Toller, que era mais anarquista do que socialista, convidou para o governo homens com ideias como as suas, incluindo o dramaturgo Erich Mühsam e um escritor anarquista bastante conhecido, Gustav Landauer. O governo social-democrata maioritário de Hoffmann, confrontado com o apoio declarado dos conselhos de operários e soldados de Munique ao que os espirituosos de Schwabing chamaram «regime dos anarquistas de café», fugiu para Bamberg, no norte da Baviera. Toller anunciou uma extensa reforma das artes, e o governo declarou a Universidade de Munique aberta a todos os candidatos, exceto os que pretendiam estudar história, que foi abolida como inimiga da civilização. Um ministro anunciou que o fim do capitalismo seria concretizado através da emissão de dinheiro grátis. Franz Lipp, o comissário dos Negócios Estrangeiros, telegrafou a Moscovo a queixar-se de que «o fugitivo Hoffmann levou as chaves da casa de banho do meu ministério» e declarou guerra a Vurtemberga e à Suíça, «porque estes cães não me emprestaram imediatamente sessenta locomotivas. Tenho a certeza», acrescentou ele, «de que seremos vitoriosos»[6].

A tentativa do governo de Hoffmann de derrubar a República Soviética da Baviera com uma força improvisada de voluntários foi facilmente derrotada pelo «Exército Vermelho» recrutado entre os conselhos dos operários e soldados. No entanto, o tiroteio causou a morte de vinte homens, e a situação começou a ficar claramente mais perigosa. No dia dos combates, os comunistas, liderados pelos bolcheviques russos Max Levien e Eugen Leviné, afastaram bruscamente os «anarquistas de café». Sem esperarem pela aprovação do Partido Comunista Alemão, estabeleceram um regime bolchevique em Munique e iniciaram comunicações com Lenine, que lhes perguntou educadamente se já tinham nacionalizado os bancos. Levien, que ficara acidentalmente encurralado na Alemanha aquando da eclosão da guerra, em 1914, e que fora recrutado pelo exército alemão, seguiu as instruções de Lenine e começou a fazer reféns entre a aristocracia e a classe média-alta. A principal igreja de Munique foi transformada num templo revolucionário sob a presidência da «Deusa Razão», e os comunistas começaram a expandir e a treinar o Exército Vermelho, que atingiu rapidamente o número de vinte mil efetivos bem armados e convenientemente remunerados. Uma série de proclamações anunciou que a Baviera ia liderar a bolchevização da Europa, que a instrução militar era obrigatória para todos os trabalhadores e que os particulares tinham de entregar todas as armas na sua posse sob pena de morte.[7]

O governo de Hoffmann ficou muito mais assustado com tudo isto do que com o regime dos «anarquistas de café», que só tinha durado uma semana. Pairava no ar a ameaça de um eixo entre os regimes revolucionários bolcheviques de Budapeste, Munique e, possivelmente, de Viena. Os sociais-democratas maioritários, instalados em Bamberg, necessitavam claramente de forças de combate consideráveis. Hoffmann recrutou 35 mil soldados dos Corpos Francos sob o comando do coronel bávaro Franz Ritter von Epp, apoiados por unidades regulares, incluindo um comboio blindado. As tropas estavam equipadas com metralhadoras e outro material pesado. Em Munique, grassava o caos: a produção estava quase parada por causa de uma greve geral e os serviços públicos não funcionavam. As pilhagens e os roubos começaram a espalhar-se pela cidade, que foi bloqueada pelos Corpos Francos. Os sitiantes anunciaram que não dariam quartel: quem fosse encontrado em Munique de armas na mão seria imediatamente fuzilado. Os conselhos de operários e soldados ficaram aterrorizados e aprovaram uma moção de censura contra os comunistas, que foram obrigados a demitir-se, deixando a cidade sem governo. Uma unidade do Exército Vermelho entrou em pânico e exerceu represálias contra os reféns encarcerados no Liceu Luitpold. Entre os sequestrados, havia seis membros da Sociedade de Thule, uma seita pangermanista antissemita fundada quase no fim da guerra. O grupo adotou como nome a suposta localização da pureza «ariana», a Islândia («Thule»), e usava a suástica «ariana» como símbolo para denotar as suas prioridades raciais. Tinha as suas raízes na Ordem Germânica, uma organização conspiratória da extrema-direita fundada antes da guerra, e era chefiada pelo autodenominado barão von Sebottendorff, que na realidade era um falsário condenado que a polícia conhecia pelo nome de Adam Glauer. Vários membros da Sociedade adquiriram proeminência no Terceiro *Reich*.[8] Sabia-se que Arco-Valley, o assassino de Kurt Eisner, tinha tentado aderir à Sociedade de Thule. Os soldados do Exército Vermelho, num ato de vingança e desespero, encostaram dez reféns à parede e fuzilaram-nos. As vítimas foram o príncipe de Thurn e Taxis, a jovem condessa von Westarp e dois outros aristocratas, um professor idoso detido por ter feito um comentário negativo em público sobre um cartaz revolucionário e homens dos Corpos Francos capturados.

As notícias dos fuzilamentos enraiveceram desmedidamente os soldados: quando entraram na cidade, praticamente sem oposição, transformaram a vitória num banho de sangue. Eugen Leviné e outros revolucionários destacados foram presos e executados sumariamente. O anarquista Gustav Landauer foi levado para a prisão de Stadelheim: os soldados desfiguraram-no à coronhada, deram-lhe dois tiros e, por fim, mataram-no ao pontapé no pátio da prisão; o corpo ficou a apodrecer durante dois dias. No dia 6 de maio, os soldados embriagados de uma unidade dos Corpos Francos deram com uma reunião de uma associação de artesãos católicos, mas um informador disse-lhes que os trabalhadores eram revolucionários. Os soldados prenderam-nos, levaram-nos para uma cave nas proximidades, espancaram-nos e depois mataram 21 dos desgraçados inocentes, após o que revistaram os cadáveres em busca de valores. Muitas pessoas foram mortas a tiro «quando tentavam fugir»: foram apontadas como comunistas, denunciadas por estarem supostamente na posse de armas ou retiradas à força de casas de onde tinham alegadamente sido disparados tiros e executadas no local. As estimativas oficiais referiram cerca de seiscentas pessoas mortas pelos invasores; os observadores não oficiais estimaram o dobro.[9] Depois do banho de sangue, os sociais-democratas liderados por Hoffmann e outros moderados, apesar de terem encomendado a intervenção militar, ficaram sem grandes hipóteses em Munique. Foi instalado um governo contrarrevolucionário «branco» que levou a tribunal os revolucionários que restavam, mas proferiu sentenças muitíssimo leves contra os soldados dos Corpos Livres, alguns dos quais tinham sido condenados por atrocidades. Munique transformou-se numa arena de seitas políticas radicais, dado que praticamente todos os grupos sociais e políticos da cidade estavam tomados de ressentimento, medo e sede de vingança.[10] A ordem pública desapareceu quase por completo.

Estes desenvolvimentos foram profundamente inquietantes para os oficiais confrontados com a reconstrução de um exército regular a partir dos escombros do anterior. Tal como seria de esperar, tendo em conta que os conselhos de operários e soldados tinham tido bastante influência entre as tropas, as chefias do novo exército trataram de garantir que os soldados recebiam a instrução política correta, e que os muitos grupúsculos políticos surgidos em Munique não constituíam uma ameaça para a ordem política pós-revolucionária. Um dos militares selecionados para receber instrução ideológica em junho de 1919 foi um cabo com trinta anos que pertencia ao exército bávaro desde o princípio da guerra, que passara pelas vicissitudes causadas pelos regimes social-democrata, anárquico e comunista, que tinha participado em manifestações usando uma braçadeira vermelha como os seus camaradas e que semanas antes se tinha sumido, com a maior parte deles, ao receber ordens para defender Munique das forças invasoras. Chamava-se Adolf Hitler.[11]

II

Hitler também foi um produto das circunstâncias. Se as coisas tivessem acontecido de maneira diferente, talvez ele nunca tivesse ganhado importância política. Na altura da Revolução Bávara, era um soldado obscuro que ainda não se tinha envolvido na política. Hitler, que nasceu em 20 de abril de 1889, corporizava o conceito étnico e cultural de identidade nacional defendido pelos pangermanistas: não era alemão de nascimento nem por cidadania, era austríaco. Não se sabe muito sobre a sua infância, adolescência e educação, e muito do que foi escrito sobre estas fases da sua vida é extremamente especulativo, distorcido ou fantasioso. No entanto, sabemos que em 1876, o pai, Alois, nascido em 1837 como filho ilegítimo, trocou o nome que tinha recebido da mãe, Maria Schicklgruber, pelo do padrasto, Johann Georg Hiedler ou Hitler. Não existem provas de que Hitler tivesse algum antepassado judeu. Johann Georg reconheceu a paternidade do pai de Hitler. Alois era inspetor alfandegário em Braunau, no Inn; era um funcionário menor, mas respeitável, do Estado austríaco. Casou três vezes; Adolf foi o único filho do terceiro casamento que sobreviveu à infância, além da irmã, Paula, que era mais nova do que ele. Os «historiadores psicológicos» dão muita importância às subsequentes alusões de Adolf ao pai — frio, severo, disciplinador e ocasionalmente violento — e à mãe — carinhosa e muito amada por ele —, mas as suas conclusões são necessariamente especulativas.[12]

Do que não há dúvida é de que a família de Hitler mudou de casa várias vezes até se fixar, em 1898, num subúrbio de Linz, que Adolf considerou desde então a sua cidade natal. O jovem Hitler não era bom na escola e antipatizava com os professores, mas tirando isto não parece ter sobressaído entre os seus colegas. Era claramente inadequado para a vida regular e rotineira e para o trabalho duro do funcionalismo público, ao qual o pai o destinou. Depois da morte deste, em 1903, Hitler viveu num apartamento em Linz aos cuidados da mãe, da tia e da irmã. Sonhava fazer carreira como pintor e passava o tempo a desenhar, a conversar com os amigos, a ir à ópera e a ler. Porém, em 1907, dois acontecimentos acabaram com a sua vida ociosa de devaneios. A mãe morreu de cancro da mama, e a candidatura dele à Academia das Artes de Viena foi rejeitada com a justificação de que o seu desenho e a sua pintura não tinham qualidade suficiente; disseram-lhe que se sairia melhor como arquiteto. É verdade que o forte dele era o desenho e a pintura de edifícios. Hitler ficou particularmente impressionado com a arquitetura pesada, opressiva e historicista dos edifícios públicos

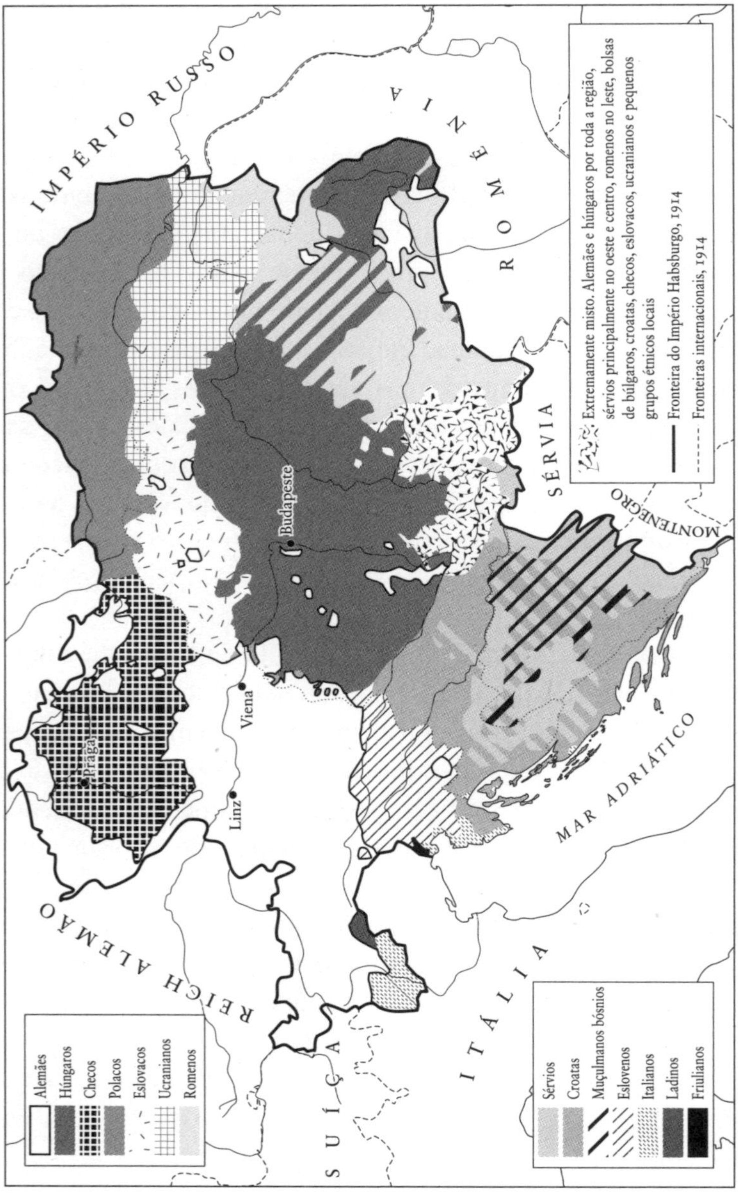

Mapa 6. As nacionalidades do Império Habsburgo, 1910

da Ringstrasse, em Viena, construídos como expressões simbólicas de poder e solidez numa época em que os alicerces políticos da monarquia habsburguesa se começavam a desmoronar.[13] Durante toda a sua vida, Hitler interessou-se pelos edifícios como afirmações de poder. Mas faltava-lhe aplicação para se tornar arquiteto. Tentou novamente entrar para a Academia das Artes, mas foi rejeitado pela segunda vez. Desiludido e emocionalmente arrasado, mudou-se para Viena. É muito provável que tenha levado de Linz duas influências políticas. A primeira foi o pangermanismo de Georg Ritter von Schönerer, cujos apoiantes eram, segundo parece, particularmente numerosos na escola que Hitler frequentou. A segunda foi um entusiasmo insaciável pela música de Richard Wagner, a cujas óperas ele assistiu com frequência em Linz; Hitler ficou intoxicado com a romantização dos mitos e lendas germânicos e com a representação de heróis que não conheciam o medo. Armado com estas crenças e confiante no seu destino de grande artista, Hitler passou os cinco anos seguintes na capital austríaca.[14]

No seu relato subsequente deste período, Hitler deu-lhe uma coerência que não parece ter tido. Mais uma vez, são muito poucas as provas independentes e fiáveis do que ele fez ou pensou. Mas algumas coisas parecem não oferecer dúvidas. Primeiro, Hitler, incapaz de aceitar o falhanço da sua tentativa de acesso à Academia, desenvolveu um ódio violento às convenções burguesas, ao sistema, às regras e regulamentos. Em vez de se instruir e de se candidatar a um emprego fixo, levou uma vida ociosa, caótica e boémia, e gastou as suas poupanças nas óperas de Wagner. Quando ficou sem dinheiro, viu-se obrigado a dormir ao ar livre ou num albergue noturno. A situação só melhorou quando recebeu algum dinheiro da tia e começou a vender pequenos quadros, na sua maioria cópias, o que lhe possibilitou viver num albergue, onde alugou um quarto barato e podia usar a biblioteca e a sala de leitura. Hitler ficou três anos no albergue, levando uma vida nas margens da cultura boémia.

As opiniões políticas absorvidas por Hitler em Linz foram reforçadas quando ele reencontrou numa forma mais direta o pangermanismo de Schönerer, que era tão influente em Linz. Hitler detestava certamente a monarquia habsburguesa e a sua capital, cujas instituições lhe tinham negado a concretização das suas ambições artísticas. Por conseguinte, achou irresistivelmente atrativa a exigência de Schönerer de que as regiões germanófonas da Áustria fossem absorvidas pelo Império Alemão. A mistura racial de Viena repugnava-o; só uma nação racialmente homogénea podia ter sucesso. Mas Hitler compreendeu que Schönerer era incapaz de conquistar o apoio das massas. Quem tinha as massas na mão era o presidente da câmara de Viena, Karl Lueger, cuja demagogia antissemita revelava, na perspetiva de Hitler, um verdadeiro entendimento dos homens. Hitler não podia ignorar o antissemitismo quotidiano dos jornais disponíveis na sala de leitura do albergue, nem os panfletos antissemitas baratos que mais tarde ele disse que tinha lido na altura. Além disso, o seu entusiasmo por Wagner, a cujas óperas assistiu centenas de vezes naquela época, só pode ter reforçado as suas opiniões políticas. Quase todos os seguidores de Schönerer, Wagner e Lueger eram antissemitas — alguns eram antissemitas raivosos — e não existem razões para que Hitler fosse uma exceção. O facto de vender os seus quadros a comerciantes judeus e de pedir dinheiro emprestado aos judeus que residiam no albergue não significa que ele não era antissemita. No entanto, é provável que o seu antissemitismo fosse abstrato, quase teórico; o seu ódio aos judeus só se tornou visceral, pessoal e extremo no fim da Primeira Guerra Mundial.[15]

Algumas das páginas mais interessantes da autobiografia de Hitler, *A Minha Luta* (*Mein Kampf*), descrevem a sua excitação ao assistir às enormes manifestações dos sociais-democratas em Viena. Hitler abominava o marxismo dos sociais-democratas e considerava que a sua propaganda abundava em calúnias e mentiras repugnantes e vis. Então porque é que as massas acreditavam nela e não nas doutrinas de Schönerer? A sua resposta foi que os sociais-democratas eram intolerantes em relação às opiniões de terceiros, abafavam-nas o máximo que podiam no seio da classe trabalhadora, projetavam-se de forma simples e forte e conquistavam as massas pela força. «A psique das massas», escreveu Hitler, «não é recetiva a nada que seja tíbio e fraco... As massas gostam mais de um comandante do que de um suplicante». E acrescentou: «Adquiri um entendimento igual da importância do terror físico sobre o indivíduo e sobre as massas... O terror no local de trabalho, na fábrica, na sala de reuniões e, ocasionalmente, nas manifestações de massas é sempre bem-sucedido, a menos que esbarre com um terror idêntico.» Hitler concluiu que os sociais-democratas «mandam nos fracos com a mente e com a força. Sabem criar a ilusão de que esta é a única maneira de preservar a paz, e, ao mesmo tempo, de forma furtiva mas constante, conquistam uma posição após outra com recurso à chantagem silenciosa, por vezes através do roubo...» Talvez se tenha tratado, em parte, de uma racionalização posterior, com Hitler a projetar os seus sentimentos e propósitos para o movimento de massas de maior sucesso da Áustria da sua juventude. No entanto, antes de 1914, nenhum vienense teria decerto ignorado o poder dos sociais-democratas sobre as massas, e é de supor que Hitler tenha ficado impressionado com esse poder e que aprendeu com ele ao mesmo tempo que rejeitou as doutrinas propagadas pelos sociais-democratas.[16]

Mas talvez a lição política mais importante que Hitler tirou da sua estada em Viena tenha sido um desprezo profundo pelo Estado e pelo direito. Não existem motivos para não acreditar na sua afirmação posterior de que, enquanto seguidor de Schönerer, considerava a monarquia habsburguesa opressora da raça germânica, forçando-a a misturar-se com outras e negando-lhe a possibilidade de se unir aos alemães no *Reich*. «Quando é a própria espécie que está em perigo de ser oprimida ou completamente eliminada», escreveu ele, «a questão da legalidade torna-se subordinada.» A preservação racial era um princípio mais elevado do que a legalidade, que em muitos casos era um disfarce para a tirania. Nesta luta, todos os meios eram justificados. Além do mais, o «Estado podre» dos Habsburgos estava completamente dominado pelo parlamentarismo, um sistema político em relação ao qual Hitler adquiriu um desprezo permanente ao passar muito tempo nas galerias públicas do parlamento austríaco, onde os partidos de nacionalidades rivais gritavam uns com os outros, cada um na sua língua, e impediam que se fizesse alguma coisa de jeito. Hitler desenvolveu um ódio especial aos checos, que eram particularmente desordeiros. Para Hitler, o erro de Schönerer era tentar atingir os seus objetivos através do Parlamento. Hitler concluiu que só um líder forte e diretamente eleito pelo povo poderia andar com as coisas para a frente.[17]

Contudo, não existe nenhuma indicação de que Hitler se tenha considerado esse líder antes de 1914, ou de que tenha sequer pensado entrar na política. Pelo contrário, ainda estava agarrado à ideia de se tornar pintor. A miséria financeira abjeta à qual o seu fracasso na prossecução desta ambição o conduziu foi relativamente aliviada pelo pagamento de um legado do pai, que ele recebeu com 24 anos, no dia 20 de abril de 1913. Hitler concluiu rapidamente os seus assuntos em Viena e partiu para a Alemanha, dando expressão concreta ao pangermanismo que tinha absorvido de Schönerer. Mais tarde, Hitler descreveu, com um ar de autenticidade, a felicidade que sentiu quando se mudou para Munique, deixando para trás o cosmopolitismo racial pitoresco e, para ele, repulsivo da capital austríaca e o sentimento de confusão e declínio que caracterizavam o sistema político habsburguês. Na sua perspetiva, não valia a pena lutar por semelhante sistema, e uma das principais razões que o levaram a partir foi a fuga ao serviço militar, para o qual ele seria em breve elegível. Na Alemanha, sentiu-se em casa.

Hitler alugou um quarto nas proximidades do bairro de Schwabing e retomou a vida que tinha levado em Viena, fazendo cópias a aguarela de postais dos edifícios famosos de Munique e vendendo-as para ganhar algum dinheiro. Tal como outros boémios de Schwabing, passava muito tempo nos cafés e nas cervejarias, mas era um estranho no verdadeiro mundo boémio da sociedade respeitável: enquanto figuras como Eisner, Toller, Landauer ou Mühsam se envolviam no teatro, debatiam utopias anarquistas ou ganhavam fama como poetas e escritores, Hitler prosseguia a sua existência desnorteada sem procurar adquirir a formação artística que lhe fora negada em Viena. E enquanto os meios artísticos oficiais continuavam fechados para ele, os vanguardistas que geravam tanto entusiasmo nos cafés mais chiques de Schwabing, pintores como Wassily Kandinsky, Paul Klee, Franz Marc, August Macke e o grupo do «Cavaleiro Azul» romperam com as convenções e transitaram para o expressionismo e para a abstração. A arte vanguardista gerou em Hitler incompreensão e repugnância. A sua prática artística limitava-se a reproduções minuciosas e sem vida de edifícios; o seu gosto artístico nunca passou das representações convencionais e de inspiração clássica que eram a norma na Academia para a qual ele tanto quis entrar em Viena.[18] Mas Hitler partilhava algo com os boémios de Schwabing: o desprezo pelas convenções e regras burguesas e a convicção de que a arte podia mudar o mundo.

Hitler foi salvo da sua existência de boémio nas franjas da vida cultural pela eclosão da Primeira Guerra Mundial. Existe uma fotografia dele, com o entusiasmo estampado no rosto, no meio da multidão que se reuniu no centro de Munique, no dia 2 de agosto de 1914, para celebrar a declaração de guerra. Três dias depois, alistou-se como voluntário no exército bávaro. No caos e na confusão dos primeiros dias da guerra, quando os voluntários eram em grande número, parece que ninguém pensou em verificar se ele era cidadão alemão. Hitler foi incorporado em 16 de agosto e enviado quase de imediato para a Frente Ocidental. Foi, escreveu ele mais tarde, uma «libertação dos sentimentos dolorosos da minha juventude». Pela primeira vez, Hitler tinha uma missão na qual podia acreditar e que podia seguir e um grupo coeso de camaradas com o qual se podia identificar. O seu coração «transbordava de alegria orgulhosa» — ia combater pela Alemanha.[19] Hitler serviu nos quatro anos seguintes como estafeta no seu regimento e conquistou duas medalhas por coragem, a segunda das quais foi a Cruz de Ferro de Primeira Classe, ironicamente recomendada por um oficial judeu. Pouco depois, foi apanhado num ataque com gás venenoso, uma ocorrência frequente em ambos os lados da frente na fase posterior da guerra. Ficou temporariamente cego e foi enviado para convalescença para o hospital militar de Pasewalk, na Pomerânia, no nordeste da Alemanha. Foi no hospital que Hitler soube da derrota, do Armistício e da Revolução.[20] Em *A Minha Luta*, Hitler refere-se a estes acontecimentos como «a maior vilania do século», a negação de todas as suas esperanças, que tornou fúteis todos os seus sacrifícios. Quando lhe contaram as notícias, «tudo ficou negro», e ele regressou cambaleante ao seu dormitório e chorou. Não existem motivos para duvidar de que foi um trauma terrível para ele. A recordação de 1918 teria um papel central em todos os seus pensamentos e atos subsequentes. Como tinha acontecido o desastre? Ao procurar uma explicação, Hitler agarrou-se imediatamente à história da «punhalada nas costas», que se estava a propagar rapidamente. Os judeus, que ele já via com desconfiança e antipatia, eram certamente os culpados. As ideias e preconceitos rudimentares e confusos que ele tinha absorvido de Schönerer, Lueger, Wagner e quejandos combinaram-se subitamente num padrão coerente, claro e completamente paranóico. Mais uma vez, Hitler olhou para a propaganda como o principal agente político: a propaganda de guerra inimiga, que minava a vontade da Alemanha a partir do exterior, e a propaganda judaica e socialista, que espalhava a dúvida e o derrotismo a partir de dentro. Ao contemplar o desastre, Hitler aprendeu que a propaganda tinha de ser sempre dirigida para as massas:

> Toda a propaganda deve ser popular e o seu nível intelectual deve ser ajustado ao menos inteligente dos seus destinatários. Por conseguinte, quanto maiores forem as massas que se pretenda alcançar, mais baixo deverá ser o seu nível puramente intelectual... A recetividade das massas é muito limitada e a sua inteligência é pequena, mas a sua capacidade de esquecer é enorme. Por conseguinte, para ser eficaz, a propaganda deve limitar-se a meia dúzia de pontos e transformá-los em *slogans* até que o último membro do público compreenda o que nós queremos que ele compreenda com o nosso *slogan*.

E a propaganda tinha de apelar às emoções e não à razão: «A esmagadora maioria das pessoas tem uma natureza e uma atitude tão femininas que os seus pensamentos e atos são muito menos determinados pelo raciocínio sóbrio do que pelas emoções e sentimentos.» Finalmente, a propaganda tinha de ser contínua e firme na sua mensagem. Nunca devia admitir a menor dúvida quanto às suas afirmações, nem dar a mínima razão às afirmações do outro lado.[21]

Armado com estes pensamentos — ou talvez com versões anteriores e mais rudimentares —, Hitler obedeceu às ordens dos seus superiores e, em junho de 1919, frequentou os cursos de instrução política que o lançaram na sua carreira política. Foi no momento certo. Para muitos conservadores, Munique era um mundo virado do avesso e era chegada a altura de o endireitar. A Prússia tinha falhado, mas a Baviera podia mostrar o caminho. Depois do derrube do regime comunista, a linguagem política encheu-se de palavras de ordem nacionalistas, de frases antissemitas e de chavões reacionários que quase convidavam à expressão rábida dos sentimentos contrarrevolucionários. Hitler revelar-se-ia hábil como poucos a dominar as suas cadências e a conjurar as imagens estereotipadas dos inimigos da ordem numa linguagem de extremismo emocionalmente violenta.[22]

III

Os cursos que Hitler frequentou foram concebidos para eliminar todo e qualquer resquício de tendências socialistas nos soldados regulares bávaros e para lhes incutir as convicções da extrema-direita. Um dos palestrantes foi um professor de História de Munique, o conservador Karl Alexander von Müller, e o outro foi o teórico económico pangermanista Gottfried Feder, que deu um verniz antissemita à economia, acusando os judeus de usarem o capital de forma improdutiva, destruindo o sustento dos «arianos» que trabalhavam no duro. Hitler absorveu tão prontamente as ideias destes homens que os seus superiores o colocaram como instrutor de um curso similar em agosto de 1919. Foi assim que Hitler descobriu o seu talento para falar perante uma assistência numerosa. Alguns dos que assistiram às suas palestras referiram com admiração a sua paixão, o seu empenhamento e a sua capacidade para comunicar com homens simples e comuns. E também repararam na veemência do seu antissemitismo. Numa carta escrita em 16 de setembro, Hitler explanou as suas convicções sobre os judeus. Os judeus, escreveu ele, no tipo de metáfora biológica que apareceria em muitos discursos e escritos subsequentes, causavam «a tuberculose racial dos povos». Hitler rejeitou «o antissemitismo exclusivamente emocional», que levava aos *pogroms*, a favor de um «antissemitismo racional», que tinha de ter como objetivo «o combate legislativo planeado e a eliminação dos privilégios dos judeus». «O seu propósito final e inabalável deverá ser a eliminação total dos judeus.»[23]

Na atmosfera raivosamente vingativa e ultranacionalista dos meses que se seguiram à violenta repressão da Revolução de Munique pelos Corpos Francos, estes sentimentos não eram de todo invulgares. Hitler tornou-se um agente político fiável do exército, que o incumbiu de obter informações sobre um dos muitos grupos políticos que surgiram em Munique na altura, para determinar se era perigoso ou se podia ser recrutado para a causa da contrarrevolução. Tratava-se do Partido dos Trabalhadores Alemães, fundado em 5 de janeiro de 1919 por um certo Anton Drexler, um serralheiro que fora membro do Partido da Pátria Alemã. Drexler insistia em que era socialista e trabalhador e que se opunha ao capital não ganho com trabalho, à exploração e aos lucros indevidos. Mas era um socialismo tingido de nacionalismo. Drexler atribuía os males que combatia às maquinações dos judeus, que também tinham congeminado a ideologia perniciosa do bolchevismo. Drexler não dirigia os seus apelos aos operários fabris, mas às «classes produtivas», a todos os indivíduos que viviam do trabalho honesto.[24] Tratava-se da classe média-baixa, embora numa fase posterior o partido de Drexler também quisesse, seguindo uma tradição que remontava ao movimento social-cristão de Adolf Stöcker dos anos 80 do século anterior e fazendo eco de muitas iniciativas nacionalistas similares na Alemanha e na Áustria antes e, sobretudo, logo após a guerra, afastar a classe trabalhadora do marxismo e pô-la ao serviço da causa pangermânica.

Na realidade, o inexperiente partido era mais uma criação da hiperativa Sociedade de Thule. Drexler e o seu pequeno partido não tinham nada de invulgar no viveiro de extrema-direita de Munique depois da derrota da Revolução. O que foi invulgar foi a atenção que Hitler despertou num comício do partido, no dia 12 de setembro de 1919, quando rebateu apaixonadamente da tribuna o orador anterior, que tinha advogado a separação da Baviera do *Reich*. Drexler ficou impressionado e aquiesceu de imediato quando Hitler, novamente no cumprimento de ordens superiores, pediu para aderir ao partido. Hitler disse mais tarde que tinha sido a sétima pessoa a aderir, mas foi inscrito com o número 555. Era um número menos impressionante do que parecia: seguindo um hábito estabelecido há muito entre os grupos políticos marginais, a numeração dos membros do Partido dos Trabalhadores Alemães não começava no 1, mas no número 501, para dar a sensação de que tinha centenas de filiados e não apenas algumas dezenas.[25]

Hitler, encorajado pelos seus superiores, tornou-se rapidamente o grande orador do partido. Com base no seu êxito, convenceu o partido a organizar comícios cada vez maiores, principalmente em cervejarias, que eram previamente publicitados com campanhas enérgicas de cartazes e onde as desordens eram frequentes. No fim de março de 1920, Hitler, que se tinha tornado indispensável para o partido, decidiu que era ali que estava o seu futuro. A demagogia tinha-lhe devolvido a identidade que ele perdera com a derrota da Alemanha. Hitler deixou o exército e tornou-se agitador político a tempo inteiro. A atração do antissemitismo radical na Munique contrarrevolucionária era óbvia e já estava a ser usada por uma organização muito maior do que o partido de Hitler e com tendências semelhantes, a Liga Racial Alemã de Defesa e Combate. Tratava-se de outro grupo de extrema-direita que usava a suástica como símbolo político principal. A Liga, com sede em Hamburgo, tinha cerca de duzentos mil membros em toda a Alemanha, desde ex-membros do Partido da Pátria Alemã e ex-soldados descontentes até estudantes, professores e trabalhadores de escritório de tendências nacionalistas. Dispunha de um aparelho de propaganda sofisticado que produzia milhões de folhetos e organizava grandes comícios aos quais assistiam milhares de pessoas em vez das centenas que o partido de Drexler conseguia atrair.[26] A Liga não era o único movimento de extrema-direita deste tipo; outro, muito mais pequeno, o Partido Socialista Alemão, liderado pelo engenheiro Alfred Brunner, também tinha filiais em várias cidades alemãs, embora os seus membros fossem apenas um décimo dos da Liga. Porém, nenhum dos dois movimentos tinha um orador com um poder de atração comparável ao de Hitler.[27]

Enquanto os políticos da direita convencional proferiam palestras ou falavam num estilo bombástico e pomposo, insípido e monótono, ou duro e abrutalhado, Hitler seguiu o modelo dos oradores sociais-democratas como Eisner ou dos agitadores de esquerda com os quais tinha aprendido em Viena, conforme disse mais tarde. E derivou uma grande parte do seu sucesso oratório do facto de dizer aos ouvintes aquilo que eles queriam ouvir. Empregava uma linguagem simples, direta e inteligível para as pessoas comuns, com frases curtas e palavras de ordem potentes e emotivas. Muitas vezes, começava o discurso calmamente, para capturar a atenção dos ouvintes, e depois ia preparando o clímax, quando a sua voz profunda e bastante rouca atingia o pico, num crescendo até ao final arengado e gritado, acompanhado com gestos dramáticos cuidadosamente encenados, com o rosto a brilhar de suor e o cabelo escuro e liso caído sobre a cara, enquanto levava a assistência a um frenesi de emoções. No que Hitler dizia, não havia «mas», tudo era absoluto, inflexível, irrevogável, fixo, inalterável, final. Muitos dos que ouviram os seus primeiros discursos disseram que ele parecia falar do coração e expressar os receios e desejos mais profundos que eles próprios sentiam. E Hitler também foi transmitindo cada vez mais confiança pessoal, agressividade, crença no triunfo final do seu partido e até mesmo uma sensação de destino. Os seus discursos começavam frequentemente com o relato do seu início de vida, assolado pela pobreza, numa comparação implícita com a Alemanha deprimida, espezinhada e desesperada depois da Primeira Guerra Mundial. De seguida, com a voz em crescendo, relatava o seu despertar político e apontava para a futura recuperação e regresso à glória da Alemanha. Sem usar necessariamente uma linguagem religiosa convencional, Hitler apelava aos arquétipos religiosos do sofrimento, da humilhação, da redenção e da ressurreição profundamente enraizados na psique dos seus ouvintes, pelo que, no contexto da Baviera pós-guerra e pós-revolução, teve uma resposta positiva imediata.[28]

Os discursos de Hitler reduziram os complexos problemas sociais, políticos e económicos da Alemanha a um denominador comum simples: as maquinações maléficas dos judeus. Em *A Minha Luta*, ao descrever como os judeus subversivos tinham minado o esforço de guerra alemão em 1918, declarou:

> Se no princípio da guerra e durante a guerra doze ou quinze mil destes corruptores hebraicos do povo tivessem levado com gás venenoso, como aconteceu a centenas de milhares dos nossos melhores trabalhadores alemães no campo de batalha, o sacrifício de milhões na frente de combate não teria sido em vão. Pelo contrário: doze mil patifes eliminados a tempo poderiam ter salvado as vidas de um milhão de alemães verdadeiros, valiosas para o futuro. Mas como seria de esperar do «estadismo» burguês, sujeitaram-se sem pestanejar milhões de homens a um fim sangrento no campo de batalha, e consideraram-se dez ou doze mil traidores, oportunistas, usurários e vigaristas, um tesouro nacional sagrado cuja inviolabilidade foi proclamada.[29]

Este radicalismo inflexível conferiu aos comícios de Hitler um fervor revivalista difícil de imitar pelos políticos menos demagógicos. A publicidade que ele conquistou foi alcançada com a tática de anunciar os comícios com cartazes vermelhos para atrair a esquerda, e os protestos dos socialistas presentes na sala degeneravam frequentemente em cenas de pancadaria e zaragatas.

No clima de contrarrevolução pós-guerra, de fixação nacional na «punhalada nas costas» e de obsessão com os que tinham lucrado com a guerra e com os oportunistas da hiperinflação galopante, Hitler privilegiou os ataques populistas aos comerciantes «judeus» que estariam a provocar a subida dos preços: dizia que deviam ser todos enforcados, e a assistência gritava a sua aprovação.[30] Em fevereiro de 1920, o partido, talvez para sublinhar este enfoque anticapitalista e alinhar com grupos similares existentes na Áustria e na Checoslováquia, mudou o nome para Partido Nacional Socialista dos Trabalhadores Alemães; alguns comentadores hostis criaram rapidamente a abreviatura «nazi», tal como os inimigos dos sociais-democratas tinham abreviado o nome do partido para «sozi». Contudo, apesar da mudança de nome, é errado ver o nazismo como uma forma ou um rebento do socialismo. É verdade, como apontaram alguns, que a sua retórica era frequentemente igualitária, que sublinhava o imperativo de colocar as necessidades comuns acima das necessidades individuais e que se declarou com frequência oposto ao capital das grandes empresas e da finança internacional. O antissemitismo também foi em tempos classificado de «socialismo dos tontos». Porém, desde a primeira hora, Hitler declarou-se implacavelmente oposto à social-democracia e, inicialmente muito menos, ao comunismo: afinal de contas, os «traidores de novembro» que tinham assinado o Armistício e o Tratado de Versalhes não eram os comunistas, mas os sociais-democratas e seus aliados.[31]

Os «nacionais-socialistas» queriam unir os dois campos políticos da esquerda e da direita para os quais, segundo eles, os judeus tinham manipulado a nação alemã. A base deste processo seria a ideia da raça. Isto estava a anos-luz da ideologia de classes do socialismo. O nazismo foi, de certa forma, uma contraideologia radical do socialismo, indo buscar-lhe muita da sua retórica, desde a imagem como movimento e não como partido, até ao seu alardeado desprezo pelas convenções burguesas e pela timidez dos conservadores. A ideia de «partido» sugeria fidelidade à democracia parlamentar, ao funcionamento constante no quadro de uma entidade política democrática estabelecida. Porém, nos seus discursos e na sua propaganda, Hitler e os seus seguidores preferiram, no geral, falar do «movimento nacional-socialista», tal como os sociais-democratas tinham falado do «movimento dos trabalhadores» ou, já agora, as feministas do «movimento feminino» e os apóstolos da rebelião dos adolescentes antes da guerra no «movimento juvenil».

O termo «movimento», além de sugerir dinamismo e avanço incessante, dava claramente a entender a existência de uma meta, um objeto de trabalho em prol de algo maior e mais final do que os compromissos infindáveis da política convencional. Ao apresentar-se como um movimento, o nacional-socialismo, tal como o movimento laboral, anunciou a sua oposição à política convencional e a sua intenção de subverter e derrubar o sistema no qual foi inicialmente forçado a operar.

Ao substituir a classe pela raça e a ditadura do proletariado pela ditadura do líder, o nazismo inverteu os termos da ideologia socialista. A síntese da direita e da esquerda ficou claramente simbolizada na bandeira do partido, escolhida pessoalmente por Hitler em meados de 1920: um fundo vermelho-vivo — a cor do socialismo —, com a suástica — o emblema do nacionalismo racista — a preto no meio de um círculo branco no centro da bandeira, numa combinação de preto, branco e vermelho, as cores da bandeira do império bismarckiano. Depois da Revolução de 1918, estas cores simbolizaram a rejeição da República de Weimar e de tudo o que ela representava, mas os nazis, ao alterarem o desenho e acrescentarem a suástica, um símbolo já usado por uma variedade de movimentos racistas da extrema-direita e por unidades dos Corpos Francos no pós-guerra, também anunciaram a sua intenção de substituir a República por um novo Estado racial pangermânico e não pelo antigo *statu quo* guilhermino.[32]

No fim de 1920, o enfoque de Hitler nos ataques ao capitalismo judaico passou a incluir o «marxismo», por outras palavras, a social-democracia e o bolchevismo. As crueldades da guerra civil e do «terror vermelho» na Rússia de Lenine começaram a causar sensação, e Hitler usou-as para sublinhar as opiniões comuns da extrema-direita acerca da suposta mão dos judeus na turbulência revolucionária de 1918–1919 em Munique. Mas o nazismo também teria sido possível sem a ameaça comunista; o antibolchevismo de Hitler resultou do seu antissemitismo e não o contrário.[33] Os seus alvos políticos principais continuaram a ser os sociais-democratas e o fantasma do «capitalismo judaico». Hitler foi buscar os argumentos habituais do antissemitismo anterior à guerra e declarou em numerosos discursos que os judeus eram uma raça de parasitas que só conseguia viver subvertendo outros povos, sobretudo a mais elevada e melhor de todas as raças, os arianos. Para tal, tinham dividido a raça ariana contra si própria, organizando a exploração capitalista ao mesmo tempo que lideravam a luta contra ela.[34] Num discurso proferido no dia 6 de abril de 1920, Hitler disse que os judeus deviam «ser exterminados»; em 7 de agosto do mesmo ano, disse à assistência que esta não devia acreditar «que podem combater uma doença sem matarem a causa, sem aniquilarem o bacilo, e não pensem que conseguem combater a tuberculose racial sem garantirem que as pessoas são libertadas da causa da tuberculose racial». A aniquilação significava a remoção violenta dos judeus da Alemanha por quaisquer meios. A «solução da questão judaica», disse ele aos seus ouvintes, em abril de 1921, só podia ser alcançada com a «força bruta». «Sabemos», disse ele em janeiro de 1923, «que se eles chegarem ao poder, as nossas cabeças rolarão na areia; mas também sabemos que quando deitarmos as mãos ao poder: "Que Deus tenha pena de vós!"»[35]

O «Golpe da Cervejaria»

I

No fim da Primeira Guerra Mundial, o general Erich Ludendorff, ditador militar da Alemanha nos dois últimos anos do conflito, entendeu ser prudente sair temporariamente da cena política. Foi exonerado em 25 de outubro de 1918, depois de uma discussão acrimoniosa com o recém-nomeado e último governo liberal do *Kaiser*. Passou algum tempo em Berlim, mas depois, com óculos escuros e suíças falsas, atravessou o Báltico, instalou-se na Suécia e ficou à espera de que a revolução acabasse. Em fevereiro de 1919, convencido de que o pior já tinha passado, regressou à Alemanha. Ludendorff tinha ganhado tanto prestígio na guerra que se tornou rapidamente a figura de proa da direita radical. Fora um anexionista pangermanista em 1914–1918 e um opositor raivoso do Acordo de Paz, e começou imediatamente a conspirar para derrubar a nova ordem republicana. Reuniu à sua volta um grupo de seus ex-ajudantes e, em março de 1920, apoiou a intentona de Wolfgang Kapp e dos Corpos Francos contra o governo, em Berlim; perante o malogro do golpe, mudou-se para Munique, onde o ambiente era mais simpático. Em Munique, Ludendorff entrou em contacto com o círculo ultranacionalista formado em torno da figura previamente desconhecida de Adolf Hitler.[1]

Quando se conheceram, Hitler já tinha ao seu lado os primeiros membros do grupo de admiradores entusiastas que desempenhariam um papel crucial no crescimento do Partido Nazi e na construção do Terceiro *Reich*. O mais dedicado era o estudante Rudolf Hess, um pupilo do teórico geopolítico Karl Haushofer, da Universidade de Munique.

Hess, que era filho de um empresário autoritário que não o deixara estudar antes da guerra, parecia andar à procura de um líder forte ao qual se pudesse ligar incondicionalmente. Tal como outros nazis futuramente importantes, Hess não era oriundo do *Reich* Alemão: nasceu em Alexandria em 1891. A participação na guerra, onde chegou a tenente da Força Aérea, deu-lhe uma autoridade à qual obedecer, e os estudos com Haushofer deram-lhe outra. Mas nem uma nem outra lhe deram o que realmente queria, tal como também não lhe deram os Corpos Francos nem a Sociedade de Thule, à qual também pertencia. Foi Hitler quem lhe deu. Conheceram-se em 1920. O antissemitismo era uma paixão comum. Hess denunciou a «matilha de judeus» que tinha traído a Alemanha em 1918 e, ainda antes de conhecer Hitler, chefiou expedições aos bairros operários de Munique para deixar milhares de folhetos antissemitas debaixo das portas dos apartamentos dos trabalhadores.[2] Hess canalizou toda a potência do seu culto do herói para Hitler. Hess era ingénuo e idealista, não tinha ambições pessoais nem era ganancioso e, segundo Haushofer, não era muito inteligente. Hess era dado a acreditar em doutrinas irracionais e místicas como a astrologia, e a sua devoção canina a Hitler denotava um fervor quase religioso: Hess considerava Hitler uma espécie de Messias. Hess tornou-se o escravo silencioso e passivo de Hitler, bebendo as palavras do amo nos encontros regulares no Café Heck e libertando gradualmente Hitler de uma grande parte do trabalho de rotina, que este detestava. Além disso, Hess apresentou a Hitler uma versão sofisticada da teoria pangermanista do «espaço vital» (*Lebensraum*), com a qual Haushofer justificava as pretensões da Alemanha à conquista da Europa e que o romancista Hans Grimm popularizou com o seu bestseller *Volk ohne Raum* em 1926.[3]

Igualmente útil para Hitler, embora de forma diferente, foi o falhado poeta e dramaturgo racista Dietrich Eckart, ex-estudante de medicina. Eckart já estava ativo nos meios da extrema-direita, em dezembro de 1918, quando começou a publicar o semanário político *Auf gut deutsch* (*Em bom alemão*) com o apoio de alguns empresários bávaros e do fundo financeiro político do exército. Para Eckart, a não encenação das suas peças de teatro devia-se ao domínio da cultura pelos judeus. Eckart estava em contacto com outros racistas e supremacistas «arianos» como Houston Stewart Chamberlain, cuja obra ajudou bastante a popularizar.

Tal como muitos outros antissemitas, Eckart definia como «judeu» qualquer pessoa que fosse «subversiva» ou «materialista», incluindo, entre outros, Lenine e o *Kaiser* Guilherme II. Eckart tinha bons contactos, era abastado e, tal como Hess, era membro da Sociedade de Thule, tendo angariado dinheiro junto dos seus amigos e do exército para o Partido Nazi comprar o decrépito jornal da Sociedade, o *Völkischer Beobachter* (*Observador Racial*), em dezembro de 1920. Eckart tornou-se editor do semanário, e as duas edições por semana beneficiaram muito com a sua experiência jornalística; no princípio de 1923, Eckart transformou a publicação num diário. Contudo, a independência relativa de Eckart e a sua atitude bastante condescendente com Hitler arrefeceram as relações entre ambos; Eckart foi demitido em março de 1923 e morreu em dezembro do mesmo ano.[4]

No entanto, Eckart levou da Sociedade de Thule para o Partido Nazi dois associados seus que serviram Hitler mais fielmente e muito mais tempo. O primeiro foi o arquiteto Alfred Rosenberg, alemão do Báltico, outra figura nazi importante não oriunda do *Reich*. Rosenberg nasceu em Reval, na Estónia, em 1893. Fugiu à Revolução Russa, concebendo um ódio intenso ao bolchevismo, e no fim da guerra chegou a Munique, onde começou a contribuir para a pequena revista de Eckart. Antes de 1914, Rosenberg tinha-se tornado antissemita por ter lido, com 16 anos, o livro de Houston Stewart Chamberlain. Era um entusiasta d' *Os Protocolos dos Sábios de Sião*, uma falsificação da polícia czarista que ofereceu «provas» de uma conspiração judaica internacional para subverter a civilização; leu Gobineau e Nietzsche, e depois da guerra escreveu textos polémicos a atacar os judeus e os maçőes. O seu grande desejo era ser levado a sério como intelectual e teórico da cultura. Em 1930, Rosenberg publicou a sua obra magna, *Der Mythus des zwanzigsten Jahrhunderts**, uma homenagem ao principal escrito do seu ídolo, Houston Stewart Chamberlain. O livro foi concebido como obra teórica fundamental para o Partido Nazi. Em 1945, já ia com mais de um milhão de exemplares vendidos, e algumas das suas ideias tiveram influência. No entanto, Hitler disse que nunca tinha lido mais do que uma pequena parte e não tinha gostado do seu suposto

* *O Mito do Século XX.* (*N. do T.*)

tom pseudorreligioso, e o mais provável é que poucos leitores tenham sulcado até ao fim os seus hectares de prosa empolada. Todavia, nas frequentes conversas de café em Munique, Rosenberg, talvez mais do que ninguém, orientou a atenção de Hitler para a ameaça do comunismo, e para a sua alegada criação por uma conspiração judaica, e alertou-o para a suposta natureza frágil da política da Rússia soviética. Através de Rosenberg, o antissemitismo russo, com as suas teorias da conspiração radicais e o seu impulso exterminatório, entrou na ideologia nazi no princípio dos anos 20. O «bolchevismo judaico» tornou-se num alvo importante do ódio de Hitler.[5]

O outro homem que Eckart levou para o Partido Nazi foi Hans Frank. Frank nasceu em Karlsruhe, em 1900; o pai era advogado, e ele seguiu-lhe as pisadas. Em 1919, quando estava a estudar Direito, entrou para a Sociedade de Thule e serviu no Corpo Franco de Epp no assalto a Munique. Frank caiu rapidamente no feitiço de Hitler, mas nunca conseguiu entrar para o seu círculo íntimo. Na primeira vez que Frank ouviu Hitler falar, em janeiro de 1920, sentiu, tal como muitos outros, que as palavras dele lhe saíam diretamente do coração: «Ele disse o que ia na consciência de todos os presentes», contou Frank mais tarde. Durante toda a sua vida, Frank sentiu-se fascinado pela pornografia da violência: admirava os homens de ação brutais e usava frequentemente a linguagem da violência com uma franqueza e uma agressividade inigualadas por quase nenhum dos nazis importantes para se parecer com eles; no entanto, os seus antecedentes e a sua formação em Direito conferiram-lhe uma crença residual na lei, o que por vezes não se enquadrava na sua tendência para a linguagem grosseira e a sua apologia de atos sanguinários. Frank tirou o curso de advocacia e doutorou-se em 1924; os seus conhecimentos jurídicos, apesar de limitados, revelaram-se extremamente úteis para o Partido. Até 1933, Frank representou o Partido em mais de dois mil e quatrocentos processos intentados contra os seus membros, geralmente por atos violentos. Pouco depois de ter defendido pela primeira vez alguns rufiões nazis em tribunal, um advogado que fora um dos seus professores disse-lhe: «Peço-te que largues essa gente! Não vai correr bem! Os movimentos políticos que começam nos tribunais acabam nos tribunais!»[6]

Quando estes homens e muitos outros como eles entraram para o Partido Nazi, o jovem movimento já tinha um programa. Foi escrito por Hitler e Drexler com uma pequena ajuda do «economista racial» Gottfried Feder e aprovado no dia 24 de fevereiro de 1920. Os seus 25 pontos incluíram a exigência da «união de todos os alemães numa Grande Alemanha», a revogação dos Tratados de Paz de 1919, «terra e território (colónias) para alimentar o nosso povo», a prevenção da «imigração não alemã» e a pena de morte para os «criminosos comuns, usurários, oportunistas, etc.». Os judeus seriam privados de direitos civis e registados como estrangeiros e proibidos de possuir jornais alemães ou de neles escreverem. O programa incluiu um toque pseudossocialista com a exigência da abolição dos rendimentos não derivados do trabalho, o confisco dos lucros de guerra, a nacionalização dos consórcios empresariais e a introdução da distribuição de lucros. O programa concluiu com a exigência da «criação de um forte poder de Estado centralizado para o *Reich*» e da «substituição dos parlamentos dos Estados federados por corporações baseadas no património e na profissão»[7]. Foi um documento de extrema-direita típico da época. Na prática, não significava grande coisa e, tal como o Programa de Erfurt, aprovado pelos sociais-democratas em 1891, foi frequentemente contornado ou ignorado na luta política quotidiana, embora tenha sido declarado «inalterável» para impedir que se tornasse um foco de dissidência interna.[8]

Mas houve dissidência por outros motivos, principalmente as iniciativas de Drexler para fundir o partido com outras organizações de extrema-direita da capital bávara. Drexler estava particularmente interessado no Partido Socialista Alemão, um grupo com uma dimensão relativamente igual à do Partido e com objetivos idênticos. Ao contrário do Partido Nazi, estava presente no norte da Alemanha. A fusão aumentaria a influência de Feder e de outros que não gostavam da vulgaridade dos discursos populistas de Hitler. Este, receando ser submerso pelo novo movimento, torpedeou as negociações com uma ameaça de demissão em abril de 1921. A crise seguinte rebentou quando Hitler estava com Eckart em Berlim numa missão de angariação de fundos para o *Völkischer Beobachter*. Na sua ausência, tinha havido novamente conversações para uma fusão, desta vez com um pequeno partido antissemita baseado em Augsburg e liderado por um certo Otto Dickel, cujas capacidades de orador eram consideradas por alguns tão grandes como as de Hitler. Incapaz de impedir o Partido Nazi de alinhar no esquema de Dickel para fundir os dois partidos numa «Liga Ocidental» (batizado na sequência do seu escrito racista e algo místico intitulado *Die Auferstehung des Abendlandes**), Hitler amuou e saiu do Partido. Drexler recuou e pediu a Hitler que estabelecesse condições para o seu regresso. Na realidade, poucos estavam dispostos a passar sem o homem cuja demagogia tinha sido a única razão do crescimento do Partido nos meses anteriores. O plano de fusão foi abandonado. Os termos inflexíveis de Hitler foram aceites por aclamação numa assembleia geral extraordinária realizada em 29 de julho: culminaram na exigência de ser nomeado presidente do Partido «com poderes ditatoriais» e de o Partido ser purgado dos «elementos estranhos que nele se introduziram»[9].

Hitler garantiu o domínio total sobre o Partido Nazi, que o apoiou em pleno na campanha de propaganda que ele lançou pouco depois e que passou rapidamente das provocações à violência. No dia 14 de setembro de 1921, Hitler e um grupo de jovens nazis deslocaram-se a um comício da Liga da Baviera, uma organização separatista. Hitler subiu à tribuna com a intenção de silenciar o orador, Otto Ballerstedt. Alguém apagou as luzes e quando se reacenderam, cânticos de «Hitler» impediram Ballerstedt de continuar a falar. A assistência protestou, mas os jovens rufiões de Hitler caíram em cima do líder separatista, espancaram-no e atiraram-no da tribuna para o chão, onde ele ficou a sangrar abundantemente de um ferimento na cabeça. A polícia apareceu e encerrou o comício. Ballerstedt fez questão de processar Hitler, tendo este cumprido um mês de prisão em Stadelheim. A polícia avisou-o de que se ele continuasse a fazer a mesma coisa, seria repatriado para a Áustria, mas o aviso caiu em saco roto. No princípio de novembro de 1921, pouco depois de ser libertado, Hitler estava no centro de outra zaragata numa cervejaria, com canecas atiradas pelo ar e cenas de pancadaria entre nazis e sociais-democratas. Os nazis começaram a armar-se com soqueiras, bastões de borracha, pistolas e até granadas. No verão de 1922, uma multidão de nazis insultou, assobiou e cuspiu em cima do presidente do *Reich*, Ebert, que estava de visita a Munique. Em outubro, um comício nacionalista realizado em Coburgo

---

* *A Ressurreição do Ocidente.* (*N. do T.*)

culminou numa batalha campal entre os sociais-democratas e os nazis, que correram com os seus adversários das ruas com os seus bastões de borracha.[10] Tal como seria de esperar, o Partido Nazi foi ilegalizado na maior parte dos Estados alemães, em especial depois do assassinato de Rathenau, o ministro dos Negócios Estrangeiros, em junho de 1922, no âmbito de uma ofensiva do governo de Berlim contra os radicais da extrema-direita, independentemente de terem ou não estado envolvidos no assassinato. Mas o Partido não foi ilegalizado na Baviera, que era controlada pela direita.[11]

A nova nota de violência física na campanha nazi refletiu, em particular, o rápido crescimento da ala paramilitar do Partido, fundada no princípio de 1920 como grupo de «proteção de sala» e que pouco depois foi rebatizada «Secção de Ginástica e Desporto». Com as suas camisas e calças castanhas, botas de cano alto e bonés — um uniforme que só encontrou a sua forma final em 1924[12] —, os seus membros tornaram-se rapidamente uma presença familiar nas ruas de Munique, espancando os seus adversários e atacando todo e qualquer indivíduo que lhes parecesse judeu. O que transformou um pequeno grupo de rufiões num grande movimento paramilitar foi uma série de acontecimentos que tiveram pouco que ver com Hitler. A sua relativa imunidade às interferências da polícia refletiu, em primeiro lugar, o facto de o governo bávaro, liderado por Gustav Ritter von Kahr, há muito simpatizar com os movimentos paramilitares da extrema-direita enquanto elementos do «terror branco» contrarrevolucionário de 1919–1920. Neste contexto, o capitão Hermann Ehrhardt, ex-comandante de uma brigada dos Corpos Francos, criou uma rede sofisticada de esquadrões da morte que cometeram assassinatos políticos por toda a Alemanha, incluindo os de vários políticos republicanos importantes e de alguns dos seus membros suspeitos de serem agentes duplos.[13] Kahr considerava a República uma criação prussiana que devia ser contrariada com a manutenção da Baviera como centro da «ordem» antirrepublicana, e com este desiderato mantinha uma enorme Força de Defesa dos Cidadãos, criada logo após o esmagamento da República Soviética da Baviera na primavera de 1919. Esta milícia, dotada de equipamento militar poderoso, era uma violação inequívoca dos termos do Tratado de Versalhes, e a sua dissolução foi imposta no princípio de 1921. Este acontecimento foi o sinal para uma reorganização da direita radical da Baviera e para um aumento acentuado da violência, dado que os ex-milicianos se reconstituíram numa enorme variedade de bandos armados, muitos deles de orientação separatista e todos antissemitas.[14]

Em agosto de 1921, Ehrhardt integrou o seu Corpo Franco na «Secção de Ginástica e Desporto» dos nazis. Os seus homens eram veteranos endurecidos dos confrontos violentos com os polacos e outros elementos na Silésia, onde o Acordo de Paz tinha dado origem a um enorme ressentimento dos alemães por ter cedido ao recém-fundado Estado polaco territórios que antes da guerra pertenciam à Alemanha. O acordo com Ehrhardt foi mediado por Ernst Röhm, outro veterano dos Corpos Francos, que no princípio da primavera de 1919 tinha participado no assalto a Munique. Röhm nasceu em 1887 e era filho de um funcionário ferroviário bávaro. Alistou-se no exército em 1906 e dois anos depois foi promovido a oficial. Combateu na Primeira Guerra Mundial, mas foi desmobilizado devido aos ferimentos — um estilhaço de obus destruiu-lhe parcialmente o nariz e o rosto e foi gravemente ferido em Verdum. Röhm trabalhou no Ministério da Guerra da Baviera e supervisionou o fornecimento de armas à Força de Defesa dos Cidadãos de Kahr e aos grupos que lhe sucederam. Röhm, conhecido nestes meios como o «rei das metralhadoras», tinha muitos contactos na extrema-direita. Entre outras coisas, era oficial do Estado-Maior, tinha uma elevada reputação no exército e era o oficial de ligação com os paramilitares. Röhm era um organizador nato. No entanto, o seu grande interesse não era propriamente a política. Ernst Röhm era o exemplo típico da geração da frente que acreditava no seu próprio mito.[15]

A tendência de Röhm não era para a conspiração política: era para a violência insensata. Uma análise aos seus escritos mostrou que ele usava palavras como «prudente», «compromisso», «intelectual», «burguês» ou «classe média» quase sempre num sentido pejorativo; as suas expressões positivas e admiradoras incluíam «matulão», «temerário», «implacável» e «fiel». As primeiras palavras da sua autobiografia, publicada em Munique em 1928, são: «Sou um soldado.» Röhm descreve-se como «contrário» e queixa-se: «Os alemães esqueceram-se de como odiar. Os queixumes femininos substituíram o ódio masculino.»[16] «Sendo eu uma pessoa imatura e malvada», escreveu ele com uma franqueza característica, «gosto mais da guerra e da turbulência do que da ordem burguesa bem comportada.»[17] Röhm não tinha qualquer interesse pelas ideias e glorificou o estilo de vida duro e brutal do soldado não só no seu credo mas também nos seus atos. Tinha um desprezo absoluto pelos civis e adorava o desregramento da vida militar em tempo de guerra. A bebida, a folia, o combate e as zaragatas consolidaram o grupo de irmãos de armas entre os quais ele encontrou o seu lugar; as mulheres eram tratadas com desdém, eram estranhas à vida militar e não tinham lugar no seu mundo.

Em Hitler, cuja tendência para recorrer à violência física para atingir os seus fins era mais do que óbvia, Röhm viu um veículo natural para as suas intenções e assumiu a liderança na criação da ala paramilitar do Partido, as «Secções de Assalto» (*Sturmabteilung* ou SA), em outubro de 1921. As suas ligações às chefias do exército, aos níveis superiores da política bávara e aos paramilitares foram valiosíssimas para o jovem Partido. Contudo, ao mesmo tempo, Röhm manteve sempre alguma independência em relação a Hitler, nunca caiu verdadeiramente sob o seu feitiço e procurou usar o movimento como veículo para o seu culto do ativismo violento incessante em vez de colocar incondicionalmente as SA ao serviço do Partido. Por conseguinte, as SA eram uma organização formalmente separada, e a relação de Röhm com o líder do Partido Nazi foi sempre relativamente tensa. Com Röhm na liderança, as SA cresceram rapidamente. Todavia, em agosto de 1922, ainda tinham apenas oitocentos membros, ao passo que outros movimentos paramilitares há muito esquecidos, como a Liga da Bandeira de Guerra do *Reich* ou a Liga da Baviera e do *Reich*, que contava com trinta mil membros armados, eram muito mais importantes. Era preciso muito mais do que a influência de Ehrhardt e Röhm e a demagogia de Hitler para os nazis e a sua ala paramilitar conquistarem a iniciativa na política bávara.[18]

II

Em 1922, as esperanças dos nazis receberam um estímulo enorme com a notícia da «Marcha sobre Roma» de Mussolini no dia 28 de outubro, que resultou na nomeação imediata do líder fascista para primeiro-ministro de Itália. Se os italianos tinham conseguido, não conseguiriam também os seus homólogos alemães? Mas como tantas vezes aconteceria com Mussolini, a imagem era uma coisa e a realidade, outra. Mussolini, que nasceu em 1883, tornou-se um jornalista socialista importante. Contudo, durante a sua campanha a favor da participação de Itália na guerra, mudou dramaticamente de posição política, e no fim do conflito tornou-se o porta-voz do orgulho ferido dos italianos, uma vez que o Acordo de Paz não ofereceu os ganhos esperados. Em 1919, Mussolini lançou o movimento fascista, que recorreu à intimidação, ao terror e à violência contra os seus adversários da esquerda, que estavam a assustar os industriais, o patronato e a comunidade empresarial com políticas como a ocupação de fábricas na prossecução da sua exigência de posse comum dos meios de produção. A turbulência rural também atirou os latifundiários para os braços dos esquadrões fascistas, e com a deterioração da situação, em 1920 e 1921, Mussolini cavalgou o dinamismo do seu movimento. A sua ascensão mostrou que, no pós-guerra, os conflitos, as contendas civis, os assassinatos e a guerra não eram exclusivos da Alemanha. Eram generalizados na Europa Oriental, Central e do Sul. Incluíram a Guerra Russo-Polaca, que só terminou em 1921, confrontos armados irredentistas em muitos dos Estados sucessores do Império Habsburgo e a criação de ditaduras de curta duração em Espanha e na Grécia.

O exemplo de Mussolini influenciou o Partido Nazi de várias formas, em especial na sua adoção, no final de 1922 e no início do ano seguinte, do título de «líder» — *Duce* em italiano, *Führer* em alemão — para denotar a autoridade inquestionável do chefe do movimento. O crescente culto da personalidade de Hitler no Partido Nazi, alimentado pelo precedente italiano, também contribuiu para convencer o próprio Hitler de que era ele, e não uma figura que ainda estivesse para chegar, quem estava destinado a conduzir a Alemanha ao renascimento nacional, uma convicção que foi indelevelmente confirmada pelos acontecimentos do verão de 1923.[19] Os nazis também começaram a imitar a saudação com o braço direito estendido com a qual os fascistas saudavam ritualmente o seu líder, emulando as cerimónias da Roma imperial; o líder respondia erguendo a mão direita, mas com o braço dobrado pelo cotovelo e a palma da mão para a frente, num gesto de aceitação. Os estandartes sofisticados do Partido Nazi também derivaram das práticas dos fascistas italianos. No entanto, neste período, a principal influência concreta de Mussolini sobre Hitler foi convencê-lo de que uma marcha sobre a capital era a maneira mais rápida de chegar ao poder. Quando os esquadrões fascistas começaram a controlar grandes cidades e vilas no norte de Itália, Mussolini, inspirando-se no exemplo do revolucionário Giuseppe Garibaldi durante a unificação da Itália, mais de sessenta anos antes, declarou que iria usá-las como a base para uma «marcha sobre Roma». Para evitar derramamento de sangue, o rei e os principais políticos capitularam e nomearam-no primeiro-ministro. Mussolini usou o cargo de forma cada vez mais implacável e no fim da década tinha criado um Estado ditatorial de partido único.[20]

O movimento fascista de Mussolini partilhava muitas características essenciais não só com o nazismo mas também com outros movimentos extremistas da direita como, por exemplo, o da Hungria, onde Gyula Gömbös, em 1919, já se referia a si próprio como «nacional-socialista». O fascismo italiano era violento e de um ativismo incessante, desprezava as instituições parlamentares, era militarista e glorificava o conflito e a guerra. Opunha-se agressivamente ao comunismo, mas também, de forma mais importante, ao socialismo e ao liberalismo. Privilegiava uma visão orgânica da sociedade, na qual os interesses das classes e a representação popular seriam substituídos por instituições nomeadas que abarcariam todas as classes e uniriam a nação. Era machista e antifeminista, almejando um Estado no qual os homens mandariam e as mulheres seriam essencialmente reduzidas à maternidade e à educação das crianças. Elevava o líder a uma posição de autoridade incontestada. Promovia o culto da juventude, declarando a sua intenção de eliminar as antigas instituições e tradições e de criar uma nova forma de ser humano, duro, anti-intelectual, moderno, secular e, sobretudo, fanaticamente dedicado à causa da nação e da raça.[21] Em todos estes aspetos, o fascismo italiano ofereceu um modelo e um paralelo ao emergente Partido Nazi.

Por conseguinte, o nazismo inicial, tal como os inúmeros movimentos concorrentes da extrema-direita nos anos do pós-guerra imediato, integrou-se no contexto da ascensão do fascismo europeu. Durante muito tempo, Hitler olhou com admiração para Mussolini como exemplo a seguir. A «marcha sobre Roma» galvanizou os nascentes movimentos fascistas da Europa, tal como a marcha sobre Roma de Garibaldi e a subsequente unificação da Itália tinham galvanizado os movimentos nacionalistas da Europa cerca de sessenta anos antes. A maré da história parecia fluir na direção de Hitler; os dias da democracia estavam contados. Perante a rápida deterioração da situação alemã, em 1922 e 1923, Hitler começou a pensar que poderia fazer na Alemanha o que Mussolini tinha feito em Itália. Quando o governo alemão interrompeu os pagamentos das reparações e as tropas francesas ocuparam o Rur, a Alemanha nacionalista explodiu de raiva e humilhação. A perda de legitimidade da República foi incalculável; o governo tinha de mostrar a sua oposição à ocupação e promoveu uma grande campanha de desobediência civil. Os franceses retaliaram novamente, com detenções, encarceramentos e expulsões. Entre muitos outros exemplos da repressão francesa, os nacionalistas retiveram o caso de um veterano de guerra e operário ferroviário que foi demitido e deportado com a família por ter feito um discurso pró-alemão junto de um monumento de guerra; um professor teve o mesmo destino por ter mandado os alunos virarem as costas quando os soldados franceses iam a marchar.[22] Bandos de colegiais raparam a cabeça a mulheres que estariam a «confraternizar desavergonhadamente com os franceses», e outros estudantes demonstraram o seu patriotismo de forma menos espetacular: percorrendo quilómetros a pé até à escola em vez de apanharem o comboio, que era administrado pelos franceses. Alguns trabalhadores tentaram sabotar a ocupação; um deles, Albert Leo Schlageter, ex-soldado dos Corpos Francos, foi executado, e a direita nacionalista, com os nazis na vanguarda, aproveitou de imediato o incidente como exemplo da brutalidade dos franceses e da fraqueza do governo de Berlim, transformando Schlageter num mártir nacionalista muito publicitado. A indústria parou, exacerbando os enormes problemas financeiros do país.[23]

Os nacionalistas tinham uma arma de propaganda poderosa na presença de tropas coloniais negras entre as forças de ocupação francesas. O racismo foi endémico em todas as sociedades europeias entre as guerras mundiais, tal como nos Estados Unidos e noutras partes do mundo. Os europeus partiam geralmente do princípio de que as pessoas com a pele escura eram seres humanos inferiores, selvagens que o homem branco tinha como missão domar.[24] A utilização de tropas coloniais pelos britânicos e franceses na Primeira Guerra Mundial foi alvo de algumas críticas na Alemanha, mas foi a sua presença em território alemão, primeiro nas zonas ocupadas da Renânia e, depois, em 1923, durante a breve ocupação francesa do Rur, que deu origem a uma torrente de propaganda racista horrível. Muitos alemães que viviam na Renânia e no Sarre sentiram-se humilhados porque, segundo disse mais tarde um deles, «siameses, senegaleses e árabes tornaram-se donos da nossa terra»[25]. Os caricaturistas provocaram emoções racistas e nacionalistas com desenhos grosseiros e semipornográficos de soldados negros bestiais a levar mulheres alemãs inocentes para um destino pior do que a morte. Para a direita, estas imagens tornaram-se um símbolo poderoso da humilhação nacional durante a época de Weimar, e o mito das violações em massa de alemãs pelas tropas coloniais francesas tornou-se tão potente que as poucas crianças mestiças que existiam na Alemanha no princípio dos anos 30 eram quase universalmente consideradas o resultado desses incidentes. Na realidade, a grande maioria parece ter sido fruto de uniões consensuais, geralmente entre colonos alemães e indígenas africanos das colónias alemãs antes ou durante a guerra.[26]

Enquanto os nazis e muita gente que pensava como eles exploravam ao máximo estes receios e este ressentimento, o governo de Berlim parecia estar de mãos atadas. Multiplicaram-se os planos e as conspirações. Hitler não foi a única pessoa que ponderou uma marcha sobre Berlim: o «nacionalista-bolchevista» Hans von Hentig, que se tornaria o criminólogo mais eminente da Alemanha depois de 1945, estava a reunir armas e tropas num esquema amalucado para usar o Partido Comunista como aliado e conquistar o poder através da força com o objetivo de levar a Alemanha a repudiar o Tratado de Versalhes.[27] Não era uma ideia muito realista, independentemente de quem a tentasse concretizar; a estrutura federal e a Constituição da Alemanha tornavam extremamente improvável a repetição do que tinha acontecido em Itália. No entanto, a ideia enraizou-se. Hitler lançou uma enorme ofensiva de propaganda, criticando os «criminosos de novembro» de Berlim pela sua fraqueza e aumentando as manifestações públicas contra os franceses.

As perspetivas de Hitler melhoraram muito com o aparecimento de um grupo novo e muito útil de apoiantes do movimento nazi. Um desses apoiantes foi Ernst «Putzi» Hanfstaengl, filho de mãe americana, um colunável alto e abastado do mundo artístico e livreiro, mas cujo snobismo o impediu de cair totalmente no feitiço de Hitler. No entanto, para Hanfstaengl, a simplicidade pequeno-burguesa de Hitler — o seu gosto artístico pavoroso, a sua ignorância acerca do vinho, as suas maneiras desastradas à mesa — confirmava a sua sinceridade. A falta de polimento era uma precondição essencial da sua capacidade extraordinária para comunicar com as massas. Tal como muitos outros admiradores de Hitler, Hanfstaengl entrou pela primeira vez em contacto com ele ao ouvir um dos seus discursos; Hitler ficou fascinado com a sofisticação de Hanfstaengl e gostava de o ouvir tocar Wagner ao piano, enquanto andava pela sala a fazer de maestro ao som das melodias do mestre. Hanfstaengl apresentou Hitler a gente influente da alta da sociedade de Munique, incluindo editores, empresários e oficiais do exército. Estas pessoas divertiam-se a ser condescendentes com Hitler, achavam graça quando ele aparecia nas suas festas elegantes vestido com um casaco do exército e de pingalim na mão, e comungavam o suficiente das suas opiniões para lhe garantirem empréstimos — como fez a mulher do fabricante de pianos Bechstein — e para o apoiarem de outras formas. Todavia, só os mais dedicados, entre os quais o empresário Kurt Ludecke, deram a Hitler dinheiro em quantidade. De outra forma, o Partido Nazi tinha de confiar nos seus amigos bem colocados, tais como o ex-diplomata Max Erwin von Scheubner-Richter, para canalizarem na sua direção uma pequena parte dos fundos empresariais destinados a Ludendorff, enquanto a maior parte das suas receitas continuava a provir das quotas dos filiados.[28]

Em outubro de 1922, o Partido Nazi teve um apoio bastante diferente: a adesão, com os seus seguidores de Nuremberga, de Julius Streicher, um veterano de guerra condecorado com a Cruz de Ferro, tal como Hitler, e membro fundador do Partido Socialista Alemão depois da guerra. Impressionado com o progresso de Hitler, Streicher levou tanta gente para o Partido Nazi que o número de filiados quase duplicou de um dia para o outro. A Francónia protestante, com o seu campesinato descontente, a sua suscetibilidade à atração do antissemitismo e a inexistência de um partido político dominante, era uma região ideal de recrutamento para os nazis. A adesão de Streicher alargou a influência do Partido para norte de forma significativa. Contudo, ao adquirir Streicher, o Partido também adquiriu um antissemita obcecado, cujo ódio extremo aos judeus igualava o de Hitler, e um homem violento que depois de alcançar uma posição de poder andava com um chicote em público e batia nos seus opositores indefesos. Em 1923, Streicher fundou o jornal sensacionalista *Der Stürmer*, que se estabeleceu rapidamente com os seus cabeçalhos gritantes que anunciavam ataques raivosos contra os judeus, cheios de insinuações sexuais, caricaturas racistas, acusações inventadas de assassinatos rituais e histórias titilantes e semipornográficas sobre judeus que seduziam raparigas alemãs inocentes. O jornal era tão extremista e o seu editor, Streicher, com a sua cabeça rapada e o seu ar abrutalhado, era tão obviamente obcecado, que nunca adquiriu muita influência no movimento nazi, cuja liderança o via com alguma antipatia, e o *Stürmer* chegou a estar temporariamente proibido durante o Terceiro *Reich*.

Mas Streicher não era apenas um brutamontes. Tinha sido mestre-escola, era um poeta cujos versos foram considerados «bastante encantadores» e, tal como Hitler, pintava aguarelas, embora no seu caso apenas como passatempo. Streicher também se considerava um artista; tinha alguma cultura, era jornalista profissional e, em certo sentido, um boémio como Hitler. As suas ideias, apesar de expressas de forma radical, não eram particularmente invulgares nos meios de direita da época e deviam muito, como ele próprio reconheceu, à influência do antissemitismo alemão de antes da guerra, em particular a Theodor Fritsch. Além do mais, o antissemitismo de Streicher não era um fenómeno marginal no movimento nazi. Aliás, Hitler comentou mais tarde que de certa forma Streicher «*idealizava* o judeu. O judeu é mais vil, mais terrível, mais diabólico do que Streicher o pintava». Hitler admitiu que Streicher talvez não fosse um bom administrador, e o seu apetite sexual metia-o em toda a espécie de sarilhos. Mas Hitler foi-lhe sempre leal. Em certas alturas, quando foi importante para o nazismo apresentar-se como respeitável, o *Stürmer* foi um incómodo, mas só por uma questão de tática e nunca por uma questão de princípio ou convicção.[29]

III

Em 1923, Hitler e o Partido Nazi não sentiam nenhuma necessidade especial de parecerem respeitáveis. A violência parecia ser a via óbvia para o poder. O governo bávaro de extrema-direita liderado por Gustav Ritter von Kahr, que apoiava os paramilitares, tinha caído em setembro de 1921. A partir dessa altura, Kahr e os seus amigos vinham-se envolvendo em intrigas contra o governo de Eugen von Knilling, líder do Partido Popular da Baviera. Tal como muitos conservadores moderados fariam mais tarde, Knilling e os seus aliados consideravam os nazis uma ameaça e não gostavam da sua violência, mas julgavam que os seus motivos eram nobres e que o seu idealismo só tinha de ser usado de forma mais produtiva e sã. Por conseguinte, também foram relativamente tolerantes em relação às atividades dos nazis. Além do mais, na única ocasião em que tentaram proibir um comício do Partido Nazi, no final de janeiro de 1923, receando que se tornasse violento, o comandante do exército na Baviera, o general Hermann von Lossow, foi contactado por Röhm e aceitou apoiar o direito de Hitler de realizar o comício desde que ele garantisse que seria pacífico. Kahr, que era o governador regional da Alta Baviera, apoiou Lossow e o governo bávaro recuou.[30]

Os acontecimentos aproximaram-se rapidamente do clímax. Durante uma grande parte do tempo, estiveram fora do controlo de Hitler. Röhm conseguiu, sem o envolvimento de Hitler, reunir as principais organizações paramilitares da Baviera na Confederação das Ligas de Combate Patrióticas, que incluiu grupos muito maiores do que os «camisas-castanhas» nazis. Estes grupos entregaram as armas ao exército, cujas unidades bávaras, comandadas pelo general von Lossow, estavam claramente a preparar-se para a muito falada marcha sobre Berlim e para um confronto armado com os franceses no Rur; alistaram os paramilitares como forças auxiliares e começaram a ministrar-lhes instrução militar. O novo ingrediente desta poção de bruxas da conspiração paramilitar foi o general Ludendorff. Hitler tentou conquistar a iniciativa exigindo ao exército a devolução das armas dos «camisas-castanhas», mas a sua exigência foi friamente rejeitada. No princípio de setembro, quando os paramilitares organizaram um enorme desfile em Nuremberga, no qual participaram cerca de cem mil homens uniformizados, Hitler viu-se obrigado a ceder a Ludendorff a posição de figura de proa da conjura. Hitler foi nomeado líder político dos paramilitares, mas em vez de controlar os acontecimentos, foi levado por eles.[31]

O papel de Röhm no movimento paramilitar reorganizado era crucial pelo que acabou por se demitir de chefe da pequena organização das SA para se concentrar nas suas novas tarefas. Sucedeu-lhe um homem que seria muito importante no desenvolvimento do movimento nazi e do Terceiro *Reich*: Hermann Göring. Göring, que nasceu em 1893 em Rosenheim, na Baviera, também era um homem de ação, mas de um calibre muito diferente de Röhm. Era oriundo da classe média-alta; o pai tinha tido um papel crucial na colonização da Namíbia antes da guerra e era um imperialista convicto. Göring frequentou o colégio militar entre 1905 e 1911 (os últimos anos em Berlim) e considerou-se sempre um soldado prussiano e não bávaro. Durante a guerra, tornou-se um ás da aviação bastante conhecido e chegou a comandante da esquadrilha de caça criada por von Richthofen, o «Barão Vermelho». Os seus feitos como piloto valeram-lhe a mais importante condecoração militar alemã, a *Pour le mérite*, e uma reputação popular como valentão temerário. Os pilotos de caça eram considerados uma espécie de cavaleiros modernos cujo arrojo contrastava de forma espetacular com a chacina monótona e mecanizada das trincheiras. Göring tornou-se uma celebridade nos meios aristocráticos e, em fevereiro de 1922, reforçou as suas ligações com a alta sociedade e desposou a baronesa sueca Carin von Kantzow. Depois da guerra, tal como sucedeu com muitos outros veteranos, Göring procurou uma vida de ação: pertenceu a um Corpo Livre, foi piloto acrobático na Escandinávia e, no final de 1922, por influência da mulher, aderiu ao movimento de Hitler. Göring era uma figura vistosa, bela e romântica, cujas proezas eram celebradas em numerosos livros e artigos de revistas.

A ânsia de ação de Göring concretizou-se no movimento nazi. Göring era implacável, enérgico e extremamente egocêntrico, mas caiu imediatamente no feitiço de Hitler. Para ele, as maiores virtudes eram a lealdade e a fidelidade. Para Göring, tal como para Röhm, a política era uma guerra, uma forma de combate armado na qual a justiça e a moralidade não tinham lugar; os fortes venciam, os fracos pereciam, a lei era um amontoado de regras «legalísticas» que existiam para serem quebradas em caso de necessidade. Para Göring, o fim justificava sempre os meios, e o fim era sempre o que ele concebia como o interesse nacional da Alemanha, que, na sua perspetiva, tinha sido traído pelos judeus, pelos democratas e pelos revolucionários em 1918. As ligações aristocráticas de Göring, a sua beleza escultural, o seu domínio cosmopolita das línguas francesa, italiana e sueca e a sua reputação de piloto de caça cavalheiresco convenceram muita gente de que era um moderado ou mesmo um diplomata; Hindenburg e muitos outros viram em Göring a face aceitável do nazismo, um conservador autoritário como eles próprios. Mas a aparência era enganadora: Göring era tão impiedoso, violento e extremista como qualquer outro líder nazi. Estas qualidades volúveis, aliadas à submissão rapidamente crescente da sua vontade à de Hitler, tornaram-no o substituto ideal de Röhm na chefia das SA no princípio de 1923.[32]

Com Göring na liderança, as Secções de Assalto voltariam a obedecer ao Partido. Foram feitos preparativos, em conjunto com o movimento paramilitar, que Röhm orientara tanto quanto possível, para uma sublevação na primavera e no princípio do verão de 1923. A crise rebentou no dia 13 de agosto, quando o governo do *Reich*, em Berlim, foi obrigado a demitir-se. O governo sucessor, uma grande coligação que incluía os sociais-democratas, era chefiado por Gustav Stresemann, um nacionalista liberal de direita que nos anos seguintes se revelaria o político mais hábil, subtil e realista da República. Stresemann compreendeu que se impunha pôr fim à campanha de resistência passiva à ocupação francesa do Rur e controlar a hiperinflação galopante. Por conseguinte, instituiu uma política de «cumprimento» segundo a qual a Alemanha cumpriria os termos do Acordo de Paz, incluindo o pagamento das reparações, mas, ao mesmo tempo, faria pressão nos bastidores para a sua revisão. Esta política teve um êxito notável nos seis anos seguintes, durante os quais Stresemann ocupou o cargo de ministro dos Negócios Estrangeiros do *Reich*. Contudo, para os nacionalistas radicais, foi uma traição à pátria. O governo bávaro, apercebendo-se da elevada probabilidade de uma sublevação nacionalista, nomeou Kahr comissário-geral do Estado com plenos poderes para manter a ordem. Com o apoio de Lossow e do chefe da polícia, Hans Ritter von Seisser,

Kahr proibiu uma série de comícios planeados pelos nazis para o dia 27 de setembro, enquanto eles próprios prosseguiam com os seus planos para derrubar o governo de Berlim. A pressão para agir aumentava de todos os lados: Hitler foi repetidamente avisado de que a situação para a tropa paramilitar se estava a tornar irresistível.[33]

Em Berlim, o comandante supremo do exército, o general Hans von Seeckt, negou-se a alinhar nos planos de Lossow, Seisser e Kahr. Preferiu afastar o governo de Stresemann com intrigas de bastidores, o que efetivamente acabou por fazer, apesar de a coligação sucessora continuar a ter Stresemann como ministro dos Negócios Estrangeiros. As negociações febris realizadas em Munique não resultaram numa união entre o exército bávaro de Lossow, a polícia de Seisser e os paramilitares, cujo representante político era obviamente Hitler. Hitler, ciente de que perderia o apoio dos paramilitares se continuasse a hesitar, e receoso de que Kahr estivesse prestes a agir, decidiu-se por uma intentona com o apoio de Ludendorff. O governo bávaro seria preso e Kahr e os seus aliados seriam obrigados a unir forças com os paramilitares numa marcha sobre Berlim. A data da intentona foi marcada, mais sob pressão dos acontecimentos do que pela procura de uma data simbólica, para o dia 9 de novembro, o aniversário da Revolução de 1918 que tinha derrubado o regime do *Kaiser*. No dia 8 de novembro à noite, Hitler e um grupo de SA fortemente armados irrompeu num comício onde Kahr estava a discursar, na cervejaria Bürgerbräu, perto do centro de Munique. Hitler ordenou a um dos seus homens que disparasse um tiro de pistola para o teto para silenciar a multidão e anunciou que a cervejaria estava cercada. Hitler declarou que o governo bávaro estava deposto. Enquanto Göring acalmava a assistência, Hitler levou Kahr, Lossow e Seisser para uma sala adjacente e disse-lhes que ia marchar sobre Berlim e instalar-se à frente de um novo governo do *Reich*; Ludendorff assumiria a chefia do exército nacional e eles seriam recompensados pelo seu apoio com cargos importantes. Hitler regressou ao salão principal e conquistou a multidão com um pedido emotivo de apoio para o que disse ser a sua ofensiva contra «os criminosos de novembro de 1918». Kahr e os seus companheiros viram-se obrigados a regressar à tribuna e, acompanhados por Ludendorff, a declarar o seu apoio ao golpe.[34]

Mas traduzir manifestações histriónicas em poder político não era assim tão fácil. O planeamento dos nazis foi atamancado. Röhm ocupou o quartel-general do exército, em Munique, e os nazis também ocuparam a sede da polícia, mas outros edifícios, incluindo, de forma crucial, a caserna do exército, permaneceram nas mãos do governo. Quando Hitler saiu da cervejaria para avaliar a situação, Ludendorff libertou Kahr e os outros cativos, que renegaram imediatamente a sua anuência forçada à conjura e entraram em contacto com o exército, com a polícia e com os meios de comunicação social e repudiaram a iniciativa de Hitler. Na cervejaria, Hitler e Ludendorff decidiram marchar sobre o centro da cidade. Reuniram cerca de dois mil apoiantes armados, cada um dos quais tinha recebido dois biliões de marcos (pouco mais de três dólares naquele dia) de uma reserva de mais de 14 biliões de marcos «confiscados» a dois impressores de notas de banco, alegadamente judeus, durante incursões realizadas pelos «camisas-castanhas» a mando de Hitler. A coluna partiu ao meio-dia e, encorajada pelos seus apoiantes, avançou pelo centro da cidade em direção ao Ministério da Guerra. No fim da rua, os nazis depararam com uma linha de polícias armados. Segundo o relatório oficial, os nazis encostaram pistolas ao peito dos polícias, cuspiram-lhes em cima e apontaram baionetas na sua direção. A dada altura, uma das partes — os relatos são contraditórios — disparou um tiro. Ambos os lados abriram fogo, e durante meio minuto o ar encheu-se dos silvos das balas. Göring tombou, alvejado numa perna; Hitler caiu ou foi empurrado e deslocou o ombro. Scheubner-Richter, o diplomata amigo de Hitler e o elo com os patronos importantes dos nazis, teve morte imediata. Os disparos vitimaram mortalmente catorze nazis e quatro polícias. A polícia prendeu Ludendorff, Streicher, Röhm e muitos outros, mas Göring conseguiu escapulir-se; fugiu para a Áustria e depois instalou-se na Suécia. Viciou-se na morfina que usava para aliviar as dores causadas pelo ferimento. Hitler, com o braço numa funda, foi levado para a casa de campo de Hanfstaengl, onde foi detido no dia 11 de novembro. A intentona teve um fim ignominioso.[35]

A reconstrução do movimento

I

Hitler não precisou de muito tempo para recuperar o sangue-frio depois dos acontecimentos de 9 de novembro de 1923. Ele sabia que podia implicar na tentativa de golpe muitos políticos bávaros importantes e expor o envolvimento do exército na instrução dos paramilitares para uma marcha sobre Berlim. Ciente deste risco, que tinha vindo à superfície durante o interrogatório de Hitler, o governo bávaro conseguiu persuadir as autoridades de Berlim a não realizar o julgamento no Tribunal do *Reich*, em Berlim, mas num «Tribunal Popular» constituído para o efeito, em Munique, onde controlaria melhor os acontecimentos.[1] É provável que o governo bávaro tenha oferecido clemência a Hitler em troca da assunção da responsabilidade por parte deste. O governo escolheu o juiz Georg Neithardt, um conhecido nacionalista que fora nomeado em 1919 por Franz Gürtner, o reacionário ministro da Justiça, e que tinha presidido ao julgamento de Hitler em 1922. Quando o julgamento começou, no dia 26 de fevereiro de 1924, Hitler foi autorizado a comparecer vestido à civil, com a sua Cruz de Ferro, e a dirigir-se ao tribunal durante horas a fio sem ser interrompido. Enquanto Neithardt o deixava pressionar e insultar as testemunhas de acusação, o procurador público não conseguiu chamar a depor várias figuras importantes cujos depoimentos teriam sido prejudiciais para a defesa. O tribunal abafou as provas do envolvimento de Ludendorff e rejeitou o pedido de deportação de Hitler para a Áustria por ele ter servido no exército alemão e mostrado que era um patriota alemão.[2] Hitler assumiu toda a responsabilidade, declarando que servir os interesses da Alemanha não podia ser alta traição. O «eterno Tribunal da História», disse ele, «julgar-nos-á... como alemães que quiseram o melhor para o seu povo e para a sua pátria»[3].

Apesar de os golpistas terem matado quatro polícias numa revolta armada e traiçoeira (em quaisquer termos jurídicos razoáveis) contra um governo estadual legitimamente constituído, ambos os crimes puníveis com a morte, o tribunal condenou Hitler a uns meros cinco anos de prisão por alta traição, e os restantes réus foram sentenciados com penas similares ou ainda mais leves. Ludendorff, como seria de esperar, foi absolvido. O tribunal justificou a sua clemência ao dizer que os golpistas «agiram com um espírito patriótico puro e com a mais nobre das vontades». O julgamento foi escandaloso, mesmo pelos padrões viciados da magistratura de Weimar. Foi generalizadamente condenado, mesmo à direita. Hitler foi enviado para uma antiga fortaleza em Landsberg am Lech, a oeste de Munique, onde ocupou a cela que tinha pertencido até essa altura a Arco-Valley, o assassino de Kurt Eisner. Tratou-se do chamado «encarceramento em fortaleza», uma forma suave de detenção para os criminosos aos quais eram atribuídos motivos honrosos, como, por exemplo, os cavalheiros que, antes da guerra, matavam o adversário num duelo. A cela de Hitler era grande e arejada e estava confortavelmente mobilada. Os visitantes tinham livre acesso: Hitler foi visitado por mais de quinhentos. Levaram-lhe presentes, flores, cartas e telegramas com votos de sucesso. Hitler estava autorizado a ler, aliás, ele pouco mais tinha para fazer quando não estava a receber visitas, e consumiu uma grande variedade de livros de autores como Friedrich Nietzsche e Houston Stewart Chamberlain, analisando-os essencialmente para confirmar as suas próprias opiniões. Mas de forma mais importante, por sugestão do editor nazi Max Amann, Hitler ditou um relato da sua vida com as suas opiniões a dois dos seus companheiros de prisão, o seu motorista Emil Maurice e o seu faz-tudo, Rudolf Hess, que foi publicado no ano seguinte com um título provavelmente sugerido por Amann, *A Minha Luta*.[4]

Alguns historiadores consideram *A Minha Luta* uma espécie de plano para os atos de Hitler, um livro perigoso e diabólico que foi infelizmente ignorado por quem não devia. Nada disso. O livro, apesar de bastante reescrito por Amann, Hanfstaengl e outros, para ficar mais legível e menos incoerente do que o desconexo primeiro manuscrito, não deixou de ser túrgido e entediante, e até ao grande resultado eleitoral dos nazis em 1930, vendeu modestamente. Depois, tornou-se um *bestseller*, sobretudo durante o Terceiro *Reich*, quando não possuir um exemplar era quase um ato de traição. As pessoas que o leram, provavelmente uma pequena percentagem das que o compraram, ter-se-ão visto e desejado para tirar algo de suficientemente coerente da sua mistura confusa de reminiscências autobiográficas e declamações políticas truncadas. O talento de Hitler para conquistar os corações e as mentes estava na sua oratória e não na sua escrita. Contudo, nenhum leitor teria duvidado de que Hitler considerava a luta racial o motor e a essência da história, e que os judeus eram inimigos jurados da raça alemã, cuja missão histórica era, sob a orientação do Partido Nazi, destruir o seu poder internacional e aniquilá-los completamente. «A nacionalização das nossas massas», declarou Hitler, «só se concretizará quando, além do combate positivo pela alma do nosso povo, os seus envenenadores internacionais forem exterminados.»[5]

Hitler ligou indissoluvelmente os judeus ao «bolchevismo» e ao «marxismo», aos quais deu muito mais destaque em *A Minha Luta* do que ao capitalismo financeiro que o tinha obcecado durante a inflação, porque era na Rússia que a Alemanha conquistaria o seu «espaço vital» e eliminaria os «judeus-bolcheviques» que, na sua ótica, governavam o Estado soviético. Estas ideias foram esboçadas de forma mais pormenorizada no segundo volume do livro, escrito em 1925 e publicado no ano seguinte; a partir dessa altura, foram centrais na ideologia de Hitler. «As fronteiras do ano de 1914 não significam absolutamente nada para o futuro da Alemanha», declarou ele. Fazendo uma comparação com as vastas conquistas orientais de Alexandre Magno, Hitler anunciou que «o fim do domínio judeu na Rússia será também o fim da Rússia como Estado». O solo ocupado «pela Rússia e pelos seus Estados vassalos fronteiriços» seria entregue ao «trabalho industrioso do arado alemão»[6].

As convicções de Hitler foram claramente expostas em *A Minha Luta* — só não viu quem não quis. Ninguém que lesse o texto teria ficado com a ideia de que Hitler apenas pretendia a revisão do Tratado de Versalhes e a restauração das fonteiras alemãs de 1914 ou a autodeterminação das minorias germanófonas da Europa Central. E ninguém teria duvidado da natureza visceral, fanática e mortífera do seu antissemitismo. Mas convicções e intenções não são a mesma coisa que projetos e planos. Na abordagem à forma de implementação destas ideias, o texto de Hitler refletiu naturalmente a política do período em que foi escrito. Na altura, o inimigo eram os franceses, que se tinham retirado do Rur há muito pouco tempo. Os britânicos, em contraste, pareciam ser possíveis aliados na luta contra o bolchevismo, dado que poucos anos antes tinham apoiado os «Brancos» na guerra civil russa. Pouco depois, quando Hitler escreveu outra obra similar que não foi publicada em vida, o choque entre a Itália e a Alemanha por causa do Tirol do Sul estava na agenda internacional, e ele centrou-se na questão.[7] O que permaneceu central nestas voltas e reviravoltas foi o impulso a longo prazo para garantir «espaço vital» no Leste e a intenção inabalável de aniquilar os judeus. Isto também não podia ser feito de uma vez, e Hitler não tinha obviamente uma ideia clara sobre como nem quando seria concretizado. Também neste caso, haveria manobras táticas durante o percurso, pelo que surgiriam diversas soluções temporárias. Mas nada disto diminuiu o carácter genocida do ódio de Hitler aos judeus nem a sua convicção paranóica de que eles eram os responsáveis por todos os males da Alemanha e de que a única solução a longo prazo era a sua aniquilação completa como entidade biológica, uma convicção facilmente detetável não só na linguagem de *A Minha Luta* como nas palavras e frases que usava nos seus discursos e na atmosfera de intolerância revivalista na qual eram proferidos.[8] Os judeus eram uma «pestilência», «pior do que a Peste Negra», um «verme no corpo em decomposição da Alemanha», seriam corridos daquilo que Hitler considerava serem as suas posições de poder e, de seguida, seriam expulsos do país, se necessário, pela força. Hitler não disse o que aconteceria aos judeus da Europa de Leste depois de a Alemanha ter adquirido o seu espaço vital, mas a violência letal da sua linguagem não deixou dúvidas de que o seu destino não seria agradável.[9]

A escrita do livro, a publicidade gigantesca que ganhou com o seu julgamento e a adulação da direita nacionalista depois da intentona contribuíram para convencer Hitler — se é que ainda não estava convencido — de que ele era o homem destinado a concretizar estas ideias. E o malogro da intentona ensinou-lhe que ele não conseguiria sequer dar o primeiro passo — a aquisição do poder supremo na Alemanha — recorrendo exclusivamente à violência dos paramilitares. Uma «marcha sobre Roma» estava fora de questão na Alemanha. Era essencial garantir o apoio das massas com as campanhas de propaganda e alocuções públicas que Hitler sabia que eram o seu forte. A conquista revolucionária do poder, que continuava a ser preferida por Röhm, nunca funcionaria sem o apoio do exército, que estivera manifestamente ausente em novembro de 1923. Ao contrário do que foi dito mais tarde, mesmo por ele próprio, Hitler não embarcou na via da «legalidade» depois do fracasso da intentona, mas compreendeu que o derrube do «sistema» de Weimar exigia mais do que uns tiros ao lado, mesmo num ano de crise absoluta como 1923. A chegada ao poder exigia claramente a colaboração de elementos cruciais do sistema, e o apoio que Hitler teve em 1923 foi insuficiente. Na crise seguinte, que se deu menos de uma década depois, Hitler certificou-se de que o exército e as principais instituições do Estado eram neutralizados ou funcionavam a seu favor, ao contrário do que sucedeu em 1923.[10]

Contudo, depois da detenção de Hitler, a situação do Partido Nazi parecia quase irremediável. Os grupos paramilitares fragmentaram-se no meio da desordem e as suas armas foram confiscadas pelo governo. Kahr, Lossow e Seisser, muito comprometidos pela intentona, foram afastados pelo novo governo formado por Heinrich Held, o líder do Partido Popular da Baviera. O separatismo bávaro e as conspirações ultranacionalistas deram lugar a uma política regional mais convencional. A situação acalmou com o fim da hiperinflação e com a implementação da política de «cumprimento» por Berlim, que deu frutos quase imediatos com a recalendarização dos pagamentos das reparações no quadro do Plano Dawes. Os nazis, privados do seu líder, cindiram-se novamente em fações antagónicas. Röhm continuou a tentar reunir os fragmentos dos paramilitares em torno de Ludendorff. Hitler colocou Alfred Rosenberg à frente do Partido Nazi por ser praticamente a única figura importante que ainda estava em liberdade no país, mas Rosenberg revelou-se totalmente incapaz de estabelecer a sua autoridade sobre o movimento.[11]

O Partido Nazi e os «camisas-castanhas» tinham sido ilegalizados e não estavam minimamente preparados para uma existência clandestina.

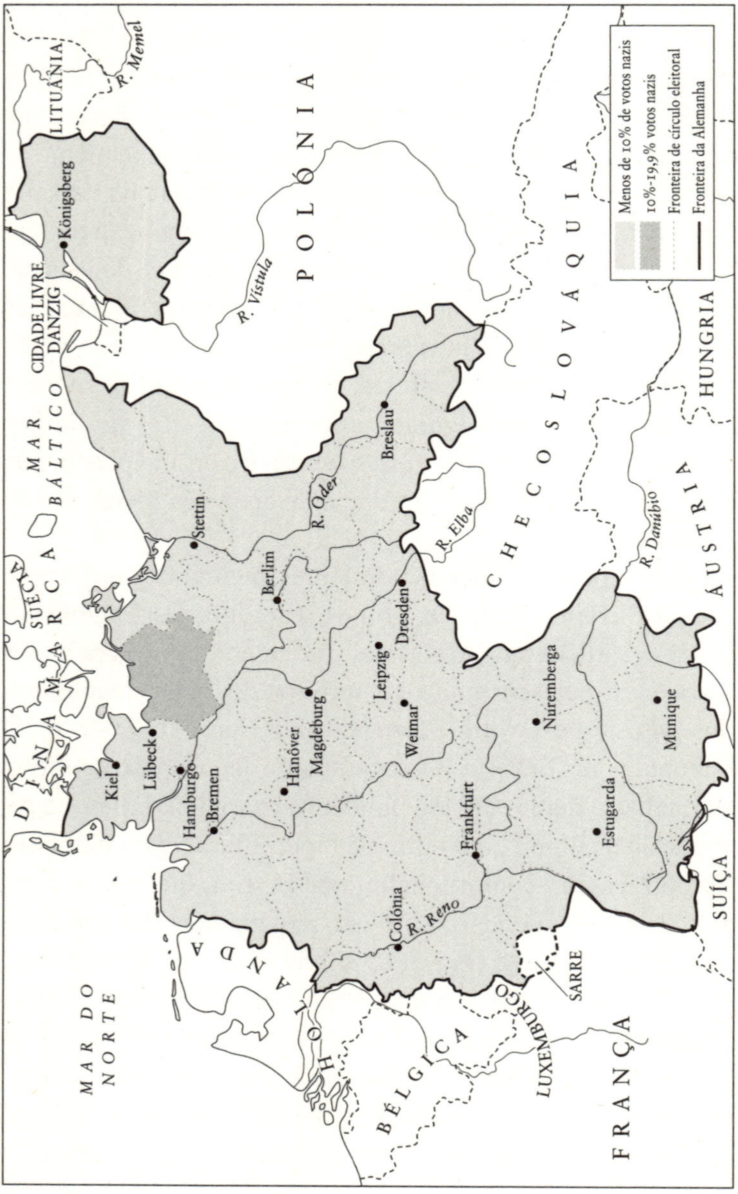

Mapa 7. Os nazis nas segundas eleições para o *Reichstag*, em 1924

Havia opiniões muito divergentes sobre as táticas a usar no futuro — paramilitares ou parlamentares —, e as rivalidades entre figuras como Streicher e Ludendorff, bem como entre os muitos grupos ultranacionalistas que surgiram para se afirmarem como sucessores dos nazis, bloquearam as tentativas de ressurreição do movimento. Hitler lavou as mãos das questiúnculas, anunciando a sua retirada da política para escrever o seu livro. A situação não melhorou muito quando Hitler foi posto em liberdade condicional pelo Supremo Tribunal da Baviera, contra a opinião do gabinete do procurador-geral, em 20 de dezembro de 1924. Ainda lhe faltava cumprir quase quatro anos de pena, durante os quais ele tinha de ter cuidado para não infringir as condições da libertação. Hitler só foi autorizado a falar em público na maior parte da Alemanha em 1927; continuou proibido na Prússia, que cobria mais de metade da superfície terrestre da República de Weimar e continha a maioria da população, até finais de 1928. A direita ultranacionalista foi humilhada nas eleições nacionais de 1924. O único raio de sol emanou do governo austríaco, que frustrou as tentativas de repatriação de Hitler negando-se a acolhê-lo.[12]

II

Contudo, Hitler ainda tinha alguns amigos bem colocados. Uma figura crucial foi o ministro da Justiça da Baviera, Franz Gürtner, que simpatizava com as suas ideias nacionalistas. Gürtner aceitou revogar a proibição do Partido Nazi e do seu jornal, o *Völkischer Beobachter*, quando o estado de emergência na Baviera foi finalmente levantado, em 16 de fevereiro de 1925.[13] Armado com o seu prestígio e a sua autoconfiança como herói nacionalista da intentona e do julgamento, Hitler refundou de imediato o Partido Nazi, apelando à adesão dos seus antigos seguidores e (num ponto novo e fundamental) à submissão incondicional à sua liderança pessoal. Julius Streicher, Gottfried Feder, o jornalista e propagandista do Partido, Herman Esser e outras figuras enterraram publicamente as suas diferenças numa demonstração de solidariedade. Hitler tratou de marginalizar os seus rivais mais perigosos. Primeiro, como a reconstituição dos «camisas-castanhas» se tornou legal, ele insistiu na sua subordinação ao Partido e cortou a suas ligações aos outros grupos paramilitares. Ernst Röhm opôs-se e foi corrido; deixou a política e foi obrigado a trabalhar como vendedor e operário fabril, até que aceitou um convite da Bolívia para instruir o seu exército nos métodos de guerra europeus.[14] Segundo, Hitler tratou de minar o prestígio de Ludendorff, que, além de ser um rival perigoso, estava a adotar opiniões cada vez mais radicais. Influenciado por Mathilde von Kemnitz, que desposou em 1926, Ludendorff fundou a Liga de Tannenberg, que publicava livros sobre teorias da conspiração atacando não só os judeus mas também os jesuítas e a Igreja Católica — uma receita certa para um desastre eleitoral na Baviera e noutras partes devotas do sul da Alemanha. O destino de Ludendorff ficou selado em 1925, quando se candidatou à presidência pelo Partido Nazi e obteve 1,1% dos votos. Existem algumas provas de que Hitler o convenceu a candidatar-se sabendo que a sua reputação seria atingida de forma irreparável.[15] A partir dessa altura e até à sua morte, Ludendorff e a Liga de Tannenberg permaneceram nas franjas da política, condenados a uma irrelevância absoluta e sem nenhum apoio de massas. Nada demonstrou mais claramente a alteração da situação do nacionalismo radical na Alemanha: o ditador militar todo-poderoso da Primeira Guerra Mundial foi marginalizado politicamente pelo arrivista nazi; o general foi afastado pelo cabo.

Com Ludendorff definitivamente fora do caminho, Hitler deixou de ter rivais perigosos na extrema-direita e pôde concentrar-se em dominar o resto do movimento ultranacionalista. Enquanto diversos grupos do Sul gravitavam na órbita do Partido Nazi, as filiais do Partido no norte e ocidente da Alemanha entraram num período de ressurreição. O homem mais responsável por isto foi outro bávaro, Gregor Strasser, um farmacêutico de Landshut. Nascido em 1892, filho de um advogado politicamente ativo, Strasser era culto, lia muito, e a sua educação e os seus modos de classe média tornaram-no uma figura atrativa para muitos simpatizantes em potência do movimento nazi. Strasser, tal como muitos alemães burgueses da sua geração, ficou marcado pela experiência de 1914, o espírito de união que na sua perspetiva tinha de ser recriado em todos os alemães. Depois de concluir o serviço militar como tenente, Strasser procurou recriar esta experiência e corrigir o que ele entendia serem as injustiças causadas à Alemanha. No fim da guerra, combateu com os Corpos Francos em Munique e depois criou o seu próprio grupo paramilitar, o que o pôs em contacto com Hitler. Para Strasser, o que contava era a causa e não o líder. No dia 9 de novembro de 1923, Strasser conduziu a sua unidade de «camisas-castanhas» a Munique para se apoderar de uma ponte importante, tal como fora planeado; perante o malogro do golpe, regressou com os seus homens a Landshut, onde foi preso.[16]

No entanto, a sua participação bastante periférica na intentona não pareceu às autoridades justificar um tratamento particularmente severo. Strasser permaneceu em liberdade enquanto os outros líderes nazis fugiam ou iam parar à cadeia. Em abril de 1924, Strasser foi eleito para o Parlamento bávaro. Revelou-se um administrador dotado, reunindo muitos dos fragmentos da ultradireita. Depois de o Partido Nazi ser novamente legal, Hitler, reconhecendo as capacidades de Strasser, enviou-o para ressuscitar o Partido no norte da Alemanha. No final de 1925, a incessante campanha de recrutamento de Strasser quase quadruplicou o número de filiais, com recurso a uma ênfase acentuada nos aspetos «socialistas» da ideologia nazi para conquistar a classe operária em áreas como o Rur. Strasser desprezava os outros grupos da ultradireita que consideravam «adequada a solução primitiva do antissemitismo». Em julho de 1925, Strasser disse a Oswald Spengler que o nazismo era diferente porque procurava «uma revolução alemã» através de um socialismo alemão.[17] Todavia, a sua ideia de socialismo, embora contemplasse a participação do Estado de 51% nas grandes indústrias e 49% em todas as outras empresas, também incluía o regresso às corporações e ao pagamento de salários em espécie e não em dinheiro. Strasser desenvolveu estas ideias «socialistas» com vários líderes nazis nas novas filiais do Partido em diversas partes do norte da Alemanha. As filiais deviam pouco ou nada à liderança de Hitler durante este período; o Partido estava essencialmente a reconstituir-se, de forma independente da sede, em Munique. Pouco depois, quiçá de forma inevitável, Strasser e os seus aliados começaram a expressar a sua desconfiança em relação ao que consideravam ser a camarilha corrupta e ditatorial reunida em torno de Hermann Esser, que dirigia o Partido em Munique enquanto Hitler estava a escrever o segundo volume de *A Minha Luta*. Muitos nazis do Norte nem sequer conheciam Hitler pessoalmente, logo, não tinham caído sob o feitiço do seu crescente carisma. Antipatizavam particularmente com o programa do Partido e declararam a sua intenção de o substituir por outro mais consonante com as suas ideias.[18]

Nestas movimentações, foi particularmente importante outro novo recruta do Partido, o jovem ideólogo Joseph Goebbels. Goebbels nasceu em 1897, na cidade industrial de Rheydt, no Baixo Reno; o pai era escriturário. Goebbels frequentou o liceu e depois estudou filologia antiga, alemão e história na Universidade de Bona. Em 1921, doutorou-se em literatura romântica pela Universidade de Heidelberg, o que lhe permitiu ser tratado, como sempre seria, por «Dr. Goebbels». Contudo, apesar do seu doutoramento, Goebbels não estava destinado à vida académica. Também era uma espécie de boémio; quando andava a estudar, passava os tempos livres a escrever peças de teatro e a sonhar com um futuro artístico. Nos anos 20, escreveu e reescreveu um romance que foi publicado em 1929, *Michael*. Tratava-se essencialmente de um veículo para a expressão das conceções vagas e confusas de Goebbels sobre o revivalismo nacional alemão, assentes numa fé e numa crença fanáticas no futuro, pelo qual o protagonista do romance se sacrifica. Através deste meio, Goebbels procurou dar significado a uma vida dominada pela sua deficiência física, um pé torto que o obrigava a coxear. Goebbels foi alvo de zombarias implacáveis na escola, aliás, durante toda a sua vida, e não pôde participar na Primeira Guerra Mundial. Talvez à guisa de compensação, Goebbels acabou por acreditar que estava destinado a grandes coisas; escrevia no diário, tinha casos amorosos com um vigor extraordinário e um nível de sucesso surpreendente, e desdenhava de todo e qualquer meio vulgar de ganhar a vida. Lia sem parar — Dostoiévski, Nietzsche, Spengler e, sobretudo, Houston Stewart Chamberlain, que o convenceu de que o renascimento do Ocidente profetizado por Spengler só poderia ser concretizado através da eliminação dos judeus.[19]

Goebbels era diferente em alguns aspetos dos outros nazis importantes. O seu intelecto e o seu temperamento eram frequentemente descritos como «latinos», talvez por ele evitar as declamações filosóficas e retóricas vagas e falar e escrever com uma clareza e uma franqueza notáveis, ocasionalmente combinadas com um humor sarcástico.[20]

Porém, tal como muitos outros, Goebbels ficou profundamente chocado com a derrota da Alemanha na Primeira Guerra Mundial. Passou o semestre de inverno de 1919–1920 em Munique — era comum os estudantes universitários mudarem de universidade pelo menos uma vez durante os estudos — e, assim, além de ser exposto ao ambiente de extrema-direita da vida estudantil, absorveu a atmosfera raivosamente nacionalista da contrarrevolução. Embora simpatizasse com figuras como o conde Arco-Valley, cujo encarceramento pelo assassinato de Kurt Eisner o deixou profundamente consternado, Goebbels só descobriu verdadeiramente o seu empenhamento e as suas capacidades em termos políticos em 1924, quando depois de entrar em contacto com vários grupos ultranacionalistas foi levado para o Partido Nazi por um velho amigo de escola.

No Partido, Goebbels conheceu o renano Erich Koch, ex-membro da ala de resistência violenta aos franceses. Também conheceu Julius Streicher, que descreveu em privado como «louco furioso» e «talvez um tanto ou quanto patológico».[21] E ficou impressionado com Ludendorff, que já admirava como o grande general da Primeira Guerra Mundial. Goebbels tornou-se rapidamente um organizador do Partido na Renânia. Transformou-se num orador eficaz, talvez o mais eficaz de todos os oradores nazis exceto Hitler: era lúcido e popular e tinha sempre uma resposta pronta para os apupos. Goebbels começou a direcionar os seus dotes literários para a política, escrevendo artigos para a imprensa nazi, nos quais deu um toque pseudossocialista ao credo nazi. Goebbels encontrou finalmente a sua vocação. Passados poucos meses, já era um dos oradores nazis mais populares da Renânia; atraiu a atenção de figuras importantes do Partido a nível regional e começou a ter um papel significativo na decisão das políticas do movimento. Goebbels foi tão importante como Georg Strasser no desafio norte-alemão à liderança do Partido, em Munique, em 1925, mas também começou a ficar sob o feitiço de Hitler, entusiasmado com *A Minha Luta* («Quem é este homem», escreveu ele, «meio plebeu, meio Deus!?»[22]). Goebbels esteve com Hitler pela segunda vez no dia 6 de novembro de 1925 e ficou impressionado com os seus «grandes olhos azuis. Parecem estrelas». Depois de ouvir Hitler falar, Goebbels pensou que ele era «o tribuno da plebe nato, o futuro ditador»[23].

Goebbels e Hitler não estavam de acordo em muitas questões centrais. Hitler, alertado para a crescente assertividade dos alemães do Norte, convocou-os para uma reunião no dia 14 de fevereiro de 1926, em Bamberg, na Francónia, onde Julius Streicher tinha criado um grande número de seguidores fiéis do líder nazi. Hitler falou durante duas horas, rejeitando as opiniões dos nortenhos e reafirmando a sua crença na centralidade da conquista de «espaço vital» na Europa de Leste para a futura política externa alemã. Strasser e Goebbels tinham apelado à participação do Partido na campanha em prol da expropriação dos príncipes alemães, que mesmo depois da sua deposição pela Revolução de 1918 mantinham as suas enormes propriedades no país, mas Hitler condenou a campanha como um ataque à propriedade privada. «Horrível!», escreveu Goebbels no seu diário: «Deve ter sido uma das maiores desilusões da minha vida. Já não acredito totalmente em Hitler.»[24] Mas apesar de Goebbels ter ficado a pensar que Hitler talvez fosse um reacionário, não se lhe opôs abertamente durante a reunião. Strasser, chocado com a postura dura de Hitler, capitulou completamente e desistiu das suas propostas. Em troca, Hitler apaziguou os alemães do Norte, afastando o corrupto Hermann Esser do seu posto em Munique.[25]

Em abril de 1926, Hitler convidou Goebbels a ir a Munique para proferir um discurso, providenciou-lhe um automóvel e tratou-o nas palminhas. Mas depois, na sede, Hitler fez frente a Goebbels e aos outros dois líderes da Região da Vestefália do Partido, Franz Pfeffer von Salomon, um nazi importante do norte da Alemanha e, como muitos dos seus camaradas de partido, ex-militar e membro dos Corpos Francos, e Karl Kaufmann, que se tinha tornado conhecido ao organizar a resistência violenta aos franceses durante a ocupação do Rur. Hitler criticou-os por seguirem o seu próprio caminho nas questões ideológicas, deu-lhes uma palestra sobre as suas opiniões em relação às políticas do Partido e depois propôs-lhes esquecer tudo se eles se submetessem incondicionalmente à sua liderança. Goebbels converteu-se de imediato. Hitler, confidenciou ele no seu diário, era «brilhante». «Adolf Hitler», escreveu ele a propósito da intentona de 1923, «adoro-te por seres ao mesmo tempo grande e simples. É o que se diz de um génio.»[26] A partir dessa altura, Goebbels ficou completamente sob o feitiço de Hitler — até ao fim, ao contrário de outros líderes nazis. Hitler recompensou-o e colocou-o à frente do minúsculo e dividido Partido Nazi de Berlim como Líder Regional ou *Gauleiter*. Pfeffer von Salomon foi nomeado chefe dos «camisas-castanhas» e Gregor Strasser tornou-se Chefe de Propaganda do *Reich* do Partido. O congresso anual do Partido reafirmou o programa de 1920 e sublinhou o domínio total de Hitler sobre o movimento, colocando nas suas mãos todas as nomeações cruciais, em particular as dos *Gauleiters*.[27]

A reunião era exigida por lei e, depois de cumpridos os requisitos legais, Hitler foi devidamente eleito líder do Partido. No entanto, a verdadeira natureza do funcionamento interno do Partido ficou demonstrada no comício realizado em julho de 1926, que contou com a presença de mais de oito mil «camisas-castanhas» e outros membros do Partido. O evento foi quase totalmente ocupado com rituais de obediência a Hitler, com juramentos pessoais de fidelidade e grandes desfiles e exibições, incluindo a da «Bandeira de Sangue», usada na fatídica marcha sobre Munique em novembro de 1923.[28] A cerimónia deu o tom, de forma modesta, para os grandiosos comícios do Partido nos anos vindouros. Contudo, nesta altura, o Partido Nazi, apesar de unido e disciplinado sob a liderança inquestionável de Hitler, ainda era muito pequeno. Os desenvolvimentos dos três anos seguintes, até ao final de 1929, lançaram as bases para o sucesso do Partido. No entanto, seria necessário muito mais do que liderança e organização para os nazis conquistarem o apoio das massas almejado por Hitler.[29]

III

O período de 1927–1928 assistiu à criação da nova estrutura básica do Partido Nazi em todo o país. Em 1928, as Regiões do Partido foram reconfiguradas de acordo com os círculos eleitorais do *Reichstag* — reduzidas a 35, todas bastante grandes, para acompanharem o sistema de representação proporcional por listas partidárias de Weimar — para assinalar a primazia das suas funções eleitorais. Passado cerca de um ano, foi criada uma camada organizacional de distritos (*Kreise*) entre as Regiões e as filiais. Nestes níveis, uma nova geração de ativistas nazis desempenhou um papel muito importante. Marginalizaram a geração das organizações pangermanistas e conspiratórias de antes da guerra e tornaram-se mais numerosos do que os que tinham pertencido aos Corpos Francos, à Sociedade de Thule e a outros grupos similares. Mas importa recordar que mesmo os líderes nazis mais velhos ainda eram homens relativamente novos, em particular quando comparados com os líderes de meia-idade e cabelos grisalhos dos partidos políticos não radicais. Em 1929, Hitler tinha apenas 40 anos, Goebbels, 32, Göring, 36, Hess, 35 e Gregor Strasser, 37. A sua importância continuou a ser fundamental, em especial por serem fontes de liderança e inspiração para a geração mais nova.

Goebbels, por exemplo, construiu a sua reputação principalmente como *Gauleiter* de Berlim, onde os seus discursos emotivos, a sua atividade incessante, as suas provocações escandalosas aos opositores dos nazis e a sua encenação calculista de lutas nas ruas e zaragatas nas cervejarias para chamar a atenção da imprensa resultaram em adesões em massa ao Partido. Outra fonte de publicidade foram as campanhas agressivas e extremamente difamatórias da filial berlinense contra figuras como o vice-chefe da polícia de Berlim, Bernhard Weiss, para cuja ascendência judaica Goebbels chamou a atenção ao ponto de lhe chamar «Isidoro» — um nome completamente inventado e habitualmente usado pelos antissemitas, e que nesta ocasião os nazis foram ironicamente buscar à imprensa comunista.[30] A violência e o extremismo de Goebbels valeram ao Partido Nazi de Berlim onze meses de ilegalização impostos pelas autoridades municipais sociais-democratas em 1927–1928, mas também a fidelidade e a admiração de ativistas mais jovens como Horst Wessel, de 19 anos, filho de um pastor, que trocou os seus estudos de Direito na universidade pelo mundo dos paramilitares, até que aderiu aos «camisas-castanhas». «O que este homem mostra em dotes oratórios e talento organizativo», escreveu ele sobre o «nosso Goebbels» em 1929, «é único… As SA deixar-se-iam cortar aos bocados por ele.»[31]

Os cargos locais e regionais mais importantes do Partido eram disputados com muita agressividade, mas, no geral, como disse Max Amann a um ativista no final de 1925, Hitler

> tem o princípio de que não cabe à liderança do Partido «instalar» chefes de filiais. O senhor Hitler é da opinião, hoje mais do que nunca, de que o

> melhor combatente do movimento nacional-socialista é o homem que abre caminho com base nos seus feitos como líder. Se tu próprio escreves que tens a confiança de quase todos os camaradas de Hanôver, porque é que não assumes a liderança da filial?[32]

Desta forma, pensou Hitler, os mais implacáveis, dinâmicos e eficientes ascenderiam a posições de poder no movimento. Mais tarde, Hitler aplicou o mesmo princípio à governação do Terceiro *Reich*. Esta postura contribuiu para garantir que todos os níveis do Partido Nazi eram incessantemente ativos, sempre a marchar, a cantar, a lutar, a manifestar-se e a mobilizar-se. Mas os dividendos não foram imediatos. No final de 1927, o Partido ainda só tinha cerca de 75 mil filiados e sete deputados no *Reichstag*. As esperanças de homens como Strasser e Goebbels de que o Partido conquistaria a classe operária tinham-se revelado ilusórias.[33]

Reconhecendo a dificuldade de penetrar nos bastiões sociais-democratas e comunistas, os nazis viraram-se para a sociedade rural no norte protestante da Alemanha, onde o aumento da insatisfação campesina se estava a expressar em manifestações e campanhas de protesto. No fim da década de 1920, os efeitos contraditórios da inflação e da estabilização deram origem a uma crise da agricultura. Os latifundiários e grandes lavradores conseguiram comprar alfaias a prestações, o que lhes permitiu modernizarem-se com custos muito baixos, mas os camponeses tendiam a agarrar-se ao dinheiro, e por isso perderam-no, ou a gastarem-no em artigos domésticos, e por isso não retiraram dele qualquer benefício para os seus negócios. Depois da inflação, as medidas governamentais para diminuir as restrições ao crédito para a agricultura no sentido de ajudar a sua recuperação agravaram a situação, uma vez que os camponeses, a contar com um novo período de inflação, se endividaram muito para cobrirem as perdas e depois se viram incapazes de pagar os empréstimos, pois os preços dos produtos agrícolas estavam a descer e não a subir. As falências e as execuções de hipotecas aumentaram no final da década, e os pequenos agricultores, desesperados, começaram a virar-se para a extrema-direita.[34] Os grandes agricultores e os latifundiários estavam a sofrer com a baixa dos preços dos produtos agrícolas e não conseguiam pagar os impostos, que consideravam excessivos, para sustentar o Estado social de Weimar.[35] Os governos da Prússia e do *Reich* tentaram aliviar a situação com tarifas, subsídios, controlos sobre as importações, etc., mas estas medidas revelaram-se completamente inadequadas.[36] Muitos agricultores modernizaram, mecanizaram e racionalizaram as suas atividades para lidarem com a depressão agrícola desde o princípio da década, mas não foi suficiente. A pressão para a imposição de tarifas elevadas sobre as importações de produtos alimentares intensificou-se, dado que a comunidade agrícola começou a considerar que era a única forma de proteger os seus rendimentos. Nesta situação, as promessas nazis de uma Alemanha autárquica, com as importações de alimentos mais ou menos proibidas, começaram a parecer cada vez mais atrativas.[37]

Os nazis, dando-se conta de que estavam a ganhar apoio no Norte protestante sem fazerem praticamente nada, transferiram rapidamente a sua propaganda da classe operária urbana para outras camadas da população. O Partido centrou a sua atenção nos distritos rurais e começou a lançar grandes campanhas de recrutamento em áreas como Schleswig-Holstein e Oldemburgo.[38] Hitler afastou-se ainda mais da orientação «socialista» no norte da Alemanha e, em 13 de abril de 1928, «clarificou», ou, por outras palavras, emendou o Ponto 17 do programa do Partido para garantir aos pequenos agricultores que o compromisso nazi com «a expropriação de terras sem compensação para fins comunitários» se referia exclusivamente às «empresas judaicas envolvidas na especulação fundiária»[39]. Nas eleições para o *Reichstag*, em maio de 1928, os nazis perderam cem mil votos e, com um resultado de 2,6%, só conseguiram eleger 12 deputados para a legislatura, incluindo Gottfried Feder, Joseph Goebbels, Hermann Göring e Gregor Strasser. No entanto, em algumas zonas rurais do norte protestante, saíram-se muito melhor. Por exemplo, obtiveram apenas 1,4% em Berlim e 1,3% no Rur, mas chegaram a 18,1% e 17,7% em dois condados de Schleswig-Holstein. O resultado de 8,1% na Francónia, outra região de pequenos agricultores protestantes insatisfeitos, reforçou a ideia de que, como disse o jornal do Partido em 31 de maio, «os resultados eleitorais nas zonas rurais em particular, provam que com um pequeno gasto de energia, dinheiro e tempo será possível garantir resultados melhores nessas regiões do que nas grandes cidades»[40].

O Partido renovou a propaganda dirigida aos agricultores ao dizer-lhes que criaria uma posição especial para eles no Terceiro *Reich*. Teriam a sua própria «corporação», na qual poderiam trabalhar juntos em harmonia e com o apoio total do Estado. Os trabalhadores rurais refratários, muitos dos quais eram ativistas do Partido Social-Democrata, seriam obrigados a obedecer, e os custos da mão de obra seriam finalmente controlados. Depois de anos de protestos infrutíferos e ocasionalmente violentos, os agricultores de Schleswig-Holstein deram o seu apoio em massa ao Partido Nazi, até porque os líderes locais nazis pertenciam à comunidade agrícola, e o Partido tinha um enfoque inconfundível na ideologia do «sangue e solo», na qual o camponês seria o núcleo da identidade nacional. Até alguns dos grandes proprietários, tradicionalmente identificados com o Partido Popular Nacional Alemão, ficaram convencidos. O apoio dos pequenos e médios proprietários agrícolas ao Partido Nazi aumentou enormemente, e os filhos dos lavradores começaram a providenciar os efetivos para as unidades das SA destinadas a combater os comunistas nas grandes cidades.[41]

Por conseguinte, a nova estratégia começou rapidamente a dar frutos. O número de membros do Partido aumentou de cem mil em outubro de 1928 para cento e cinquenta mil um ano depois, e os resultados nas eleições locais e estaduais começaram a melhorar de forma acentuada: para 5% na Saxónia, 4% no Mecklemburgo e 7% em Baden. Em algumas zonas rurais da Saxónia protestante, o Partido quase duplicou a sua votação, por exemplo, no distrito de Schwarzenberg, de 1,9% em 1928 para 11,4% em 1929.[42] Em junho de 1929, o Partido Nazi conquistou a sua primeira câmara municipal, em Coburgo, na Francónia. Os nazis garantiram 13 dos 25 lugares na vereação depois de uma campanha de sucesso para afastar a vereação anterior por ter despedido o líder nazi local devido aos seus discursos antissemitas. A vitória refletiu, em parte, o esforço enorme colocado pelo Partido nas eleições, com oradores destacados como Hermann Göring e o próprio Hitler a discursar nos comícios, mas também demonstrou a existência de capital eleitoral na política autárquica, onde o Partido se tornou muito mais ativo do que antes.[43]

E no outono de 1929, o Partido teve um novo bónus eleitoral na campanha lançada contra o Plano Young (que envolveu a redução e a recalendarização dos pagamentos das reparações, mas não a sua abolição)

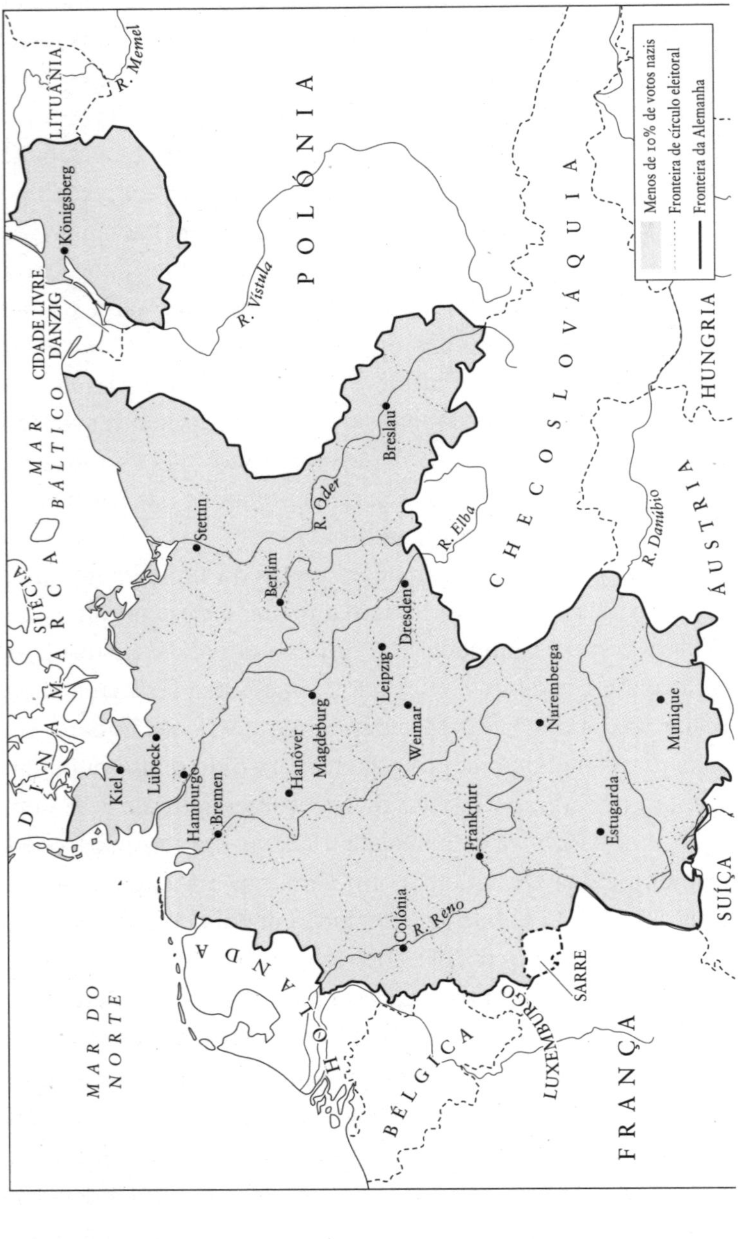

Mapa 8. Os nazis na eleição para o *Reichstag* de 1928

pelo Partido Popular Nacional Alemão. O seu líder, Alfred Hugenberg, conquistou o apoio dos nazis e dos outros grupos de extrema-direita para conseguir referendar a sua proposta de uma lei que rejeitasse o plano e levasse a tribunal todo e qualquer ministro que o assinasse. Os nazis, além de garantirem publicidade com a campanha, ganharam alguma respeitabilidade na direita devido à presença de Hitler na comissão organizadora ao lado de pangermanistas inveterados como Heinrich Class e Franz Seldte e Theodor Duesterberg, líderes dos Capacetes de Ferro. O referendo foi um fracasso, com apenas 5,8 milhões de votos a favor, mas a campanha mostrou a muitos simpatizantes do Partido Popular Nacional Alemão que os nazis, com as suas camisas-castanhas e botas altas, eram muito mais dinâmicos do que os líderes do seu partido, com os seus fraques e cartolas.[44]

Entretanto, Hitler ia alimentando o entusiasmo popular, com o seu carisma reforçado pelo culto da liderança que crescera à sua volta no Partido. Uma expressão simbólica importante deste fenómeno era o uso da «saudação alemã», «*Heil* Hitler!», com o braço direito estendido, quer Hitler estivesse presente ou não. Foi tornada obrigatória no movimento nazi em 1926 e foi sendo usada cada vez mais como fórmula de despedida na correspondência. Estes costumes reforçaram a dependência total do movimento nazi em relação a Hitler e foram propagados com entusiasmo pelo segundo escalão de líderes que se reuniu em torno dele, quer por razões táticas, para consolidar a unidade do Partido, como fez Gregor Strasser, quer, como no caso de Rudolf Hess, por uma crença cega e religiosa na pessoa do *Führer*, como Hitler passou a ser conhecido.[45] No comício do Partido realizado em Nuremberga em agosto de 1929, o primeiro desde 1927, a confiança e a coerência recém-alcançadas pelo Partido foram demonstradas num gigantesco espetáculo de propaganda que, segundo as estimativas da polícia, atraiu quarenta mil pessoas unidas na adulação do *Führer*.[46]

O Partido Nazi tornara-se uma organização formidável, com ativistas dinâmicos, muitos deles qualificados e administrativamente competentes no âmbito regional, distrital e local, e a sua propaganda era canalizada através de uma rede de instituições especializadas dirigidas a segmentos específicos do eleitorado.[47] Apesar da insistência repetida de Hitler de que a política era para os homens, existia uma organização feminina nazi, a Ordem das Mulheres Alemãs, fundada por Elsbeth Zander em 1923 e incorporada como afiliada do Partido Nazi em 1928. No fim da década, segundo uma estimativa da polícia, a organização tinha 4000 filiadas, quase metade das 7625 filiadas do Partido Nazi. A Ordem das Mulheres Alemãs era uma daquelas organizações femininas paradoxais que faziam campanha pelo afastamento das mulheres da vida pública: era militantemente antissocialista, antifeminista e antissemita. Entre outras atividades, a organização administrava cozinhas económicas para os «camisas-castanhas», ajudava nas campanhas de propaganda, escondia da polícia armas e equipamento dos paramilitares nazis e prestava serviços de enfermagem aos ativistas feridos através da sua suborganização, a Suástica Vermelha, uma versão nazi da Cruz Vermelha.[48]

Zander era uma oradora eficaz, mas não era grande coisa como organizadora, pelo que, no princípio de 1931, a Ordem das Mulheres Alemãs fragmentou-se no meio de uma tempestade de acusações e contra-acusações, das quais a mais grave foi a de corrupção financeira. A Ordem estava tão endividada que Zander, enquanto responsável oficial, se viu à beira da insolvência pessoal. Além disso, corriam rumores inconvenientes de que Zander tinha um caso com o motorista da Ordem e que em algumas das reuniões participavam «camisas-castanhas» vestidos de mulher. Gregor Strasser, entretanto nomeado chefe organizacional do Partido, reagiu dissolvendo todas as organizações femininas afiliadas no Partido Nazi, e, de forma cortês mas firme, afastou Zander de uma posição de autoridade, tendo substituído essas organizações, no dia 6 de julho de 1931, pela Liga das Mulheres Nacionais-Socialistas (NS-Frauenschaft), que, pelo menos no início, foi um organismo descentralizado, com as suas associações regionais controladas pelos *Gauleiters*. No entanto, a organização adquiriu rapidamente uma identidade no plano nacional, com a sua própria revista feminina, e as líderes regionais tornaram-se mais autónomas e coordenadas.[49] Mas o problema fundamental das mulheres nazis residia no inerradicável chauvinismo masculino do Partido, a convicção de que o papel das mulheres não era envolverem-se na política, mas ficarem em casa e terem filhos. O Partido atenuou temporariamente a sua posição para conquistar o voto feminino, mas a longo prazo, caso os nazis chegassem ao poder, as suas ativistas antifeministas pareciam condenadas a ficar sem qualquer papel ativo por culpa própria.

A par das organizações femininas, havia uma para os adolescentes dos 14 aos 18 anos, fundada em 1922 com o nome pesadão de Liga da Juventude do Partido dos Trabalhadores Alemães Nacionais-Socialistas, que em 1926 foi alterado para Juventude Hitleriana. O movimento começou como uma agência de recrutamento para os «camisas-castanhas», mas em 1929 foi renovado por Kurt Gruber como rival dos inúmeros grupos juvenis informais que existiam em Weimar, a maior parte dos quais eram opostos à República. De início, o movimento teve pouco sucesso: em janeiro de 1932, tinha apenas mil membros em Berlim.[50] Era apoiado pela Liga dos Alunos Primários Nacionais-Socialistas, fundada em 1929, e pela Liga das Jovens Alemãs, criada no ano seguinte.[51] No entanto, estas organizações foram rapidamente ultrapassadas em dimensão e significado pela Liga dos Estudantes Alemães Nacionais-Socialistas, fundada em 1926 por Wilhelm Tempel. A Liga também não teve muito sucesso até 1928, quando a sua chefia foi assumida por Baldur von Schirach, que se revelou uma figura duradoura e crescentemente importante no movimento nazi. Schirach nasceu em 1907, em Berlim. O pai, tradicionalista e veterano do exército, era diretor de um teatro em Weimar, e a mãe era uma americana abastada. Schirach cresceu num ambiente culturalmente conservador e antissemita. Foi educado num internato cujo diretor privilegiava o desenvolvimento do carácter em detrimento da educação académica. O jovem Schirach foi profundamente afetado pelo suicídio do seu irmão mais velho, em outubro de 1919, anunciado numa carta para a família como reação à «desgraça da Alemanha». Em meados dos anos 20, Schirach leu Houston Stewart Chamberlain, e quando descobriu *A Minha Luta* converteu-se ao nazismo. Em 1925, depois de ouvir Hitler falar em Weimar, Schirach transformou o seu empenhamento num verdadeiro culto do herói. Pouco depois, atraiu a atenção do *Führer* com uma torrente aparentemente infindável de poemas glorificando o movimento e o seu chefe. Estes escritos, que foram considerados «superiores às efusões de outros versificadores nazis», foram publicados sob a forma de coletânea em 1929.[52]

Durante os seus estudos em Munique (que nunca concluiu), Schirach aderiu à Liga dos Estudantes Alemães Nacionais-Socialistas e ascendeu rapidamente ao topo da filial da Universidade de Munique, onde Hitler o aconselhara a estudar. O trabalho de sucesso que desenvolveu na filial projetou-o para a liderança nacional da Liga, em 1928, substituindo Wilhelm Tempel. Schirach purgou a Liga dos elementos sociais-revolucionários e lançou uma campanha extremamente vigorosa para conquistar lugares nas associações académicas das várias universidades. A Liga marginalizou os desinteressantes clubes de duelos e fraternidades tradicionais, ganhou fama pelas suas iniciativas provocatórias e fez campanha em prol da redução da sobrelotação nas aulas (impondo um limite ao número de estudantes judeus), da demissão de professores pacifistas, da criação das cadeiras de Estudos Raciais e Ciência Militar, entre outras, e da orientação das universidades para o interesse nacional em detrimento da procura do conhecimento como fim. No verão de 1932, a Liga alcançou uma vitória muito alardeada, em conjunto com professores de direita e políticos locais, ao escorraçar Emil Julius Gumbel, que era particularmente odiado por ser judeu, socialista, pacifista e opositor do enviesamento judicial a favor da direita, da sua cadeira na Universidade de Heidelberg, levando uma revista de Frankfurt a declarar que «Heidelberg inaugurou a era do Terceiro *Reich* na esfera académica»[53].

Schirach, evitando cuidadosamente antagonizar as fraternidades, aumentou rapidamente a votação da Liga nas eleições para as associações académicas. Em julho de 1931, com a ajuda de outros grupos de direita, a Liga assumiu o controlo da Confederação Nacional das Associações Académicas. Em 1932, os estudantes votaram a favor do «princípio da liderança» na Confederação Nacional, abolindo as eleições. Apesar de o número de filiados na Liga dos Estudantes Alemães Nacionais-Socialistas não chegar aos 10% do número de membros das fraternidades, os nazis apoderaram-se da representação dos estudantes na Alemanha. Hitler, impressionado com estas vitórias, nomeou Schirach líder da Juventude Hitleriana no dia 3 de outubro de 1931.[54]

No fim dos anos 20, existiam organizações nazis especificamente concebidas não só para as mulheres, os jovens e os estudantes das universidades e das escolas, mas também para muitos outros sectores da sociedade alemã. Existiam grupos para os funcionários públicos, para os deficientes de guerra, para os agricultores e para muitos outros eleitores, e cada grupo tinha a sua propaganda específica e direcionada. Havia até uma espécie de movimento sindical com o nome atabalhoado de Organização das Células Fabris Nacionais-Socialistas, que fracassou redondamente ao tentar cativar os operários, que estavam organizados em sindicatos de orientação socialista, católica ou comunista, ou que estavam desempregados e não precisavam de um sindicato.[55] No entanto, nesta altura, os nazis ainda eram particularmente atrativos para a classe média-baixa, para os artesãos, lojistas e empregados por conta própria, que iam buscar com frequência a outros movimentos similares. Por exemplo, a Associação Nacional Alemã dos Trabalhadores do Comércio politizou muitos homens e orientou-os para o nazismo.[56] A associação, fundada no período guilhermino, articulou o ressentimento dos escriturários num mundo em que as mulheres estavam a entrar para o secretariado e para empregos semelhantes em número cada vez maior e em que os grandes empregadores dos bancos, das financeiras, das seguradoras, etc., eram frequentemente vistos como judeus por religião, origem étnica ou simplesmente por carácter. Muito antes da guerra, a associação desferiu ataques furiosos contra os judeus, acusando-os de serem os arquitetos da proletarização dos seus associados.[57] Um pequeno funcionário público nascido em 1886 aderiu ao sindicato em 1912 e mais tarde disse que pensava que o governo, mesmo no tempo do *Kaiser*, era dominado pelos judeus. Quando trocou o Partido Popular Nacional Alemão pelos nazis, em 1932, depois de participar num comício do Partido, observou que «era o que eu estava à procura desde 1912»[58]. Deve ter acontecido o mesmo com muitos outros nazis com antecedentes idênticos.

Strasser encorajou a criação desta estrutura extremamente complexa de subdivisões no seio do movimento, apesar de muitos dos ramos, tais como a Juventude Hitleriana ou a Organização das Células Fabris Nacionais-Socialistas, terem muito poucos membros e não parecerem ter grandes perspetivas no futuro próximo. Mas ele tinha um objetivo a longo prazo. Tudo aquilo se destinava a formar a base para a criação de uma sociedade gerida por instituições sociais nazificadas depois de Hitler chegar ao poder. Strasser despendeu muita energia e recorreu a muita diplomacia para criar esta ordem social nazi embrionária. A curto prazo, ajudou o Partido a dirigir o seu apelo eleitoral a quase todos os segmentos eleitorais da sociedade alemã, contribuindo para politizar instituições sociais que se consideravam de natureza mais ou menos apolítica. Por conseguinte, o Partido conseguir-se-ia expandir com facilidade caso recebesse subitamente um influxo de novos membros. E a coesão da estrutura assentava na lealdade incondicional a um líder cujo poder se tinha tornado absoluto e cujo carisma era diariamente alimentado pela adulação do seu grupo imediato de subordinados.[59]

1. O pseudomedievalismo do monumento de Bismarck, em Hamburgo, inaugurado em 1906, promete a renovação das glórias do passado com um novo líder nacional.

2. O preço da derrota: aviões alemães na sucata por imposição do Tratado de Versalhes de 1919.

3. A promessa da vitória: as tropas alemãs avançam resolutamente na Bélgica, em 1914.

4. Caos: combates de rua em Berlim durante a «insurreição espartaquista» de janeiro de 1919.

5. A vingança da direita: o tenente de um Corpo Franco no comando de um pelotão de execução fotografa os seus irregulares com o «guarda vermelho» que irão executar durante a repressão sanguinária do Soviete de Munique, em maio de 1919.

6. A hiperinflação de 1923: «Tantas notas de mil marcos por um dólar!»

7. Camião com membros da Secção de Assalto «Hitler», de Munique, durante o «Golpe da Cervejaria», de 8-9 de novembro de 1923.

8. Hitler lidera uma marcha num dos primeiros comícios do Partido Nazi, em Weimar, 1926, enquanto as SA abrem caminho. À sua esquerda, sem chapéu, marcha Rudolf Hess, e, atrás deste, vê-se Heinrich Himmler.

9. «Vota na Lista 10! O soco tem de acertar! Partido dos Trabalhadores Alemães Nacionais-Socialistas – Movimento Hitleriano.» Neste cartaz, concebido para as eleições de 1928, um punho nazi esmurra um rosto judeu estereotipado.

10. «Abaixo o sistema!» – cartaz comunista de 1932.

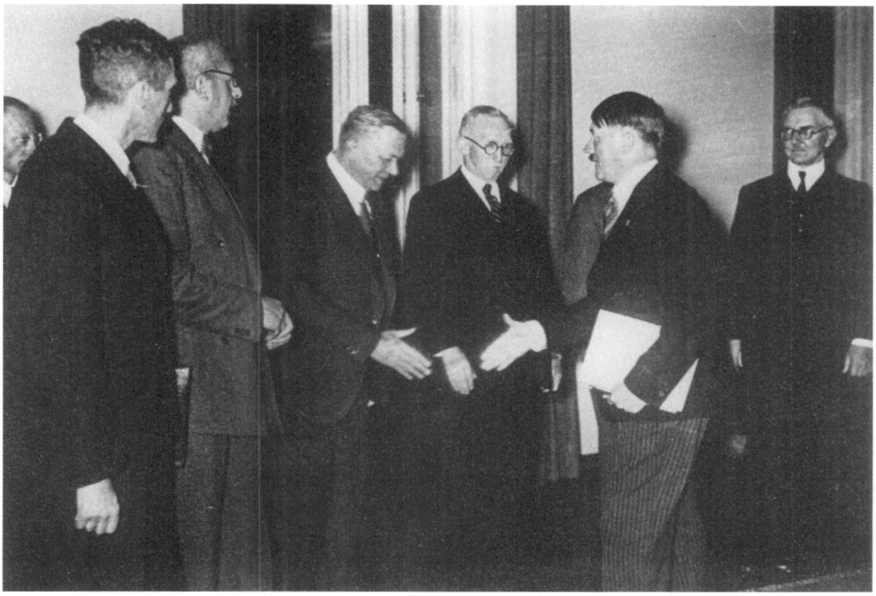

11. A face respeitável do nazismo: Hitler, vestido formalmente, encontra-se com empresários depois da sua nomeação para chanceler do *Reich*, em janeiro de 1933.

12. Os primeiros campos de concentração, 1933: registo de sociais-democratas à chegada ao campo de Oranienburg.

13. «Contra o espírito não alemão»: estudantes nazis queimam livros de autores judeus e de esquerda junto da Universidade de Berlim, em 10 de maio de 1933.

14. «Alemães! Defendam-se! Não comprem aos judeus!» Perante o olhar dos consumidores, as SA afixam cartazes na montra da loja de um judeu durante o boicote de 1 de abril de 1933.

15. A continuidade na Revolução Nacional-Socialista: um postal de 1933 traça uma linha direta entre Frederico, o Grande, da Prússia, Bismarck e Hitler.

As raízes do ativismo

I

O desenvolvimento do movimento nazi, no fim dos anos 20, tornou-o dependente da energia dos seus ativistas. Sem eles, teria sido apenas mais um partido político. O Terceiro *Reich* também foi criado pelos «camisas-castanhas» e pelos membros do Partido Nazi comuns, ao nível da rua. Que ligou tantos jovens ao movimento nazi com um ativismo tão empenhado? Onde residiu a origem da violência dos «camisas-castanhas»? O carisma de Hitler foi obviamente uma influência importante, mas uma parte considerável do Partido, em especial no norte da Alemanha, nasceu praticamente sem ele. O dinamismo do movimento tinha raízes mais profundas. As autobiografias e os diários de alguns dos nazis mais importantes oferecem algumas pistas, e existe uma excelente fonte contemporânea que nos dá alguns vislumbres únicos da mentalidade do ativista nazi. Em 1934, o sociólogo Theodore Abel, professor na Universidade de Columbia, em Nova Iorque, obteve a cooperação do Partido Nazi para um concurso de ensaios no qual se pedia a pessoas que tinham aderido ao Partido ou aos «camisas-castanhas» antes de 1 de março de 1933 que escrevessem breves testemunhos. Foram recebidas várias centenas de ensaios, e embora o Partido e os respondentes tivessem visto no concurso uma oportunidade para impressionarem os americanos com a sinceridade e o empenhamento do movimento, a insistência de Abel em que o prémio fosse entregue ao relato mais honesto e fiável parece ter garantido um nível razoável de exatidão, pelo menos na medida em que foi possível verificar os testemunhos.[1]

Para o ativista de base, as teorias complexas de Rosenberg, Chamberlain, Spengler e outros intelectuais eram um livro fechado, e escritores populares como Lagarde ou Langbehn agradavam principalmente à classe média culta. Muito mais importantes eram os eternos propagandistas antissemitas populares, como Theodor Fritsch, cujo *Handbuch der Judenfrage**, publicado em 1888, chegou à quadragésima edição em 1933. A editora de Fritsch, a Hammer Verlag, sobreviveu à Primeira Guerra Mundial e continuou a publicar muitos panfletos e textos populares que eram bastante lidos pelos ativistas nazis.[2] Em 1934, um SA escreveu:

> Depois da guerra, interessei-me bastante pela política e lia com muito interesse jornais de todas as cores políticas. Em 1920, vi num jornal de direita um anúncio a um periódico antissemita e tornei-me assinante do *Hammer*, de Theodor Fritsch. Com a ajuda daquele periódico, fiquei a conhecer a influência devastadora dos judeus sobre as pessoas, sobre o Estado e sobre a economia. Tenho de dizer que aquele periódico foi realmente a ponte para eu chegar ao grande movimento de Adolfo Hitler.[3]

Mas ainda mais significativa foi a inspiração oferecida pelos elementos básicos da propaganda nazi: os discursos de Hitler e Goebbels, as marchas, as bandeiras e as paradas. Neste plano, é provável que as ideias fossem adquiridas mais através de meios como a imprensa nazi, os panfletos eleitorais e os cartazes do que através de textos ideológicos sérios. Para os ativistas de base nos anos 20 e no princípio dos anos 30, o aspeto mais importante da ideologia nazi era a sua ênfase na solidariedade — o conceito da comunidade racial orgânica de todos os alemães —, seguida, a alguma distância, do nacionalismo extremista e do culto de Hitler. Em contraste, o antissemitismo só tinha significado para uma minoria — e para uma percentagem considerável desta era incidental. Quanto mais jovens eram os ativistas, menos importância tinha a ideologia e mais significativos eram aspetos como o enfoque na cultura germânica e a liderança de Hitler. Pelo contrário, o antissemitismo ideológico era mais forte nos mais velhos, refletindo a influência

* *Guia sobre a Questão Judaica.* (*N. da E.*)

dos grupos antissemitas ativos antes da guerra e as famílias nacionalistas das quais muitos eram oriundos.[4]

Muitos ativistas entraram para a ala paramilitar do Partido Nazi depois de terem combatido em 1914–1918 e de se terem subsequentemente envolvido com organizações da extrema-direita, como a Sociedade de Thule ou os Corpos Francos.[5] Foi assim que chegou ao Partido o jovem Rudolf Höss, futuro comandante de Auschwitz. Höss nasceu em 1901, em Baden-Baden, no seio de uma família católica, e cresceu no sudoeste da Alemanha. O pai, que era vendedor, destinou-o ao sacerdócio e, segundo Höss, instilou-lhe um forte sentido do dever e da obediência, mas também o intoxicou com histórias sobre os seus tempos de soldado em África e sobre a abnegação e o heroísmo dos missionários. Höss contou mais tarde que perdeu a sua fé religiosa porque o seu confessor divulgou um segredo que ele lhe tinha contado. Aquando da eclosão da guerra, Höss alistou-se na Cruz Vermelha e, em 1916, no antigo regimento do pai, tendo servido no Médio Oriente. No fim da guerra — os pais tinham morrido entretanto —, alistou-se numa unidade dos Corpos Francos, no Báltico, onde viveu em primeira mão a brutalidade da guerra civil.

Regressado à Alemanha, Höss aderiu a uma organização clandestina sucessora do seu Corpo Franco e, em 1922, participou no homicídio brutal de um homem que ele e os seus camaradas julgavam ser um espião comunista infiltrado: espancaram-no com mocas, cortaram-lhe a garganta com uma faca e acabaram-no com um revólver. Höss foi encarcerado na penitenciária de Brandemburgo, onde, segundo contou mais tarde, descobriu a natureza incorrigível da mente criminosa. Ficou chocado com a «linguagem suja e insolente» dos presos e horrorizado com o facto de a prisão ser uma escola do crime e não um reformatório. Höss, que era limpo, organizado e arrumado e que estava acostumado à disciplina, tornou-se rapidamente um preso modelar. A brutalidade e a corrupção grosseiras de alguns dos guardas sugeriram-lhe que um tratamento mais honesto e humano dos detidos poderia ter efeitos benéficos, mas acabou por concluir que muitos deles eram absolutamente irredimíveis.[6] Höss aderiu ao Partido Nazi poucos meses antes de ser detido. Passou a maior parte da década de 1920 na cadeia, mas, tal como muitos outros presos, foi libertado bastante antes de cumprir a pena graças a um acordo entre a extrema-esquerda e a extrema-direita, que votaram no *Reichstag* a favor de uma amnistia para os presos políticos.[7] No entanto, quando ele não estava na prisão, o Partido Nazi providenciara-lhe obviamente a disciplina, a ordem e o empenhamento dos quais manifestamente necessitava na vida.

Um dos coperpetradores do assassinato também tinha pertencido ao Corpo Franco de Rossbach. Martin Bormann nasceu em 1900. O pai era amanuense nos correios, tendo-se ele formado como gestor agrícola. Durante a guerra, Bormann alistou-se no exército, mas foi destacado para serviço de guarnição e nunca esteve na frente de combate. Contudo, tal como Höss, não conseguiu adaptar-se à vida civil. Entrou em contacto com os Corpos Francos ao disponibilizar-lhes uma base na quinta onde trabalhava, no Mecklemburgo. Além de se alistar nos Corpos Francos, Bormann aderiu à Associação Contra a Arrogância dos Judeus, outro grupo minúsculo, insignificante e marginal de extrema-direita. Bormann não esteve tão envolvido no homicídio como Höss e só passou um ano na cadeia. Foi libertado em fevereiro de 1925 e no fim do ano seguinte tornou-se funcionário do Partido Nazi a tempo inteiro, desempenhando inúmeras tarefas administrativas, primeiro em Weimar e depois em Munique. Bormann era irremediavelmente incompetente como orador e, ao contrário de Höss, não era dado à violência física, mas tornou-se num especialista em seguros para o Partido e para os seus membros e cuidava do auxílio financeiro e de outros tipos aos «camisas-castanhas» em dificuldades. Bormann começou lentamente a tornar-se indispensável ao movimento. Contudo, o facto de ele ser sobretudo um administrador não esconde a natureza fanática do seu ativismo político. Tal como Höss e muitos outros, Bormann reagiu à derrota da Alemanha na Primeira Guerra Mundial virando-se para as formas mais radicais de nacionalismo ressabiado, antissemitismo raivoso e ódio à democracia parlamentar. Bormann entrou rapidamente em contacto com Hitler, ficou enfeitiçado e começou a impressionar o líder nazi com a sua admiração e lealdade incondicionais. Mas aos outros membros da hierarquia do Partido, em especial nos níveis mais baixos, Bormann mostrava um lado completamente diferente, revelando uma ambição brutal que acabou por torná-lo uma das principais figuras do Terceiro *Reich*, sobretudo na fase final da guerra.[8]

Com homens como estes e, ainda mais, com as figuras ligeiramente mais velhas que tinham adquirido a sua experiência militar nos principais campos de batalha da guerra, é evidente que os Corpos Francos foram efetivamente, como alguém disse, a «vanguarda do nazismo», fornecendo um número considerável dos líderes do Partido em meados dos anos 20.[9] No entanto, havia gente mais nova a aderir ao Partido: era a geração do pós-guerra, desejosa de imitar os feitos lendários dos soldados da frente. Alguns vieram do Partido Comunista, atraídos pelo extremismo político, pelo ativismo e pela violência, independentemente da ideologia. «Deixei o partido em 1929», disse um deles, «porque já não concordava com as ordens da União Soviética». Porém, para este ativista, a violência era um modo de vida: continuou a participar nos comícios do Partido e a lutar nas ruas ao lado dos seus ex-camaradas, até que um líder nazi local lhe ofereceu uma posição.[10] Para estes homens, a violência era como uma droga, tal como era claramente para Rudolf Höss. E muitos quase nem sabiam pelo que é que lutavam. Um jovem disse que a visão de um comício nazi a ser atacado pelos seus adversários «tornou-me instintivamente nacional-socialista», mesmo antes de conhecer os objetivos do Partido.[11] Outro ativista, que aderiu ao movimento nazi em 1923, levou uma vida de ativismo violento quase incessante. Durante quase uma década, foi espancado e esfaqueado e esteve preso, como contou em pormenor no seu ensaio autobiográfico; eram os confrontos, e não as ideias do movimento, que davam significado à sua vida. Para um jovem nascido em 1906 no seio de uma família social-democrata, a hostilidade aos comunistas estava no centro do seu ativismo. A sua vivência na unidade SA conhecida por «tropas de assalto assassinas», disse ele mais tarde, tinha sido «maravilhosa de mais e talvez também dura de mais para se contar por escrito»[12].

Um mestre-escola, nascido em 1898, combateu na guerra, envolveu-se com a extrema-direita no início dos anos 20 e juntou-se aos nazis em 1929. O seu relato das atividades das SA é particularmente vívido e típico. Uma noite, o seu grupo de «camisas-castanhas» foi chamado a defender dos «vermelhos» um comício nazi que estava a decorrer numa vila vizinha:

> Reunimo-nos à entrada da vila e pusemos braçadeiras brancas, e depois a nossa coluna de cerca de duzentos e cinquenta homens avançou numa marcha trovejante. Sem armas nem paus, mas de punhos cerrados,

marchámos numa ordem perfeita e com uma disciplina de ferro até ao salão, onde a multidão nos acolheu com apupos e gritos. Eles tinham paus e tábuas nas mãos. Eram 10 da noite. Com algumas manobras, desimpedimos a rua empurrando a multidão para as paredes. Naquele momento, passou um carpinteiro com uma camioneta carregada com um caixão preto, e um de nós disse: "Vamos ver quem conseguimos meter lá dentro." Os gritos, os berros, os assobios e os uivos intensificaram-se.

As duas filas da nossa coluna estavam imóveis e carregadas de energia. É dado um sinal e entramos a marchar no salão, onde algumas centenas de agitadores estão a tentar calar o nosso orador. Chegámos mesmo a tempo, marchando com passo certo ao longo das paredes até fecharmos o anel à volta deles, deixando apenas uma abertura na entrada. Ouve-se um apito. Apertámos o anel. Dez minutos depois... pusemo-los ao ar fresco. O comício prossegue, mas lá fora é um pandemónio. Escoltamos o orador para fora do salão em formação cerrada, abrindo novamente caminho pela turba agitada.

Para este SA, o inimigo eram os «marxistas», tal como o eram para muitos ex-soldados que combatiam no que ele definiu como «o espírito de camaradagem da frente, saído do fumo das urnas sacrificiais da guerra para o coração do povo alemão desperto»[13].

II

Estes «velhos combatentes» enumeravam com orgulho os ferimentos e insultos que tinham recebido às mãos dos seus adversários. A «perseguição, hostilização, desdém e troça» de que eram alvo reforçava a sua determinação.[14] Segundo um ativista nascido em 1905, num comício realizado em Idar-Oberstein, apareceram quatrocentos SA, incluindo ele próprio:

Um após outro, os nossos quatro oradores falaram, interrompidos por gritos e apupos furiosos. Mas no debate que se seguiu, quando um interlocutor foi repreendido por dizer: «Não queremos a peste castanha na nossa linda vila», rebentou uma zaragata. Seguiu-se uma batalha com canecões de cerveja, cadeiras e etc., e em dois minutos a sala ficou destruída e toda a gente se pôs ao fresco. Levámos connosco sete camaradas bastante feridos, e apesar da proteção policial, fomos apedrejados e atacados.[15]

No entanto, a intensidade do ódio e do ressentimento das SA em relação aos sociais-democratas e aos comunistas só é compreensível em termos da sua sensação de que estavam constantemente sob ataque, não só dos paramilitares afiliados ao Partido Social-Democrata, a Bandeira do *Reich*, mas também, em muitas regiões, da polícia, que pelo menos na Prússia era controlada por ministros sociais-democratas como Carl Severing e Albert Grzesinski. «O terror da polícia e do governo contra nós», disse um SA, era outra fonte de ressentimento em relação à República.[16]

Estes homens ficavam indignados quando eram detidos por espancarem ou matarem pessoas que consideravam inimigas da Alemanha e culpavam as «autoridades judiciais marxistas» e a «corrupção» da República de Weimar pelas penas de prisão que lhes eram aplicadas.[17] O seu ódio aos «vermelhos» era quase ilimitado. Em 1934, um jovem nazi ainda invetivava «a torrente vermelha... hordas de mercenários vermelhos à espreita no escuro» ou, como disse outro «camisa-castanha», a «turba assassina vermelha... hordas ululantes e guinchantes... caras cheias de ódio e fúria, dignas de estudo por um criminologista»[18]. O seu ódio foi alimentado por inúmeros confrontos, incluindo incidentes terríveis, como um famigerado tiroteio entre os comunistas e os «camisas--castanhas» num comboio, em Berlim-Lichtenfels, no dia 27 de março de 1927. Os «camisas-castanhas» contrastavam a criminalidade comunista com o que consideravam ser o seu idealismo abnegado. Um SA disse com orgulho que a luta de finais dos anos 20 «exigiu sacrifícios financeiros e psicológicos a todos os camaradas. Noite após noite, era preciso distribuir panfletos que nós próprios pagávamos. Todos os meses havia um comício... que deixava sempre a nossa pequena filial de cinco a dez membros com sessenta marcos de dívidas porque nenhum estalajadeiro nos alugava uma sala sem pagamento adiantado»[19]. O argumento frequente de que muitos «camisas-castanhas» só aderiram ao movimento porque lhes oferecia comida, bebida, cama e roupa lavada, para não falar em diversões excitantes e brutais, não faz justiça ao fanatismo que motivou muitos deles. Só os ativistas mais velhos aderiam na expectativa de um emprego ou de apoio financeiro. Para os jovens, isto não era tão importante.[20] Muitos líderes estudantis nazis endividaram-se consideravelmente por pagarem cartazes e panfletos do seu bolso.[21] Deve ter acontecido o mesmo com muitos outros.

É claro que estes testemunhos, dirigidos a um sociólogo americano, sublinharam inevitavelmente o sacrifício e a dedicação dos autores.[22] No entanto, é difícil entender a dimensão do fanatismo e do ódio das SA, a menos que aceitemos que eles acreditavam que se estavam a sacrificar pela causa. O próprio Hitler chamou a atenção para isto quando disse à assistência durante um discurso, em janeiro de 1932, para que não se

> esquecessem do sacrifício que é quando muitas centenas de milhares de homens do movimento nacional-socialista sobem para os camiões todos os dias, protegem comícios, organizam marchas, sacrificam-se noite após noite e só regressam de madrugada — e depois vão para a oficina e para a fábrica, ou vão receber o seu mísero subsídio de desemprego; quando compram o seu uniforme, a sua camisa, as suas insígnias e até quando pagam o seu transporte com o pouco que têm — acreditem que isto já é um sinal da força de um ideal, de um grande ideal![23]

O Partido Nazi dependia deste empenhamento; uma grande parte da sua força e do seu dinamismo devia-se ao facto de as suas finanças não dependerem das grandes empresas nem de instituições burocráticas como os sindicatos, como dependiam, em maior ou menor grau, os partidos «burgueses» e os sociais-democratas, e ainda menos dos subsídios secretos de uma potência estrangeira, como acontecia com os comunistas, que eram financiados por Moscovo.[24]

O nazismo conquistou muita gente com a demagogia de Hitler. No fim dos anos 20, os discursos de Hitler, proferidos em grandes manifestações e comícios espetacularmente encenados, adquiriram um poder maior do que nunca. Um jovem nacionalista nascido em 1908 participou em comícios com grandes figuras da extrema-direita, como Hugenberg e Ludendorff, mas só se sentiu inspirado quando

> ouvi o *Führer* Adolf Hitler falar em pessoa. Depois disto, só existiu uma coisa para mim, vencer com Adolf Hitler ou morrer por ele. A personalidade

> do *Führer* enfeitiçou-me por completo. Quem conhece Adolf Hitler com o coração puro e verdadeiro ama-o com todo o seu coração. Não o ama por materialismo, mas pela Alemanha.[25]

Existem muitos testemunhos destes, como, por exemplo, o de um metalúrgico antissemita nascido em 1903 que descobriu, num comício que contou com a presença Hitler, em 1927, que «o nosso *Führer* irradia um poder que nos torna a todos fortes», ou o de outro SA, nascido em 1907, que disse que tinha sido enfeitiçado por Hitler em 1929, em Nuremberga: «Como os seus olhos azuis cintilaram quando as suas SA desfilaram à sua frente à luz das tochas, um infindável mar de chamas avançando pelas ruas da antiga capital do *Reich*.»[26]

Uma grande parte da atração exercida pelos nazis residia na sua promessa de porem fim às divisões políticas que assolavam a Alemanha desde a primeira hora da República de Weimar. Um amanuense de 18 anos de idade que assistiu a comícios durante uma campanha eleitoral regional, em 1929, ficou impressionado com o orador nazi, com o seu

> compromisso sincero com o povo alemão, cuja maior desgraça era estar dividido em tantos partidos e classes. Finalmente, uma proposta concreta para a renovação do povo! Destruam os partidos! Acabem com as classes! Uma verdadeira comunidade nacional! Eram objetivos com os quais eu me podia comprometer sem reservas.[27]

Em última análise, foram relativamente poucos os que assumiram uma participação ativa no movimento por terem lido textos políticos ou ideológicos. O que contava era o boca a boca. Mas nem toda a gente foi hipnotizada pela oratória de Hitler. Melita Maschmann, uma jovem nazi séria e idealista da classe média, admirava-o como «homem do povo» saído do nada, mas no comício anual do Partido estava tão ocupada, como escreveu mais tarde, que «não me permiti o "deboche" da adulação extática». Para Melita, os desfiles e outros eventos eram enfastiantes e desnecessários. Para ela, o nazismo era mais um ideal patriótico do que o culto do líder.[28] Os simpatizantes de classe média do nazismo, talvez em especial as mulheres, toleravam com relutância ou pura e simplesmente ignoravam a violência de rua.

Muitas destas pessoas chegaram ao nazismo de forma hesitante. Até a filiação no Partido denotou com frequência um nível de ativismo muito inferior ao dos jovens «camisas-castanhas» entrevistados por Theodore Abel. Uma percentagem considerável de filiados deixou o Partido passado pouco tempo. No entanto, no princípio dos anos 30, o Partido começou a alargar a sua atração para lá da classe média-baixa, que fornecera a sua espinha dorsal desde a fundação. O Partido, sempre desejoso de recrutar simpatizantes da classe trabalhadora, classificava frequentemente os filiados como operários, quando na realidade não o eram. Estudos localizados minuciosos mostraram que as contagens oficiais dos filiados, baseadas num censo interno realizado em 1935, apresentaram o elemento operário com números que vão até ao dobro do que realmente era, por exemplo, 10% na segunda cidade da Alemanha, Hamburgo, dez anos antes, em 1925.[29] Os assalariados parecem ter sido o grupo mais dado a deixar o Partido, logo, o menos provável de constar no censo de 1935, no qual se baseia a maior parte dos cálculos. Mas Hamburgo era um centro tradicional do movimento operário, cuja força bloqueou os nazis. Em algumas partes da Saxónia, onde o movimento laboral era mais fraco e as indústrias tradicionais e de pequena dimensão conferiam à economia uma forma muito diferente dos centros industriais modernos e extremamente racionalizados como Berlim ou o Rur, os trabalhadores braçais representavam uma percentagem maior dos filiados no Partido. Os operários mais jovens, que não tinham aderido a um sindicato porque nunca tinham estado empregados, foram particularmente suscetíveis ao apelo do Partido Nazi na Saxónia. No final dos anos 20, um terço dos filiados da Saxónia poderá ter pertencido à classe operária num sentido económico básico. A classe média-baixa urbana e rural continuou a estar excessivamente representada em comparação com a sua percentagem da população. Contudo, no princípio dos anos 30, a percentagem de filiados das classes média e alta na Saxónia começou a aumentar, à medida que o Partido Nazi se tornou mais respeitável. Os nazis começaram a fugir lentamente às suas raízes modestas e humildes e a atrair membros das elites sociais da Alemanha.[30]

III

Na geração dos nazis destacados que aderiram ao movimento em meados dos anos 20, houve um homem que desempenhou um papel particularmente proeminente no Terceiro *Reich*. À primeira vista, pouca gente teria considerado que Heinrich Himmler, nascido em 7 de outubro de 1900 em Munique, iria alcançar alguma proeminência. O pai, um mestre-escola católico, fora considerado suficientemente conservador para ser tutor de um jovem membro da família real bávara na última década do século XIX. Heinrich, oriundo de um meio social respeitável da classe média culta, era uma criança doentia e com problemas de visão. Passou por várias escolas, mas parece ter recebido uma educação liceal de qualidade em Munique e Landshut. Um amigo de escola, Georg Hallgarten, futuro historiador de esquerda bastante conhecido, disse que Himmler era inteligente e capaz. Os relatórios escolares descrevem-no como um aluno consciencioso, trabalhador, ambicioso, capaz e bem-educado, um estudante modelar em todos os aspetos. Todavia, o seu patriótico pai não se poupou a esforços para o enviar para o exército, chegando ao ponto de dizer que se fosse necessário interromperia os estudos do filho. Os diários e as anotações de leitura do jovem Heinrich mostram que ele absorveu profundamente a mitologia de 1914, a ideia de que a guerra era a maior realização da humanidade e o conceito da luta como força motriz da história e da existência humanas. Mas só chegou à instrução básica nos cadetes e não esteve na frente de combate. É um exemplo particularmente claro de um homem da geração pós-frente que lamentava amargamente não ter podido combater na guerra e que passou uma grande parte da vida a tentar compensar essa lacuna crucial.[31]

Depois de passar o exame final com notas excelentes, Himmler seguiu o conselho do pai e matriculou-se na Escola Superior Técnica de Munique para estudar agricultura; formou-se em 1922, com nota de «muito bom». Himmler também entrou para uma fraternidade de duelos e, depois de alguma dificuldade para encontrar um esgrimista que o levasse suficientemente a sério para aceitar um duelo, lá adquiriu as obrigatórias cicatrizes faciais. Entretanto, alistou-se na Força de Defesa dos Cidadãos, criada por Kahr, e depois caiu sob a influência de Ernst Röhm, que o impressionou com o seu zelo militar. O meio da extrema-direita no qual Himmler se lançou orientou-o para o antissemitismo revolucionário; em 1924, insurgiu-se «contra a hidra da Internacional preta e vermelha, dos judeus e ultramontanos, dos mações e jesuítas, do espírito do comércio e da burguesia cobarde»[32]. Com a sua cabeçona, com o cabelo cortado à tigela, curto atrás e dos lados, com óculos redondos, o queixo para dentro e um bigode fininho, Himmler parecia mais um mestre-escola como o pai do que um fanático lutador de rua nacionalista. Meses depois, empunhando uma bandeira e não uma pistola, participou com a Bandeira de Guerra do *Reich*, comandada por Röhm, na breve ocupação do Ministério da Guerra bávaro na fase inicial da malograda intentona de Munique, em 8 e 9 de novembro.[33]

Himmler não foi preso, o que lhe deu a oportunidade de subir no movimento numa altura em que Hitler estava na cadeia ou proibido de falar e o Partido Nazi estava desorganizado. Himmler encostou-se sabiamente — naquela altura — a Gregor Strasser, uma estrela em ascensão, e tornou-se seu secretário, depois vice-*Gauleiter* em dois distritos diferentes, e vice-chefe de propaganda do *Reich*. Mas não era um discípulo de Strasser. Já tinha caído no feitiço de Hitler, menos por ter lido *A Minha Luta*, sobre a qual escreveu anotações críticas («os primeiros capítulos sobre a juventude dele têm muitos pontos fracos»), do que pelo contacto pessoal com Hitler no desempenho das suas diversas funções, que incluíam obviamente ouvir os discursos do *Führer*. Ao jovem Himmler, com vinte e poucos anos e irremediavelmente à deriva nos mares encapelados da política paramilitar pós-intentona, Hitler ofereceu certeza, um líder para admirar, uma causa para seguir. A partir de 1925, quando Himmler aderiu ao Partido Nazi reconstituído, desenvolveu o culto do herói do líder nazi; tinha um retrato de Hitler no gabinete e diz-se que às vezes falava com ele.[34]

Himmler casou em 1926. A mulher, sete anos mais velha do que ele, influenciou-o muito na direção do ocultismo, do herbalismo, da homeopatia e de outras crenças não convencionais, algumas das quais ele tentou mais tarde impor aos seus subordinados. O casamento de Himmler não prosperou, mas estas ideias floresceram. Himmler abandonou gradualmente a devoção católica tradicional da sua juventude, tornou-se num entusiasta do «sangue e solo» e aderiu à Liga dos Artamanos, um grupo colonizador nacionalista ao qual Rudolf Höss também pertencia. Himmler caiu sob a influência de Richard Walther Darré, um entusiasta das ideias raciais «nórdicas». Darré, nascido em 1895 na Argentina e educado de forma algo incongruente em Wimbledon, na Inglaterra, serviu no exército alemão na Primeira Guerra Mundial. Depois do conflito, tornou-se especialista na criação animal seletiva, o que o conduziu à política do «sangue e solo», mas não imediatamente ao Partido Nazi. Himmler absorveu de Darré uma crença fixa no destino da raça nórdica, na superioridade do seu sangue sobre o dos eslavos, na necessidade de manter puro o seu sangue e no papel central de um campesinato alemão sólido para garantir o futuro da raça germânica. Impelido por esta obsessão com o campesinato, Himmler dedicou-se à lavoura, mas não se saiu bem, uma vez que passava demasiado tempo nas campanhas políticas e os tempos não eram bons para a agricultura.[35]

No dia 6 de janeiro de 1929, Hitler nomeou o fiel Himmler chefe da sua Tropa de Proteção (*Schutzstaffel*), que se tornou rapidamente conhecido pelas suas iniciais: SS. O esquadrão teve origem numa pequena unidade de guarda-costas de Hitler, formada no princípio de 1923, e que também tinha como função a proteção da sede do Partido. Foi refundada em 1925, quando Hitler compreendeu que os «camisas--castanhas» de Röhm nunca lhe mostrariam a lealdade incondicional que ele pretendia. O seu primeiro chefe foi Julius Schreck, comandante das SA antes do encarceramento de Hitler. A unidade foi concebida como um corpo de elite, em contraste com o movimento paramilitar dos «camisas-castanhas», que acolhia qualquer um. Durante as intrigas interpartidárias de meados dos anos 20, a SS teve vários comandantes, mas nenhum conseguiu afirmar a sua independência em relação ao poder crescente dos «camisas-castanhas», embora tivessem tornado a SS um corpo extremamente disciplinado e coeso. Himmler teve sucesso onde eles falharam.

Himmler, desprezando os rufiões que tinham formado o primeiro grupo de recrutas da unidade, procurou criar uma verdadeira elite ao recrutar ex-oficiais do exército, como o aristocrata pomerânio Erich von dem Bach-Zelewski, e veteranos dos Corpos Francos, como o barão Friedrich Karl von Eberstein. Himmler herdou apenas duzentos e noventa homens, mas no final de 1929 já tinha aumentado os efetivos da SS para mil, e um ano mais tarde para quase três mil. Em 1930, apesar das objeções das chefias dos «camisas-castanhas», Himmler persuadiu Hitler a tornar a SS completamente independente e deu-lhe um novo uniforme, preto em vez de castanho, e uma estrutura estritamente hierárquica e quase militar. Perante o descontentamento e a impaciência dos «camisas-castanhas» e o aumento da possibilidade de eles atuarem de forma autónoma, Hitler transformou a SS numa espécie de polícia interna do Partido. A SS tornou-se mais secreta e começou a recolher informações confidenciais não só sobre os inimigos do Partido mas também sobre membros destacados dos «camisas-castanhas».[36]

Com a criação da SS, ficou concluída a estrutura básica do movimento nazi. No fim da década de 20, Hitler afirmou-se, em parte, devido às circunstâncias, mas também aos seus dotes de orador e à sua implacabilidade, bem como à necessidade desesperada da extrema-direita de um líder forte, o ditador inquestionado do movimento, objeto de um culto de personalidade rapidamente crescente. Continuaram a existir tensões no seio do movimento e estas vieram dramaticamente ao de cima nos poucos anos que antecederam 1934. Ainda havia pessoas em posições de liderança, tais como Strasser e Röhm, preparadas para criticar Hitler e seguir um caminho diferente em caso de necessidade. Mas Hitler reuniu à sua volta um grupo crucial de homens que lhe eram incondicionalmente dedicados — homens como Goebbels, Göring, Hess, Himmler, Rosenberg, Schirach e Streicher. Sob a sua liderança e graças ao talento organizacional de Strasser, o movimento nazi tornou-se, em meados de 1929, uma entidade política complexa e bem organizada, cuja atração era canalizada para quase todas as camadas da população. A sua propaganda estava a tornar-se rapidamente mais sofisticada. A sua ala paramilitar enfrentava nas ruas os Combatentes da Frente Vermelha comunistas e a Bandeira do *Reich* social-democrata. A sua força policial interna, a SS, estava preparada para entrar em ação contra os dissidentes e os desobedientes. O movimento nazi tinha adquirido, modificado e aperfeiçoado uma ideologia tosca e muito pouco original, mas fanaticamente defendida, centrada no nacionalismo radical, no antissemitismo pleno de ódio e no desprezo pela democracia de Weimar. Estava determinado a conquistar o poder com base no apoio popular nas urnas e na violência desabrida nas ruas, para depois rasgar os tratados de paz de 1919, rearmar o país, reconquistar os territórios perdidos no Oriente e no Ocidente e garantir «espaço vital» para a colonização alemã na Europa Central e de Leste.

O culto da violência, derivado, em particular, dos Corpos Francos, estava no âmago do movimento. Em 1929, manifestava-se diariamente nas ruas. O movimento nazi desprezava a lei e não fazia segredo da sua convicção de que quem pode manda. E desenvolveu um modo de desviar a responsabilidade judicial da liderança do Partido pelos atos de violência e desordem cometidos pelos «camisas-castanhas» e por outros elementos do movimento. Hitler, Goebbels, os *Gauleiters* e quejandos só davam ordens numa retórica que, apesar de violenta, era vaga: os seus subordinados compreendiam claramente o que estava a ser dito e entravam de imediato em ação. Esta tática ajudou a convencer um número crescente de alemães da classe média e até alguns da classe alta de que Hitler e os seus subordinados mais próximos não eram verdadeiramente responsáveis pelo sangue derramado pelos «camisas-castanhas» nas ruas, nas cervejarias e nos comícios, uma impressão reforçada pela insistência repetida dos chefes dos «camisas-castanhas» de que agiam com independência em relação à liderança do Partido. Em 1929, Hitler tinha atraído o apoio, a simpatia e, até certo ponto, a assistência financeira de algumas pessoas bem colocadas, em especial na Baviera, e o seu movimento alargara as operações a todo o país, atraindo muitos votos, sobretudo dos pequenos agricultores afetados pela crise nas áreas protestantes do norte da Alemanha e da Francónia.

Mas nada disto podia disfarçar o facto de que, no outono de 1929, o Partido Nazi ainda era bastante marginal em termos políticos. Com um punhado de deputados no *Reichstag*, tinha de competir com outras organizações marginais da direita, algumas das quais, como, por exemplo, o Partido da Economia, eram maiores e estavam melhor apoiadas do que os nazis; e esses grupos eram quase insignificantes em comparação com as organizações da direita «centrista», tais como o Partido Popular Nacional Alemão e os Capacetes de Ferro. Além disso, os três partidos que eram os pilares da democracia de Weimar, o Partido Social-Democrata, o Partido do Centro e o Partido Democrata Alemão, embora já não tivessem o apoio da maioria do eleitorado, ainda estavam no governo numa «Grande Coligação» que incluía o partido do moderado

Gustav Stresemann, que ocupava há muito os Negócios Estrangeiros com um sucesso extremamente notável. A República parecia ter aguentado as tempestades do início dos anos 20 — a inflação, a ocupação francesa, os conflitos armados, a turbulência social — e entrado em águas mais calmas. Seria preciso uma catástrofe de grandes dimensões para um partido extremista como os nazis garantir o apoio das massas. Mas essa catástrofe aconteceu em 1929, com o colapso súbito da economia por causa da queda da Bolsa de Nova Iorque.

4
À CONQUISTA DO PODER

A Grande Depressão

I

«Depois de muito vaguear ao acaso de cidade em cidade», escreveu no outono de 1932 um tipógrafo desempregado de 21 anos, oriundo de Essen, «o meu caminho conduziu-me ao porto de Hamburgo. Mas que desilusão! Havia mais miséria e desemprego do que eu estava à espera, e a minha esperança de encontrar trabalho caiu por terra. Que deveria eu fazer? Não tinha parentes na cidade e não queria tornar-me um vagabundo.» O jovem não se viu obrigado a engrossar a horda crescente dos sem-abrigo que viviam nas ruas e estradas das vilas e cidades alemãs, que, segundo as estimativas oficiais, eram entre duzentos mil e meio milhão; conseguiu auxílio num programa de trabalho voluntário organizado pela Igreja.[1] Mas muitos não tiveram tanta sorte. O desemprego minava a autoestima e o estatuto das pessoas, em especial dos homens, numa sociedade em que o seu prestígio, o seu reconhecimento e até a sua identidade derivavam sobretudo do emprego que tinham. No princípio dos anos 30, viam-se homens nas esquinas das ruas com cartazes ao pescoço: «Procuro qualquer trabalho!» Quando os sociólogos pediram a crianças de escola a sua opinião sobre a situação, muitas responderam que os desempregados se degradavam socialmente

> porque quanto mais tempo estão sem trabalho, mais preguiçosos ficam; e sentem-se cada vez mais humilhados porque veem as outras pessoas decentemente vestidas e ficam aborrecidos porque também querem, e tornam-se criminosos… Ainda querem viver! Mas muitas pessoas mais velhas já nem sequer querem isso.[2]

Viam-se crianças a brincar à «contratação», e quando um investigador pediu a algumas delas, em dezembro de 1932, para escreverem breves ensaios autobiográficos, o desemprego também surgiu: «O meu pai está desempregado há mais de três anos», escreveu uma colegial de 14 anos: «Dantes, ainda acreditávamos que o pai ia arranjar emprego outra vez, mas até nós, as crianças, já abandonámos todas as esperanças.»[3]

O desemprego de longa duração afetava as pessoas de formas diferentes. Os jovens podiam ser mais otimistas em relação a encontrarem emprego do que os indivíduos de meia-idade. O desalento aumentava na proporção do tempo que as pessoas estivessem desempregadas. Entrevistas realizadas no fim do verão de 1932 revelaram atitudes muito mais pessimistas do que os inquéritos realizados dezoito meses antes. Os casamentos e os filhos eram adiados. Os jovens vagueavam pelas ruas, ficavam apaticamente sentados em casa, passavam os dias a jogar às cartas, a passear nos parques públicos ou a andar às voltas nos elétricos da Linha Circular de Berlim.[4] Parecia ser preferível fazer qualquer coisa a não fazer nada; o tédio transformava-se em frustração. Muitos desempregados, incluindo rapazes e raparigas, tentavam ganhar um magro sustento a vender ou a cantar nas ruas, a limpar casas ou recorrendo a outras improvisações tradicionais dos que são economicamente marginais. Grupos de crianças congregavam-se junto dos locais de diversão noturna mais frequentados e ofereciam-se para «tomar conta» dos carros das pessoas abastadas — uma espécie de esquema de extorsão que era praticado de forma menos inócua pelos adultos. Grupos informais de caminhantes e clubes juvenis operários transformavam-se facilmente nas chamadas «cliques selvagens», gangues de jovens que se reuniam em edifícios abandonados, procuravam comida, ganhavam a vida a roubar e enfrentavam grupos rivais e a polícia. A taxa de criminalidade não subiu tão espetacularmente como durante a inflação, mas mesmo assim registou-se um aumento de 24% nas detenções por roubo em Berlim entre 1929 e 1932. A prostituição masculina e feminina tornou-se mais visível e mais espalhada, um resultado da tolerância sexual de Weimar, mas também do seu fracasso económico, e chocou as classes respeitáveis com a sua franqueza. A venda nas ruas transformava-se frequentemente em mendigagem.[5] A sociedade alemã parecia estar a afundar-se num pântano de miséria e criminalidade e as pessoas começaram a agarrar-se a ilusões políticas: qualquer coisa, por muito radical que fosse, parecia melhor do que a situação irremediável em que se encontravam.

Mas como se chegou a esta situação? O desemprego aumentou depois das reformas económicas que puseram termo à grande inflação em 1923, porém, no início dos anos 30, a situação agravou-se de forma desmedida. Depois da inflação, a recuperação económica alemã foi financiada, em particular pela economia dos Estados Unidos, a maior do mundo. As taxas de juro oferecidas pela Alemanha eram elevadas e o capital afluiu ao país. Contudo, de forma crucial, o reinvestimento resumiu-se principalmente a empréstimos a curto prazo. A indústria alemã tornou-se muito dependente destes fundos no seu processo de racionalização e mecanização. Empresas como a Krupps e a Vereinigte Stahlwerke AG endividaram-se consideravelmente. As firmas americanas investiram diretamente na Alemanha: a Ford tinha fábricas em Berlim e Colónia, e, em 1929, a General Motors comprou a Opel em Rüsselsheim, perto de Frankfurt. Os bancos alemães endividaram-se no estrangeiro para financiarem os seus investimentos nas empresas alemãs.[6] Esta situação era inerentemente precária para a indústria e para a banca alemãs, e no fim da década transformou-se numa catástrofe.

Em 1928, perante o advento de uma recessão, os principais países industrializados implementaram restrições monetárias. Os Estados Unidos começaram a reduzir o crédito ao estrangeiro. Estas medidas eram necessárias para preservar as reservas de ouro, a base da estabilidade financeira na era do padrão-ouro, quando os valores de todas as moedas estavam indexados ao valor do ouro, tal como estava a moeda alemã desde a estabilização. Quando os países começaram a reduzir o crédito, a indústria alemã foi afetada. Em 1928–1929, a produção industrial alemã quase não aumentou, e no fim do inverno o desemprego já atingia perto de 2,5 milhões de pessoas. O investimento caiu a pique, possivelmente porque as empresas estavam a gastar demasiado em salários e contribuições para a segurança social, mas mais provavelmente por causa da escassez de capital. O governo alemão não conseguiu aumentar as receitas com a emissão de obrigações, porque os investidores sabiam o que a inflação tinha feito às obrigações emitidas durante a guerra. Os mercados internacionais tinham muito pouca fé na capacidade do Estado alemão para lidar com os problemas económicos, e depressa se tornou evidente que a sua desconfiança era inteiramente justificada.[7]

No dia 24 de outubro de 1929, a «Quinta-feira Negra», os sinais inconfundíveis de uma crise empresarial nos Estados Unidos provocaram uma vaga de vendas em pânico na Bolsa de Nova Iorque. Os preços das ações, que para algumas pessoas estavam sobrevalorizados, começaram a cair a pique. Logo na semana seguinte, em 29 de outubro, a «Sexta-feira Negra», o pânico foi ainda maior: foram vendidos 16,4 milhões de ações, um recorde que só foi batido quatro décadas depois.[8] Enquanto os operadores tentavam freneticamente vender antes que o valor das ações descesse ainda mais, assistiram-se a cenas de pandemónio na Bolsa de Nova Iorque. Mas estes dias dramáticos de desastre foram apenas os aspetos mais visíveis do declínio prolongado e aparentemente inexorável que se verificou nos três anos seguintes. O índice do *New York Times* caiu de um máximo de 452 pontos em setembro de 1929 para 58 em julho de 1932. No dia 29 de outubro, as principais empresas americanas perderam dez mil milhões de dólares de valor, o dobro do dinheiro em circulação nos Estados Unidos e quase tanto como a América tinha gasto para financiar a sua participação na Grande Guerra. Empresa após empresa foi à falência. A procura de importações entrou em colapso. Os bancos entraram em crise com o desaparecimento dos seus investimentos. Perante o aumento das suas perdas, a banca americana começou a solicitar o reembolso dos empréstimos a curto prazo com os quais a indústria alemã se vinha financiando há cinco anos.[9]

Os bancos americanos começaram a retirar os seus fundos da Alemanha no pior momento possível, precisamente quando a vacilante economia alemã precisava de um estímulo forte. Os bancos e as empresas alemães tentaram compensar a perda de fundos contraindo novos empréstimos a curto prazo, mas quanto mais depressa isto aconteceu, menos estável começou a parecer a economia, e mais detentores de ativos estrangeiros e nacionais transferiram capital para fora do país.[10] As empresas, incapazes de financiar a produção, reduziram-na drasticamente. A produção industrial, que já estava estagnada, começou a cair com uma rapidez espantosa. Em 1932, estava 40% abaixo do valor de 1929, um colapso só igualado na Europa pela Áustria e pela Polónia. Noutras paragens, a queda não ultrapassou 25%, e na Grã-Bretanha foi de 11%. Com a retirada dos fundos e o colapso das empresas, os bancos entraram em dificuldades. Depois da falência de vários bancos pequenos, em 1929–1930, os grandes bancos alemães ficaram sob pressão.[11] As falências de empresas multiplicaram-se. A tentativa de criação de um mercado interno maior, com uma união aduaneira entre a Alemanha e a Áustria, foi anulada pela intervenção internacional, uma vez que a motivação política subjacente — um passo na direção da união política entre os dois países proibida pelo Tratado de Versalhes — foi óbvia para toda a gente. A economia alemã, limitada aos seus próprios recursos, mergulhou numa profunda depressão. O desemprego aumentou quase exponencialmente. Com milhões de desempregados nas grandes cidades, havia menos dinheiro para gastar em comida, e a grave crise agrícola piorou de forma dramática: os bancos solicitaram o reembolso dos empréstimos, e os camponeses não conseguiram evitar a execução das hipotecas. Com a falência das quintas e de outras propriedades, o desemprego atingiu também as zonas rurais.[12]

Em 1932, cerca de um em cada três trabalhadores alemães estava registado como desempregado, e a percentagem era ainda maior em algumas áreas industriais como a Silésia ou o Rur. Eram, de longe, as taxas de desemprego mais elevadas, mesmo em relação à fase pior dos cortes durante a estabilização. Entre 1928 e 1932, o número de desempregados em Berlim, o maior centro industrial da Alemanha, aumentou de 133 mil para 600 mil; na cidade portuária e comercial de Hamburgo, de 32 para 135 mil; e na cidade industrial de Dortmund, na região do Reno-Rur, de 12 para 65 mil. O sector mais atingido foi obviamente a indústria, mas os trabalhadores dos serviços também foram afetados: em 1932, havia mais de meio milhão no desemprego.[13] O aumento foi assustadoramente rápido. No inverno de 1930–1931, pouco mais de um ano depois do início da Grande Depressão, já havia mais de cinco milhões de desempregados; um ano mais tarde, eram seis milhões. No princípio de 1932, foi referido que os desempregados e seus dependentes representavam cerca de 20% da população alemã, quase 13 milhões de pessoas.[14] O número real poderá ter sido ainda maior, dado que muitas mulheres que perdiam o emprego não se registavam como desempregadas.[15]

Estes números terríveis só contam uma parte da história. Para começar, muitos milhões de trabalhadores só não ficaram sem emprego porque aceitaram os cortes nas horas de trabalho e salariais introduzidos pelos patrões para se adaptarem ao colapso da procura. Além disso, muitos trabalhadores ou aprendizes qualificados tiveram de aceitar trabalhos degradantes e não especializados, visto que as funções para as quais eram qualificados desapareceram. Mas estes foram os que tiveram sorte, porque o que causou a maior miséria e desespero foi a duração prolongada da crise, que começou — numa altura em que o desemprego já era relativamente elevado — em outubro de 1929 e durante os três anos seguintes não deu sinais de diminuir. Além disso, o sistema de segurança social, introduzido poucos anos antes, fora concebido para lidar com um nível muito inferior de desemprego — um máximo de 800 mil desempregados, em comparação com os 6 milhões em 1932 — e só providenciava auxílio, no máximo, durante alguns meses, e não durante três anos ou mais. E a situação agravou-se porque a queda drástica dos rendimentos das pessoas causou o colapso das receitas fiscais. Muitas autoridades locais enfrentaram dificuldades por terem financiado os seus programas de segurança social, e outros contraindo empréstimos na América, cujo reembolso também foi solicitado. Ora, no caso do subsídio de desemprego, o ónus de apoiar os desempregados de longa duração depois de terminada a sua cobertura passava para o governo central sob a forma de «subsídios de crise», mas depois de um determinado período de tempo, recaía novamente sobre as autoridades locais, na forma de «subsídio de apoio ao desemprego». O governo central não quis tomar as medidas impopulares que seriam necessárias para colmatar este fosso. Os patrões disseram que com as empresas em crise, não podiam aumentar as contribuições para a segurança social. Os sindicatos e os trabalhadores não queriam cortes nos subsídios. O problema parecia insolúvel. E quem sofria eram os desempregados, que viam os seus subsídios constantemente reduzidos ou terminados.[16]

II

Com o agravamento da Grande Depressão, grupos de homens e gangues de rapazes vagueavam pelas ruas, praças e parques das vilas e cidades alemãs numa ociosidade ameaçadora (assim parecia aos burgueses não habituados a semelhante visão), um sinal da violência e da criminalidade que estavam sempre no ar. Mas mais ameaçadoras ainda eram as iniciativas frequentemente bem-sucedidas dos comunistas de mobilização dos desempregados para os seus fins políticos. O Partido Comunista era o partido dos desempregados por excelência. Os agitadores comunistas recrutavam os jovens semicriminosos das «cliques selvagens»; organizavam greves ao pagamento das rendas nos bairros operários onde as pessoas mal conseguiam pagar a renda; proclamavam estas zonas «bairros vermelhos», como o bairro proletário berlinense de Wedding, e atemorizavam os não comunistas que por lá se aventuravam, por vezes espancando-os ou ameaçando-os com armas quando sabiam que eles estavam ligados aos «camisas-castanhas»; marcavam certas tabernas e bares como suas; evangelizavam as crianças das escolas operárias, politizavam as associações de pais e assustavam os professores da classe média, mesmo os de esquerda. Para os comunistas, com o aumento do número de desempregados, a luta de classes passou do local de trabalho para a rua e para o bairro. A defesa de um bastião proletário, se necessário com recurso a meios violentos, tornou-se uma prioridade da organização paramilitar comunista, a Liga dos Combatentes da Frente Vermelha.[17]

O Partido Comunista era assustador para a classe média, não só por tornar politicamente explícita a ameaça social que os desempregados nas ruas representavam, mas também por ter crescido rapidamente no princípio dos anos 30. O seu número de filiados disparou de 117 mil em 1929 para 360 mil em 1932, e os seus resultados nas urnas aumentavam de eleição em eleição. Em 1932, no litoral noroeste, incluindo Hamburgo e o porto prussiano adjacente de Altona, menos de 10% dos membros do partido estavam empregados. Cerca de 75% dos indivíduos que aderiram ao partido em outubro de 1932 eram desempregados.[18] O partido criou «comités de desempregados» que organizavam quase diariamente desfiles, manifestações, «marchas da fome» e outros eventos de rua que acabavam com frequência em confrontos prolongados com a polícia. Os comunistas não perdiam nenhuma oportunidade para aumentarem a temperatura política, dado que a liderança do partido acreditava estar perante a crise terminal do sistema capitalista.[19]

Estes desenvolvimentos alargaram a fratura entre os comunistas e os sociais-democratas nos últimos anos da República. Existia um legado de ressentimento e ódio deixado pelos acontecimentos de 1918–1919, quando os Corpos Francos, ao serviço do ministro social-democrata Gustav Noske, assassinaram líderes comunistas destacados, em particular Karl Liebknecht e Rosa Luxemburgo; os homicídios eram evocados em cerimónias públicas organizadas pelo Partido Comunista. A este fator, acrescentou-se a influência fraturante do desemprego: os comunistas desempregados insurgiam-se contra os sindicalistas e sociais-democratas que ainda tinham emprego, e os sociais-democratas ficaram cada vez mais alarmados com o afluxo de elementos violentos e desordeiros ao Partido Comunista. Outro motivo de ressentimento era o hábito que os líderes sindicais sociais-democratas tinham de assinalarem os comunistas aos patrões para serem despedidos, bem como o costume dos patrões de despedirem primeiro os operários jovens e solteiros e só depois os mais velhos e casados, o que em muitos casos significava o despedimento de membros do Partido Comunista. A ambivalência dos ativistas comunistas em relação às raízes sociais-democratas do movimento operário traduzia-se numa relação de amor-ódio com o «irmão mais velho» do partido, com o qual era sempre desejável fazer causa comum, mas só nos termos dos comunistas.[20]

O extremismo comunista tinha raízes profundas. Os jovens operários radicais, em especial, sentiam-se traídos pelos sociais-democratas: as suas esperanças de uma revolução total — alimentadas pela geração mais velha de ativistas sociais-democratas — tinham sido despedaçadas quando pareciam prestes a concretizar-se. A influência crescente do modelo russo de uma organização conspiratória coesa contribuiu para consolidar o espírito de solidariedade e ativismo incessante entre os comunistas mais empenhados. As memórias de Richard Krebs, marinheiro nascido em Bremen em 1904, cujo pai era um marinheiro social-democrata, oferecem um relato vívido da vida de um ativista comunista durante a República de Weimar. Krebs participou na Revolução de 1918–1919 na sua cidade natal e presenciou a sua repressão brutal pelos Corpos Francos. Em Hamburgo, Krebs lutou em tumultos por causa da comida e juntou-se a alguns comunistas que frequentavam as docas. Os confrontos reforçaram o ódio que ele tinha à polícia e aos seus mandantes, as autoridades sociais-democratas da cidade. Krebs escreveu nas suas memórias que os comunistas iam para as manifestações com tubos de chumbo enfiados nos cintos e com pedras nos bolsos, prontos para atacarem a polícia. Quando a polícia montada carregava, os jovens da Liga dos Combatentes da Frente Vermelha espetavam as facas nas pernas dos cavalos, que ficavam descontrolados. Nesta atmosfera conflituosa e violenta, um jovem duro como Krebs sentiu-se em casa, e, em maio de 1923, filiou-se no Partido Comunista; durante o dia, distribuía panfletos pelos marinheiros nas docas, e à noite frequentava cursos de instrução política básica.[21]

Mas Krebs tinha uma compreensão mínima da teoria marxista-leninista:

> Eu tinha consciência de classe porque a consciência de classe era uma tradição da família. Eu orgulhava-me de ser um operário e desprezava os burgueses. A minha atitude em relação à respeitabilidade convencional era de troça. Eu tinha um sentimento agudo e unilateral de justiça que me conduziu a um ódio intenso por aqueles que eu considerava responsáveis pelo sofrimento e pela opressão em massa. Os polícias eram inimigos. Deus era uma mentira inventada pelos ricos para que os pobres se contentassem com o seu jugo, e as orações eram para os cobardes. Todo o patrão era uma hiena sob forma humana, malevolente, eternamente glutona, desleal e impiedosa. Eu acreditava que um homem que lutasse sozinho nunca conseguiria vencer; os homens tinham de se unir e lutar juntos e tornar a vida melhor para todos os envolvidos no trabalho útil. Tinham de lutar com todos os meios ao seu dispor, não se abstendo de cometer nenhum ato ilegal desde que beneficiasse a causa, sem darem quartel até ao triunfo da revolução.[22]

Imbuído deste firme espírito de empenhamento, Krebs chefiou um destacamento armado de Combatentes da Frente Vermelha na malograda Revolução de Hamburgo, em outubro de 1923, quando os comunistas tomaram de assalto uma esquadra da polícia e ergueram barricadas.[23] Tal como seria de esperar perante o fracasso da insurreição, Krebs achou melhor pôr-se ao fresco e retomou a sua vida de marinheiro. Fugiu para a Holanda e depois para a Bélgica, onde entrou em contacto com os comunistas locais. Devido aos seus conhecimentos de inglês, Krebs foi incumbido por um dos agentes secretos soviéticos presentes em muitas filiais do partido — mas provavelmente não em tantas como ele disse mais tarde — de espalhar propaganda comunista na Califórnia. Na Califórnia, Krebs recebeu ordens dos agentes do partido para matar um renegado que eles consideravam um traidor. Krebs fez asneira — segundo ele, de propósito — e foi encarcerado em San Quentin. Depois de ser libertado, no princípio dos anos 30, Krebs entrou para a secção naval da Comintern, a organização internacional dos partidos comunistas de todo o mundo, dirigida a partir de Moscovo. Começou a operar como correio do partido, levando dinheiro, panfletos e muitas outras coisas de e para diversos países, e depois na Alemanha.[24]

As memórias de Richard Krebs, que parecem um romance de ação, retratam um Partido Comunista unido por laços férreos de disciplina e ativismo, com todas as suas iniciativas ditadas pelos agentes da polícia secreta soviética, a GPU, sucessora da Cheka, que mandavam nos bastidores em todas as organizações internacionais. A sensação de que a Comintern estava por trás das greves, das manifestações e das sublevações revolucionárias em muitas partes do mundo aterrorizou muitos alemães da classe média, apesar de essas atividades fracassarem quase sempre. A estrutura conspiratória da Comintern e a indubitável presença de agentes soviéticos no Partido Comunista Alemão desde os tempos de Karl Radek alimentaram os receios dos burgueses, embora Krebs pinte um retrato demasiado simplista do funcionamento da Comintern. Na realidade, as greves, a agitação laboral e até as lutas e os motins deviam-se mais ao temperamento dos Combatentes da Frente Vermelha presentes no terreno do que a quaisquer planos gizados por Moscovo e seus agentes. E os homens como Krebs eram raros. A rotatividade dos filiados do Partido Comunista foi superior a 50% em 1932, o que significa que centenas de milhares de desempregados estiveram suficientemente próximos do partido para se filiarem durante algum tempo, mas também que o partido era frequentemente incapaz de preservar a fidelidade da maior parte dos seus membros durante mais do que alguns meses. Os filiados de longa duração como Krebs constituíam um núcleo duro e disciplinado, embora relativamente pequeno, e a Liga dos Combatentes da Frente Vermelha tornou-se uma força cada vez mais profissionalizada.[25] Nestas circunstâncias, as palavras eram muito importantes. A retórica comunista tornou-se muito mais violenta em 1928, quando a liderança da Comintern, em Moscovo, declarou iniciado o «Terceiro Período»*. A partir dessa altura, o partido descarregou o seu veneno principalmente em cima dos sociais-democratas. Na sua perspetiva, todos os governos alemães eram «fascistas»; o fascismo era a expressão política do capitalismo; e os sociais-democratas eram «sociais-fascistas» por serem os principais apoiantes do capitalismo, uma vez que desviavam os trabalhadores do ativismo revolucionário e convenciam-nos a aceitar o sistema político «fascista» de Weimar. Qualquer líder comunista que tentasse questionar esta linha ideológica era demitido. Tudo o que contribuísse para derrubar o Estado «fascista» e os seus apoiantes sociais-democratas era bem-vindo.[26]

O líder do Partido Comunista Alemão era um sindicalista de Hamburgo, Ernst Thälmann. As suas credenciais operárias eram impecáveis. Thälmann, que nasceu em 1886, teve vários empregos temporários, incluindo numa fábrica de farinha de peixe e como condutor de carroças de uma lavandaria, e depois foi convocado para o exército e serviu na Frente Ocidental durante a Primeira Guerra Mundial. Thälmann aderiu ao Partido Social-Democrata em 1903, gravitou para a ala esquerda do partido durante a guerra e participou ativamente na revolução de 1918, aderindo aos «sindicalistas revolucionários». Em 1919, tornou-se no líder do Partido Social-Democrata Independente em Hamburgo e foi eleito para o Parlamento da cidade. Em 1922, quando os independentes se cindiram, aderiu ao Partido Comunista e tornou-se membro do Comité Central. Durante todo este tempo, continuou a ganhar a vida como trabalhador braçal em profissões duras como a demolição de navios. O musculoso Thälmann não tinha qualificações académicas e era um revolucionário instintivo: personificava o ideal comunista do trabalhador revolucionário. Era tudo menos intelectual; conquistava os seus ouvintes proletários, em particular, com

---

* Segundo este conceito ideológico, depois do «Primeiro Período» (derrota das revoluções operárias após a Primeira Guerra Mundial) e do «Segundo Período» (consolidação capitalista nos anos 20), o «Terceiro Período» assistiria a um colapso económico mundial e à radicalização da classe trabalhadora, criando as condições para o sucesso de novas revoluções. (*N. do T.*)

as suas manifestas dificuldades com a complicada terminologia marxista; os seus discursos eram mais emotivos do que bem argumentados, mas quem o ouvia sentia que isso mostrava que ele era honesto e sincero. Enquanto líder partidário e político profissional, entre meados dos anos 20 e o princípio da década seguinte, Thälmann era frequentemente obrigado a usar um colarinho e uma gravata, mas no meio dos discursos tirava-os e tornava-se de novo um simples trabalhador sob uma ovação entusiástica. Thälmann tinha um ódio palpável aos generais e aos patrões e era manifestamente desconfiado em relação aos sociais-democratas.

Tal como muitos dos ativistas de base comunistas, Thälmann seguiu as diretivas ziguezagueantes estabelecidas pela Comintern, em Moscovo, frequentemente em resposta às necessidades táticas de Estaline na sua luta para marginalizar os seus rivais intrapartidários na União Soviética. A fé de Thälmann na revolução era absoluta, logo, a sua fé no único Estado revolucionário do mundo, a União Soviética, também era absoluta. Talvez outros líderes comunistas, tais como Walter Ulbricht, o chefe do partido em Berlim, fossem mais subtis, mais implacáveis e mais inteligentes, e talvez o Politburo e o Comité Central, juntamente com a Comintern, em Moscovo, fossem os árbitros das políticas e estratégias do partido, mas o estatuto pessoal e os dotes retóricos de Thälmann tornaram-no um ativo indispensável para o Partido Comunista Alemão, que em 1925 e 1932 o indicou como candidato nas eleições para o cargo de presidente do *Reich*. Por conseguinte, no princípio dos anos 30, Thälmann era um dos políticos alemães mais conhecidos — e, para as classes média e alta, dos mais temidos. Talvez ele fosse mais do que uma figura de proa e menos do que um verdadeiro líder, mas personificava o comunismo alemão com toda a sua intransigência e ambição, impelindo o partido para a criação de uma «Alemanha Soviética».[27]

Por conseguinte, no princípio dos anos 30, para muitos alemães da classe média, o Partido Comunista, liderado por um homem como Thälmann, era uma ameaça constante e de dimensão ímpar. Uma revolução comunista parecia tudo menos impossível. Até um conservador moderado, sóbrio e inteligente como Victor Klemperer perguntou-se a si próprio, em julho de 1931: «Será que o governo vai cair? E quem virá a seguir, Hitler ou comunismo?»[28] Contudo, em muitos aspectos, o poder dos comunistas era uma ilusão. A sanha ideológica do partido contra os sociais-democratas condenou-o à impotência. A sua hostilidade para com a República de Weimar, assente na sua condenação extremista de todos os seus governos — mesmo da «Grande Coligação» liderada por Hermann Müller — como «fascistas», cegou-o completamente para a ameaça do nazismo ao sistema político de Weimar. O seu otimismo acerca da iminência do colapso total e final do capitalismo era relativamente aceitável nas circunstâncias económicas de 1932, mas em retrospetiva vê-se que foi completamente infundado. Além do mais, um partido constituído principalmente por desempregados carecia inevitavelmente de recursos e era enfraquecido pela pobreza e inconstância dos seus filiados. Durante a Grande Depressão, os membros do Partido Comunista tinham tão pouco dinheiro que muitas tabernas e bares comunistas fecharam ou passaram para as mãos dos nazis. Entre 1929 e 1933, o consumo de cerveja *per capita* na Alemanha caiu 43%, e nestas circunstâncias, os «camisas-castanhas», melhor financiados, avançaram. Nos bairros mais pobres das grandes cidades alemãs travou-se, nas palavras de um historiador, uma «guerra de quase guerrilha», e os comunistas foram lentamente repelidos para os seus bastiões nos bairros de lata e de apartamentos através da violência brutal e contínua dos «camisas-castanhas». Neste conflito, as simpatias dos burgueses iam geralmente para os nazis, os quais, feitas as contas, não ameaçavam destruir o capitalismo nem criar uma «Alemanha Soviética» caso chegassem ao poder.[29]

III

Embora o desemprego fosse sobretudo um fenómeno da classe trabalhadora, as dificuldades económicas também corroeram o moral de outros grupos sociais. Muito antes do advento da Grande Depressão, por exemplo, a tendência de redução da despesa pública no período de contenção que sustentou a estabilização da moeda depois de 1923 deu origem a uma vaga de despedimentos no sector público. Entre 1 de outubro de 1923 e 31 de março de 1924, foram despedidos 135 mil dos 826 mil funcionários públicos, principalmente nos caminhos de ferro, nos correios, nos telégrafos e nos serviços tipográficos do *Reich*, juntamente com 30 mil dos 61 mil trabalhadores de colarinho branco e 232 mil dos 706 mil trabalhadores braçais ao serviço do Estado.[30] Depois de 1929, houve outra vaga de cortes; entre dezembro de 1930 e dezembro de 1932, a redução cumulativa dos salários do funcionalismo público foi entre 19% e 23%. Muitos funcionários públicos de todos os níveis ficaram chocados com a incapacidade dos seus sindicatos de travarem os cortes. A sua hostilidade para com o governo era evidente. Alguns gravitaram para o Partido Nazi, e só não foram mais por causa da ameaça declarada dos nazis de purgarem o funcionalismo público se chegassem ao poder. Mas os cortes deixaram o funcionalismo preocupado e desiludido com a República.[31]

Muitas outras profissões da classe média sentiram a sua posição económica e social ameaçada durante a República de Weimar. Os trabalhadores de colarinho branco perderam empregos ou recearam perdê-los por causa das dificuldades dos bancos e das financeiras. As agências de viagens, os restaurantes, o retalho, as empresas de vendas por catálogo e uma variedade enorme de empresas do sector dos serviços começaram a sentir dificuldades por causa da queda do poder de compra dos consumidores. O Partido Nazi, com a sua nova e sofisticada estrutura de subdivisões especializadas, apercebeu-se de tudo isto e começou a canalizar o seu apelo para a classe média profissional e patrimoniada. Ora, esta postura era um anátema para os nazis — entre os quais, Otto Strasser, irmão de Gregor, o organizador do Partido — que continuavam a sublinhar o aspeto «socialista» do nacional-socialismo e consideravam que Hitler estava a trair os seus ideais. Hitler, furioso com o apoio de Otto Strasser e da sua editora a causas de esquerda como as greves, convocou os principais membros do Partido para uma reunião, em abril de 1930, na qual criticou agressivamente as opiniões de Strasser. Como forma de neutralizar a influência de Otto Strasser, Hitler nomeou Goebbels Chefe de Propaganda do *Reich*. Contudo, para irritação de Goebbels, Hitler continuou a adiar medidas decisivas, na esperança de que o aparelho de propaganda de Otto Strasser fosse útil nas eleições regionais de junho de 1930. Só depois do escrutínio e da publicação por Strasser de um relato pouco lisonjeiro do seu desentendimento com Hitler, é que ele decidiu purgar o Partido de Otto Strasser e dos seus apoiantes, mas estes anteciparam-se e demitiram-se no dia 4 de julho de 1930. A cisão era grave. Os observadores sustiveram a respiração: iria o Partido sobreviver ao êxodo da sua ala esquerda? Mas as coisas tinham mudado muito desde os tempos em que Goebbels e os seus amigos tinham ressuscitado o Partido no Rur com palavras de ordem socialistas. A saída dos dissidentes mostrou que Strasser e as suas ideias tinham pouco apoio no Partido, e até o irmão, Gregor, se afastou dele. Otto Strasser desapareceu da política relevante; viveu o resto da vida na Alemanha e depois no exílio, criando organizações pequenas e sectárias para propagarem as suas opiniões junto de um diminuto grupo de fiéis.[32]

Depois de descartar os últimos vestígios de «socialismo», Hitler tratou de construir mais pontes para a direita conservadora. No outono de 1932, juntou-se ao Partido Popular Nacional Alemão na «Frente de Harzburg». Numa declaração conjunta, em Bad Harzburg, em 11 de outubro, Hitler e Hugenberg anunciaram a sua disponibilidade para se unirem na governação da Prússia e do *Reich*. Embora os nazis tenham sublinhado a sua independência — por exemplo, Hitler negou-se a passar em revista um desfile dos Capacetes de Ferro —, a iniciativa assinalou uma extensão significativa da colaboração iniciada na campanha contra o Plano Young, em 1929. Ao mesmo tempo, Hitler tomou medidas sérias para persuadir os industriais de que o Partido não era uma ameaça para eles. No discurso que proferiu perante cerca de seiscentos e cinquenta empresários no Clube Industrial de Düsseldorf, em janeiro de 1932, Hitler cativou a assistência ao denunciar o marxismo como a origem dos males da Alemanha — não fez uma única referência aos judeus — e ao sublinhar a sua crença pessoal na importância da propriedade privada, do trabalho esforçado e na recompensa adequada dos competentes e dos empreendedores. Todavia, a solução económica para os problemas do momento, disse ele, era principalmente política. O idealismo, o patriotismo e a união nacional criariam a base para o renascimento económico, e seriam garantidos pelo movimento nacional-socialista, cujos membros sacrificavam o seu tempo e o seu dinheiro e arriscavam a vida dia e noite no combate à ameaça comunista.[33]

Estas reflexões, expressas num discurso de duas horas e meia, foram extremamente generalistas e não ofereceram nada de concreto em termos de políticas económicas. Revelaram a visão darwinista social que

Hitler tinha da economia, na qual a via para o sucesso era a luta. A douta assistência não deve ter ficado muito impressionada. Os industriais mais importantes ficaram desiludidos. Os nazis disseram depois que Hitler tinha finalmente conquistado os grandes empresários, mas havia poucas provas concretas de que assim fosse. Depois do evento, nem Hitler nem ninguém lançou uma campanha de angariação de fundos junto dos capitães da indústria. Aliás, partes da imprensa nazi continuaram a atacar os consórcios e os monopólios, e alguns nazis tentaram conquistar votos no canto oposto, defendendo os direitos dos trabalhadores. Quando os jornais do Partido Comunista apresentaram o evento em termos conspiratórios, como uma demonstração de que o nazismo era uma criatura das grandes empresas, os nazis desmentiram energicamente e publicaram excertos do discurso como prova da independência de Hitler em relação ao capital.

Por conseguinte, a comunidade empresarial não se mostrou mais disposta a financiar o Partido Nazi. No entanto, alguns grandes empresários, como Fritz Thyssen, mostraram-se entusiastas e providenciaram fundos para subsidiar os gostos extravagantes de líderes nazis como Hermann Göring e Gregor Strasser, e, em termos gerais, o discurso de Hitler foi tranquilizador. Quando chegou a altura, foi muito mais fácil para os grandes empresários apoiarem o Partido Nazi. Mas em janeiro de 1932, estava-se muito longe disso. O Partido Nazi continuou a financiar as suas atividades principalmente com as contribuições voluntárias dos seus membros, com a venda de bilhetes para os comícios, com as receitas da sua imprensa e das suas publicações e com os donativos de pequenas empresas. É provável que o antissemitismo que Hitler se esqueceu notoriamente de mencionar aos grandes industriais agradasse muito mais a este tipo de simpatizantes[34], mas o nazismo tinha adquirido uma face respeitável para complementar a sua face dura e estava a fazer amigos nas elites conservadoras e nacionalistas. À medida que a Alemanha se ia afundando na Grande Depressão, um número crescente de cidadãos da classe média começou a ver no dinamismo jovem do Partido Nazi uma saída possível para a crise. Tudo dependeria de as frágeis estruturas democráticas da República de Weimar aguentarem ou não a pressão, e de o governo do *Reich* implementar ou não as políticas certas para não as deixar ruir.

A crise da democracia

I

A primeira vítima política da Grande Depressão foi o governo da «Grande Coligação», liderado pelo social-democrata Hermann Müller, um dos governos mais estáveis e duradouros da República, que tomou posse após as eleições de 1928. A «Grande Coligação» foi uma rara tentativa de compromisso entre os interesses ideológicos e sociais do Partido Social-Democrata e os dos partidos «burgueses» à esquerda do Partido Popular Nacional Alemão. A sua coesão deveu-se principalmente ao seu esforço comum no sentido de garantir o Plano Young, perante a oposição firme dos nacionalistas e da extrema-direita. Mas depois de acordado o plano, no final de 1929, pouco restava que mantivesse a união dos partidos da coligação. Após o advento da Grande Depressão, em outubro de 1929, os partidos da coligação desentenderam-se quanto à forma de lidar com o problema do desemprego, que se agravou rapidamente. O Partido Popular Alemão, privado da influência moderadora do seu líder, Gustav Stresemann, que morreu em outubro, abandonou a coligação porque os sociais-democratas se negaram a cortar o subsídio de desemprego, e no dia 27 de março de 1930 o governo viu-se forçado a apresentar a demissão.[1]

Pouca gente percebeu que este acontecimento assinalava o fim da República de Weimar. A partir dessa altura, nenhum governo teve o apoio de uma maioria no *Reichstag*. Aliás, os que tinham influência sobre o presidente Hindenburg viram na queda da «Grande Coligação» a oportunidade de estabelecer um regime autoritário através da utilização do poder presidencial de governação por decreto. Uma das maiores influências neste sentido foi o exército, representado pelo ministro da Defesa, o general Wilhelm Groener. A sua nomeação, em janeiro de 1928, para substituir Otto Gessler, do Partido Democrata Alemão, assinalou a libertação do exército de qualquer tipo de controlo político e foi consolidada pelo direito de o comandante supremo do exército responder diretamente ao presidente, em vez de ter de passar pelo governo. Apesar das limitações impostas pelo Tratado de Versalhes ao número de efetivos e ao material bélico, o exército continuou a ser, de longe, a força armada mais disciplinada e melhor equipada da Alemanha. Enquanto as instituições civis, desde os partidos políticos até à legislatura, se desmoronavam, o exército permanecia unido. Durante a maior parte da década de 20, desde o desastre da intentona de Kapp, o exército permaneceu quieto, concentrando-se na acumulação ilegal de equipamento e efetivos; mas na crise do princípio dos anos 30, descortinou a sua oportunidade. Na perspetiva de homens como o conselheiro político de Groener, o coronel e futuro general Kurt von Schleicher, o rearmamento e a reconstrução da Alemanha como grande potência poderiam ser conseguidos libertando o Estado das grilhetas das coligações parlamentares. E quanto mais a Alemanha se afundou no caos político, mais central se tornou a posição do exército. No outono de 1930, Groener disse a um grupo de oficiais: «Já não é possível mexer uma palha no processo político da Alemanha sem a palavra do exército pesar decisivamente na balança.»[2]

O exército imiscuiu-se no processo político para se proteger dos cortes orçamentais, e conseguiu. Enquanto os orçamentos das instituições do Estado eram bastante reduzidos, o do exército permaneceu intacto. Mas o exército manteve-se afastado do Partido Nazi. Os oficiais mais velhos, formados nas tradições rígidas da monarquia prussiana, eram resistentes ao apelo populista da política nacionalista radical. No entanto, alguns, entre os quais o coronel Ludwig Beck, eram abertamente a favor dos nazis.[3] Os oficiais mais jovens eram muito mais suscetíveis à propaganda nazi. Em 1929, vários oficiais de baixa patente debateram com os nazis a possibilidade de uma «revolução nacional». As chefias do exército, sob a liderança de Groener e Schleicher, combateram energicamente estas tendências, lançando uma campanha de contrapropaganda e mandando prender e julgar os três cabecilhas das negociações em 1930 por estarem a preparar um ato de alta traição. O julgamento indignou outros jovens oficiais, mesmo os que não estavam inclinados a colaborar com os nazis. Um deles escreveu que as chefias do exército tinham cedido aos «novembristas» e julgado homens cuja única motivação era «o amor desinteressado à pátria». E acrescentou que 90% dos oficiais tinha a mesma opinião.[4]

O julgamento foi a ocasião para uma série de discursos bastante publicitados proferidos por Hitler no banco das testemunhas, onde foi chamado a depor por Hans Frank, o advogado nazi de um dos réus. Hitler declarou que o Partido Nazi não pretendia cometer alta traição nem subverter o exército a partir de dentro. A intenção era chegar ao poder através de meios legais, pelo que ele mesmo tinha expulsado aqueles que, tal como Otto Strasser, tinham incentivado o Partido a avançar para uma revolução. O Partido garantiria uma maioria eleitoral e formaria um governo legitimamente constituído. Nessa altura, disse ele, sob uma ovação da galeria pública, os verdadeiros traidores, os «criminosos de novembro» de 1918, seriam julgados em tribunal e «rolarão cabeças». Mas até lá, o Partido respeitaria a lei. O tribunal obrigou Hitler a jurar pela veracidade do seu depoimento. «Agora, somos estritamente legais», terá dito Goebbels. «Putzi» Hanfstaengl, recentemente incumbido das relações de Hitler com a imprensa estrangeira, garantiu a difusão do discurso pelo mundo inteiro. Vendeu a William Randolph Hearst, o barão da imprensa americana, três artigos escritos por Hitler – devidamente expurgados –, delineando os objetivos e métodos do Partido Nazi, por mil *Reischmarks* cada. O dinheiro permitiu a Hitler passar a usar o Hotel Kaiserhof, no centro de Berlim, como seu quartel-general sempre que ficava na capital. As garantias dadas por Hitler dissiparam os receios de muitos alemães da classe média em relação às intenções do Partido Nazi.[5]

O tribunal não ficou impressionado com Hitler e admoestou-o por abusar do seu estatuto de testemunha. Além disso, condenou os jovens oficiais a dezoito meses de cadeia e expulsou dois do exército.[6] O conservadorismo da magistratura colocou quase inevitavelmente o tribunal do lado do exército, mas as condenações não impediram muitos oficiais jovens de continuarem a namorar o nazismo. As tentativas de Schleicher para contrariar estas ideias e restaurar a disciplina política no exército foram pouco eficazes, em particular porque ele próprio confessou abertamente ao corpo de oficiais que simpatizava com a «parte nacional» do programa nazi, em especial com «a onda de indignação promovida pelo movimento nacional-socialista contra o bolchevismo, a traição, a porcaria, etc.». «Aqui», disse ele, «não há dúvidas de que a campanha nacional-socialista tem um efeito extremamente estimulante.»[7] Simpatizar com os nazis significava cooperar com eles, mas as chefias do exército eram tão arrogantes e presunçosas que julgavam que podiam obrigar os nazis a fazer a sua vontade e alistá-los como auxiliares militares e políticos, tal como tinham feito com outros grupos paramilitares no princípio dos anos 20. O tempo revelaria a enorme insensatez desta política.

A nova proeminência política do exército teve expressão na nomeação por Hindenburg, aconselhado sobretudo por Schleicher e outros oficiais superiores, do sucessor de Müller como chanceler. Desde o início, não se procurou nomear um governo assente no apoio democrático dos partidos com assento no *Reichstag*. Seria indigitado um «governo de especialistas», com o objetivo de contornar o *Reichstag* através do uso dos poderes de Hindenburg para governar com decretos de emergência. O âmbito da governação por decreto era obviamente limitado, e muitas medidas, principalmente o orçamento, tinham de ser aprovadas pelo *Reichstag*. Foram dados passos para que o esquema não parecesse a inauguração de um regime autoritário. O novo governo incluiu políticos do *Reichstag* como Joseph Wirth, ex-chanceler do *Reich* do Partido do Centro, Hermann Dietrich, do Partido Democrata Alemão (rebatizado Partido do Estado Alemão em julho de 1930), Martin Schiele, do Partido Popular Nacional Alemão, Julius Curtius do Partido Popular Alemão e Viktor Bredt do pequeno Partido da Economia. Mas não incluiu os sociais-democratas, aos quais Hindenburg e os seus associados não quiseram confiar o poder de governar por decreto. Sem os sociais-democratas, o governo não dispunha de uma maioria parlamentar, mas isto já não parecia ter importância nenhuma.

O novo governo era chefiado por um homem cuja nomeação para chanceler do *Reich* se viria a revelar uma escolha fatal. Superficialmente, a indigitação de Heinrich Brüning, nascido em 1885, era defensável em termos democráticos. Enquanto líder da bancada do Partido do Centro no *Reichstag*, Brüning representava o grande pilar da democracia parlamentar na República de Weimar. Contudo, aquando da sua nomeação, o Partido do Centro, sob a influência do seu novo líder, o prelado Ludwig Kaas, já estava a assumir uma posição mais autoritária e tacanhamente preocupada com a defesa dos interesses da Igreja Católica. Além do mais, Brüning era, na melhor das hipóteses, um amigo da onça da democracia de Weimar. Brüning, que era ex-oficial do exército, ficou chocado com a Revolução de Novembro e foi um monárquico inveterado durante toda a sua vida. De facto, Brüning referiu nas suas memórias que a restauração da monarquia fora o seu principal propósito depois de ser tornar chanceler, mas, ao fazê-lo, talvez tenha dado uma coerência retrospetiva a uma carreira política dominada, tal como as de tantos políticos, por imperativos de curto prazo.[8] Apesar da sua convicção íntima de que o regresso ao sistema bismarckiano seria o melhor para todos, Brüning não tinha um plano detalhado para restaurar a monarquia, e muito menos para o regresso do *Kaiser*. No entanto, os seus instintos eram autoritários.[9] A revisão constitucional concebida por Brüning contemplava a redução dos poderes do *Reichstag* e a combinação dos cargos de chanceler do *Reich* e de ministro-presidente da Prússia na sua pessoa, retirando assim aos sociais-democratas o seu domínio do maior Estado alemão. Brüning não teve o apoio de Hindenburg para implementar a revisão, mas a ideia ficou em cima da mesa, pronta para ser usada por quem tivesse a bênção do presidente. Brüning também começou a restringir os direitos democráticos e as liberdades civis.[10] Em março de 1931, por exemplo, introduziu limitações significativas à liberdade da imprensa, em especial quando eram publicadas críticas às suas políticas. Em meados de julho, o jornal liberal *Berliner Tageblatt* calculou que eram proibidas mensalmente até cem edições de jornais de todo o país. Em 1932, o jornal comunista *Die Rote Fahne* foi proibido em mais de um terço dos dias. A liberdade de imprensa começou a ser seriamente comprometida muito antes de os nazis chegarem ao poder.[11]

Ou seja, Brüning iniciou o desmantelamento das liberdades democráticas e civis que foi continuado energicamente pelos nazis. Aliás, há quem diga que a muito criticada política económica de Brüning durante a crise foi concebida, em parte, para enfraquecer os sindicatos e os sociais-democratas, duas das principais forças que mantinham a democracia de Weimar à tona.[12] É certo que Brüning não era um ditador e que a sua nomeação não assinalou o fim da democracia de Weimar. Brüning não chegou à sua posição no Partido do Centro sem ser hábil no calculismo, nas manobras políticas e na construção de coligações e alianças. Tinha uma reputação considerável como especialista financeiro e fiscal, e um homem que se soubesse mexer nestas áreas bastante técnicas era claramente necessário ao leme em 1930. Mas a partir desse ano, o seu espaço de manobra começou a ficar rapidamente mais limitado, em particular por causa dos seus catastróficos erros de cálculo. E nem os seus maiores apologistas disseram que ele era um líder carismático ou inspirador. Brüning tinha um ar austero, era dissimulado, imperscrutável e dado a tomar decisões pouco informadas, e não tinha o dom da retórica: não era o homem para conquistar o apoio massificado de um eleitorado cada vez mais chocado com o caos económico e com a violência política que estavam a afundar o país numa crise ainda mais grave do que a de 1923.[13]

II

A principal tarefa de Brüning era lidar com a situação económica, que se estava a deteriorar rapidamente. Brüning optou por medidas deflacionárias radicais, sobretudo a redução da despesa pública. As receitas fiscais estavam em queda e as possibilidades de endividamento para cumprir as obrigações do Estado eram praticamente inexistentes. Além do mais, a moeda alemã tinha sido estabilizada depois da grande inflação de 1923 com a indexação ao valor do ouro, mas não era minimamente certo que tivesse sido estabilizada no nível correto. No entanto, os valores definidos eram considerados sacrossantos, e a única maneira de lidar com uma moeda que se tornou sobrevalorizada, dado que as suas reservas estavam a desaparecer devido ao défice da balança de pagamentos, era reduzir os preços e os salários e aumentar as taxas de juro internas.[14] Finalmente, as reparações continuavam a pesar sobre a economia alemã, apesar de terem sido recalendarizadas e, na prática, substancialmente reduzidas pelo Plano Young no verão de 1932. Brüning pretendia diminuir a procura interna para baixar os preços e tornar as exportações mais competitivas, uma política vista com agrado pelos exportadores, que eram os seus maiores apoiantes.[15] Mas não era uma política muito realista porque a procura mundial tinha diminuído de forma inédita.

Primeiro foram os cortes na despesa pública. Uma série de medidas, que culminou com os decretos de emergência publicados em 5 de junho e 6 de outubro, reduziu o subsídio de desemprego, restringiu os motivos para a sua atribuição e impôs meios de verificação para um número crescente de casos. Por conseguinte, os desempregados de longa duração viram o seu nível de vida constantemente diminuído: passavam do subsídio de desemprego para os subsídios de crise providenciados pelo Estado, depois para a assistência paga pelas autoridades locais e, finalmente, ficavam sem apoio nenhum. No final de 1932, havia apenas 618 mil beneficiários do subsídio de desemprego, contra 1 milhão e 230 mil com subsídios de crise, 2,5 milhões com apoios da segurança social e mais de 1 milhão sem nenhum rendimento regular, uma vez que a duração do seu desemprego tinha ultrapassado o limite de tempo aplicado a todos estes pagamentos sociais.[16] Independentemente dos objetivos de Brüning, o aumento da pobreza agravou a situação económica. As pessoas que mal conseguiam adquirir as necessidades básicas para as suas famílias não iriam certamente gastar dinheiro suficiente para estimular a recuperação da indústria e dos serviços. Além do mais, o receio da inflação era tão grande que mesmo sem acordos internacionais (como o Plano Young), que dependiam da manutenção do valor do *Reichsmark*, a desvalorização (a forma mais rápida de promover as exportações) teria sido extremamente arriscada em termos políticos. De qualquer modo, Brüning recusou a desvalorização porque queria mostrar à comunidade internacional que as reparações estavam a causar muita miséria e sofrimento na Alemanha.[17]

Porém, no verão de 1932, a situação mudou. A economia foi atingida por uma nova crise. A fuga de capitais atingiu o auge e, no dia 13 de julho, provocou a falência do Darmstädter und Nationalbank (ou Danat-Bank), muito dependente do financiamento externo, e ameaçou o colapso do crédito.[18] E a impossibilidade de socorrer o governo alemão com o financiamento no estrangeiro era absolutamente inequívoca: segundo uma estimativa, a quantia necessária para cobrir o défice orçamental era maior do que a totalidade das reservas de ouro dos Estados Unidos. A cooperação financeira internacional era impossível devido à rigidez imposta pelo padrão-ouro. Brüning e os seus conselheiros, sem alternativas, viram-se obrigados a suspender a convertibilidade do *Reichsmark*, uma medida que tinham evitado por recearem que causasse inflação. A partir dessa altura, o *Reichsmark* deixou de poder ser trocado por divisas.[19]

Isto tornou o padrão-ouro irrelevante para a Alemanha e possibilitou uma abordagem mais flexível à política monetária e o aumento das reservas de moeda, que poderiam, pelo menos em teoria, aliviar a situação financeira do governo e permitir-lhe começar a reflacionar a economia com programas de criação de empregos.[20] Porém, de forma fatal, Brüning recusou dar esse passo por recear que a impressão de dinheiro não indexado ao valor do ouro causasse inflação. De todos os efeitos a longo prazo da inflação alemã, este terá sido o mais desastroso. Mas esta não foi a única razão que levou Brüning a persistir nas suas políticas deflacionárias muito depois de se terem tornado disponíveis outras alternativas exequíveis. Brüning pretendia usar a elevadíssima taxa de desemprego para completar o desmantelamento do Estado social de Weimar, reduzir a influência do trabalho e enfraquecer a oposição aos seus planos de revisão da Constituição, numa ótica autoritária e restauracionista.[21]

A crise bancária pôs nas mãos de Brüning outra carta que ele não quis jogar. Devido à fuga de capital estrangeiro da economia alemã na primavera e no princípio do verão de 1931, os pagamentos das reparações, juntamente com outros movimentos de capital internacional, foram suspensos pela Moratória Hoover em 20 de junho. Isto removeu outro constrangimento político da liberdade de manobra do governo alemão. Até àquela altura, quase todas as suas políticas económicas — tais como o aumento de impostos ou outras formas de aumento da receita do Estado — tinham arriscado a acusação pela extrema-direita de estarem a contribuir para os odiados pagamentos das reparações, mas já não era o caso. Contudo, isto não foi suficiente para Brüning, que julgou que depois de terminada a crise, a moratória ao pagamento das reparações seria levantada.[22] Por conseguinte, não fez nada, apesar de ter os meios de fuga à sua frente e de algumas vozes do público clamarem a favor de estimular a procura através de programas de criação de emprego financiados pelo governo.[23]

Mas a posição deflacionária de Brüning era inabalável. Os acontecimentos de 1931 agravaram a Grande Depressão mais do que nunca, e não havia sinais de abrandamento. Brüning estimou que iria durar até 1933. Era uma possibilidade demasiado horrível para muita gente, e não só para os desempregados e os pobres.[24] Brüning, que no dia 8 de dezembro emitiu outro decreto de emergência ordenando a redução dos salários para o nível de 1927 e a diminuição de vários preços, começou a ser apodado de «Chanceler da Fome».[25] Os satiristas compararam-no a Fritz Haarmann, o assassino em série do princípio dos anos 20, cujo hábito de cortar os cadáveres das vítimas deu origem a uma cantiga que era usada para meter medo às crianças e que ainda é cantada na Alemanha:

> Espera um bocadinho e vais ver,
> O Brüning vai aparecer
> Com o nono decreto
> Para te cortar aos bocadinhos.[26]

Não houve um nono decreto de emergência, mas depois de promulgar apenas quatro, Brüning já era o chanceler mais impopular da República de Weimar.[27]

III

Tal como muitos conservadores tradicionais, Brüning quis conter ou enfraquecer o radicalismo raivoso da extrema-direita, e mostrou alguma coragem ao procurar fazê-lo. Mas tal como muitos conservadores tradicionais, Brüning subestimou o poder e a influência da extrema-direita. A sua fidelidade àquilo que, na sua perspetiva, eram as virtudes prussianas da piedade, da objetividade, do apartidarismo e do serviço abnegado ao Estado derivavam, em particular, das tradições patrióticas do Partido do Centro desde o ataque de Bismarck à suposta deslealdade dos católicos nos anos 70 do século XIX. Estas tradições imbuíram Brüning de uma desconfiança perene em relação à política partidária e de uma fé instintiva na fiabilidade política de um ícone político prussiano como o presidente Hindenburg — uma fé que acabou por se revelar completamente deslocada.[28] E este não foi o único erro de cálculo fatal de Brüning. Desde a primeira hora, Brüning ameaçou usar o poder conferido a Hindenburg pelo Artigo 25.º da Constituição de convocar eleições para o *Reichstag* com o objetivo de subjugar os sociais-democratas, a principal força da oposição. Quando o Partido Social-Democrata fez causa comum com o Partido Popular Nacional Alemão e o Partido Comunista na rejeição de um orçamento marcadamente deflacionário, Brüning não hesitou em concretizar a sua ameaça e provocou a dissolução do *Reichstag*. Os sociais-democratas, ignorando os resultados das eleições locais e regionais que tinham dado ganhos enorme aos nazis, partiram do princípio de que os eleitores continuariam a votar como sempre e estavam crentes num resultado que lhes validasse a sua postura política. Tal como muitos alemães, Brüning e os seus adversários da esquerda viam a retórica extremista e a violência de rua dos nazis como uma prova da sua inevitável marginalidade política. Os nazis não respeitavam as regras da política, logo, não podiam esperar ser bem-sucedidos.[29]

A campanha eleitoral decorreu numa atmosfera de excitação febril nunca antes vista. Goebbels e o Partido Nazi deram tudo por tudo. Em discurso após discurso perante multidões de até vinte mil pessoas nas maiores cidades, Hitler insurgiu-se contra as iniquidades da República de Weimar, contra as suas fatais divisões internas, a sua multiplicidade de fações beligerantes e partidos interesseiros, o seu fracasso económico e a humilhação que impunha ao país. Em vez disto tudo, gritou ele, a democracia seria vencida e a autoridade da personalidade individual seria reafirmada. Os revolucionários de 1918, os oportunistas de 1923, os traiçoeiros apoiantes do Plano Young e os mangas de alpaca sociais-democratas do funcionalismo público («parasitas revolucionários») seriam todos purgados. Hitler e o seu Partido ofereceram uma visão retórica vaga, mas potente, de uma Alemanha unida e forte, de um movimento que transcendia as barreiras sociais e superava os conflitos sociais, de uma comunidade racial de todos os alemães unidos no trabalho, de um novo *Reich* que reconstruiria a força económica da

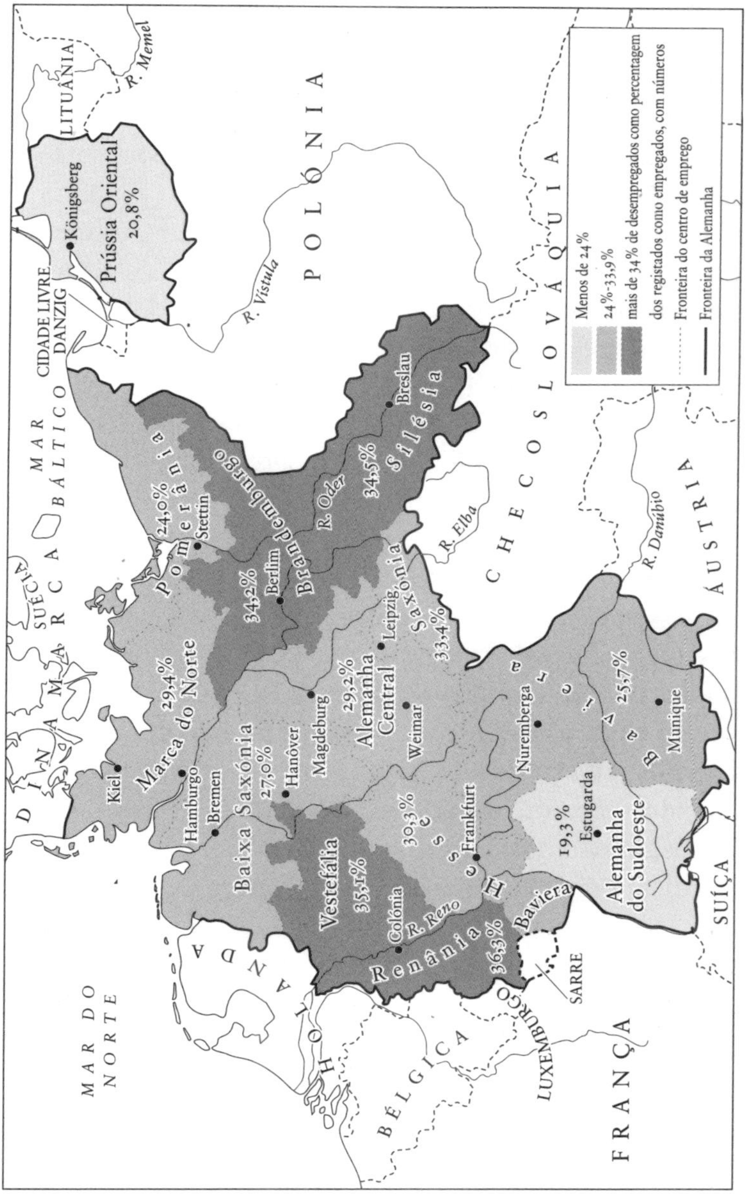

Mapa 9. O desemprego em 1932

Alemanha e devolveria a nação ao seu lugar no mundo. Esta mensagem exerceu uma atração poderosa sobre as muitas pessoas que olhavam nostalgicamente para o *Reich* criado por Bismarck e que sonhavam com um novo líder que ressuscitasse a glória perdida da Alemanha. Foi uma mensagem que resumiu tudo o que muitas pessoas consideravam errado na República e que lhes deu a oportunidade de expressarem a sua enorme desilusão com a República ao votarem num movimento que era o oposto da República em todos os aspetos.

Por baixo deste nível muito geral, o aparelho de propaganda nazi direcionou-se habilmente para segmentos específicos do eleitorado alemão, treinando os ativistas da campanha a falar para diferentes tipos de público, anunciando os comícios com muita antecedência, fornecendo tópicos para espaços específicos e escolhendo os oradores adequados para a ocasião. Por vezes, o principal orador nazi partilhava a tribuna com não nazis e simpatizantes conservadores importantes. Durante a Grande Depressão, as sofisticadas subdivisões do Partido reconheceram as crescentes divisões da sociedade alemã em termos de grupos de interesses concorrentes e adaptaram a sua mensagem aos seus eleitores específicos. Usavam palavras de ordem antissemitas quando se dirigiam a grupos nos quais poderiam ter eco; quando não funcionavam, eram descartadas. Os nazis adaptavam-se em função da reação do público; observavam-no atentamente e produziam uma grande variedade de cartazes e panfletos concebidos para conquistarem os diferentes segmentos do eleitorado. Organizavam projeções de filmes, comícios, espetáculos com canções e bandas de música, manifestações e desfiles. A campanha foi concebida e dirigida pelo Chefe de Propaganda do Reich, Joseph Goebbels. A sede dos serviços de propaganda, em Munique, enviava um fluxo constante de diretivas às filiais locais e regionais do Partido, e fornecia-lhes *slogans* e materiais para a campanha. Quando a campanha atingiu o clímax, os nazis, movidos por um nível de empenhamento que até excedeu o dos comunistas, ultrapassaram todos os outros partidos com o seu ativismo constante e frenético e com a intensidade do seu esforço de propaganda.[30]

Os resultados das eleições de setembro de 1930 foram um choque para quase toda a gente e assestaram um golpe sísmico e, em muitos aspetos, decisivo ao sistema político da República de Weimar.

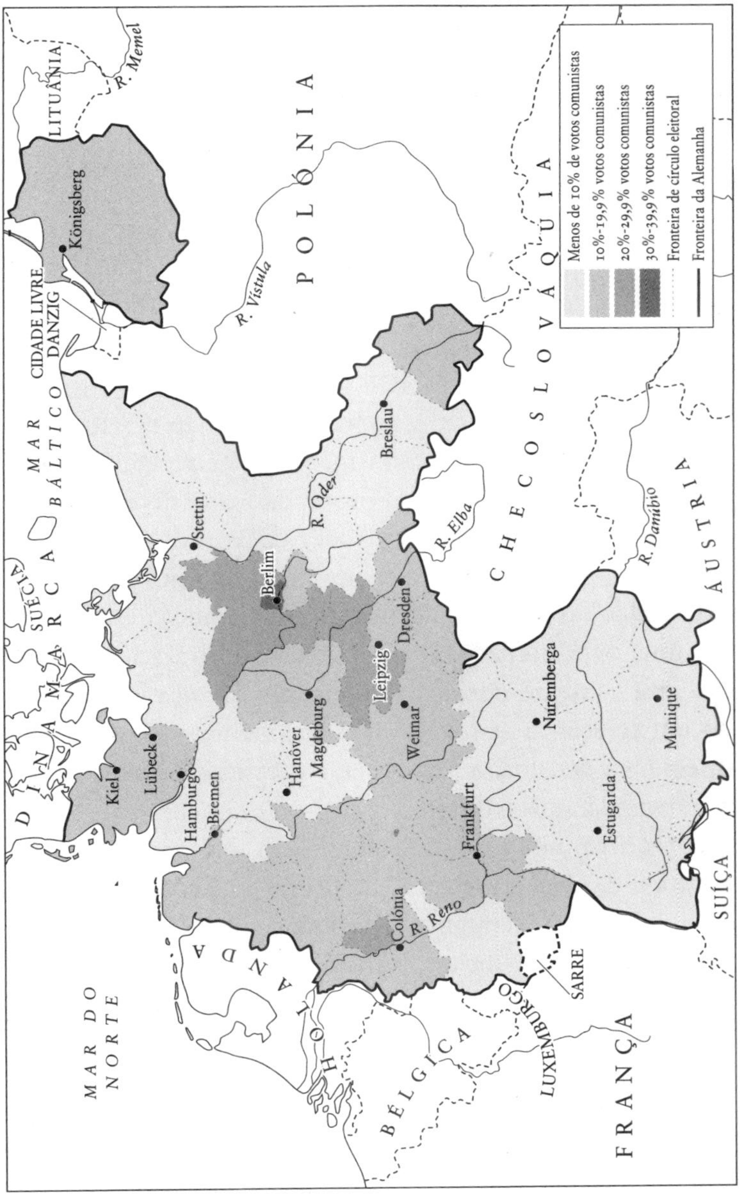

Mapa 10. Os comunistas nas eleições para o *Reichstag* de 1930

A verdade é que o Partido do Centro, a grande força eleitoral por trás do governo de Brüning, podia sentir-se moderadamente satisfeito por ter aumentado a sua votação de 3,7 milhões para 4,1 milhões de votos, aumentando o seu número de deputados no *Reichstag* de 62 para 68. Os principais adversários de Brüning, os sociais-democratas, perderam dez deputados, descendo de 153 para 143, mas continuaram a ser o maior partido da legislatura. Neste sentido, as eleições deram uma leve palmadinha na mão de Brüning. Contudo, os partidos do centro e da direita com os quais Brüning esperaria formar o seu governo sofreram perdas catastróficas: o Partido Popular Nacional Alemão caiu de 73 deputados para 41, o Partido Popular Alemão, de 45 para 31 e o Partido da Economia (um grupo com interesses especiais da classe média recém-fundado) de 25 para 20. Ou seja, os partidos representados no primeiro governo de Brüning perderam 53 dos 236 deputados, ficando reduzidos a 183. E nem todos estavam solidamente atrás do chanceler: o Partido Popular Alemão estava profundamente dividido em relação à questão de o apoiar ou não, e o líder do Partido Popular Nacional Alemão, Alfred Hugenberg, era muito crítico do governo de Brüning, tendo expulsado do partido os deputados moderados que ainda lhe queriam dar uma oportunidade. Depois de setembro de 1930, Hugenberg não teve praticamente oposição interna no Partido Popular Nacional Alemão em relação à sua política de cooperação com os nacionais-socialistas para derrubar a República e substituir o chanceler do *Reich* por alguém ainda mais à direita.[31]

Tal como isto indica, as forças políticas que se oporiam de forma incessante e inflexível ao governo de Brüning na convicção de que acelerariam a queda da República receberam um estímulo com as eleições de 1930. Os comunistas, ajudados pela sua popularidade entre os desempregados, aumentaram o seu número de deputados de 54 para 77. Todavia, o maior choque de todos foi o aumento da votação nos nazis. Nas eleições de 1928, somente 800 mil pessoas tinham votado nos nacionais-socialistas, dando-lhes 12 lugares na legislatura nacional. Em setembro de 1930, os nazis garantiram 6,4 milhões de votos e 107 deputados. «Fantástico», gabou-se Joseph Goebbels no seu diário, em 15 de setembro de 1930, «...um progresso incrível... Eu não estava à espera disto.»[32] Os jornais favoráveis aos nazis registaram os

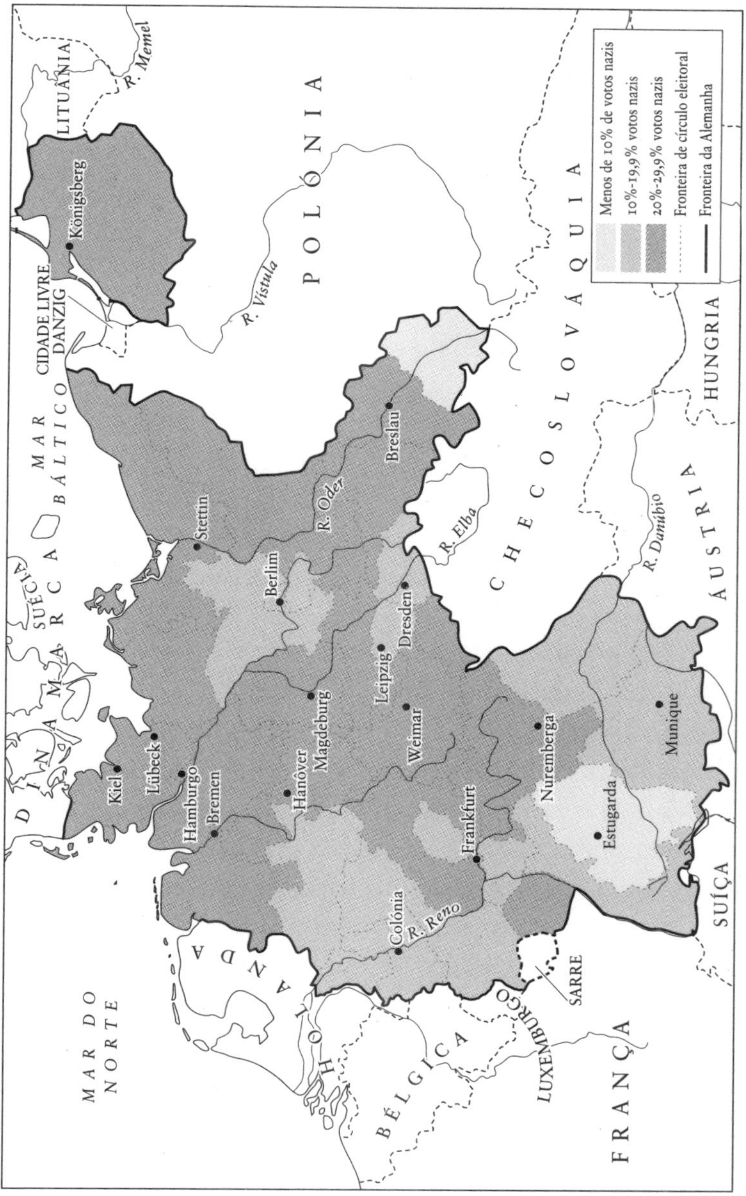

Mapa 11. Os nazis nas eleições para o *Reichstag* de 1930

resultados eleitorais como uma «sensação mundial» que anunciava uma nova fase da história da Alemanha. Só os comunistas disseram que era uma coisa passageira («doravante, vai ser sempre a descer»)[33].

Todavia, os ganhos dos nazis refletiam a profunda ansiedade existente em muitos segmentos do eleitorado. Em alguns círculos eleitorais rurais do Norte, o voto nos nazis foi esmagador: 68% em Wiefelstede, no círculo eleitoral de Weser-Ems, 57% em Brünen, Düsseldorf Oeste, 62% em Schleswig, em Schleswig-Holstein.[34] Talvez Brüning estivesse mais ou menos à espera disto, dado que as eleições para as legislaturas estaduais e autárquicas realizadas em toda a Alemanha desde 1918 vinham resultando em ganhos consideráveis para os nazis. Por conseguinte, as hipóteses de Brüning obter o que pretendia com as eleições de 1930 já eram muito reduzidas antes do início da campanha eleitoral. Contudo, ninguém estava à espera de que os resultados dos nazis nas eleições para o *Reichstag* fossem tão significativos. Aliás, em muitos lugares, os resultados ultrapassaram em muito o impacto da propaganda nazi; por exemplo, o Partido obteve 25%–28% dos votos em zonas rurais remotas do norte protestante, onde o seu esforço organizativo mal tinha penetrado.[35]

Como se explica este sucesso espetacular? Os nazis eram vistos, em particular pelos marxistas de diversas tendências, como representantes da classe média-baixa, mas nas eleições de 1930 romperam claramente as barreiras desse eleitorado específico e garantiram votos não só dos trabalhadores de colarinho branco, lojistas, pequenos empresários, agricultores, etc., como também de muitos eleitores situados mais acima na escala social, na burguesia profissional, comercial e industrial.[36] A subida da temperatura política no princípio dos anos 30 beneficiou principalmente os nazis, dado que um número cada vez maior de abstencionistas começou a acorrer às urnas. Cerca de 25% dos eleitores que votaram nos nazis em 1930 nunca tinham votado. Destes, muitos pertenciam ao número considerável dos nascidos antes de 1914 e que votaram pela primeira vez, embora não pareça terem votado desproporcionalmente nos nazis; aliás, a atração do Partido foi particularmente forte sobre a geração mais velha, que deixou obviamente de considerar o Partido Popular Nacional Alemão suficientemente vigoroso para destruir a odiada República. Cerca de um terço dos eleitores que tinham votado no Partido Popular Nacional Alemão em 1928 votou nos nazis em 1930, tal como fizeram 25% dos eleitores do Partido Democrata Alemão e do Partido Popular Alemão, e ainda 10% dos eleitores do Partido Social-Democrata.[37]

Os nazis saíram-se particularmente bem com as mulheres, cuja inclinação abstencionista diminuiu de forma acentuada em 1930, uma alteração importante porque em virtude das baixas da Primeira Guerra Mundial e da longevidade tendencialmente cada vez maior das mulheres em relação aos homens, havia muito mais eleitoras do que eleitores. Na cidade de Colónia, por exemplo, a percentagem de eleitoras aumentou de uma média de 53% em 1924 para 69% em 1930; na comuna de Ragnitz, na Prússia Oriental, de 62% para 73%. A tendência das mulheres para evitarem partidos radicais como os nazis desapareceu, embora o seu apoio desproporcional ao Partido do Centro se tenha mantido praticamente inalterado. Não obstante as especulações dos contemporâneos e de alguns historiadores posteriores sobre as razões que terão levado as mulheres a votarem nos nazis — desde serem mais suscetíveis à emotiva propaganda do Partido até estarem desiludidas com a República por não lhes ter garantido igualdade —, a realidade é que não existe indicação nenhuma de que tenham tido motivos diferentes dos dos homens que votaram nos nazis. O que interessa é que elas votaram no Partido.[38]

Independentemente de os seus eleitores serem homens ou mulheres ou novos ou velhos, o Partido Nazi saiu-se particularmente bem no norte protestante da Alemanha, a oriente do Elba, e muito pior no sul e no ocidente católicos. Atraiu eleitores nas zonas rurais, mas menos nas áreas industriais urbanas. Em partes de Schleswig-Holstein e Oldemburgo, duas zonas profundamente rurais do norte protestante, obteve mais de 50% dos votos. Porém, contrariamente à opinião contemporânea generalizada, os nazis não se saíram melhor nas pequenas cidades do que nas grandes; a filiação religiosa, que significava que um eleitor protestante tinha duas vezes mais probabilidades de votar nos nazis do que um católico, foi muito mais importante nas zonas rurais, talvez por a influência do clero ser maior no campo e a secularização estar mais avançada nas cidades, independentemente do seu tamanho. Em 1930, alguns católicos votaram nos nazis, mas a grande maioria permaneceu fiel ao Partido do Centro, fechada no seu meio cultural e insulada contra a atração da direita radical pela sua aversão inata à democracia, aos judeus e ao mundo moderno.[39]

Os sociais-democratas e os comunistas, como vimos, também se revelaram relativamente resistentes ao desafio eleitoral dos nazis em 1930, mas isto não significa que os nazis não tenham obtido votos da classe trabalhadora. Os trabalhadores braçais assalariados e as suas mulheres representavam quase metade do eleitorado da Alemanha, uma das sociedades industriais mais avançadas do mundo, e os dois partidos da classe operária combinados garantiam regularmente quase um terço dos votos nas eleições de Weimar. Por conseguinte, um número significativo de trabalhadores e das suas mulheres deve ter votado regularmente noutros partidos. Este grupo social grande e diverso incluía muitos trabalhadores católicos, trabalhadores empregados em firmas pequenas e frequentemente geridas de forma paternalista, trabalhadores braçais do sector público (dos caminhos de ferro, dos correios, etc.) e trabalhadores não sindicalizados (incluindo, em especial, as trabalhadoras braçais). Os trabalhadores rurais de áreas protestantes com uma percentagem relativamente pequena de trabalhadores braçais revelaram-se particularmente suscetíveis à propaganda nazi, mas os trabalhadores dos latifúndios tenderam a permanecer leais aos sociais-democratas. Aliás, o esforço de propaganda nazi foi particularmente canalizado para os trabalhadores, com imagens e palavras de ordem sociais-democratas, atacando a «reação» e o «marxismo» e apresentando o Partido como herdeiro da tradição socialista alemã. Os nazis apenas conseguiram fazer uma pequena mossa nos votos sociais-democratas e comunistas, mas exerceram uma atração suficientemente forte sobre os trabalhadores sem partido: em setembro de 1930, cerca de 27% dos eleitores dos nazis foram trabalhadores braçais.[40]

Dado que, como vimos, a classe operária era quase metade do eleitorado e que os nazis obtiveram pouco mais de 18% dos votos, isto significa que o Partido continuou a ser menos atrativo para os trabalhadores do que para as restantes classes sociais e que a grande maioria dos eleitores da classe operária votou noutros partidos. Onde a tradição social-democrata ou comunista era forte, os níveis de sindicalização eram elevados e a cultura do movimento operário era ativa e estava bem apoiada, o poder coesivo dos meios socialistas revelou-se geralmente resistente à atração dos nazis.[41] Ou seja, os nazis chegaram a partes da classe trabalhadora às quais os partidos de esquerda tradicionais não conseguiram chegar.[42] A sua atração deveu-se a fatores sociais e culturais e não aos económicos, dado que os desempregados votaram nos comunistas e não nos nazis. Os trabalhadores que ainda tinham emprego em setembro de 1930 temiam o futuro, e muitos dos que não estavam enquadrados no meio poderoso do movimento laboral viraram-se para os nazis para se defenderem da ameaça do Partido Comunista.[43]

Os nazis dirigiram a sua propaganda para os trabalhadores e, de forma surpreendente, negligenciaram os trabalhadores de colarinho branco, que poderão ter ficado desagradados com os ataques do Partido a muitas das instituições para as quais trabalhavam, desde as financeiras aos grandes armazéns. Muitas mulheres com empregos mal remunerados pertenciam à classe operária por origem ou casamento e votaram nos sociais-democratas, tal como uma percentagem considerável dos trabalhadores de colarinho branco, e não só os que eram funcionários dos sindicatos e de outras instituições do movimento laboral. Os trabalhadores de colarinho branco do sector privado foram um dos grupos menos afetados pela Grande Depressão. Por conseguinte, apesar da crença contemporânea em contrário, os trabalhadores de colarinho branco, tal como os trabalhadores braçais, estiveram relativamente subrepresentados no eleitorado nazi em 1930. Em contraste, os funcionários públicos estiveram sobrerrepresentados, talvez porque os cortes aplicados pelo governo deixaram milhares deles sem emprego e reduziram os rendimentos de muitos mais ao nível de um trabalhador braçal qualificado ou menos. A atratividade dos nazis para os trabalhadores por conta própria, em particular nas zonas rurais protestantes, foi ainda maior; muitos deles eram obviamente pequenos agricultores.[44]

Em setembro de 1930, o Partido Nazi afirmou-se de forma espantosamente repentina como um partido de protesto social para todos, agradando mais ou menos a quase todos os grupos sociais do país. Ainda mais do que o Partido do Centro, conseguiu transcender as fronteiras sociais e unir grupos extremamente díspares com base numa ideologia comum, sobretudo, mas não exclusivamente, no seio da maioria protestante, como nenhum outro partido tinha conseguido. Os partidos burgueses liberais e conservadores, enfraquecidos pela inflação, foram incapazes de manter o seu apoio perante a catástrofe económica que atingiu a Alemanha no final de 1929. Os eleitores da classe média, repugnados com a violência e o extremismo dos nazis, viraram-se para as fações da direita em número ainda maior do que em 1924 e 1928, aumentando a sua presença no *Reichstag* de 20 para 55 deputados, mas muitos optaram pelos nazis em setembro de 1930, juntando-se a eleitores de outros grupos sociais, incluindo os agricultores, diversos tipos de trabalhadores, funcionários públicos, eleitores que votavam pela primeira vez (incluindo muitas mulheres) ou grupos etários mais velhos, e incrementaram maciçamente o voto nazi numa poderosa expressão de insatisfação, ressentimento e medo.[45]

Na situação cada vez mais desesperada de 1930, os nazis conseguiram projetar uma imagem de ação forte e decisiva, dinamismo, energia e juventude que não se viu na propaganda dos outros partidos políticos, com a exceção parcial dos comunistas. O culto da liderança criado pelos nazis em torno de Hitler não era igualável aos esforços dos outros partidos para projetarem os seus líderes como os Bismarcks do futuro. Tudo isto foi conseguido com palavras de ordem e imagens poderosas e simples, uma atividade frenética e maníaca, marchas, comícios, manifestações, discursos, cartazes, etc., que sublinharam a afirmação dos nazis de que eram muito mais do que um partido político: eram um *movimento* que pegava no povo alemão e o conduzia imparavelmente a um futuro melhor. Mas os nazis não ofereceram soluções concretas para os problemas da Alemanha, em especial nas esferas em que eram mais necessárias, na economia e na sociedade. E de forma ainda mais notável, a desordem pública que estava tão presente na mente da classe média respeitável em 1930, e à qual os nazis prometeram pôr cobro através da criação de um Estado autoritário, era muito fruto da sua responsabilidade. É evidente que muita gente não se apercebeu disto: culpou os comunistas e viu na violência de rua das SA uniformizadas de castanho uma reação justificada, ou pelo menos compreensível, à violência e agressividade da Liga dos Combatentes da Frente Vermelha.

Na realidade, em 1930, os eleitores não estavam à procura de nada muito concreto no Partido Nazi. O que quiseram foi protestar contra o fracasso da República de Weimar. Muitos deles, em particular nas zonas rurais, nas pequenas cidades, nas oficinas, de famílias culturalmente conservadoras, de grupos etários mais velhos ou dos meios políticos nacionalistas da classe média, terão expressado a sua alienação da modernidade cultural e política que a República representava, apesar de os nazis, em muitos aspetos, também projetarem uma imagem moderna. A falta de clareza do programa nazi, a sua mistura simbólica do antigo e do novo e a sua natureza eclética e frequentemente inconsistente permitiram às pessoas lerem nele o que queriam e descartarem o que talvez achassem inquietante. Muitos eleitores da classe média reconciliaram-se com a violência e a brutalidade dos nazis atribuindo-as a um excesso de ardor e energia juvenis. Mas eram muito mais do que isso, como eles não tardariam a descobrir por si próprios.[46]

A vitória da violência

I

Em 1930, o jovem «camisa-castanha» Horst Wessel era profundamente odiado pelos paramilitares comunistas de Berlim. Wessel era idealista, inteligente e culto, e tinha chamado a atenção de Joseph Goebbels, que na primeira metade de 1928 o incumbira de estudar o bem organizado movimento juvenil nazi de Viena. Depois de regressar a Berlim, Wessel ascendeu rapidamente a uma posição de destaque no bairro de Friedrichshain, onde comandava uma «*sturm*» ou secção paramilitar nazi. Wessel lançou uma campanha particularmente enérgica e provocatória nas ruas, e num ataque dos «camisas-castanhas» à sede local do Partido Comunista, quatro operários comunistas ficaram gravemente feridos. Heinz Neumann, conhecido por «Goebbels do Partido Comunista» e editor berlinense do jornal do partido, *Die Rote Fahne*, respondeu com um novo *slogan* para os quadros do partido: «Espanquem os fascistas sempre que os encontrarem!»[1]

Foi nesta atmosfera que, no dia 14 de janeiro de 1930, a senhoria de Wessel, viúva de um comunista, foi a uma taberna do bairro pedir ajuda para lidar com o seu inquilino, o qual, segundo ela, além de se negar a pagar renda pela namorada, que vivia com ele, tinha respondido às suas exigências com ameaças de violência. Desconhece-se se foi verdade, dado que existem provas de que a verdadeira razão do desentendimento foi a tentativa da senhoria de aumentar a renda. A senhoria também receava que se a namorada de Wessel não se fosse embora, ela perderia o seu direito ao apartamento — que era subalugado por ela —, em particular porque a jovem era prostituta (a dúvida sobre se ela ainda trabalhava como prostituta foi subsequentemente o tema de um debate acalorado e algo lascivo). O fator crucial foi a ligação da viúva ao Partido Comunista. Os comunistas, apesar do seu desagrado por ela ter insistido num funeral religioso para o marido, decidiram ajudá-la a lidar com o inquilino. Segundo eles, na véspera, um comunista do bairro tinha levado um tiro durante uma luta contra os «camisas-castanhas», e a disputa ofereceu-lhes a oportunidade ideal para se vingarem. Cientes da probabilidade de Wessel estar armado, mandaram chamar a uma taberna um rufião bastante conhecido no bairro, Ali Höhler, que tinha uma arma, para reforçar a expedição punitiva ao apartamento de Wessel. Höhler não era membro da Liga dos Combatentes da Frente Vermelha e tinha no seu cadastro várias condenações por pequenos crimes, perjúrio e proxenetismo. Höhler, que também pertencia a um dos gangues do crime organizado de Berlim, era um exemplo das ligações entre o comunismo e a criminalidade, forjadas numa altura em que o partido se baseou nos bairros pobres e nas «zonas criminosas» das grandes cidades alemãs. Höhler e o comunista Erwin Rückert subiram as escadas até ao apartamento de Wessel enquanto os outros ficavam de vigia na rua. Quando Wessel abriu a porta, Höhler abriu fogo. Wessel caiu gravemente ferido na cabeça; esteve internado algumas semanas no hospital, mas no dia 23 de fevereiro sucumbiu ao ferimento.[2]

Os comunistas montaram apressadamente uma campanha de propaganda retratando Wessel como um chulo e o ato de Höhler como decorrente de uma disputa entre criminosos sem ligação nenhuma com a Liga dos Combatentes da Frente Vermelha, e Goebbels esfalfou-se para apresentar Wessel como um mártir político. Entrevistou a mãe e extraiu dela um retrato do filho como um idealista que tinha salvado a namorada de uma vida de prostituição e que, imbuído de zelo missionário, se tinha sacrificado pela causa da pátria. Em contraste, os comunistas, proclamou Goebbels, tinham tirado a máscara ao recrutarem um criminoso comum como Höhler. Logo após o funeral, Goebbels começou a transformar a memória de Wessel num culto. A imprensa nazi de todo o país publicou inúmeros artigos a elogiar Wessel como um «mártir para o Terceiro *Reich*». O cortejo fúnebre solenemente encenado — teria sido muito maior não fossem as restrições impostas pela polícia à sua dimensão — foi presenciado, segundo Goebbels, por trinta mil pessoas ao longo das ruas que conduziam à igreja. Os cânticos, os ataques e as tentativas de desorganização do cortejo levados a cabo pela Liga dos Combatentes da Frente Vermelha deram origem a cenas selvagens e violentas nas margens da cerimónia. À beira da sepultura, perante Göring, o príncipe Augusto Guilherme da Prússia e outros dignitários, Goebbels elogiou Wessel em termos intencionalmente evocativos do sacrifício de Cristo pela humanidade: «Redenção pelo sacrifício.» «Onde a Alemanha estiver», declarou ele, «estarás tu também, Horst Wessel!». De seguida, um coro SA cantou alguns versos escritos meses antes por Wessel:

> A bandeira vai desfraldada! As fileiras estão cerradas!
> As SA marcham com o passo firme e corajoso.
> Marchando nas nossas fileiras,
> Vão os camaradas mortos pela Frente Vermelha e pela Reação!
>
> Desimpeçam as ruas para os batalhões castanhos,
> Desimpeçam as ruas para o homem da Secção de Assalto!
> Milhões já olham com esperança para a suástica.
> Vem aí o dia da liberdade e do pão!
>
> Soa o último toque a reunir!
> Estamos finalmente preparados para a luta!
> As bandeiras de Hitler ondearão nas ruas.
> A nossa servidão está prestes a terminar![3]

A canção já estava em voga no movimento, mas Goebbels publicitou-a por todo o lado, profetizando que seria em breve cantada pelas crianças de escola, pelos trabalhadores, pelos soldados, por toda a gente. Tinha razão. Antes de o ano chegar ao fim, foi publicada, editada como disco de gramofone e transformada no hino oficial do Partido Nazi. Depois de 1933, tornou-se o hino de guerra do Terceiro *Reich*, a par da antiga *Deutschland, Deutschland über Alles* («Alemanha, Alemanha acima de tudo»).[4] Wessel tornou-se no objeto de algo parecido com um culto religioso secular propagado pelos nazis e foi comemorado em filmes e em inúmeras cerimónias, monumentos e locais de peregrinação.

O facto de uma celebração tão declarada da força bruta se tornar o hino de guerra do Partido Nazi diz muito sobre o papel central da violência na sua demanda pelo poder. A violência, cinicamente explorada para fins publicitários por propagandistas manipuladores como Goebbels, tornou-se um modo de vida para os jovens «camisas-castanhas» como Wessel, tal como para os jovens operários desempregados da Liga dos Combatentes da Frente Vermelha. E havia canções ainda mais explícitas, tais como a popular «Canção das Colunas de Assalto», que os «camisas-castanhas» começaram a cantar em 1928 quando desfilavam pelas ruas de Berlim:

> Somos as Colunas de Assalto, todos nos conhecem,
> Somos as fileiras da vanguarda, corajosas no combate.
> Com a fronte suada do trabalho e o estômago vazio!
> As nossas mãos calejadas e enegrecidas seguram com firmeza as espingardas.
>
> Assim estão as Colunas de Assalto, preparadas para a luta racial.
> Só seremos libertados com a sangria dos judeus.
> Basta de negociações, não vale a pena, nenhuma:
> Ao lado do nosso Adolf Hitler, somos corajosos no combate.
>
> Viva Adolf Hitler! Já estamos a marchar.
> Vamos ao assalto em nome da revolução alemã.
> Saltem as barricadas! Só a morte nos pode derrotar.
> Somos as Colunas de Assalto da ditadura de Adolf Hitler.[5]

Esta agressividade era escoada nas constantes lutas de rua contra os paramilitares rivais. No período médio da República, que começou em 1924, todas as partes se abstiveram de violência política com a dimensão da insurreição de janeiro de 1919, da guerra civil no Rur de 1920 ou dos múltiplos confrontos de 1923, mas as metralhadoras foram substituídas pelos bastões de borracha e pelas soqueiras. Mesmo no período relativamente estável de 1924–1929, 29 ativistas nazis terão sido mortos pelos comunistas, e os comunistas disseram que 92 «operários» tinham morrido em confrontos com os «fascistas» entre 1924 e 1930. 26 paramilitares dos Capacetes de Ferro terão tombado na luta contra o comunismo e 18 homens da Bandeira do *Reich* terão morrido em vários incidentes de violência política entre 1924 e 1928.[6] Estas consequências foram apenas as mais graves das refregas constantes entre os grupos paramilitares; as mesmas fontes referem milhares de ferimentos sofridos nos confrontos, muitos deles mais graves do que equimoses ou ossos partidos.

Em 1930, os números aumentaram de forma dramática. Os nazis disseram que tinham sofrido 17 mortos nesse ano, 42 em 1931 e 84 em 1932, e que em 1932 quase dez mil dos seus homens tinham sido feridos em confrontos. Os comunistas contabilizaram 44 mortos às mãos dos nazis em 1930, 52 em 1931 e 75 nos primeiros seis meses de 1932, e mais de cinquenta homens da Bandeira do *Reich* morreram em confrontos de rua com os nazis entre 1929 e 1933.[7] As fontes oficiais corroboraram estas afirmações no essencial: uma estimativa feita no *Reichstag* e que não foi contestada por ninguém colocou em 300 o número de mortos até março de 1931.[8] Os comunistas atuaram com tanto vigor como os nazis. Quando o marinheiro Richard Krebs, chefe de um destacamento de cem membros da Liga dos Combatentes da Frente Vermelha, recebeu ordens para interromper um comício nazi em Bremen no qual um dos oradores era Hermann Göring, certificou-se de que «cada homem estava armado com um cassetete ou uma soqueira». Krebs levantou-se e, mal começou a falar, Göring mandou expulsá-lo; os «camisas-castanhas» postados à volta do salão correram para o centro e:

> Seguiu-se uma luta terrível. As armas foram cassetetes, soqueiras, mocas, cintos com fivelões, copos e garrafas. Pedaços de vidro e cadeiras voaram por cima da assistência. Os combatentes partiram as pernas das cadeiras e usaram-nas como cacetes. Algumas mulheres desmaiaram no meio dos estrondos e dos gritos da luta. Havia dezenas de cabeças e rostos em sangue e roupas rasgadas, e os combatentes manobravam entre a massa de espectadores aterrorizados e impotentes. As SA bateram-se como leões. Empurraram-nos sistematicamente para a saída principal. A banda começou a tocar uma marcha marcial. Hermann Göring estava calmamente no palco, com os punhos nas ancas.[9]

No princípio dos anos 30, estas cenas aconteciam por toda a Alemanha. A violência era particularmente grave aquando das eleições; dos 155 mortos em confrontos políticos na Prússia em 1932, 105 morreram nas eleições de junho e julho, e a polícia contabilizou 461 tumultos de natureza política com 400 pessoas feridas e 82 mortas nas primeiras sete semanas da campanha eleitoral.[10] A contenção da violência política não foi facilitada pelo facto de os partidos mais implicados acordarem amnistias para os presos políticos, libertando-os da cadeia para se lançarem numa nova ronda de espancamentos e homicídios. A última amnistia entrou em vigor no dia 20 de janeiro de 1933.[11]

II

A força policial que se viu confrontada com esta desordem cada vez maior era nitidamente hesitante na sua lealdade à democracia de Weimar. Depois de 1918, a polícia, ao contrário do exército, manteve-se descentralizada. O governo prussiano de Berlim, dominado pelos sociais-democratas, não aproveitou a oportunidade para criar uma força de manutenção da ordem pública que fosse leal à República. A polícia foi inevitavelmente recrutada entre as fileiras dos ex-soldados, dado que uma percentagem elevada do grupo etário relevante fora conscrita durante a guerra. A nova força policial era comandada por ex-oficiais, ex-soldados de carreira e combatentes dos Corpos Francos, que lhe impuseram de imediato uma toada militar e que não eram propriamente adeptos entusiásticos da nova ordem política.[12] A polícia da ordem era apoiada pela polícia política, que na Prússia e noutros Estados alemães e europeus tinha uma longa tradição de se concentrar na monitorização, na deteção e, por vezes, na repressão dos socialistas e dos revolucionários.[13] Os seus agentes, tal como os dos outros departamentos da polícia, consideravam-se acima da política partidária. Muito à semelhança do exército, serviam uma noção abstrata do «Estado» ou do *Reich*, e não as instituições democráticas da recém-fundada República. Por conseguinte, tal como seria de esperar, continuaram a vigiar não só os extremos políticos mas também os sociais-democratas, o partido do governo na Prússia e, em certo sentido, os seus chefes. Ou seja:

manteve-se a velha tradição de procurar os subversivos principalmente na esquerda.[14]

Os preconceitos da polícia e da magistratura foram particularmente evidentes em casos como o de Otto Buchwitz, deputado social-democrata do *Reichstag*. Buchwitz, que vivia na Silésia, recordou com muito ressentimento que em dezembro de 1931 as SA começaram a boicotar os seus discursos. Nos comícios, os «camisas-castanhas» ocupavam os lugares e insultavam-no. Numa ocasião, dispararam sobre ele, causando o pânico na assistência e uma zaragata durante a qual os «camisas-castanhas» e os homens da Bandeira do *Reich* efetuaram disparos. Vários nazis e sociais-democratas foram parar ao hospital e não ficou uma única mesa ou cadeira intacta no salão. Depois deste acontecimento, oito a dez SA provocavam Buchwitz quando ele saía de casa para o trabalho, vinte ou mais rodeavam-no quando ele regressava ao escritório depois do almoço, e entre cem e duzentos atormentavam-no durante o caminho de regresso a casa, entoando uma canção escrita de propósito que incluía as palavras: «Quando os revólveres dispararem, o Buchwitz vai levar com tudo!» Os manifestantes nazis paravam sempre à porta dele, com cânticos de «Morte ao Buchwitz!». O deputado queixou-se à polícia e solicitou proteção, mas foi completamente ignorado, e quando perdeu a imunidade parlamentar devido à dissolução do *Reichstag*, em 1932, foi julgado e condenado a três meses de cadeia por posse ilegal de uma arma durante a zaragata de dezembro de 1931. Nenhum dos nazis envolvidos foi acusado. Depois de ser libertado, Buchwitz viu negado o seu pedido de licença de porte de arma, mas andava sempre com uma; e quando os «camisas-castanhas» se aproximavam de mais, ele abria a patilha de segurança de modo que eles vissem. Buchwitz queixou-se ao ministro do Interior da Prússia, o social-democrata Carl Severing, que lhe respondeu que ele não se devia ter envolvido num tiroteio. A sensação de Buchwitz de ter sido traído pela liderança social-democrata agudizou-se durante o funeral de um homem da Bandeira do *Reich* morto a tiro pelos nazis. Quando ele se preparava para discursar, um grupo considerável de comunistas aproximou-se e disse-lhe que estava lá para o proteger de uma tentativa de assassinato pelos «camisas-castanhas». Nem a polícia, nem a Bandeira do *Reich* apareceram.[15]

Para a polícia, a Liga dos Combatentes da Frente Vermelha era uma associação criminosa. Esta postura, além de seguir uma longa tradição policial de equiparar a revolução à criminalidade, refletia o facto de os bastiões comunistas tenderem a situar-se nos bairros de lata, que eram o centro do crime organizado. Para a polícia, os Combatentes da Frente Vermelha eram rufiões em busca de ganhos materiais. Para os comunistas, a polícia era o punho de ferro da ordem capitalista, que tinha de ser esmagada, e atacavam com frequência os polícias, chegando mesmo a assassiná-los. Por conseguinte, nos confrontos com os comunistas, os polícias, cansados, nervosos e apreensivos, eram demasiado dados a recorrer às suas pistolas. Os confrontos prolongados registados em Berlim em 1929 ficaram célebres como «Maio de Sangue»: 31 pessoas, incluindo transeuntes inocentes, foram mortas a tiro, principalmente pela polícia, 200 ficaram feridas e mais de mil foram detidas durante manifestações comunistas no bairro operário de Wedding. Os relatos de que alguns repórteres que cobriam os acontecimentos tinham sido espancados pela polícia tornaram a imprensa mais crítica, e a polícia reagiu com um desprezo mal disfarçado por uma ordem política democrática que não os defendia dos ferimentos nem dos insultos.[16]

A polícia, alienada da República pelas constantes polémicas comunistas e pelas tentativas dos sociais-democratas de cercearem os seus poderes, também era afetada pela lentidão das promoções, e muitos polícias mais jovens sentiam as suas carreiras bloqueadas.[17] Na Alemanha, tal como noutros países, a investigação policial tinha feito muitos progressos; as impressões digitais, a fotografia e a ciência forense eram muito prezadas como auxiliares novos e espantosamente eficazes na resolução de casos. Detetives como Ernst Gennat, chefe da secção de homicídios de Berlim, tornaram-se celebridades, e, em meados dos anos 20, a polícia tinha um nível de sucesso impressionante na resolução de crimes graves. No entanto, a polícia foi duramente criticada pelos meios de comunicação social por não ter capturado assassinos em série como Fritz Haarmann, em Hanôver, ou Peter Kürten, em Düsseldorf, antes de eles terem feito uma grande quantidade de vítimas. Por seu lado, a polícia considerava que a violência e a agitação políticas a obrigavam a desviar recursos preciosos do combate a esse tipo de crimes.[18] Por conseguinte, tal como seria de esperar, os polícias começaram a simpatizar com os ataques dos nazis à República de Weimar. Segundo um relatório elaborado em 1935, setecentos polícias uniformizados tinham aderido ao Partido antes de 1933; e em Hamburgo, vinte e sete em duzentos e quarenta tinham aderido antes de 1932.[19]

Contudo, o chanceler do *Reich*, Brüning, decidiu usar a polícia para travar a violência política da direita e da esquerda, uma vez que o caos instalado nas ruas estava a dissuadir os bancos estrangeiros de concederem empréstimos à Alemanha.[20] A sua decisão foi reforçada por dois incidentes graves que ocorreram em 1931. Em abril, o chefe dos «camisas-castanhas» no nordeste da Alemanha, Walther Stennes, entrou numa disputa com a liderança do Partido e ocupou brevemente a sede nazi em Berlim; os guardas SS foram espancados e Goebbels teve de fugir para Munique. Stennes denunciou a extravagância dos chefes do Partido e a sua traição dos princípios socialistas. Porém, apesar de ele articular os sentimentos de alguns SA, tinha pouco apoio real. Existem inclusivamente algumas indicações de que ele foi secretamente pago pelo governo de Brüning para criar divisões no movimento. Hitler despediu o chefe dos «camisas-castanhas», Franz Pfeffer von Salomon, por não ter conseguido impedir o desastre, chamou Ernst Röhm do seu exílio boliviano para o substituir e obrigou os «camisas-castanhas» a jurarem fidelidade à sua pessoa. Stennes foi expulso, e a consequência acidental do escândalo foi que muitos empresários conservadores e chefes militares se convenceram de que o movimento nazi tinha perdido uma grande parte do seu impulso subversivo.[21] No entanto, continuaram a existir tensões muito reais entre o ativismo incessante das SA e o calculismo político da liderança do Partido, e estas viriam diversas vezes à superfície no futuro.[22] Mais grave ainda, a rebelião de Stennes indicou que muitos «camisas-castanhas» pretendiam desencadear uma violência revolucionária em larga escala, uma lição que o nervoso governo do *Reich* aprendeu.

A suspeita ficou confirmada com a descoberta dos chamados «Documentos de Boxheim», em novembro de 1931. Documentos nazis capturados pela polícia em Hesse mostraram que as SA estavam a planear uma intentona violenta que seria seguida do racionamento alimentar, da abolição do dinheiro, do trabalho obrigatório para todos e da pena de morte por desobediência às autoridades. A realidade não era exatamente como disse a polícia, dado que os documentos de Boxheim eram de âmbito exclusivamente regional: tinham sido escritos em Hesse por um jovem funcionário do Partido, Werner Best, sem o conhecimento dos seus superiores, para orientar a política nazi em caso de insurreição comunista em Hesse. Hitler distanciou-se rapidamente da questão e os comandantes das SA receberam ordens no sentido de não fazerem mais nenhum plano de contingência daquele tipo. O processo judicial foi arquivado por falta de provas conclusivas de que Best tinha cometido traição.[23] Mas o mal estava feito. No dia 7 de dezembro, Brüning garantiu um decreto a ilegalizar o uso de uniformes políticos e justificou-o com palavras duríssimas contra as ilegalidades nazis. Referindo-se às reiteradas garantias de Hitler de que pretendia chegar ao poder de forma legal, Brüning disse: «Quando se declara que depois de se chegar ao poder pela via legal se vai infringir a lei, isto não é legalidade.»[24]

A proibição dos uniformes teve pouco efeito, porque os «camisas-castanhas» continuaram com as suas marchas — com camisas brancas — e a violência prosseguiu durante o inverno. Os boatos de uma insurreição comunista iminente, juntamente com a pressão exercida por Schleicher, contiveram Brüning durante este período, mas os reveses eleitorais comunistas em Hamburgo, Hesse e Oldemburgo, na primavera de 1932, convenceram-no de que tinha chegado a altura de ilegalizar os «camisas-castanhas». Brüning e o general Groener (nomeado por Brüning ministro do Interior em outubro de 1931, acumulando com a pasta da Defesa), muito pressionados pelos outros partidos políticos, em particular pelos sociais-democratas, e com o apoio dos militares, que começaram a ficar preocupados, persuadiram um relutante Hindenburg a emitir um decreto que bania as SA, em 13 de abril de 1932. A polícia fez rusgas às instalações dos «camisas-castanhas» por toda a Alemanha e confiscou equipamento militar e insígnias. Hitler ficou furibundo, mas não pôde fazer nada. Contudo, apesar da ilegalização, a filiação clandestina nas SA continuou a aumentar em muitas regiões. Na Alta e na Baixa Silésias, por exemplo, existiam dezassete mil e quinhentos SA em dezembro de 1931, mas em julho do ano seguinte já eram trinta e quatro mil e quinhentos. A ilegalização dos «camisas-castanhas» apenas atenuou ligeiramente a violência política, e a existência de simpatizantes dos nazis nos escalões mais baixos da polícia deu bastante espaço de manobra aos paramilitares nazis para continuarem as suas operações.[25] O argumento de que o Partido Nazi e os seus paramilitares teriam praticamente deixado de existir se a proibição tivesse estado em vigor durante um ano ou mais é completamente errado.[26]

A situação que se instalou depois das vitórias eleitorais nazis, além de dar origem a um aumento acentuado da violência nas ruas, modificou radicalmente a natureza dos trabalhos no *Reichstag*. A assembleia, que já era turbulenta e caótica antes de setembro de 1930, tornou-se praticamente incontrolável: 107 «camisas-castanhas» e deputados nazis uniformizados juntaram-se a 77 comunistas disciplinados e bem organizados que faziam incessantemente pontos de ordem à mesa, entoavam cânticos, gritavam, interrompiam e manifestavam o seu desprezo absoluto pela legislatura em todos os momentos. O poder esfumou-se do *Reichstag* com uma rapidez assustadora, dado que quase todas as sessões acabavam em confusão. A ideia de convocar a assembleia começou a parecer cada vez mais inútil. A partir de setembro de 1930, só foram possíveis maiorias negativas. Em fevereiro de 1931, os partidos da extrema-direita e da extrema-esquerda abandonaram a sala durante o debate depois de as alterações aos procedimentos parlamentares lhes terem dificultado a obstrução dos trabalhos, e a assembleia, reconhecendo a impossibilidade de continuar, suspendeu-se a si própria por seis meses. Os deputados só regressaram em outubro.[27] Entre 1920 e 1930, o *Reichstag* reuniu-se, em média, cem dias por ano. Entre outubro de 1930 e março de 1931, reuniu-se cinquenta dias. Depois disso, apenas se reuniu vinte e quatro dias, até às eleições de julho de 1932. Entre julho de 1932 e fevereiro de 1933, apenas se reuniu três dias em seis meses.[28]

Por conseguinte, em 1931, as decisões já não eram verdadeiramente tomadas pelo *Reichstag*. O poder político deslocou-se para o círculo de Hindenburg, o detentor do direito de assinar decretos e nomear governos, e para a rua, onde a violência continuou a aumentar e onde a pobreza, a miséria e a desordem crescentes confrontavam o Estado com uma necessidade de ação cada vez mais urgente. Estes dois processos aumentaram em muito a influência do exército. Só nestas circunstâncias, poderia alguém como o seu representante político mais importante, o general Kurt von Schleicher, tornar-se um dos atores cruciais no drama que se seguiu. Schleicher era ambicioso, inteligente, falador e demasiado amigo da intriga política para o seu próprio bem. Era uma figura relativamente desconhecida, mas tornou-se subitamente importante em 1929, quando foi criado um novo cargo para ele, o «Departamento Ministerial», com a função de representar as forças armadas nas relações com o governo. Schleicher era colaborador íntimo de Groener há muitos anos e discípulo do general mais importante do princípio da década de 20, Hans von Seeckt. Tinha forjado muitas ligações políticas ao ocupar diversos cargos relacionados com os assuntos político-militares, cujo mais recente fora a chefia da secção do exército do Ministério da Defesa. O dissidente comunista russo Leon Trotsky descreveu-o como «um ponto de interrogação com dragonas de general», e um jornalista contemporâneo viu nele uma «esfinge de uniforme». Mas a maior parte das convicções e objetivos de Schleicher era bastante clara: tal como muitos outros conservadores alemães em 1932, ele pensou que seria possível legitimar um regime autoritário controlando e dominando o poder popular dos nacionais-socialistas. Deste modo, o exército alemão, do qual Schleicher era o porta-voz e com o qual ele continuava a manter contactos bastante próximos, teria o que pretendia em termos de rearmamento.[29]

Depois das eleições de setembro de 1930, o governo de Brüning começou a ter cada vez mais dificuldades com Schleicher e com o círculo do presidente Hindenburg. Com os comunistas e os nazis a pedirem a sua cabeça, os nacionalistas a tentarem derrubá-lo e os grupos marginais da extrema-direita divididos sobre se deviam ou não apoiá-lo, Brüning teve de se virar para os sociais-democratas. Mas os líderes do maior partido do *Reichstag* tinham ficado demasiado chocados com os resultados eleitorais para prometerem que não voltariam a rejeitar o orçamento. A dependência de Brüning da tolerância tácita das suas políticas pelo Partido Social-Democrata não o credibilizou junto do círculo de Hindenburg, liderado pelo filho do presidente, Oskar, e pelo secretário de Estado, Meissner, que consideraram a postura de Brüning uma cedência vergonhosa à esquerda.[30] As prioridades do chanceler tinham passado para a política externa, onde ele fez alguns progressos ao garantir o fim dos pagamentos das reparações, suspensos pela

Moratória Hoover em 20 de junho de 1931 e efetivamente terminados pela Conferência de Lausanne, em julho de 1932, cujos trabalhos preparatórios se deveram muito a Brüning. E embora Brüning não tenha conseguido a criação da União Aduaneira Austro-Alemã, conduziu com êxito negociações em Genebra no sentido do reconhecimento internacional da igualdade da Alemanha nas questões do desarmamento, um princípio que foi aceite em dezembro de 1932. Porém, nada disto contribuiu para reforçar a posição política do chanceler. Depois de muitos meses no cargo, ainda não tinha ganhado as boas graças do Partido Popular Nacional Alemão e continuava dependente do Partido Social-Democrata. Por conseguinte, quaisquer planos para rever decisivamente a Constituição numa direção mais autoritária foram efetivamente bloqueados, dado que esta era a única coisa à qual os sociais-democratas nunca dariam o seu assentimento. Para homens como Schleicher, transferir o apoio das massas ao governo dos sociais-democratas para os nazis parecia ser cada vez mais a melhor opção.[31]

III

Com o advento de 1932, aproximou-se do fim o mandato presidencial de sete anos do venerável Paul von Hindenburg. Dada a sua idade avançada — 84 anos —, Hindenburg estava relutante em recandidatar-se, mas disse que se manteria no cargo se o mandato pudesse ser prolongado sem eleições. As negociações sobre a renovação automática da presidência de Hindenburg não deram em nada, uma vez que os nazis se negaram a votar no *Reichstag* a favor da necessária alteração constitucional sem a demissão simultânea de Brüning e a convocação de eleições gerais, nas quais contavam obviamente repetir os seus ganhos enormes.[32] Por conseguinte, Hindenburg teve de passar pela indignidade de se apresentar novamente ao eleitorado. Contudo, desta vez, as coisas foram diferentes em relação a 1925. Thälmann foi obviamente o candidato comunista, mas Hindenburg foi contornado pela direita; aliás, o espectro político tinha-se deslocado para a direita desde a vitória eleitoral nazi de setembro de 1930. Depois de anunciado o escrutínio, Hitler não podia evitar candidatar-se. Mas passou algumas semanas a

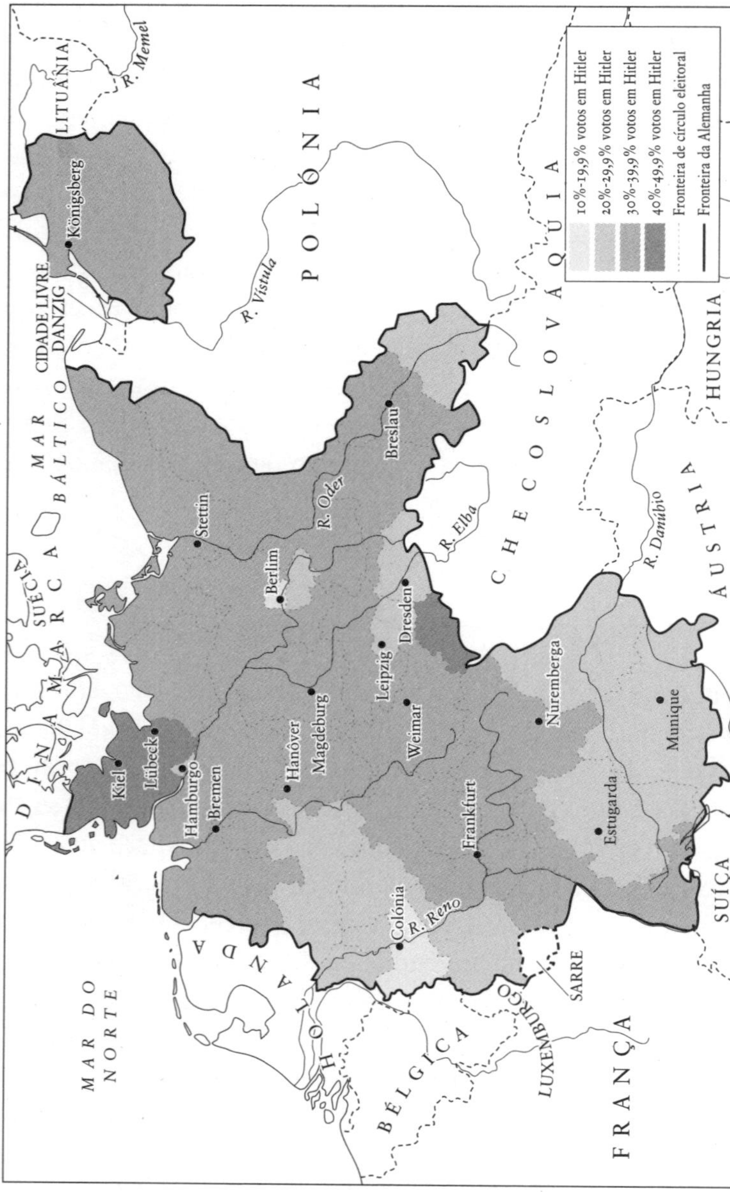

Mapa 12. As eleições presidenciais de 1932 – Primeira volta

hesitar, com receio das consequências de se candidatar contra um ícone nacionalista como o herói de Tannenberg. Além do mais, tecnicamente, ele nem se podia candidatar porque ainda não tinha adquirido a cidadania alemã. Hitler foi apressadamente nomeado funcionário público em Braunschweig, o que lhe conferiu automaticamente o estatuto de cidadão alemão, que foi confirmado em 26 de fevereiro de 1932, quando ele fez o juramento de fidelidade (à Constituição de Weimar, como era obrigatório para todos os funcionários públicos).[33] A sua candidatura transformou o escrutínio numa luta entre a direita e a esquerda na qual Hitler era indiscutivelmente o candidato da direita, o que tornou Hindenburg, de forma extraordinária e incrível, o candidato da esquerda.

O Partido do Centro e os liberais apoiaram Hindenburg, mas o nível de apoio que ele recebeu dos sociais-democratas é que foi realmente espantoso. O partido considerou-o o único homem capaz de travar Hitler — um argumento que a propaganda social-democrata repetiu durante toda a campanha eleitoral —, mas também houve razões positivas. Os líderes sociais-democratas estavam desesperados para reelegerem Hindenburg porque pensaram que ele iria manter Brüning no cargo como última hipótese de regresso à normalidade democrática.[34] Hindenburg, declarou o social-democrata Otto Braun, ministro-presidente da Prússia, era a «personificação da calma e da constância, da lealdade viril e da dedicação ao dever em nome de todo o povo», um «homem sobre cuja obra se pode construir, um homem de intenções puras e juízo sereno»[35]. Estas frases espantosas mostram que os sociais-democratas já estavam a perder o contacto com a realidade política. Os dezoito meses de tolerância aos cortes de Brüning para evitarem algo pior relegaram-nos para a marginalidade política e privaram-nos da capacidade de decisão. Apesar da desilusão e da deserção de alguns dos seus membros, o seu disciplinado aparelho partidário garantiu oito milhões de votos ao homem que estava prestes a desmantelar a República a partir de cima, tudo isto na tentativa de manter no cargo um chanceler pelo qual Hindenburg tinha antipatia e desconfiança, e cujas políticas estavam a diminuir a qualidade de vida e a destruir o emprego das pessoas que o Partido Social-Democrata representava.[36]

A ameaça de uma vitória nazi era bastante real. A máquina de propaganda de Goebbels encontrou uma forma de combater Hindenburg sem

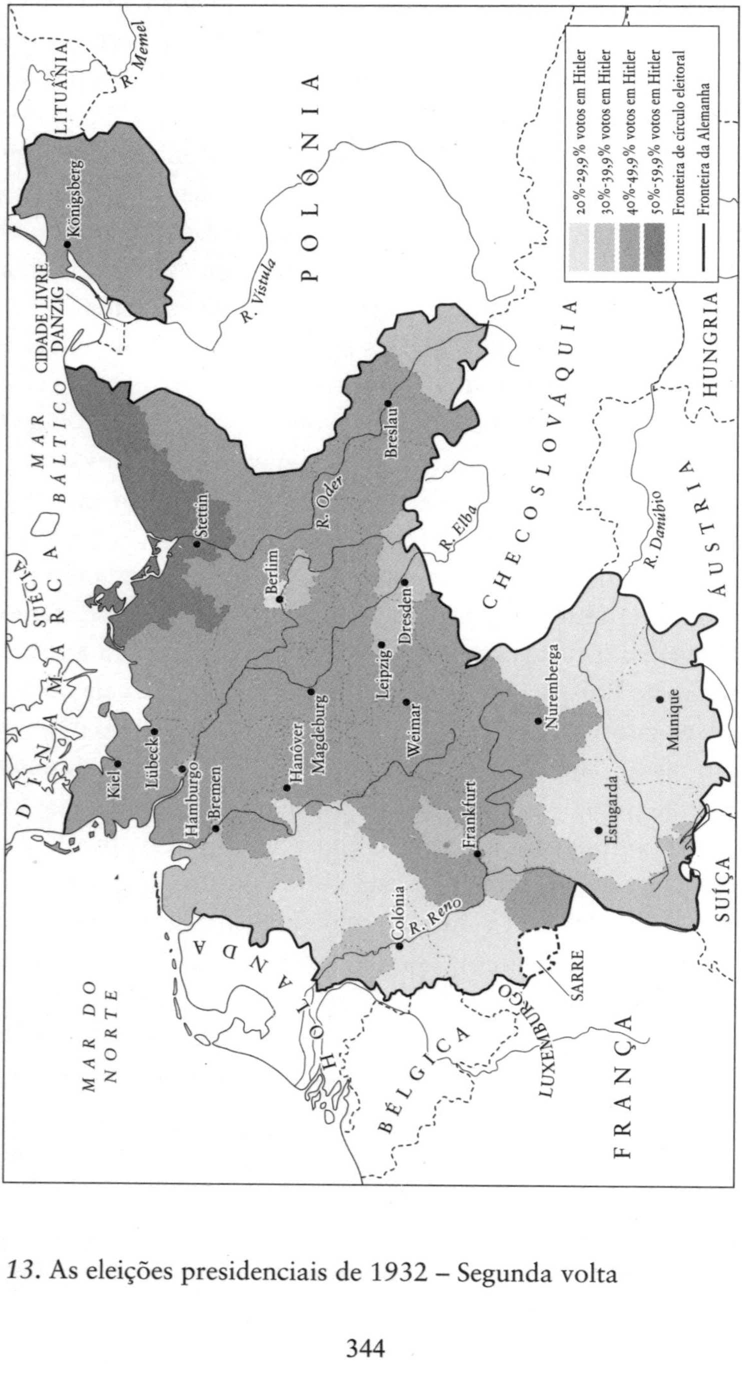

Mapa 13. As eleições presidenciais de 1932 – Segunda volta

o insultar: ele tinha prestado grandes serviços à nação, mas era altura de se dar lugar a um homem mais novo, caso contrário, a queda no caos económico e na anarquia política continuaria. Os nazis lançaram uma campanha gigantesca de comícios, marchas, paradas e reuniões, reforçada com cartazes, panfletos e exortações incessantes na imprensa. Mas não foi suficiente. Na primeira volta, Hitler só conseguiu 30% dos votos. Todavia, apesar dos esforços dos sociais-democratas e do poderio eleitoral do Partido do Centro, Hindenburg não conseguiu garantir a maioria necessária. Ficou frustrantemente a muito pouco, com 49,6% dos votos. À esquerda, Thälmann ofereceu outra alternativa. À direita, Hindenburg perdeu votos não só para Hitler, mas também para Theodor Duesterberg, o candidato avançado pelos Capacetes de Aço, cujos 6,8% dos votos teriam bastado para dar a vitória a Hindenburg.[37]

Na segunda volta, entre Hitler, Hindenburg e Thälmann, os nazis deram tudo por tudo. Hitler alugou um avião e voou pela Alemanha, de cidade em cidade, tendo proferido 46 discursos por todo o país. Esta iniciativa inédita, publicitada como o «voo sobre a Alemanha» de Hitler, teve um efeito eletrizante e rendeu dividendos. Thälmann viu-se reduzido a uns insignificantes 10% dos votos e Hitler aumentou imenso a sua votação para 37%, com mais de 13 milhões de votos. Hindenburg, com o poderio combinado de todos os grandes partidos com a exceção dos comunistas e dos nazis, só conseguiu aumentar a sua votação para 53%. Apesar do percalço na primeira volta, a sua reeleição era obviamente previsível desde a primeira hora. Verdadeiramente importante foi o avanço triunfal dos nazis. Hitler não foi eleito, mas o Partido obteve mais votos do que nunca, e começou a parecer imparável.[38] Em 1932, o Partido Nazi, melhor organizado e financiado do que em 1930, montou uma campanha eleitoral ao estilo americano, centrada na pessoa de Hitler como representante de toda a Alemanha. Concentrou os seus esforços não tanto na conquista dos trabalhadores, onde a sua campanha em 1930 não tivera sucesso, mas na conquista dos votos da classe média, que costumavam ir para os pequenos partidos e para os partidos do eleitorado protestante liberal e conservador. Dezoito meses de agravamento do desemprego e da crise económica radicalizaram ainda mais estes eleitores na sua desilusão com a República de Weimar, à qual, afinal de contas, Hindenburg tinha presidido nos últimos sete anos.

O aparelho de propaganda de Goebbels direcionou-se, com mais precisão do que nunca, para grupos específicos de eleitores, sobretudo as mulheres. Nas regiões rurais protestantes, o descontentamento era tal que, na segunda volta, Hitler derrotou Hindenburg na Pomerânia, em Schleswig-Holstein e em Hanôver Oriental.[39] E o novo estatuto do movimento nazi como o partido político mais popular da Alemanha foi sublinhado pelas vitórias nas eleições estaduais realizadas na primavera: 36,3% na Prússia, 32,5% na Baviera, 31,2% em Hamburgo, 26,4% em Vurtemberga e, sobretudo, 40,9% na Saxónia-Anhalt, um resultado que deu aos nazis o direito de formarem o governo estadual. Mais uma vez, Hitler fez-se ao ar e proferiu discursos numa rápida sucessão. Mais uma vez, a máquina de propaganda nazi revelou a sua eficiência e o seu dinamismo.

As tentativas de Brüning de travar a ascensão do Partido Nazi não tiveram obviamente qualquer efeito. Muitos dos membros do círculo do presidente Hindenburg acharam que era a altura ideal para uma tática diferente. Hindenburg, apesar da sua vitória eleitoral, ficou muito descontente com o resultado. O facto de ter enfrentado uma oposição tão forte foi extremamente desagradável para um homem que tratava cada vez mais a sua posição como a do *Kaiser* não eleito que ele tinha servido. O pecado cardinal de Brüning foi não ter convencido o Partido Popular Nacional Alemão a apoiar Hindenburg na eleição. Quando se tornou evidente que o partido estava a apoiar Hitler, os dias de Brüning ficaram contados. Apesar da campanha incansável do chanceler a seu favor, o velho marechal, que era para muita gente a personificação das tradições prussianas do monarquismo e do conservadorismo protestante, ficou profundamente ressentido por ter dependido dos votos dos sociais-democratas e do Partido do Centro, que o fez parecer o candidato da esquerda e dos padres, como aliás, no fim, ele acabou por ser. Além do mais, o exército começou a ficar impaciente com os efeitos devastadores das políticas económicas de Brüning sobre a indústria do armamento, e considerou que a sua ilegalização dos «camisas-castanhas» interferia com o seu recrutamento como tropas auxiliares, uma possibilidade que se tornou mais cativante à medida que eles foram aumentando de número. E, finalmente, Hindenburg deparou com uma proposta governamental para uma reforma agrária moderada no

Leste, na qual os latifúndios falidos seriam fragmentados e distribuídos pelos desempregados. Enquanto representante dos interesses fundiários e dono de uma grande propriedade, Hindenburg convenceu-se de que a coisa cheirava a socialismo.[40] Numa atmosfera carregada de intrigas de bastidores, com Schleicher a minar a imagem de Groener no exército e Hitler a prometer tolerar um novo governo se este revogasse a ilegalização dos «camisas-castanhas» e convocasse eleições para o *Reichstag*, Brüning ficou rapidamente mais isolado. Quando Groener foi obrigado a demitir-se, em 11 de maio de 1932, a posição do chanceler tornou-se completamente vulnerável. Constantemente minado pelas intrigas do círculo de Hindenburg, Brüning não viu alternativa, e no dia 30 de maio apresentou a sua demissão.[41]

IV

Hindenburg nomeou chanceler do *Reich* um dos seus velhos amigos. Franz von Papen, aristocrata terratenente, tinha sido um deputado obscuro e pouco ativo do Partido do Centro no parlamento prussiano. A sua posição política era ainda mais à direita do que a de Brüning. Durante a Primeira Guerra Mundial, Papen foi expulso dos Estados Unidos, onde era o adido militar da embaixada alemã, por espionagem ou «atividades incompatíveis com a sua posição», segundo o fraseamento diplomático convencional, e depois serviu no Estado-Maior General alemão. Nos anos 20, Papen usou a riqueza adquirida através do casamento com a filha de um industrial rico para comprar uma posição maioritária no *Germania*, o jornal do Partido do Centro. Por conseguinte, Papen tinha ligações sólidas a algumas das principais forças políticas da República de Weimar, incluindo a aristocracia fundiária, o Ministério dos Negócios Estrangeiros, o exército, os industriais, a Igreja Católica e a imprensa. Aliás, Papen foi recomendado a Hindenburg por Schleicher como alguém que teria em conta os interesses do exército. Papen representava, ainda mais do que Brüning, uma forma de autoritarismo político católico comum na Europa na década de 30. Papen estava há muito em rota de colisão com o seu partido, e nas eleições presidenciais de 1925, tinha apoiado publicamente Hindenburg contra o candidato centrista, Marx. O Partido do Centro desmarcou-se de Papen, e este devolveu o seu cartão de filiado e declarou que procurava uma «síntese de todas as forças verdadeiramente nacionalistas — independentemente de onde possam vir — não como um filiado num partido, mas como alemão»[42]. A rotura ficou concluída.[43]

Estes desenvolvimentos marcaram, de forma explícita e em retrospetiva, o fim da democracia parlamentar na Alemanha. Somente dois dos membros do novo governo tinham filiação partidária; eram membros, pelo menos nominalmente, do Partido Popular Nacional Alemão. Papen e os seus co-ideólogos, incluindo Schleicher, consideraram-se os criadores de um «Estado Novo» suprapartidário, aliás, oposto ao próprio princípio de sistema multipartidário, com os poderes das assembleias eleitas ainda mais limitados do que na visão de Brüning. O tipo de Estado que tinham em mente foi indicado pelo ministro do Interior, Wilhelm Freiherr von Gayl, que tinha participado na criação de um Estado racista, autoritário e militar na área cedida à Alemanha pelo Tratado de Brest-Litovski, em 1918.[44] Gayl propôs, entre outras coisas, a restrição do direito de voto a uma minoria e a redução drástica dos poderes parlamentares.[45] A missão que Papen atribuiu a si próprio foi inverter a história, não apenas da democracia de Weimar, mas de tudo o que tinha acontecido na política europeia desde a Revolução Francesa, e recriar, no lugar da moderna luta de classes, a base hierárquica da sociedade do antigo regime.[46] A título de símbolo, pequeno mas poderoso, desta intenção, Papen aboliu o uso do símbolo clássico da Revolução Francesa, a guilhotina, nas execuções em algumas partes da Prússia, onde fora introduzida no século XIX, e substituiu-a pela decapitação com o tradicional machado prussiano.[47] Entretanto, de forma mais prática e imediata, o governo de Papen começou a alargar aos jornais democráticos as restrições impostas pelo seu antecessor à imprensa radical: proibiu as publicações populares liberais de esquerda, como o diário social-democrata *Vorwärts*, duas vezes em poucas semanas, e proscreveu os jornais liberais de esquerda, como o *Berliner Volkszeitung*, em duas ocasiões, deixando os comentadores liberais convencidos de que a liberdade de imprensa tinha sido abolida.[48]

O conservadorismo utópico de Papen tinha pouco que ver com a realidade política de 1932. O seu governo compunha-se de homens relativamente falhos de experiência. Eram tantos aristocratas desconhecidos que o governo se tornou conhecido por «gabinete dos barões». Nas conversas que antecederam a demissão de Brüning, Papen e Schleicher acordaram que teriam de conquistar as boas graças dos nazis para garantirem apoio de massas para as políticas antidemocráticas do novo governo. Obtiveram o acordo de Hindenburg para a dissolução do *Reichstag* e a convocação de eleições, as quais tinham sido exigidas por Hitler na expectativa de resultarem noutro aumento da votação nos nazis. As eleições foram marcadas para o fim de julho de 1932. O governo também acedeu ao pedido de Hitler de levantamento da ilegalização dos «camisas-castanhas». Schleicher pensou que a medida conteria o extremismo nazi e, entre outras coisas, convenceria os «camisas-castanhas» a operarem como exército auxiliar, uma forma de contornar decisivamente o limite imposto pelo Tratado de Versalhes ao número de efetivos das forças armadas alemãs.[49] Mas foi outro erro de cálculo desastroso. As SA regressaram em massa e triunfalmente às ruas, e os espancamentos, as batalhas campais, os ferimentos e as mortes, que nem durante a ilegalização, desde abril, tinham desaparecido por completo, atingiram rapidamente um nível recorde. Mesmo assim, a opinião pública ficou chocada quando, no dia 17 de julho de 1932, uma marcha de milhares de SA pelo bastião comunista de Altona, um município operário do lado prussiano da fronteira estadual de Hamburgo, esbarrou com a resistência violenta de milhares de Combatentes da Frente Vermelha fortemente armados. Richard Krebs, no comando de oitocentos marinheiros e estivadores comunistas preparados para correr com os nazis das docas, contou posteriormente que os Combatentes da Frente Vermelha tinham ordens para atacarem as SA nas ruas. Os marchantes levaram com pedras, imundícies e todo o tipo de projéteis. Segundo alguns relatos, havia franco-atiradores comunistas nos telhados, prontos para massacrarem as SA. Alguém — desconhece-se quem — disparou um tiro. A polícia entrou imediatamente em pânico e abriu fogo com tudo o que tinha, enchendo o ar de balas e provocando uma debandada em todas as direções. Os comunistas também fugiram. A sua tentativa de travarem a marcha dos «camisas-castanhas» pelo seu território foi um fracasso abjeto.[50] Dezoito pessoas morreram e mais de cem ficaram feridas. As autópsias revelaram que a maior parte das mortes foi causada por balas disparadas pelos revólveres da polícia. A escala de violência da luta política na Alemanha exigia claramente a intervenção do governo.[51]

Porém, em vez de ilegalizar novamente os paramilitares, Papen aproveitou o «Domingo Sangrento» de Altona para depor o governo estadual da Prússia, que era chefiado pelo sociais-democratas Otto Braun e Carl Severing, com a justificação de que já não era capaz de manter a lei e a ordem. Foi o golpe decisivo contra os sociais-democratas, e Papen tinha sido posto no cargo para o desferir. Papen tinha uma espécie de precedente na deposição de Ebert do governo estadual da Saxónia e da Turíngia, em 1923, mas a Prússia, que cobria mais de metade do território do *Reich* e tinha uma população maior do que a da França, era um alvo muito mais significativo. A posição central do exército na exacerbada situação política de 1932 ficou inequivocamente clara quando tropas fortemente armadas saíram para as ruas de Berlim e foi declarado o estado de emergência militar na capital. A polícia, controlada pelos sociais-democratas, foi pura e simplesmente empurrada para o lado: qualquer tentativa do governo prussiano para a usar como meio de resistência ao poderio armado dos militares teria descambado em confusão. A polícia tinha poucos efetivos, e os oficiais de alta e média patente estavam desencantados com a República, eram simpatizantes de Papen ou tinham sido conquistados pelos nazis.[52]

Se Papen e Schleicher recearam uma sublevação operária, enganaram-se. Muitos membros da Bandeira do *Reich* estavam prontos a pegar em armas e tinham sido reunidas metralhadoras, pistolas e carabinas para defender a sede do partido, na eventualidade de uma intentona, até que a polícia chegasse ao local — o Partido supôs erroneamente que a polícia resistiria a uma tentativa de derrube da República. As Unidades de Defesa Republicanas da Bandeira do *Reich* tinham sido recentemente aumentadas para mais de duzentos mil homens, mas estavam em grande inferioridade numérica em relação às forças combinadas de cerca de setecentos e cinquenta mil «camisas-castanhas» e Capacetes de Aço, que se teriam certamente mobilizado contra elas caso lançassem uma insurreição. Além disso, estavam mal treinadas e armadas, e não teriam estado à altura das forças bem equipadas do exército alemão. Os comunistas, que dispunham de melhores reservas de armas, não iam de certeza usá-las para defenderem os sociais-democratas.[53]

Na situação de julho de 1932, com Hindenburg, as chefias militares e os conservadores decididos a não provocar uma guerra civil na Alemanha, uma insurreição armada levada a cabo pela Bandeira do *Reich* poderia ter forçado Papen a recuar ou o presidente do *Reich* a intervir. Nunca se saberá. O apelo à resistência não se ouviu. As tradições de respeito pela lei dos sociais-democratas obrigaram-nos a proibir qualquer resistência armada a um ato aprovado pelo chefe do Estado e pelo governo legalmente constituído, apoiado pelas forças armadas e sem a oposição da polícia.[54] Braun e Severing apenas puderam protestar e intentar processos judiciais contra Papen, alegando que ele tinha violado a Constituição. No dia 10 de outubro de 1932, o Tribunal do Estado decidiu parcialmente a favor do governo de Braun, que continuou a ser um espinho na carne do governo do *Reich* como representante da Prússia no Conselho do *Reich*, a câmara alta da legislatura nacional.[55] Entretanto, Papen garantiu do presidente a sua nomeação para comissário do *Reich* para governar a Prússia, enquanto os meticulosos funcionários públicos vacilavam e suspendiam o seu trabalho até a questão legal ser resolvida.[56]

O golpe de Papen foi mortal para a República de Weimar. Destruiu o princípio federal e abriu a porta à centralização total do Estado. Muita coisa poderia acontecer no futuro, mas não era provável que fosse a plena restauração da democracia parlamentar. Depois de 20 de julho de 1932, as únicas alternativas realistas eram uma ditadura nazi ou um regime conservador autoritário apoiado pelo exército. A ausência de uma resistência séria por parte dos sociais-democratas, os últimos grandes defensores da democracia, foi decisiva. Convenceu os conservadores e os nacionais-socialistas de que seria possível destruir as instituições democráticas sem grande oposição. Os sociais-democratas foram avisados do golpe com muita antecedência, mas não fizeram nada. Ficaram paralisados pela bênção dada ao golpe pelo homem que tinham recentemente apoiado na campanha eleitoral, Paul von Hindenburg, e pela sua derrota catastrófica nas eleições parlamentares prussianas, em abril de 1932. Os nazis aumentaram a sua representação na legislatura prussiana de 9 para 162 deputados, e os comunistas, de 48 para 57, mas os sociais-democratas perderam um terço dos seus mandatos, caindo de 137 para 94 deputados. Deixou de haver um partido maioritário, e o executivo de Braun e Severing manteve-se em funções como governo minoritário, com a legitimidade política correspondentemente enfraquecida. E também se espalhou uma sensação de impotência pela liderança social-democrata durante os longos meses de tolerância passiva à selvagem política de cortes de Brüning. Os sindicatos não puderam fazer nada contra o golpe porque a dimensão gigantesca do desemprego impossibilitou a convocação de uma greve geral; os sindicatos sabiam que milhões de pessoas desesperadas e desempregadas iriam inevitavelmente furar a greve. Por conseguinte, a repetição do movimento laboral unido que tinha derrotado a intentona de Kapp, em 1920, estava fora de questão. Os nazis ficaram em júbilo. No dia 20 de julho, o chefe da propaganda nazi, Joseph Goebbels, escreveu no seu diário: «Basta arreganhar os dentes aos vermelhos que eles vão-se abaixo.» Os sociais-democratas e os sindicatos, observou ele com satisfação, «não levantaram um dedo». «Os vermelhos», escreveu pouco depois, «perderam a sua grande oportunidade. E esta não se vai repetir.»[57]

Decisões fatídicas

I

O golpe de Papen teve lugar no meio da campanha eleitoral mais frenética e violenta da Alemanha, a qual decorreu numa atmosfera ainda menos racional e mais rancorosa do que dois anos antes. Hitler voou de novo por toda a Alemanha, falou para multidões enormes em mais de cinquenta grandes comícios, denunciou as divisões, as humilhações e os fracassos de Weimar e ofereceu a promessa vaga, mas potente, de uma nação melhor e mais unida. Os comunistas pregaram a revolução e anunciaram o colapso iminente da ordem capitalista. Os sociais-democratas exortaram os eleitores a erguer-se contra a ameaça do fascismo. Os partidos burgueses advogaram uma união restauradora que eram patentemente incapazes de promover.[1] A decadência da política parlamentar foi vividamente ilustrada pelo estilo de propaganda cada vez mais emotivo dos partidos, incluindo até a dos sociais-democratas. A luta política, acompanhada por manifestações e confrontos de rua cada vez mais violentos, reduziu-se ao que os sociais-democratas chamaram — sem o mínimo indício de crítica — uma guerra de símbolos. Os sociais-democratas contrataram o psicólogo russo Sergei Chakhotin, pupilo radical de Pavlov, o descobridor do reflexo condicionado, para os ajudar nas eleições de 1931, e compreenderam que os apelos à razão não eram suficientes. «Temos de agir sobre os sentimentos, a alma e as emoções para que a razão seja vitoriosa.» Na prática, a razão ficou muito para trás. Nas eleições de julho de 1932, o Partido Social-Democrata ordenou às suas filiais que se certificassem de que os filiados usavam o emblema do partido, cumprimentavam com o punho erguido e gritavam a palavra «Liberdade!» nas ocasiões apropriadas. Os comunistas, no mesmo espírito, usavam há muito o símbolo da foice e do martelo e uma variedade de palavras de ordem e saudações. Ao adotarem este estilo, os partidos colocaram-se ao nível dos nazis, mas tiveram muitas dificuldades para competirem com o símbolo da suástica, com a saudação «*Heil* Hitler!» e com os seus *slogans* simples e potentes.[2]

Na busca de uma imagem suficientemente dinâmica para combater a atração exercida pelos nazis, os sociais-democratas e a Bandeira do *Reich*, os sindicatos e outras organizações da classe operária ligadas aos socialistas formaram, em 16 de dezembro de 1931, a Frente de Ferro para lutar contra a ameaça «fascista». O movimento inspirou-se consideravelmente no arsenal de métodos de propaganda desenvolvidos pelos comunistas e pelos nacionais-socialistas. Os discursos longos e entediantes foram substituídos por palavras de ordem breves e acutilantes. A ênfase tradicional do movimento operário na educação, na razão e na ciência deu lugar a um enfoque no estímulo emocional das massas, com desfiles de rua, marchas de uniforme e manifestações coletivas de determinação. O novo estilo de propaganda dos sociais-democratas incluiu até a invenção de um símbolo para combater a suástica e a foice e o martelo: três flechas paralelas que expressavam os três grandes objetivos da Frente de Ferro*. Mas nada disto ajudou muito o movimento operário tradicional, dado que muitos dos seus membros, em particular os que ocupavam posições de destaque no *Reichstag*, permaneceram céticos ou tiveram dificuldade em adaptar-se à nova forma de apresentar as suas políticas. O novo estilo de propaganda colocou os sociais-democratas no terreno dos nazis, mas faltava-lhes o dinamismo, a energia juvenil e o extremismo para os combaterem de forma eficaz. Os símbolos, as marchas e os uniformes não angariaram novos apoiantes para a Frente de Ferro, porque o entrincheirado aparelho partidário social-democrata não se adaptou, e ainda por cima não dissiparam os receios dos eleitores da classe média em relação às intenções do movimento operário.[3]

Mas ainda mais reveladores foram os cartazes usados pelos partidos nas campanhas eleitorais no princípio da década de 1930. Uma característica comum a quase todos era a presença dominante da figura de um

* A luta contra a reação, o capitalismo e o fascismo. (*N. do T.*)

operário gigante e seminu que no final dos anos 20 se tornou no símbolo do povo alemão, substituindo o ironicamente modesto e pequeno «Miguel Alemão», com a sua touca de dormir, ou a personificação feminina abstrata da «Germânia», a representação da nação. Num cartaz nazi, o operário gigante destrói um banco minúsculo chamado «Alta Finança Internacional» com um martelo-compressor decorado com a suástica; num cartaz social-democrata, o operário gigante afasta com os cotovelos os nazis e os comunistas; num cartaz do Partido do Centro, o operário gigante, mais vestido e de mangas arregaçadas, retira à força nazis e comunistas minúsculos do edifício do Parlamento; o Partido Popular Alemão apresenta o operário gigante de tanga a pôr em debandada os políticos sobriamente vestidos das outras fações beligerantes em julho de 1932, uma inversão quase exata do que acabou por acontecer nas eleições; e até o fossilizado Partido Popular Nacional Alemão usou o operário gigante nos seus cartazes, mas apenas para empunhar a bandeira preta, branca e vermelha do antigo *Reich* bismarckiano.[4] Os eleitores alemães foram confrontados com imagens violentas de operários gigantes a despedaçarem os seus adversários, a pontapearem-nos, a expulsarem-nos do Parlamento ou a ameaçarem políticos de fraque e cartola quase sempre retratados como pigmeus insignificantes e zaragateiros. A masculinidade desabrida varria as fações políticas quezilentas, ineficazes e efeminadas. Independentemente da intenção, a mensagem subliminal era que estava na hora de a política parlamentar acabar, uma mensagem explicitada nos confrontos diários entre os paramilitares, na omnipresença dos uniformes, nas tribunas e na violência e no caos incessantes dos comícios eleitorais.

Mas nenhum partido conseguiu competir com os nazis nesta arena. Goebbels queixou-se de que «andam a roubar os nossos métodos», mas as três flechas não tinham uma ressonância simbólica profunda, ao contrário da familiar suástica. Para os sociais-democratas terem alguma hipótese de vencer os nazis no seu próprio jogo, tinham de ter começado mais cedo.[5] Goebbels disputou as eleições sem se referir ao desempenho do governo de Papen, mas ao desempenho da República de Weimar. Por conseguinte, os alvos principais da propaganda nazi foram os eleitores do Partido do Centro e do Partido Social-Democrata. Uma torrente de cartazes, painéis, panfletos, filmes e discursos proferidos em enormes comícios ao ar livre transmitiu, em termos apocalípticos, a imagem drástica de uma «guerra civil vermelha iminente na Alemanha», e os eleitores tinham pela frente uma escolha inequívoca: as antigas forças da traição e da corrupção ou o renascimento nacional para um futuro glorioso. Goebbels e os seus propagandistas procuraram esmagar o eleitorado com uma torrente incessante de ataques aos sentidos. A saturação seria garantida não só através da publicidade massificada mas também por uma campanha concertada de distribuição de panfletos porta-a-porta. Microfones e altifalantes difundiram os discursos nazis em todos os espaços públicos possíveis. As imagens visuais, transmitidas por cartazes, ilustrações nas revistas e manifestações e desfiles de massas substituíram o discurso racional e a argumentação verbal por estereótipos facilmente assimiláveis que mobilizaram uma enorme variedade de sentimentos, desde o ressentimento e a agressividade até à necessidade de segurança e redenção. As colunas de «camisas-castanhas» em marcha, as saudações rígidas e as poses militares dos líderes nazis transmitiam uma sensação de ordem e fiabilidade e de uma determinação implacável. Os estandartes e as bandeiras projetavam a impressão de ativismo incessante e idealismo. A linguagem agressiva da propaganda nazi criou imagens estereotipadas dos adversários que eram constantemente repetidas: «criminosos de novembro», «manda-chuvas vermelhos», «judeus manipuladores», «ratos assassinos vermelhos». Contudo, em prol da necessidade dos nazis de tranquilizarem a classe média, o operário gigante foi retratado, nalguns casos, numa pose benevolente e não selvagem nem agressiva, com uma camisa vestida e oferecendo ferramentas aos desempregados em vez de as brandir como armas para destruir os seus opositores; os nazis estavam preparados para a governação responsável.[6]

Esta propaganda eleitoral de uma intensidade nunca antes vista gerou os resultados desejados. No dia 31 de julho de 1932, as eleições para o *Reichstag* revelaram a loucura das táticas de Papen. O ato eleitoral, longe de tornar Hitler e os nazis mais dóceis, aumentou enormemente a sua força: mais do que duplicaram a sua votação anterior, de 6,4 milhões para 13,8 milhões, e tornaram-se, de longe, o maior partido do *Reichstag*, com duzentos e trinta deputados, quase mais cem do que o segundo maior partido, os sociais-democratas, que conseguiram

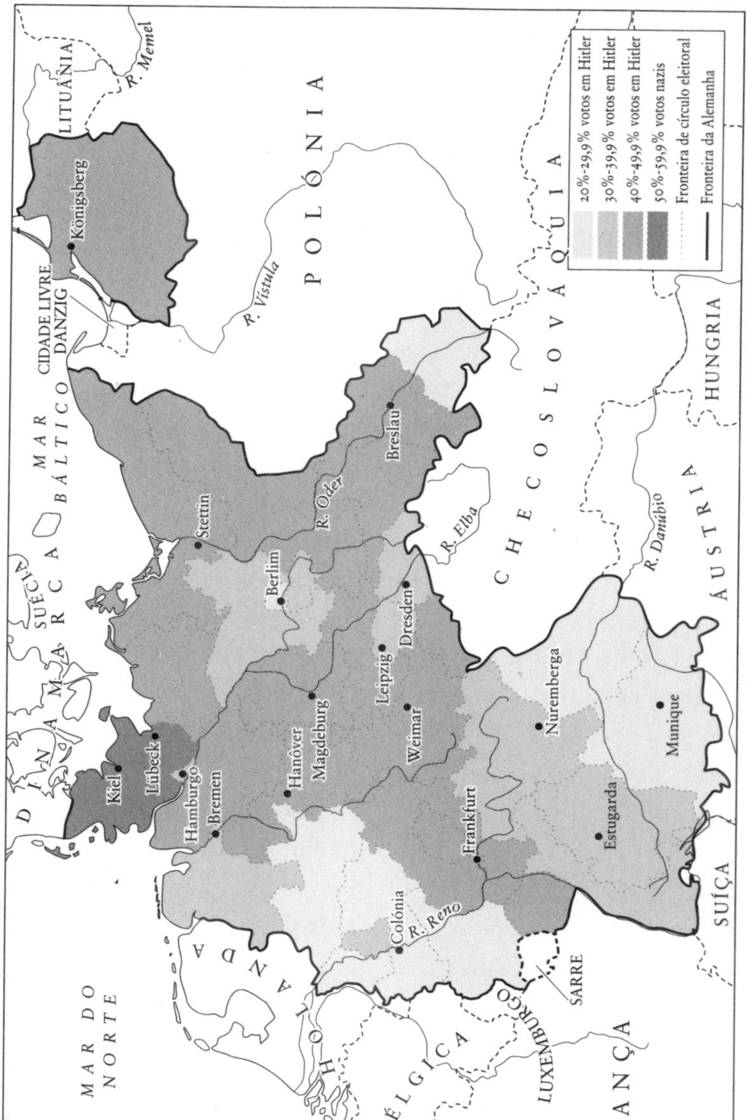

Mapa 14. Os nazis nas eleições para o *Reichstag* de julho de 1932

limitar as suas perdas a dez mandatos e elegeram 133 deputados para a nova legislatura. Os 18,3% de votos obtidos pelos nazis em setembro de 1930 também foram mais do que duplicados, para 37,4%. A continuação da polarização da cena política foi indicada pelo novo aumento de votos dos comunistas, que passaram de 77 para 89 deputados. O Partido do Centro também conseguiu aumentar a sua votação e eleger 75 deputados, o seu maior número de sempre, mas o Partido Popular Nacional Alemão voltou a registar perdas, de 41 deputados passou para 37, e ficou praticamente reduzido ao estatuto de partido marginal. Mas o mais espantoso foi a aniquilação quase total dos partidos centristas. O Partido Popular Alemão perdeu 24 dos seus 31 mandatos, o Partido da Economia perdeu 21 de 23, e o Partido do Estado, ex-Partido Democrata Alemão, perdeu 16 de 20. Os grupos marginais de extrema-direita que tinham atraído muitos eleitores da classe média em 1930 também entraram em colapso, ficando apenas com 9 dos seus 55 mandatos. A esquerda e a direita enfrentavam-se no *Reichstag* separadas por um centro insignificante; os 13,3 milhões de votos sociais-democratas/comunistas enfrentavam 13,8 milhões de votos nazis, e os restantes partidos combinados tinham apenas 9,8 milhões de votos.[7]

As razões da vitória dos nazis nas urnas em julho de 1932 foram praticamente as mesmas de setembro de 1930; quase mais dois anos de agravamento acentuado da crise social, política e económica tornaram estes fatores ainda mais poderosos. As eleições confirmaram o estatuto dos nazis como coligação díspar dos descontentes, desta vez com uma atração muito maior para a classe média, que ultrapassou manifestamente a hesitação mostrada dois anos antes, quando se tinha virado para os pequenos partidos marginais da direita. Os eleitores dos partidos da classe média tornaram-se quase todos eleitores nazis. Metade dos eleitores dos pequenos partidos em setembro de 1930 votou nos nazis em 1932, tal como sucedeu com um terço dos que tinham votado no Partido Popular Nacional Alemão, no Partido Popular Alemão e no Partido do Estado nas eleições anteriores para o *Reichstag*. Um em cada cinco homens e, em especial, mulheres abstencionistas foi às urnas para votar nos nazis. E um em cada sete eleitores sociais-democratas votou nos nazis. Os nazis foram buscar 30% dos seus votos aos pequenos partidos. Estes eleitores incluíam muitos que tinham votado no Partido

Popular Nacional Alemão em 1924 e 1928. Até alguns eleitores comunistas e do Partido do Centro (católico) votaram nos nazis, embora esta deslocação tenha sido relativamente contrabalançada por eleitores que fizeram o inverso. O Partido Nazi continuou a ser especialmente atrativo para os protestantes: recebeu votos de 14% de eleitores católicos contra 40% de não católicos. Nesta ocasião, 60% dos eleitores nazis eram da classe média, definida em termos latos; 40% eram trabalhadores braçais assalariados e seus dependentes, mas, tal como antes, eram essencialmente trabalhadores cujas ligações ao movimento laboral tinham sido sempre fracas, por diversas razões. Em todos os círculos eleitorais, manteve-se a correlação negativa entre a dimensão do voto nazi e a taxa de desemprego. Os nazis continuaram a ser um partido de protesto social para todos, com um apoio particularmente forte da classe média e relativamente fraco da classe operária tradicional e da comunidade católica, sobretudo onde as atividades económicas e institucionais do movimento operário ou das associações católicas de voluntariado eram fortes.[8]

Todavia, apesar do aumento enorme da presença do Partido Nazi no *Reichstag*, julho de 1932 foi uma desilusão para os seus líderes. Para eles, o fator-chave no resultado não era terem melhorado a sua votação para o *Reichstag*, mas não terem melhorado a sua votação em relação aos resultados obtidos na segunda volta das eleições presidenciais de abril. Instalou-se a sensação de que o voto nazi tinha atingido o seu teto definitivo. Em particular, apesar do enorme esforço desenvolvido, o Partido tinha tido um sucesso limitado no seu objetivo primário de roubar eleitores ao Partido Social-Democrata e ao Partido do Centro. Por conseguinte, não se repetiu o regozijo com o qual os nazis tinham saudado a vitória eleitoral em setembro de 1930. Goebbels confidenciou ao seu diário que «ganhámos um bocadinho», mais nada. «Desta maneira, não vamos chegar à maioria absoluta», concluiu ele. Ou seja, as eleições conferiram um novo sentido de urgência ao sentimento de que, como disse Goebbels, «tem de acontecer qualquer coisa. Já chega de estar na oposição. Agora, atos!»[9]. Goebbels acrescentou no dia seguinte que era chegado o momento de conquistar o poder, e observou que Hitler concordava com esta opinião. A estagnação da sua força eleitoral indicava que a situação poderia começar a ficar fora do seu controlo, caso continuassem na via parlamentar para chegar ao poder. Todavia, Hitler rejeitou a participação num governo de coligação liderado por outro partido, e estava no seu direito, dado que o seu partido tinha de longe o maior número de deputados na legislatura nacional. Por conseguinte, logo após o escrutínio, Hitler frisou que só participaria num governo como chanceler do *Reich*. Era a única posição que preservaria a mística do seu carisma entre os seus seguidores. E ao contrário de uma posição governamental subordinada, dar-lhe-ia uma boa possibilidade de transformar o seu domínio do governo numa ditadura nacional, usando em pleno o poder do Estado que estaria à sua disposição.

II

A forma como o poder do Estado poderia ser utilizado foi vividamente exemplificada por um incidente ocorrido no princípio de agosto de 1932. No dia 29 de julho, Papen, para tentar controlar a situação, proibiu as reuniões políticas em público, mas a medida apenas teve o efeito de privar os ativistas de um escape para as suas paixões políticas inflamadas e alimentou ainda mais a violência nas ruas. No dia 9 de agosto, Papen promulgou outro decreto de emergência presidencial impondo a pena de morte a quem matasse um opositor político por raiva ou ódio. A sua intenção foi que o decreto se aplicasse sobretudo aos comunistas. Porém, na madrugada seguinte, um grupo de «camisas-castanhos» embriagados, armados com bastões de borracha, pistolas e tacos de bilhar partidos, irrompeu por uma quinta na aldeia de Potempa, na Alta Silésia, e atacou um simpatizante comunista chamado Konrad Pietzuch. Os «camisas-castanhas» atingiram-no no rosto com um taco de bilhar, espancaram-no até ele cair por terra sem sentidos, pontapearam-no e depois mataram-no com um revólver. Pietzuch era polaco, o que tornou o incidente não só político mas também racial. Alguns dos «camisas-castanhas» tinham contas pessoais a acertar com ele, mas o homicídio foi claramente político nos termos do decreto, e cinco «camisas-castanhas» foram detidos, julgados e condenados à morte na cidade vizinha de Beuthen. Logo que o veredicto foi anunciado, as SA encheram as ruas de Beuthen, destruindo lojas de judeus e as instalações de jornais liberais e de esquerda. Hitler condenou publicamente a injustiça «deste monstruoso veredicto de sangue» e Hermann Göring enviou uma mensagem pública de solidariedade aos condenados, «com um ressentimento e uma indignação sem limites perante o julgamento de terror que vos foi aplicado»[10].

O homicídio tornou-se uma questão nas negociações entre Hitler, Papen e Hindenburg a propósito da participação dos nazis no governo. Ironicamente, o presidente Hindenburg tinha relutância em aceitar Hitler como chanceler, uma vez que indigitar um governo chefiado pelo líder do partido que tinha ganhado as eleições parecia quase um regresso ao sistema parlamentar. Além disso, ficou chocado com o incidente de Potempa. «Não duvido do seu amor à Pátria», disse ele condescendentemente a Hitler, em 13 de agosto de 1933. «Mas contra possíveis atos de terror e violência», acrescentou Hindenburg, «como os que também foram lamentavelmente cometidos pelas SA, intervirei com a máxima severidade possível.» Papen também não estava disposto a deixar Hitler chefiar o governo. Depois de rompidas as negociações, Hitler declarou:

> Camaradas raciais alemães! Qualquer um de vós que acredite na luta pela honra e pela liberdade da nação compreenderá a minha recusa em entrar para o governo. A justiça do senhor von Papen acabará por condenar à morte talvez milhares de nacionais-socialistas. Mas alguém julgou que eles podiam incluir o meu nome neste ato cegamente agressivo, neste desafio ao povo? Os cavalheiros estão enganados! Senhor von Papen, agora sei qual é a sua «objetividade» manchada de sangue! Quero a vitória para uma Alemanha nacionalista, e a aniquilação dos seus destruidores e corruptores marxistas. Não sirvo para carrasco dos combatentes nacionalistas pela liberdade do povo alemão![11]

O apoio de Hitler à violência brutal das SA não poderia ter sido mais explícito. Bastou para intimidar Papen, que nunca tivera a intenção de aplicar o decreto aos nazis. No dia 2 de setembro, o chanceler, na esperança de aplacar a liderança nazi, comutou as sentenças para prisão perpétua.[12] Pouco depois do incidente, Hitler, temendo uma nova ilegalização, ordenou aos «camisas-castanhas» que gozassem quinze dias de licença. Escusava de se ter incomodado.[13]

No entanto, os nazis, que tinham cheirado o poder depois do escrutínio de julho, ficaram profundamente desiludidos por a sua liderança não ter entrado para o governo. Além disso, a quebra das negociações com Hitler deixou Papen e Hindenburg com o problema de garantir legitimidade popular. Parecia ter chegado o momento de destruir o sistema parlamentar, mas como iriam fazê-lo? Papen, com o apoio de Hindenburg, decidiu dissolver o novo *Reichstag* logo que este se reunisse. De seguida, usaria — ou antes, abusaria — do poder presidencial de governação por decreto para abolir as eleições. Todavia, quando o *Reichstag* se reuniu, em setembro, no meio de cenas caóticas, Hermann Göring, que segundo a tradição presidia à sessão na qualidade de representante do partido mais votado, ignorou as tentativas de Papen de declarar a dissolução da assembleia e aceitou a moção de censura ao governo apresentada pelos comunistas. A moção colheu 512 votos a favor; somente 41 deputados votaram contra e 5 abstiveram-se. Os resultados da votação foram tão humilhantes e mostraram tão inequivocamente a falta de apoio de Papen no país que o plano para abolir as eleições foi abandonado. O governo viu-se obrigado a respeitar a Constituição e a convocar eleições para o *Reichstag* em novembro.[14]

Durante a campanha eleitoral, Hitler, enraivecido com as táticas de Papen, atacou furiosamente o governo e proclamou que um gabinete de aristocratas reacionários nunca obteria a colaboração de um homem do povo como ele. A imprensa nazi fez alarde de uma nova digressão do *Führer* pelos Estados alemães. Porém, as notícias a dar conta da presença de grandes multidões e de um entusiasmo enorme pela oratória de Hitler não conseguiam disfarçar o facto, pelo menos para a liderança do Partido, de Hitler falar em muitas salas meio vazias e de as campanhas eleitorais realizadas nesse ano terem deixado o Partido sem condições financeiras para manter o nível da sua propaganda. Além do mais, os ataques populistas de Hitler a Papen assustaram os eleitores da classe média, que julgaram ver o carácter «socialista» dos nazis a vir outra vez ao de cima. O apoio nazi, ao lado dos comunistas, a uma greve muito conturbada dos trabalhadores dos transportes de Berlim, pouco antes das eleições, não melhorou a imagem do Partido junto do proletariado berlinense — que era o objetivo de Goebbels —, afastou os eleitores rurais e assustou alguns eleitores da classe média. Os métodos de propaganda do Partido já não eram novidade para ninguém. Goebbels não tinha mais nada na manga para deslumbrar o eleitorado. Por conseguinte, os líderes nazis aceitaram com resignação a possibilidade de perdas graves no ato eleitoral.[15]

A postura de uma grande parte da classe média protestante foi resumida no diário de Luise Solmitz, ex-professora primária residente em Hamburgo. Luise, que nasceu em 1899 e era casada com um ex-oficial, era desde há muito uma admiradora de Hindenburg e Hugenberg, considerava Brüning, com um típico desdém prussiano, um «jesuitazeco», e queixava-se com frequência no diário da violência nazi.[16] Porém, em abril de 1932, foi ouvir Hitler falar num grande comício num subúrbio de Hamburgo e ficou entusiasmada não só com o discurso mas também com o ambiente e a assistência, proveniente de todas as camadas sociais.[17] «O espírito de Hitler apodera-se de nós», escreveu ela, «é alemão e é justo.»[18] Pouco depois, todos os amigos de classe média da família tornaram-se apoiantes de Hitler, e ninguém tinha muitas dúvidas de que votaria nele em julho. Contudo, ficaram desagradados com a forma arrogante como Göring tratou o *Reichstag* na primeira sessão e com o que consideraram ser a deriva dos nazis para a esquerda na campanha eleitoral de novembro. Inclinaram-se para Papen, mas sem grande entusiasmo, dado ele ser católico. «Votei duas vezes em Hitler», disse um velho amigo de Luise, ex-soldado, «mas não vou votar nele outra vez.» «É uma pena o que aconteceu com o Hitler», disse outro conhecido: «Não posso continuar a apoiá-lo.» Luise pensou que o apoio de Hitler à greve dos trabalhadores dos transportes berlinenses lhe custaria milhares de votos e concluiu com pessimismo que ele não estava interessado na Alemanha, só no poder. «Porque é que Hitler nos abandonou, depois de nos mostrar um futuro ao qual se podia dizer sim?», perguntou ela. Em novembro, os Solmitzes votaram no Partido Popular Nacional Alemão.[19]

Perante esta desilusão, não admira que os nazis se tenham saído mal. As eleições, com muito mais abstenções do que em julho, resultaram numa queda acentuada dos votos no Partido: de 13,7 milhões para 11,7, reduzindo a sua presença no *Reichstag* de 230 para 196 deputados. Os nazis continuaram a ser de longe o maior partido da assembleia, mas ficaram com menos deputados do que os dois partidos «marxistas» combinados.[20] O jornal social-democrata *Vorwärts* proclamou: «Hitler em queda.»[21] Joseph Goebbels confidenciou ao seu diário: «Sofremos um revés.»[22] Em contraste, as eleições resultaram em ganhos para o governo. O Partido Popular Nacional Alemão aumentou a sua representação de 37 para 51 deputados, e o Partido Popular Alemão de 7 para 11. Muitos dos seus eleitores regressaram do exílio temporário no Partido Nazi. No entanto, ainda eram números miseravelmente baixos, pouco mais do que um terço dos resultados obtidos pelos dois partidos no seu apogeu, em 1924. O Partido do Estado, o ex-Partido Democrata Alemão, continuou no seu declínio patético: passou de quatro para dois deputados. Os sociais-democratas voltaram a perder deputados — 12 — e ficaram com 121, a sua representação mais baixa desde 1924. Os comunistas mantiveram-se como o terceiro maior partido do *Reichstag* e continuaram a melhorar a sua posição, ganhando 11 mandatos e chegando aos 100, não ficando muito atrás dos sociais-democratas. Para muitos alemães da classe média, foi um desempenho assustadoramente eficaz com a possibilidade ameaçadora de uma revolução comunista num futuro não muito distante. O Partido do Centro teve perdas ligeiras, baixando de 75 para 70 deputados; perdeu votos para a sua ala bávara, o Partido Popular da Baviera, e para os nazis.[23]

O *Reichstag* ficou ainda mais descontrolado. 100 comunistas enfrentavam 196 nazis do outro lado da câmara, uns e outros apostados em destruir o sistema parlamentar, que odiavam e desprezavam. O Partido do Centro e os sociais-democratas, devido aos ataques que Papen lhes tinha lançado durante a campanha eleitoral, eram mais hostis do que nunca ao chanceler. Papen não conseguiu recuperar minimamente da sua humilhação no *Reichstag* de 12 de setembro. A nova legislatura confrontou-o com uma maioria esmagadora contra o governo. Papen pensou em cortar o nó górdio, ilegalizando os nazis e os comunistas e usando o exército para impor um regime presidencialista, contornando completamente o *Reichstag*, mas não era uma possibilidade exequível, dado que nesta altura, de forma fatal, ele já não tinha a confiança das altas patentes do exército. No princípio do ano, as chefias militares tinham forçado o afastamento do ministro da Defesa, o general Wilhelm Groener, por considerarem que a sua disponibilidade para aceitar um

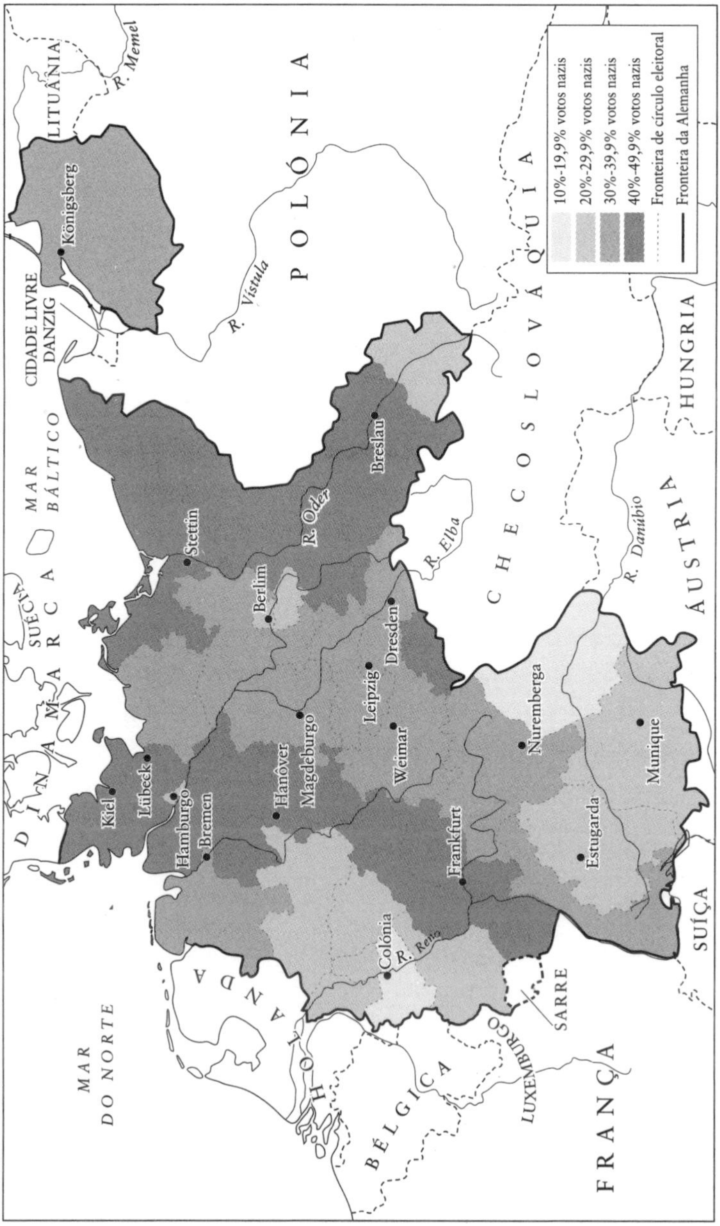

Mapa 15. Os nazis nas eleições para o *Reichstag* de novembro de 1932

compromisso com a República de Weimar e as suas instituições já não era apropriada às circunstâncias. Foi substituído por Schleicher, cujas opiniões eram mais consonantes com as das altas patentes. Schleicher, por seu lado, ficou irritado com a lata do chanceler de desenvolver ideias e planos próprios para o estabelecimento de um regime autoritário em vez de se limitar a seguir as instruções do homem que tanto tinha feito para o colocar no poder, ou seja, ele próprio. Além disso, Papen também falhara miseravelmente na tentativa de obtenção de uma maioria parlamentar constituída principalmente pelos nazis e pelo Partido do Centro, que era o objetivo de Schleicher e do exército. Schleicher informou discretamente Papen de que o exército não estava disposto a arriscar uma guerra civil e que não continuaria a apoiá-lo. O governo concordou, e Papen, confrontado com a violência incontrolável nas ruas e sem meios para impedir o seu aumento, viu-se obrigado a anunciar a sua demissão.[24]

III

Seguiram-se duas semanas de negociações complicadas, conduzidas por Hindenburg e pelo seu círculo. A Constituição, em termos práticos, tinha reassumido a forma que tivera no *Reich* bismarckiano, com os governos nomeados pelo chefe do Estado sem ter em conta as maiorias parlamentares nem as legislaturas. O *Reichstag* estava completamente marginalizado como fator político: já não era necessário, nem sequer para aprovar legislação. No entanto, persistia um problema: qualquer governo que tentasse rever a Constituição com uma orientação autoritária sem a legitimidade conferida por uma maioria na legislatura arriscar-se-ia seriamente a dar origem a uma guerra civil. Por conseguinte, prosseguiu a demanda de apoio parlamentar. Perante a não colaboração dos nazis, Schleicher foi obrigado a assumir, em 3 de dezembro, o cargo de chanceler, mas o seu gabinete estava condenado desde a primeira hora. Hindenburg não perdoou a Schleicher o derrube de Papen; gostava dele, tinha confiança nele e comungava de muitas das suas ideias. Schleicher, menos odiado do que Papen pelo Partido do Centro e pelos sociais-democratas, absteve-se de repetir a retórica autoritária do ex-chanceler e ganhou algumas semanas de descanso. Ainda tinha a esperança de que os nazis mudassem de ideias. Os nazis estavam enfraquecidos por causa das eleições de novembro e divididos acerca do que fazer a seguir. Além do mais, no princípio de dezembro, nas eleições autárquicas na Turíngia, a sua votação caiu a pique, cerca de 40% em relação ao pico nacional de julho. Um ano de campanhas eleitorais tinha deixado o Partido praticamente falido. As coisas pareciam correr de feição a Schleicher.[25]

No seio do Partido Nazi, começaram a ouvir-se críticas a Hitler por causa da sua recusa de entrar para um governo de coligação exceto como responsável máximo. O principal crítico era o Chefe da Organização do Partido, Gregor Strasser. Na sua perspetiva, a estrutura organizacional do Partido, montada com tanto esforço durante anos, tinha sido reduzida por Hitler a um mísero estado. Strasser começou a trabalhar os grandes empresários no sentido de restaurar as finanças do Partido, e os sindicatos no sentido de os convencer a participar numa grande coligação nacional. Porém, os inimigos de Strasser no seio da liderança nazi, entre os quais Joseph Goebbels, aperceberam-se das suas manobras e começaram a intrigar nas suas costas, acusando-o de querer sabotar a luta do Partido pelo poder.[26] A situação atingiu o ponto crítico quando Schleicher, para pressionar Hitler a entrar para o governo, encetou negociações separadas com Strasser sobre um possível cargo governamental. Mas Hitler foi perentório: os nazis não entrariam para nenhum governo que não fosse chefiado por ele. Numa reunião tensa com Hitler, Strasser defendeu em vão o seu ponto de vista. Esbarrou novamente com a oposição de Hitler e, no dia 8 de dezembro, ferido no orgulho, demitiu-se de todos os seus cargos no Partido.

Hitler agiu rapidamente para impedir uma cisão: despediu alguns apoiantes do seu ex-número dois e apelou pessoalmente aos hesitantes. Numa digressão frenética pelo país, Hitler falou a grupo após grupo de funcionários do Partido e convenceu-os de que a sua posição estava certa, retratando Strasser como um traidor, tal como Estaline estava a fazer com Trotsky na União Soviética. O risco de cisão foi real; Hitler e Goebbels levaram-no muito a sério. No entanto, teve mais que ver com considerações táticas do que com questões de princípio. Strasser nunca personificou uma visão do futuro diferente da de Hitler; a sua posição ideológica era muito semelhante à do líder, e em 1930 apoiou plenamente a expulsão do irmão, Otto, cujas opiniões ficavam efetivamente muito à esquerda da linha do Partido. Tal como o irmão, em dezembro de 1932, Gregor Strasser também não deu luta. Se ele tivesse feito campanha em prol do seu ponto de vista, talvez tivesse levado consigo uma parte substancial do Partido, deixando-o fatalmente danificado. Mas não fez nada. Logo depois de se demitir, foi de férias para Itália. Não foi expulso, mas não teve mais nenhum envolvimento na vida do Partido e retirou-se da vida política. Hitler nomeou-se a si próprio Chefe da Organização do Partido e desmantelou a estrutura centralizada de gestão montada por Strasser para que ninguém a controlasse. A crise passou. Hitler e a liderança nazi respiraram fundo.[27]

O fracasso de Schleicher, ao não ter conquistado as boas graças dos nazis, revelou-se decisivo. É certo que na viragem do ano, à primeira vista, as suas perspetivas não pareciam muito más. O Partido Nazi estava em declínio e o seu bom desempenho nas eleições regionais no pequeno Estado de Lippe, em 15 de janeiro, com 39,5% dos votos, não convenceu muita gente, dado que Lippe só tinha cem mil eleitores. Os nazis, apesar de uma campanha de propaganda com uma intensidade inédita, não conseguiram melhorar a votação obtida em julho de 1932. Hitler e Goebbels reforçaram o moral e a determinação do Partido apresentando o resultado eleitoral como uma vitória, mas a maior parte das principais figuras da política sabia que a realidade era outra.[28] E os nazis também pareciam estar em queda noutras áreas. Por exemplo, a sua percentagem de votos nas eleições para as associações académicas caiu de 48% em 1932 para 43% no princípio de 1933.[29] Entretanto, a situação económica mundial começou finalmente a melhorar; a Grande Depressão parecia estar a chegar ao fim, e Schleicher, reconhecendo as possibilidades oferecidas pela saída da Alemanha do padrão-ouro dezoito meses antes, começou a preparar um enorme programa de obras públicas para criar empregos. Não era uma perspetiva boa para os nazis, cujas vitórias eleitorais tinham dependido sobretudo da Grande Depressão. Além disso, os nazis tinham atingido o seu teto definitivo nas eleições regionais, e toda a gente sabia isso.

Mas o mais provável era que o declínio dos nazis e a recuperação da economia só se tornassem fatores importantes daí a meses ou anos,

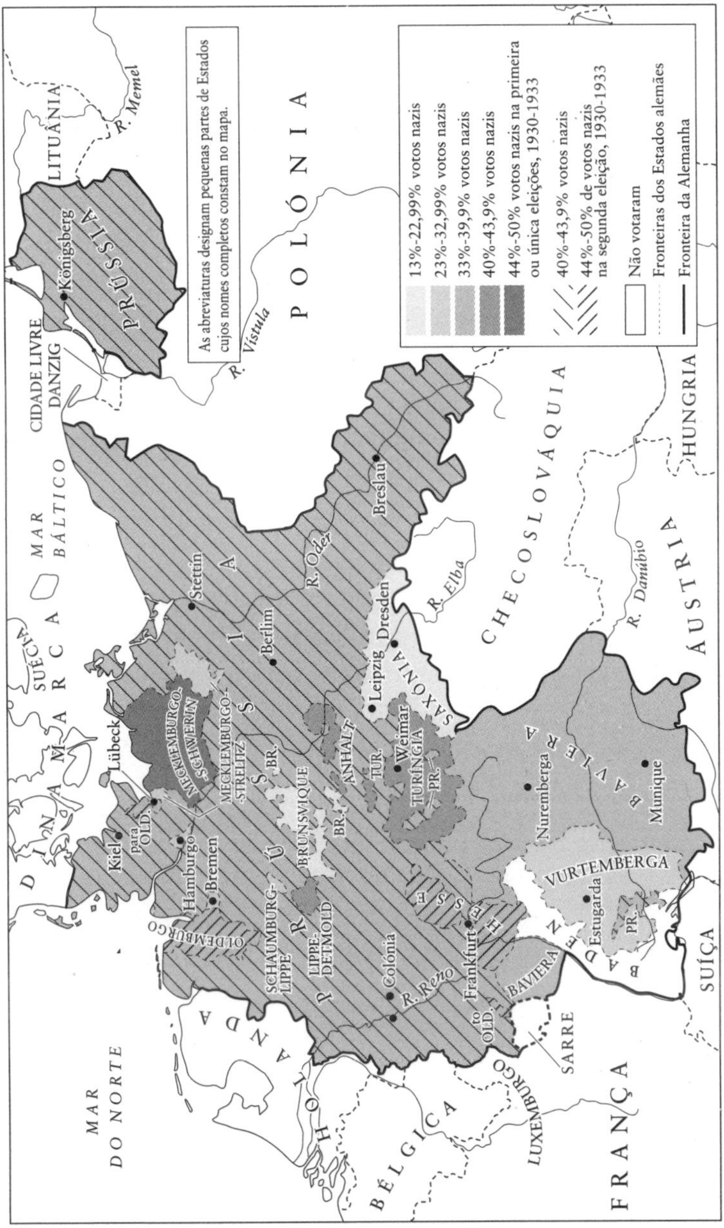

Mapa 16. Eleições regionais, 1931-33

e Schleicher só tinha semanas para agir. Para Hindenburg e seus conselheiros, sobretudo o seu filho Oskar, o secretário de Estado Meissner e o ex-chanceler Franz von Papen, era mais urgente do que nunca domesticar os nazis e integrá-los no governo. As perdas eleitorais e divisões recentes dos nazis pareciam tê-los colocado numa posição em que seria mais fácil atingir este objetivo. No entanto, se o seu declínio continuasse num futuro previsível, com a recuperação económica instalada, os antigos partidos políticos poderiam recuperar e o governo parlamentar poderia regressar, quiçá envolvendo até os sociais-democratas. Alfred Hugenberg também estava alarmado com esta possibilidade. Alguns dos programas económicos de Schleicher, que incluíam a possível nacionalização da indústria do aço e a revogação, em dezembro, dos cortes aos salários e regalias impostos por Papen em setembro do ano anterior, também preocuparam alguns elementos do mundo empresarial, cujos interesses eram levados a sério por Papen, Hindenburg e Hugenberg. O presidente, enquanto proprietário agrícola, também ficou desagradado com as propostas de Schleicher para uma reforma agrária no Elba Oriental através da distribuição de propriedades de *Junkers* falidas aos camponeses. Começou a formar-se em torno de Hindenburg uma coligação de forças conservadoras com o objetivo de correr com Schleicher. Estes elementos também consideraram extremamente preocupante a declaração de Schleicher de que não era a favor do capitalismo nem do socialismo.[30]

Os conspiradores garantiram o apoio dos líderes dos Capacetes de Ferro, Franz Seldte e Theodor Duesterberg, para um plano destinado a afastar Schleicher e substituí-lo por um chanceler do *Reich* mais aceitável. Os Capacetes de Aço, com meio milhão de membros, eram uma força de combate potencialmente formidável, mas estavam profundamente divididos. Seldte e Duesterberg estavam em guerra um com o outro e os Capacetes de Ferro tinham uma incapacidade crónica para decidirem se deveriam juntar-se aos nazis ou aos conservadores. O seu lema, supostamente unificador, que os dava como «suprapartidários» era uma fonte constante de disputas internas. Dada a situação, muitas das suas figuras destacadas fizeram pressão, com algum êxito, para que os Capacetes de Ferro regressassem às atividades de assistência social aos veteranos, à instrução militar, à «proteção» da fronteira oriental da

Alemanha através de uma forte presença paramilitar e a outras tarefas práticas. Os Capacetes de Ferro consideravam-se sobretudo um exército de reserva a ser chamado em caso de necessidade de aumentar as forças militares oficiais, cujos efetivos eram pouco mais de um quinto dos seus devido às restrições impostas pelo Tratado de Versalhes. O resultado desastroso de Duesterberg nas eleições presidenciais convenceu muitos veteranos de que era aconselhável a retirada do campo de batalha político. Duesterberg, devido aos seus antecedentes de oficial prussiano, desconfiava dos nazis e achava-os demasiado vulgares e desordeiros para parceiros. Contudo, a sua posição ficou enfraquecida por uma revelação que chocou muitos Capacetes de Ferro: era descendente de judeus. Por conseguinte, no princípio de 1933, foi Seldte quem envolveu os Capacetes de Ferro na conspiração para afastar Schleicher.[31]

Papen, apesar de metido até ao pescoço na conjura, estava claramente fora da corrida para o cargo de chanceler por ter alienado nos últimos meses quase toda a gente fora do círculo de Hindenburg, e por não ter apoio popular no país. Negociações frenéticas deram finalmente origem a um plano para tornar Hitler chanceler e rodeá-lo de uma maioria de conservadores como colegas de governo. O esquema ganhou urgência devido ao rumor de que Schleicher, em colaboração com o comandante supremo do exército, o general Kurt von Hammerstein, estava a preparar um contragolpe: tencionava aparentemente estabelecer um Estado corporativo autoritário, eliminar o *Reichstag* com um decreto presidencial e reprimir energicamente os nazis e os comunistas. «Se não houver um novo governo formado até às 11 horas», disse Papen a Hugenberg e aos líderes dos Capacetes de Ferro no dia 30 de janeiro, «o exército vai entrar em ação. Avizinha-se uma ditadura militar controlada por Schleicher e Hammerstein».[32]

O rumor era credível porque era sabido nos meios políticos que Schleicher, ao não ter conseguido garantir apoio parlamentar, teria de pedir ao presidente poderes abrangentes e efetivamente anticonstitucionais para debelar a crise. Quando Schleicher se apresentou a Hindenburg com este propósito, o idoso presidente e o seu círculo viram a sua oportunidade para se livrarem do irritante e falso intriguista, e recusaram. Houve quem pensasse que Schleicher e o exército iam tomar conta da situação e garantir os poderes que pretendiam, mas Schleicher e o exército só consideraram a possibilidade de um golpe na eventualidade de Papen regressar à chancelaria do *Reich*, e mesmo assim só por pensarem que a nomeação de Papen poderia dar origem a uma guerra civil. Schleicher, desejoso de evitar tal situação, considerou uma chancelaria de Hitler uma boa solução para o exército. «Se Hitler quiser estabelecer uma ditadura no *Reich*», disse ele confiadamente, «o exército será a ditadura dentro da ditadura.»[33] Depois de o presidente lhe ter negado autorização para governar inconstitucionalmente, Schleicher viu-se obrigado a apresentar a sua demissão. Já decorriam há algum tempo negociações no círculo de Hindenburg tendentes à sua substituição por Hitler. Finalmente, no dia 30 de janeiro de 1933, por volta das sete e meia da manhã, Hitler tomou posse como chanceler do *Reich*. O seu governo era numericamente dominado por Papen e pelos restantes conservadores. A ala radical do esquelético Partido Popular Nacional Alemão entrou para o governo, com Alfred Hugenberg nas pastas da Economia e da Alimentação. Konstantin Freiherr von Neurath, ex-ministro dos Negócios Estrangeiros nos governos de Papen e Schleicher, manteve-se no cargo, tal como Lutz Graf Schwerin von Krosigk nas Finanças e, um pouco mais tarde, Franz Gürtner, pelos nacionalistas, no Ministério da Justiça. O Ministério do Exército foi entregue a Werner von Blomberg. Franz Seldte, representando os Capacetes de Aço, assumiu a pasta do Trabalho.

Os nazis só receberam dois cargos importantes, mas eram posições cruciais nas quais Hitler tinha insistido como condição para aceitar o acordo: o Ministério do Interior, que coube a Wilhelm Frick, e a Chancelaria do *Reich*, que foi ocupada por Hitler. Hermann Göring foi nomeado ministro do *Reich* sem pasta e ministro do Interior prussiano interino, o que lhe deu o controlo direto da polícia na maior região da Alemanha. Ou seja, os nazis podiam manipular a esfera da lei e da ordem em benefício próprio. Bastava-lhes atuarem com um mínimo de habilidade para abrirem rapidamente o caminho para os «camisas-castanhas» desencadearem um nível completamente novo de violência de rua contra os seus adversários. Franz von Papen tornou-se vice-chanceler e continuou a governar a Prússia na qualidade de comissário do *Reich*, como superior nominal de Göring. Hitler e os nazis — vulgares, incultos e sem experiência de governação — estavam rodeados de amigos de Papen, que tinham o apoio importantíssimo do presidente do *Reich*, Hindenburg; e seriam certamente fáceis de controlar. «Está enganado», disse arrogantemente Papen a um dos seus associados que tinha expressado ceticismo e preocupação: «Contratámo-lo para trabalhar para nós.»[34] «Daqui a dois meses», garantiu Papen a um amigo conservador preocupado, «Hitler já vai estar tão encostado a um canto que até vai guinchar.»[35]

5

A CRIAÇÃO DO TERCEIRO *REICH*

Começa o terror

I

Ficou imediatamente claro que a nomeação de Hitler para chanceler do *Reich* não era uma mudança de governo normal: Goebbels organizou, na noite de 30 de janeiro de 1933, um desfile de «camisas-castanhas», Capacetes de Aço e SS, à luz das tochas pelas ruas de Berlim, que prosseguiu muito para lá da meia-noite. Um jornal pró-nazi, levado pelo entusiasmo, falou de 700 mil participantes.[1] Outro jornal publicou uma notícia mais credível do que este número fantástico, tendo descrito o desfile como «uma experiência inesquecível», referindo a participação de 18 mil «camisas-castanhas» e SS, 3 mil Capacetes de Ferro e 40 mil civis não uniformizados, num total de 61 mil pessoas. Uma terceira estimativa, feita por uma fonte mais hostil, pôs o número de marchantes uniformizados em 20 mil. A marcha foi presenciada por uma multidão de curiosos, muitos dos quais ovacionaram os paramilitares. Foi um espetáculo típico das encenações teatrais que Goebbels aperfeiçoaria nos anos seguintes. O jovem Hans-Joachim Heldenbrand estava a assistir no sítio em que as SA paravam para substituir as tochas. Ao observar os rostos deles pela noite dentro, reparou que os homens eram sempre os mesmos. «Como vês», disse-lhe o pai, «é um embuste. Marcham em círculo para parecerem cem mil.»[2]

Enquanto as colunas de paramilitares desfilavam, o idoso Hindenburg postou-se na janela do primeiro andar da sua residência oficial para receber a saudação. Para simbolizar as posições relativas dos nacionalistas e dos nazis no novo governo, Goebbels tinha colocado as SA na vanguarda do desfile, seguidos dos Capacetes de Aço. Depois de algumas horas praticamente em sentido, Hindenburg começou a devanear e regressou aos gloriosos dias iniciais da Primeira Guerra Mundial. Um dos membros da sua comitiva contou mais tarde ao escritor britânico John Wheeler-Bennett:

> Os «camisas-castanhas» desfilaram num passo trôpego, e a seguir vieram as fileiras de uniforme cinzento dos Capacetes de Ferro, avançando com uma precisão nascida da disciplina. O velho marechal observou-os da janela, como que num sonho, e os que estavam nas suas costas viram-no virar-se ligeiramente para trás. «Ludendorff», disse o velho, como que a gritar uma ordem, «que bem que marcham os teus homens, e fizeram tantos prisioneiros!»[3]

Confuso ou não, Hindenburg foi apresentado pela imprensa nacionalista como a figura central da cerimónia, e o desfile fora uma «homenagem a Hindenburg» por parte do «seu povo»[4]. A polícia também contribuiu, acompanhando, ou antes, participando na cerimónia: apontou um holofote à janela do presidente para que toda a gente o visse a receber as ovações dos marchantes.[5] Viam-se por todo o lado bandeiras pretas, brancas e vermelhas. Na rádio, Hermann Göring comparou a multidão com a que se tinha congregado para celebrar a eclosão da Primeira Guerra Mundial. O «ambiente», disse ele, «só era comparável ao de agosto de 1914, quando uma nação também se ergueu na defesa de tudo o que tinha». A «vergonha e a desgraça dos últimos catorze anos» tinham sido eliminadas. O espírito de 1914 tinha sido ressuscitado.[6] Eram sentimentos com os quais quase todos os nacionalistas podiam concordar. A Alemanha, disse um jornal nacionalista, estava a assistir a um «segundo milagre de agosto»[7]. Alguns dias depois, ao ver os marchantes nas ruas por entre a multidão, Luise Solmitz fez a mesma comparação: «Parecia 1914, as pessoas eram capazes de se abraçar em nome de Hitler. Embriaguez sem vinho.»[8] Talvez ela não se tenha recordado de que o espírito de 1914 significava a guerra: a mobilização de um povo inteiro como base para travar um conflito armado, a repressão da dissidência interna como preparativo para uma agressão internacional. Mas era este o objetivo dos nazis, tal como implicou a declaração de Göring. A partir do dia 30 de janeiro, a sociedade alemã seria colocada o mais rapidamente possível em pé de guerra.[9]

Goebbels ficou em júbilo com as celebrações. Apesar de não ter nenhum cargo no novo governo, organizou uma reportagem ao vivo na rádio estatal. Os resultados ultrapassaram as suas expectativas:

> Grande regozijo. As pessoas fazem uma algazarra... Chegam as tochas. Começa às 7 horas. Interminável. Até às 10. No Kaiserhof. Depois, na Chancelaria do *Reich*. Até passar da meia-noite. Um milhão de pessoas em marcha. O Velho recebe a saudação dos marchantes. Hitler está no edifício ao lado. Despertar! Explosão espontânea do povo. Indescritível. As massas não param de chegar. Hitler está extasiado. A sua gente ovaciona-o... É um frenesi de entusiasmo. Preparar a campanha eleitoral. A última. Vamos ganhar à vontade.[10]

As colunas cantaram o hino nacional e a «Canção de Horst Wessel» quando passaram pela Porta de Brandemburgo e pelos edifícios governamentais.[11]

Muitas pessoas foram contagiadas pelas manifestações de entusiasmo. Os desfiles à luz das tochas repetiram-se em muitas vilas e cidades nas noites seguintes.[12] Em Berlim, no dia 31 de janeiro à tarde, a Liga dos Estudantes Alemães Nacionais-Socialistas organizou o seu próprio desfile, que terminou na Bolsa («A "Meca" da judiaria alemã», como disse um jornal da direita). Os operadores que saíam do edifício eram saudados pelos estudantes com cânticos de «Morte a Judá!».[13] Luise Solmitz assistiu a um desfile com tochas em Hamburgo, no dia 6 de fevereiro, e ficou «ébria de entusiasmo, cega pela luz das tochas mesmo em cima das nossas caras, e envolta no fumo como que numa nuvem doce de incenso». Os Solmitzes, tal como muitas outras famílias burguesas, levaram os filhos para assistir às cenas extraordinárias: «Até agora, eles tinham uma impressão tão má da política», observou Solmitz, «que era importante que ficassem com uma impressão verdadeiramente forte do que é a nacionalidade, como nós ficámos, e que a retivessem como recordação. E assim foi.» A partir das dez da noite, escreveu Luise,

> vinte mil «camisas-castanhas» sucederam-se uns aos outros como as ondas do mar, com os rostos brilhando de entusiasmo à luz das tochas. «Pelo

> nosso *Führer*, pelo nosso chanceler do *Reich*, Adolf Hitler, três salves!» Cantavam «A República é uma merda»... Ao nosso lado, um menino com três anos erguia a mãozinha sem parar: «*Heil* Hitler, *Heil* homem Hitler!» Alguns «camisas-castanhas» gritavam «Morte aos judeus» e cantavam que o sangue dos judeus escorreria das suas facas.

Mais tarde, Luise escreveu no diário: «Quem levou aquilo a sério na altura?»[14]

Os pais da jovem Melita Maschmann, que eram conservadores, levaram-na a assistir ao desfile com tochas no dia 30 de janeiro. Muitos anos depois, ela recordou vividamente a cena, evocando não só o entusiasmo mas também a toada ameaçadora de violência e agressividade do desfile, incluindo

> as batidas estrondosas dos pés, a pompa sombria das bandeiras vermelhas e pretas, o bruxuleio das tochas nos rostos e as canções com melodias que eram ao mesmo tempo estimulantes e sentimentais.
>
> As colunas desfilaram durante horas. Vimos no meio delas muitos grupos de rapazes e raparigas pouco mais velhos do que nós... A dada altura, alguém saiu a correr da coluna e bateu num homem que estava a poucos metros de nós. Talvez tenha dito alguma coisa hostil. Vi-o cair com o sangue a escorrer-lhe na cara e ouvi-o gritar. Os nossos pais afastaram-nos rapidamente da zaragata, mas não conseguiram impedir que víssemos o homem a sangrar. Aquela imagem assombrou-me durante dias.
>
> O horror que aquilo me causou foi quase impercetivelmente temperado com uma alegria intoxicante. «Queremos morrer pela bandeira», cantavam os portadores das tochas... Fui tomada de um desejo ardente de pertencer àquela gente, para a qual aquilo era uma questão de vida ou morte... Quis fugir da minha vida infantil e tacanha e associar-me a algo que era grande e fundamental.[15]

Para estas pessoas respeitáveis da classe média, a violência que acompanhou os desfiles pareceu ser incidental e pouco ameaçadora. Mas para outras, a nomeação de Hitler foi um presságio de desastre. Os jornalistas estrangeiros presenciaram o desfile numa janela do Gabinete de Imprensa do *Reich*, e um deles foi ouvido a dizer que estavam a assistir ao equivalente da conquista do poder por Mussolini em Itália, onze anos antes — «a marcha sobre Roma à maneira alemã»[16].

Os comunistas, em particular, sabiam que era provável que o governo de Hitler os atacasse em força. Logo na noite de 30 de janeiro, a imprensa da direita começou a exigir a ilegalização do partido depois de uma coluna de SA ter sido alvejada com tiros disparados de uma casa, em Charlottenburg, que mataram um polícia e um «camisa-castanha».[17] O *Rote Fahne* foi proibido e os seus exemplares foram confiscados. Em Spandau, a polícia efetuou mais de sessenta detenções aquando de um tiroteio entre nazis e comunistas.[18] Registaram-se confrontos similares, mas menos espetaculares, em Düsseldorf, Halle, Hamburgo e Mannheim, e noutros lugares a polícia proibiu imediatamente todas as manifestações comunistas. Em Altona, Chemnitz, Müncheberg, Munique e Worms, bem como em vários bairros operários de Berlim, os comunistas organizaram manifestações contra o novo governo. Cinco mil trabalhadores desfilaram em protesto contra o governo em Weissenfels, e realizaram-se manifestações mais pequenas noutros lugares.[19] Numa das mais notáveis, na vila vurtemberguesa de Mössingen, onde nas eleições de 1932 quase um terço dos votos tinham ido para os comunistas, os trabalhadores organizaram uma greve geral. Cerca de oitocentas pessoas, de uma população de quatro mil, marcharam pelas ruas em protesto contra o governo, mas os habitantes do pequeno centro industrial descobriram rapidamente a realidade da situação: a polícia prendeu os identificados como cabecilhas e deteve um total de mais de 80 manifestantes, 71 dos quais foram condenados por traição. As operações policiais foram supervisionadas pelo governo católico conservador de Eugen Bolz, presidente do Estado de Vurtemberga, que temeu obviamente uma insurreição comunista. Muitos anos depois, ao recordar os acontecimentos, um dos manifestantes disse orgulhosamente que se toda a gente tivesse seguido o exemplo de Mössingen, os nazis nunca teriam vencido. Outro participante também disse com orgulho e com um exagero desculpável: «Não se passou nada em lado nenhum, só aqui.»[20]

Em diversas vilas e cidades, os ativistas de base dos partidos operários estavam preparados para colaborar uns com os outros perante a ameaça nazi, mas nem os comunistas nem os sociais-democratas fizeram nada para coordenar ações de protesto em grande escala. O Partido Comunista apelou de imediato a uma greve geral, mas sabia que as possibilidades de se concretizar eram nulas sem a cooperação dos sindicatos e dos sociais-democratas, que não se quiseram deixar manipular. Para o Comintern, a indigitação do governo de Hitler mostrou que o capital monopolista tinha conseguido cooptar os nazis para os seus planos de destruição da resistência do proletariado e de criação de uma ditadura fascista. Segundo esta perspetiva, a figura crucial do governo era Hugenberg, o representante da indústria e dos latifúndios. Hitler era um mero instrumento dele.[21] Esta visão foi partilhada por vários sociais-democratas da ala esquerda, incluindo Kurt Schumacher, um dos mais importantes deputados do partido no *Reichstag*. Os comunistas recearam que a «ditadura fascista» significasse a repressão violenta do movimento operário, o aumento da exploração dos trabalhadores e o avanço rápido para uma «guerra imperialista».[22] No dia 1 de fevereiro de 1933, a imprensa comunista noticiou uma «vaga de proibições no *Reich*» e uma «tempestade sobre a Alemanha», na qual «bandos de terroristas nazis» estavam a assassinar trabalhadores e a destruir instalações dos sindicatos e do Partido Comunista. E as coisas não iam de certeza ficar por ali.[23]

Mas havia quem tivesse menos certezas quanto ao novo governo. Tinha havido tantos governos e tantos chanceleres nos últimos anos que muita gente pensou que o novo faria pouca diferença e seria tão breve como os anteriores. Até a entusiástica Luise Solmitz observou no seu diário:

> E que governo!!! Não ousámos sonhar com isto em julho. Hitler, Hugenberg, Seldte, Papen!!! De cada um deles depende uma grande parte das minhas esperanças para a Alemanha. O ímpeto nacional-socialista, a razão nacionalista alemã, os Capacetes de Ferro apolíticos e Papen, que não esquecemos. É tão inexpressivamente belo que escrevo isto depressa antes que se ouça a primeira nota discordante...[24]

Muitos leitores dos jornais que noticiaram a nomeação de Hitler terão achado exagerado o regozijo dos «camisas-castanhas». O aspeto crucial do novo governo, simbolizado pela participação dos Capacetes de Ferro no desfile, era certamente a grande superioridade numérica dos conservadores. «Não é um governo nacionalista nem revolucionário, embora tenha o nome de Hitler», confidenciou no seu diário um diplomata checo baseado em Berlim: «Não é um Terceiro *Reich*, nem sequer é um segundo *Reich* e meio.»[25] O embaixador francês, André François-Poncet, foi mais alarmista. O perspicaz diplomata referiu que os conservadores tinham razão em esperar que Hitler concordasse com o seu programa de «esmagamento da esquerda, purga da burocracia, assimilação da Prússia e do *Reich*, reorganização do exército, reintrodução do serviço militar». O diplomata observou que os conservadores tinham posto Hitler na Chancelaria para o desacreditarem; «julgam-se muito espertos, querem livrar-se do lobo metendo-o no meio do rebanho».[26]

II

A convicção complacente de Franz von Papen e dos seus amigos de que tinham Hitler onde o queriam não durou muito tempo. Os nazis só ocupavam três postos no governo, mas a autoridade inerente à posição de Hitler como chanceler do *Reich* era considerável. E igualmente importante era o facto de os nazis deterem os ministérios do Interior do *Reich* e da Prússia, que lhes conferiram poderes extensos na esfera da lei e da ordem. Em particular, Göring, na Prússia, ficou com o controlo sobre a polícia na maior parte do território do *Reich*. Papen, enquanto comissário do *Reich*, era o superior nominal de Göring, mas não lhe seria fácil interferir na gestão quotidiana do ministério em questões como a manutenção da ordem. Além disso, o novo ministro da Defesa, o general Werner von Blomberg, nomeado por indicação do exército na véspera de Hitler tomar posse, era muito mais simpatizante dos nazis do que Papen ou Hindenburg se aperceberam. Blomberg, um homem impulsivo e enérgico, tinha conquistado uma reputação formidável como estratego do Estado-Maior na Primeira Guerra Mundial e depois fora chefe do Estado-Maior General. Era o homem do exército no governo. No entanto, deixava-se influenciar facilmente por impressões fortes. Durante uma visita à União Soviética para inspecionar instalações militares alemãs*, ficou tão impressionado com o Exército Vermelho que considerou seriamente aderir ao Partido Comunista, ignorando por completo as gravíssimas implicações políticas de semelhante decisão. Blomberg tinha uma mentalidade tacanhamente militar e não percebia quase nada de política; era um brinquedo nas mãos de alguém como Hitler.[27]

Blomberg proibiu os oficiais de aderirem ao Partido Nazi e protegeu ciosamente a independência do exército. Devido à sua lealdade a Hitler, os nazis não precisavam aparentemente de subverter o exército a partir de dentro, mas tinham de garantir que o exército não interferia na violência que pretendiam desencadear no país. No dia 3 de fevereiro de 1933, Hitler frisou o seu respeito pela neutralidade do exército num discurso que proferiu perante um grupo de oficiais superiores. Conquistou as suas boas graças com a promessa de restaurar o recrutamento, destruir o marxismo e combater o Tratado de Versalhes, bem como quando lhes acenou com a possibilidade intoxicante de, a longo prazo, invadir e «germanizar» a Europa de Leste através da expulsão de dezenas de milhões de eslavos. A neutralidade do exército significava obviamente a sua não interferência, e Hitler fez questão de dizer aos oficiais que a «luta interna» não era «do vosso foro». Os esforços de Hitler para neutralizar o exército foram ajudados pela nomeação, por sugestão de Blomberg, do coronel Walther von Reichenau, oficial do Estado-Maior enérgico, ambicioso e muito condecorado, para principal assistente de Blomberg. Reichenau era um admirador de Hitler e tinha uma boa relação pessoal com ele. Blomberg e Reichenau isolaram rapidamente o novo comandante-chefe do exército, o general Kurt von Hammerstein, um aristocrata conservador que nunca procurara disfarçar o seu desprezo pelos nazis. Em fevereiro, Hammerstein proibiu os oficiais de convidarem políticos para eventos sociais com o intuito de tentar minimizar as relações com figuras nazis destacadas como Göring, ao qual se referia com snobismo pela sua patente de antes dos tempos dos nazis, «capitão (na reserva)», ou então pela sua alcunha, «o piloto tontinho». Hammerstein era uma ameaça em potência porque respondia

* No âmbito da colaboração secreta entre a União Soviética e a Alemanha, iniciada em 1921, tendente ao rearmamento alemão. (*N. do T.*)

diretamente ao presidente. Contudo, num curto espaço de tempo, Blomberg conseguiu limitar o acesso de Hammerstein a Hindenburg às questões estritamente militares. No dia 4 de abril, Blomberg entrou para o recém-criado Conselho de Defesa do *Reich*, um órgão político que contornou as chefias do exército e colocou as políticas militares nas mãos de Hitler, que era o seu presidente, e de um pequeno grupo de ministros principais. Estas manobras neutralizaram Hammerstein e os seus apoiantes. Em qualquer dos casos, Hammerstein era demasiado olímpico e distante para se envolver em grandes intrigas políticas. Com Schleicher definitivamente afastado, nem ele, nem nenhum dos outros chefes do exército, foi capaz de mobilizar uma oposição aos nazis na primeira metade de 1933.[28]

Com Frick e Göring ao leme e o exército relegado para os bastidores, as possibilidades de conter a violência nazi eram piores do que nunca. Os nazis aproveitaram quase de imediato esta situação cuidadosamente engendrada e desencadearam uma campanha de violência e de terror político como nunca antes se vira. Nos dias 30 e 31 de janeiro, os desfiles e marchas triunfais das SA e da SS tinham mostrado nas ruas a sua nova confiança e poder sobre os seus adversários. Tinham-se registado alguns incidentes de violência e antissemitismo, mas este tipo de situações começou a multiplicar-se. Bandos de SA atacaram instalações dos sindicatos e dos comunistas e residências de figuras destacadas da esquerda. Foram ajudados por um decreto emitido em 4 de fevereiro, que estabeleceu um período de detenção de até três meses para qualquer indivíduo culpado de violar a paz nas ruas ou de atos de traição, e que não era obviamente para aplicar às SA.[29]

A violência aumentou consideravelmente em 15–17 de fevereiro, quando Göring, na qualidade de ministro do Interior da Prússia, ordenou à polícia prussiana que deixasse de vigiar os nazis e as organizações paramilitares associadas e os apoiassem ao máximo nas suas atividades. No dia 22 de fevereiro, Göring foi mais longe e criou uma força de «polícia auxiliar» constituída por membros das SA, da SS e dos Capacetes de Ferro, estes numa posição claramente subordinada. Foi a luz verde para as SA lançarem os seus ataques sem nenhuma interferência de monta por parte dos guardiões oficiais da lei e da ordem. Enquanto a polícia, purgada de sociais-democratas desde o golpe de

Papen, perseguia os comunistas e reprimia as suas manifestações, a nova força, com o acordo da polícia, irrompia pelas instalações do Partido Comunista e dos sindicatos, destruía documentos e expulsava os ocupantes. O principal alvo da violência foi indiscutivelmente o Partido Comunista. Os comunistas tinham sido alvo de uma vigilância policial apertada na República de Weimar. Por exemplo, no princípio dos anos 30, o governo social-democrata da Prússia disse que lhe chegavam às mãos relatórios confidenciais sobre as sessões do Comité Central horas depois de estas terem terminado. A polícia tinha espiões em todos os níveis da hierarquia do partido. Os frequentes confrontos da polícia com a Liga dos Combatentes da Frente Vermelha, que resultavam ocasionalmente na morte de polícias, tinham dado origem a investigações policiais, incluindo rusgas a instalações do Partido Comunista. Entre os documentos confiscados em 1931–1932, havia listas com as moradas de funcionários e ativistas do partido. A polícia estava extremamente bem informada sobre o partido, que considerava inimigo por causa dos inúmeros confrontos armados, e depois do dia 30 de janeiro passou as informações que possuía ao novo governo, que não hesitou em usá-las.[30]

Os sociais-democratas e os sindicatos foram atingidos quase tão duramente como os comunistas na crescente repressão nazi da segunda metade de fevereiro de 1933. O governo aproveitou o consenso dos eleitores da classe média na repressão dos comunistas, que eram considerados desde sempre uma ameaça à ordem pública e à propriedade privada. O aumento continuado da expressão eleitoral dos comunistas, ao ponto de em 1933 terem 100 deputados no *Reichstag*, era extremamente assustador para as muitas pessoas que temiam uma repetição da violência, dos assassinatos e da tortura que tinham sido as imagens de marca do «Terror Vermelho» na Prússia em 1918–1921, caso os comunistas chegassem ao poder na Alemanha. Mas as coisas eram muito diferentes em relação aos sociais-democratas, a força política que tinha sido o sustentáculo da República de Weimar durante muitos anos. Os sociais-democratas tinham 121 deputados no *Reichstag* contra 196 nazis. Tinham sido um elemento-chave em vários governos. Tinham fornecido chanceleres e ministros-presidentes da Prússia e o primeiro chefe de Estado da República, Friedrich Ebert. Tinham a lealdade duradoura de muitos milhões de eleitores da classe operária, poucos dos quais tinham desertado para os nazis ou para os comunistas, e tinham o respeito, apesar de relutante e condicional, de muitos alemães. Em 1930, o Partido Social-Democrata contava com mais de um milhão de filiados.[31]

Alguns elementos do partido e dos seus paramilitares, a Bandeira do *Reich*, estavam prontos para agir; alguns reuniram armas e munições e outros organizaram manifestações em 30 de janeiro e no dia seguinte. Figuras sociais-democratas e sindicalistas importantes reuniram-se em Berlim, em 31 de janeiro, para planearem uma greve geral nacional. Mas enquanto as organizações locais esperavam, a liderança vacilava, ciente das dificuldades de desencadear uma greve no meio da maior crise de desemprego jamais vista no país. Os sindicatos receavam que as SA ocupassem as fábricas em caso de greve. E como poderia o partido justificar um ato ilegal na defesa da legalidade? «Os sociais-democratas e a Frente de Ferro», declarou o *Vorwärts*, o diário do partido, no dia 30 de janeiro de 1933, «colocam-se, em relação a este governo e à sua ameaça golpista, com os pés firmemente assentes no terreno da Constituição e da legalidade». Nas semanas seguintes, registaram-se alguns atos isolados. Em 7 de fevereiro, milhares de socialistas participaram num comício no Lustgarten, em Berlim; no dia 19, em Lübeck, 15 mil trabalhadores celebraram a libertação de um líder social-democrata local, Julius Leber, depois de uma breve greve geral na cidade. Mas a liderança do partido não determinou uma política geral de resistência.[32]

O terror patrocinado pelo Estado que se abateu sobre os sociais-democratas intensificou-se dia após dia. No princípio de fevereiro de 1933, as autoridades locais e regionais, pressionadas pelo nazi Wilhelm Frick, ministro do Interior do *Reich*, em Berlim, e pelo seu homólogo na Prússia, Hermann Göring, começaram a proibir edições de jornais sociais-democratas. A reação dos sociais-democratas, de forma característica, foi intentar processos no Tribunal do *Reich*, em Leipzig, para obrigar Frick e Göring a autorizarem a publicação dos jornais, uma tática que teve algum sucesso.[33] Porém, com o andar do mês, bandos de «camisas-castanhas» começaram a provocar desordens nos comícios sociais-democratas e a espancar os oradores e a assistência. No dia 24 de fevereiro, o social-democrata Albert Grzesinski, ex-ministro do Interior da Prússia, queixou-se: «Vários dos meus comícios foram sabotados, e muitos dos presentes tiveram de receber assistência por causa de ferimentos graves.» O comité executivo do partido mandou diminuir drasticamente os comícios para evitar mais baixas. A pouca proteção policial que havia nos comícios antes do dia 30 de janeiro foi completamente terminada por ordem do Ministério do Interior.[34] As SA podiam espancar e assassinar comunistas e sociais-democratas com impunidade. No dia 5 de fevereiro, num incidente particularmente chocante, um jovem nazi matou a tiro o presidente social-democrata da câmara municipal de Stassfurt. Dias depois, quando o diário oficial do partido, o *Vorwärts*, condenou o homicídio de um comunista pelas SA num confronto de rua em Eisleben, o presidente da Polícia de Berlim proibiu o jornal durante uma semana.[35]

Poucos meses decorridos do golpe de Papen, em 20 de julho de 1932, as possibilidades de uma insurreição operária tinham diminuído de forma dramática. A não resistência a Papen intensificou a sensação de impotência do movimento operário criada pelo apoio passivo dos sociais-democratas a Brüning e pelo seu apoio ativo a Hindenburg. A polícia e o exército deixaram de ser árbitros imparciais entre os paramilitares da direita e da esquerda. Encorajados pelos conservadores aglutinados em torno de Hugenberg e Seldte, apoiaram decisivamente os primeiros. Nesta situação, uma insurreição armada do movimento operário teria sido suicida. Além do mais, apesar de uma grande variedade de iniciativas localizadas, de negociações entre as bases e de aproximações formais e informais a todos os níveis, os sociais-democratas e os comunistas ainda não estavam preparados para cooperarem na defesa final da democracia. Mas mesmo que o fizessem, as suas forças combinadas não estariam à altura do número, do armamento e do equipamento do exército, dos «camisas-castanhas», dos Capacetes de Aço e da SS. Uma insurreição teria certamente tido o destino da sublevação operária desencadeada em Viena, um ano mais tarde, contra o golpe de Estado que estabeleceu a ditadura «clerical-fascista» de Engelbert Dollfuss: os socialistas, apesar de bem equipados e armados, foram esmagados em poucos dias pelo exército austríaco.[36] A última coisa que a liderança social-democrata queria era derramar o sangue dos trabalhadores, e muito menos em colaboração com os comunistas, desconfiando acertadamente de que eles explorariam implacavelmente qualquer situação violenta em benefício próprio.[37] Por conseguinte, nos primeiros meses de 1933, os sociais-democratas agarraram-se a uma abordagem estritamente legalista e evitaram tudo o que pudesse levar os nazis a desencadear atos ainda mais violentos contra eles.

III

Em fevereiro de 1933, a Alemanha foi novamente atacada pela febre eleitoral: os partidos digladiavam-se numa campanha frenética para as eleições do *Reichstag*, uma das condições impostas por Hitler para aceitar o cargo de chanceler do *Reich*, em 30 de janeiro. As eleições foram marcadas para 5 de março. Durante a campanha eleitoral, Hitler proclamou em muitas ocasiões que o principal inimigo do movimento nazi era o «marxismo». «Nunca, nunca me desviarei da missão de esmagar o marxismo... Só pode haver um vencedor: o marxismo ou o povo alemão! E a Alemanha vencerá!» Era uma referência óbvia aos comunistas e aos sociais-democratas. A linguagem beligerante de Hitler, no contexto do princípio de 1933, foi um encorajamento às SA para fazerem lei pelas suas próprias mãos. No entanto, a sua agressividade não se limitou à esquerda e ameaçou outros partidários ou ex-partidários da democracia de Weimar. No dia 10 de fevereiro, Hitler disse que o movimento seria «intolerante em relação a todos os que pequem contra a nação»[38]. «Repito», declarou Hitler em 15 de fevereiro, «a nossa luta contra o marxismo será incansável, e todo o movimento que se aliar ao marxismo arrepender-se-á.»[39]

Esta ameaça foi proferida em Estugarda, num discurso dedicado a um ataque furioso ao presidente do Estado de Vurtemberga, Eugen Bolz, que tinha declarado que o novo governo do *Reich* era inimigo da liberdade. Hitler observou que Bolz não tinha intervindo para defender a liberdade do Partido Nazi quando fora perseguido no seu Estado, nos anos 20. E prosseguiu:

> Quem não disse nada sobre a nossa liberdade durante catorze anos não tem o direito de vir agora falar dela. Enquanto chanceler, basta-me usar uma lei para a proteção do Estado nacional, tal como eles fizeram uma lei

para a proteção da República, e depois eles vão perceber que nem tudo aquilo a que chamam liberdade é digno desse nome.[40]

O Partido do Centro, tal como os comunistas e os sociais-democratas, tinha-se revelado relativamente imune aos avanços eleitorais dos nazis. Por conseguinte, também foi um alvo prioritário de intimidação durante a campanha eleitoral. Passado pouco tempo, o partido começou a sentir o impacto do terrorismo de Estado, tal como estava a acontecer aos sociais-democratas. Em meados de fevereiro, vinte jornais do Partido do Centro foram proibidos por criticarem o governo, as autoridades proibiram comícios em diversas localidades, e começou uma vaga de despedimentos ou suspensões de funcionários e administradores públicos filiados no Partido do Centro, incluindo o chefe da polícia de Oberhausen e um diretor do Ministério do Interior da Prússia. Um discurso de Heinrich Brüning a condenar os despedimentos deu origem a ataques das SA aos comícios eleitorais do Partido do Centro na Vestefália. No dia 22, Adam Stegerwald, ex-ministro do *Reich*, foi espancado pelos «camisas-castanhas» num comício em Krefeld. Um após outro, os jornais do partido foram proibidos ou as suas instalações foram destruídas por bandos de «camisas-castanhas». As filiais do partido foram atacadas e foram confiscados cartazes eleitorais, não só pelas SA como pela polícia política. Os bispos rezaram pela paz, o partido invocou a Constituição e, numa demonstração patética da sua falência política, exortou os eleitores a votarem na restauração do governo de Brüning, que estava há muito completamente desacreditado.[41]

Hitler declarou-se alarmado pelos incidentes e, no dia 22 de fevereiro, depois de um protesto veemente do Partido do Centro, proclamou: «Elementos provocadores estão a tentar, a coberto do Partido, desacreditar o Movimento Nacional-Socialista, desorganizando e sabotando comícios do Partido do Centro em particular. Espero», disse ele com severidade, «que todos os nacionais-socialistas se distanciem destes desígnios com a maior disciplina. O inimigo a derrubar no dia 5 de março é o marxismo!» Mas esta declaração foi acompanhada da ameaça de «tratar do Centro» caso o partido apoiasse o «marxismo» nas eleições, e, combinada com o ataque selvagem de Hitler a Bolz menos de quinze dias antes, bastou para garantir a continuação da violência.[42] E enquanto os «camisas-castanhas» desencadeavam a sua campanha de violência no terreno, Hitler e outros líderes nazis deixavam claro, nos seus momentos menos contidos, que as próximas eleições seriam as últimas e que, independentemente do que acontecesse, Hitler não se demitiria do cargo de chanceler. «Se um dia conseguirmos chegar ao poder», tinha ele declarado num discurso proferido em 17 de outubro de 1932, «vamos agarrar-nos a ele, Deus nos ajude. Não deixaremos que eles no-lo tirem.»[43] Os resultados eleitorais, disse ele em fevereiro de 1933, não teriam qualquer influência no programa do seu governo. «Não seremos demovidos se o povo alemão nos abandonar nesta hora. Continuaremos a fazer tudo o que é necessário para impedir a degeneração da Alemanha.»[44]

Noutras ocasiões, de forma mais circunspecta, mas menos credível, Hitler anunciou que apenas queria quatro anos para implementar o seu programa e que depois, em 1937, ano de novas eleições para o *Reichstag*, o povo alemão poderia ajuizar se o programa tinha sido bom ou não. Hitler explicou o programa num longo discurso proferido no Palácio dos Desportos de Berlim, em 10 de fevereiro, com a casa cheia e num ambiente de adulação extática. O Partido, com todos os recursos do Estado ao seu dispor, decorou a sala com bandeiras com a suástica e faixas com *slogans* antimarxistas. A rádio transmitiu o discurso para todo o país. Coros do hino nacional, gritos de «*Heil*!» e ovações entusiásticas antecederam o discurso e atingiram um crescendo quando Hitler entrou na sala. Hitler, como em tantas outras vezes durante a sua carreira, começou de forma pausada e calma, para prender a atenção da assistência, passando em revista a história do Partido Nazi e os alegados crimes da República de Weimar desde 1919: a inflação, o empobrecimento do campesinato, a subida do desemprego, a ruína da nação. Que iria o seu governo fazer para mudar esta mísera situação? Hitler respondeu sem se comprometer com nada de específico. Disse grandiosamente que não ia fazer «promessas baratas». O seu programa reconstruiria a nação alemã sem ajuda externa, «segundo leis válidas para sempre», com base no povo e no solo e não segundo ideias de classes. Hitler acenou de novo com a visão intoxicante de uma Alemanha unida numa nova sociedade que ultrapassaria as divisões de classe e credo que tinham assolado a Alemanha nos últimos catorze anos. Os trabalhadores, declarou ele, seriam libertados da ideologia estrangeira do marxismo e devolvidos à comunidade nacional da raça alemã. Era um «programa de ressurreição nacional em todos os domínios da vida».

Hitler terminou com um apelo quase religioso à assistência que enchia o Palácio dos Desportos e a todo o país:

> Há catorze anos que os partidos da desintegração, da Revolução de Novembro, vêm seduzindo o povo alemão e abusando dele. Há catorze anos que vêm semeando a destruição, a infiltração e a dissolução. Tendo isto em conta, não me considero presunçoso ao apresentar-me hoje perante a nação, para lhe pedir: povo alemão, dá-nos quatro anos e depois julga-nos, e eu juro-te, tal como nós, tal como eu ocupei este cargo, desocupá-lo-ei. Não o ocupei por dinheiro; fi-lo por ti!... Porque não consigo desistir da minha fé no meu povo, não me consigo dissociar da convicção de que esta nação irá um dia reerguer-se, não me consigo divorciar do meu amor a isto, meu povo, e nutro a firme convicção de que chegará finalmente a hora em que os milhões que hoje nos desprezam estarão ao nosso lado e saudarão connosco o *Reich* Alemão, dura e dolorosamente adquirido, que criámos juntos, o novo reino alemão de grandeza e poder e glória e justiça. Ámen.[45]

Ou seja, Hitler prometeu à Alemanha, em primeiro lugar, a eliminação do comunismo e, a seguir, dos outros partidos de Weimar, principalmente os sociais-democratas e o Partido do Centro. De resto, não tinha nada de muito concreto para oferecer, mas muita gente viu nisso uma virtude. «Estou encantada com a ausência de programa de Hitler», escreveu Luise Solmitz no seu diário, «porque um programa é só mentiras ou fraqueza, ou é concebido para enganar os tontos. — O homem forte atua em função da necessidade imposta por uma situação grave e não se pode deixar manietar.» Uma das amigas de Luise, anteriormente indiferente ao nazismo, disse-lhe que ia votar em Hitler precisamente por o único programa dele ser a Alemanha.[46] A declaração dramática e emocional de Hitler de que apenas precisava de quatro anos destinou-se a incutir nos seus ouvintes a sensação de que ele estava envolvido, qual Cristo, numa peregrinação de sacrifício pessoal. Estes sentimentos foram repetidos noutros locais nos dias seguintes, perante assistências igualmente entusiásticas.

A campanha eleitoral de Hitler foi apoiada por um fluxo inédito de donativos vindos da indústria. No dia 11 de fevereiro, Hitler inaugurou um salão automóvel internacional em Berlim e anunciou um programa ambicioso de construção de estradas e benefícios fiscais para ajudar os fabricantes de automóveis.[47] No dia 20, um grupo numeroso de grandes industriais reuniu-se na residência oficial de Göring. Hitler declarou novamente que a democracia era incompatível com os interesses empresariais e que o marxismo tinha de ser esmagado. Nessa luta, as eleições seriam cruciais. Se o governo não ganhasse, seria obrigado a recorrer à força para atingir os seus fins, ameaçou ele. A última coisa que a comunidade empresarial queria era uma guerra civil. A mensagem foi inequívoca: eles tinham de fazer todos os possíveis para garantirem a vitória da coligação — uma coligação na qual alguns industriais destacados ainda julgavam que Papen e os conservadores eram os atores principais. Depois de Hitler partir, Göring recordou aos presentes que as eleições seriam as últimas, não só durante os próximos quatro anos, mas provavelmente durante os próximos cem. Hjalmar Schacht, o financeiro com grandes contactos políticos que fora o arquiteto do programa de estabilização pós-inflação em 1923–1924, disse que esperava que a comunidade empresarial contribuísse com três milhões de *Reichsmarks* para o fundo de campanha do governo. Alguns dos presentes insistiram que uma parte do dinheiro deveria ir para os parceiros conservadores dos nazis, mas mesmo assim pagaram.[48] Os fundos fizeram uma grande diferença na capacidade do Partido Nazi para disputar as eleições, em contraste com a falta de recursos que o tinham prejudicado muito em novembro do ano anterior. Permitiram a Goebbels montar um novo tipo de campanha, retratando Hitler como o homem que estava a reconstruir a Alemanha e a destruir a ameaça marxista, como toda a gente podia ver nas ruas. Recursos novos, principalmente a rádio, foram utilizados em prol dos nazis, e, desta vez, Goebbels, com fundos muitíssimos maiores, conseguiu mesmo saturar o eleitorado.[49]

Mas mesmo assim, a campanha nazi não foi um desfile triunfal para a ratificação do poder. O Partido estava ciente de que a sua popularidade tinha diminuído na segunda metade de 1932 e, que a dos comunistas estava a aumentar. De todos os adversários dos nazis, os comunistas eram os mais temidos e odiados. Em inúmeras lutas nas ruas e nas salas dos comícios, os comunistas tinham mostrado que eram capazes de se bater soco a soco e tiro a tiro com os «camisas-castanhas». Por conseguinte, a liderança nazi ficou sobremaneira intrigada quando, depois das manifestações comunistas logo após 30 de janeiro, a Liga dos Combatentes da Frente Vermelha não respondeu à altura à enorme onda de violência que se abateu sobre o Partido Comunista, principalmente depois do alistamento dos «camisas-castanhas» como polícias auxiliares, em 22 de fevereiro, quando os SA fizeram lei com as suas próprias mãos e descarregaram a sua ira acumulada sobre os seus odiados inimigos. Continuaram a registar-se zaragatas e incidentes isolados, e a Liga dos Combatentes da Frente Vermelha não ficou totalmente de braços caídos perante esta ofensiva a nível nacional, mas não se assistiu a nenhuma escalada da violência comunista, nem a nenhum sinal de que estivesse a ser preparada uma resposta concertada por ordem do Comité Executivo do Partido Comunista.

A relativa inação dos comunistas refletiu sobretudo a convicção da liderança do partido de que o governo — o último estertor violento do capitalismo moribundo — não duraria mais do que alguns meses antes de entrar em colapso. Cientes do risco de ilegalização do partido, os comunistas tinham feito preparativos extensos para um longo período de existência ilegal ou semilegal, e acumularam certamente o máximo de armas possível. E também sabiam que a Liga dos Combates da Frente Vermelha não receberia ajuda dos paramilitares sociais-democratas, a Bandeira do *Reich*, contra os quais tinha lutado frequentemente nos últimos anos. As exigências constantemente reiteradas do partido para a criação de uma «frente unitária» com os sociais-democratas não tinham hipótese nenhuma de se tornarem realidade, dado que o partido só participaria se os «sociais-fascistas», a sua designação para os sociais-democratas, abdicassem da sua independência política e se colocassem sob a liderança do Partido Comunista. O partido manteve-se rigidamente agarrado à doutrina de que o governo de Hitler assinalava a vitória temporária das grandes empresas e do «capitalismo monopolista» e anunciava a chegada iminente do «Outubro alemão». No dia 1 de abril de 1933, uma data apropriada para semelhante proclamação, o Comité Executivo do Comintern emitiu a seguinte resolução:

> Apesar do terror fascista, a viragem revolucionária na Alemanha aumenta inexoravelmente. A defesa das massas contra o fascismo aumenta inexoravelmente. O estabelecimento de uma ditadura abertamente fascista, que despedaçou todas as ilusões democráticas e está a libertar as massas da influência dos sociais-democratas, acelera o ritmo do desenvolvimento da Alemanha no caminho da revolução proletária.[50]

Em junho de 1933, o Comité Central do Partido Comunista Alemão ainda proclamou que o governo de Hitler iria entrar rapidamente em colapso devido ao peso das suas contradições internas, seguindo-se de imediato a vitória do bolchevismo na Alemanha.[51] Por conseguinte, a inação dos comunistas resultou de excesso de confiança e da ilusão fatal de que a nova situação não era uma grande ameaça para o Partido.

Mas para a liderança nazi, era uma indicação de algo mais sinistro: os comunistas estavam a preparar em segredo uma insurreição nacional. O receio da guerra civil que tinha assombrado a política alemã no final de 1932 e no princípio do ano seguinte não desapareceu do dia para a noite. Afinal de contas, os comunistas estavam sempre a proclamar que o advento de um governo fascista era o prelúdio da revolução proletária imparável que substituiria a democracia burguesa por uma Alemanha soviética. Mas, mesmo assim, os comunistas não reagiram a uma provocação como a rusga à sede do partido, na Casa Karl Liebknecht, em Berlim, no dia 23 de fevereiro, nem à suposta revelação de planos para uma sublevação revolucionária. Quanto mais esperavam, mais nervosos ficavam os líderes nazis. De certeza que estava para acontecer qualquer coisa.[52] O esteta Harry Graf Kessler disse que entre os seus amigos bem colocados corria o boato de que os nazis estavam a planear um falso atentado à vida de Hitler para justificarem um «banho de sangue» no qual destruiriam os seus inimigos. Rumores como este foram correntes na última semana de fevereiro. A tensão estava a tornar-se insuportável, e não tardaria a libertar-se de forma espetacular.[53]

O incêndio do *Reichstag*

I

Em fevereiro de 1931, o jovem operário da construção holandês Marinus van der Lubbe iniciou um longo percurso pela Europa Central para chegar à União Soviética, um Estado que admirava muito. Marinus van der Lubbe nasceu em 13 de janeiro de 1909 em Leiden, e cresceu numa pobreza abjeta. O pai era alcoólico e abandonou a família pouco depois do nascimento de Marinus; a mãe morreu quando ele tinha doze anos. Van der Lubbe aprendeu o ofício de pedreiro, entrou em contacto com o movimento operário e aderiu ao movimento juvenil comunista. Todavia, não gostou da disciplina rígida nem da estrutura autoritária do partido e saiu em 1931 para aderir a uma organização anarco-sindicalista que tinha como princípio norteador a «propaganda pela ação». Durante o caminho para a Rússia, Van der Lubbe, que teve dificuldade em encontrar ocupação devido a um acidente de trabalho que lhe afetou gravemente a vista, dormiu principalmente em albergues e celeiros. Só conseguiu chegar à Polónia e depois deu meia volta. Chegou a Berlim no dia 18 de fevereiro de 1933. A situação política na cidade era cada vez mais desesperada, e a passividade dos partidos operários era incompreensível. Os nazis tinham rédea solta em tudo o que faziam, mas a esquerda era implacavelmente reprimida. Van der Lubbe pensou que era chegada a altura de os desempregados, abandonados por toda a gente, desferirem um golpe pela liberdade e pelo pão. Sendo um crente na ação direta desde os seus tempos de anarco-sindicalista, van der Lubbe decidiu protestar contra o Estado burguês e a sua crescente repressão do movimento operário. Nas suas idas aos centros de emprego, encontrou os desempregados apáticos e incapazes de protestar. Alguém teria de o fazer por eles.[1]

Decidiu-se pelo fogo posto. Pensou que se causasse danos espetaculares às instituições do Estado ou, antes, aos edifícios que as albergavam, demonstraria que eram tudo menos invulneráveis e despertaria os desempregados para a ação de massas espontânea. Van der Lubbe tinha sido condenado por danos ao património por um tribunal de Leiden e não era estranho a ações de protesto impulsivas e improvisadas; aliás, a sua predileção por este tipo de atuação fora a causa principal do seu rompimento com os comunistas holandeses. Agora, ia fazer a mesma coisa na Alemanha. Começou por símbolos do que eram, na sua perspetiva, a opressão estatal dos desempregados e a predominância da velha ordem. No dia 25 de fevereiro, tentou incendiar um escritório da Segurança Social no bairro berlinense de Neukölln e depois, com mais ambição, escolheu como alvos a Câmara Municipal e o antigo Palácio Real. Estas três tentativas foram rapidamente detetadas, e a imprensa mal as noticiou. Impunha-se claramente uma ação mais espetacular e mais bem preparada. Ao procurar o símbolo máximo da ordem política burguesa que tinha tornado miserável a sua vida e a de muitos outros desempregados, van der Lubbe decidiu incendiar o *Reichstag*.[2]

No dia 27 de fevereiro, pela manhã, van der Lubbe gastou o último dinheiro que tinha em fósforos e acendalhas. Inspecionou o edifício para descobrir a melhor maneira de entrar e esperou até ao anoitecer. Van der Lubbe entrou no *Reichstag* escuro e vazio por volta das nove da noite. A sua falta de vista tornou os seus sentidos apurados na escuridão. Não conseguiu pegar fogo ao mobiliário do restaurante, mas os cortinados da sala das sessões revelaram-se facilmente combustíveis. Os painéis de madeira começaram a arder e a intensidade das chamas transformou a cúpula numa espécie de chaminé que alimentou o incêndio criando uma corrente de ar ascendente. Van der Lubbe correu pelo edifício a tentar atear outros fogos, até que foi descoberto e apanhado por funcionários do *Reichstag*. Quando a polícia o prendeu, o edifício estava a arder, e os bombeiros, apesar de terem chegado rapidamente ao local, só conseguiram encharcar as ruínas fumegantes da sala das sessões e tentar salvar o resto.

Do outro lado da rua, «Putzi» Hanfstaengl, um dos íntimos de Hitler, temporariamente alojado na residência oficial de Göring, foi acordado pela governanta, que apontou pela janela para o edifício em chamas. Hanfstaengl telefonou imediatamente a Goebbels, que pensou que o colunável, conhecido pela sua frivolidade, estava a brincar. Mas «Putzi» insistiu que não estava. Goebbels verificou a história, descobriu que era verdade e alertou Hitler.[3] Os líderes nazis — Hitler, Goebbels e Göring — encontraram-se no local. Uma das primeiras figuras importantes a chegar foi Rudolf Diels, o chefe (não nazi) da polícia política prussiana, que encontrou van der Lubbe a ser interrogado pelos seus agentes:

> Estava de tronco nu, suado e coberto de fuligem, sentado à frente deles, a respirar com dificuldade, a ofegar, como se tivesse concluído uma tarefa tremenda. Tinha um olhar esgazeado de triunfo no rosto jovem, pálido e emaciado. Sentei-me mais algumas vezes à frente dele durante a noite, na sede da polícia, e ouvi as suas histórias confusas. Li os panfletos comunistas que ele trazia no bolso das calças. Eram distribuídos publicamente por todo o lado naquela época...
>
> As respostas francas de Marinus van der Lubbe não me levaram de maneira nenhuma a pensar que aquele pequeno incendiário, que conhecia tão bem o seu ofício maluco, precisava de ajudantes. Porque não seria um único fósforo suficiente para pegar fogo ao aparato frio e inflamável da sala das sessões, ao velho mobiliário estofado e aos pesados cortinados e aos esplendorosos painéis de madeira? Mas aquele especialista tinha utilizado uma mochila cheia de dispositivos incendiários.[4]

Foram descobertas muitas provas documentais que confirmaram a afirmação de van der Lubbe de que tinha atuado sozinho.[5]

Diels foi chamado para fazer um relatório e quando chegou ao pé dos líderes nazis, reunidos numa varanda sobranceira à câmara, deu com uma cena de histeria assustadora. Diels recordou os acontecimentos depois da guerra:

> Hitler estava com os braços apoiados no parapeito de pedra a olhar silenciosamente para o mar vermelho de chamas. Atrás dele, havia pedaços

de janelas no chão. Quando cheguei, Göring aproximou-se de mim. Tinha na voz a emoção incontida e ameaçadora daquele momento dramático: "Isto é o início da insurreição comunista! Agora vão atacar! Não há tempo a perder!"

Göring não conseguiu continuar. Hitler virou-se para o grupo. Vi que tinha o rosto vermelho de excitação e devido ao calor que se estava a acumular na cúpula. Gritou como se fosse rebentar, de uma forma incontida como eu nunca lhe tinha visto: "Acabou-se a misericórdia; quem estiver no nosso caminho será chacinado. O povo alemão não entenderá a clemência. Todos os ativistas comunistas serão abatidos a tiro onde forem encontrados. Os deputados comunistas serão presos. E também não vai haver mais misericórdia em relação aos sociais-democratas e à Bandeira do *Reich*!"

Dei conta dos resultados do meu primeiro interrogatório a Marinus van der Lubbe e expressei a minha opinião de que ele era um lunático, mas Hitler não era a pessoa ideal para se dizer isto; troçou da minha ingenuidade infantil: "Foi uma coisa verdadeiramente engenhosa e preparada há muito tempo. Estes criminosos calcularam bem a coisa, mas enganaram-se, não enganaram, meus camaradas de Partido?! Estes sub-humanos não sabem que o povo está todo do nosso lado. Nas suas tocas de ratos, de onde querem agora sair outra vez, não ouvem o regozijo das massas", e assim por diante.

Pedi a Göring para me deixar passar, mas ele não me deixou falar. Estado de emergência máxima para a polícia, utilização implacável das armas de fogo e tudo o mais que é costume nestes casos com ordens de alerta máximo militar.[6]

Diels disse a um subordinado que aquilo parecia um «manicómio». Seja como for, tinha chegado o momento da ação contra os comunistas.[7] Horas depois do incêndio, equipas da polícia pegaram em listas de comunistas elaboradas meses ou até anos antes para a eventualidade da ilegalização do partido e partiram em automóveis e carrinhas para os tirarem da cama. Os comunistas tinham 100 deputados no *Reichstag* e milhares de representantes noutras legislaturas, funcionários, burocratas, organizadores e ativistas. Muitas das listas estavam desatualizadas, mas a operação, devido à sua natureza precipitada e improvisada, apanhou muitas pessoas que poderiam ter escapado, e falhou muitas que não foi possível encontrar. Foram detidos quatro mil indivíduos. Diels e a polícia ignoraram discretamente as instruções de Göring para que fossem abatidos a tiro.[8] Enquanto esta enorme operação estava em curso, Ludwig Grauert, conselheiro de Göring, avançou. Grauert era ex-líder da associação dos industriais do ferro e do aço e tinha sido recentemente nomeado chefe do departamento da polícia do Ministério do Interior da Prússia. Grauert, que era um nacionalista, sugeriu a proclamação de um decreto de emergência para dar cobertura legal às detenções e lidar com novos atos violentos comunistas. No dia 27 de fevereiro, antes do incêndio, tinha sido proposta ao governo uma lei pelo ultraconservador Franz Gürtner, ministro da Justiça, que, tal como os demais conservadores do governo, apoiou entusiasticamente as medidas draconianas de repressão das desordens públicas, que atribuíram integralmente aos comunistas e sociais-democratas. Gürtner propôs restrições acentuadas às liberdades civis para impedir os comunistas de desencadearem uma greve geral. A publicação de apelos à greve seria considerada alta traição, que era punível com a morte.[9] Mas a proposta foi ultrapassada pela nova situação.

O ministro do Interior, o nazi Wilhelm Frick, viu na proposta de Grauert a oportunidade de impor o seu poder aos Estados federados e introduziu um elemento crucial, a cláusula 2, que autorizava o Governo e não o presidente a intervir, muito à semelhança do que Papen tinha feito na Prússia em 1932. Além disto, o projeto de decreto, baseado em debates internos sobre legislação de emergência realizados no princípio dos anos 20, suspendeu diversas secções da Constituição de Weimar, em particular as que regiam a liberdade de expressão, a liberdade de imprensa e a liberdade de reunião e associação. Autorizava a polícia a manter indivíduos em custódia protetiva por tempo indeterminado e sem ordem de um tribunal, em contraste com as leis e decretos anteriores, que fixavam um limite de tempo rígido até à intervenção judicial. A maior parte destas medidas fora considerada em várias ocasiões e era bem vista nos escalões cimeiros do funcionalismo público. Mas o decreto foi muito mais longe. No dia 28 de fevereiro, pelas 11 da manhã, Hitler apresentou o decreto ao governo e recordou aos seus colegas que a coligação sempre tivera a intenção de destruir os comunistas.

«Chegou o momento psicologicamente adequado para o confronto. Não vale a pena esperar mais tempo.»[10]

Hitler deixou bem clara a sua intenção de atuar de forma implacável e sem se preocupar com a lei. A luta contra os comunistas, disse ele, «não deve depender de considerações judiciais». E aliciou os seus colegas de gabinete com a perspetiva entusiasmante de uma vitória esmagadora nas eleições por causa da ilegalização dos comunistas, o terceiro maior partido da Alemanha, e do susto causado ao público pelo fogo posto.[11] Göring falou a seguir e disse que van der Lubbe tinha sido visto com comunistas importantes como Ernst Torgler* pouco antes de entrar no *Reichstag*. Os comunistas, disse ele, estavam a planear não só a destruição de edifícios públicos mas também o «envenenamento de cozinhas públicas» e o rapto das mulheres e dos filhos de alguns ministros. E, pouco depois, já estava a dizer que possuía provas inequívocas de que os comunistas estavam a reunir explosivos para lançarem uma campanha de sabotagem contra as centrais elétricas, os caminhos de ferro «e todas as outras grandes empresas importantes de apoio à vida»[12].

O gabinete rejeitou as objeções de Papen à cláusula 2 e aceitou apresentar o decreto a Hindenburg, que o assinou, apesar de estar a ceder uma parte significativa dos seus poderes ao governo de Hitler. O decreto entrou em vigor imediatamente. O parágrafo 1 suspendeu os artigos relevantes da Constituição de Weimar e declarou:

> As referidas restrições à liberdade individual, ao direito de livre expressão de opiniões, incluindo a liberdade de imprensa, e ao direito de reunião e associação, a violação da privacidade das comunicações postais, telegráficas e telefónicas, os mandados de buscas domiciliárias, as ordens de confisco e as restrições aos direitos patrimoniais são autorizados para lá dos limites legais previstos.

O parágrafo 2 autorizou o governo a assumir o controlo dos Estados federados em caso de perigo para a ordem pública. Estes dois parágrafos, válidos «até informação em contrário», ofereceram o pretexto legal

* O líder da bancada comunista no *Reichstag*. (*N. do T.*)

para tudo o que aconteceu nos meses seguintes.[13] A conquista do poder pelos nazis podia começar.

II

O decreto do incêndio do *Reichstag* foi disparado no meio de uma torrente de propaganda na qual Göring e a liderança nazi pintaram o retrato drástico da iminência de uma «Revolução Bolchevique Alemã» acompanhada de todo o tipo de indignidades e atrocidades. A propaganda surtiu efeito. Os cidadãos da classe média como Luise Solmitz arrepiaram-se ao pensarem no destino ao qual a Alemanha escapara por pouco, e ficaram impressionados com as provas da ignóbil conjura comunista que Göring forneceu «ao quilo»[14]. O Ministério da Justiça recebeu mais de duzentos telegramas enviados por grupos nazis de todo o país a exigir que os «sub-humanos» cujos «planos demoníacos de aniquilação» ameaçavam transformar «a Pátria num território empapado em sangue» fossem fuzilados na hora ou estrangulados à frente do *Reichstag*. Houve muitas exigências de «aniquilação da matilha de criminosos vermelhos até ao último homem», e algumas autoridades locais nazis expressaram o receio da ocorrência de desordens públicas caso os culpados não fossem imediatamente executados.[15] A máquina de propaganda de Goebbels libertou a fúria acumulada dos «camisas-castanhas» contra os seus adversários comunistas. As SA, que se consideravam praticamente imunes à justiça devido à sua utilização anterior como polícias auxiliares, já tinham libertado a sua tensão com atos generalizados de violência, mas este foi o momento pelo qual estavam realmente à espera. Um SA escreveu sobre o pós-28 de setembro de 1933:

> Estávamos preparados; conhecíamos as intenções dos nossos inimigos. Eu reuni um pequeno "esquadrão móvel" com os ousados dos ousados da minha *sturm*. Ficámos à espera noite após noite. Quem iria desferir o primeiro golpe? E então aconteceu. O farol em Berlim, sinais de fogo por todo o país. Finalmente, o alívio de receber a ordem: "Avançar!" E avançámos! Não era apenas a questão puramente humana de "eles ou nós",

> tratava-se de apagar para sempre o sorriso lascivo das caras hediondas e assassinas dos bolcheviques e de proteger a Alemanha do terror sanguinário das hordas incontidas.[16]

Mas agora foram os «camisas-castanhas» que desencadearam por toda a Alemanha sobre os seus inimigos o terror sanguinário das hordas incontidas. A sua violência foi a expressão de um ódio de longa data e muitos dos seus atos foram dirigidos contra «marxistas» e comunistas que conheciam pessoalmente. Não existiu um plano coordenado, só queriam descarregar uma agressividade terrível em cima de homens e mulheres que temiam e odiavam.[17]

Os «camisas-castanhas» estavam preparados; os seus opositores comunistas, em alguns aspetos cruciais, não estavam. A liderança do Partido Comunista foi apanhada desprevenida pelos acontecimentos de 27–28 de fevereiro. Julgou que era o início de outra fase de repressão relativamente ligeira como aquelas a que tinha conseguido sobreviver em 1923 e 1924. Mas desta vez as coisas foram muito diferentes. A polícia estava apoiada pela ferocidade dos «camisas-castanhas». O líder do partido e ex-candidato presidencial, Ernst Thälmann, e os seus ajudantes foram presos no dia 3 de março, na sede secreta do partido, em Berlim-Charlottenburg. Ernst Torgler, líder da bancada comunista no *Reichstag*, entregou-se à polícia no dia 28 de fevereiro para refutar a acusação do governo de que ele e a liderança do partido tinham ordenado o incêndio do *Reichstag*. Das figuras mais destacadas do partido, Wilhelm Pieck fugiu da Alemanha na primavera, e Walter Ulbricht, líder do partido em Berlim, no outono. Apesar dos enormes esforços desenvolvidos para possibilitar a saída clandestina para o estrangeiro de outros membros do Comité Executivo, muitos foram presos antes de conseguirem fugir. Por todo o país, as organizações do Partido Comunista foram esmagadas, as sedes foram ocupadas, os ativistas foram capturados. Em muitos casos, as SA apoderaram-se de todo o dinheiro que encontraram e roubaram dinheiro e outros artigos de valor das residências de membros do Partido Comunista perante o olhar impávido da polícia. A vaga de detenções ultrapassou muitas vezes o número inicialmente previsto. No dia 15 de março, já tinham sido presos dez mil comunistas. Segundo os registos oficiais, em março e abril, só no distrito da Renânia e do Rur foram detidos oito mil comunistas. O partido teve de admitir que tinha sido forçado a efetuar uma «retirada», mas insistiu que era uma «retirada ordeira». De facto, tal como Pieck admitiu meses depois, a maior parte dos funcionários do partido já não estava no ativo e muitos ativistas de base tinham sido silenciados pelo medo.[18]

Hitler receou obviamente uma reação violenta se pedisse ao presidente um decreto banindo o Partido Comunista. Preferiu tratar os ativistas e simpatizantes comunistas como criminosos que tinham planeado atos ilegais e que agora iam pagar as consequências. Deste modo, a maioria dos alemães podia ser convencida a tolerar ou mesmo a apoiar a vaga de detenções decorrente do incêndio do *Reichstag* sem recear que fosse seguida da ilegalização de outros partidos políticos. Foi por este motivo que o Partido Comunista conseguiu disputar as eleições de 5 de março de 1933, apesar de muitos dos seus candidatos estarem presos ou terem fugido do país e de não haver a mínima hipótese de os 81 deputados eleitos se sentarem nos seus lugares; de facto, foram presos logo que a polícia os conseguiu localizar. Hitler e o governo deixaram o partido concorrer às eleições para enfraquecerem os sociais-democratas. Se os candidatos comunistas não tivessem sido autorizados a participar nas eleições, muitos eleitores que teriam votado neles poderiam ter votado em candidatos sociais-democratas. Por conseguinte, os sociais-democratas foram privados desta fonte potencial de votos. E mesmo no final de março, o governo não se sentiu à vontade para decretar a ilegalização formal do Partido Comunista. No entanto, os ativistas comunistas, além de serem assassinados, espancados ou atirados para centros de tortura e prisões improvisados pelos «camisas-castanhas», foram julgados em grande número nos tribunais.

A simples filiação no partido não era ilegal, mas os polícias, os procuradores públicos e os juízes eram esmagadoramente conservadores. Consideravam há muito o Partido Comunista uma organização perigosa, traiçoeira e revolucionária, em particular à luz dos acontecimentos dos primeiros anos de Weimar, desde a insurreição espartaquista de Berlim até ao «terror vermelho» e ao fuzilamento de reféns em Munique. A sua opinião fora mais do que confirmada pela violência de rua da Liga dos Combatentes da Frente Vermelha e agora, pensaram muitos deles, pelo incêndio do *Reichstag*. Os comunistas tinham incendiado o *Reichstag*, logo, todos os comunistas eram necessariamente culpados de traição. Por vezes, o raciocínio foi ainda mais sinuoso. Por exemplo, em alguns casos, os tribunais argumentaram que uma vez que o Partido Comunista já não era capaz de implementar as suas políticas de revisão da Constituição alemã através de meios parlamentares, estava a tentar revê-la pela força, o que era um crime de traição, logo, quem pertencia ao Partido Comunista estava certamente a fazer a mesma coisa. Ou seja, depois de 30 de janeiro de 1933, ou, nalguns casos, antes, os tribunais trataram cada vez mais a filiação no partido como uma atividade traiçoeira. Para todos os efeitos, o Partido Comunista foi ilegalizado em 28 de fevereiro e banido em 6 de março, no dia a seguir às eleições.[19]

A partir de 28 de fevereiro, depois de correrem com os comunistas das ruas numa questão de dias, as SA passaram a mandar nas cidades, exibindo a sua supremacia de forma absolutamente óbvia e intimidante. O chefe da polícia política, Rudolf Diels, disse mais tarde que, ao contrário do Partido, as SA estavam dispostas a tomar conta do poder.

> As SA não precisavam de uma liderança unificada; o «Estado-Maior de Grupo» dava o exemplo, mas não emitia ordens. Contudo, os grupos de assalto das SA tinham planos bem desenvolvidos para operações nos bairros comunistas da cidade. Naqueles dias de março, qualquer SA estava «em cima do inimigo», todos sabiam o que fazer. As secções de assalto limparam os bairros. Além de saberem onde viviam os seus inimigos, tinham descoberto há muito os seus esconderijos e locais de reunião... Não eram só os comunistas que estavam em perigo, era toda a gente que tivesse falado alguma vez contra o movimento de Hitler.[20]

Secções de «camisas-castanhas» roubaram carros e camiões a judeus, aos sociais-democratas e aos sindicatos, ou receberam-nos de empresários temerosos na esperança de obterem a sua proteção. Percorreram as ruas de Berlim a toda a velocidade, com as armas bem à vista e bandeiras desfraldadas, anunciando a toda a gente quem tinha passado a mandar. Cenas como estas repetiram-se nas vilas e cidades de todo o país. Hitler, Goebbels, Göring e os outros líderes nazis não tiveram nenhum controlo direto sobre estes acontecimentos, mas tinham-nos

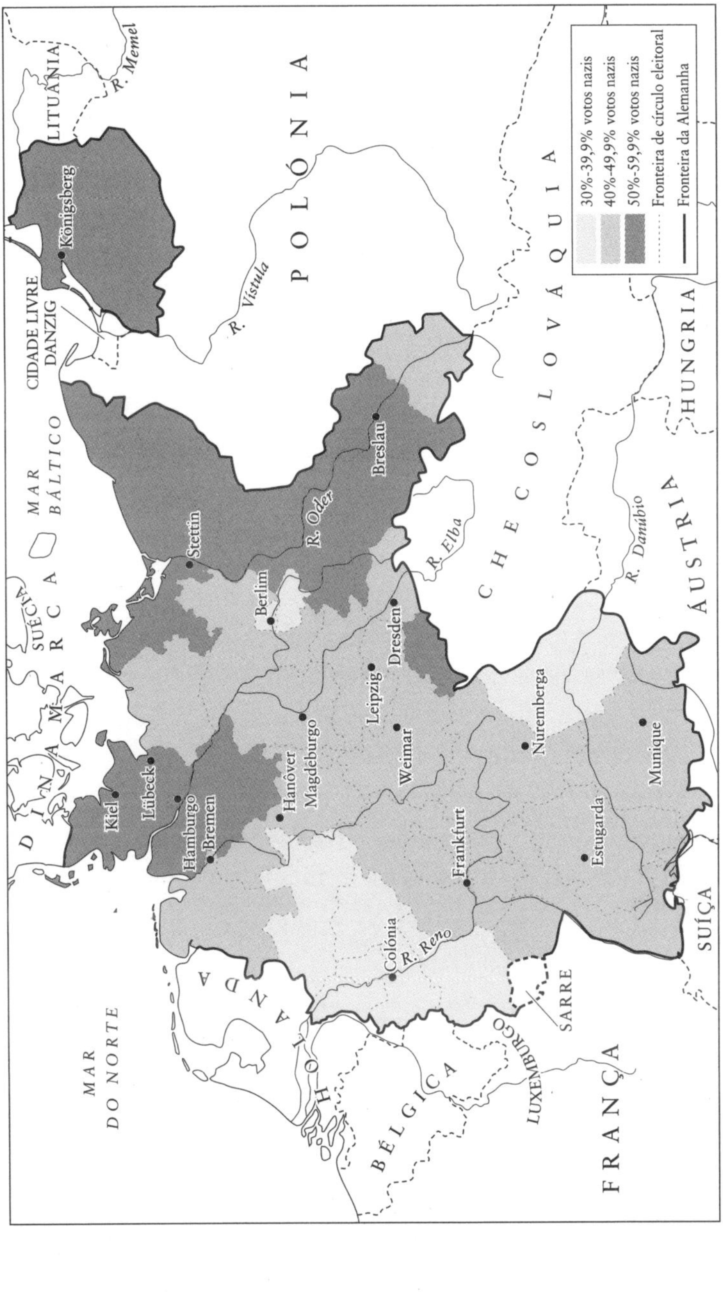

Mapa 17. Os nazis nas eleições para o *Reichstag* de março de 1933

provocado ao alistarem as SA, a SS e os Capacetes de Ferro como polícia auxiliar, em 22 de fevereiro, e ao darem-lhes a sua bênção mais do que implícita com a violência constante e repetida dos seus ataques verbais a todos os «marxistas».

Mais uma vez, ocorreu um processo dialético, forjado no tempo em que os nazis se viram frequentemente confrontados com a hostilidade da polícia e dos tribunais por causa da sua violência: a liderança declarou, em termos radicais, mas não específicos, que urgia passar à ação, e os escalões inferiores do Partido e as suas organizações paramilitares traduziram a exortação, nos seus próprios termos, para a ação violenta e específica. Um documento do Partido Nazi referiu posteriormente que este tipo de ação, decorrente de um «piscar de olho», se tinha tornado costumeiro nos anos 20. Em 1933, os ativistas de base já estavam habituados a «ler» nas ordens dos chefes mais do que as palavras que eles proferiam. «No interesse do Partido», diz o documento, «também é costume, em muitos casos, a pessoa que dá a ordem — precisamente em casos de manifestações políticas ilegais — não dizer tudo e limitar-se a insinuar o que pretende com a ordem.»[21] A diferença foi que agora a liderança tinha os recursos do Estado à sua disposição. Conseguiu convencer a maioria esmagadora dos funcionários públicos, dos polícias, dos administradores prisionais e dos funcionários judiciais — que eram quase todos conservadores e nacionalistas — de que a repressão do movimento operário era justificada. Convenceu-os de que além de não deverem interferir, deviam ajudar ativamente os nazis na sua obra de destruição. Este padrão de tomada e implementação de decisões repetir-se-ia em muitas ocasiões, em especial no âmbito da política nazi para os judeus.

III

A campanha nazi para as eleições de 5 de março de 1933 saturou a Alemanha inteira.[22] Com os recursos das grandes empresas e do Estado a sustentarem o esforço nazi, a natureza das eleições transformou-se por completo. Por exemplo, na pequena cidade de Northeim, no norte da Alemanha, como em quase todas as outras localidades do país, as eleições decorreram numa atmosfera palpável de terror. Havia polícias de guarda na estação ferroviária, nas pontes e noutras instalações importantes, um reforço das declarações do regime de que aquele tipo de locais era vulnerável aos ataques terroristas dos comunistas. No dia 28 de fevereiro, as SA foram autorizadas a andar armadas; no dia 1 de março, foram alistadas como polícias auxiliares e começaram a patrulhar aparatosamente as ruas e a fazer incursões às residências de sociais-democratas e comunistas, acusando-os de estarem a preparar uma chacina dos cidadãos honestos. O jornal nazi de Northeim noticiou a detenção de um operário por distribuir panfletos eleitorais sociais-democratas e anunciou que essas atividades em nome dos sociais-democratas e dos comunistas estavam proibidas. Depois de silenciarem a oposição principal, os nazis montaram altifalantes na praça do mercado; entre 1 e 4 de março, os discursos de Hitler foram transmitidos à noite para todo o centro da cidade. Na véspera do ato eleitoral, seiscentos SA, SS, Capacetes de Ferro e membros da Juventude Hitleriana desfilaram com tochas pela cidade; a marcha terminou no parque, para ouvir pelos altifalantes um discurso de Hitler que também foi transmitido noutros quatro grandes espaços públicos no centro da cidade. As ruas principais e muitas lojas e armazéns foram decorados com bandeiras pretas, brancas e vermelhas e com a suástica. No dia do escrutínio — um domingo —, os «camisas-castanhas» e as SS, com um ar ameaçador, organizaram patrulhas e marchas nas ruas, e o Partido e os Capacetes de Ferro providenciaram transportes para levarem os eleitores aos locais de voto. Esta combinação de terror, repressão e propaganda foi implementada em todas as comunidades grandes e pequenas do país.[23]

Os resultados das eleições pareceram indicar que estas táticas tinham rendido dividendos. Os partidos da coligação, os nazis e os nacionalistas, obtiveram 51,9% dos votos. «Números incríveis», escreveu Goebbels triunfalmente no seu diário, em 5 de março de 1933, «parece que estamos em alta.»[24] Em alguns círculos eleitorais do centro da Francónia, os nazis obtiveram mais de 80% dos votos, e em alguns distritos de Schleswig-Holstein, o Partido recolheu quase todos os votos. Contudo, o regozijo da liderança nazi era deslocado. Apesar da violência e da intimidação em larga escala, os nazis só conseguiram garantir 43,9% dos votos. Os comunistas, que não conseguiram fazer campanha porque os seus candidatos estavam escondidos ou na cadeia, obtiveram um resultado de 12,3%, uma diminuição menos acentuada do que seria de esperar em relação à sua votação anterior, e os sociais-democratas, cuja campanha também fora prejudicada pela intimidação e pela violência constantes, saíram-se pouco pior do que em novembro de 1932, com 18,3%. O Partido do Centro manteve mais ou menos a sua posição com 11,2%, apesar de perdas para os nazis em algumas partes do Sul, e os restantes partidos repetiram o seu desempenho de novembro com ligeiras variações.[25]

Dezassete milhões de pessoas votaram nos nazis e três milhões votaram nos nacionalistas. No entanto, havia perto de 45 milhões de eleitores. Quase 5 milhões de votos comunistas, mais de 7 milhões de votos sociais-democratas e 5,5 milhões de votos no Partido do Centro mostraram o fracasso total dos nazis, que mesmo em condições de quase ditadura não conseguiram conquistar a maioria do eleitorado.[26] De facto, desde a sua ascensão à proeminência eleitoral, no fim dos anos 20, os nazis nunca conseguiram garantir a maioria absoluta no *Reich*, nem em nenhum Estado federado. Além disso, a maioria que obtiveram em março de 1933 em conjunto com os seus parceiros de coligação, os nacionalistas, ficou muito aquém dos dois terços necessários para rever a Constituição no *Reichstag*. Mas as eleições deixaram claro que quase dois terços do eleitorado votaram nos partidos que eram inimigos declarados da democracia de Weimar — os nazis, os nacionalistas e os comunistas. Muitos outros votaram nos partidos, principalmente no Partido do Centro e sua ala sulista, o Partido Popular da Baviera, cuja lealdade à República tinha praticamente desaparecido e cujo poder sobre os seus eleitorados estava a ser seriamente corroído. Em 1919, três quartos do eleitorado apoiaram os partidos da coligação de Weimar. Volvidos apenas catorze anos, a situação inverteu-se por completo.[27]

Logo após as eleições, a violência atingiu um patamar inédito. Por exemplo, em Königsberg, na Prússia Oriental, na noite das eleições, as SA invadiram a sede dos sociais-democratas, destruíram tudo o que encontraram e transformaram o local num centro de tortura improvisado onde administraram espancamentos tão brutais que o deputado comunista do *Reichstag* Walter Schütz morreu dos ferimentos. Nas instalações dos sindicatos, as SA escavacaram o mobiliário, roubaram dinheiro e queimaram documentos.[28] Em Wuppertal, um destacamento

SA foi buscar a casa o operário Heinrich B., um ex-comunista; o cadáver foi encontrado num lote abandonado no dia seguinte. No dia 1 de abril, no mesmo bairro, oito SA emboscaram o operário August K., de 62 anos, um chefe da banda da sociedade musical comunista local, quando este regressava a casa, e feriram-no mortalmente a tiro.[29] Os sociais-democratas também foram duramente atingidos. No dia 9 de março, Wilhelm Sollmann, deputado social-democrata do *Reichstag* e uma figura destacada do partido em Colónia, foi espancado em casa por «camisas-castanhas» e SS; de seguida, foi levado para a sede do Partido Nazi, onde foi torturado durante duas horas e obrigado a beber óleo de rícino e urina, até que a polícia chegou e o levou para um hospital prisional para que lhe cosessem as feridas. No dia 13 de março, os «camisas-castanhas» de Braunschweig começaram a obrigar os vereadores e os deputados sociais-democratas do parlamento estadual a demitirem-se «voluntariamente»; um deles recusou e foi morto à pancada. Os nazis começaram a fazer incursões às sedes do Partido Social-Democrata em busca de dinheiro e outros despojos. No dia 13 de março, o chefe da imprensa social-democrata de Chemnitz, Georg Landgraf, foi morto a tiro por se recusar a revelar a um bando de «camisas-castanhas» onde estavam os fundos do partido. Protestar contra estes atos era difícil ou mesmo impossível, uma vez que todos os jornais sociais-democratas estavam proibidos durante catorze dias desde o princípio de março, uma medida que foi renovada por mais catorze dias, e assim por diante, até se tornar permanente.[30]

As pilhagens não escaparam à atenção dos polícias mais honestos. No dia 19 de abril, por exemplo, o comissário da polícia de Hesse enviou uma circular às esquadras e aos administradores a condenar o confisco ilegal do património das organizações marxistas, incluindo o roubo de instrumentos musicais, de equipamento de ginástica e até de camas, tudo claramente destinado ao uso particular dos saqueadores.[31] Foram envidados esforços para regularizar a situação e criar instituições adequadas para gerirem os ativos dos partidos e sindicatos ilegalizados, em particular por incluírem fundos usados para apoiar ex-filiados no desemprego, mas quando isto foi feito, já tinha desaparecido muito dinheiro e muitos bens nas mãos dos «camisas-castanhas». Por fim, em 26 de maio, foi aprovada uma lei que atribuiu o património do Partido

Comunista (que tecnicamente ainda era legal) aos Estados federados.[32] No meio de todo este caos, muitos SA aproveitaram para acertar contas antigas. Em Wuppertal, por exemplo, Friedrich D. foi tirado da cama de manhã por um grupo de SA comandados pelo chefe de secção Puppe. O seu cadáver foi encontrado dois dias depois. Friedrich D. foi assassinado por ter um caso amoroso com a irmã de Puppe, que este vinha tentando terminar. Puppe não foi acusado em tribunal pelo seu mortífero ato de despeito. Mas nem os «camisas-castanhas» escaparam: Karl W., um nazi de longa data, foi detido, espancado e encarcerado por ter acusado o chefe das SA de Wuppertal de peculato e corrupção — não foi o único incidente deste tipo noticiado na altura. O que aconteceu em Wuppertal repetiu-se certamente muitas centenas de vezes noutras partes do país.[33]

Esta campanha de violência desencadeada pelas SA, cujo número de efetivos vinha aumentando diariamente até atingir mais de dois milhões no verão de 1933, providenciou o contexto essencial para a coordenação dos Estados federados nas linhas implementadas por Papen quando assumiu o controlo da Prússia, no verão de 1932.[34] O Tribunal do Estado pronunciou a medida parcialmente ilegal, e o governo social-democrata afastado por Papen teve algum sucesso ao usar o Conselho Federal, que representava os Estados, para bloquear medidas do governo do *Reich*. O governo de Hitler garantiu um decreto de emergência no dia 6 de fevereiro de 1933 que pôs fim a esta situação, mas os novos representantes nazis da Prússia no Conselho Federal viram a sua legitimidade negada pelo conselho, em 16 de fevereiro, até à decisão do Tribunal do Estado. Contudo, o conselho decidiu entretanto deixar de se reunir até a situação legal estar clarificada, e no hiato daqui resultante as organizações regionais das SA e do Partido Nazi começaram a coordenar os governos estaduais a partir de baixo. A maior parte dos Estados federados tinha governos minoritários, um reflexo do bloqueio quase total dos orgãos legislativos que se verificava na altura, os quais careciam de legitimidade para oferecerem mais do que uma resistência simbólica. Entre 6 e 15 de março, os polícias nazis e as unidades de «polícia auxiliar» das SA e SS hastearam a suástica em edifícios públicos por todo o lado. Este gesto fortemente simbólico foi tolerado ou aprovado pela maioria dos ministros estaduais, que foram intimidados por manifestações e grandes colunas de SA em marcha à frente dos edifícios governamentais. Os ministros que objetaram demitiram-se ou foram colocados em prisão domiciliária por destacamentos SA. De seguida, Frick, o ministro do Interior do *Reich*, indigitou comissários do *Reich* que demitiram os chefes da polícia e os substituíram por nazis, tendo feito o mesmo aos ministros dos governos eleitos. Em Hamburgo, em Vurtemberga e em Hesse os parlamentos estaduais, na ausência dos deputados comunistas e com a abstenção dos sociais-democratas, nomearam novos governos de coligação nos quais todas as pastas foram entregues aos nazis e aos nacionalistas. Nestas circunstâncias, as eleições estaduais realizadas no princípio de março (sendo as mais importantes as do dia 12, na Prússia) não tiveram praticamente significado nenhum.[35]

Os paramilitares da Frente de Ferro social-democrata, a Bandeira do *Reich*, foram devastados pela ocupação policial de muitas das suas instalações, em fevereiro; em março, logo após as eleições, os governos estaduais começaram a emitir ordens de ilegalização e a prender os seus líderes, e as filiais dos paramilitares começaram a dissolver-se a si próprias para evitarem novas perseguições. Vários sociais-democratas destacados, entre os quais estavam Otto Braun e Albert Grzesinski, fugiram do país para evitar a prisão ou pior.[36] O líder da Bandeira do *Reich*, Karl Höltermann, fugiu no dia 2 de maio. A liderança social-democrata tentou persuadir Göring a levantar a proibição dos jornais do partido, mas foi informada de que a proibição se manteria enquanto os jornais socialistas estrangeiros continuassem a sua «campanha» contra o governo do *Reich*. Perante esta resposta, figuras destacadas sociais-democratas deslocaram-se a outros países europeus para explicarem a situação, uma demonstração cabal de que a liderança do partido não percebia os métodos usados pelos nazis. A Internacional Socialista reagiu com uma forte condenação pública do terror nazi («as vilanias inenarráveis e abomináveis que os déspotas da Alemanha cometem diariamente») e apelou à ação conjunta com os comunistas. Numa tentativa fútil de apaziguar Göring, o líder social-democrata alemão, Otto Wels, demitiu-se de imediato do executivo da Internacional Socialista.[37] Como seria de esperar, estas cedências táticas não fizeram nada para abrandar a repressão da esquerda pelo regime.[38]

Em conjunto, os comunistas e os sociais-democratas representavam perto de um terço do eleitorado, mas desmoronaram-se quase sem resistência. O governo conseguiu agir contra eles a nível nacional, uma vez que o decreto do incêndio do *Reichstag* lhe permitiu contornar a soberania dos Estados federados, usando o precedente do afastamento do governo social-democrata minoritário da Prússia por Papen no verão anterior. Em 1923, Ebert, o presidente do *Reich*, tinha feito a mesma coisa ao governo esquerdista da Saxónia e da Turíngia. A suposta ameaça comunista que justificou estas medidas não foi particularmente séria em 1923 nem dez anos depois. Em 1933, as desordens públicas que serviram de pretexto para a declaração do estado de emergência foram quase integralmente da responsabilidade dos próprios nazis. O propósito da coordenação rápida dos Estados federados foi, em particular, o de ultrapassar as hesitações dos governos estaduais em relação à utilização de poderes de emergência para esmagar os partidos da esquerda com a dureza que a liderança nazi de Berlim pretendia.

IV

Esta sequência de acontecimentos teve consequências particularmente sinistras na Baviera. No dia 28 de fevereiro, o governo estadual conservador alinhou com o governo do *Reich* na proibição dos comícios comunistas e no encerramento da imprensa comunista, e prendeu as principais figuras do Partido Comunista na região. No entanto, isto não bastou para os nazis. No dia 9 de março, Frick nomeou Adolf Wagner, o *Gauleiter* da Alta Baviera, para comissário de Estado do Ministério do Interior da Baviera. Pior ainda, Heinrich Himmler, o chefe da SS, baseado em Munique, também foi imediatamente nomeado presidente provisório da polícia. Himmler ordenou a detenção de um grande número de oposicionistas, entre os quais se começaram rapidamente a incluir inimigos não comunistas do regime. A escala de repressão foi tal que as prisões e as esquadras se revelaram completamente insuficientes. Urgia encontrar uma nova forma de encarcerar os opositores políticos dos nazis na Baviera. Por conseguinte, no dia 20 de março, Himmler anunciou à imprensa a abertura em Dachau, nos arredores de

Munique, de «um campo de concentração para presos políticos». Foi o primeiro campo de concentração da Alemanha e estabeleceu um precedente ameaçador para o futuro.

No dia seguinte, a imprensa nazi noticiou que o campo se destinava ao internamento sob «custódia protetiva» de «todos os comunistas e, quando necessário, de ativistas da Bandeira do *Reich* e sociais-democratas». No dia 22 de março de 1933, quatro camiões da polícia transferiram cerca de duzentos presos das cadeias de Stadelheim e Landsberg para o campo, construído em torno de uma fábrica desativada nos arrabaldes da cidade. Os cidadãos de Dachau congregaram-se nas ruas e nos portões da fábrica para os verem passar. O campo foi inicialmente administrado pela polícia, mas no princípio de abril foi entregue à SS e teve como primeiro comandante o famigerado Hilmar Wäckerle, que introduziu um regime de violência e terror por ordem de Himmler. No dia 11 de abril, os SS levaram quatro presos judeus para um terreno fora do campo e dispararam sobre eles, alegando que tinham tentado fugir; um sobreviveu e foi hospitalizado em Munique, onde veio a falecer, mas contara aos médicos detalhes tão horríveis sobre a brutalidade que reinava no campo que eles chamaram o procurador público. No fim de maio, já tinham sido assassinados ou torturados até à morte doze presos. A corrupção, a extorsão e o peculato eram comuns entre os guardas, e os presos eram sujeitos a atos de crueldade e sadismo arbitrários num mundo sem regulamentos nem regras.[39]

A iniciativa de Himmler foi imitada. Pouco depois, começaram a abrir campos de concentração por todo o país, complementando as cadeias e centros de tortura improvisados criados pelos «camisas-castanhas» nas caves de instalações sindicais recentemente capturadas. A sua criação foi bastante publicitada para que toda a gente soubesse o que acontecia a quem se atrevia a opor-se à «revolução nacional». A ideia de criar campos para internar os inimigos reais ou imaginários do Estado não foi obviamente nova. Os britânicos usaram campos semelhantes para os civis inimigos na Guerra dos Bôeres, nos quais as condições eram frequentemente muito más e onde havia uma taxa de mortalidade elevada. Pouco depois, na África do Sudoeste, o exército alemão «concentrou» em campos 14 mil rebeldes hereros durante a guerra de 1904–1907. Foram tratados tão duramente que, segundo se disse, nos campos de Swakopmund e Angra Pequena morriam quinhentos por mês. Os campos tinham uma taxa de mortalidade de 45%, que a administração alemã justificou em termos da eliminação dos «elementos improdutivos» da população indígena.[40] Os nazis conheciam estes precedentes. Em 1921, Hitler tinha declarado que os nazis iriam encarcerar os judeus da Alemanha em «campos de concentração» como os usados pelos britânicos. O parágrafo 16 da Constituição que os nazis tencionaram implementar, se conseguissem conquistar o poder em novembro de 1923, declarava que os «riscos de segurança e comedores inúteis» seriam internados em «campos de recolha» e obrigados a trabalhar; quem resistisse seria morto. Em agosto de 1932, a imprensa nazi publicou um artigo a proclamar que quando assumissem o poder, os nazis iriam «prender e condenar de imediato todos os ativistas comunistas e sociais-democratas... [e] internar todos os suspeitos e instigadores espirituais em campos de concentração». Este aviso foi repetido publicamente por Frick, o ministro do Interior do *Reich*, em 8 de março de 1933.[41] Ou seja, Dachau não foi uma solução improvisada para o problema inesperado da sobrelotação das cadeias, mas antes uma medida planeada praticamente desde a primeira hora pelos nazis. O campo foi bastante publicitado e noticiado na imprensa local, regional e nacional, e serviu de aviso muito sério a quem estivesse a pensar em resistir ao regime nazi.[42]

As condições nos campos de concentração e nos centros de detenção das SA e da SS em março e abril foram apropriadamente descritas como «uma anarquia sádica improvisada»[43]. A violência das SA e da SS raramente envolveu a tortura refinada e criativa praticada na década de 1970 pelas polícias secretas de regimes como as ditaduras militares da Argentina, do Chile ou da Grécia. Os torcionários limitavam-se a descarregar a sua raiva descontrolada em cima dos presos. A tortura não envolvia nada mais sofisticado do que os punhos, as botas e os bastões de borracha. Em algumas ocasiões, os polícias, livres dos constrangimentos que teriam eventualmente sentido durante a República de Weimar, participavam, assistiam ou utilizavam os seus auxiliares «camisas-castanhas» para extorquirem confissões à pancada. O operário comunista Friedrich Schlotterbeck, detido em 1933, contou que foi interrogado na sede da polícia por um grupo de SS. Esmurraram-no no rosto, bateram-lhe com bastões de borracha, amarraram-no, deram-lhe com uma barra de madeira na cabeça, pontapearam-no quando estava por terra e, quando perdia os sentidos, reanimavam-no com baldes de água. Um polícia fez-lhe uma quantidade de perguntas nos momentos mais calmos e só interveio quando um SS, enraivecido com a vigorosa resistência física de Schlotterbeck, sacou de um revólver e ameaçou matá-lo. Schlotterbeck não confessou e foi devolvido à cela, dorido, coberto de cortes e equimoses, com o sangue a escorrer-lhe pelo rosto e mal conseguindo andar. Os guardas foram simpáticos para Schlotterbeck, mas disseram-lhe que tinham de manter a luz da cela acesa e vigiá-lo regularmente, não fosse ele tentar suicidar-se. Schlotterbeck passou mais de uma década em penitenciárias e campos de concentração.[44] A sua experiência foi típica da dos comunistas que não cederam.

As coisas não correram melhor aos sociais-democratas caídos nas mãos das SA, que na sua violência contra os esquerdistas não faziam distinções de sexo. Marie Jankowski, vereadora por Köpenick, em Berlim, foi uma das muitas sociais-democratas brutalizadas: foi espancada com bastões de borracha, esmurrada no rosto e obrigada a assinar um documento a prometer que nunca mais se envolveria na política.[45] A ausência de coordenação central minuciosa destas atividades, que ocorreram de forma irregular em toda a Alemanha, impossibilita uma estimativa exata da sua dimensão. No entanto, os números disponíveis relativos às detenções registadas formalmente demonstram de forma inequívoca que a violência foi enorme e sem precedentes. Os registos oficiais indicam, só na Prússia, pelo menos 25 mil detenções em março e abril — este número omite as detenções «selvagens» efetuadas pelos «camisas-castanhas» e que não foram informadas às autoridades. No fim de abril, as detenções efetuadas na Baviera já iam em cem mil, e no fim de junho chegaram ao dobro. Além disso, muitos dos detidos estiveram presos poucos dias ou semanas: por exemplo, no campo de Oranienburg, 35% dos detidos estiveram internados entre uma e quatro semanas, e menos de 0,4% ficaram mais de um ano.[46] Ou seja, as 27 mil pessoas registadas sob custódia protetiva na Alemanha no final de julho de 1933 não eram, na sua grande maioria, as mesmas que estavam sob custódia protetiva três ou quatro meses antes, pelo que o número total de pessoas que passaram pelos campos foi muito maior.[47] Além disso, nem todos os opositores sociais-democratas e, em especial, comunistas dos nazis foram levados para os campos; muitos milhares foram encarcerados em prisões e esquadras por todo o *Reich*.

A escala colossal da repressão pode ser avaliada pela declaração da liderança do Partido Comunista de que até ao fim de 1933 tinham sido detidos e encarcerados cento e trinta mil dos seus filiados, e que dois mil e quinhentos tinham sido assassinados. Serão números algo exagerados, mas não enganam quando se calcula o impacto da repressão sobre o partido. Na região do Rur, por exemplo, quase metade dos filiados foi colocada sob detenção. No fim de março, a polícia prussiana informou que cerca de vinte mil comunistas tinham sido detidos e enviados para a prisão.[48] Até a estimativa mais conservadora e semioficial colocou o número de detenções políticas na Alemanha em 1933 em mais de cem mil, e o número de mortes em detenção em quase seiscentas.[49] Foi um nível de violência e homicídios como não se via na Alemanha desde os primeiros dias da República de Weimar.

Esta ofensiva gigantesca, brutal e mortífera contra os opositores dos nazis foi formalmente sancionada pelo decreto do incêndio do *Reichstag*, que, no entanto, se baseou na ideia de que os comunistas se preparavam para lançar uma insurreição revolucionária, e que não mencionava os sociais-democratas. A ideia de que os sociais-democratas simpatizavam com os preparativos dos comunistas ou estavam a apoiá-los era ainda mais absurda do que a afirmação de que os comunistas estavam prestes a sublevar-se. Porém, muitos alemães da classe média parecem ter aceitado que o regime tinha justificação para a sua repressão violenta do «marxismo», independentemente do tipo. Anos e anos de espancamentos, assassinatos e lutas nas ruas acostumaram as pessoas à violência política e embotaram a sua sensibilidade. Quem não tinha assim tanta certeza, terá decerto reparado no que a polícia e os seus auxiliares SA fizeram aos opositores dos nazis naquelas semanas. Muita gente terá pensado duas vezes antes de expressar o seu incómodo. É possível que muitas pessoas alarmadas com a dimensão das desordens tenham ficado tranquilizadas com a denúncia pública de Hitler, no dia 10 de março, dos atos de violência contra estrangeiros, pelos quais culpou os comunistas infiltrados nas SA, e com o seu apelo aos «camisas-castanhas» para que deixassem de «atacar pessoas, bloquear os carros e perturbar o trabalho».

Contudo, Hitler também disse aos «camisas-castanhas»: «...nunca se deixem distrair por um segundo da vossa palavra de ordem, que é a destruição do marxismo.» «O levantamento nacional continuará a ser metodicamente executado sob controlo superior», disse ele, e só «quando estas ordens encontrarem resistência» deverão as SA atuar para garantir que «a resistência é imediata e totalmente quebrada». Estas reservas foram obviamente uma autorização para que a violência prosseguisse, aliás, para que se intensificasse.[50] No dia 10 de março, um líder nacional-socialista protestou junto de Hitler contra a destruição da ordem legal; e no dia 19, Papen telefonou-lhe a queixar-se da mesma coisa. Hitler acusou-os furiosamente de estarem a tentar «travar a revolução nacional» e disse que os «criminosos de novembro» de 1918 e os que tinham tentado eliminar o Partido Nazi durante o período de Weimar tinham sido muito piores. Hitler elogiou a «disciplina fenomenal» das SA e condenou a «fraqueza e cobardia do nosso mundo burguês, que atua com luvas e não com um punho de ferro», e avisou que ninguém o impediria de levar a cabo a «aniquilação e extirpação do marxismo»[51].

A Alemanha começou a tornar-se uma ditadura antes do decreto do incêndio do *Reichstag* e das eleições de 5 de março de 1933, mas estes dois acontecimentos aceleraram o processo e deram-lhe um leve verniz de legitimidade política. No dia 7 de março, depois da sua vitória eleitoral, Hitler disse ao governo que procuraria uma nova sanção legal sob a forma de uma emenda à Constituição que permitisse ao governo contornar o *Reichstag* e o presidente e promulgar leis sozinho. Esta medida tinha precedentes em alguns aspetos da legislação de emergência da República de Weimar, mas iria claramente muito mais longe. Hitler sonhava há muito com a sua implementação.[52] A Lei de Concessão de Plenos Poderes acabaria definitivamente com a detestada democracia da República de Weimar e concluiria a obra iniciada pelos nazis em 30 de janeiro de 1933 com a criação do «governo de concentração nacionalista». Em seguida, Goebbels e outros líderes nazis mudaram-lhe o nome para «governo da insurreição nacionalista», e no princípio de março já era simplesmente «revolução nacionalista», sublinhando que se tratava de muito mais do que os atos de um mero governo. E, pouco depois, passou a «Revolução Nacional-Socialista», remetendo finalmente os parceiros de coligação dos nazis para o oblívio político.[53]

A destruição da democracia

I

A retórica revolucionária e a violência desabrida nas ruas não eram exatamente o que Papen e os outros aliados de Hitler no governo tinham esperado dois meses antes ao aceitarem que Hitler se tornasse chanceler do *Reich*, apesar de apoiarem inteiramente a repressão policial da esquerda. Tinham esperado que a integração dos nazis no governo pusesse fim ao caos. Por conseguinte, os nazis, para tranquilizarem os conservadores e os tradicionalistas, incluindo o presidente do *Reich*, Hindenburg, que ainda possuía pelo menos o poder formal de exonerar e substituir Hitler, organizaram uma cerimónia para assinalar a abertura do *Reichstag* pós-eleições. Dada a indisponibilidade do edifício, que estava esventrado e em ruínas, a cerimónia teria de decorrer noutro lugar. Hitler e os seus aliados conservadores decidiram realizá-la na igreja da guarnição de Potsdam, o local simbólico da monarquia prussiana, no dia 21 de março de 1933, o aniversário da reunião inaugural do *Reichstag* depois da fundação do Segundo *Reich* por Bismarck. A cerimónia, bastante sofisticada, foi planeada até ao ínfimo pormenor por Goebbels, como demonstração propagandística da união entre o antigo *Reich* e o novo. Hindenburg, postado ao lado do trono vago do *Kaiser* com o seu uniforme de marechal prussiano, recebeu o gesto de obediência de Hitler, de fraque, que se curvou e lhe apertou a mão. O chanceler do *Reich* proferiu um discurso notável pela moderação, no qual elogiou Hindenburg pelo seu papel histórico ao confiar o destino da Alemanha a uma nova geração. Foram colocadas coroas de flores nos túmulos dos reis prussianos e depois

Hindenburg passou revista a uma parada colossal de paramilitares e tropas do exército.

O ritual foi mais importante pelas imagens visuais que transmitiu do que pelos discursos. Hitler parecia um estadista civil sobriamente trajado a reconhecer humildemente a supremacia da tradição militar prussiana. As bandeiras tinham as cores imperiais, preto, branco e vermelho, que em 12 de março tinham substituído o preto, vermelho e dourado da República de Weimar. Estavam presentes as luminárias militares prussianas, algumas com uniformes exóticos evocativos da tradição monárquica. Estava presente a Igreja Protestante, afirmando implicitamente a sua supremacia ao lado do exército e do trono. Era a restauração da velha Alemanha, eliminando da história a memória maculada da democracia de Weimar.[1] Como seria de esperar, os sociais-democratas declinaram o convite para estarem presentes. Hitler, noutro gesto simbólico, negou-se a assistir à missa na igreja paroquial de Potsdam com a justificação de que alguns padres, que ainda eram leais ao Partido do Centro e críticos do que consideravam ser os modos ímpios dos nazis, tinham proibido alguns nazis importantes de comungarem. Foi um aviso claro à Igreja de que era altura de se alinhar.[2]

Dois dias depois, na Ópera Kroll, designada casa temporária do *Reichstag*, Hitler, envergando um uniforme paramilitar castanho como os deputados nazis, falou numa atmosfera muito diferente. De pé, por baixo de uma enorme bandeira com a suástica, Hitler introduziu a medida há muito planeada que permitiria ao chanceler do *Reich* elaborar leis que se desviavam da Constituição sem a aprovação do *Reichstag* e a interferência do presidente. A Lei de Concessão de Plenos Poderes teria de ser renovada decorridos quatro anos, e a existência do *Reichstag*, a câmara alta legislativa que representava os Estados federados, e a posição do presidente do *Reich* não seriam afetadas. Mas a lei significava que a Constituição de Weimar seria letra morta e que o *Reichstag* ficaria completamente isolado do processo legislativo. A aprovação da lei não estava garantida: 94 dos 120 sociais-democratas eleitos ainda podiam votar; dos ausentes, uns estavam presos, outros estavam doentes e alguns não apareceram por temerem pela vida. Hitler sabia que em qualquer dos casos, não teria o apoio dos sociais-democratas. Para emendar a Constituição de Weimar era necessário um quórum de dois terços e uma maioria de dois terços dos presentes. Hermann Göring, o presidente do *Reichstag*, não contou os deputados comunistas, apesar de terem sido legalmente eleitos, para reduzir o quórum de 432 para 378 deputados. Foi uma decisão despótica e sem nenhuma legitimidade legal.[3] Mas mesmo depois desta manobra, os nazis ainda precisavam dos votos do Partido do Centro para aprovar a lei.

Nesta altura da sua história, o Partido do Centro já tinha deixado há muito de apoiar a democracia. Seguindo a tendência geral do catolicismo político europeu entre as guerras mundiais, tornara-se adepto dos princípios do autoritarismo e da ditadura por receio do bolchevismo e da revolução. É certo que o que parecia estar a formar-se na Alemanha não era exatamente o tipo de regime «clerical-fascista» ao qual os políticos católicos dariam em breve o seu apoio na Áustria e na Espanha, mas em 1929 a Igreja Católica tinha salvaguardado a sua posição em Itália através de uma concordata com Mussolini, e a possibilidade de um acordo semelhante também lhe foi oferecida na Alemanha. O terror cada vez maior ao qual os católicos e os seus representantes políticos, jornais, oradores e funcionários locais vinham sendo sujeitos desde meados de fevereiro levou o Partido do Centro a procurar ansiosamente garantias de sobrevivência da Igreja. Em dois dias de conversações com Hitler, o partido, liderado pelo prelado Ludwig Kaas e sob uma influência cada vez maior da Igreja, recebeu a garantia de que os direitos da Igreja não seriam afetados pela Lei de Concessão de Plenos Poderes. Heinrich Brüning e os seus associados mais próximos ficaram tranquilizados. Os Estados federados, bastiões do catolicismo no Sul, permaneceriam intactos, apesar de terem ficado sob o controlo de comissários do *Reich* nomeados por Berlim, e a magistratura manteria a sua independência. Estas promessas, combinadas com a forte pressão exercida pelo Vaticano, foram suficientes para garantir os votos favoráveis dos deputados do Partido do Centro para uma lei que a longo prazo significaria inevitavelmente o seu desaparecimento político.[4]

Os deputados chegaram à Ópera Kroll num ambiente de violência e intimidação. Segundo o social-democrata Wilhelm Hoegner:

> Fomos acolhidos com cânticos frenéticos: «Queremos a Lei!» Rapazes de suástica ao peito olharam-nos com descaramento de cima a baixo,

> bloqueando-nos praticamente o caminho. Fizeram-nos passar por entre eles e gritaram-nos insultos como «porco centrista», «porca marxista». A Ópera Kroll estava cheia de SA e SS armados... A sala das sessões estava decorada com suásticas e ornamentos similares... Depois de nós, sociais-democratas, nos sentarmos nos nossos lugares, na extremidade esquerda, os SA e os SS postaram-se nas saídas e ao longo das paredes atrás de nós, em semicírculo. A atitude deles não augurava nada de bom para nós.[5]

Hitler começou o seu discurso com as diatribes do costume contra os «criminosos de novembro» de 1918 e gabou-se de ter eliminado a ameaça do comunismo. Repetiu a promessa de proteger os interesses das Igrejas, em particular nas escolas, uma questão que fora um grande pomo de discórdia durante a República de Weimar. No entanto, Hitler concluiu com uma ameaça inconfundível de repressão violenta caso a lei não fosse aprovada. O «governo da insurreição nacionalista», declarou ele, estava «determinado e pronto para lidar com o anúncio de que a Lei fora rejeitada e, com ele, de que fora declarada a resistência. Decidam agora os cavalheiros se vai ser a paz ou a guerra». Estas palavras surtiram efeito sobre os deputados hesitantes do Partido do Centro, entre os quais Heinrich Brüning, que decidiram votar a favor da lei. Joseph Wirth, uma das principais figuras do partido e ex-chanceler do *Reich*, disse aos sociais-democratas em privado: «Eles receiam que se a lei não for aprovada, haja uma revolução nazi e uma anarquia sangrenta.»[6]

Perante semelhantes ameaças, os sociais-democratas decidiram que o seu presidente, Otto Wels, adotaria um tom moderado ou mesmo conciliatório no seu discurso em nome da oposição, por recearem que se assim não fosse ele levaria um tiro ou seria espancado pelos «camisas-castanhas» postados ameaçadoramente ao longo das paredes do salão, ou então seria preso à saída. Mas mesmo assim, o que ele disse foi absolutamente dramático. Wels defendeu as realizações da República de Weimar, a igualdade de oportunidades, a segurança social e o regresso da Alemanha à comunidade internacional. «Podem-nos tirar a liberdade e a vida, mas não a honra.» Wels não estava a exagerar: vários sociais-democratas destacados tinham sido mortos pelos nazis, e ele tinha uma cápsula de cianeto no bolso do casaco para o caso de depois de discursar ser preso e torturado pelos «camisas-castanhas». Com a voz embargada pela emoção, Wels concluiu com um apelo ao futuro:

> Nesta hora histórica, nós, sociais-democratas alemães, professamos solenemente a nossa fidelidade aos princípios básicos da humanidade e da justiça, da liberdade e do socialismo. Nenhuma Lei de Concessão de Plenos Poderes vos dá o direito de aniquilar ideias que são eternas e indestrutíveis. As Leis Antissocialistas não aniquilaram os sociais-democratas. A social-democracia pode derivar novas forças de novas perseguições. Saudamos os perseguidos e os oprimidos. A sua firmeza e lealdade são dignas de admiração. A coragem das suas convicções e a sua confiança inabalável prometem um futuro melhor.

A peroração de Wels foi saudada com um clamor na câmara, e as gargalhadas desabridas de troça dos deputados nazis abafaram os aplausos da bancada social-democrata.

Hitler respondeu com desprezo. Os sociais-democratas tinham enviado previamente o discurso à imprensa e a equipa de Hitler tinha obtido uma cópia para o chanceler poder responder. Hitler sabia que não precisava dos votos deles. «Julgam», disse ele, sob uma ovação tremenda das fileiras uniformizadas dos deputados nazis, «que a vossa estrela se pode erguer de novo! Cavalheiros, a estrela da Alemanha erguer-se-á e a vossa afundar-se-á... A Alemanha será libertada, mas não através de vocês!». Depois dos breves discursos dos líderes dos outros partidos, os deputados votaram: 444 a favor e 94 contra. Os outrora orgulhosos liberais, representados pelo Partido do Estado Alemão, votaram a favor. Os únicos votos contra foram os dos sociais-democratas. A maioria foi tão grande que a lei teria sido aprovada mesmo com a presença dos 120 deputados sociais-democratas e 81 comunistas, perfazendo um total de 647 deputados em vez de 566, e mesmo que todos eles tivessem votado contra.[7]

Com a Lei de Concessão de Plenos Poderes em vigor, o *Reichstag* podia ser dispensado. A partir desta altura, Hitler e o seu governo governaram por decreto, usando o presidente Hindenburg como carimbador ou ultrapassando-o completamente, como a Lei lhes permitia fazer. Ninguém acreditava que no fim dos quatro anos de vigência da Lei o

Reichstag estivesse em posição de objetar contra a sua renovação, e não esteve. Tal como sucedeu com o decreto do incêndio do *Reichstag*, uma lei de emergência temporária com precedentes limitados no período de Weimar tornou-se na base legal ou pseudo-legal para a eliminação dos direitos civis e das liberdades democráticas. A Lei de Concessão de Plenos Poderes foi renovada em 1937 e 1939, e tornada permanente por decreto em 1943. O terror dos «camisas-castanhas» nas ruas já tinha deixado bem claro o que iria acontecer a seguir. Wels teve razão ao prever que a Alemanha estava prestes a tornar-se num Estado de partido único.[8]

II

Com os comunistas fora do caminho desde 28 de fevereiro e com a Lei de Concessão de Plenos Poderes em vigor, o regime virou a sua atenção para os sociais-democratas e os sindicatos. Já tinham sido sujeitos a uma vaga de detenções, espancamentos, atos de intimidação e assassinatos, à ocupação das suas instalações e à proibição dos seus jornais, e agora os nazis caíam-lhes em cima com toda a sua raiva. Não estavam em condições de oferecer resistência. A cooperação com os sindicatos, essencial para os sociais-democratas derrotarem a intentona de Kapp em 1920, já não existia na primavera de 1933. As duas alas do movimento operário tinham-se unido na contestação à nomeação de Hitler para chanceler em janeiro de 1933, e ambas tinham sofrido os mesmos atos de violência e repressão nos dois meses seguintes; as instalações dos sindicatos foram ocupadas e destruídas por bandos de SA cada vez mais numerosos. Segundo os sindicatos, até ao dia 25 de março, os «camisas-castanhas», os SS e a polícia tinham ocupado instalações sindicais em 45 cidades do *Reich*. Esta pressão era a ameaça mais direta à existência continuada dos sindicatos como representantes funcionais dos trabalhadores nas negociações com o patronato acerca dos salários e condições de trabalho, tendo aberto um fosso crescente entre os sindicatos e os sociais-democratas.

Com a repressão e a marginalização política dos sociais-democratas a tornar-se cada vez mais evidente, os sindicatos, liderados por Theodor

Leipart, tentaram preservar a sua existência distanciando-se do Partido Social-Democrata e procurando um entendimento com o novo regime. No dia 21 de março, a liderança sindicalista negou toda e qualquer intenção de participar na política e declarou-se preparada para continuar a cumprir a função social dos sindicatos, «independentemente do regime» no poder.[9] Os nazis sabiam obviamente que não tinham o apoio dos sindicalistas; a Organização das Células Fabris Nacionais-Socialistas[10] não era popular e não conseguiu resultados percentuais de dois dígitos na grande maioria das eleições para os conselhos de trabalhadores realizadas nos primeiros meses de 1933. Só teve resultados significativos em muito poucas áreas, tais como as fábricas da Krupp, a indústria química, algumas siderurgias ou as minas de carvão do Rur, mostrando que alguns operários de sectores industriais importantes se começaram a acomodar ao novo regime.[11] Porém, os nazis, preocupados com o resultado global, impuseram um adiamento por tempo indeterminado das eleições para os conselhos de trabalhadores.

Apesar de irritados com esta interferência arbitrária nos seus direitos democráticos, o líder sindicalista, Theodor Leipart, e o seu sucessor designado, Wilhelm Leuschner, intensificaram os seus esforços para garantir a sobrevivência institucional do movimento sindical. As suas tentativas de compromisso foram encorajadas pela convicção de que os nazis estavam a falar a sério em relação à implementação de programas de criação de emprego que eles próprios vinham exigindo há muitos anos. No dia 28 de abril, assinaram um acordo com a Confederação dos Sindicatos Cristãos e Liberais como primeiro passo para a unificação de todos os sindicatos numa única organização nacional. «A revolução nacionalista», começou o documento de unificação, «criou um novo Estado. Este Estado pretende reunir toda a nação alemã e afirmar o seu poder.» Os sindicatos pensaram obviamente que tinham um papel positivo para desempenhar neste processo e queriam desempenhá-lo com independência. E como sinal de que o fariam, decidiram subscrever a declaração pública de Goebbels de que o 1.º de Maio, a ocasião tradicional de grandes demonstrações da força do movimento operário, seria pela primeira vez um feriado nacional. Era um desejo que o movimento acalentava há muito. Os sindicatos aceitaram a sua designação como «Dia do Trabalho Nacional». Este gesto, mais uma vez, simbolizou a síntese feita pelo novo regime das tradições aparentemente divergentes do nacionalismo e do socialismo.[12]

No dia 1 de maio, as instalações sindicais, num desvio da tradição do movimento operário que muitos trabalhadores mais velhos terão achado escandaloso e deprimente, estavam decoradas com as antigas cores nacionais, preto, branco e vermelho. Karl Schrader, o presidente do sindicato dos têxteis, desfilou em Berlim sob a suástica, e não foi o único sindicalista a fazê-lo. Aliás, foram poucos os que participaram nas contramanifestações «volantes» organizadas pelos comunistas com uma rapidez relâmpago em vários locais, ou nas comemorações discretas à porta fechada realizadas pelos sociais-democratas nos seus locais de reunião secretos. Centenas de milhares ou mesmo milhões de pessoas desfilaram pelas ruas com bandas de música SA na vanguarda que interpretaram a «Canção de Horst Wessel» e temas patrióticos. Os participantes convergiram para vastos espaços ao ar livre, onde ouviram discursos e récitas de «operários-poetas» nacionalistas. À noite, a voz de Hitler ribombou na rádio, garantindo aos trabalhadores alemães que o desemprego seria em breve uma coisa do passado.[13]

O campo de Tempelhof, em Berlim, encheu-se com mais de um milhão de pessoas dispostas, ao estilo militar, em doze quadrados enormes rodeados por um mar de bandeiras nazis, com três faixas nazis gigantescas iluminadas por holofotes. Depois do escurecer, o fogo de artifício culminou com o aparecimento de enormes suásticas brilhantes que iluminaram o céu. Os meios de comunicação social alardearam a conquista dos trabalhadores para o novo regime. Foi o equivalente proletário da cerimónia realizada para a classe alta em Potsdam, dez dias antes.[14] Mas as massas não participaram na cerimónia de forma totalmente voluntária, e o ambiente não foi completamente entusiástico. Muitos trabalhadores, em especial os do sector público, foram ameaçados de despedimento se não comparecessem e milhares de operários fabris de Berlim tiveram os seus cartões confiscados quando se apresentaram ao trabalho, com a promessa de lhos serem devolvidos no campo de Tempelhof. A violência e a intimidação que pairavam no ar também contribuíram para que os líderes sindicais aceitassem participar nas cerimónias.[15]

Mas se os líderes sindicais julgavam que iam preservar as suas organizações com estas cedências, estavam muito enganados. No princípio de abril, os nazis tinham começado preparativos secretos para tomarem de assalto o movimento sindical. No dia 17 de abril, Goebbels escreveu no seu diário:

> No dia 1 de maio, vamos organizar um 1.º de Maio como uma demonstração grandiosa da vontade do povo alemão. No dia 2, vamos ocupar as instalações dos sindicatos. Coordenação nesta área também. Talvez haja um sururu durante alguns dias, mas depois vão ser nossos. Já não podemos dar desconto. Vamos prestar um serviço aos trabalhadores, libertando-os da liderança parasita que só lhes tem dificultado a vida. Depois de termos os sindicatos na mão, os outros partidos e organizações não se conseguirão aguentar muito mais tempo.[16]

No dia 2 de maio de 1933, os «camisas-castanhas» e os SS tomaram de assalto todos os escritórios dos sindicatos sociais-democratas da Alemanha, incluindo as instalações de todos os jornais e periódicos sindicais e todas as filiais do banco sindical. Leipart e outros líderes sindicalistas foram presos e internados sob «custódia protetiva» em campos de concentração, onde muitos deles foram espancados e brutalmente humilhados; saíram em liberdade uma ou duas semanas depois. Num incidente particularmente horrível, em Duisburg, no dia 2 de maio, as SA mataram quatro sindicalistas à pancada na cave do edifício do sindicato. A administração e os ativos do movimento sindical foram entregues à Organização das Células Fabris Nacionais-Socialistas. No dia 4 de maio, a Confederação dos Sindicatos Cristãos e Liberais e todas as outras instituições sindicais colocaram-se incondicionalmente sob a liderança de Hitler. O «sururu» previsto por Goebbels não se verificou. O poderoso movimento sindical alemão desapareceu praticamente do dia para a noite sem deixar vestígios.[17] «A revolução continua», gabou-se Goebbels no seu diário, em 3 de maio, observando com satisfação as muitas detenções de «bonzos». «Somos senhores da Alemanha», vangloriou-se ele.[18]

O regime, na certeza de que os sociais-democratas já não podiam solicitar o apoio dos sindicatos para uma resistência de última hora, deu início ao fim da partida: a eliminação do Partido Social-Democrata. No dia 10 de maio, o governo apoderou-se dos ativos e do património do partido através de uma ordem judicial justificada pelo procurador--geral da Prússia em Berlim pelo suposto desvio de fundos sindicais por Leipart e outros indivíduos, uma acusação sem quaisquer bases factuais. Wels tinha organizado o envio dos fundos e do arquivo do partido para fora do país, mas mesmo assim os nazis deitaram a mão a despojos consideráveis. Esta medida privou o partido de toda e qualquer base para ressuscitar a sua organização ou os seus jornais, periódicos e outras publicações. Enquanto movimento político, estava efetivamente acabado.[19] Contudo, de forma espantosa, nada disto impediu os sociais-democratas de apoiarem o governo no *Reichstag*, em 17 de maio, quando Hitler apresentou à legislatura uma resolução com um fraseamento neutral a favor da igualdade da Alemanha nas negociações internacionais sobre o desarmamento. A declaração não tinha nenhum significado real, a não ser garantir algum crédito para o regime no estrangeiro, depois de meses de críticas muito duras em todo o mundo; na realidade, o governo não fazia tenção de participar em nenhum processo de desarmamento. Mas os deputados sociais-democratas, liderados por Paul Löbe, pensaram que seriam acusados de antipatrióticos se boicotassem a sessão, e os que puderam comparecer fizeram coro com o resto do *Reichstag* na aprovação unânime da resolução, depois de um discurso hipocritamente moderado e neutral de Hitler ao som do hino nacional, dos gritos de «*Heil!*» dos nazis e da satisfação incontida de Hermann Göring, que declarou, na sua qualidade de presidente do *Reichstag*, que o mundo tinha assistido à união do povo alemão quando o seu destino internacional estava em jogo. A atitude dos deputados sociais-democratas causou indignação no partido, sobretudo nos líderes exilados, que a condenaram como a negação do voto orgulhoso contra a Lei de Concessão de Plenos Poderes no dia 23 de março. Otto Wels, que tinha liderado a oposição naquele dia, retirou a sua demissão da Internacional Socialista. A liderança exilada transferiu a sede do partido para Praga. Antonie Pfülf, uma das principais deputadas sociais--democratas do *Reichstag* e a opositora mais determinada do voto a favor, ficou envergonhada e desesperada por os seus colegas não compreenderem que estavam a ser usados numa operação de propaganda nazi e boicotou a sessão; suicidou-se no dia 10 de junho de 1933. Löbe foi preso e Wels fugiu do país.[20]

O fosso entre a nova liderança do partido, em Praga, e os ativistas e deputados que permaneceram na Alemanha alargou-se rapidamente, mas o regime declarou que não conseguia ver diferença nenhuma entre as duas alas: os que tinham fugido para Praga eram traidores que difamavam a Alemanha a partir do estrangeiro, e os que tinham ficado eram traidores porque os toleravam e ajudavam. No dia 21 de junho, Wilhelm Frick, o ministro do Interior, ordenou aos governos estaduais que ilegalizassem o Partido Social-Democrata com base no decreto do incêndio do *Reichstag*. Nenhum deputado social-democrata de nenhuma legislatura devia ser autorizado a tomar o seu lugar. Todos os comícios e todas as publicações sociais-democratas estavam proibidos. A filiação no partido foi declarada incompatível com a ocupação de qualquer cargo público ou de qualquer posição no funcionalismo público. No dia 23 de junho, Goebbels escreveu triunfalmente no seu diário que o Partido Social-Democrata tinha sido «dissolvido. Bravo! Agora, já não falta muito para o Estado total»[21].

Os sociais-democratas não tiveram de esperar muito para descobrirem o que significava o Estado total. Em 21 de junho, ao mesmo tempo que o decreto de Frick era publicado, mais de três mil ativistas sociais-democratas foram presos, tratados com dureza, torturados e atirados para prisões ou campos de concentração. No subúrbio berlinense de Köpenick, as SA, ao depararem com resistência armada a partir de uma casa, reuniram perto de 500 sociais-democratas e espancaram-nos e torturaram-nos durante vários dias, tendo acabado por matar 91 deles; este ataque concertado, que mesmo pelos padrões dos «camisas-castanhas» foi uma selvajaria, ficou conhecido por «Semana Sangrenta de Köpenick». A vingança foi particularmente severa contra todo e qualquer indivíduo ligado à esquerda em Munique durante a revolução de 1918–1919. Felix Fechenbach, ex-secretário de Kurt Eisner e editor do jornal social-democrata de Detmold, foi detido em 11 de março e colocado sob custódia protetiva com a maioria dos líderes sociais-democratas da província de Lippe. No dia 8 de agosto, um destacamento SA levou-o de automóvel da prisão estadual, aparentemente para o transferir para Dachau, mas durante o caminho os SA expulsaram do carro o polícia que os acompanhava, tendo entrado em seguida num bosque, onde mataram Fechenbach a tiro. A imprensa nazi disse que ele tinha sido abatido «durante uma tentativa de fuga».[22] Mas também foram atacadas figuras menos controversas. O antigo ministro-presidente de Mecklemburgo-Schwerin, o social-democrata Johannes Stelling, foi levado para uma caserna dos «camisas-castanhas», espancado e atirado semiconsciente para a rua, onde foi apanhado por outro bando de SA, levado de carro e depois torturado até à morte. O cadáver foi cosido a um saco com pedras e atirado a um rio; foi recuperado mais tarde, juntamente com os corpos de doze sociais-democratas e membros da Bandeira do *Reich* assassinados na mesma noite.[23]

Atos semelhantes de repressão brutal foram perpetrados contra os sociais-democratas por toda a Alemanha. Um lugar particularmente terrível foi o campo de concentração improvisado, aberto em 28 de abril, em Dürrgoy, a sul de Breslau, pelo líder local dos «camisas-castanhas», Edmund Heines. O comandante do campo fora chefe dos Corpos Francos e membro de um esquadrão da morte da extrema-direita, e tinha sido condenado por homicídio durante a República de Weimar. Entre os seus presos sociais-democratas, contavam-se Hermann Lüdemann, ex-funcionário principal do partido no distrito de Breslau, o ex-presidente da câmara da cidade e o ex-editor do diário social-democrata de Breslau. Os presos eram regularmente sujeitos a espancamentos e torturas. Heines organizava exercícios de combate a incêndios durante a noite e depois mandava espancar os presos quando estes regressavam às barracas. Heines passeou Lüdemann pelas ruas de Breslau vestido de arlequim, sob os apupos e insultos dos SA. Raptou o social-democrata Paul Löbe, ex-presidente do *Reichstag*, com o qual tinha contas a acertar desde o tempo em que estivera preso em Spandau; a pressão exercida pela mulher e pelos amigos de Löbe garantiram rapidamente a sua libertação, mas ele recusou por solidariedade com os outros presos sociais-democratas.[24]

Com este tipo de repressão, o Partido Social-Democrata foi efetivamente aniquilado muito antes de ser ilegalizado juntamente com os comunistas, em 14 de julho. Em retrospetiva, vê-se que as suas hipóteses de sobrevivência estavam a diminuir desde há um ano. Neste contexto, o facto de não ter oferecido uma oposição eficaz ao golpe de Papen, em 20 de julho de 1932, foi decisivo; se houve uma altura em que podia ter defendido a democracia, foi essa. Mas é fácil condenar a sua inação *a posteriori*; no verão de 1932, pouca gente poderia ter compreendido que o governo amadorístico e, em muitos aspetos, bastante ridículo de Franz von Papen daria lugar, pouco mais de seis meses depois, a um regime cuja extrema implacabilidade e desrespeito absoluto pela legalidade eram difíceis de perceber pelos democratas respeitadores da lei. Em muitos aspetos, a intenção dos líderes do movimento laboral de evitarem a violência em julho de 1932 foi totalmente meritória; eles não podiam saber que a sua decisão teria uma influência crucial ao abrir o caminho para uma violência muito maior.

Com o esmagamento do movimento operário, os nazis, auxiliados pelos órgãos policiais do Estado e pela inação solidária das forças armadas, eliminaram o obstáculo mais sério à criação de um Estado de partido único. O movimento laboral foi dominado, os sindicatos foram esmagados e os partidos social-democrata e comunista, cujos votos combinados excederam em muito os dos nazis nas últimas eleições livres para o *Reichstag*, em novembro de 1932, foram destruídos numa orgia de violência. Mas restava outra força política importante cujos membros e eleitores tinham sido fiéis aos seus princípios e aos seus representantes durante o período de Weimar: o Partido do Centro. O partido derivava a sua força não apenas da tradição política e da herança cultural, mas sobretudo da sua identificação com a Igreja Católica e os católicos. Não podia ser sujeito à mesma brutalidade indiscriminada e desabrida que tinha varrido os comunistas e os sociais-democratas da arena política. Impunham-se táticas mais subtis. Hitler e a liderança nazi começaram a implementá-las em maio de 1933.

III

Clemens August Graf von Galen era um sacerdote católico tradicional. Nasceu em 1878, no seio de uma família nobre da Vestefália, e cresceu num ambiente de piedade aristocrática, encorajado por parentes como o seu tio-avô, o bispo von Ketteler, um dos fundadores do catolicismo social. Clemens August, que era o décimo primeiro de treze irmãos, parecia quase predestinado para o sacerdócio. Os pais, cuja consciência política fora despertada pelas tentativas de Bismarck de subjugar a Igreja Católica na década de 1870, ensinaram-lhe que a consciência, em especial a consciência religiosa, estava acima da obediência à autoridade. Mas também lhe incutiram modéstia e simplicidade, uma vez que não tinham muito dinheiro e viviam em circunstâncias espartanas num castelo sem água corrente, casas de banho interiores e aquecimento na maior parte das salas. Galen foi educado em casa e numa academia jesuíta, tendo continuado os estudos numa escola oficial para se qualificar para a universidade. Formou-se em teologia, em Innsbruck, e foi ordenado em 1904. Entre 1906 e 1929, foi pároco em Berlim, uma cidade esmagadoramente protestante com uma classe operária forte e maioritariamente ateia. Galen, com os seus dois metros de altura, tinha uma presença imponente em vários aspetos e ganhou uma reputação de ascetismo individual e de capacidade de comunicar com os pobres. A sua maneira de estar na vida tinha uma grande dose de *noblesse oblige*.[25]

Com estes antecedentes, não admira que as suas opiniões políticas fossem de direita. Galen apoiou o esforço de guerra alemão em 1914–1918 e tentou (sem êxito) oferecer-se como voluntário para a frente de combate. Abominou a Revolução de 1918 por ter derrubado uma ordem estatal divinamente ordenada e acreditou convictamente no mito da «punhalada nas costas» aquando da derrota da Alemanha. Galen opôs-se ao apoio inicial do Partido do Centro à democracia de Weimar e participou, embora como influência moderadora, em conversações infrutíferas com vista à fundação de um movimento político católico mais à direita. Galen arrasou a Constituição de Weimar como «ímpia», fazendo eco da condenação do cardeal Michael Faulhaber e dos alicerces seculares da Constituição como uma «blasfémia». Em 1933, Faulhaber e muitos outros sacerdotes acolheram com agrado a promessa da liderança nazi de restaurar as bases cristãs do Estado. Aliás, Hitler e a maior parte dos seus principais associados tinham consciência da dimensão e da profundidade da fidelidade da maior parte da população alemã ao cristianismo e não queriam antagonizá-la quando reprimissem o Partido do Centro. Por conseguinte, nos primeiros meses de 1933, tiveram o cuidado de insistir por diversas vezes na fidelidade do novo governo à religião cristã. Declararam que a «revolução nacional» se destinava a pôr fim ao ateísmo materialista da esquerda de Weimar e a propagar um «cristianismo positivo» acima da religião e em sintonia com o espírito alemão.[26]

Galen e outros sacerdotes estavam preocupados com a posição da Igreja Católica num país em que o comunismo ateu parecia ser uma ameaça importante, mas também tinham preocupações de natureza mais secular. Durante a República de Weimar, a comunidade católica garantiu um nível de participação inédito no Estado, em cargos governamentais e no alto funcionalismo público. O episcopado alemão, na demanda da concordata prometida que, segundo lhe foi garantido, preservaria esses ganhos, retirou a sua oposição ao nazismo e em maio emitiu uma declaração coletiva de apoio ao regime. Os bispos começaram a pressionar os padres que continuavam a criticar o movimento nazi. Os «camisas-castanhas» e os membros do Partido Nazi que eram católicos, impossibilitados de assistirem à missa porque os bispos tinham proibido os uniformes nas igrejas, começaram a ser vistos nas missas protestantes, onde não existia semelhante proibição, colocando a possibilidade alarmante de uma deserção em massa para a oposição religiosa. O cardeal Bertram persuadiu o episcopado a levantar a proibição.[27] Pouco depois, a tolerância passiva transformou-se em apoio ativo. Muitos sacerdotes participaram nas cerimónias públicas que assinalaram o «Dia do Trabalho Nacional», em 1 de maio. A Conferência Episcopal de Fulda emitiu em 1 de junho uma carta pastoral que saudou o «despertar nacional» e o novo enfoque na autoridade forte do Estado, mas também expressou preocupação com a ênfase dos nazis na raça e com a ameaça às instituições laicas católicas. O vigário-geral Steinmann, que foi fotografado a fazer a saudação nazi, declarou que Hitler tinha sido dado por Deus ao povo alemão para o liderar.[28] As organizações estudantis católicas publicaram uma declaração de lealdade ao novo regime («o único modo de devolver o cristianismo à nossa cultura... Salve o nosso *Führer* Adolf Hitler!»). Os jornais católicos deixaram de publicar ou transformaram-se numa espécie de órgãos de propaganda nazi.[29]

Enquanto esta situação se desenvolvia, o líder do Partido do Centro, o prelado Ludwig Kaas, fez uma visita prolongada ao Vaticano para ajudar a redigir a Concordata. Depressa se tornou evidente que Kaas estava disposto a sacrificar o partido como condição para que o regime assinasse o documento. Kaas demitiu-se de líder do partido no princípio de maio, alegando motivos de saúde. Sucedeu-lhe Heinrich Brüning, o ex-chanceler do *Reich*, que se tornou imediatamente objeto de uma pálida imitação do culto da liderança que existia em torno de Hitler. Os jornais do Partido do Centro começaram a chamar-lhe «*Führer*» e declararam que o seu «séquito» católico se «submeteria» às suas decisões.[30] Os deputados e funcionários do partido apresentaram a sua demissão e deram a Brüning o poder de os renomear ou substituir. Este grupo incluía os deputados do *Reichstag*, que deviam a sua eleição ao seu lugar nas listas de candidatos do partido, logo, Brüning podia efetivamente substituí-los por outros mais abaixo na lista. Ou seja, o Partido do Centro substituiu a ideia de um *Reichstag* eleito pela de um *Reichstag* nomeado. Brüning anunciou uma grande reforma da estrutura do partido e aproximou-se ainda mais do regime nazi, convencendo os seus deputados a votarem a favor da declaração do governo sobre política externa, em 17 de maio de 1933, e ajudando pessoalmente Hitler a redigir o discurso notavelmente moderado com o qual ele a apresentou à legislatura. Mas a disponibilidade de Brüning para o compromisso não impediu a polícia política de colocar o seu telefone sob escuta nem de ler a sua correspondência, como ele contou ao embaixador britânico, *Sir* Horace Rumbold, em meados de junho. Segundo Rumbold, Brüning tinha ficado convencido de que só a restauração da monarquia poderia salvar a situação, mas ele já pensava assim há anos.

O ex-chanceler parecia não fazer ideia da dimensão da repressão que atingira o seu partido. Os seus jornais estavam a ser proibidos ou confiscados. As suas organizações locais e regionais estavam a ser encerradas. Os seus funcionários públicos, apesar das constantes garantias de Hermann Göring, estavam sob uma ameaça permanente de despedimento. Os seus duzentos mil filiados estavam a abandonar o partido em número crescente. A partir de maio, políticos, advogados, ativistas de organizações laicas, jornalistas e escritores católicos importantes começaram a ser presos, em particular os que tinham publicado artigos críticos sobre os nazis ou o governo. No dia 26 de junho, Himmler, que chefiava a polícia da Baviera, ordenou a colocação sob «custódia protetiva» não só de todos os deputados do *Reichstag* e da legislatura bávara do Partido Popular da Baviera, que era um aliado próximo do Partido do Centro, mas também de todas «as pessoas particularmente ativas na política partidária»[31]. No dia 19 de junho, Eugen Bolz, presidente do Estado de Vurtemberga e um dos principais conservadores do Partido do Centro, foi detido e severamente espancado; vários altos funcionários públicos do partido, entre os quais se encontrava Helene Weber, que também era deputada no *Reichstag*, foram suspensos dos seus cargos, e a confederação dos sindicatos católicos foi forçada a dissolver-se a si própria. Foram apenas os casos mais visíveis e noticiados de uma nova vaga de detenções, espancamentos e despedimentos. No âmbito local, as diversas organizações laicas católicas foram pressionadas para encerrarem ou integrarem-se no Partido Nazi, o que causou uma enorme preocupação na liderança da Igreja. Enquanto Papen e Goebbels exigiam publicamente a dissolução do Partido do Centro em termos cada vez mais insistentes, as negociações em Roma, às quais Papen se juntou no fim do mês, resultaram no acordo que previa que depois de assinada a Concordata, o Partido do Centro deixaria de existir.[32]

O texto final da Concordata, acordado em 1 de julho com a aprovação de Papen e Kaas e assinado uma semana depois, incluiu a proibição de os sacerdotes se envolverem em atividades políticas. Os deputados nacionais e estaduais do Partido do Centro começaram a demitir-se ou a transferir-se para o Partido Nazi, tal como fizeram vários vereadores de Berlim, Frankfurt e outras cidades. Até Brüning acabou por perceber o que estava a acontecer. O partido dissolveu-se formalmente a si próprio em 5 de julho, dizendo aos seus deputados no *Reichstag*, aos legisladores estaduais e aos autarcas que contactassem os seus homólogos nazis para transferirem a sua fidelidade para o Partido Nazi. A liderança do partido disse aos filiados que tinham a oportunidade de se integrarem «sem reservas» na frente nacional liderada por Hitler. O que restava da imprensa do Partido do Centro apresentou o fim não como o resultado de pressões externas, mas de um desenvolvimento interno inevitável que colocava a comunidade católica ao lado da nova Alemanha numa transformação histórica da política nacional. A administração do partido, além de instruir todas as suas organizações no sentido de se dissolverem a si próprias, avisou que estava a cooperar com a polícia política na implementação dos procedimentos de dissolução. Tal como era previsível, os nazis preferiram persuadir os deputados do Partido do Centro a demitirem-se a encontrarem uma nova casa nas bancadas parlamentares do Partido Nazi, ao contrário do que eles tinham planeado.[33]

O Partido do Centro, juntamente com o movimento operário, tinha oferecido a única resistência efetiva aos avanços eleitorais nazis no início dos anos 30. A coesão e a disciplina de ambos os meios políticos tinham resultado parcialmente da perseguição sofrida às mãos de Bismarck. Mas enquanto os sociais-democratas e, mais tarde, os comunistas tinham sido empurrados para um estado permanente de oposição e isolamento pela experiência da repressão, a reação dos católicos fora colocar a sua reintegração na comunidade nacional acima de quase qualquer outro objetivo. Políticos católicos destacados como Papen e, em menor grau, Brüning e Bolz careciam do empenhamento democrático que caracterizara figuras como Wilhelm Marx ou Matthias Erzberger durante os primeiros tempos da República. A Igreja estava a virar-se contra a democracia parlamentar em toda a Europa por causa da ameaça bolchevique. Nesta situação, a dissolução do partido pareceu um pequeno sacrifício em benefício daquilo que quase todas as figuras envolvidas consideraram ser as garantias vinculativas do novo regime de autonomia continuada da Igreja Católica e de plena participação dos católicos na nova ordem alemã. Os católicos estavam prestes a descobrir o quão vinculativas eram essas garantias.

No dia 28 de outubro de 1933, Clemens August Graf von Galen foi consagrado bispo de Münster na primeira elevação depois da assinatura da Concordata. Na sua alocução à congregação, Galen declarou que o seu dever era dizer a verdade, pronunciar-se sobre «a diferença entre justiça e injustiça, sobre as boas e as más ações». Antes da sua nomeação, Galen visitou oficialmente Hermann Göring, o ministro-presidente da Prússia, a quem, no cumprimento dos termos da Concordata, jurou lealdade ao Estado. Num ato de reciprocidade simbólico, aquando da cerimónia de consagração, em Münster, vários funcionários nazis locais e das SA, do chefe de distrito para baixo, desfilaram perante Galen e fizeram-lhe a «saudação alemã» com o braço estendido. O cortejo episcopal passou pelas ruas com colunas de SA e SS com bandeiras com a suástica. À noite, desfilaram à luz de tochas à frente do palácio de Galen. A reconciliação entre o nazismo e o catolicismo parecia completa, pelo menos por enquanto.[34]

IV

A destruição dos comunistas, dos sociais-democratas e do Partido do Centro foi a parte mais difícil do processo de criação do Estado de partido único. Os três partidos combinados representavam muito mais votos do que os obtidos pelo Partido Nazi em eleições livres. Em comparação com os problemas que eles colocaram, a eliminação dos restantes partidos foi fácil. A maior parte tinha perdido praticamente todos os deputados no *Reichstag*. Estavam prontos para ser eliminados um a um. No princípio de 1933, o único partido que tinha integrado a coligação que apoiara a República de Weimar desde o início, o Partido do Estado Alemão (ex-Partido Democrata Alemão), estava impiedosamente à deriva em função dos acontecimentos e a pedir freneticamente a outros partidos que colocassem sob a sua proteção os dois deputados que lhe restavam no *Reichstag*. O partido continuou a declarar a sua oposição aos nazis, mas ao mesmo tempo advogou a revisão da Constituição numa direção inconfundivelmente autoritária. Não conseguiu incrementar a sua votação nas eleições de março de 1933, mas, por ter integrado os seus candidatos nas listas do Partido Social-Democrata, conseguiu aumentar a sua representação no *Reichstag* de dois para cinco deputados. Estes, incluindo Theodor Heuss, futuro presidente da República Federal da Alemanha, não obstante as suas muitas reservas, votaram unanimemente a favor da Lei de Concessão de Plenos Poderes no dia 23 de março, com medo da ameaça de Hitler de um banho de sangue caso a votação lhe corresse mal. Saberiam certamente que, na prática, os seus votos não faziam diferença nenhuma. O líder da bancada parlamentar do partido, Otto Nuschke, começou a assinar a sua correspondência oficial com «Saudações da liberdade da Alemanha» e apelou ao reconhecimento da legitimidade do governo. Os funcionários públicos, que eram um elemento importante do partido, começaram a desertar em massa para os nazis na esperança de não perderem os empregos. Desde que o partido fora empurrado para as margens da política pelas eleições de 1930, tinha havido muitos debates sobre se faria sentido continuar. Os «camisas-castanhas» desencadearam uma campanha de terror contra os últimos deputados, funcionários e vereadores que declararam abertamente a sua fidelidade ao partido. De seguida, o governo expulsou os deputados do *Reichstag* com a justificação de que se tinham candidatado nas listas sociais-democratas nas eleições de março, logo, eram sociais-democratas. A liderança partidária acabou por ceder e, no dia 28 de junho de 1933, declarou a dissolução formal do Partido do Estado Alemão.[35]

O Partido Popular Alemão, que se deslocou de forma pronunciada para a direita depois da morte, em 1929, de Gustav Stresemann, a grande figura do partido durante a maior parte do período de Weimar, começou a descartar a sua ala liberal em 1931 — sendo «liberal» definido na altura como apoiante do governo de Brüning, outro sinal da enorme deslocação para a direita do espectro político — e a apelar à criação de uma coligação de todas as forças nacionalistas, incluindo os nazis. Contudo, a perda constante de votos do partido foi acompanhada pela sua fragmentação num caos de fações antagónicas. Depois de julho de 1932, o Partido Popular Alemão ficou com apenas sete deputados no *Reichstag* e foi ainda mais remetido para a margem. O seu líder, o advogado Eduard Dingeldey, achou que era uma boa ideia unir forças com o Partido Popular Nacional Alemão numa lista comum para as eleições de novembro. No entanto, esta manobra levou à saída dos últimos liberais do partido e não rendeu nenhum ganho significativo. Dingeldey, alarmado com este sinal de fragmentação continuada, abandonou o pacto com os nacionalistas nas eleições de março de 1933, o que teve como resultado o partido só conseguir eleger dois deputados. Era o que restava das tradições orgulhosas do Partido Nacional Liberal, que tinha dominado o *Reichstag* nos anos 70 do século anterior e contribuído em muito para suavizar os duros contornos da criação de Bismarck com um amplo conjunto de legislação liberal. Enquanto Dingeldey esteve dois meses afastado da política devido a uma doença grave, muitos filiados começaram a abandonar o partido, em particular os funcionários públicos, com medo de perderem os empregos, e outros, aglutinados em torno do líder parlamentar, apelaram à dissolução voluntária do partido e à sua fusão formal com os nazis. Dingeldey conseguiu impedir estes desenvolvimentos, mas a ala direita do partido demitiu-se. Os seus esforços para obter uma audiência com Hitler ou Göring foram rejeitados. Dingeldey, receando pela segurança dos últimos funcionários e deputados do partido na atmosfera geral de intimidação, anunciou a dissolução do Partido Popular Alemão no dia 4 de julho. Três dias depois, a título de recompensa, obteve uma audiência com Hitler, que lhe garantiu que os ex-filiados não seriam discriminados por causa do seu passado político. Escusado será dizer que isto não impediu os nazis de imporem a demissão dos ex-deputados do Partido Popular Alemão em todas as legislaturas da Alemanha e o despedimento de funcionários públicos por suposta oposição ao movimento nacional-socialista. Os protestos de Dingeldey foram ignorados com desdém.[36]

O Partido Popular Nacional Alemão, liderado por Alfred Hugenberg, não se tinha saído muito melhor do que os dois partidos liberais em termos eleitorais. No princípio da década de 1930, perdeu quase todos os seus votos para os nazis. No entanto, continuou a considerar-se o principal parceiro de coligação dos nazis, tratando-os sempre de modo algo condescendente. Alguns nacionalistas destacados viram com agrado o facto de o governo de Hitler assinalar o fim definitivo do sistema parlamentar e o princípio de uma ditadura. Aquando das eleições de 5 de março de 1933, Hugenberg fez energicamente campanha para a obtenção de uma maioria, juntamente com os nazis, que conferisse legitimidade popular a esta transformação. Contudo, algumas figuras nacionalistas importantes sabiam que isso deixaria o partido extremamente vulnerável. Alertaram para o «socialismo» dos nazis e apelaram por um governo «apartidário». Durante a campanha eleitoral, os nazis tiveram o cuidado de manter a ilusão de que a coligação era genuína. Nenhum jornal nacionalista foi proibido, nenhum comício nacionalista foi atacado e nenhum político nacionalista foi preso. No entanto, a campanha colossal de repressão e violência foi exclusivamente desencadeada a favor dos nazis. No dia 5 de março, tiveram a sua recompensa com o aumento da sua representação no *Reichstag*: de 196 para 288 deputados. Os nacionalistas, em contraste, não conseguiram melhorar significativamente a sua posição, passando de 51 para 52 deputados. Estes lugares, e os respetivos 8% dos votos, chegaram para que a coligação ultrapassasse a marca dos 50% de votos, mas os resultados eleitorais mostraram de forma inequívoca a desigualdade entre os parceiros. As «ligas de combate» paramilitares ligadas aos nacionalistas não tinham hipótese nenhuma de competir nas ruas com o poderio dos «camisas-castanhas» e da SS. Além disso, os nacionalistas não conseguiram garantir a lealdade incondicional dos Capacetes de Ferro, a grande organização paramilitar que parecia comungar das suas opiniões políticas.

Os resultados eleitorais de março alteraram de forma fundamental a relação entre os dois partidos. Com os comunistas fora da legislatura, os nazis já não precisavam dos nacionalistas para constituírem uma maioria, embora ainda estivessem longe dos dois terços necessários para rever a Constituição. Hitler e Göring começaram a deixar brutalmente claro a Hugenberg que quem mandava eram eles. A aprovação da Lei de Concessão de Plenos Poderes com o apoio dos nacionalistas foi adoçada, para os membros mais conservadores do partido, com a abertura formal do Parlamento em Potsdam e com a referência inequívoca às tradições bismarckianas que eles estavam empenhados em renovar. Porém, logo que a Lei de Concessão de Plenos Poderes foi aprovada, Hitler declarou que não havia hipótese nenhuma de restaurar a monarquia, que ele considerava ser uma instituição fracassada. Foi nesta altura que os nazis começaram finalmente a aplicar aos nacionalistas a pressão que os outros partidos vinham sofrendo desde meados de fevereiro. No dia 29 de março, o gabinete do líder parlamentar nacionalista no *Reichstag*, Ernst Oberfohren, foi revistado, e no dia seguinte foi realizada uma rusga à sua casa. Os nazis revelaram que tinham sido encontrados documentos que comprovavam que Oberfohren era o autor de cartas anónimas com ataques a Hugenberg. Foi suficiente para persuadir o líder do partido a desistir da sua intenção de protestar. Oberfohren também vinha mostrando um interesse inusitado pelas circunstâncias do incêndio do *Reichstag*, o que sugeria que ele comungava da convicção comunista de que o fogo posto fora organizado pelos nazis. Avisado pela rusga à sua residência, Oberfohren demitiu-se de imediato do seu cargo de deputado. Entretanto, outros nacionalistas destacados também começaram a ser pressionados. Gunther Gerecke, comissário do *Reich* para a Criação de Emprego, foi acusado de peculato. O chefe da Liga Agrícola Nacional, organização tradicionalmente próxima dos nacionalistas, foi demitido por especulação ilícita no mercado dos cereais. Além disso, começaram a ser conhecidos os despedimentos de funcionários públicos que reconheciam abertamente a sua filiação no Partido Popular Nacional Alemão.[37]

Os nacionalistas tinham entrado na coligação, em 30 de janeiro, convencidos de que eram o parceiro sénior de um movimento político imaturo e inexperiente que conseguiriam controlar. Decorridos dois meses, a situação era completamente diferente. Além dos receios expressos em privado acerca das consequências destrutivas de uma eventual revolução nazi, os nacionalistas reconheceram com impotência a impossibilidade de impedir atos ilegais contra os seus filiados cometidos por um governo do qual eram um parceiro formal. Nesta situação, pareceu-lhes sensato adaptarem-se à nova ordem pós-democrática. Hugenberg conseguiu impor uma restruturação da organização do partido que tornou o «Princípio da Liderança» fundamental em todos os níveis. De seguida, os nacionalistas mudaram o nome de Partido Popular Nacional Alemão para Frente Nacionalista Alemã, no sentido de deixarem clara a sua opinião de que os partidos políticos eram uma coisa do passado. Todavia, estas modificações privaram Hugenberg dos últimos vestígios de legitimidade democrática e deixaram a sua posição mais vulnerável do que nunca. Vários nazis, em Berlim e no resto do país, criticaram e pressionaram instituições e organizações que Hugenberg considerava sob a sua égide, e ao mesmo tempo foi desencadeada uma campanha de rumores segundo os quais ele estava a atrasar a «revolução nacional».

Os órgãos regionais do Partido Nazi declararam que Hugenberg, enquanto ministro da Agricultura da Prússia, já não gozava da confiança do campesinato. Corriam rumores de que ele estava prestes a demitir-se dos seus cargos na Prússia. Hugenberg respondeu a estas tentativas de fragilização da sua posição ameaçando demitir-se do governo, convencido de que ao fazê-lo invalidaria a Lei de Concessão de Plenos Poderes, dado que a lei só se aplicava ao «presente governo». No entanto, o constitucionalista Carl Schmitt, influente partidário dos nazis, declarou que por «presente governo» a Lei não se estava a referir ao grupo específico de ministros vigentes aquando da sua aprovação, mas ao «tipo de governo completamente diferente» nascido com o fim do sistema político-partidário. Por conseguinte, nem o «presente governo», nem a validade da Lei de Concessão de Plenos Poderes seriam afetados pela demissão deste ou daquele ministro; a sua natureza era determinada pelo seu líder.[38] A oca ameaça de Hugenberg foi mais um exemplo da futilidade do raciocínio legalista perante a pressão nazi. E, entretanto, a ameaça de violência nazi contra os seus apoiantes tornou-se cada vez mais explícita. No dia 7 de maio, Ernst Oberfohren, que fora corrido do seu cargo pelos nazis, foi encontrado morto; dada a atmosfera de intimidação implacável mantida pelos nazis, pouca gente acreditou na versão oficial de que ele se tinha suicidado. Foram detidos autarcas nacionalistas e alguns comícios nacionalistas foram proibidos. Os nacionalistas foram cada vez mais pressionados para dissolverem os seus «grupos de combate» paramilitares. Estes grupos, na sua maioria organizações estudantis e juvenis, tinham aumentado o seu número de membros para cem mil depois da «insurreição nacional» e eram suficientemente fortes para causarem alguma preocupação aos nazis.

No dia 30 de maio, alguns líderes nacionalistas reuniram com Hitler com o intuito de se queixarem da pressão crescente para abdicarem da sua autonomia. Levaram com uma «explosão histérica de raiva»: o líder nazi gritou que deixaria as suas «SA abrir fogo e desencadear um banho de sangue que durará três dias… até não ficar nada» se os paramilitares nacionalistas não se dissolvessem voluntariamente. Isto bastou para abalar ainda mais a pouca vontade de resistência dos nacionalistas. Por conseguinte, em meados de junho, Hitler ordenou pessoalmente a dissolução das organizações estudantis e juvenis nacionalistas e o confisco do seu património. Os principais nacionalistas ligados a estes grupos, incluindo Herbert von Bismarck*, despedido do cargo de secretário de Estado do Ministério do Interior da Prússia no dia 9 de abril, foram presos e interrogados; Bismarck, ao ser confrontado com alegadas provas de infiltração destes grupos por elementos marxistas, confessou que não fazia ideia de que as coisas tinham chegado àquele ponto.

Entretanto, figuras nacionalistas destacadas, entre as quais o historiador católico de ultradireita Martin Spahn, declararam que não podiam servir dois amos e começaram a desertar para os nazis. As humilhações que Hugenberg, o «*Führer*» nacionalista, sofria diariamente no governo eram cada vez mais graves. Quando exigiu, durante uma conferência económica internacional, a devolução das colónias africanas, sem consultar previamente o governo, este distanciou-se publicamente das suas declarações e envergonhou-o perante o mundo inteiro. No dia 23 de junho, os seus colegas ministeriais conservadores, Papen, Neurath,

* Sobrinho-neto de Otto von Bismarck. (*N. do T.*)

Schwerin von Krosigk e Schacht juntaram-se a Hitler na condenação do seu comportamento. O discurso que Hugenberg planeava proferir num comício nacionalista no dia 26 de junho foi proibido pela polícia. No mesmo dia, queixando-se de que era constantemente bloqueado nos seus deveres ministeriais e publicamente atacado pela imprensa nazi, Hugenberg apresentou — num gesto significativo — a sua demissão a Hindenburg.

É claro que Hugenberg não tencionava deixar o governo, mas o idoso presidente não correspondeu às suas expectativas: em vez de rejeitar a sua carta de demissão e intervir junto de Hitler como era suposto, Hindenburg não fez nada. Uma reunião com Hitler para tentar resolver amigavelmente a situação acabou por levar Hitler a exigir a dissolução da Frente Nacionalista Alemã se a demissão de Hugenberg não fosse aceite. Disse que se tal não acontecesse, «milhares» de funcionários nacionalistas do sector público seriam despedidos. Mas foi um embuste; Hitler nunca tencionou que Hugenberg, o último membro independente do governo com estatura política, retirasse a sua demissão. Hitler informou triunfalmente o governo da saída de Hugenberg. Os outros líderes da Frente Nacionalista Alemã reuniram-se com Hitler para concluir um «Acordo de Amizade» no qual aceitaram a «dissolução voluntária» do partido.[39] As condições acordadas pelo Partido Popular Nacional Alemão — um parceiro de coligação de Hitler — foram superficialmente menos opressivas do que as aceites por outros partidos, mas os nazis forçaram a demissão de todos os deputados ou legisladores eleitos de cujas opiniões não gostavam, tais como Herbert von Bismarck, e só aceitaram os que cumprissem as suas ordens sem fazer ondas. Além disso, o regime não tratou como vinculativas as garantias de que os funcionários públicos nacionalistas não seriam discriminados por causa do seu passado político. O «Acordo de Amizade» não passou de uma capitulação abjeta.

Com os partidos dissolvidos, as Igrejas dominadas, os sindicatos abolidos e o exército neutralizado, só faltava tratar de um ator importante: os Capacetes de Ferro, a ultranacionalista associação paramilitar dos veteranos. No dia 26 de abril de 1933, depois de negociações prolongadas, Franz Seldte, o líder dos Capacetes de Ferro, aderiu ao Partido Nazi e colocou os Capacetes de Ferro sob a liderança política de Hitler em troca da garantia de que continuariam a existir como uma organização autónoma de veteranos de guerra. Os que se opuseram, tais como o colíder dos Capacetes de Ferro, Theodor Duesterberg, foram sumariamente demitidos. O rápido crescimento do número de membros, talvez para um milhão, incluindo veteranos de guerra provenientes de uma variedade de organizações recém-ilegalizadas, incluindo a Bandeira do *Reich*, diluiu ainda mais o ativismo político dos Capacetes de Ferro e expô-los às críticas dos nazis. Os Capacetes de Ferro, enquanto polícia auxiliar, tinham apoiados as SA nos meses anteriores sem participarem completamente nos seus atos, mas também sem os tentarem conter. A sua posição era muito semelhante à do exército, do qual, aliás, se consideravam uma reserva armada, experiente e treinada. O seu líder, Franz Seldte, era membro do governo, mas revelou-se completamente incapaz de resistir às pressões de Hitler e Göring. Em maio, os Capacetes de Ferro estavam completamente neutralizados como força política.[40]

Por conseguinte, no final de maio, Hitler deu o passo seguinte, acusando com alguma plausibilidade os Capacetes de Ferro de terem sido infiltrados por um número considerável de ex-comunistas e ex-sociais-democratas em busca de um substituto para as suas organizações paramilitares ilegalizadas. Os Capacetes de Ferro foram incorporados à força nas SA enquanto ainda tinham um resquício suficiente da sua autonomia, para os dissuadir de oferecerem resistência. A presença do seu líder no governo pareceu à maior parte deles garantir a continuação da sua influência onde era verdadeiramente importante: mantiveram as suas funções como exército de reserva e associação de auxílio aos veteranos. Em 1935, entretanto rebatizados de Liga dos Combatentes da Frente Nacional-Socialista, ainda tinham meio milhão de membros. O objetivo dos Capacetes de Ferro, a destruição da democracia de Weimar e o regresso a um regime autoritário nacionalista, estava obviamente alcançado: por conseguinte, que razões teriam para objetarem contra a sua incorporação nas fileiras dos «camisas-castanhas» de Ernst Röhm? A fusão causou caos organizacional durante algum tempo, mas privou efetivamente os nacionalistas da última e ténue hipótese de conseguirem opor-se nas ruas às SA.[41]

Ou seja, os grupos paramilitares foram anulados de forma tão eficaz como os partidos políticos. No verão de 1933, a criação de um

Estado de partido único estava praticamente completa. O único obstáculo potencial que restava à conquista do poder total era Hindenburg, uma nulidade senil, aparentemente sem vontade própria e cujo cargo fora neutralizado pelas disposições da Lei de Concessão de Plenos Poderes. O exército tinha concordado manter-se à margem. A comunidade empresarial tinha alinhado. No dia 28 de junho de 1933, Joseph Goebbels celebrou a destruição dos partidos, dos sindicatos e dos paramilitares, e a sua substituição pelo monopólio do poder do Partido Nazi e das suas organizações afiliadas: «É o caminho para o Estado total. A nossa revolução tem um dinamismo sobrenatural.»[42]

A «coordenação» da Alemanha

I

No dia 6 de maio de 1933, pela manhã, um grupo de carrinhas parou à frente do Instituto de Ciência Sexual do Dr. Magnus Hirschfeld, no elegante bairro do Tiergarten, em Munique. Os veículos despejaram alunos da Escola de Educação Física de Berlim e membros da Liga dos Estudantes Alemães Nacionais-Socialistas. Os jovens dispuseram-se numa formação militar e, enquanto alguns pegavam nas suas trombetas e tubas e começavam a tocar música patriótica, os restantes entraram no edifício. O Instituto de Hirschfeld era bastante conhecido em Berlim, não só pela defesa de causas como a legalização da homossexualidade e do aborto, mas também pela sua considerável coleção de livros e manuscritos sobre temas sexuais, construída pelo diretor desde antes da viragem do século. Em 1933, albergava entre 12 mil e 20 mil livros — as estimativas variam — e um acervo ainda maior de fotografias sobre tópicos sexuais.[1] Os estudantes nazis que irromperam pelo Instituto no dia 6 de maio de 1933 deitaram tinta vermelha sobre livros e manuscritos, jogaram futebol com fotografias emolduradas, deixando o chão coberto de pedaços de vidro, e esvaziaram armários e gavetas, deitando o conteúdo para o chão. Quatro dias depois, chegaram mais carrinhas, desta vez com SA, que encheram cestos com o máximo de livros e manuscritos que puderam. Depois, levaram-nos para a Praça da Ópera e fizeram uma fogueira com eles. Segundo se disse na altura, cerca de metade dos 20 mil livros seriam provenientes da biblioteca de Hirschfeld. Enquanto a fogueira ardia pela noite dentro, os estudantes levaram um busto do diretor para a praça e atiraram-no às chamas. Quando alguém disse às SA que Hirschfeld, de 65 anos, estava no estrangeiro a recuperar de uma doença, um deles respondeu: «Esperemos que ele bata a bota sozinho, assim não vamos ter de o enforcar ou matar à porrada.»[2]

Hirschfeld teve a sensatez de não regressar à Alemanha. A imprensa nazi falou triunfalmente numa «Ação Enérgica contra uma Loja de Veneno» e anunciou: «Os estudantes alemães fumigam o Instituto de Ciência Sexual» do «judeu Magnus Hirschfeld». O venerável reformador sexual e paladino dos direitos dos homossexuais ficou por França, onde faleceu repentinamente no dia do seu sexagésimo sétimo aniversário, em 14 de maio de 1935.[3] A destruição do seu instituto foi apenas uma parte, ainda que a mais espetacular, de uma grande ofensiva contra o que os nazis disseram ser o movimento dos judeus para subverter a família alemã. O sexo e a procriação deviam estar indissoluvelmente ligados, pelo menos para os racialmente aprovados. Os nazis avançaram, com a aprovação dos conservadores e dos católicos, para a destruição de todos os elementos do conjunto de grupos bastante ativos e complexamente interligados da época de Weimar que faziam pressão a favor da liberdade sexual, da reforma da legislação sobre o aborto, da descriminalização da homossexualidade, da prestação, pelo Estado, de aconselhamento sobre a contraceção e de tudo o mais que, no seu entendimento, estava a contribuir para o declínio da taxa de natalidade na Alemanha. Reformadores sexuais como o freudiano Wilhelm Reich ou Helene Stöcker, que fazia desde há muito campanha pela reforma do aborto, foram forçados a exilar-se, e as suas organizações e clínicas foram encerradas ou tomadas pelos nazis. A polícia efetuou rusgas a locais de encontro de homossexuais, que dantes tolerava de forma tácita, e em Hamburgo prendeu centenas de prostitutas na zona do porto, atuando, de modo algo bizarro, com base no decreto do incêndio do *Reichstag* «pela proteção do povo e do Estado». As rusgas mostraram que o decreto podia ser usado para legitimar quase qualquer tipo de ação repressiva das autoridades. A legalidade dúbia da operação ficou resolvida em 26 de maio de 1933, quando o governo reviu a liberal Lei de Prevenção das Doenças Venéreas aprovada em 1927. A emenda, além de criminalizar novamente a prostituição, que tinha sido legalizada em 1927, reintroduziu a proibição da publicidade e da educação relacionadas com o aborto e os abortivos.[4] Num curto espaço de tempo, os nazis desmantelaram o movimento de reforma sexual e alargaram as restrições das leis punitivas em vigor contra as relações sexuais entre indivíduos do mesmo sexo a muitos outros tipos de atividade sexual não orientados para o aumento da taxa de natalidade.

Mas o ataque à libertação sexual começou nos últimos anos da República de Weimar. O período de 1929–1932 assistiu a uma enorme controvérsia pública relacionada com a reforma da lei do aborto, incentivada pelos comunistas, e que refletia a necessidade de muitos casais evitarem ter filhos em circunstâncias da mais absoluta pobreza e desemprego. Manifestações enormes, comícios, petições, filmes, campanhas na imprensa, etc., chamaram a atenção para as questões do aborto clandestino e da ignorância sobre a contraceção, tendo a polícia proibido vários comícios organizados pelos reformadores sexuais. No dia 1 de março de 1933, um novo decreto sobre os seguros de saúde legitimou o encerramento das clínicas de aconselhamento financiadas pelo Estado em todo o país, o qual foi aplicado nas semanas seguintes pelos «camisas-castanhas». Os médicos e outro pessoal foram expulsos e muitos, em particular judeus, exilaram-se. Os nazis argumentaram que o sistema de medicina social desenvolvido pelo Estado de Weimar estava orientado para impedir a reprodução dos fortes e apoiar as famílias dos fracos. A higiene social devia ser substituída pela higiene racial.[5] Isto significava, na linha do que alguns eugenistas vinham argumentando desde o fim do século XIX, a redução drástica do fardo dos fracos sobre a sociedade através da introdução de um programa que os impedisse de terem filhos.

Estas ideias tornaram-se rapidamente correntes entre os médicos, os assistentes sociais e os funcionários da segurança social durante a Grande Depressão. Muito antes do fim da República de Weimar, os especialistas aproveitaram a oportunidade oferecida pela crise financeira para dizerem que a melhor maneira de diminuir o ónus insustentável da assistência social sobre a economia era impedir a classe mais baixa de se reproduzir sujeitando-a à esterilização forçada. Em poucos anos, haveria menos famílias indigentes para apoiar, o número de alcoólicos, «madraços», deficientes mentais e indivíduos com tendências criminosas e com deficiências físicas estaria drasticamente reduzido — com base no pressuposto obviamente dúbio de que todas estas condições eram de natureza essencialmente hereditária —, e o Estado social poderia canalizar os seus parcos recursos para os pobres que eram realmente merecedores. As organizações de caridade protestantes, influenciadas pelas doutrinas da predestinação e do pecado original, viram estas ideias com agrado; as católicas, encorajadas pelo aviso severo do papa, numa encíclica de 1930, de que o matrimónio e as relações sexuais se destinavam exclusivamente à procriação e de que todos os seres humanos eram dotados de uma alma imortal, opuseram-se energicamente. O atrativo de uma abordagem eugénica, mesmo para os reformadores com tendências liberais, foi aumentado pelo facto de os asilos psiquiátricos começarem a encher rapidamente a partir de 1930, uma vez que as famílias deixaram de poder pagar os cuidados aos seus membros doentes ou deficientes, ao mesmo tempo que o orçamento para os hospícios foi drasticamente reduzido pelas autoridades locais e regionais. Em 1932, o Conselho da Saúde da Prússia reuniu-se para discutir uma nova lei que autorizava a esterilização eugénica voluntária. O projeto de lei, redigido pelo eugenista Fritz Lenz, que vinha ponderando este tipo de políticas desde muito antes da Primeira Guerra Mundial, colocava o poder de aconselhamento e aplicação nas mãos de funcionários da segurança social e médicos, cuja palavra os pobres, os internados e os deficientes dificilmente conseguiriam contestar.[6]

Estes desenvolvimentos foram apenas uma parte de uma ofensiva contra o que os cidadãos respeitáveis consideravam ser as várias formas de desvio social. No auge da crise económica, havia dez milhões de pessoas abrangidas pela assistência social. Com a dissolução dos partidos políticos, a transformação das legislaturas estaduais e municipais em assembleias de fãs dos grandes chefes nazis e os jornais privados da capacidade de investigar livremente as questões sociais e políticas, os organismos de assistência social, tais como a polícia, viram-se libertos do escrutínio ou controlo público. Os assistentes sociais e os funcionários da segurança social tendiam desde há muito a considerar os requerentes pedinchões e preguiçosos, e agora, encorajados pelas chefias nomeadas pelas administrações locais e regionais nazis, puderam dar livre curso aos seus preconceitos. Os regulamentos aprovados em 1924 permitiam às autoridades tornar os benefícios dependentes de o destinatário aceitar trabalhar, «nos casos adequados», em programas de emprego comunitários, que foram introduzidos numa escala limitada antes de 1933. Em 1930, em Duisburg, havia três mil e quinhentas pessoas integradas em programas de trabalho obrigatório, e Bremen tinha tornado esse tipo de emprego uma condição obrigatória para a atribuição de benefícios desde o ano anterior. Contudo, na dificílima situação económica do início da década de 1930, só uma pequena percentagem dos desempregados estava coberta — por exemplo, seis mil dos duzentos mil beneficiários em Hamburgo, em 1932. Todavia, a partir dos primeiros meses de 1933, o número aumentou rapidamente. Este tipo de trabalho não era um emprego no pleno sentido do termo: por exemplo, não implicava contribuições para a segurança social nem para as pensões, aliás, nem sequer era remunerado; os beneficiários apenas recebiam o seu subsídio e, às vezes, uma pequena quantia para transportes ou um almoço grátis.[7]

O trabalho era supostamente voluntário e os programas eram administrados por instituições de caridade como as associações de beneficência da Igreja, mas o carácter voluntário tornou-se muito menos visível depois de março de 1933. O problema urgente do desemprego em massa foi abordado sobretudo pela coerção. Um exemplo típico foi o programa de «Assistência à Lavoura», de março de 1933, que pegou em iniciativas implementadas durante a República de Weimar no sentido de ajudar a economia rural e que recrutavam jovens urbanos desempregados para trabalharem na agricultura em troca de teto, comida e pagamento nominal. Também não era um emprego no sentido pleno do termo, mas em agosto de 1933 já tinha tirado 145 mil pessoas do registo dos desempregados, incluindo 33 mil mulheres. Os funcionários locais responsáveis pelos sem-abrigo em Hamburgo vinham dizendo desde 1931 que estavam a fazer a vida difícil aos indigentes e a obrigá-los a procurar assistência noutros lugares. Esta atitude generalizou-se rapidamente em 1933. O número de dormidas no Abrigo da Polícia de Hamburgo diminuiu de 403 mil em 1930 para 299 mil em 1933, principalmente por causa desta política de dissuasão. Os funcionários começaram a argumentar que os vagabundos e os «madraços» deviam ser enviados para campos de concentração. No dia 1 de junho de 1933, o Ministério do Interior da Prússia emitiu um decreto destinado à eliminação da mendigagem pública. A pobreza e a indigência, já estigmatizadas antes de 1933, começaram a ser criminalizadas.[8]

Em maio e junho de 1933, a polícia berlinense, livre dos constrangimentos do escrutínio democrático, efetuou uma série de grandes rusgas a clubes e locais de encontro das «associações do anel», as redes do crime organizado, no âmbito de uma campanha contra os criminosos profissionais. Os locais considerados pela polícia antros dos gangues criminosos também eram centros de apoio aos comunistas e seus simpatizantes. Esta ofensiva só foi possível depois do esmagamento da Liga dos Combatentes da Frente Vermelha, e também foi uma forma de intimidar os residentes locais. Dado que os nazis consideravam o crime, em particular o crime organizado, fortemente dominado pelos judeus, a polícia berlinense também atacou, em 9 de junho, cinquenta locais no Bairro dos Celeiros (Scheunenviertel), conhecido não só pela sua pobreza mas também pela sua numerosa população judaica. Escusado será dizer que a ligação entre a criminalidade e os judeus só existia praticamente na mente dos nazis.[9] As «associações do anel» foram impiedosamente esmagadas: os seus membros foram colocados sob custódia protetiva sem julgamento e os seus clubes e bares foram encerrados.[10]

No sistema penal, onde muitas destas pessoas foram parar, o problema rapidamente crescente da pequena criminalidade tinha dado origem a pressões no sentido de implementar políticas mais severas e dissuasoras nas prisões. Nos últimos anos da República de Weimar, as administrações e os especialistas penais defenderam o encarceramento por tempo indeterminado ou a detenção preventiva dos criminosos reincidentes cuja degeneração hereditária os tornava supostamente incapazes de se corrigirem. A detenção preventiva foi cada vez mais considerada a resposta a longo prazo ao fardo que estes criminosos alegadamente representavam para a comunidade. Dependendo dos criminologistas ou dos diretores prisionais que fizeram as estimativas, no fim dos anos 20, qualquer coisa entre um em treze e um em dois de todos os presos das cadeias caía nesta categoria. A detenção preventiva foi incluída na revisão do Código Penal em curso na segunda metade da década. O projeto foi afetado pelas disputas intermináveis entre os partidos políticos de Weimar, mas estas propostas tinham muitos partidários no sistema penal e no judicial e claramente não iam desaparecer.[11] Não havia falta de opiniões especializadas segundo as quais a esterilização de pessoas geneticamente deficientes devia ser obrigatória.[12] Para combater esta crise, o Estado social de Weimar começou a virar-se para soluções autoritárias que contemplavam um ataque grave aos direitos e à integridade física dos cidadãos, e estas soluções foram adotadas pelo Terceiro *Reich* e aplicadas com uma severidade draconiana que pouca gente teria imaginado durante a República de Weimar. No imediato, os cortes financeiros do Estado obrigaram os funcionários penais e sociais a fazerem distinções ainda mais duras entre os merecedores e os outros, dado que as condições das instituições oficiais se agravaram ao ponto de ser cada vez mais difícil manter toda a gente saudável e com vida.[13]

II

A repressão não afetou apenas os politicamente suspeitos, os desviantes e os marginais. Afetou todas as partes da sociedade alemã. O motor do processo foi a violência enorme desencadeada pelas SA, pela SS e pela polícia na primeira metade de 1933. A imprensa publicou, de forma devidamente suavizada, notícias constantes de espancamentos brutais, de tortura e de humilhação ritual de presos de todas as profissões e de todas as cores políticas que não a nazi. O terror, longe de ser dirigido para minorias específicas e impopulares, atingiu todas as pessoas que expressavam a sua dissidência em público — independentemente do seu quadrante —, bem como os desviantes, vagabundos e toda a espécie de inconformistas.[14] A intimidação da população garantiu a precondição essencial para um processo que decorreu em toda a Alemanha entre fevereiro e julho de 1933. Os nazis chamaram-lhe «coordenação» ou, usando o termo alemão mais evocativo, *Gleischaltung*, uma metáfora tirada do mundo da eletricidade: todos os interruptores estavam a ser ligados ao mesmo circuito, por assim dizer, para poderem ser ativados em simultâneo por um único interruptor colocado no centro do circuito. Este processo afetou todos os aspetos da vida política, social e associativa, do país à aldeia.

A conquista nazi dos Estados federados foi uma componente essencial deste processo. Outra foi a «coordenação» do funcionalismo público, cuja implementação, iniciada em fevereiro, colocou tanta pressão sobre o Partido do Centro que este deu de si. Decorridas duas semanas da indigitação de Hitler, foram nomeados novos secretários de Estado — o posto mais elevado do funcionalismo público — para vários ministérios, incluindo Hans Heinrich Lammers para a Chancelaria do *Reich*. Na Prússia, em meados de fevereiro, a somar aos efeitos da purga levada a cabo por Papen depois de julho de 1932, Hermann Göring substituiu doze presidentes da Polícia. A partir de março, a violência das SA começou a forçar o afastamento de presidentes de câmara e vereadores politicamente inaceitáveis — trezentos altos funcionários municipais e presidentes de câmara até finais de maio. A legislação que eliminou a autonomia dos Estados federados e determinou a sua governação por comissários do *Reich* nomeados por Berlim — só um não era *Gauleiter* — fez com que depois da primeira semana de abril já não restassem muitos obstáculos à «coordenação» ou, por outras palavras, à nazificação de todos os níveis do funcionalismo público. Ao mesmo tempo que os governos estaduais eram derrubados, os líderes nazis locais, apoiados por esquadrões SA e SS, ocuparam câmaras municipais, aterrorizaram presidentes de câmara e vereadores, forçando-os a demitirem-se, e substituíram-nos pelos seus nomeados. As instalações da segurança social, os centros de emprego, os conselhos de aldeia, os hospitais, os tribunais e todas as outras instituições estatais e públicas levaram o mesmo tratamento. Os seus funcionários foram obrigados a demitir-se ou a aderir ao Partido Nazi, e quem recusou foi espancado e levado para a prisão.[15]

Esta purga colossal recebeu forma legal com a promulgação, em 7 de abril, de um dos decretos mais fundamentais do novo regime, a Lei do Restabelecimento do Funcionalismo Público de Carreira. O nome apelou ao espírito corporativo dos funcionários públicos conservadores e encerrou uma crítica mais do que implícita às medidas dos governos de Weimar, em especial na Prússia, para integrar democratas alheios ao funcionalismo público em postos superiores desse mesmo funcionalismo. O primeiro objetivo do decreto foi a regularização e a imposição de uma ordem centralizada nas expulsões de funcionários públicos levadas a cabo pelos «camisas-castanhas» e por membros do Partido Nazi a nível local e regional. A lei previu o despedimento de funcionários não qualificados nomeados depois de 9 de novembro de 1918, de funcionários públicos «não arianos» (definidos, em 11 de abril, como tendo mais do que um avô «não ariano», ou seja, judeu, e no dia 30 de junho, como casados com um não ariano) e de toda e qualquer pessoa cuja atividade política anterior não desse garantias de fiabilidade política ou de ação em prol do Estado nacionalista. Só os veteranos de guerra de 1914–1918 não foram abrangidos.[16]

Ao justificar a lei, em 25 de abril, Hermann Göring criticou os «oportunistas» do funcionalismo público:

> Tinha ficado repugnado e enojado ao ver que em poucos dias, no seu ministério, onde até 60% dos funcionários eram notoriamente partidários de Severing*, os emblemas com a suástica nasciam como cogumelos, e que passados quatro dias o bater dos calcanhares e os braços estendidos já eram uma visão comum nos corredores.[17]

De facto, muitos funcionários públicos procuraram preservar o seu emprego aderindo rapidamente ao Partido Nazi, juntando-se ao exército dos que se tornaram conhecidos, de forma trocista, por «Caídos de Março», uma alusão aos democratas que tinham perdido a vida nos distúrbios de março durante a Revolução de 1848. Entre 20 de janeiro e 1 de maio de 1933, 1,6 milhões de pessoas aderiram ao Partido Nazi, abafando o número de filiados anteriormente existentes, numa corrida desenfreada que ilustrou como poucas coisas mais o nível de oportunismo e de salve-se quem puder que se apoderou da população alemã. Em regiões católicas como Coblença-Trier e Colónia-Aachen, no verão de 1933, até 80% dos membros do Partido tinham aderido há poucos meses. Aliás, Hitler receou que este influxo gigantesco estivesse a mudar o carácter do Partido, tornando-o demasiado burguês. No entanto, a curto prazo, significou a fidelidade da maioria esmagadora dos funcionários públicos ao novo regime.[18] De facto, cerca de 12,5% dos altos funcionários públicos da Prússia e de 4,5% no resto do país foram despedidos por causa da lei. Outras cláusulas autorizaram a despromoção ou a reforma obrigatória dos funcionários públicos no interesse da simplificação administrativa — o número atingido foi semelhante. A lei afetou entre 1% e 2% do funcionalismo público.

---

* O social-democrata Carl Severing, ex-ministro do Interior da Prússia. (*N. do T.*)

Os despedimentos e as despromoções tiveram o efeito incidental e nada indesejado de reduzir a despesa pública e de impor conformidade racial e política. No dia 17 de julho, Göring emitiu um decreto reservando-se o direito de nomeação dos altos funcionários públicos, professores universitários e magistrados na Prússia.[19]

A magistratura e a procuradoria eram dois elementos particularmente importantes do vasto e diverso mundo do funcionalismo público, e existia a séria ameaça de os nazis, com os seus atos violentos e intimidatórios e os seus homicídios, terem problemas graves com a lei. Muitos advogados que não comungavam da visão politicamente instrumental que o regime tinha da justiça intentaram um grande número de processos contra nazis, mas já se tinha tornado evidente que a maior parte dos juízes e dos advogados não iria causar problemas. Dos cerca de 45 mil juízes, procuradores e funcionários judiciais da Prússia em 1933, somente cerca de 300 foram demitidos ou transferidos para outras funções por motivos políticos, apesar de muito poucos advogados do Estado pertencerem ao Partido Nazi na altura em que Hitler foi nomeado chanceler do *Reich*, em 30 de janeiro. Acrescentando a este número os advogados e juízes judeus despedidos (independentemente da sua posição política) por motivos raciais, o total foi de 586. Nos outros Estados alemães, as percentagens de despedimentos na classe jurídica foram igualmente minúsculas. A classe jurídica não levantou quaisquer objeções sérias a estes desenvolvimentos. Aliás, os protestos coletivos tornaram-se praticamente impossíveis depois de as associações profissionais dos juízes, advogados e notários serem integradas à força, juntamente com a Associação dos Advogados Nacionais-Socialistas, na Frente do Direito Alemão, chefiada por Hans Frank, que no dia 22 de abril foi nomeado comissário do *Reich* para a «Coordenação do Sistema Judicial nos Estados e para a Renovação da Ordem Jurídica». Hitler, num discurso proferido em 23 de março, frisou que os juízes eram «irremovíveis», e o Ministério da Justiça prometeu melhorar o salário e o prestígio dos juízes — acabaram-se as reservas da Associação dos Juízes Alemães. Pouco depois, os ministros da Justiça dos Estados deixaram claro que as promoções e as perspetivas de carreira dos advogados que não aderissem ao Partido Nazi seriam prejudicadas, e foi uma correria.[20] Entre esta altura e o princípio de 1934, foram suspensos ou arquivados processos contra 2250 membros das SA e 420 da SS, em particular devido às pressões de grupos de SA.[21]

Estas medidas fizeram parte de uma purga enorme das instituições sociais levada a cabo na primavera e no princípio do verão de 1933. Os grupos de pressão económica e todo o tipo de associações foram rapidamente «coordenados». Apesar de a agricultura estar nominalmente nas mãos de Alfred Hugenberg, parceiro de coligação de Hitler, quem mandava nesta área era o líder da organização dos agricultores do Partido Nazi, Walther Darré, que impôs a fusão dos grupos de interesses agrícolas numa única organização nazi muito antes de Hugenberg ser forçado a demitir-se do seu cargo ministerial. Muitos grupos e instituições tentaram antecipar-se à «coordenação». No sector empresarial, as associações do patronato e grupos de pressão como a Associação Nacional da Indústria Alemã incorporaram nazis nos seus órgãos diretivos, declararam a sua lealdade ao regime e fundiram-se com outros grupos de pressão para formarem a Corporação Nacional da Indústria Alemã. Ao darem este passo de forma voluntária, os industriais procuraram furtar-se às intrusões mais graves do novo regime. Por exemplo, o nazi Otto Wagener ocupou à força a sede da Associação Nacional da Indústria Alemã com a intenção clara de encerrar a organização, mas depois da «coordenação» voluntária da associação, foi substituído no cargo de comissário para os Assuntos Económicos por Wilhelm Keppler, intermediário de longa data entre os nazis e as grandes empresas e que, ao contrário de Wagener, tinha a confiança de ambas as partes.

No dia 1 de junho de 1933, a comunidade empresarial deu outro passo para tentar proteger a sua posição. Os grandes empresários criaram o Fundo Adolf Hitler da Economia Alemã. A intenção foi acabar com as extorsões frequentes e ocasionalmente intimidatórias de grupos das SA e do Partido, instituindo um sistema de donativos regulares e proporcionais dos industriais para os fundos do Partido Nazi. Nos doze meses seguintes, a comunidade empresarial canalizou trinta milhões de *Reichsmarks* para os cofres do Partido. No entanto, não alcançou o seu objetivo principal, dado que os líderes locais do Partido e das SA continuaram a extorquir quantias mais pequenas às empresas. Mas os grandes empresários não ficaram muito preocupados. No dia 23 de março, Hitler fez questão de lhes garantir que não iria interferir no seu património nem nos seus lucros, nem embarcar nas experiências monetárias excêntricas que o Partido tinha contemplado sob a influência de Gottfried Feder no princípio dos anos 20.[22] Com os sindicatos esmagados, toda e qualquer forma de socialismo fora da agenda e a perspetiva de contratos para o fabrico de armamento e munições, as grandes empresas consideraram que as suas cedências ao novo regime tinham valido a pena.

A «coordenação» voluntária foi uma opção para uma grande variedade de associações e instituições, desde que se mexessem depressa. No entanto, muitas organizações com décadas de existência relativamente segura e tranquila ficaram confusas e divididas e foram ultrapassadas pelos acontecimentos. Um exemplo característico foi a Federação das Associações Femininas Alemãs, a organização que aglutinava as feministas moderadas e a equivalente alemã dos Conselhos Nacionais das Mulheres criados noutros países há muitos anos. Fundada há quase quarenta anos, era uma federação enorme e complexa de muitos tipos de associações femininas, incluindo associações profissionais como a das professoras. A Federação compunha-se esmagadoramente de mulheres da classe média e ficou profundamente dividida com a ascensão dos nazis, em quem a maior parte das suas filiadas terá votado em 1932. Algumas das figuras principais da Federação pretendiam combater a «masculinidade ébria de vitória» que viram a triunfar no movimento nazi, mas outras insistiram na manutenção da neutralidade político-partidária da Federação. Enquanto os debates se arrastavam, os nazis resolveram a questão por elas.

No dia 27 de abril de 1933, a secção de Baden da Federação recebeu uma curta missiva da chefe da organização feminina nazi da província, Gertrud Scholtz-Klink, a informar que tinha sido dissolvida. A liderança da Federação escreveu ao ministro do Interior do *Reich* a perguntar, com alguma confusão, quais eram as bases legais para semelhante ato perentório e a garantir-lhe que a secção de Baden era tudo menos uma ameaça à segurança pública. A líder da Liga das Mulheres Nacionais-Socialistas, Lydia Gottschewski, respondeu com algum descaramento que a secção de Baden tinha sido dissolvida com base na lei da revolução e anexou um formulário, a ser assinado pela presidente da Federação, no qual era convidada a colocar incondicionalmente a

Federação sob a liderança de Adolf Hitler, a expulsar todas as filiadas judias, a nomear mulheres nazis para as posições de topo e a aderir à Liga das Mulheres Nacionais-Socialistas até ao dia 16 de maio. A Federação disse a Gottschewski que apoiava a «revolução nacional», que via com agrado as medidas eugénicas propostas pelo regime e que queria desempenhar um papel no Terceiro *Reich*, mas foi em vão. No dia 15 de maio, a Federação, confrontada com o facto de muitas das suas associações já terem sido «coordenadas» e integradas em instituições nazis, votou formalmente a favor da sua própria dissolução, dado que os seus estatutos não permitiam que pertencesse a outra organização.[23]

III

A «coordenação» nazi da sociedade alemã não se ficou pelos partidos políticos, pelas instituições do Estado, pelas autoridades locais e regionais, pelas profissões e pelos grupos de pressão económicos. A melhor maneira de ilustrar a sua abrangência é, quiçá, regressando à pequena cidade de Northeim, no norte da Alemanha, que era há muito dominada por uma coligação de liberais e conservadores, com um forte movimento social-democrata e um núcleo muito mais pequeno do Partido Comunista na oposição. Os nazis de Northeim viciaram as eleições de 12 de março, apresentando-se ao eleitorado como uma «Lista de União Nacional», mas sem incluírem os outros partidos. O líder nazi de Northeim, Ernst Girmann, prometeu acabar com a corrupção dos sociais-democratas e com o parlamentarismo. No entanto, os sociais--democratas aguentaram-se nas eleições locais e regionais e os nazis, apesar de terem conquistado a câmara municipal, não aumentaram a sua votação em relação a julho de 1932. A primeira reunião da nova vereação foi aberta ao público, com «camisas-castanhas» postados ao longo das paredes, homens da SS a auxiliarem a polícia e cânticos de «*Heil* Hitler!» durante os trabalhos, numa versão local da intimidação que tinha acompanhado a aprovação da Lei de Concessão de Plenos Poderes no *Reichstag*. Os quatro vereadores sociais-democratas não foram autorizados a integrar nenhuma comissão nem a falar. Ao abandonarem a sessão, tiveram de passar por duas linhas de SA, que lhes cuspiram em cima. Dois demitiram-se pouco depois, e os outros, em junho.

Depois da demissão dos últimos sociais-democratas, a vereação de Northeim foi exclusivamente usada para anunciar as medidas tomadas por Girmann; não havia debates, e os vereadores limitavam-se a ouvir no mais absoluto silêncio. Cerca de 45 funcionários camarários, na sua maioria sociais-democratas, foram despedidos da fábrica de gás, da cervejeira, da piscina, do gabinete da segurança social e de outras instituições, ao abrigo da lei do funcionalismo público de 7 de abril de 1933. Incluindo contabilistas e escriturários, somaram cerca de 25% dos funcionários da câmara. Mas correr com o presidente, um conservador que ocupava o cargo desde 1903, revelou-se mais difícil: resistiu a todas as tentativas de persuasão no sentido de se demitir e aguentou muitas provocações e humilhações. Contudo, quando foi de férias, a vereação nazificada aprovou uma moção de censura contra ele e substituiu-o por Ernst Girmann.

Os principais comunistas e sociais-democratas de Northeim já estavam na cadeia, e o jornal regional mais lido na cidade começou a publicar artigos não só sobre Dachau mas também sobre o campo muito mais próximo de Moringen, onde no final de abril havia mais de trezentos presos, principalmente comunistas, mas também de outros grupos políticos. Pelo menos duas dúzias de guardas de Moringen eram de Northeim, e muitos presos foram libertados depois de uma breve passagem pelo campo. Por conseguinte, os cidadãos de Northeim saberiam muito do que lá se passava. O jornal da cidade, que fora de tendência liberal, noticiava com frequência a detenção e o encarceramento de cidadãos por ofensas triviais como espalhar boatos e fazer afirmações insultuosas sobre o nacional-socialismo. As pessoas sabiam que uma oposição mais séria poderia provocar uma repressão mais séria. Os opositores do regime também eram tratados de outras formas: os sociais-democratas mais empenhados foram despedidos, sujeitos a buscas domiciliárias ou espancados quando se negaram a fazer a saudação hitleriana. Os senhorios foram pressionados para os despejarem. Os «camisas-castanhas» boicotaram a loja do líder social-democrata. Era constantemente atormentado, tal como muitas figuras importantes do movimento operário local, mesmo os que se abstinham de toda e qualquer atividade política.

Foram estas as ameaças implícitas e, por vezes, explícitas subjacentes ao processo de «coordenação» numa pequena cidade como Northeim, e em milhares de outras aldeias, vilas e cidades. O processo começou em março e acelerou em abril e maio de 1933. Northeim, como quase todas as pequenas cidades, tinha uma vida associativa rica e mais ou menos apolítica. O Partido Nazi recorreu a vários meios para assumir o controlo de tudo. Alguns clubes e sociedades foram encerrados ou fundidos, outros foram tomados de assalto. Os ferroviários de Northeim, que era um centro importante da rede ferroviária nacional, foram pressionados pelos nazis que ocupavam posições cimeiras nos estaleiros ferroviários da cidade para aderirem à Organização das Células Fabris Nacionais-Socialistas, isto antes de Hitler se tornar chanceler, mas os nazis fizeram menos progressos ao lidarem com outros trabalhadores, até que, no dia 4 de maio, os «camisas-castanhas» tomaram de assalto as instalações sindicais e aboliram os sindicatos. Girmann exigiu que as direções de todos os clubes e associações tivessem uma maioria de nazis ou Capacetes de Ferro. As associações profissionais foram fundidas com as recém-criadas Liga dos Médicos Nacionais-Socialistas e Liga dos Professores Nacionais-Socialistas e com outras organizações similares às quais todos os afetados sabiam que tinham de aderir para não ficarem sem o emprego. A cooperativa de consumo, que era popular e bem financiada, foi colocada sob o controlo dos nazis, mas era demasiado importante para a economia local para ser encerrada, apesar de os nazis a terem previamente atacado como uma instituição «vermelha» que minava as empresas independentes locais. As associações de deficientes de guerra foram integradas na Associação de Auxílio aos Deficientes de Guerra Nacionais-Socialistas, e os Escoteiros e a Ordem da Juventude Alemã, na Juventude Hitleriana.

A pressão inexorável para a nazificação das associações de Northeim teve diversas respostas. A maior parte dos grupos corais dissolveu-se a si própria, mas o coro operário tentou antecipar-se e cortou as suas ligações à Associação Coral dos Trabalhadores Alemães. O coro da classe alta («A Pauta») sobreviveu consultando o Partido Nazi no sentido de alterar a composição da sua direção. Os clubes de tiro, um elemento importante da vida local em muitas partes da Alemanha, elegeram Girmann como capitão-mor, e ele disse-lhes que tinham de promover o espírito militar em vez de continuarem a servir exclusivamente fins recreativos. Os clubes sobreviveram arvorando a suástica, cantando a «Canção de Horst Wessel» e abrindo algumas das suas competições de tiro ao grande público para desmentir a acusação de Girmann de que eram socialmente exclusivistas. Todas as agremiações desportivas de Northeim, desde os clubes de natação até ao clube de futebol e ao clube de ginástica, foram obrigadas a entrar para o Clube Desportivo de Northeim, sob liderança nazi, no meio de muitas recriminações. Alguns líderes associativos anteciparam-se e tomaram medidas para que os nazis não confiscassem os seus fundos. Antes de se dissolver a si próprio, o Clube do Embelezamento, uma associação abastada dedicada ao melhoramento dos parques e bosques da cidade, gastou todo o seu dinheiro na construção de um pavilhão de caça do outro lado da fronteira da cidade. Diversas guildas, ao serem informadas de que tinham de eleger novas direções até ao dia 2 de maio, organizaram grandes sessões de bebida e banquetes sumptuosos para gastarem o dinheiro que, na sua convicção, iria cair nas mãos dos nazis.[24]

O processo de «coordenação» teve lugar na primavera e no verão de 1933, a todos os níveis, em toda as cidades, vilas e aldeias da Alemanha. A vida social passou a ter lugar na estalagem ou na privacidade do lar. As pessoas ficaram isoladas, exceto quando se reuniam numa ou noutra organização nazi. A sociedade foi reduzida a uma massa anónima e indiferenciada e depois reconstituída sob uma nova forma na qual tudo era feito em nome do nazismo. A dissidência e a resistência às claras tornaram-se impossíveis; nem sequer era exequível planeá-las, exceto em segredo. Obviamente, na prática, esta situação foi sempre mais um objetivo do que uma realidade. O processo de «coordenação» não foi perfeito e a adesão formal à nova ordem, por exemplo, acrescentando a designação «Nacional-Socialista» a um clube, a uma associação ou a uma organização profissional, não implicou de todo um compromisso ideológico genuíno por parte dos envolvidos. No entanto, a dimensão e o âmbito da «coordenação» da sociedade alemã foram espantosos. E o seu propósito não foi apenas eliminar todo e qualquer espaço onde se pudesse desenvolver oposição. Ao «coordenar» a Alemanha, o novo regime quis torná-la recetiva à doutrinação e à reeducação de acordo com os princípios do nacional-socialismo.

Anos mais tarde, ao refletir neste processo, o advogado Raimund Pretzel perguntou-se a si próprio o que tinha acontecido aos 56% de alemães que não tinham votado nos nazis em março de 1933. Como tinha aquela maioria cedido tão depressa? Porque é que praticamente todas as instituições sociais, políticas e económicas da Alemanha tinham caído nas mãos dos nazis de forma aparentemente tão fácil? «A razão mais simples e que, quando se vai mais fundo, é quase sempre a mais elementar», concluiu ele, «foi o medo. Juntamo-nos aos rufiões para não sermos espancados. Mas também houve uma espécie de regozijo, a intoxicação da união, o magnetismo das massas.» Na perspetiva de Pretzel, muita gente também se sentiu traída pela fraqueza dos seus líderes políticos, desde Braun e Severing a Hugenberg e Hindenburg, e juntou-se aos nazis num ato perverso de vingança. Alguns ficaram impressionados com o facto de tudo o que os nazis tinham previsto parecer estar a concretizar-se. «Também havia a convicção (em particular, entre os intelectuais) de que entrando para o Partido Nazi poderiam mudar o seu rumo. E, obviamente, muitos foram oportunistas e quiseram participar num visível sucesso.» Nas circunstâncias da Grande Depressão, quando os tempos eram difíceis e os empregos escassos, as pessoas agarraram-se à rotina mecânica da vida quotidiana como única forma de segurança; não alinhar com os nazis significaria arriscar o sustento e as perspetivas; resistir significaria arriscar a vida.[25]

6

A REVOLUÇÃO CULTURAL DE HITLER

Notas discordantes

I

Em 7 de março de 1933, dois dias depois das eleições para o *Reichstag*, sessenta «camisas-castanhas» interromperam um ensaio da ópera *Rigoleto* de Verdi, na Ópera Estatal de Dresden, conduzido pelo célebre maestro Fritz Busch. Gritaram, apuparam o maestro e perturbaram o ensaio até que ele se viu forçado a parar. O chefe das SA subiu ao palco e declarou que Busch estava despedido. Aquando da estreia, quando o maestro tomou o seu lugar, as SA, que tinham comprado quase todos os bilhetes, desataram a cantar «Abaixo Busch!» e fizeram tanto barulho que ele teve de se retirar. Estes incidentes levaram o recém-nazificado governo da Saxónia a despedir Busch. A sua reputação musical era considerável, mas para os administradores da ópera de Dresden ele não passava de um incómodo. Busch não era judeu nem estava particularmente identificado com o modernismo, com o atonalismo ou com as outras coisas que os nazis abominavam na música do princípio do século XX. E também não era social-democrata. As suas opiniões políticas eram de direita. Busch meteu-se em maus lençóis com os nazis da Saxónia por ter energicamente objetado contra os seus planos para cortarem o orçamento cultural do Estado no âmbito de medidas de poupança durante a Grande Depressão. Quando os nazis chegaram ao poder em Dresden, acusaram-no de dar emprego a demasiados cantores judeus, de passar demasiado tempo fora da cidade e de exigir um salário muito elevado.[1] Busch partiu para a Argentina, onde se naturalizou em 1936; nunca regressou à Alemanha.[2]

O boicote do ensaio e do concerto de Busch deram aos comissários estaduais regionais o pretexto para proibirem concertos e óperas por poderem dar origem a desordens. As desordens eram obviamente causadas pelos nazis, um exemplo claro da dialética que sustentou a conquista do poder a partir de cima e de baixo. A música foi um alvo particularmente importante da «coordenação». Os compositores centro-europeus e românticos vinham há séculos a oferecer ao mundo a base do repertório musical. Grandes orquestras como a Filarmónica de Berlim tinham fama mundial. Os dramas musicais de Wagner interpretados em Bayreuth ocupavam um lugar ímpar na cultura musical mundial. Todas as freguesias das cidades, todas as vilas e todas as grandes aldeias tinham os seus clubes musicais, os seus coros e a sua tradição de música amadora, que eram centrais não só para a vida da classe média mas também para as práticas culturais da classe trabalhadora. Os nazis não foram o único partido da direita a considerar que a grande tradição estava a ser subvertida pelo modernismo musical da República de Weimar, que atribuíram, à sua habitual maneira tosca, à «subversão judaica». Agora, tinham a oportunidade para corrigir a situação.

No dia 16 de março, em Leipzig, quando o maestro principal da Orquestra Gewandhaus, Bruno Walter, que era judeu, mas que, ao contrário de Busch, não era um proponente da música modernista, chegou para um ensaio, deu com as portas trancadas por ordem do comissário do *Reich* para a Saxónia, com a justificação de que não era possível garantir a segurança dos músicos. Walter, que tinha um concerto agendado para Berlim quatro dias depois, solicitou proteção policial, mas o pedido foi recusado por Goebbels, que deixou claro que o concerto só se realizaria sob a batuta de um maestro não judeu. Depois de o maestro principal da Filarmónica de Berlim, Wilhelm Furtwängler, se ter negado a substituir Walter, o compositor Richard Strauss aceitou, e a imprensa nazi alardeou triunfalmente o caso. Pouco depois, Walter demitiu-se do seu posto em Leipzig e emigrou para a Áustria. Não é provável que as tentativas da imprensa nazi de demonstrar que ele tinha simpatias comunistas tenham disfarçado os verdadeiros motivos da campanha que o atingiu, que foram exclusivamente raciais.[3]

Dos principais maestros alemães, Otto Klemperer era o que mais se aproximava da caricatura nazi do músico judeu. Klemperer era primo do professor de literatura e diarista Victor Klemperer e, além de ser judeu, tinha sido diretor da vanguardista Ópera Kroll, entre 1927 e 1930 (em cujo edifício, ironicamente, o *Reichstag* se reuniu depois do incêndio de 27–28 de fevereiro de 1933), onde fora um pioneiro de produções radicais e tinha uma reputação de defensor de compositores modernistas como Stravinsky. No dia 12 de fevereiro, Klemperer dirigiu uma produção controversa da ópera *Tannhäuser* de Wagner, em Berlim, que foi condenada pela imprensa musical nazi como um «abastardamento de Wagner» e uma afronta à memória do compositor. No princípio de março, o furor forçou a retirada da produção, e pouco depois os concertos de Klemperer começaram a ser cancelados com a justificação falsa do costume de que não era possível garantir a segurança pública com ele a atuar. Klemperer tentou salvar-se insistindo que «concordava totalmente com o rumo dos acontecimentos na Alemanha», mas não demorou muito a compreender o inevitável. No dia 4 de abril, deixou o país.[4] Pouco depois, a Lei do Restabelecimento do Funcionalismo Público de Carreira levou ao despedimento não só de maestros judeus como Jascha Horenstein, em Düsseldorf, mas também de cantores e de diretores de óperas e orquestras. Os professores judeus das academias de música estatais (em especial, os compositores Arnold Schoenberg e Franz Schreker, professores da Academia das Artes da Prússia, em Berlim) também foram despedidos. Muitos críticos musicais e musicólogos foram corridos dos seus postos oficiais e da imprensa; o mais conhecido era Alfred Einstein, quiçá o mais eminente crítico musical do seu tempo.[5]

Os músicos judeus viram os seus contratos cancelados em todo o país. Por exemplo, no dia 6 de abril de 1933, a Sociedade Filarmónica de Hamburgo anunciou: «A escolha de solistas, que foi feita em dezembro último, será obviamente corrigida para que nenhum artista judeu participe. A Sra. Sabine Kalter e o Sr. Rudolf Serkin serão substituídos por artistas racialmente alemães.»[6] Em junho de 1933, os agentes de concertos judeus foram proibidos de trabalhar. Todos os tipos de sociedades musicais, dos coros masculinos das aldeias de mineiros até às tertúlias musicais dos subúrbios tranquilos das grandes cidades, foram tomados de assalto pelos nazis e purgados dos seus membros judeus. Estas medidas foram acompanhadas de uma torrente de propaganda na imprensa da especialidade, que atacou compositores como Mahler e Mendelssohn por serem alegadamente «não alemães» e alardeou a restauração de uma cultura musical verdadeiramente alemã. No imediato, o regime dedicou-se a expurgar do repertório os compositores manifestamente vanguardistas e as suas obras. Manifestações forçaram a saída de cena de *Lago de Prata*, de Kurt Weill, em Hamburgo, em 22 de fevereiro, e pouco depois a sua música, associada há muito às peças do dramaturgo comunista Bertolt Brecht, foi completamente proibida. O facto de Weill ser judeu tornou-o um alvo ainda mais óbvio dos nazis. Weill emigrou, tal como outros compositores de esquerda, entre os quais, Hanns Eisler, outro colaborador musical de Brecht e aluno do compositor atonal Arnold Schoenberg.[7]

Um músico judeu que conseguisse ficar na Alemanha era uma grande raridade. Foi o caso do maestro Leo Blech, uma figura popular e central da Ópera Estatal de Berlim, cuja interpretação de *O Crepúsculo dos Deuses*, de Wagner, em junho de 1933, foi ovacionada de pé. Heinz Tietjen, o intendente da Ópera, conseguiu convencer Göring a não despedi-lo, mas em 1938 Blech emigrou para a Suécia. Para outros músicos judeus importantes, tais como o violinista Fritz Kreisler e o pianista Artur Schnabel, que viviam há muitos anos na Alemanha, partir não foi muito difícil porque não eram cidadãos alemães e a sua fama permitia-lhes ganhar a vida em qualquer parte do mundo. A diva operática Lotte Lehmann, uma crítica implacável das interferências de Göring na Ópera Estatal de Berlim, era cidadã alemã, mas era casada com um judeu, e emigrou para Nova Iorque como forma de protesto contra as políticas do regime. Os humildes músicos de orquestra, professores de música, diretores, etc., não tinham este tipo de opção.[8]

II

A política de «coordenação» que afetou a vida musical e quase todas as outras áreas da sociedade e da cultura alemãs não foi apenas concebida para eliminar as alternativas ao nazismo e impor vigilância e controlo sobre todos os aspetos sociais. Enquanto as SA pulverizavam os opositores do nazismo, Hitler e Goebbels implementaram meios para transformar os apoiantes passivos em participantes ativos na «revolução nacional-socialista» e levar os hesitantes e os céticos a adotar um estado de espírito mais cooperativo. O novo governo, declarou Goebbels numa conferência de imprensa realizada em 15 de março de 1933,

> não ficará satisfeito durante muito tempo sabendo que tem 52% de apoiantes e que está a aterrorizar os outros 48%; pelo contrário, assumirá como sua próxima tarefa conquistar esses 48%... Não basta reconciliar mais ou menos as pessoas com o nosso regime, colocá-las numa posição de neutralidade em relação a nós; queremos atuar sobre as pessoas até elas se tornarem dependentes de nós...[9]

A declaração de Goebbels foi tão interessante pela sua admissão de que quase metade da população estava a ser aterrorizada, como pela sua ambição declarada de conquistar os corações e as mentes das pessoas que não tinham votado na coligação em 5 de março. Haveria uma mobilização espiritual comparável à gigantesca mobilização militar de 1914. E para concretizar esta mobilização, o governo de Hitler implementou a sua criação institucional mais original, o Ministério do *Reich* para a Instrução Pública e Propaganda, criado por decreto especial no dia 13 de março. A pasta, com direito a um lugar no conselho de ministros, foi confiada a Joseph Goebbels. As suas campanhas de propaganda criativas e sem escrúpulos em Berlim, onde ele era *Gauleiter*, tinham conquistado a admiração de Hitler, sobretudo durante a campanha eleitoral que culminou na vitória da coligação em 5 de março.[10]

O ministério foi criado perante a oposição dos conservadores do governo, entre os quais se encontrava Alfred Hugenberg, que desconfiava do radicalismo «socialista» de Goebbels.[11] As campanhas do novo ministro nos anos anteriores não tinham sido falhas de invetivas contra os «reacionários» e os nacionalistas como Hugenberg. Além do mais, «propaganda», como o próprio Goebbels admitiu, era uma palavra muito difamada, que «deixa sempre um gosto desagradável». Era frequentemente usada como insulto. Por conseguinte, integrá-la no título do novo ministério foi um gesto ousado. Goebbels justificou-o definindo a propaganda como uma arte, não de mentir nem de distorcer, mas de ouvir «a alma do povo» e de «falar às pessoas numa linguagem que compreendam».[12] Mas havia dúvidas quanto às áreas que seriam cobertas pela «instrução pública e propaganda». Quando foi discutida pela primeira vez a criação deste tipo de ministério, em 1932, a ideia de Hitler foi que cobrisse o ensino e a cultura, mas aquando do seu nascimento, a educação, de forma mais tradicional, já tinha um ministério próprio, chefiado por Bernhard Rust desde janeiro de 1933.[13] No entanto, o objetivo principal do ministério de Goebbels, declarou Hitler, em março de 1933, era centralizar o controlo de todos os aspetos da vida cultural e intelectual. «O governo», declarou ele, «vai lançar uma campanha sistemática destinada a restaurar a saúde moral e material da nação. Todo o sistema educativo, o teatro, o cinema, a literatura, a imprensa e a rádio serão usados para atingir este fim. Contribuirão para a preservação dos valores eternos que fazem parte da natureza integral do nosso povo.»[14]

Obviamente, quem definia os valores era o regime. Os nazis agiram no pressuposto de que eles e só eles, através de Hitler, tinham um conhecimento e uma compreensão íntima da alma alemã. Na sua perspetiva, os milhões de alemães que não tinham votado no Partido Nazi — a maioria, como vimos, mesmo nas eleições semidemocráticas de 5 de março de 1933 — tinham sido seduzidos pelo bolchevismo e marxismo «judeus», pela imprensa e por outros meios de comunicação social dominados pelos «judeus», pela arte e pelo entretenimento «judeus» da República de Weimar, e por outras forças não alemãs similares, que os tinham afastado da sua alma alemã. Por conseguinte, a missão do ministério era devolver o povo alemão à sua verdadeira natureza. O povo, declarou Goebbels, tinha de começar a «pensar como um só, a reagir como um só e a colocar-se, de todo o coração, ao serviço do governo»[15]. O fim justificava os meios, um princípio que Goebbels não era de todo o único líder nazi a abraçar:

> Não estamos aqui a criar um Ministério da Propaganda isolado e que seja um fim em sim próprio; este Ministério da Propaganda é um meio para atingir um fim. Se o fim for atingido por este meio, então o meio é bom... O novo ministério tem como único objetivo colocar unanimemente a nação atrás da ideia da revolução nacional. Se o objetivo for alcançado, podem condenar os meus métodos à vontade; será uma questão absolutamente indiferente para mim porque o Ministério, com o seu trabalho, terá atingido os seus objetivos.[16]

Estes métodos, prosseguiu Goebbels, tinham de ser os mais modernos disponíveis. «Não se pode deixar a tecnologia adiantar-se ao *Reich*: o *Reich* tem de acompanhar a tecnologia. Só o mais moderno é suficientemente bom.»[17]

Para concretizar estas ambições, Goebbels encheu o ministério de nazis jovens e extremamente qualificados que não teriam de enfrentar o conservadorismo do funcionalismo público entrincheirado em muitos organismos cimeiros do Estado. A grande maioria tinha aderido ao Partido antes de 1933; quase cem dos trezentos e cinquenta funcionários do ministério ostentavam o emblema dourado de honra do Partido. A média de idades era de pouco mais de 30 anos. Muitos tinham uma posição igual ou semelhante no departamento de propaganda do Partido, que também era chefiado por Goebbels. No dia 22 de março, o ministério já estava instalado no Palácio Leopoldo, na Wilhelmplatz. O edifício fora construído em 1737 e renovado no princípio do século XIX pelo célebre arquiteto oficial prussiano Karl Friedrich Schinkel. No entanto, as sofisticadas decorações em estuque e gesso não eram suficientemente modernas para o gosto de Goebbels, e ele solicitou a sua remoção. A obtenção da necessária autorização revelou-se demasiado demorada para o ministro e ele atalhou caminho, como escreveu no seu diário, em 13 de março de 1933:

> Já que toda a gente está a colocar obstáculos à reconstrução e à mobilação, inclusivamente do meu próprio gabinete, peguei sem mais delongas nuns quantos operários da construção das SA e durante a noite pu-los a esmagar as decorações de gesso e os painéis de madeira, e os ficheiros que estavam a vegetar nas prateleiras há não sei quanto tempo foram atirados pela escada abaixo com um barulhão. Só ficaram nuvens de poeira espessa como testemunhas da pompa burocrática desaparecida.

Pouco depois de se instalar, o ministério criou departamentos de propaganda, rádio, imprensa, cinema, teatro e «instrução pública», e em 30 de junho obteve de Hitler uma autoridade abrangente que o declarou responsável não só por todas estas áreas mas também pela representação do regime em termos de relações públicas, incluindo junto da imprensa estrangeira. Esta autorização deu a Goebbels poderes para se impor às objeções dos outros departamentos do Estado, para os quais o Ministério da Propaganda estava a imiscuir-se nas suas esferas de interesse. Goebbels necessitou deste poder em mais do que uma ocasião nos anos seguintes, ao levar a cabo, na sua grandiosa definição, a «mobilização espiritual da nação»[18].

O objetivo mais imediato das políticas culturais nazis foi a eliminação do «bolchevismo cultural», que, segundo diversos órgãos e representantes do Partido Nazi, tinha infestado o mundo artístico, musical e literário da República de Weimar. O modo como as autoridades nazis levaram a cabo esta tarefa oferece exemplos acrescidos — se é que são necessários — da amplitude e da profundidade do processo de «coordenação» que decorreu na Alemanha como base fundamental da conformidade social, intelectual e cultural destinada à construção do Terceiro *Reich*. Tal como noutras áreas da vida, o processo de «coordenação» da esfera cultural envolveu a purga dos judeus das instituições culturais e uma ofensiva cada vez maior contra os comunistas, os sociais-democratas, os esquerdistas, os liberais e qualquer outra pessoa com uma mentalidade independente. A remoção dos judeus da vida cultural foi uma prioridade, dado que para os nazis eles eram responsáveis pela subversão dos valores culturais alemães com invenções modernistas como a música atonal e a pintura abstrata. Na prática, obviamente, estas equiparações não correspondiam de todo à verdade. A cultura modernista alemã não era sustentada pelos judeus, muitos dos quais eram tão culturalmente conservadores como muitos alemães da classe média. Contudo, na brutal política de poder da primeira metade de 1933, este facto era irrelevante. Para o governo nazi, apoiado pelos nacionalistas, o «bolchevismo cultural» era uma das criações mais perigosas e relevantes da Alemanha de Weimar. Tal como Hitler tinha escrito em *A Minha Luta*, «o bolchevismo artístico é a única forma cultural e a única expressão espiritual possível do bolchevismo». As duas principais expressões culturais do bolchevismo eram o cubismo e o dadaísmo, que Hitler equiparava, entre outras coisas, à abstração. Quanto mais depressa estes horrores fossem substituídos por uma cultura verdadeiramente alemã, melhor. Por conseguinte, a revolução nazi não foi apenas a eliminação da oposição: também foi a transformação da cultura alemã.[19]

III

As purgas e as partidas para o estrangeiro verificadas na cena musical nas primeiras semanas da conquista do poder pelos nazis não passaram sem comentários. No dia 1 de abril de 1933, um grupo de músicos baseados nos Estados Unidos enviou um telegrama de protesto a Hitler. O regime nazi respondeu no seu estilo característico. A rádio estatal alemã proibiu de imediato a transmissão de obras, concertos e gravações relacionados com os signatários, que incluíam os maestros Serge Koussevitzky, Fritz Reiner e Arturo Toscanini.[20] O mais notável crítico interno da purga foi Wilhelm Furtwängler. Em muitos aspetos, Furtwängler era um conservador. Por exemplo, tinha a opinião de que os judeus não deviam ter responsabilidades na esfera cultural, de que a maior parte dos músicos judeus carecia de uma afinidade interior genuína com a música alemã e de que os jornalistas judeus deviam ser despedidos. Nenhum não alemão, escreveu ele, tinha composto uma verdadeira sinfonia. Furtwängler desconfiava da democracia e do que chamava «sucesso judaico-bolchevista» na República de Weimar.[21] Por conseguinte, não teve nenhuma objeção em relação à chegada dos nazis ao poder, nem se sentiu ameaçado. A sua fama internacional era enorme. Tinha sido maestro da Filarmónica de Viena nos anos 20 e por duas vezes, com grande sucesso, fora maestro convidado da Filarmónica de Nova Iorque. O carisma de Furtwängler era tão grande que ele teve treze filhos ilegítimos. Furtwängler, que era arrogante e cheio de confiança em si próprio, foi outro conservador cujas estimativas em relação aos nazis se revelaram totalmente erradas.[22]

Ao contrário de outras orquestras, a Filarmónica de Berlim, dirigida por Furtwängler, não era uma empresa do Estado, logo, não estava sujeita à lei de 7 de abril que impôs o despedimento dos funcionários públicos judeus. No dia 11 de abril, Furtwängler publicou uma carta aberta a Goebbels num diário liberal, declarando que não estava disposto a cancelar os contratos dos músicos judeus da sua orquestra. Os termos nos quais escreveu indicaram não só a sua autoconfiança e a sua coragem mas também até que ponto as suas opiniões se interligavam com as dos nazis, cujas políticas ele criticou no seu texto:

> Se a luta contra a judiaria for principalmente dirigida contra os artistas que são desenraizados e destrutivos e que procuram fazer sensação com o piroso, o virtuosismo, etc., muito bem. A luta contra eles e contra o espírito que personificam, um espírito que, diga-se de passagem, também tem os seus representantes alemães, deve ser conduzida de forma absolutamente enfática e consistente. Mas se a luta for dirigida contra os verdadeiros artistas, isso não é do interesse da vida cultural... Importa, pois, dizer claramente que homens como Walter, Klemperer, Reinhardt, etc., também deverão ter uma palavra a dizer na Alemanha.

Furtwängler disse a Goebbels que o despedimento de tantos músicos judeus de qualidade era incompatível «com a restauração da dignidade nacional, que todos saudamos com toda a gratidão e alegria»[23]. Furtwängler ignorou com um desdém olímpico a campanha estridente da imprensa nazi para o despedimento dos músicos judeus da sua orquestra, a Filarmónica de Berlim, incluindo Szymon Goldberg, o líder, e Joseph Schuster, o primeiro violoncelista.[24]

Goebbels era um político demasiado subtil para reagir com irritação ao protesto de Furtwängler. A sua longa resposta pública ao grande maestro começou por saudar a postura positiva de Furtwängler em relação à «restauração da dignidade nacional» pelo governo de Hitler. No entanto, avisou-o de que a música alemã devia fazer parte desse processo e de que a arte pela arte já não estava na agenda. Goebbels admitiu que a arte e a música deviam ser de qualidade superior, mas também tinham de ser «conscientes da sua responsabilidade, de ser perfeitas, próximas do povo e cheias de espírito de combate». Distorcendo intencionalmente as palavras de Furtwängler, Goebbels concordou que não devia haver mais «experiências» na música — algo que o maestro não tinha dito —, e depois avisou-o:

> Também seria indicado protestar contra as experiências artísticas numa altura em que a vida artística alemã é quase inteiramente determinada pela mania das experiências com elementos distantes do povo e de raça estrangeira, logo, que poluem a reputação artística da Alemanha e a comprometem perante o mundo inteiro.

Na perspetiva de Goebbels, o facto de músicos «germânicos» terem contribuído para a deformação da arte mostrava até que ponto a influência judaica tinha sido penetrante. Goebbels acolheu Furtwängler como aliado na luta para a eliminação desta influência. Os artistas genuínos como ele teriam sempre uma palavra a dizer no Terceiro *Reich*. Quanto aos homens cujo silenciamento tanto tinha ofendido o maestro, o ministro da Propaganda do *Reich* classificou o seu despedimento de banalidade e recusou hipocritamente toda e qualquer responsabilidade na questão:

> Queixarmo-nos de que aqui e ali homens como Walter, Klemperer, Reinhardt, etc., foram obrigados a cancelar concertos, parece-me ainda mais inapropriado nesta altura, dado que nos últimos 14 anos, os genuínos artistas alemães foram completamente condenados ao silêncio, e os acontecimentos das últimas semanas, que não merecem a nossa aprovação, são apenas uma reação natural a este facto.[25]

Goebbels não disse quem eram os genuínos artistas alemães, aliás, não podia dizer, porque estava a inventar. No entanto, ciente dos danos que poderia causar à reputação musical internacional da Alemanha se agisse com imprudência, Goebbels não subjugou o grande maestro e a sua orquestra num confronto aberto, mas com meios desleais. A Grande Depressão tinha privado a Filarmónica de Berlim da maior parte dos seus subsídios estatais e municipais, e o governo do *Reich* certificou-se de que não havia mais até a orquestra estar à beira da falência. Nessa altura, Furtwängler apelou diretamente a Hitler, o qual, escandalizado com o potencial desaparecimento da melhor orquestra do país, ordenou a sua transferência para o Estado. No dia 26 de outubro de 1933, a Filarmónica de Berlim deixou de ser independente; Goebbels e o seu ministério ficaram numa boa posição para a dominarem, e foi o que fizeram.[26]

IV

A criação de uma cultura musical verdadeiramente alemã segundo o modelo nazi também envolveu a eliminação de influências culturais estrangeiras como o *jazz*, considerado pelos nazis nascido da cultura racialmente inferior dos afro-americanos. A linguagem racista, que era uma segunda natureza do nazismo, foi particularmente ofensiva e agressiva neste contexto. Os compositores nazis condenaram a «música dos pretos» como sexualmente provocadora, imoral, primitiva, bárbara, não alemã e totalmente subversiva. Confirmava a opinião generalizada dos nazis acerca da degeneração americana, embora alguns autores tenham preferido diplomaticamente sublinhar a sua origem em África. O recém-popularizado saxofone, com os seus tons melífluos, também foi criticado, e quando as vendas de saxofones começaram a cair a pique por causa das críticas, os fabricantes alemães disseram que o seu inventor, Adolphe Sax, era alemão (na realidade, era belga) e referiram que o venerado compositor alemão Richard Strauss tinha usado o saxofone em algumas das suas composições. Na perspetiva dos nazis, a proeminência de compositores judeus como Irving Berlin e George Gershwin no mundo do *jazz* acrescentava-lhe uma camada adicional de opróbrio racial.[27]

Muitos músicos de *jazz*, de *swing* e das orquestras de dança da Alemanha eram obviamente estrangeiros e deixaram o país devido ao clima hostil de 1933. Contudo, não obstante a violência das polémicas nazis, o *jazz* revelou-se praticamente impossível de definir, e com algumas variações rítmicas hábeis e uma postura apropriadamente conformista por parte dos intérpretes, muitos músicos de *jazz* e *swing* conseguiram continuar a tocar nos inúmeros clubes, bares, salões de baile e hotéis da Alemanha nos anos 30. Os seguranças do Roxy, do Uhue, do Kakadu, do Ciro e de outros elegantes clubes noturnos berlinenses barravam a entrada aos mal vestidos espiões nazis, garantindo que a sua clientela continuava a dançar ao som dos mais recentes temas de *jazz* e pseudo-*jazz*. Quando um espião conseguia entrar, o porteiro tocava uma campainha secreta e os músicos mudavam rapidamente as suas pautas antes de ele chegar à pista de dança.

Ou seja, a cena social da época de Weimar transitou para 1933 com poucas alterações, a não ser as impostas pelos constrangimentos económicos da Grande Depressão. A maior parte dos músicos judeus continuou a tocar nos clubes até ao outono de 1933, e alguns durante mais tempo. No célebre Femina, em Berlim, as orquestras de *swing* continuaram a atuar pela noite dentro para mais de mil dançantes, e um sistema de 225 telefones instalados nas mesas com instruções em alemão e inglês permitia aos clientes não acompanhados telefonarem a potenciais parceiros sentados noutras mesas. A qualidade da música não seria de topo, mas acabar com todos os prazeres diurnos — ou noturnos —, mesmo que os nazis o conseguissem fazer, teria sido contraproducente.[28] Só quando os cantores eram abertamente políticos, como nos famosos cabarés de Berlim, é que as SA avançavam em peso, forçando um êxodo em massa dos cantores judeus e silenciando ou afastando os cantores e comediantes com tendências comunistas, sociais-democratas, liberais ou esquerdistas em geral. Alguns artistas adaptaram-se e descartaram a política do seu repertório. Os nazis, cientes da popularidade dos cabarés e da necessidade de não privar o povo de todos os prazeres, procuraram encorajar o «cabaré positivo», em que as piadas eram sobre os seus inimigos. Correu a história de que a famosa artista de cabaré Claire Waldoff se atreveu a cantar uma canção satirizando Göring, usando o tema que era a sua imagem de marca, «Hermann»: «Medalhas para a esquerda, medalhas para a direita/E a barriga é cada vez maior/Ele manda na Prússia/É o Hermann!» A partir dessa altura, sempre que ela cantava «Hermann», a assistência sorria ao recordar a versão satírica. Mas Waldoff não escreveu os versos: a anedota não era verdadeira, nem podia esconder o facto de que em meados de 1933 os nazis tinham esventrado os cabarés.[29] Para alguns, foi de mais. Paul Nikolaus, o mestre-de-cerimónias político do famoso clube Kadeko — «O Cabaré dos Comediantes» —, fugiu para Lucerna, onde se suicidou em 30 de março de 1933. «Desta vez, não é uma piada», escreveu ele, «vou-me suicidar. Porquê? Não consigo regressar à Alemanha sem me suicidar lá. Já não posso trabalhar lá, e não quero trabalhar aqui, mas infelizmente apaixonei-me pela minha Pátria. Não consigo viver nestes tempos.»[30]

A purga das artes

I

Os ventos gélidos do antissemitismo, do antiliberalismo e do antimarxismo, combinados com uma condenação moral enfadonha da «decadência», também uivaram noutras áreas da cultura alemã nos primeiros seis meses de 1933. A indústria cinematográfica revelou-se relativamente fácil de controlar porque, ao contrário dos cabarés e dos clubes, consistia num número reduzido de grandes empresas, quiçá uma inevitabilidade decorrente dos custos consideráveis de produção e distribuição dos filmes. Tal como noutros sectores, quem percebeu que o vento tinha mudado curvou-se sob o seu sopro sem que fosse necessário dizer-lhe explicitamente o que fazer. Em março de 1933, os enormes estúdios UFA, propriedade de Alfred Hugenberg, que na altura ainda integrava o governo de Hitler, implementaram uma política de despedimento do pessoal judeu e de cancelamento de contratos com atores judeus. Os nazis «coordenaram» rapidamente a Associação dos Proprietários de Cinemas Alemães. Os trabalhadores cinematográficos sindicalizados foram nazificados, e no dia 14 de julho Goebbels criou a Câmara do Cinema do *Reich*, destinada a supervisionar a indústria cinematográfica. Através destas instituições, os nazis, em particular Goebbels, que era um cinéfilo entusiástico, passaram a regular o emprego de atores, realizadores, operadores de câmara e pessoal de segunda linha. Os judeus foram gradualmente removidos de todos os ramos da indústria, apesar de esta não ser abrangida pela lei de 7 de abril. Os atores e realizadores com opiniões políticas inaceitáveis para o regime ficaram sem trabalho.[1]

Dadas as novas condições de censura e controlo, uma minoria de profissionais da indústria cinematográfica optou por tentar a sorte no ambiente mais livre de Hollywood. Foi o caso de Fritz Lang, realizador de sucessos como *Matou*, *Metrópolis* e *Os Nibelungos*, uma epopeia que foi sempre um dos filmes prediletos de Hitler. Um dos seus filmes, *O Testamento do Dr. Mabuse*, uma sátira indireta dos nazis, foi proibido pouco antes da estreia, na primavera de 1933. Outro realizador que se exilou pouco depois de Lang foi Billy Wilder, cujos populares filmes românticos ainda não tinham denotado a audácia que ele mostrou em Hollywood em *Pagos a Dobrar* e *Farrapo Humano*. Ambos realizaram alguns dos filmes de maior sucesso de Hollywood nas décadas seguintes. Paris foi o destino de realizadores como G. W. Pabst, nascido na Checoslováquia, autor do clássico filme de Weimar *A Caixa de Pandora* e de uma versão cinematográfica de *A Ópera dos Três Vinténs*, de Bertolt Brecht e Kurt Weill, e de Max Olphüs, nascido em 1902, na Alemanha, com o nome de Max Oppenheimer. No entanto, alguns realizadores e atores alemães foram atraídos por Hollywood muito antes de os nazis chegarem ao poder. Por exemplo, a partida de Marlene Dietrich, em 1930, teve mais que ver com dinheiro do que com a política. Um dos poucos que emigraram por causa da ascensão do Terceiro *Reich* foi Peter Lorre, nascido na Hungria, que tinha interpretado o falso e obcecado assassino de crianças em *Matou*; a propaganda nazi insinuou que o assassino era judeu, uma ideia que está completamente ausente do filme de Lang.[2] Mas enquanto estes emigrantes atraíam uma atenção bastante merecida, a grande maioria dos profissionais da próspera indústria cinematográfica alemã ficou no país. Das 75 estrelas de cinema listadas na revista *Die Filmwoche* em 1932 como as mais populares da Alemanha (com base em cartas enviadas pelos fãs), somente 13 emigraram, embora tenham incluído três das cinco mais populares — Gitta Alpár, que emigrou em 1933, e Lilian Harvey e Këthe von Nagy, que partiram em 1939. Mais abaixo na lista, Conrad Veidt emigrou em 1934 e Brigitte Helm, em 1936. Além de Alpár, só outra vedeta, Elisabeth Bergner, que era judia, emigrou em 1933; 35 dos 75 atores ainda estavam a trabalhar em filmes alemães em 1944–1945.[3]

O cinema ganhou popularidade no final dos anos 20 e no início da década seguinte, sobretudo com o advento do sonoro. Todavia, numa época pré-televisão, o meio de comunicação de massas moderno mais popular e com maior crescimento era a rádio. Ao contrário da indústria cinematográfica, a rádio era pública, com 51% na posse da Companhia Nacional da Rádio, que transmitia para todo o país, e 49% pertencentes a nove estações regionais. A supervisão era exercida por dois comissários da rádio, um no Ministério dos Correios e Comunicações e o outro no Ministério do Interior, juntamente com vários comissários regionais. Goebbels estava bastante consciente do poder da rádio. Durante a campanha eleitoral de fevereiro/março de 1933, conseguiu bloquear todas as tentativas de partidos que não os nazis e os nacionalistas de passarem as suas mensagens na rádio. Pouco depois, substituiu os dois comissários por homens da sua confiança, e em 30 de junho obteve de Hitler um decreto que colocou o controlo de todas as emissões nas mãos do Ministério da Propaganda.

Goebbels desencadeou imediatamente uma purga enorme da rádio: nos primeiros seis meses de 1933, houve duzentos e setenta despedimentos a todos os níveis, ou seja, 13% de todos os funcionários. Foram demitidos judeus, liberais, sociais-democratas e todos os demais indesejados pelo regime, um processo facilitado pelo facto de muitos deles não serem efetivos. Os diretores e repórteres identificados com o anterior regime liberal da rádio, incluindo o fundador da rádio alemã, Hans Bredow, foram acusados de corrupção, internados no campo de concentração de Oranienburg e, depois de meses de preparativos, condenados num enorme julgamento fantoche, em 1934–1935. No entanto, a maioria mostrou-se disposta a trabalhar com o novo regime. A continuidade foi garantida com a presença de homens como Hans Fritzsche, ex-diretor do departamento noticioso radiofónico de Alfred Hugenberg nos anos 20 e chefe da Agência Noticiosa Radiofónica do novo regime. Fritzsche, tal como muitos outros, tratou de proteger a sua posição e aderiu ao Partido Nazi em 1 de maio de 1933. Nessa altura, a maior parte das estações de rádio já estava «coordenada» e a transmitir uma quantidade cada vez maior de propaganda nazi. No dia 30 de março, o locutor social-democrata Jochen Klepper, casado com uma judia, queixou-se: «o que resta da estação parece uma caserna nazi: uniformes, uniformes das formações do Partido.» Foi despedido dois meses depois.[4]

II

Num discurso proferido em 25 de março de 1933, Goebbels disse que a rádio era «o instrumento mais moderno e mais importante que existe para influenciar as massas». A longo prazo, garantiu ele, a rádio iria inclusivamente substituir os jornais. Mas os jornais continuaram a ter uma importância crucial para a difusão de notícias e opiniões. Foram um obstáculo muitíssimo mais formidável do que o cinema e a rádio para a política nazi de «coordenação» e controlo. A Alemanha tinha mais jornais diários do que a Grã-Bretanha, a França e a Itália combinadas, e muitas mais revistas e publicações de toda a espécie imaginável. Existiam jornais e periódicos independentes nacionais, regionais e locais que representavam todo o espectro político, desde a extrema-esquerda à extrema-direita. A tentativa do Partido Nazi de construir um império jornalístico não teve muito êxito. Os jornais políticos entraram em declínio nos últimos tempos da República de Weimar e a palavra impressa pareceu perder para a falada na conquista de partidários para a causa nazi.[5]

Nesta situação, a única alternativa de Goebbels era agir de forma gradual. Foi bastante fácil encerrar a imprensa comunista e social-democrata: depois das proibições dos primeiros meses de 1933, a proscrição dos partidos ditou o seu encerramento. Mas o resto da imprensa teve de ser atacado em várias frentes. Uma das formas foi o recurso à força e às ações policiais. Diários conservadores como o *München Neuest Nachrichten* estavam tão sujeitos a proibições periódicas como as publicações centristas e liberais. O *Fränkische Presse* católico, um órgão do Partido Popular da Baviera, foi obrigado a publicar na primeira página, em 27 de março de 1933, um pedido de desculpa por ter publicado mentiras sobre Hitler e os nazis durante anos. Este tipo de pressão convenceu facilmente os principais grupos da imprensa de que tinham de se ajustar ao novo clima. No dia 30 de abril, a Associação Nacional da Imprensa Alemã, o sindicato dos jornalistas, «coordenou-se» a si própria, tal como fizeram muitas entidades semelhantes. Elegeu para seu presidente Otto Dietrich, colega de Goebbels, e prometeu que a filiação passaria a ser obrigatória para todos os jornalistas e exclusivamente acessível aos racial e politicamente fiáveis.[6] No dia 28 de junho de 1933, a Associação dos Editores de Jornais Alemães fez a mesma coisa: nomeou presidente o editor do Partido Nazi, Max Amann, e elegeu nazis para o conselho diretivo em vez de membros que se tinham tornado politicamente indesejados.[7] Nesta altura, a imprensa já estava acobardada. Os jornalistas que não eram nazis só podiam expressar as suas opiniões recorrendo a insinuações e alusões subtis, e os leitores só conseguiam perceber o seu significado lendo nas entrelinhas. Goebbels transformou as conferências de imprensa abertas e frequentes do governo da República de Weimar em reuniões secretas em que o Ministério da Propaganda dava instruções pormenorizadas a jornalistas escolhidos a dedo sobre as atualidades, e fornecia-lhes ocasionalmente artigos para serem publicados sem nenhuma alteração ou usados como base para reportagens. Na primeira conferência de imprensa oficial, em 15 de março de 1933, Goebbels disse aos jornalistas: «Serão informados não só dos acontecimentos mas também da opinião do governo sobre os acontecimentos, e da forma mais eficaz de a transmitirem ao povo.»[8] Não foi preciso dizer que eles não transmitiriam nenhuma outra opinião.

Entretanto, os nazis estavam atarefados a prender jornalistas comunistas e pacifistas o mais rapidamente possível. As detenções começaram na madrugada de 28 de fevereiro de 1933. Um dos primeiros detidos foi Carl von Ossietzky, editor da revista *Die Weltbühne*, uma publicação intelectual de grande visibilidade e tendências esquerdistas. Ossietzky tinha-se tornado conhecido, antes de 1933, não só como um crítico mordaz dos nazis mas também por ter publicado documentos sobre um programa secreto e ilegal de rearmamento da indústria aeronáutica. Depois de um julgamento sensacionalista, em maio de 1932, foi parar à cadeia. Foi amnistiado no Natal, mas os nazis prenderam-no em 1933. Uma grande campanha lançada por escritores estrangeiros não conseguiu garantir a sua libertação. O frágil Ossietzky foi internado no campo de concentração improvisado de Sonnenburg, administrado pelos «camisas-castanhas», e posto a fazer trabalhos forçados, incluindo cavar a sua própria sepultura, segundo lhe disseram os guardas. Apesar do seu nome, Ossietzky, que nasceu em 1889 em Hamburgo, não era judeu, nem polaco, nem russo, mas alemão no pleno sentido que os nazis davam ao termo. Contudo, as SA marimbaram-se para estes factos e durante as tareias que administravam frequentemente a Ossietzky chamavam-lhe «porco judeu» e «porco polaco». Ossietzky, que nunca foi fisicamente forte, sobreviveu por pouco a um ataque cardíaco em 12 de abril de 1933. Alguns presos libertados disseram discretamente aos amigos de Ossietzky que a partir daquela altura ele estava um homem acabado.[9]

A sorte de Ossietzky não foi muito melhor do que a de outro escritor radical dos anos 20, o poeta e dramaturgo anarquista Erich Mühsam, cujo envolvimento com o regime dos «anarquistas de café» de Munique em 1919 lhe valeu uma pena de prisão durante a República de Weimar. Mühsam, detido logo após o incêndio do *Reichstag*, era particularmente odiado pelos «camisas-castanhas» por ser um escritor radical, um revolucionário e judeu. Sofreu humilhações e brutalidades intermináveis. No campo de concentração de Oranienburg, quando se negou a cantar a «Canção de Horst Wessel», os SS desfizeram-no à pancada; pouco depois, foi encontrado enforcado na latrina.[10] Um antigo colega seu no breve governo revolucionário de Munique, o escritor socialista e pacifista judeu Ernst Toller, também esteve preso pela sua participação na Revolução. Tornou-se conhecido do grande público nos anos 20, com uma série de peças de teatro realistas que criticavam as injustiças e desigualdades da sociedade alemã, bem como uma sátira sobre Hitler levada à cena com o título irónico de *Der entfesselte Wotan**. No final de fevereiro de 1933, Toller encontrava-se na Suíça, e a vaga de detenções que se seguiu ao incêndio do *Reichstag* convenceu-o a não regressar à Alemanha. Toller fez longas digressões a denunciar o regime nazi, mas as dificuldades do exílio impossibilitaram-lhe de continuar a sua vida de escritor, e ele acabou por suicidar-se em Nova Iorque em 1939, levado ao desespero pela perspetiva de uma nova guerra mundial.[11]

Alguns autores adaptaram-se melhor ao mundo literário do estrangeiro, em particular o poeta e dramaturgo comunista Bertolt Brecht, que emigrou para a Suíça, e depois para a Dinamarca, em 1933, até que encontrou trabalho em Hollywood. Um dos exilados mais bem-sucedidos foi o romancista Erich Maria Remarque, autor de *A Oeste Nada de Novo*, que, apesar do seu nome e das insinuações dos nazis, não

* *Odin à Solta*. (*N. do T.*)

era francês e sim alemão (e também disseram, sem provas nenhumas, que era judeu e que tinha invertido o seu nome de nascença, de Kramer para Remark). Remarque continuou a escrever no exílio, e a venda dos direitos cinematográficos de várias das suas obras permitiu-lhe adquirir, no final dos anos 30, uma imagem de estroina em Hollywood, e não só, com casos amorosos muito falados com várias atrizes de cinema.[12] Mas ainda mais famoso foi o romancista Thomas Mann, cujas obras *Os Buddenbrook*, *A Montanha Mágica* e *Morte em Veneza* o tinham consagrado como um dos gigantes literários mundiais, galardoado com o Prémio Nobel da Literatura em 1929. Mann fez muitas digressões pela Alemanha e pelo mundo, falando da necessidade de apoiar a democracia de Weimar. Mann não estava diretamente ameaçado de violência ou detenção por parte dos nazis, mas a partir de fevereiro de 1933 permaneceu na Suíça, apesar das aproximações do regime para que ele regressasse à Alemanha. «Não consigo imaginar a Alemanha de hoje», escreveu ele em junho de 1933. Meses depois, Mann foi expulso, no meio de uma tempestade de retórica hostil, da Academia das Artes da Prússia, juntamente com outros autores democráticos, como a poetisa e romancista Ricarda Huch, e ficou ainda mais firme nas suas convicções, tendo dito a um amigo: «Tanto quanto me diz respeito, a acusação de que deixei a Alemanha não se aplica. Fui expulso. Fui insultado, posto no pelourinho e pilhado pelos conquistadores estrangeiros do *meu* país, porque eu sou um alemão mais antigo e melhor do que eles.»[13]

O irmão de Thomas Mann, Heinrich Mann, autor de sátiras mordazes aos costumes da burguesia alemã, tais como *Der Untertan* e *Professor Unrat**, foi tratado com mais dureza pelo regime, que ele ofendeu com as suas críticas aos nazis em numerosos discursos e ensaios. Em 1933, foi demitido do seu posto de presidente da secção literária da Academia das Artes da Prússia e mudou-se para França. Outro escritor que emigrou para França foi Alfred Döblin, um dos principais expoentes do modernismo literário em romances como *Berlin Alexanderplatz*, passado no mundo sórdido e criminoso da capital alemã nos anos do pós-guerra. Döblin, que era judeu e social-democrata, foi proscrito pelos nazis. Foi igualmente o caso de outro romancista conhecido, Lion Feuchtwanger,

* No qual se inspirou o filme *O Anjo Azul*, de Fritz Lang. (*N. do T.*)

também judeu, cujos romances *Erfolg* e *Die Geschwister Oppermann*, publicados em 1930 e 1933, foram muito críticos das correntes de conservadorismo e antissemitismo existentes na sociedade e na política alemãs. Feuchtwanger estava de visita à Califórnia quando soube que as suas obras tinham sido proibidas e não regressou à Alemanha. O romancista Arnold Zweig fugiu para a Checoslováquia em 1933, e depois para a Palestina. Também tinha sido proscrito pelo regime por ser judeu e já não conseguia publicar os seus livros na Alemanha.[14]

Dada a rápida intensificação da censura e do controlo nazis, poucos escritores conseguiram continuar a produzir obras de qualidade na Alemanha depois de 1933. Até alguns autores conservadores se distanciaram do regime. O poeta Stefan George, que tinha reunido à sua volta um círculo de acólitos dedicados ao revivalismo de uma «Alemanha secreta» que eliminaria o materialismo de Weimar, ofereceu a sua «colaboração espiritual» ao «novo movimento nacional» em 1933, mas negou-se a entrar para quaisquer organizações literárias ou culturais nazificadas; vários dos seus discípulos eram judeus. George morreu em dezembro de 1933, mas outro destacado autor conservador radical, Ernst Jünger, que tinha sido próximo dos nazis nos anos 20, viveu até ao fim do século XX, vindo a falecer com 103 anos. Jünger, que era muito admirado por Hitler pela sua glorificação da vida do soldado em *Tempestades de Aço*, o seu romance sobre a Primeira Guerra Mundial, antipatizou profundamente com o terrorismo do Terceiro *Reich* e retirou-se para o que muitos chamaram subsequentemente «emigração interior». Jünger e outros autores que seguiram esta via escreviam romances sem um cenário contemporâneo claro — muitos preferiam a Idade Média —, e apesar de fazerem ocasionalmente, de forma cautelosa, algumas críticas ao terror e à ditadura em geral, as suas obras continuaram a ser publicadas, distribuídas e recenseadas, desde que não atacassem explicitamente o regime.[15]

Figuras importantes como o escritor expressionista apolítico Gottfried Benn, que se tornaram paladinos entusiásticos do novo regime, foram relativamente raras. No fim de 1933, já não havia praticamente nenhum escritor de talento na Alemanha. A única exceção será porventura o dramaturgo Gerhart Hauptmann, Nobel da Literatura em 1912. Mas na altura em que Hitler se tornou chanceler, Hauptmann já estava com mais de 70 anos e tinha passado há muito o apogeu das suas capacidades criativas, quando se celebrizara com as suas peças comoventes sobre a pobreza e a exploração. Hauptmann continuou a escrever e procurou demonstrar conformidade, fazendo a saudação nazi e cantando a «Canção de Horst Wessel», mas não se tornou nacional-socialista, e as suas peças naturalistas eram frequentemente atacadas por causa do seu alegado negativismo. Um escritor húngaro que se encontrou com Hauptmann em Rapallo, em 1938, foi brindado com uma longa lista de queixas acerca de Hitler. Hauptmann disse que Hitler tinha arruinado a Alemanha e que estava prestes a arruinar o mundo. Nesse caso, perguntou-lhe o húngaro, porque é que ele não tinha deixado o país? «Porque sou um cobarde, percebe?», gritou furiosamente Hauptmann, «Sou um cobarde, percebe? Sou um cobarde.»[16]

III

A perda de tantos escritores importantes foi acompanhada de um êxodo semelhante de artistas e pintores, num paralelo da vaga de perseguições que varreu a música alemã na mesma altura. Contudo, no mundo das belas-artes, as perseguições foram alimentadas pela enorme aversão ao modernismo por parte de Hitler, que se considerava um artista. Hitler tinha declarado em *A Minha Luta* que a arte modernista era um produto de subversivos judeus e das «excrescências mórbidas de homens insanos e degenerados». As suas opiniões eram partilhadas por Alfred Rosenberg, que tinha uma visão resolutamente tradicionalista da natureza e da função da pintura e da escultura. A música alemã dos anos 20 já não era a força dominante que fora nos séculos XVIII e XIX, mas a pintura alemã, libertada pelo expressionismo, pela abstração e por outros movimentos modernistas, tinha passado por um renascimento notável nas primeiras três décadas do século XX, ultrapassando a literatura como a mais proeminente e internacionalmente bem-sucedida de todas as artes. Foi isto que os nazis, com Alfred Rosenberg na vanguarda, se propuseram destruir, seguindo o Ponto 25 do programa do Partido Nazi de 1920: «Exigimos o julgamento em tribunal de todas as tendências da arte e da literatura tendentes à desintegração da nossa vida como nação.»[17]

O trabalho de pintores como George Grosz, Emil Nolde, Max Beckmann, Paul Klee, Ernst Ludwig Kirchner, Otto Dix e muitos outros era há muito motivo de controvérsia. Os conservadores e os nazis detestavam os seus quadros. Grosz causou um furor enorme ao utilizar motivos religiosos para fins de caricatura política, e antes de os nazis chegarem ao poder foi por duas vezes acusado (sem sucesso) de blasfémia em tribunal.[18] Em julho, Alfred Rosenberg arrasou os quadros de Emil Nolde como sendo «negroides, blasfemos e toscos», e classificou o monumento de guerra criado por Ernst Barlach em Magdeburgo de insulto à memória dos mortos, que o artista retratou, segundo Rosenberg, como «meio idiotas». Os retratos duros de Otto Dix dos horrores das trincheiras na Primeira Guerra Mundial também foram alvo de críticas severas por parte de nazis super-patrióticos. Tudo o que não fosse representativo de forma óbvia e servil arriscava-se a provocar comentários adversos. A arte, segundo os nazis, tinha de brotar, como tudo o resto, da alma do povo, logo, «qualquer SA sadio» era tão capaz de chegar a uma conclusão justa sobre o valor da arte como qualquer crítico de arte.[19] Os artistas estrangeiros também foram duramente criticados. As galerias e museus alemães tinham adquirido muitos quadros de pintores impressionistas e pós-impressionistas franceses ao longo dos anos, e os nacionalistas consideravam que mais valia ter gastado o dinheiro a promover a arte alemã, em particular tendo em conta o comportamento dos franceses na Renânia e no Rur durante a República de Weimar.[20]

Alguns artistas, tais como Grosz, membro do Partido Comunista, perceberam o que ia acontecer antes de 30 de janeiro de 1933 e deixaram o país.[21] As políticas do governo estadual nazi da Turíngia desde 1930 eram um aviso claro sobre o futuro. O governo turíngio retirou quadros de Klee, Nolde, Oskar Kokoschka e outros pintores dos museus estaduais durante a República de Weimar e ordenou a destruição de frescos de Oskar Schlemmer na escadaria da Bauhaus, em Dessau, pouco antes do encerramento da escola. Tudo isto deveria ter deixado bastante clara a probabilidade de os ativistas nazis lançarem uma grande ofensiva contra o modernismo artístico. Mas parecia haver espaço de manobra, uma vez que o expressionismo era do agrado de alguns elementos do Partido Nazi, incluindo a União Estudantil Alemã em Berlim, que em julho de 1933 organizou uma exposição de arte alemã que incluiu obras de Barlach, Macke, Franz Marc, Nolde, Christian Rohlfs e Karl Schmidt-Rottluff. Os chefes locais do Partido forçaram o encerramento da exposição três dias depois. Hitler detestava especialmente a obra de Nolde, que Goebbels, cujo gosto era mais católico, admirava bastante: no verão de 1933, quando o líder nazi visitou a nova residência berlinense do ministro da Propaganda, ficou horrorizado com os quadros «impossíveis» de Nolde pendurados nas paredes e ordenou a sua remoção imediata. Nolde foi expulso da Academia das Artes da Prússia, tendo ficado bastante sentido, dado que era membro do Partido Nazi praticamente desde a sua fundação em 1920. Em 1933, os chefes locais e regionais do Partido despediram vinte e sete curadores de galerias de arte e museus e substituíram-nos por fiéis que mandaram imediatamente retirar as obras modernistas das exposições ou, nalguns casos, as exibiram separadamente como «Imagens do Bolchevismo Cultural» numa «Câmara dos Horrores Artísticos»[22]. Outros diretores e respetivo pessoal adaptaram-se ao vento predominante, aderiram ao Partido Nazi ou alinharam nas suas políticas.[23]

Tal como noutros domínios da esfera cultural, a purga dos artistas judeus modernistas e tradicionais acelerou rapidamente na primavera de 1933. A «coordenação» da Academia das Artes da Prússia começou por Max Liebermann, de 86 anos, o principal pintor impressionista alemão e ex-presidente da Academia, que foi forçado a demitir-se de membro e da sua posição de presidente honorário. Liebermann disse que sempre acreditara que a arte não tinha nada que ver com a política, uma opinião que lhe mereceu uma condenação devastadora pela imprensa nazi. Quando lhe perguntaram como se sentia com a sua idade avançada, o artista respondeu: «Não se consegue enfardar tanto como se gostaria de vomitar.» Quando ele morreu, dois anos depois, somente três artistas não judeus estiveram presentes no funeral de um pintor que fora celebrado a nível nacional. Um deles, Käthe Kollwitz, célebre pelos seus retratos drásticos, mas não explicitamente políticos, da pobreza, fora obrigada a demitir-se da Academia prussiana; o escultor Ernst Barlach permaneceu membro da Academia até 1937 e ficou na Alemanha, mas os seus trabalhos foram banidos, tais como os de Schmidt-Rottluff.[24]

Paul Klee, um alvo de estimação das polémicas culturais nazis por causa da sua alegada arte «negroide», foi despedido do seu posto de professor em Düsseldorf e partiu quase de imediato para a sua terra natal, na Suíça. No entanto, alguns modernistas não judeus decidiram esperar para ver, esperançados de que o antimodernismo de Hitler e Rosenberg fosse derrotado por figuras mais favoráveis do regime, tais como Goebbels. Max Beckmann mudou-se de Frankfurt para Berlim em 1933 na esperança de conseguir influenciar a política artística em seu benefício. Beckmann também era internacionalmente famoso, mas, ao contrário de Grosz ou Dix, nunca produziu obras diretamente políticas, e, ao contrário de Kandinsky ou Klee, nunca tendeu para a abstração. No entanto, os seus quadros foram retirados das paredes da Galeria Nacional de Berlim, e ele foi despedido do seu posto de professor em Frankfurt em 15 de abril de 1933. Ia trabalhando em privado para alguns negociantes de arte, enquanto aguardava o seu destino. Em contraste, Kirchner aceitou demitir-se da Academia, mas fez questão de referir que não era judeu e que nunca se tinha metido na política. Oskar Schlemmer e o russo Wassily Kandinsky, o inventor da pintura abstrata, que residia na Alemanha há décadas, pensaram que a ofensiva contra a arte modernista não iria durar muito tempo e decidiram ficar na Alemanha.[25] A purga levada a cabo na Prússia foi acompanhada de purgas similares noutras partes da Alemanha. Otto Dix foi expulso da Academia de Dresden, mas continuou a trabalhar em privado, apesar de os seus quadros estarem a ser retirados das galerias e museus. O arquiteto Mies van der Rohe recusou demitir-se da Academia e foi expulso. Mies van der Rohe tinha tentado recriar a Bauhaus numa fábrica desativada em Berlim, mas em abril de 1933 a polícia encerrou-a. O arquiteto protestou em vão que a instituição era completamente apolítica. O fundador da Bauhaus, Walter Gropius, disse que enquanto veterano de guerra e patriota, a sua única intenção fora recriar uma cultura de arquitetura e desenho alemã verdadeira e viva. Não era política e muito menos uma afirmação de oposição aos nazis. Mas naquela altura, a arte era tudo menos apolítica, dado que os movimentos modernistas radicais da época de Weimar, do dadaísmo à própria Bauhaus, tinham difundido a ideia de que a arte era um meio de transformação do mundo; ora, os nazis limitaram-se a adaptar este imperativo político-cultural aos seus próprios fins. Além disso, depositar esperanças em Joseph Goebbels era sempre arriscado. As expectativas destes artistas de que ele os viria a apoiar saíram frustradas de forma absolutamente espetacular.[26]

IV

Segundo uma estimativa, depois de 1933, emigraram da Alemanha cerca de duas mil pessoas do mundo artístico.[27] Estavam incluídos muitos dos artistas e escritores mais brilhantes e internacionalmente famosos do seu tempo. A sua situação foi dificultada pela decisão subsequente de Goebbels de os privar da sua cidadania alemã. Para muitos exilados, a sua condição de apátridas acarretou problemas consideráveis, dificuldades para mudar de um país para outro, para encontrar trabalho. Em muitos casos, as autoridades negaram-se a reconhecer a existência dos exilados que não possuíam documentos de identificação. O regime publicou uma série de listas dos que tinham ficado sem a cidadania alemã, o passaporte e os documentos de identificação: a primeira foi publicada em 23 de agosto de 1933 e incluía escritores como Lion Feuchtwanger, Heinrich Mann, Ernst Toller e Kurt Tucholsky; pouco depois, foram publicadas mais três listas com a maior parte dos outros emigrados importantes. Thomas Mann foi privado da sua cidadania e do doutoramento honorário que lhe fora atribuído pela Universidade de Bona; a carta aberta de protesto que ele escreveu ao reitor ganhou um estatuto de culto entre os emigrados.[28] A vida cultural alemã ficou devastada. Não restava praticamente nenhum escritor, artista ou pintor de valor internacional. Uma galáxia inteira de grandes maestros e músicos foi forçada a emigrar, bem como alguns dos mais talentosos realizadores de cinema. Alguns floresceram no exílio, outros não; todos sabiam que as dificuldades da cultura e das artes no Terceiro *Reich* seriam maiores do que tudo o que a maior parte deles encontrou no estrangeiro.

O que sobrou para os amantes da arte e da cultura na Alemanha depois de 1933 ficou inequivocamente demonstrado por uma nova peça de teatro, dedicada a Hitler a pedido do próprio, que estreou no Teatro Estatal de Berlim no dia 20 de abril de 1933, o aniversário do *Führer*.

Na assistência, encontravam-se Hitler e outras importantes figuras nazis, incluindo Goebbels. Os papéis principais foram interpretados por Veit Harlan, que se tornaria em breve um dos pilares do cinema alemão durante o Terceiro *Reich*, pelo popular Albert Bassermann, que só aceitou participar depois de um pedido pessoal de Goebbels que não conseguiu recusar, e pela jovem Emmy Sonnemann, pela qual Hermann Göring tinha mais do que um interesse passageiro, dado que pouco depois a desposou em segundas núpcias. No fim da peça patriótica, não se ouviram aplausos; os espectadores levantaram-se e cantaram em uníssono a «Canção de Horst Wessel». Só depois começaram as palmas, enquanto o elenco fazia várias vezes a saudação nazi, com a exceção de Bassermann, que cruzou os braços sobre o peito e se curvou à maneira tradicional do teatro. Bassermann, que era casado com a atriz judia Else Schiff e oriundo de uma célebre família de políticos liberais, não se sentia bem no novo regime e no ano seguinte emigrou com a mulher para os Estados Unidos. A peça chamava-se *Schlageter* e era a dramatização da sublevação nacionalista contra os franceses no Baixo Reno no princípio dos anos 20. O autor foi Hanns Johst, um veterano de guerra que tinha feito fama como dramaturgo expressionista. Johst gravitou para o Partido Nazi no final da década de 1920. O seu método expressionista teve um toque diferente na cena final: o pelotão de fuzilamento disparou sobre a figura amarrada de Schlageter da parte de trás do palco, e os clarões das armas atravessaram-lhe o coração e chegaram ao auditório, convidando os espectadores a identificarem-se com a sua incorporação dos temas nazis do sangue e do sacrifício e a tornarem-se vítimas da opressão francesa juntamente com o fuzilado.[29]

Mas a peça tornou-se rapidamente célebre por uma razão que não teve nada que ver com a ostentação e a exuberância nazis da estreia. Graças à publicidade que ganhou, tornou-se para muita gente o símbolo da atitude dos nazis em relação à cultura. As pessoas repararam, ao assistirem à peça ou ao lerem sobre ela na imprensa, que uma das personagens principais, Friedrich Thiemann, interpretada por Veit Harlan, rejeitava todas as ideias e conceitos intelectuais e culturais, argumentando em várias cenas com o estudante Schlageter que deviam ser substituídos pelo sangue, pela raça e pelo sacrifício para bem da nação. Durante uma conversa, Thiemann declarava: «Quando ouço falar de "cultura", abro a patilha de segurança da minha Browning!»[30] Para muitos alemães cultos, isto era o resumo da atitude dos nazis em relação às artes, e a frase vingou, completamente separada do seu contexto original. Foi atribuída a vários nazis importantes, sobretudo a Hermann Göring, e foi simplificada para a frase mais atrativa, totalmente apócrifa e muito repetida: «Quando ouço a palavra cultura, pego na arma!»[31]

«Contra o espírito não alemão»

I

O filósofo alemão mais conhecido nos últimos anos da República de Weimar, Martin Heidegger, tinha uma reputação formidável como pensador, adquirida sobretudo com a publicação, em 1927, da sua obra monumental *Ser e Tempo*, um tratado sobre questões filosóficas fundamentais como o significado da existência e a natureza da humanidade. No seu texto, difícil de compreender e pródigo numa linguagem rebarbativamente abstrata, Heidegger aplicou o método «fenomenológico» do seu mestre e antecessor na cadeira de Filosofia da Universidade de Friburgo, Edmund Husserl, a questões que vinham ocupando os filósofos desde a Grécia Antiga. A obra foi imediatamente aclamada como um clássico. Nos anos seguintes, o pensamento de Heidegger teve uma influência significativa sobre os existencialistas franceses e os seus seguidores. No entanto, no imediato, o seu tom pessimista refletiu a emancipação gradual de Heidegger do meio católico no qual tinha nascido, em 1889, e a sua viragem para um modo de pensamento mais influenciado pelas formas de pensar protestantes. Em particular, nos últimos anos de Weimar, Heidegger começou a acreditar na necessidade de uma renovação da vida e do pensamento alemães, no advento de uma nova era de união espiritual e redenção nacional. No princípio dos anos 30, Heidegger acreditou que a resposta para o que procurava estava no nacional-socialismo.[1]

Em 1932, Heidegger estabeleceu contactos de bastidores com figuras importantes da Liga dos Estudantes Alemães Nacionais-Socialistas de Friburgo. Heidegger não tinha experiência nenhuma em administração universitária, mas para o pequeno grupo de professores nazis da universidade era o homem certo para o cargo de reitor quando os nazis chegassem ao poder. O seu prestígio académico e as suas convicções políticas tornavam-no um substituto aceitável do professor liberal Wilhelm von Möllendorff, que iria tomar posse em abril de 1933. Heidegger, desejoso de assumir o cargo, começou a falar com o recém-nazificado Ministério da Educação de Baden, e Möllendorff foi persuadido a afastar-se com uma campanha de atentado ao seu carácter na imprensa local e regional. Os professores nazis propuseram Heidegger, e, devido às pressões exercidas dentro e fora da universidade, ele foi eleito reitor em 21 de abril de 1933, com uma votação quase unânime do corpo docente. De facto, os únicos professores que não o apoiaram foram 12 dos 93 regentes que eram judeus, mas que não foram autorizados a votar porque tinham sido suspensos pelo comissário do *Reich* para Baden, o *Gauleiter* Robert Wagner, ao abrigo da lei de 7 de abril, por serem «não arianos».[2]

No dia 27 de maio, Heidegger proferiu a sua palestra inaugural como reitor. Dirigindo-se ao corpo docente e aos dignitários nazis vestidos com camisas castanhas, declarou: «a "liberdade académica" deixará de ser a base da vida universitária alemã; porque esta liberdade não é genuína, é exclusivamente negativa. Significa falta de empenhamento, arbitrariedade de opiniões e tendências, falta de ancoragem ao fazer as coisas ou ao não fazê-las.» Era altura, disse ele, de as universidades encontrarem a sua âncora na nação alemã e desempenharem o seu papel na missão histórica que a nação estava a cumprir. Os estudantes alemães estavam a mostrar o caminho. O discurso de Heidegger abundou na nova linguagem do princípio da liderança. Logo na primeira frase, ele disse à assistência que tinha assumido a «liderança espiritual desta universidade» e empregou o termo pseudo-feudal «séquito» para se referir aos estudantes e ao pessoal universitário, muito à semelhança do que figuras nazis importantes estavam a fazer nos domínios do emprego e das relações laborais. Com este tipo de conceitos a ser usado pelo novo reitor, era óbvio que a liberdade académica, fosse qual fosse a sua definição, era definitivamente uma coisa do passado.[3] E para dar uma ênfase simbólica a tudo isto, no fim da cerimónia, os professores e os convidados cantaram a «Canção de Horst Wessel», cuja letra fora impressa nas costas do programa, juntamente com a instrução de que a mão direita deveria ser erguida na quarta estrofe e que no fim se deveria gritar «*Sieg Heil!*» («Viva a vitória!»).[4]

Heidegger tratou rapidamente de «coordenar» a universidade. Aderiu formalmente ao Partido Nazi, no meio de enorme publicidade, no dia 1 de maio, o «Dia do Trabalho Nacional», e introduziu o princípio da liderança na administração da universidade, contornando ou silenciando os órgãos colegiais democráticos e representativos e colaborando na redação de uma nova lei de Baden que tornou o reitor no «*Führer*» não eleito da universidade por um período de tempo ilimitado. Pouco depois, Heidegger disse ao Ministério da Educação de Baden: «devemos agora dedicar todas as nossas forças à conquista do mundo dos homens cultos e dos académicos para o novo espírito político nacional. Não será um combate fácil. *Sieg Heil!*»[5] Heidegger denunciou um colega, o químico Hermann Staudinger, às autoridades estaduais sob uma acusação falsa e colaborou com a polícia política na investigação policial, mas no fim a polícia não ficou convencida e Staudinger, alegando a importância do seu trabalho para o país, permaneceu no seu posto. Heidegger também foi zeloso a forçar a demissão dos judeus da universidade, solicitando apenas exceções para Eduard Fraenkel, um filólogo de renome mundial — que foi despedido na mesma —, e para o professor de química Georg von Hevesy, um homem com contactos internacionais poderosos e beneficiário de donativos avultados para investigação provenientes da Fundação Rockefeller, que continuou na universidade até ao ano seguinte, quando emigrou para a Dinamarca. Os judeus forçados a cortar a sua ligação à universidade incluíram o próprio assistente de Heidegger, Werner Brock, e o seu mentor, Edmund Husserl, embora não existam bases para a história frequentemente contada de que Heidegger proibiu pessoalmente o acesso de Husserl à biblioteca da universidade. Husserl era um nacionalista patriótico que tinha perdido o filho em combate na Primeira Guerra Mundial e considerava-se amigo pessoal de Heidegger; ficou profundamente perturbado com o seu tratamento. «Só o futuro dirá qual foi a verdadeira Alemanha em 1933», escreveu ele, em 4 de maio, «e quem foram os verdadeiros alemães — os que subscrevem os preconceitos raciais mítico-materialistas de hoje ou os alemães puros de coração e mente, herdeiros dos grandes alemães do passado cuja tradição reverenciam e perpetuam.»[6] Quando Husserl morreu em 1938, Heidegger não foi ao funeral.[7]

Heidegger, que aderiu ao generalizado e rapidamente crescente culto de Hitler, disse aos estudantes: «O *Führer*, e só ele, é a realidade alemã presente e futura e a sua lei. Estudem para conhecerem; doravante, todas as coisas exigem decisão, e toda a ação exige responsabilidade. *Heil Hitler!*»[8] A sua ambição chegou ao ponto de tentar, em colaboração com outros reitores universitários que comungavam das suas ideias, assumir um papel de liderança no sistema universitário nacional. Num discurso proferido em 30 de junho de 1933, Heidegger queixou-se de que a «revolução nacional» ainda não tinha chegado à maior parte das universidades, o que levou os estudantes nazis de Heidelberg a lançar uma campanha enérgica para correr com o reitor, o historiador conservador Willy Andreas, que uma semana depois, em 8 de julho, foi substituído pelo candidato nazi Wilhelm Groh.[9] Mas Heidegger não percebia nada de política e atolou-se rapidamente nas habituais disputas internas da universidade relacionadas com as nomeações: os burocratas do Ministério da Educação de Baden trocaram-lhe as voltas, e ele foi ridicularizado pelos estudantes uniformizados de castanho, que o consideravam um mero sonhador.

No princípio de 1934, dizia-se em Berlim que Heidegger se considerava o «filósofo do nacional-socialismo». Todavia, para os outros pensadores nazis, a filosofia de Heidegger era demasiado abstrata e difícil para servir para alguma coisa. Heidegger tinha garantido uma grande influência entre os seus colegas ao advogar a reconexão voluntária da vida universitária alemã à vida nacional através de uma concentração renovada nos valores fundamentais do conhecimento e da verdade. Isto parecia bastante grandioso. Contudo, embora a sua intervenção tenha sido aclamada por muitos nazis, depois de um olhar mais atento, essas ideias não pareciam em sintonia com as do Partido. Por conseguinte, os seus inimigos procuraram obter o apoio de Alfred Rosenberg, cuja ambição era ser ele próprio o filósofo do nazismo. Heidegger, privado de um papel a nível nacional e cada vez mais frustrado com as miudezas das politiquices académicas — que lhe pareciam denotar uma triste ausência do novo espírito que ele tinha esperado que permeasse as universidades —, demitiu-se do seu cargo em abril de 1934. Mas continuou a ser um apoiante do Terceiro *Reich* e, até à sua morte, em 1976, negou-se sempre a reconsiderar ou a pedir desculpa pelos seus atos em 1933–1934.[10]

II

A liderança nazi não teve grandes problemas com as universidades, uma vez que ao contrário do que sucedia noutros países, eram financiadas pelo Estado e os seus funcionários eram públicos. Por conseguinte, estes foram diretamente afetados pela lei de 7 de abril de 1933, que previu o despedimento dos funcionários públicos politicamente suspeitos. No início do ano letivo de 1933–1934, já tinham sido despedidos 313 dos 1145 professores catedráticos de um total de 7758 professores universitários, ou seja, 13%. Em Berlim e Frankfurt, foi despedido quase um terço. Em 1934, cerca de 1600 dos 5000 professores universitários tinham sido despedidos. A maior parte foi despedida por motivos políticos e cerca de um terço por terem sido classificados como judeus.[11] Seguiu-se um êxodo em massa de académicos: 15,5% dos professores universitários de Física emigraram, e na Universidade de Göttingen foram tantos os físicos e matemáticos que emigraram ou foram expulsos que o ensino destas disciplinas foi gravemente afetado.[12] Além disso, os que partiram eram geralmente melhores do que os que ficaram. Um estudo sobre biólogos universitários revelou que os 45 que deixaram os seus postos e sobreviveram à guerra tiveram uma média de 130 citações *per capita* no índice de citações de papéis científicos entre 1945 e 1954, ao passo que a média dos sobreviventes dos 292 que ficaram foi de apenas 42.[13]

Cientistas de renome mundial foram despedidos de universidades e institutos de investigação por serem judeus, casados com judias ou críticos dos nazis. Foi o caso de vinte laureados ou futuros laureados com o Nobel, entre os quais, Albert Einstein, Gustav Hertz, Erwin Schrödinger, Max Born, Fritz Haber e Hans Krebs. Einstein, cuja teoria da relatividade tinha revolucionado a física moderna, residia em Berlim há vinte anos. Durante uma visita à América, em janeiro e fevereiro de 1933, denunciou a violência brutal dos nazis depois do incêndio do *Reichstag*. O governo retaliou, confiscando o seu património, e o ministro da Educação disse à Academia das Ciências da Prússia para o expulsar. Einstein antecipou-se e demitiu-se, dando origem a uma disputa pública em que a Academia o acusou de andar a contar histórias de atrocidades no estrangeiro. Einstein partiu de novo para os Estados Unidos e passou o resto da sua vida em Princeton.[14] No dia 30 de maio, escreveu ao seu colega Max Born, que também se exilou: «Sabes, eu acho que nunca tive uma opinião muito favorável acerca dos alemães (moral e politicamente falando). Mas confesso que fiquei surpreendido com o nível da sua brutalidade e cobardia.»[15]

O químico Franz Haber não comungava dos instintos pacifistas e internacionalistas de Einstein. Fora um dos principais responsáveis pelo desenvolvimento do gás venenoso como arma, em 1914–1918, e, apesar de ser judeu, estava isento de demissão por causa dos serviços prestados na guerra. No entanto, o despedimento de numerosos colegas judeus do seu instituto levou-o a demitir-se, em 30 de abril de 1933, declarando que ninguém lhe iria dizer quem escolher como colaborador. Mudou-se para a Universidade de Cambridge, onde não foi feliz, e morreu no ano seguinte.[16] A perda destas figuras célebres foi profundamente alarmante para muita gente da comunidade científica. Em maio, Max Planck, cientista não judeu igualmente célebre e que era o presidente da Sociedade Kaiser Guilherme, a melhor instituição de investigação científica da Alemanha, avistou-se com Hitler para lhe apresentar o seu protesto. Segundo recordou mais tarde, a resposta foi uma afirmação generalista de que era impossível fazer distinções entre os judeus: «Os judeus são todos comunistas e os comunistas são os meus inimigos… Os judeus andam sempre agarrados uns aos outros. Onde está um, junta-se logo toda a espécie de judeus.»[17]

Tal como Haber, alguns cientistas judeus, incluindo James Franck, físico experimental da Universidade de Göttingen e galardoado com o Nobel, protestaram publicamente contra o tratamento de outros cientistas judeus e demitiram-se, apesar de poderem ter ficado nos seus postos devido à isenção concedida aos veteranos de guerra judeus. Franck foi acusado de sabotagem numa carta coletiva assinada por quarenta e dois dos seus colegas da universidade — somente um da área da física e da matemática — e partiu relutantemente para ocupar um cargo nos Estados Unidos. A reação da Faculdade de Medicina de Heidelberg ao despedimento dos colegas judeus foi notável por ter sido tão invulgar: numa declaração oficial ao Ministério da Educação de Baden, no dia 5 de abril de 1933, o presidente Richard Siebeck referiu o contributo dos judeus para a ciência médica e criticou a «violência impulsiva» que estava a eliminar a autonomia e a responsabilidade na universidade.[18] O exemplo que Siebeck e a sua faculdade deram foi pouco imitado. A maior parte dos cientistas não judeus que ficaram na Alemanha, com Max Planck à cabeça, tentou preservar a integridade e a neutralidade política da investigação científica fingindo apoiar o regime. Planck começou a falar nas reuniões da Sociedade Kaiser Guilherme fazendo a saudação e o cumprimento hitlerianos na tentativa de evitar novas purgas; Werner Heisenberg, físico galardoado com o Prémio Nobel pelo seu desenvolvimento da mecânica quântica, disse que era importante ficar na Alemanha para manter os valores científicos intactos. Mas o tempo mostrou que estavam a travar um combate perdido.[19]

A grande maioria dos professores alemães permaneceu nos seus postos. Os professores, que eram esmagadoramente conservadores em termos de orientação política, comungavam da opinião dos nacionalistas, os parceiros de coligação de Hitler, de que a democracia de Weimar tinha sido um desastre e de que a restauração das antigas hierarquias e estruturas era devida há muito. Contudo, muitos professores, em particular os das humanidades e ciências sociais, foram além disso e viram com bastante agrado o advento do Estado nacional-socialista. No dia 3 de março, cerca de trezentos professores universitários apelaram ao voto nos nazis; em maio, setecentos assinaram um apelo em nome de Hitler e do Estado nacional-socialista. Na Universidade de Heidelberg, o sociólogo Arnold Bergsträsser justificou a criação do regime da união do Estado com a sociedade como uma forma de ultrapassar o fracasso patente da democracia; e o advogado Walter Jellinek defendeu a «revolução» de 1933 como antiliberal, mas não antidemocrática, e declarou que os cidadãos só adquiriam a dignidade de serem plenamente humanos através da sua subordinação ao Estado. Jellinek, que era membro do Partido Popular Alemão e um firme opositor de direita à República de Weimar, concordou com a necessidade das medidas antissemitas do governo por causa do excesso de académicos. Além disso, também pensou — pressagiando a opinião de historiadores posteriores — que o poder de Hitler seria limitado pela existência de outros centros de poder no *Reich*. Mas independentemente de isso ser verdade nalgumas áreas, não foi esse o caso com a política do regime para os judeus, e Jellinek, sendo ele próprio judeu, foi despedido da sua cadeira durante a revolução nacionalista cujo advento ele tinha calorosamente saudado. Outros professores da mesma faculdade pediram que a lei fosse a expressão da alma do povo e que os juízes proferissem os seus veredictos de acordo com a ideologia nazi. O professor de alemão declarou que a revolução nazi tinha conferido um novo significado patriótico ao estudo da língua alemã e condenou o «pensamento judaico» e a «literatura judaica» por minarem a «vontade de viver» da Alemanha.[20]

Os ministérios da Educação recém-nazificados tornaram rapidamente cruciais os critérios políticos não só para as nomeações mas também para o ensino e para a investigação. O ministro da Educação do *Reich*, Bernhard Rust, arrogou-se poderes abrangentes nesta matéria. O ministro da Cultura da Baviera disse num encontro de professores, em Munique, em 1935: «A partir de agora, não vos cabe decidir se uma coisa é ou não é verdadeira, mas se é do interesse da Revolução Nacional-Socialista.»[21] Os líderes nazis estavam-se nas tintas para a liberdade tradicional do ensino e da investigação e para os valores da universidade tradicional. Aliás, estavam-se nas tintas para a própria ciência. No verão de 1933, quando Carl Bosch, Nobel da Química e presidente do Conselho de Administração da I.G. Farben, se avistou com Hitler para se queixar dos prejuízos causados aos interesses científicos da Alemanha pelo despedimento de professores judeus, não foi bem recebido. Segundo ele, a percentagem de despedimentos era particularmente elevada na Física, onde tinham sido despedidos 26% dos professores universitários, incluindo 11 galardoados com o Prémio Nobel, e na Química, com 13% de despedimentos. A ciência alemã estava a ser gravemente prejudicada. Hitler interrompeu bruscamente o idoso cientista e disse-lhe que não sabia nada daquilo e que a Alemanha poderia continuar mais cem anos sem física e sem química; de seguida, chamou o seu ajudante pessoal e disse-lhe que Bosch pretendia ir-se embora.[22]

III

Os principais impulsionadores do processo de «coordenação» nas universidades foram os estudantes. Organizaram campanhas de imprensa contra os professores indesejados, desestabilizaram as suas aulas e conduziram destacamentos de SA em buscas e rusgas domiciliárias. Também recorreram à tática de pôr em evidência a falta de fiabilidade política de alguns professores e convidaram como palestrantes figuras politicamente corretas como Heidegger, com o qual se podia sempre contar para dar ao regime a aprovação entusiástica que outros por vezes não davam. Na Universidade de Heidelberg, um ativista nazi prejudicou o trabalho do físico Walther Bothe ao conduzir longas sessões de marcha com SS no telhado, mesmo por cima do gabinete dele.[23] Numa universidade após outra, reitores e administradores respeitados foram afastados para darem lugar a figuras frequentemente medíocres cujas únicas qualificações para ocuparem os seus novos cargos eram serem nazis e terem o apoio da organização estudantil nazi. Uma destas figuras foi Ernst Krieck, teórico convicto da supremacia masculina, que se tornou reitor da Universidade de Frankfurt em 1933; até à sua súbita elevação, foi um modesto professor de pedagogia da escola de formação de professores da cidade.[24] Na Universidade Técnica de Darmstadt, em maio, o professor adjunto Karl Lieser, que aderiu ao Partido no princípio de 1933, enraiveceu os seus colegas do Departamento de Arquitetura ao denunciar muitos deles ao Ministério da Educação de Hesse. O senado da universidade proibiu Lieser de lecionar, pediu ao ministério que o despedisse e, como forma de protesto, encerrou temporariamente a universidade. Porém, no dia seguinte, os estudantes reabriram e ocuparam os edifícios, e o ministério nomeou o presidente da câmara de Darmstadt para reitor provisório. Perante estas pressões, os professores cederam. Lieser foi readmitido e, em 1934, passou a professor. Em 1938, tornou-se reitor. Estes acontecimentos, com paralelos em todas as universidades alemãs, assinalaram uma diminuição acentuada do poder do professorado. «Nós, a rapaziada, temos a universidade nas mãos», declarou o líder estudantil nazi de Leipzig, Eduard Klemt, «e podemos fazer com ela o que quisermos.»[25]

As associações académicas não se contentaram com o seu contributo para a nazificação dos docentes. Exigiram ter uma palavra a dizer nas nomeações dos professores e representação nas comissões disciplinares. Mas nisto, foram longe de mais. O envolvimento das associações académicas nestas matérias contradizia em absoluto o princípio da liderança. No verão de 1933, as autoridades universitárias e os ministérios da Educação nazificados começaram a pôr um travão na desordem estudantil: proibiram os estudantes de retirarem livros condenáveis das bibliotecas para os destruírem e torpedearam um plano da organização nacional das associações académicas para erguer um pelourinho em cada cidade universitária onde seriam pregadas as publicações dos professores «não alemães». Nenhum estudante foi punido por comportamento político desordeiro nos primeiros seis meses de 1933, apesar da enorme disrupção e violência que quase pararam a vida universitária. Mas a mensagem foi clara: segundo o ministro da Educação da Prússia, as associações académicas deviam «manter os seus membros na ordem e disciplinados».[26] Contudo, antes de isto acontecer, os estudantes desferiram o seu golpe mais dramático e famigerado contra a liberdade e a autonomia académica, um ato que reverberou por todo o mundo e que ainda é recordado quando as pessoas pensam no nazismo.

No dia 10 de maio de 1933, os estudantes alemães organizaram um «ato contra o espírito não alemão» em dezanove universidades por todo o país. Elaboraram uma lista de livros «não alemães», tiraram-nos de todas as bibliotecas que encontraram, amontoaram-nos em praças públicas e pegaram-lhes fogo. Em Berlim, a queima dos livros contou com a presença, a pedido dos estudantes, de Joseph Goebbels. Ele disse-lhes que estavam a «fazer o que está correto ao lançarem às chamas o espírito maligno do passado», num «ato poderoso, grandioso e simbólico»[27]. Os livros foram sucessivamente atirados para a pira funerária do intelecto, ao som de palavras de ordem como «Contra a luta de classes e o materialismo, pela comunidade nacional e pelo espírito idealista: Marx, Kautsky; Contra a decadência e a putrefação moral, pela disciplina e moralidade na família e no Estado: Heinrich Mann, Ernst Glaeser, Erich Kästner». As obras de Freud foram lançadas às chamas pelo seu «exagero vil da natureza animal do homem»; os livros do popular historiador e biógrafo Emil Ludwig foram queimados pela sua «difamação» das «grandes figuras» da história alemã; os escritos dos jornalistas pacifistas radicais Kurt Tucholsky e Carl von Ossietzky

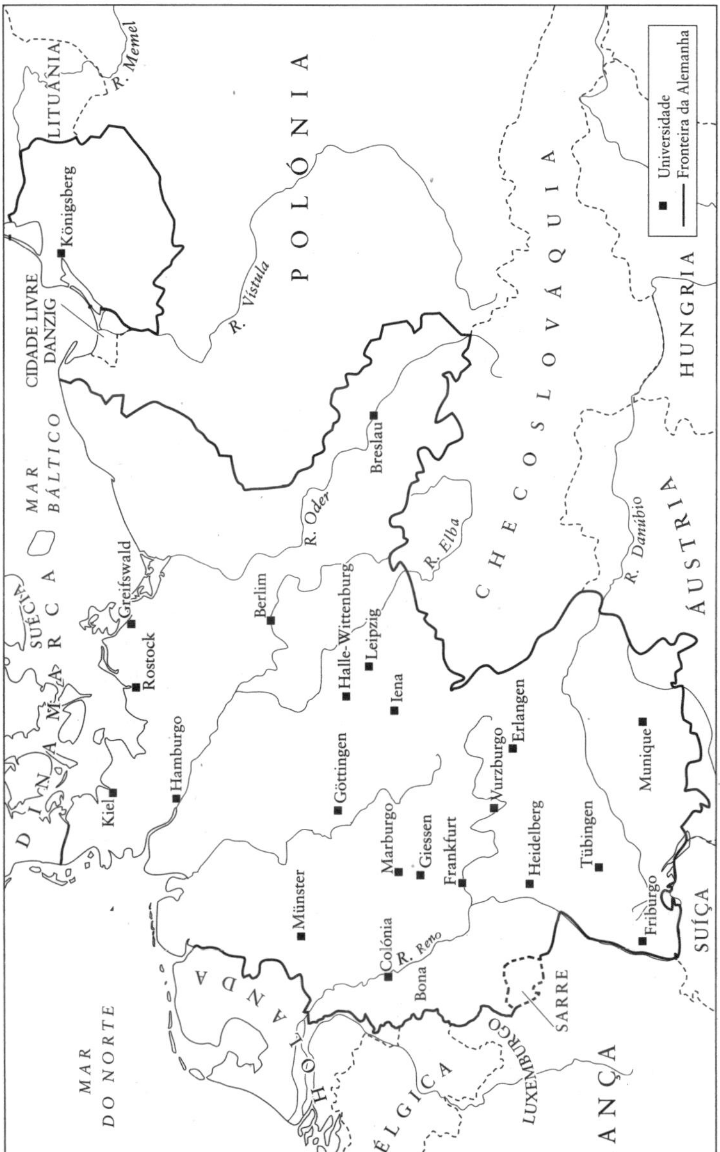

Mapa 18. Universidades alemãs em 1933

foram destruídos por causa da sua «arrogância e presunção». Foi reservada uma categoria especial para Erich Maria Remarque, cujo contundente romance *A Oeste Nada de Novo* foi atirado para a fogueira «contra a traição literária aos soldados da Guerra Mundial, pela educação da nação no espírito da prontidão militar». Além dos livros evocados nas palavras de ordem encantatórias, muitos outros foram lançados para as piras. Para acompanhar o evento, a organização nacional dos estudantes emitiu «doze teses contra o espírito não alemão», exigindo a introdução da censura e a purga das bibliotecas, e declarou: «O nosso adversário é o judeu e quem a ele se submete.»[28]

No dia 12 de março, em Heidelberg, antes destes acontecimentos, as SA saquearam a biblioteca do centro dos sindicatos e queimaram livros numa pequena fogueira à porta do edifício. Esta ação contra os livros e as ideias marxistas foi mais ou menos espontânea e não teve consequências imediatas. A queima de 10 de maio foi preparada de forma muito mais minuciosa e numa escala muito maior. Os estudantes prepararam-se para a ocasião pilhando bibliotecas e livrarias a partir do dia 10 de abril. Alguns livreiros corajosos negaram-se a afixar nas montras cartazes publicitando o evento, mas muitos cederam às ameaças dos estudantes. Em Heidelberg, onde a queima teve lugar em 17 de maio, os estudantes desfilaram com tochas, acompanhados de SA, SS e Capacetes de Ferro e membros dos clubes de duelos, e, além de livros, também queimaram insígnias comunistas e sociais-democratas. Durante o evento, foram cantadas a «Canção de Horst Wessel» e o hino nacional. Os discursos apresentaram o evento como um golpe contra o «espírito não alemão», representado por autores como Emil Julius Gumbel, o estatístico dos assassinatos perpetrados pela direita na época de Weimar, que fora corrido da sua cadeira universitária no verão de 1932. A República de Weimar tinha incorporado o «espírito subversivo judaico» e agora estava finalmente remetida para a história.[29]

Estes desenvolvimentos foram o ponto culminante de uma ofensiva generalizada «contra o espírito não alemão» desencadeada semanas antes pelo Ministério da Propaganda.[30] Como em tantas outras ocasiões da história do Terceiro *Reich*, a ação aparentemente espontânea foi coordenada a partir do centro, não por Goebbels, mas pela organização nacional dos estudantes. O funcionário nazi incumbido de purgar as bibliotecas públicas de Berlim forneceu uma lista dos livros a queimar, e o departamento central da organização nacional dos estudantes escreveu e distribuiu as palavras de ordem para a cerimónia. Deste modo, a organização estudantil nazi garantia que as queimas dos livros decorriam de forma quase idêntica em todas as cidades universitárias.[31] E onde os estudantes lideraram, outros imitaram-nos em muitas localidades por todo o país. Por exemplo, em 1933, aquando da celebração do solstício de verão na vila de Neu-Isenburg, uma grande multidão assistiu à queima de literatura «marxista» amontoada numa pilha enorme nas traseiras do quartel dos bombeiros. As ginastas do clube feminino de ginástica dançaram em redor das chamas, o chefe do Partido discursou, e depois a multidão cantou a «Canção de Horst Wessel». As queimas de livros não foram apanágio dos mais cultos.[32]

As queimas de livros organizadas pelos nazis foram um eco consciente de um ritual realizado por estudantes nacionalistas radicais em Wartburg, na Turíngia, em 18 de outubro de 1817, no tricentenário do lançamento da Reforma por Martinho Lutero com a publicação das suas teses contra a Igreja Católica. No fim das festividades, numa espécie de execução simbólica, os estudantes lançaram para uma fogueira símbolos de autoridade e livros «não alemães» como o *Código Napoleónico*. É possível que este ritual tenha oferecido o precedente para o cânone das manifestações nacionalistas alemãs, mas na realidade tinha pouco em comum com a sua imitação de 1933, dado que dois dos objetivos principais do Festival de Wartburg foram expressar solidariedade com a Polónia e manifestar-se a favor da liberdade da imprensa alemã, constrangida pela censura enorme do regime policial inspirado pelo príncipe Metternich. Todavia, em 10 de maio de 1933, enquanto as chamas se erguiam no céu nas antigas sedes de conhecimento da Alemanha com o encorajamento ou a tolerância das autoridades universitárias recém-nazificadas, é possível que muitos tenham recordado o comentário do poeta Heinrich Heine a propósito do evento ocorrido mais de um século antes: «Onde se queimam livros, acaba-se por se queimar pessoas.»[33]

IV

No meio da violência, da intimidação e da brutalidade da ofensiva nazi contra a sociedade civil nos primeiros meses de 1933, um pequeno grupo específico de alemães foi escolhido como alvo de um nível particularmente intenso de hostilidade e ódio: os judeus. Não porque fossem opositores determinados do nazismo, como os comunistas e os sociais-democratas, nem porque houvesse necessidade de os intimidar e «coordenar», como havia em relação a outros grupos e instituições políticos e sociais no âmbito do rápido processo nazi de criação de um Estado ditatorial de partido único. A ofensiva nazi contra os judeus teve um carácter completamente diferente. Tal como foi dramaticamente demonstrado pela expulsão dos judeus de instituições culturais importantes como a Academia das Artes da Prússia, as grandes orquestras, as escolas de arte e os museus, para os nazis, os judeus eram sobretudo repositórios de um espírito estrangeiro e não alemão, e a sua remoção era um contributo para uma revolução cultural que devolveria o «germanismo» à Alemanha. O antissemitismo denotara desde sempre uma relação muito ténue e indireta com o papel e a posição reais dos judeus na sociedade alemã, dado que a maior parte deles levava uma existência irrepreensível, convencional e, em termos políticos, bastante conservadora. Porém, logo no início da conquista do poder pelos nazis, os judeus sentiram a força do ódio acumulado das SA. De facto, no outono de 1932, os «camisas-castanhas» lançaram vários ataques bombistas contra lojas e empresas, sinagogas e outras instalações judaicas. Nas semanas depois da nomeação de Hitler para chanceler do *Reich*, as SA entraram em sinagogas e profanaram o mobiliário religioso, partiram montras de lojas judaicas e sujeitaram os judeus a humilhações indiscriminadas, cortando-lhes as barbas ou obrigando-os, numa imitação de um castigo inventado pelos fascistas italianos, a beberem grandes quantidades de óleo de rícino.[34] A violência atingiu um nível inédito logo após as eleições de 5 de março. No dia a seguir ao escrutínio, na Kurfürstendamm, uma elegante rua comercial de Berlim que muitos nazis consideravam uma zona onde os judeus se costumavam congregar, grupos de «camisas-castanhas» perseguiram e espancaram judeus. Em Breslau, um grupo de SA raptou o diretor do teatro, um judeu, e espancou-o com bastões de borracha e chibatas, deixando-o à beira da morte. Em Königsberg, na Prússia Oriental, uma sinagoga foi incendiada e um empresário judeu foi raptado e espancado com tanta brutalidade que morreu dos ferimentos. Grupos de SA pintalgaram e bloquearam lojas de judeus em várias localidades.[35]

Em Breslau, em 11 de março, as SA atacaram juízes e advogados judeus no edifício do tribunal. Os tribunais suspenderam os trabalhos durante três dias e, quando reabriram, o presidente do Tribunal, pressionado pelos «camisas-castanhas», decretou que somente 17 dos 364 advogados judeus que exerciam em Breslau seriam autorizados a entrar no edifício. As SA irromperam pelos tribunais em toda Alemanha, retiraram os juízes e advogados judeus das sessões, espancaram-nos e disseram-lhes para não regressarem. O caos foi de mais para o próprio Hitler, que no dia 10 de março apelou para o fim das «ações individuais» caso afetassem os assuntos oficiais ou prejudicassem a economia (um problema em relação ao qual ele tinha recebido diversas queixas de meios empresariais importantes, do Reichsbank para baixo). Hitler também obrigou pessoalmente os chefes do Partido em Leipzig a cancelarem uma incursão planeada contra o Tribunal do *Reich* com o objetivo de expulsar os advogados judeus.[36] Mas os tribunais menos importantes eram uma coisa diferente, e ele não interveio. A imprensa nazi continuou a incitar raivosamente à remoção dos judeus do sistema judicial e do direito, apoiada por uma torrente de petições enviadas ao Ministério da Justiça do *Reich* por grupos de advogados «nacionalistas». Na realidade, os nacionalistas, parceiros de coligação de Hitler, ficaram incomodados com os ataques às lojas e empresas judaicas, mas não com os ataques aos advogados judeus. Os profissionais do direito, mesmo os que não aprovavam os ataques, não levantaram praticamente objeções nenhumas. O juiz estagiário Raimund Pretzel estava na biblioteca do tribunal de Berlim quando os «camisas-castanhas» entraram no edifício e expulsaram todos os judeus. «Um "camisa-castanha" aproximou-se de mim e postou-se à frente da minha mesa de trabalho», recordou ele. «"És ariano?" Respondi sem pensar: "Sim." Ele olhou de perto para o meu nariz e foi-se embora. Fiquei todo corado. Passado um momento, senti vergonha, derrota... Que miséria, comprar com uma palavra o direito de estar em paz com os meus papéis!»[37]

A intervenção de Hitler apenas causou um abrandamento temporário na sequência de incidentes violentos, não acabou com eles. Passados pouco mais de quinze dias, recomeçaram. No dia 25 de março de 1933, em Niederstetten, no sudoeste da Alemanha, trinta SA de fora da cidade entraram em casas de judeus, arrastaram os homens para a câmara municipal e espancaram-nos com uma selvajaria quase total; na mesma manhã, na vizinha cidade de Creglingen, dezoito judeus levaram um tratamento idêntico, sendo que dois morreram. Em Wiesbaden, grupos de jovens partiram as montras de lojas de judeus. No dia 30 de março, o administrador regional da Baixa Baviera informou:

> No dia 15 deste mês, pelas 6 da manhã, um camião com vários homens uniformizados de preto chegou à rua do comerciante judeu Otto Selz, em Straubing. Selz foi raptado de casa em camisa de noite e levado no camião. Por volta das 9h30, Selz foi encontrado num bosque, perto de Weng, no Distrito de Landshut, morto a tiro... Vários camponeses disseram que alguns dos homens do camião tinham braçadeiras vermelhas com a suástica.[38]

Tal como a intervenção de Hitler indicou, estes incidentes não fizeram parte de um plano. Foram uma expressão do ódio, da fúria e da violência antissemitas que se encontravam no cerne do nazismo, em todos os âmbitos. A brutalidade das SA, que tinha sido dirigida principalmente contra a Bandeira do *Reich* e a Liga dos Combatentes da Frente Vermelha, foi libertada em todas as direções pela vitória eleitoral nazi. Perante a ausência da intervenção da polícia ou dos tribunais, foi descarregada, em particular, em cima dos judeus. Os líderes pretendiam controlar a violência, mas na prática, alimentaram-na com a sua retórica e com as constantes diatribes antissemitas da imprensa nazi, liderada pelo *Der Stürmer* de Julius Streicher.[39] Segundo uma estimativa que está seguramente incompleta, no fim de junho de 1933, as SA já tinham assassinado 43 judeus.[40]

Estes incidentes não passaram despercebidos no estrangeiro. Os correspondentes dos jornais estrangeiros em Berlim disseram ter visto judeus deitados nas ruas da cidade, a escorrer sangue do rosto e sem sentidos, depois de terem sido espancados. Começaram a aparecer notícias muito críticas nos jornais britânicos, franceses e americanos.[41] No dia 26 de março, o conservador von Neurath, ministro dos Negócios Estrangeiros, disse ao jornalista americano Louis P. Lochner que a «propaganda de atrocidades», que considerou reminiscente dos mitos belgas sobre atrocidades cometidas pelas tropas alemãs em 1914, fazia muito provavelmente parte de uma campanha concertada de desinformação contra o governo alemão; as revoluções eram sempre acompanhadas de «alguns excessos». Hitler, ao contrário de Neurath, classificou os relatos de «calúnias de atrocidades propagadas pelos judeus». No mesmo dia, durante uma reunião com Goebbels, Himmler e Streicher, em Berchtesgaden, Hitler decidiu canalizar as energias antissemitas dos seus partidários para uma ação concertada. No dia 28 de março, ordenou a todos os níveis do Partido que se preparassem para um boicote às lojas e empresas dos judeus, que teria lugar no dia 1 de abril. A ação foi aprovada pelo governo no dia seguinte.[42] Longe de ser uma resposta rápida e impulsiva à «propaganda de atrocidades» do estrangeiro, o boicote vinha sendo ponderado há muito nos meios nazis, em particular os mais hostis às empresas judaicas importantes como os grandes armazéns e as empresas financeiras. Não foi a primeira nem a última vez que os líderes nazis viram uma comunhão de interesses, ou mesmo uma ligação conspiratória, entre os judeus europeus e os judeus americanos que pura e simplesmente não existia. Era necessário mostrar aos judeus, escreveu Goebbels na versão publicada do seu diário, «que estamos dispostos a tudo»[43].

A irrealidade destas crenças ficou patente quando a Associação Central dos Cidadãos Alemães de Religião Judaica enviou um telegrama ao Comité Judaico Americano de Nova Iorque a pedir o cancelamento de «manifestações hostis à Alemanha» e recebeu uma resposta muito crítica, apesar das opiniões divididas da comunidade judaica americana. Aos comícios de protesto realizados em várias cidades americanas no dia 27 de março, seguiu-se uma campanha de boicote aos produtos alemães, que foi crescendo em sucesso nos meses depois de 1 de abril.[44] Tudo isto apenas veio confirmar a opinião de Goebbels de que o boicote deveria ser executado «com a máxima dureza». «Se as calúnias do estrangeiro acabarem, o boicote acabará», acrescentou ele, «caso contrário, será uma luta de morte. Os judeus alemães têm de influenciar os seus camaradas de raça em todo o mundo, ou então, estão tramados.» No dia 1 de abril, Goebbels deslocou-se de automóvel por Berlim para verificar os progressos do boicote e declarou-se mais do que satisfeito: «Todas as lojas dos judeus estão fechadas. Há sentinelas SA à porta. O público declarou a sua solidariedade. A disciplina é exemplar. É um espetáculo imponente!» O espetáculo adquiriu ainda mais dramatismo à tarde, com uma grande manifestação de «cento e cinquenta mil operários de Berlim» em protesto contra as «calúnias do estrangeiro» e uma marcha noturna de cem mil membros da Juventude Hitleriana. «Existe», referiu Goebbels com satisfação, «um ambiente indescritível de raiva latente... O boicote é uma grande vitória moral para a Alemanha». De facto, a vitória foi tão grande que no dia seguinte ele disse triunfalmente: «Os outros países já começaram a atinar.»[45]

No entanto, os alemães que leram o relato de Goebbels, publicado meses depois, sabiam que era uma construção otimista dos acontecimentos de 1 de abril do ponto de vista nazi. É certo que as SA estiveram muito ativas e afixaram cartazes chamativos por todo o lado que diziam «Não comprem nas lojas e armazéns dos judeus!», que mandavam não usar os serviços de advogados e médicos judeus, que informavam acerca do alegado motivo do boicote: «O judeu está a caluniar-nos no estrangeiro.» Camiões decorados com cartazes semelhantes e cheios de SA percorreram as ruas, e havia grupos de SA e Capacetes de Ferro ameaçadoramente postados à porta dos estabelecimentos dos judeus e que pediam os documentos de identidade aos consumidores que entravam. Muitas lojas não pertencentes a judeus tinham cartazes a anunciar que eram «estabelecimentos alemães-cristãos reconhecidos» para evitarem mal-entendidos. E a liderança nazi frisou às SA que a ação contra os judeus seria coordenada a partir do centro e que eles se deveriam abster de atos individuais de violência. De facto, a maior parte dos SA que implementaram o boicote no dia 1 de abril absteve-se de perturbar gravemente a paz e limitou-se às ameaças e à intimidação. As lojas sofreram aparentemente poucos danos, mas em muitos locais os «camisas-castanhas» pintalgaram *slogans* nas montras e em algumas localidades não conseguiram resistir à tentação: partiram montras, pilharam lojas, prenderam pessoas que protestaram e desfilaram com os proprietários judeus pelas ruas, batendo-lhes quando caíam de exaustão.[46]

As pessoas juntavam-se para verem o que estava a acontecer e postavam-se junto das lojas boicotadas. Todavia, contrariamente ao que disse a imprensa nazi, não manifestaram raiva contra os judeus; a maioria ficou passiva e silenciosa. Em alguns lugares, incluindo em dois grandes armazéns de Munique, verificaram-se inclusivamente pequenas contramanifestações de cidadãos, alguns com o emblema do Partido, que tentaram passar pelos «camisas-castanhas» de sentinela. Em Hanôver, alguns consumidores resolutos tentaram entrar nas lojas à força. Porém, na grande maioria dos lugares, poucos entraram. A este nível, pelo menos, o boicote foi um êxito. Por outro lado, algumas cidades não implementaram o boicote. Muitos proprietários fecharam as lojas para evitarem situações desagradáveis. Muitas pessoas avisadas previamente do boicote fizeram as suas compras na véspera, para grande irritação da imprensa nazi. Um jovem soldado e a namorada foram ouvidos no cinema, na noite antes do boicote, a falarem do que deveriam fazer. «Na realidade, é suposto que ninguém compre nada aos judeus», disse ele, «mas eles vendem tão barato», retorquiu ela. Ele respondeu: «Porque não tem qualidade e não dura.» «Não é verdade», disse ela, «é tão bom e dura tanto como o que vendem nas lojas cristãs — e é muito mais barato.»[47]

Só as pequenas lojas e negócios foram afetados pelo boicote. As grandes empresas judaicas, que sofriam há anos dos ataques verbais dos nazis, não foram boicotadas por causa da sua importância para a economia nacional e por serem grandes empregadores que teriam de despedir funcionários se o boicote tivesse um grande impacto na sua situação económica. A cadeia de grandes armazéns Tietz tinha 14 mil empregados. A organização dos funcionários nazis do enorme grupo editorial Ullstein referiu que embora a empresa não tivesse sido boicotada, a proibição de muitas das suas publicações estava a resultar no despedimento de muitos «bons camaradas nacionais», um exemplo dos perigos económicos das políticas do regime.[48] Tudo isto tornou o boicote muito menos impressionante do que Goebbels disse. O público fez-se notar pela sua não oposição, mas também pela sua falta de entusiasmo, uma combinação que se repetiu nos anos subsequentes sempre que o governo aplicava medidas antissemitas. Ao compreenderem os problemas causados à economia e à reputação do regime no estrangeiro pelo boicote, Hitler e o Partido descartaram discretamente a ideia de o manter a nível nacional, apesar de a imprensa americana publicar durante meses «histórias de atrocidades» relacionadas com a violência antissemita nazi. Mas a ideia do boicote ganhou raízes no movimento nazi. Nos meses seguintes, muitos jornais locais apelaram por diversas vezes para que os leitores não comprassem nas lojas dos judeus, e em muitas localidades os ativistas do Partido postaram «sentinelas» à porta dos estabelecimentos dos judeus e organizaram campanhas de cartas a censurar e admoestar os clientes que se atreviam a frequentá-los.[49]

V

Um dos objetivos principais do boicote foi mostrar aos ativistas de base nazis que a política antissemita tinha de ser coordenada e implementada a partir do centro, tal como Hitler tinha escrito muitos anos antes, de forma «racional» e não através de *pogroms* e atos de violência espontâneos. Por conseguinte, o boicote preparou o terreno para a política antissemita nazi assumir uma via legal, ou quase legal, na prossecução da declaração constante no programa do Partido de que os judeus não podiam ser cidadãos alemães de pleno direito, logo, claramente, não podiam ter plenos direitos civis. Uma semana depois do boicote, em 7 de abril, a Lei do Restabelecimento do Funcionalismo Público de Carreira acrescentou os judeus aos comunistas e a outros funcionários públicos politicamente suspeitos como gente a despedir. Os funcionários públicos «não arianos», definidos na lei complementar de 11 de abril como pessoas com um ou mais avós «não arianos, em particular judeus», deveriam ser afastados, a menos que (por exigência de Hindenburg) fossem veteranos de guerra, tivessem perdido o pai ou um filho em combate, ou já fossem membros das forças armadas antes da Primeira Guerra Mundial. A legislação, cuja aprovação coube ao nazi Wilhelm Frick, ministro do Interior do *Reich*, que já tinha proposto uma lei semelhante em 1925, quando era um humilde deputado do *Reichstag*, coordenou medidas que, ao típico estilo nazi, já estavam a ser implementadas a nível regional e local, pelo que o despedimento dos funcionários públicos judeus já estava em curso há semanas. Os advogados judeus foram atingidos por disposições similares elaboradas pelo Ministério da Justiça na mesma altura e incorporadas numa lei específica aprovada no mesmo dia. O decreto Contra a Sobrelotação das Escolas e Universidades Alemãs, de 25 de abril, reduziu drasticamente a entrada dos judeus alemães qualificados nas profissões liberais com a imposição de quotas de 5% de alunos judeus para todas as escolas e universidades e de 1,5% de acessos por ano. Por causa das isenções, muitos judeus conseguiram continuar a trabalhar, por exemplo, 336 dos 717 juízes e procuradores públicos judeus e 3167 dos 4585 advogados judeus.[50] Os judeus da Europa de Leste que tinham imigrado para a Alemanha durante a República de Weimar perderam a sua cidadania com uma lei de 14 de julho, uma medida que já tinha sido contemplada pelo governo de von Papen em 1932. Este conjunto de medidas significou o fim da igualdade civil dos judeus, em vigor na Alemanha desde 1871.[51]

Os judeus que continuaram a trabalhar viram-se num ambiente de suspeição e hostilidade cada vez maiores. Os decretos desencadearam uma vaga de denúncias por motivos pessoais e políticos e muitos advogados e funcionários públicos foram obrigados a verificar os seus ascendentes ou mesmo a sujeitar-se a exames médicos para determinarem o seu suposto carácter racial. Os ministros e as chefias do funcionalismo público eram esmagadoramente contra a presença continuada de judeus nas suas instituições. Conservadores como Herbert von Bismarck, secretário de Estado do Ministério do Interior da Prússia, eram apoiantes tão entusiásticos das medidas antissemitas como os seus colegas nazis. Aliás, as medidas destinadas a restringir os direitos civis dos judeus constavam no programa do Partido Conservador (futuro Partido Popular Nacional Alemão) desde o princípio da década de 90 do século anterior. Hitler tomou a devida nota da opinião destes homens de que as políticas antissemitas não deveriam ir demasiado longe, e no dia 7 de abril, por exemplo, vetou uma proposta tendente a proibir os médicos judeus de exercerem e procurou garantir que a purga não afetava negativamente os negócios e a economia. Mas a verdade é que no essencial da sua política de exclusão nesta altura, os seus colegas de governo nacionalistas deram-lhe todo o apoio.[52]

E onde o Estado liderou, outras instituições seguiram-lhe o exemplo. Um elemento central da «coordenação» a todos os níveis foi a exclusão dos judeus das instituições recém-nazificadas que resultaram deste processo, desde a Associação Alemã de Pugilismo, que excluiu os pugilistas judeus em 4 de abril de 1933, até à Liga da Ginástica Alemã, que se «arianizou» em 24 de maio. Os municípios começaram a proibir os judeus de entrarem em instalações públicas como os estádios desportivos.[53] Na vila de Northeim, no norte da Alemanha, onde em 1932 residiam apenas cento e vinte judeus praticantes, o boicote de 1 de abril de 1933 foi aparentemente tíbio: durou apenas algumas horas e não foi aplicado a todos os negócios. Em Northeim, tal como em muitas outras comunidades, a população judaica tinha sido aceite, e o antissemitismo nazi era considerado uma retórica abstrata sem aplicabilidade concreta aos judeus que toda a gente conhecia. Mas o boicote confrontou subitamente todos os sectores da sociedade com a realidade da situação. O rendimento do médico judeu de Northeim começou a diminuir porque os doentes começaram a prescindir dos seus serviços, e as associações de voluntariado, incluindo o clube de tiro e até o clube de veteranos, expulsaram os seus membros judeus, em muitos casos por «absentismo», dado que os judeus se tornaram relutantes em participar na vida associativa da vila; muitos demitiram-se antes de serem convidados a sair. Por cada velho social-democrata que continuava a fazer questão de ser cliente das lojas dos judeus, vários SA locais compravam a crédito e depois recusavam-se a pagar. No fim do verão de 1933, no meio de uma torrente contínua de propaganda antissemita dos líderes políticos a todos os níveis do *Reich* e dos jornais e meios de comunicação social, os judeus estavam efetivamente excluídos da vida social de Northeim. E o que aconteceu em Northeim, aconteceu no resto da Alemanha.[54]

Alguns judeus julgaram que a vaga antissemita iria passar rapidamente, racionalizaram-na ou procuraram ignorá-la. Mas muitos ficaram em estado de choque e desespero. A violência política tinha sido generalizada antes de 30 de janeiro de 1933, mas agora era oficialmente autorizada pelo governo e apontada abertamente à população judaica da Alemanha, dando origem a uma situação que muitos judeus consideraram completamente nova. Por conseguinte, os judeus começaram a emigrar, tal como os nazis realmente pretendiam. Em 1933, partiram 37 mil. A população judaica da Alemanha diminuiu de 525 mil em janeiro para pouco menos de 500 mil no fim de junho, e esta redução referiu-se apenas aos membros registados da religião judaica. Nos anos seguintes, emigraram muitos mais. Mas muitos decidiram ficar, em particular os idosos.[55] Para a geração mais velha, encontrar emprego no estrangeiro era difícil ou quase impossível, até porque a maior parte dos países ainda estava sob os efeitos da Grande Depressão. Os idosos preferiram arriscar a sorte no país que fora sempre a sua casa. Outros alimentaram a ilusão de que as coisas melhorariam depois de o regime nazi se estabilizar. O dinamismo juvenil das SA seria certamente controlado, e os excessos da Revolução Nacional-Socialista não tardariam a acabar.

Um judeu que não se iludiu foi Victor Klemperer. Já se tinha queixado no seu diário do «terror da direita» antes das eleições de 5 de março, quando ainda era relativamente limitado em comparação com o que aconteceu depois. Klemperer não conseguiu concordar com os seus amigos que diziam bem dos nacionalistas e eram a favor da ilegalização do Partido Comunista, e ficou deprimido por eles não perceberem a «verdadeira distribuição do poder» no governo de Hitler. O terror pré-eleitoral, escreveu ele no dia 10 de março, era apenas um «prelúdio suave». A violência e a propaganda trouxeram-lhe à memória a Revolução de 1918, mas desta vez sob o signo da suástica. Klemperer começou a interrogar-se sobre quanto tempo o deixariam ficar no seu posto na universidade. Uma semana depois, escreveu: «A derrota de 1918 não me deprimiu tanto como a presente situação. É verdadeiramente chocante como dia após dia, a força bruta, as violações da legalidade, a hipocrisia absolutamente terrível e uma mentalidade bárbara se expressam sob a forma de decretos sem a mínima dissimulação.» O ambiente, observou ele desesperadamente no dia 30 de março, dois dias antes do boicote, era

> como os preparativos para um *pogrom* na profundidade da Idade Média ou no interior recôndito da Rússia czarista... Somos reféns... «Somos» — a comunidade judaica ameaçada. Na realidade, tenho mais vergonha do que medo. Vergonha da Alemanha. Sempre me considerei verdadeiramente alemão. E sempre pensei que o século XX e a Europa Central não eram o século XIV e a Roménia. Enganei-me!

Tal como muitos outros judeus alemães conservadores, Klemperer, que simpatizava com a maior parte das opiniões dos nacionalistas, exceto com o seu antissemitismo, insistiu primeiro e sobretudo na sua identidade alemã. Nos próximos anos, a sua fidelidade à Alemanha seria severamente posta à prova.

A Alemanha, escreveu Klemperer no dia 20 de março de 1933, não ia ser salva pelo governo de Hitler, que parecia estar a avançar rapidamente para uma catástrofe. «E além disso», acrescentou, «penso que a Alemanha nunca conseguirá livrar-se da ignomínia de ter caído nas mãos deste governo.» Klemperer registou os sucessivos despedimentos dos seus amigos e conhecidos judeus. Teve um sentimento de culpa quando a lei de 7 de abril lhe permitiu manter o seu emprego por ter combatido em 1914–1918. Sentiu-se consternado com o egoísmo, a impotência e a cobardia das pessoas, e ainda mais com o antissemitismo declarado e os insultuosos cartazes antissemitas dos estudantes da sua universidade. A mulher estava doente e com problemas de origem nervosa, e ele estava preocupado com o seu coração. O que o manteve à superfície foi a compra e a preparação de um lote de terreno em Dölzschen, nos arredores de Dresden, para construir uma casa, e os seus escritos académicos; isto e a sua sede inesgotável de calor humano e curiosidade intelectual. Em junho, Klemperer começou a compilar para si próprio um dicionário de terminologia nazi. A segunda entrada, em 30 de junho de 1933, foi: *custódia protetiva*.[56]

Uma «revolução da destruição»?

I

A ofensiva nazi contra os judeus nos primeiros meses de 1933 foi o primeiro passo para a sua remoção da sociedade alemã a longo prazo. No verão de 1933, o processo já ia bem adiantado. Foi o núcleo da revolução cultural de Hitler, a chave, na mente dos nazis, para a transformação cultural da Alemanha, que purgaria o espírito alemão de influências «estranhas» como o comunismo, o marxismo, o socialismo, o liberalismo, o pacifismo, o conservadorismo, a experimentação artística, a liberdade sexual e muito mais. Os nazis atribuíram estas influências à influência maligna dos judeus, não obstante a enorme quantidade de provas em contrário. Por conseguinte, a exclusão dos judeus da economia, dos meios de comunicação social, do funcionalismo público e das profissões liberais era uma parte essencial do processo de redenção e purificação da raça alemã e de a preparar para se vingar dos que a tinham humilhado em 1918. No verão, quando Hitler e Goebbels falaram da «Revolução Nacional-Socialista», foi este o significado principal que lhe atribuíram: uma revolução cultural e espiritual na qual todas as coisas «não alemãs» tinham sido implacavelmente eliminadas.

Mas ao mesmo tempo, a rapidez extraordinária desta transformação indiciou continuidades poderosas com o passado recente. De facto, entre 30 de janeiro e 14 de julho de 1933, os nazis transformaram a chancelaria de Hitler, integrada num governo de coligação dominado pelos conservadores, num Estado de partido único no qual nem os conservadores estavam representados. «Coordenaram» todas as instituições sociais, fora as Igrejas e o Exército, numa estrutura vasta e rudimentar sob a sua direção.

Eliminaram os seus opositores em vastas áreas da cultura e das artes, nas universidades e no sistema de educação, bem como em quase todas as outras esferas da sociedade alemã. Começaram a empurrar os judeus para as margens da sociedade, forçando-os a emigrarem. E deram início à implementação das leis e das políticas que determinariam, nos anos seguintes, o destino da Alemanha e do povo alemão — e não só. Houve quem pensasse que a coligação instalada em 30 de janeiro de 1933 se iria desmoronar em poucos meses como outras coligações anteriores. Outros consideraram os nazis um fenómeno passageiro que iria desaparecer rapidamente do palco da história mundial, juntamente com o sistema capitalista que os tinha colocado no poder. Todos se enganaram. O Terceiro *Reich* nasceu no verão de 1933 e chegou claramente para ficar. Como se deu esta revolução? Porque é que os nazis não esbarraram com nenhuma oposição eficaz durante a conquista do poder?

A ascensão do Terceiro *Reich* aconteceu essencialmente em duas fases. A primeira ficou concluída com a nomeação de Hitler para chanceler do *Reich*, em 30 de janeiro de 1933. Não foi uma «conquista do poder». Aliás, os próprios nazis não usaram este termo para se referirem à nomeação, dado que cheirava a intentona. Nesta fase, ainda falavam cuidadosamente da «assunção do poder» e ainda chamavam à coligação um «governo de renovação nacional» ou, mais geralmente, um governo de «sublevação nacional», dependendo de se pretendiam sublinhar a legitimidade da nomeação do governo pelo presidente ou o suposto apoio que o governo tinha da nação.[1] Os nazis sabiam que a nomeação de Hitler era o início e não o fim do processo de conquista do poder. No entanto, se Hitler não tivesse sido nomeado, talvez fosse possível que o Partido Nazi tivesse continuado a declinar devido à recuperação da economia. Se Schleicher tivesse sido menos incompetente em termos políticos, talvez tivesse conseguido estabelecer um regime semimilitar, governando por decreto através do presidente Hindenburg, e depois, quando Hindenburg, que já estava na casa dos oitenta, morresse, governando sozinho, possivelmente com uma Constituição revista que continuasse a atribuir algum papel ao *Reichstag*. Na segunda metade de 1932, a única alternativa viável a uma ditadura nazi era um regime militar. A deriva da democracia parlamentar para um Estado autoritário sem a participação plena e igual dos partidos ou dos legisladores começou com Brüning e foi enorme e intencionalmente acelerada por Papen. Depois de Papen, não era possível voltar atrás. Criou-se um vácuo de poder que o *Reichstag*, e os partidos não tinham hipóteses de o preencher. O poder político escorreu dos órgãos constitucionais legítimos para a rua e para a pequena cabala de políticos e generais em torno de Hindenburg, e deixou um vácuo no enorme terreno médio, onde tem lugar a política democrática normal. Hitler foi instalado no seu cargo pelos homens aglomerados em torno do presidente; mas sem a violência e a desordem geradas pelos nazis e pelos comunistas nas ruas, eles não teriam achado necessário colocá-lo lá.[2]

Nesta situação, só a força teria probabilidades de êxito. Só duas instituições a possuíam em abundância e só duas instituições a poderiam empregar sem provocar uma reação ainda mais violenta do grosso da população: o exército e o movimento nazi. Era muito provável que, depois de 1933, uma ditadura militar espezinhasse muitas liberdades civis, iniciasse um processo de rearmamento, repudiasse o Tratado de Versalhes, anexasse a Áustria e invadisse a Polónia para recuperar Danzig e o Corredor Polaco, que separava a Prússia Oriental do resto da Alemanha. Era muito possível que usasse o poderio alemão recuperado para assumir uma postura internacional agressiva, que resultaria numa guerra contra a Grã-Bretanha e a França, contra a União Soviética ou contra os três países. E que imporia quase de certeza restrições severas aos judeus. Mas era muito pouco provável que uma ditadura militar implementasse um programa genocida como o que culminou nas câmaras de gás de Auschwitz e Treblinka.[3]

Uma intentona militar poderia ter provocado, tal como muitos recearam, uma resistência violenta dos nazis e dos comunistas. A restauração da ordem teria causado imenso derramamento de sangue, e talvez dado origem a uma guerra civil. O exército estava tão apostado em evitar isto como os nazis. Ambas as partes sabiam que se tentassem conquistar o poder sozinhas, as suas perspetivas de êxito eram, no mínimo, duvidosas. Por conseguinte, era praticamente impossível fugir à lógica da cooperação; a única questão era a forma da cooperação. Em toda a Europa, as elites conservadoras, os exércitos e os movimentos de massas radicais, fascistas ou populistas viram-se confrontados com o mesmo dilema. Foi resolvido de formas diferentes, com predomínio da força militar em alguns países, como em Espanha, ou dos movimentos fascistas noutros, como em Itália. Nos anos 20 e 30, as democracias foram substituídas por ditaduras em muitos países. O que aconteceu na Alemanha em 1933 não pareceu muito excecional à luz do que já tinha acontecido na Itália, Polónia, Letónia, Estónia, Lituânia, Hungria, Roménia, Bulgária, Portugal, Jugoslávia ou mesmo, de forma diferente, na União Soviética. E pouco depois, a democracia também foi destruída noutros países, entre os quais a Áustria e a Espanha. Nestes países, a violência política, os motins e os assassinatos foram comuns em vários períodos desde o fim da Primeira Guerra Mundial: na Áustria, por exemplo, os tumultos graves ocorridos em Viena em 1927 culminaram no incêndio do Palácio da Justiça; na Jugoslávia, esquadrões da morte macedónios lançaram o caos nos meios políticos; na Polónia, uma guerra de grandes dimensões contra a nascente União Soviética devastou o sistema político e a economia e abriu o caminho para a ditadura militar do general Piłsudski. Em todos os países, a direita autoritária comungava de quase todas as crenças e teorias da conspiração antissemitas que animavam os nazis. Na Hungria, o governo do almirante Miklós Horthy não ficava muito atrás da extrema-direita alemã no seu ódio aos judeus, alimentado pela experiência do breve regime revolucionário do comunista judeu Béla Kun, em 1919. O regime militar polaco dos anos 30 impôs restrições severas à numerosa população judaica do país. Vistos à luz do contexto europeu contemporâneo, a violência política dos anos 20 e do princípio da década seguinte, o colapso da democracia parlamentar e a destruição das liberdades civis não terão parecido particularmente invulgares a um observador frio. Além disso, tudo o que aconteceu na história do Terceiro *Reich* não decorreu inevitavelmente da nomeação de Hitler para chanceler. Tal como antes, o acaso e as contingências também pesaram.[4]

No entanto, as consequências dos acontecimentos de 30 de janeiro de 1933 na Alemanha foram, de longe, muito mais graves do que as consequências do colapso da democracia noutros países europeus. As medidas de segurança do Tratado de Versalhes não alteraram o facto de a Alemanha continuar a ser o país mais poderoso, avançado e populoso da Europa. Outros regimes autoritários, tais como a Polónia e a Hungria, também tinham sonhos de engrandecimento e conquista territoriais, mas a sua eventual concretização teria muito provavelmente um significado apenas regional. O que acontecesse na Alemanha teria seguramente um impacto muito maior do que o que acontecesse num país pequeno como a Áustria ou num país empobrecido como a Polónia; tendo em conta o tamanho e o poder da Alemanha, o seu significado poderia ser mundial. Foi por isto que os acontecimentos dos primeiros seis meses e meio de 1933 foram tão momentosos.

Como e porque é que se deram? Para começar, ninguém teria pensado em colocar Hitler na Chancelaria do *Reich* se ele não fosse o líder do maior partido político da Alemanha. É certo que os nazis nunca garantiram uma maioria em eleições livres: o seu melhor resultado foi 37,4% nas eleições para o *Reichstag* em julho de 1932. Mas foi um resultado elevado por quaisquer padrões democráticos — melhor do que o que têm conseguido muitos governos democraticamente eleitos de outros países desde essa altura. As raízes do sucesso dos nazis residem na incapacidade de o sistema político alemão produzir um partido conservador viável e de nível nacional que unisse católicos e protestantes à direita; na debilidade histórica do liberalismo alemão; no profundo ressentimento de quase todos os alemães em relação à derrota na guerra e às duras condições do Tratado de Versalhes; no medo e na desorientação de muitos alemães da classe média causados pelo modernismo social e cultural de Weimar; e na hiperinflação de 1923. A falta de legitimidade da República de Weimar, que durante a maior parte da sua existência nunca teve o apoio da maioria dos deputados do *Reichstag*, acrescentou-se a estas influências e encorajou a nostalgia pelo antigo *Reich* e pela liderança autoritária de uma figura como Bismarck. Os mitos do «espírito de 1914» e da «geração da frente», particularmente potentes entre os que não tinham combatido na guerra por serem demasiado novos, alimentaram um forte sentimento de união nacional e a impaciência com a multiplicidade de partidos e os intermináveis compromissos das negociações políticas. O legado da guerra também incluiu a violência política numa escala massiva e destrutiva, e contribuiu para convencer muitas pessoas pacíficas e respeitáveis a tolerá-la a um nível que seria impensável numa democracia parlamentar devidamente funcional.

Mas há vários fatores que se destacam. O primeiro é o efeito da Grande Depressão, que radicalizou o eleitorado, destruiu ou prejudicou profundamente os partidos mais moderados e polarizou o sistema político entre os partidos «marxistas» e os partidos «burgueses», que se deslocaram rapidamente para a direita. A ameaça permanente e crescente do comunismo encheu de medo os eleitores burgueses e contribuiu para a deriva do catolicismo político da democracia para a política autoritária, tal como sucedeu noutras partes da Europa. As falências empresariais e os desastres financeiros contribuíram para convencer muitos industriais e latifundiários de que o poder dos sindicatos tinha de ser cerceado ou mesmo destruído. Os efeitos políticos da Grande Depressão magnificaram os da catástrofe anterior da hiperinflação e fizeram com que a República só parecesse capaz de oferecer desastres económicos. Mesmo sem a Grande Depressão, a primeira democracia da Alemanha parecia condenada, e o advento de uma das piores recessões económicas da história contribuiu para a empurrar para lá do ponto de não retorno. Além do mais, o desemprego massificado minou o poderoso movimento operário alemão, um garante sólido da democracia em 1920, quando derrotou a intentona direitista de Kapp apesar da tolerância dos rebeldes do exército. O movimento laboral alemão, dividido, desmoralizado e privado da sua grande arma, a greve geral, viu-se encurralado entre o apoio impotente ao regime autoritário de Heinrich Brüning e a hostilidade autodestrutiva para com a «democracia burguesa».

O segundo fator importante foi o próprio movimento nazi. É evidente que as suas ideias agradaram bastante aos eleitores, ou pelo menos não foram aberrantes ao ponto de os afastarem. O seu dinamismo prometeu uma cura radical para os males da República. Adolf Hitler era uma figura carismática e conseguiu garantir o apoio eleitoral de massas com a veemência das suas denúncias da detestada República, tendo-o convertido num cargo político com as manobras certas no momento certo. A recusa de Hitler de entrar para um governo de coligação a não ser na qualidade de chanceler do *Reich*, que frustrou e afastou Gregor Strasser e outros dos seus subordinados, revelou-se correta. Como número dois do impopular Papen ou do igualmente detestado Streicher, Hitler teria prejudicado muito a sua reputação e cedido uma parte considerável do carisma inerente à posição de *Führer*. O Partido Nazi era um partido de protesto, sem um grande programa positivo e com poucas soluções

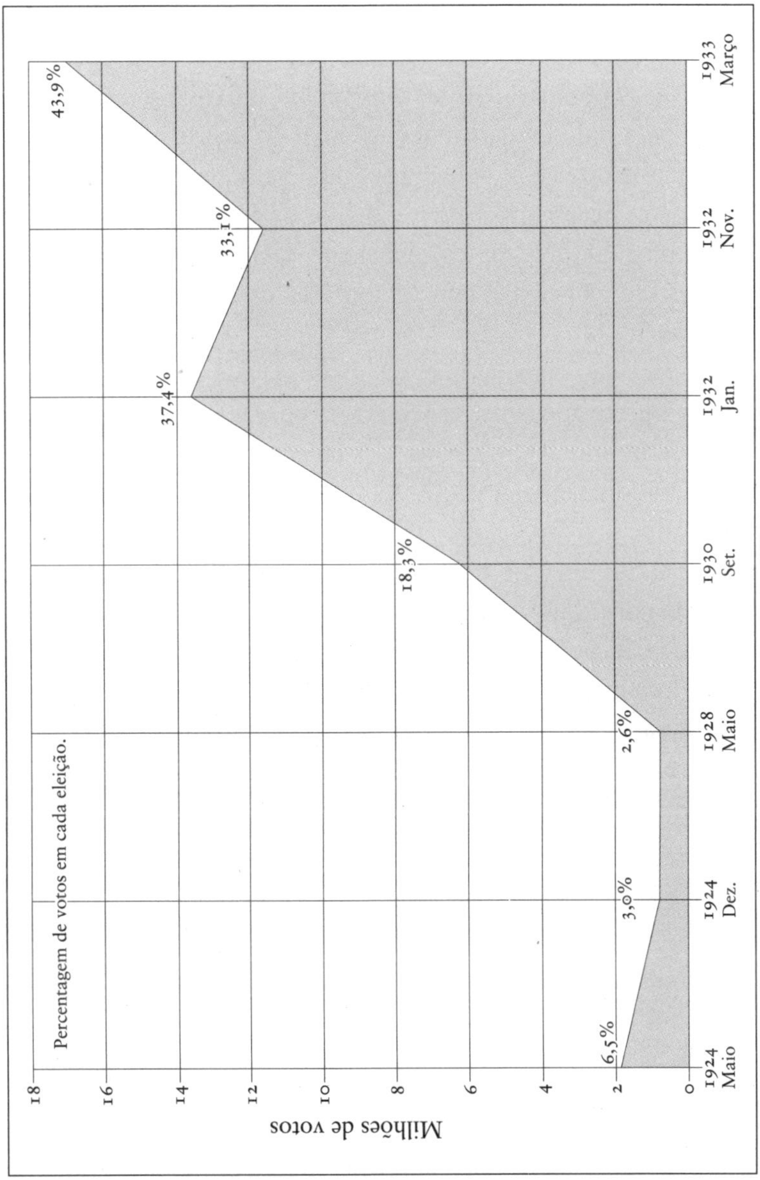

Figura 1. A votação nos nazis nas eleições para o *Reichstag*, 1924–1933

práticas para os problemas da Alemanha. Mas a sua ideologia extremista, adaptada e, por vezes, dissimulada em função das circunstâncias e do grupo específico de pessoas às quais o Partido apelava, incorporou um número suficiente de crenças e preconceitos populares preexistentes para que muita gente considerasse que valia a pena dar-lhe o seu voto. Para estas pessoas, tempos desesperados exigiam medidas desesperadas; e para muitas mais, em particular da classe média, a natureza vulgar e inculta dos nazis pareceu ser uma garantia suficiente de que os parceiros de coligação de Hitler, cultos e bem-educados, seriam capazes de o conter e de cercear a violência de rua que parecia ser uma componente infeliz, mas certamente temporária, da ascensão do movimento à proeminência.

A sobreposição considerável da ideologia dos nazis com a dos conservadores ou mesmo, em grande parte, com a dos liberais, foi o terceiro grande fator que contribuiu para colocar Hitler na Chancelaria do *Reich* em 30 de janeiro de 1933. As ideias correntes de quase todos os partidos políticos à direita dos sociais-democratas no princípio dos anos 30 tinham muito em comum com as dos nazis. Estas ideias eram suficientemente parecidas com as dos nazis para que o grosso dos eleitores protestantes dos partidos liberais e conservadores os trocassem, pelo menos temporariamente, por uma alternativa aparentemente mais eficaz. E nesta altura, os eleitores católicos e o seu representante político, o Partido do Centro, já não eram defensores da democracia. Além do mais, um número considerável de católicos e operários, ou pelo menos os que não estavam, por qualquer razão, tão ligados ao seu meio político-cultural como o grosso dos seus homólogos, também se virou para o nazismo. Os nazis só se tornaram rapidamente no maior partido político alemão porque entraram em sintonia com os valores sociais e políticos enraizados. Mas ao mesmo tempo, a propaganda nazi, não obstante a sua energia e sofisticação, não conseguiu atrair pessoas ideologicamente desinclinadas a votar em Hitler. Em 1930–1932, a ofensiva do aparelho de propaganda de Goebbels — cronicamente falho de dinheiro durante a maior parte do tempo, logo, impossibilitado de desenvolver a gama completa dos seus métodos —, impedido, até 1933, de usar a rádio e dependente do trabalho voluntário dos grupos de ativistas locais, muitos deles caóticos e desorganizados, foi apenas uma das influências que levaram as pessoas a votarem nos nazis. Aliás, em muitos casos, como aconteceu no norte rural protestante, os eleitores votaram nos nazis sem terem sido alcançados pela sua propaganda. O voto nos nazis foi sobretudo um voto de protesto. Depois de 1928, Hitler, Goebbels e a liderança do Partido reconheceram implicitamente esta realidade e puseram a maior parte das suas políticas específicas — se é que as tinham — na prateleira, concentrando-se num apelo vago e emocional que sublinhou pouco mais do que a juventude e o dinamismo do Partido, a sua determinação em destruir a República de Weimar, o Partido Comunista e os sociais-democratas, e a sua crença de que a Alemanha só poderia renascer com a união de todas as classes. O antissemitismo, bastante presente na propaganda nazi nos anos 20, passou para segundo plano e teve pouca influência na votação nos nazis no princípio da década de 1930. Mais importante foi, de longe, a imagem que o Partido projetou nas ruas, onde as colunas de SA em marcha contribuíram para a imagem geral de vigor disciplinado e determinação que Goebbels procurou projetar.[5]

Por conseguinte, a propaganda nazi atraiu principalmente pessoas identificadas com os valores que o Partido dizia representar e que apenas viram nos nazis um veículo mais enérgico e eficaz do que os partidos burgueses para os implementarem. Muitos historiadores disseram que esses valores eram essencialmente pré-industriais ou pré-modernos, mas este argumento assenta numa equiparação simplista da democracia à modernidade. Os eleitores que votaram em Hitler, os SA, que prescindiam das suas noites de repouso para baterem nos comunistas, nos sociais-democratas e nos judeus, e os ativistas do Partido, que passavam o seu tempo livre em comícios e manifestações, não se sacrificaram pela restauração de um passado perdido. Pelo contrário, foram inspirados por uma visão vaga, mas poderosa, de um futuro no qual a luta de classes e as quezílias político-partidárias seriam ultrapassadas, os privilégios aristocráticos corporizados na figura detestada de Papen seriam eliminados, a tecnologia, os meios de comunicação e todo o tipo de invenções modernas seriam postos ao serviço da causa do «povo», e a vontade nacional ressurgente seria expressa não através da soberania de um monarca hereditário tradicional ou de uma elite social entrincheirada, mas por um líder carismático vindo do nada, que fora um humilde cabo na Primeira Guerra Mundial e que alardeava constantemente as suas credenciais de homem do povo. Os nazis disseram que iriam eliminar as incrustações estranhas e estrangeiras do corpo político alemão, livrar o país do comunismo, do marxismo, do liberalismo «judeu», do bolchevismo cultural, do feminismo, da libertação sexual, do cosmopolitismo, dos ónus económicos e políticos impostos pela Grã-Bretanha e pela França em 1919, da democracia «ocidental» e de muitas outras coisas. Iriam desvendar a verdadeira Alemanha. Não era uma Alemanha histórica específica de nenhuma data ou constituição, mas uma Alemanha mítica, que recuperaria a sua intemporal alma racial da alienação sofrida com a República de Weimar. Esta visão não tinha que ver com olhar para trás ou para a frente: tinha que ver com as duas coisas.

Os conservadores que colocaram Hitler no poder comungavam de uma grande parte desta visão. Olhavam para o passado com nostalgia e ansiavam a restauração da monarquia Hohenzollern e do *Reich* bismarckiano, mas sem o que consideravam ser as cedências imprudentes feitas à democracia. Na sua visão do futuro, cada pessoa tinha de ter a noção do seu lugar e a classe trabalhadora, em especial, devia ser mantida no lugar que lhe pertencia, completamente fora do processo de tomada de decisão. Mas esta visão não pode ser vista como pré-industrial ou pré-moderna. Era partilhada, em larga medida, por muitos dos grandes industriais que tanto fizeram para minar a democracia de Weimar e por muitos oficiais militares modernos e tecnocráticos que ambicionavam desencadear uma guerra moderna com equipamento militar de ponta como aquele que o Tratado de Versalhes lhes proibia. Tal como outras pessoas noutras alturas e noutros lugares, os conservadores fizeram o mesmo que Hitler: manipularam e reconfiguraram o passado para os seus próprios fins. Não podem ser reduzidos à classificação de grupos sociais «pré-industriais». Muitos deles, desde os latifundiários capitalistas *Junkers* em busca de novos mercados, aos pequenos retalhistas e funcionários de colarinho branco cujo ganha-pão nem sequer existia antes da industrialização, eram tão modernos como tradicionais.[6] Foi esta comunhão de visões que convenceu homens como Papen, Schleicher e Hindenburg de que valia a pena legitimar a sua governação cooptando o movimento de massas do Partido Nazi num governo de coligação cujo objetivo era erguer um Estado autoritário sobre as ruínas da República de Weimar.

A morte da democracia na Alemanha fez parte de um padrão europeu no período entre as guerras mundiais, mas teve raízes muito específicas na história alemã e inspirou-se em ideias que faziam parte de uma tradição alemã muito particular. O nacionalismo alemão, a visão pangermânica da conclusão, através da conquista bélica, da obra inacabada de Bismarck — a reunião de todos os alemães num único Estado —, a crença na superioridade da raça ariana e na ameaça que lhe era colocada pelos judeus, a fé no planeamento eugénico e na higiene racial, o ideal militar de uma sociedade uniformizada, regimentada, obediente e pronta para o combate, tudo isto e muito mais que deu frutos em 1933 foi inspirado em ideias que circulavam na Alemanha desde o último quartel do século XIX. Por sua vez, algumas destas ideias tinham raízes noutros países ou eram partilhadas por pensadores importantes desses países, nomeadamente o racismo de Gobineau, o anticlericalismo de Schönerer, as fantasias pagãs de Lanz von Liebenfels, as políticas populacionais pseudocientíficas dos discípulos de Darwin, e muitas outras coisas. Mas, na Alemanha, combinaram-se numa mistura singularmente tóxica e tornada ainda mais potente pela posição preeminente da Alemanha como Estado mais avançado e poderoso da Europa Continental. Nos anos após a nomeação de Hitler para chanceler do *Reich*, o resto da Europa e do mundo iria descobrir o elevado grau de toxicidade da mistura.

II

Não há dúvida nenhuma de que Hitler, não obstante as suas vitórias eleitorais, chegou ao poder através de intrigas políticas de bastidores. Os «alemães» não elegeram Hitler chanceler do *Reich*, nem deram a sua aprovação livre e democrática à criação de um Estado de partido único. No entanto, há quem diga que a República de Weimar se destruiu a si própria em vez de ser destruída pelos seus inimigos, que foi um caso de suicídio e não de homicídio político.[7] Sobre as fraquezas da República enquanto entidade política na crise suprema de 1930–1933, não restam dúvidas nenhumas. A falta de legitimidade fatal da República levou as pessoas a procurarem rapidamente outras soluções políticas para os males da Alemanha. Mas estes males não eram da exclusiva responsabilidade da República. Um dos aspetos cruciais do processo foi a forma como os inimigos da democracia exploraram a Constituição e a cultura política democrática em benefício próprio. Joseph Goebbels foi bastante explícito em relação a isto quando ridicularizou publicamente a democracia:

> A democracia é estúpida. Uma das melhores piadas da democracia será sempre o ter oferecido aos seus inimigos mortais os meios através dos quais foi destruída. Os líderes perseguidos do NSDAP [Partido Nacional-Socialista dos Trabalhadores Alemães] tornaram-se deputados parlamentares, logo, adquiriram imunidade parlamentar, subsídios e bilhetes grátis para se deslocarem. Ou seja, ficaram protegidos das interferências da polícia, podiam dizer mais coisas do que o cidadão comum, e além disso tinham os custos das suas atividades pagos pelo inimigo. Pode-se lucrar imenso com a estupidez da democracia. Os membros do NSDAP perceberam imediatamente isto e deu-lhes um gozo enorme.[8]

Não há que negar o desprezo absoluto dos nazis pelas instituições democráticas. Mas é da natureza das instituições democráticas pressupor a existência de um mínimo de respeito pelas regras da política democrática. As democracias ameaçadas de destruição vêem-se confrontadas com o dilema impossível de cederem à ameaça ao insistirem em preservar as regras democráticas, ou violarem os seus princípios cerceando os direitos democráticos. Os nazis sabiam isto e exploraram o dilema ao máximo na segunda fase da ascensão do Terceiro *Reich*, de fevereiro a julho de 1933.

Depois do fracasso do «Golpe da Cervejaria», em novembro de 1923, Hitler afirmou sempre que iria chegar ao poder por meios legais — aliás, jurou-o em tribunal. Depois de 1923, ele sabia que um golpe de Estado violento como a Revolução de Outubro na Rússia, em 1917, ou mesmo como a ameaça da «Marcha sobre Roma», que tinha catapultado Mussolini para o cargo de primeiro-ministro de Itália, em 1922, não funcionariam. Por conseguinte, Hitler e os seus associados procuraram sempre uma capa legalista para os seus atos. Evitaram ao máximo oferecer aos seus adversários a oportunidade que os sociais--democratas agarraram quando combateram nos tribunais o golpe de Papen na Prússia, em julho de 1932. Os sociais-democratas tiveram algum sucesso, mas em termos políticos o seu recurso aos tribunais foi totalmente fútil. Foi para evitar este precedente, por exemplo, que Hitler deu tanta importância ao decreto do incêndio do *Reichstag* e à Lei de Concessão de Plenos Poderes. Foi por isto que Göring alistou os «camisas-castanhas» e a SS como polícias auxiliares na Prússia, em vez de os deixar simplesmente cometer atos de violência sem um mínimo de cobertura legal. Foi por isto que a liderança nazi insistiu em implementar o seu primeiro conjunto de políticas através de leis aprovadas no *Reichstag* ou sancionadas por decretos presidenciais. A estratégia da «revolução legal» funcionou. As constantes garantias de Hitler de que atuaria dentro da legalidade ajudaram a convencer os seus parceiros de coligação e os seus adversários de que seria possível lidar com os nazis através de meios legais. A cobertura legal dos atos dos nazis permitiu aos funcionários públicos redigirem os decretos e leis que eles exigiram, mesmo quando a Lei do Restabelecimento do Funcionalismo Público de Carreira, de 7 de abril de 1933, atacou os princípios de neutralidade nos quais o funcionalismo público assentava ao impor o despedimento dos burocratas judeus e politicamente suspeitos. Para os funcionários públicos e para muitos outros, as medidas através das quais os nazis conquistaram o poder, entre o fim de janeiro e o fim de julho de 1933, foram irresistíveis porque pareceram ser absolutamente legais.

Mas não eram. Em todas os momentos do processo, os nazis infringiram a lei. Em primeiro lugar, contrariam o espírito no qual as leis tinham sido aprovadas. O Artigo 48.º da Constituição de Weimar, em particular, que conferia ao presidente o poder de governar por decreto em alturas de emergência, nunca se destinou a ser a base de medidas mais do que puramente temporárias, mas os nazis tornaram-no o pilar de um estado de emergência permanente mais fictício do que real e que tecnicamente durou até 1945. Além disso, o Artigo 48.º também não se destinava a introduzir medidas tão abrangentes como as aprovadas em 28 de fevereiro de 1933. Foi uma infelicidade o presidente Ebert ter recorrido tão prodigamente ao Artigo 48.º na fase inicial da República, e ainda mais infeliz foi o seu uso intensivo pelos chanceleres do *Reich* Brüning, Papen e Schleicher aquando da crise do princípio da década de 1930. E isto foi insignificante quando comparado com a redução drástica das liberdades civis decretada em 28 de fevereiro. Além disso, os decretos não eram para ser usados pelo chanceler com o carimbo do presidente, mas Hitler garantiu que assim seria nas suas negociações com Hindenburg em janeiro de 1933.[9] A Lei de Concessão de Plenos Poderes foi uma violação ainda mais evidente do espírito da Constituição, tal como o foi a subsequente abolição das eleições. No entanto, a possibilidade de tudo isto acontecer não era propriamente segredo, dado que a liderança nazi afirmou à boca cheia que as eleições de 5 de março seriam as últimas durante muitos anos.

Os nazis não se limitaram a violar o espírito da Constituição de Weimar; também a infringiram em termos técnicos e jurídicos. O decreto de 6 de fevereiro de 1933, que deu a Göring o controlo sobre a Prússia, contrariou as conclusões do Tribunal do Estado no processo intentado contra Papen pelo governo social-democrata minoritário deposto na Prússia. A Lei de Concessão de Plenos Poderes foi tecnicamente inválida porque Göring, enquanto presidente do *Reichstag*, não contou os deputados comunistas eleitos para efeitos de quórum. Embora a maioria de dois terços não exigisse que fossem contados, o não reconhecimento da sua existência foi ilegal. Além disso, a ratificação da lei pelo Conselho Federal, a câmara alta da legislatura, representando os Estados federados, foi irregular, porque os governos estaduais tinham sido derrubados à força, logo, não estavam devidamente constituídos nem representados.[10] Estas questões foram mais do que simples pormenores técnicos, mas mesmo assim foram ultrapassadas em muito pela violência geral, continuada e completamente ilegal, perpetrada pelas SA nas ruas, iniciada em meados de fevereiro, tendo atingido níveis inéditos de intensidade depois do incêndio do *Reichstag* e que assolou o país em março, abril, maio e junho. O estatuto de muitos dos perpetradores como polícias auxiliares não tornou minimamente legais os seus atos. Vestir alguém com um uniforme de polícia não lhe dá o direito de assassinar, saquear instalações ou confiscar fundos, nem de prender, espancar, torturar e encarcerar pessoas sem julgamento em campos de concentração improvisados.[11]

Aliás, as autoridades judiciais alemãs estavam perfeitamente cientes da natureza ilegal da violência nazi mesmo antes da conquista do poder. O Ministério da Justiça do *Reich* procurou ao máximo dar um enquadramento legal às detenções em massa ocorridas na primeira metade de 1933, mas a sua intervenção foi pura e simplesmente ignorada. Durante todo o ano de 1933, vários procuradores públicos acusaram «camisas-castanhas» e SS que tinham cometido atos de violência e homicídio contra os seus opositores. Em agosto, foi criada uma procuradoria especial para coordenar estas iniciativas. Em dezembro, o procurador-geral da Baviera tentou investigar a tortura e morte de três presos no campo de concentração de Dachau, e quando foi bloqueado, o ministro da Justiça da Baviera anunciou que iria dar seguimento à questão com toda a energia possível. Em janeiro de 1934, o ministro do Interior do Reich queixou-se de que a custódia protetiva tinha sido mal aplicada em muitos casos. Só em abril de 1934 é que foi aprovado um conjunto de regulamentos que definiram quem tinha o direito de prender pessoas e de as colocar sob «custódia protetiva», e o que lhes deveria acontecer depois. Contudo, no mesmo ano, o procurador-geral acusou três SA e agentes da polícia política do campo de concentração de Hohnstein, na Saxónia, pela tortura de presos, a qual, nas palavras do ministro da Justiça do *Reich*, Gürtner, «revela uma brutalidade e uma crueldade por parte dos perpetradores que são totalmente estranhas ao sentimento e ao estar alemães»[12].

Muitos dos que tentaram levar a tribunal atos de tortura e violência cometidos pelas SA eram eles próprios nazis. Por exemplo, o ministro da Justiça que tentou levar a tribunal casos de tortura em Dachau em 1933 foi Hans Frank, que adquiriu uma reputação brutal como governador-geral da Polónia durante a Segunda Guerra Mundial. Estas iniciativas não deram em nada porque foram bloqueadas por intervenções de cima, por Himmler ou mesmo pelo próprio Hitler.[13] No dia 21 de março de 1933, foi decretada uma amnistia para crimes cometidos durante a «sublevação nacional» que pôs fim a mais de sete mil processos judiciais em curso.[14] Toda a gente, incluindo os nazis, sabia que os espancamentos brutais, as torturas, os maus-tratos, a destruição de património e toda a espécie de atos violentos cometidos contra os opositores dos nazis, incluindo os homicídios perpetrados pelas SA e

SS em 1933 e 1934, eram violações escandalosas das leis do país. Mas esta violência foi um elemento central e indispensável da conquista do poder pelos nazis a partir de fevereiro de 1933, e o medo generalizado — e depois quase universal — que suscitou nos alemães que não eram membros do Partido nem das suas organizações auxiliares foi um fator crucial para intimidar os inimigos de Hitler e impor a sua vontade aos seus aliados, que por vezes se mostraram pouco colaborantes.[15]

E finalmente, não deve haver dúvidas quanto à responsabilidade de Hitler e da liderança nazi em relação a estes atos ilegais. Hitler mostrou o seu desprezo pela lei e pela Constituição de Weimar em muitas ocasiões. «Entramos para os organismos legais para tornarmos o nosso Partido o fator determinante», disse ele no tribunal durante o julgamento dos oficiais do exército em Leipzig, em 1930. «Mas quando possuirmos o poder constitucional, moldaremos o Estado de acordo com o que consideramos adequado.»[16] Era importante, disse ele aos ministros logo após o incêndio do *Reichstag*, não perder muito tempo com minúcias legais na perseguição aos alegados perpetradores comunistas. Toda a retórica e toda a postura de Hitler nos primeiros meses de 1933 foram um incentivo constante aos atos de violência contra os opositores dos nazis. Os seus apelos à disciplina foram quase sempre acompanhados de ataques verbais aos seus adversários, que as SA interpretaram como uma licença para continuarem com a sua violência. Ações enormes e coordenadas como a ocupação das instalações dos sindicatos em 2 de maio convenceram os «camisas-castanhas» de que não teriam grandes problemas se atuassem por iniciativa própria com o mesmo espírito. E não tiveram.[17]

Mas o facto mais crucial foi que Hitler e os nazis estavam perfeitamente cientes de que estavam a infringir a lei. O seu desprezo pela lei e pelos processos formais da justiça era palpável e ficou demonstrado em numerosas ocasiões. Mandava quem podia, e a lei era apenas a expressão do poder. O que importava, segundo um jornalista nazi, não era a «falsa hipocrisia» dos sistemas legal e penal da Alemanha, mas «a *lei do poder*, que se incorpora nos laços de sangue e na solidariedade militar da raça... Não existe lei nem justiça em si próprias. O que se afirmou como "lei" na luta pelo poder deve ser protegido em nome do poder vitorioso»[18].

III

A natureza ilegal da conquista do poder pelos nazis na primeira metade de 1933 tornou-a efetivamente um derrube revolucionário do sistema político vigente; aliás, a retórica da «Revolução Nacional-Socialista» foi concebida em especial como justificação implícita para atos ilegais. Mas que tipo de revolução foi? O conservador Hermann Rauschning, que começou por cooperar com os nazis, mas que no final dos anos 30 se tornou um dos seus críticos mais ferozes e persistentes, descreveu-a como uma «revolução niilista», uma «revolução sem rumo, uma revolução apenas pela revolução». Destruía toda a ordem social, toda a liberdade, toda a decência; era, como denotou o título da edição inglesa do seu livro, um «revolução da destruição» — nada mais.[19] Mas com a sua diatribe emotiva, que concluiu com um apelo à restauração dos verdadeiros valores conservadores, Rauschning usou praticamente o termo «revolução» como um porrete retórico para bater nos nazis por terem derrubado a ordem que ele prezava. Independentemente do que Rauschning pensasse, outras revoluções tinham oferecido mais do que destruição. Como se saiu a Revolução Nazi em comparação com elas?

À primeira vista, a Revolução Nazi nem sequer foi realmente uma revolução. A Revolução Francesa de 1789 e a Revolução Russa de 1917 varreram à força a ordem existente e substituíram-na por algo que os revolucionários consideravam completamente novo. Em contraste, os nazis, à sua maneira típica, quiseram tudo: falaram de revolução, mas ao mesmo tempo disseram que tinham chegado ao poder pelas vias legais e de acordo com a Constituição. Os nazis tomaram poucas medidas concretas para abolirem as instituições centrais da República de Weimar ou para as substituírem por outra coisa qualquer — neste aspeto, a abolição do cargo presidencial em 1934 foi uma raridade. Os nazis preferiram deixar as instituições atrofiarem-se, como foi o caso do *Reichstag*, que depois de 1933 mal se reuniu, e quando o fez, foi para ouvir discursos de Hitler, ou o conselho de ministros do *Reich*, que também deixou de se reunir.[20] Por outro lado, o que a elite conservadora pretendia — o desencadeamento de uma verdadeira contrarrevolução com a ajuda dos nacionais-socialistas para restaurar o *Reich* guilhermino ou outra coisa muito parecida, com ou sem a pessoa do *Kaiser* no trono — também não se concretizou. Independentemente do que tenha acontecido em 1933, não foi uma restauração conservadora. A violência que foi central para a conquista do poder conferiu-lhe um sabor distintamente revolucionário. A retórica nazi da «revolução» não foi praticamente contestada depois de 1933. Devemos então aceitá-la inquestionavelmente?[21]

Segundo alguns historiadores, é possível traçar uma linha histórica até ao nazismo desde a Revolução Francesa de 1789, o «Terror» jacobino de 1793–1794 e a ideia da ditadura popular, implícita na teoria da «vontade geral» de Rousseau, que é decidida pelo povo e que não tolera oposição.[22] A Revolução Francesa foi efetivamente notável por ter ensaiado muitas das grandes ideologias que subiram ao palco histórico da Europa nos dois séculos seguintes. Mas o nacional-socialismo não foi uma delas. Aliás, os nazis consideravam que estavam a desfazer a obra da Revolução Francesa e a pôr o relógio a andar muito mais para trás, pelo menos em sentido político: para a Idade Média. O seu conceito de povo não era cívico, mas racial. Todas as ideologias nascidas da Revolução Francesa eram para destruir. A Revolução Nazi seria a negação histórica mundial da sua antecessora francesa, não a sua realização.[23]

Então se existiu uma Revolução Nazi, o que pensaram os nazis que ia ser? Mais uma vez, o paralelo com as Revoluções Francesa ou Russa não parece ser válido. Os revolucionários franceses de 1789 possuíam um conjunto claro de doutrinas com base nas quais iriam introduzir a soberania do povo através de instituições representativas, e os revolucionários russos de outubro de 1917 pretenderam derrubar a burguesia e as elites tradicionais e estabelecer a ditadura do proletariado. Ora, os nazis não tinham nenhum plano para a reordenação da sociedade; aliás, nem sequer tinham um modelo totalmente pensado da sociedade que disseram querer revolucionar. O próprio Hitler parece ter considerado a Revolução uma simples mudança dos ocupantes das posições de poder e autoridade. Num discurso perante altos funcionários nazis, em 6 de julho de 1933, Hitler deu a entender que o cerne da Revolução residia na eliminação dos partidos políticos, das instituições democráticas e das organizações independentes. Parece ter considerado a conquista do poder a essência da Revolução Nazi e ter usado os dois termos praticamente com o mesmo significado:

> A conquista do poder requer visão. A conquista do poder é fácil, mas a conquista só está segura quando a renovação dos seres humanos é adequada à nova forma... Agora, a grande tarefa é recuperar o controlo da revolução. A história mostra mais revoluções que tiveram êxito na fase inicial do que as que conseguiram prosseguir. A revolução não se deve tornar uma condição permanente, como se agora a primeira revolução tivesse de ser seguida de uma segunda, e a segunda de uma terceira. Conquistámos tantas coisas que vamos precisar de muito tempo para as digerirmos... Os novos desenvolvimentos têm de ser uma evolução, as circunstâncias existentes devem ser melhoradas...[24]

Ou seja, em termos fundamentais, ao apelar à reconfiguração cultural e espiritual dos alemães para os adequar à nova forma do *Reich*, Hitler considerou que era necessário fazê-lo de modo evolucionário e não revolucionário. E prosseguiu:

> A estrutura atual do *Reich* não é natural. Não é condicionada pelas necessidades da economia nem pelas necessidades da vida do nosso povo... Tomámos conta de uma situação estabelecida. Resta saber se a queremos manter... A tarefa reside em manter e reconfigurar a dita construção, desde que seja utilizável, para que o que é bom seja preservado para o futuro, e o que não puder ser usado seja removido.[25]

Por analogia, a transformação cultural do alemão, que constituiu o aspeto mais revolucionário das intenções dos nazis, podia ser concretizada preservando ou ressuscitando o que os nazis consideravam ser os bons aspetos da cultura alemã do passado e removendo o que concebiam como elementos estranhos.

Até as SA, cujo autoproclamado impulso para a «segunda revolução» foi explicitamente criticado por Hitler neste discurso, não tinham nenhum conceito real de qualquer tipo de mudança revolucionária sistemática. Um inquérito aos ativistas de base realizado em 1934 mostrou que a maioria dos que tinham pertencido ao Partido durante a República de Weimar esperavam que o regime levasse a cabo o renascimento nacional, descrito por um ativista como o «reordenamento total da vida pública» no qual Hitler «purgará a Alemanha das pessoas estranhas ao nosso país e à nossa raça que se infiltraram nos altos cargos e que, juntamente com outros criminosos, levaram a minha pátria alemã à beira da ruína». No entendimento destes homens, o renascimento nacional significava sobretudo a reafirmação da posição da Alemanha no mundo, a rejeição do Tratado de Versalhes e a restauração, quase de certeza através da guerra, da hegemonia da Alemanha na Europa.[26] Ou seja, estes homens não eram revolucionários no sentido lato do termo; tinham pouca ou nenhuma noção de como seria a transformação interna da Alemanha, a não ser purgarem-na dos judeus e «marxistas». O ativismo incessante dos «camisas-castanhas» causou graves problemas ao Terceiro *Reich* nos anos seguintes. Na segunda metade de 1933 e na primeira de 1934, foi frequentemente justificado com a afirmação de que a «revolução» tinha de continuar. Contudo, em última análise, a ideia que as SA tinham de uma revolução pouco mais era do que a continuação das zaragatas e das lutas às quais se tinham acostumado durante a conquista do poder.

Para os escalões cimeiros do Partido e sobretudo para a liderança, a continuidade era tão importante como a mudança. A cerimónia solene da abertura do *Reichstag* na igreja da guarnição de Potsdam depois das eleições de março de 1933, com a sua ostentação aparatosa dos símbolos da antiga ordem social e política, incluindo o trono reservado para o *Kaiser* ausente e a deposição cerimonial de coroas de flores nos túmulos dos reis prussianos, foi uma sugestão potente de que o nazismo rejeitava os princípios fundamentais da revolução e se associava simbolicamente a tradições cruciais do passado alemão. Talvez isto não tenha sido a história toda, mas também não foi um mero exercício de propaganda ou uma peita cínica aos aliados de Hitler. Além do mais, o facto de tantas pessoas terem aderido ao nazismo nos meses após a nomeação de Hitler para chanceler, ou pelo menos de não se terem oposto ao nazismo, não pode ser atribuído ao oportunismo. Esta explicação poderia aplicar-se a um regime normal, mas não a um regime com características tão pronunciadas e radicais como o nazi, e a rapidez e o entusiasmo com os quais tantas pessoas se identificaram com o novo regime sugere fortemente que uma grande maioria das elites cultas da sociedade alemã, independentemente da sua cor política até essa altura, estavam predispostas a abraçarem muitos dos princípios basilares do nazismo.[27] Os nazis, além de conquistarem o poder político, também se apoderaram do poder ideológico e cultural nos primeiros meses de existência do Terceiro *Reich*. Isto foi uma consequência da qualidade vaga e versátil de muitas das suas afirmações ideológicas, que ofereceram tudo a toda a gente, mas também derivou da forma como as ideias nazis apelaram diretamente a muitos dos princípios e convicções em voga na elite culta alemã desde o final do século XIX. Após a Primeira Guerra Mundial, estes princípios e convicções não foram apanágio de uma minoria revolucionária perseguida, mas de grandes instituições da sociedade e da política. Aqueles que as rejeitavam em parte ou na totalidade, os comunistas e os sociais-democratas, é que se consideravam revolucionários, e eram vistos como tal pela maior parte dos alemães.

Todas as grandes revoluções da história rejeitaram o passado, ao ponto de começarem um novo sistema de datação com o «Ano I», como fez a Revolução Francesa em 1789, ou de remeterem os séculos anteriores para o «caixote do lixo da história», para citar a célebre frase de Trotsky durante a Revolução Russa de 1917.[28] Este tipo de fundamentalismo também se encontra à direita, por exemplo, no plano de Schönerer para substituir o calendário cristão por um calendário nacionalista alemão. No entanto, o sistema de Schönerer começava num passado distante. E para os nazis e seus partidários, o próprio termo «Terceiro *Reich*» representava um poderoso elo simbólico à grandeza imaginada do passado, corporizada no Primeiro *Reich* de Carlos Magno e no Segundo *Reich* de Bismarck. Por conseguinte, tal como Hitler disse em 13 de julho de 1934, a Revolução Nazi restaurou o desenvolvimento natural da história alemã, interrompido pelas imposições estranhas de Weimar:

> Para nós, a revolução que despedaçou a Segunda Alemanha mais não foi do que o parto tremendo do Terceiro *Reich*. Quisemos recriar um Estado ao qual todos os alemães se podem apegar com amor; estabelecer um regime que todos podem olhar com respeito; encontrar leis comensuráveis com a moralidade do nosso povo; instalar uma autoridade à qual todos os homens se submetam com uma obediência jovial.
>
> Para nós, a revolução não é uma condição permanente. Quando é violentamente imposto um bloqueio mortal ao desenvolvimento natural de um povo, um ato de violência pode servir para libertar o fluxo artificialmente

interrompido da evolução, para lhe dar novamente a liberdade do desenvolvimento natural.[29]

Mais uma vez, a revolução surge aqui como pouco mais do que a conquista do poder político e o estabelecimento de um Estado autoritário. O que fazer com o poder conquistado não cabia necessariamente na definição de revolução. A maior parte das revoluções resultou, mesmo que temporariamente, numa ditadura unipessoal, mas só a revolução nazi foi desencadeada com este resultado em mente. Até a Revolução Bolchevique se destinou a instalar uma ditadura coletiva do proletariado, liderada pela sua vanguarda política, até ao advento de Estaline.[30]

O nazismo ofereceu uma síntese do revolucionário e do restaurativo. Os nazis nunca pretenderam o derrube completo do sistema social como o que foi pregado em Paris em 1789, ou em Petrogrado em outubro de 1917. No cerne do sistema criado pelos nazis havia outra coisa. Não obstante toda a sua retórica agressivamente igualitária, os nazis, em última análise, eram relativamente indiferentes às desigualdades sociais. O que mais lhes importava era sobretudo a raça, a cultura e a ideologia. Nos anos seguintes, criaram todo um conjunto de instituições através das quais procuraram moldar a psique alemã e reconstruir o carácter alemão. Terminada a purga da vida artística e cultural, era altura de os restantes escritores, compositores e intelectuais alemães consagrarem com entusiasmo o seu talento à criação de uma nova cultura alemã. O cristianismo das Igrejas, relativamente imune à atenção hostil dos nazis (por razões de conveniência política), não permaneceu protegido durante muito mais tempo. Os nazis lançaram-se na construção de uma utopia racial na qual uma nação pura de heróis se prepararia o mais rápida e minuciosamente possível para o grande teste da superioridade racial alemã: uma guerra na qual esmagariam e destruiriam os seus inimigos e estabeleceriam uma nova ordem europeia que acabaria por dominar o mundo. No verão de 1933, ficou desimpedido o caminho para a construção de uma ditadura nunca antes vista. Nasceu o Terceiro *Reich*; na fase seguinte da sua existência, avançaria a toda a velocidade para uma maturidade dinâmica e cada vez mais intolerante.

Notas

Prefácio

1 Michael Ruck, *Bibliographie zum Nationalsozialismus* (2 vols., Darmstadt, 2000 [1995]).

2 Norbert Frei, *National Socialist Rule in Germany: The Führer State 1933-1945* (Oxford, 1993 [1987]); Ludolf Herbst, *Das nationalsozialistische Deutschland 1933-1945* (Frankfurt, 1996). Entre muitos outros relatos mais breves, o de Hans-Ulrich Thamer, *Verführung und Gewalt: Deutschland 1933-1945* (Berlim, 1986), é uma síntese bastante conseguida; o de Jost Dülffer, *Nazi Germany 1933-1945: Faith and Annihilation* (Londres, 1996 [1992]), e de Bernd-Jürgen Wendt, *Deutschland 1933-1945: Das Dritte Reich. Handbuch zur Geschichte* (Hanôver, 1995), são introduções de qualidade.

3 Detlev J. K. Peukert, *Volksgenossen und Gemeinschaftsfremde – Anpassung, Ausmerze, Aufbegehren unter dem Nationalsozialismus* (Colónia, 1982); ed. inglesa, *Inside Nazi Germany: Conformity, Opposition and Racism* in *Everyday Life* (Londres, 1989).

4 Jeremy Noakes e Geoffrey Pridham (org.), *Nazism 1919-1945* (4 vols., Exeter, 1983-98 [1974]).

5 William L. Shirer, *The Rise and Fall of the Third Reich: A History of Nazi Germany* (Nova Iorque, 1960); recensão de Klaus Epstein em *Review of Politics, 23* (1961), pp. 130–145.

6 Karl Dietrich Bracher, *The German Dictatorship: The Origins, Structure, and Consequences of National Socialism* (Nova Iorque, 1970 [1969]).

7 Ian Kershaw, *Hitler,* I: *1889-1936: Hubris* (Londres, 1998); idem, *Hitler,* II: *1936-1945: Nemesis* (Londres, 2000).

8 Michael Burleigh, *The Third Reich: A New History* (Londres, 2000).

9 Estou a pensar em obras como a de Orlando Figes, A *People's Tragedy: The Russian Revolution 1891-1924* (Londres, 1996), ou de Margaret Macmillan, *Peacemakers: The Paris Conference of 1919 and its Attempt to End War* (Londres, 2001).

10 A começar por Martin Broszat, *Der Staat Hitlers: Grundlegung und Entwicklung seiner inneren Verfassung* (Munique, 1969), outro livro ao qual se pode

sempre voltar, e representados sobretudo pelos brilhantes ensaios de Hans Mommsen, recolhidos em *Der Nationalsozialismus und die deutsche Gesellschaft: Ausgewählte Aufsätze* (Reinbek, 1991) e *From Weimar* to *Auschwitz: Essays in German History* (Princeton, 1991).

11 No que retoma e leva mais longe a técnica que usei em *Death in Hamburg: Society and Politics in the Cholera Years 1830-1910* (Oxford, 1987) e *Rituals of Retribution: Capital Punishment in Germany 1600-1987* (Oxford, 1996).

12 Karl Marx, *The Eighteenth Brumaire of Louis Bonaparte* (1852), *in* Lewis Feuer (ed.), *Marx and Engels: Basic Writings on Politics and Philosophy* (Nova Iorque, 1959), p. 360.

13 L. P. Hartley, *The Go-Between* (Londres, 1953), prefácio.

14 Veja-se Richard J. Evans, «History, Memory, and the Law: The Historian as Expert Witness,» *History and Theory,* 41 (2002), pp. 277–296; e Henry Rousso, *The Haunting Past: History, Memory, and Justice in Contemporary France* (Filadélfia, 2002 [1998]).

15 Ian Kershaw, *Popular Opinion and Political Dissent in the Third Reich: Bavaria 1933-1945* (Oxford, 1983), p. vii.

16 Konrad Heiden, *Geschichte des Nationalsozialismus: Die Karriere einer Idee* (Berlim, 1932) e *Adolf Hitler: Das Zeitalter der Verantwortungslosigkeit. Eine Biographie* (Zurique, 1936); Ernst Fraenkel, *The Dual State* (Nova Iorque, 1941); Franz Neumann, *Behemoth: The Structure and Practice of National Socialism* (Nova Iorque, 1942).

17 Friedrich Meinecke, *Die deutsche Katastrophe* (Wiesbaden, 1946), disponível numa tradução inglesa comicamente literal de Sidney B. Fay, *The German Catastrophe: Reflections and Recollections* (Cambridge, Mass., 1950). Para uma abordagem extremamente crítica, veja-se Imanuel Geiss, «Kritischer Rückblick auf Friedrich Meinecke», *in* idem, *Studien über Geschichte und Geschichtswissenschaft* (Frankfurt, 1972), pp. 89–107. Para uma apologia, veja-se Wolfgang Wippermann, «Friedrich Meineckes "Die deutsche Katastrophe": Ein versuch zur deutschen Vergangenheitsbewaltigung», *in* Michael Erbe (ed. *Friedrich Meinecke heute: Bericht über ein Gedenk-Colloquium zuseinem 25. Todestag am 5. und 6. April 1979* (Berlim, 1981), pp. 101–121.

18 É o conjunto de perguntas feitas no início do clássico *Stufen der Machtergreifung*, volume I de Karl Dietrich Bracher *et al.*, *Die nationalsozialistische Machtergreifung: Studien zur Errichtung des totalitdren Herrschaftssystems in Deutschland 1933/34* (Frankfurt, 1974 [1960]), pp. 17–18.

19 De entre as muitas abordagens de qualidade da historiografia do nazismo e do Terceiro *Reich*, veja-se em especial a breve panorâmica de Jane Caplan, «The Historiography of National Socialism», *in* Michael Bentley (ed.), *Companion to Historiography* (Londres, 1997), pp. 545–590, e o estudo mais longo de Ian Kershaw, *The Nazi Dictatorship: Problems and Perspectives of Interpretation* (4.ª ed., Londres, 2000 [1985]).

20 Mark Mazower, *Dark Continent: Europe's Twentieth Century* (Londres, 1998).

21 Para uma boa panorâmica das interpretações marxistas, colocadas no seu contexto político contemporâneo, veja-se Pierre Ayçoberry, *The Nazi Question: An Essay on the Interpretations of National Socialism* (1922–1975) (Nova Iorque, 1981 [1979]).

22 Sobre estudos realizados na RDA, veja-se Andreas Dorpalen, *German History in Marxist Perspective: The East German Approach* (Detroit, 1988). Existe uma secção representativa, com comentários judiciosos, em Georg G. Iggers (org.), *Marxist Historiography in Transformation: New Orientations in Recent East German History* (Oxford, 1992). Um dos melhores e mais subtis historiadores marxistas do Terceiro *Reich* foi Tim Mason: veja-se, em particular, *Nazism, Fascism and the Working Class: Essays by Tim Mason* (ed. Jane Caplan, Cambridge, 1995) e *Social Policy in the Third Reich: The Working Class and the 'National Community'* (ed. Jane Caplan, Providence, RI, 1993 [1977]).

23 Shirer, *The Rise and Fall;* Alan J. P. Taylor, *The Course of German History* (Londres, 1945); Edmond Vermeil, *Germany in the Twentieth Century* (Nova Iorque, 1956).

24 Ayçoberry, *The Nazi Question,* pp. 3–15.

25 Rohan d'Olier Butler, *The Roots* of *National Socialism 1783-1933* (Londres, 1941), é o exemplo clássico desta propaganda durante a guerra; outro é Fossey J. C. Hearnshaw, *Germany the Aggressor throughout the Ages* (Londres, 1940). Para uma resposta contemporânea inteligente, veja-se Harold Laski, *The Germans – are they Human?* (Londres, 1941).

26 Para uma abordagem geral destas questões, veja-se Richard J. Evans, *Rethinking German History: Nineteenth-Century Germany and the Origins of the Third Reich* (Londres, 1987), em esp., pp. 1–54. Existe uma excelente coleção de documentos com comentários em John C. G. Rohl (org.), *From Bismarck to Hitler: The Problem of Continuity in German History* (Londres, 1970). Quando eu estava a estudar na universidade, tomei conhecimento destas controvérsias através do útil compêndio de excertos em John L. Snell (org.), *The Nazi Revolution – Germany's Guilt or Germany's Fate?* (Boston, 1959).

27 Isto aplica-se aos escritos relativamente sofisticados de alemães exilados pelo Terceiro *Reich*, tais como Hans Kohn, em especial *The Mind of Germany: The Education of a Nation* (Londres,1961), e Peter Viereck, *Metapolitics: From the Romantics to Hitler* (Nova Iorque, 1941).

28 Keith Bullivant, «Thomas Mann and Politics in the Weimar Republic», *in* idem (org.), *Culture and Society in the Weimar Republic* (Manchester, 1977), pp. 14–38; Taylor, *The Course,* pp. 92–93.

29 Gerhard Ritter, «The Historical Foundations of the Rise of National-Socialism», *in* Maurice Beaumont *et al., The Third Reich: A Study Published under the Auspices of the International Council for Philosophy and Humanistic Studies with the Assistance of UNESCO* (Nova Iorque, 1955), pp. 381–416; idem, *Europa und die deutsche Frage: Betrachtungen über die geschichtliche Eigenart des deutschen Staatsgedankens* (Munique, 1948);

Christoph Cornelissen, *Gerhard Ritter: Geschichtswissenschaft und Politik im 20. Jahrhundert* (Düsseldorf, 2001); os argumentos de Ritter remontam a 1937, quando foram formulados em termos bastante menos negativos (*ibid.*, pp. 524–530). Para outras perspetivas, veja-se Hans Kohn (org.), *German History: Some New German Views* (Boston, 1954). Uma tentativa inicial e parcialmente bem-sucedida de um historiador alemão de quebrar o molde foi Ludwig Dehio, *Germany and World Politics* (Londres, 1959 [1955]), que continuou a sublinhar o primado dos fatores internacionais.

30 De entre muitas outras abordagens a este tópico, veja-se Karl Dietrich Bracher, *Die totalitäre Erfahrung* (Munique, 1987) e Leonard Shapiro, *Totalitarianism* (Londres, 1972). A exposição clássica e muito criticada da teoria básica é a de Carl J. Friedrich e Zbigniew K. Brzezinski, *Totalitarian Dictatorship and Autocracy* (Nova Iorque, 1963), e o texto filosófico pioneiro é Hannah Arendt, *The Origins of Totalitarianism* (Nova Iorque, 1958).

31 Eckard Jesse (org.), *Totalitarismus im 20. Jahrhundert* (Baden-Baden, 1996), e Alfons Söllner (org.), *Totalitarismus: Eine Ideengeschichte* des *20. Jahrhunderts* (Berlim, 1997).

32 Veja-se, em particular, as comparações frutuosas em Ian Kershaw e Moshe Lewin (org.), *Stalinism and Nazism: Dictatorships in Comparison* (Cambridge, 1997), e a abordagem útil e informada em Kershaw, *The Nazi Dictatorship,* pp. 20–46.

33 Para uma análise deste argumento, veja-se Jürgen Steinle, «Hitler als "Betriebsunfall in der Geschichte"», *Geschichte in Wissenschaf tund Unterricht,* 45 (1994), pp. 288–302.

34 Karl Dietrich Bracher, *Die Auflösung der Weimarer Republik: Eine Studie zum Problem des Machtverfalls in der Demokratie* (3.ª ed., Villingen, 1960 [1955]); idem, *et al., Die nationalsozialistische Machtergreifung.*

35 Broszat, *Der Staat Hitlers;* idem, *et al.* (org.), *Bayern in der NS-Zeit* (6 vols., Munique, 1977–1983); Peukert, *Inside Nazi Germany;* veja-se também os comentários interessantes sobre o desenvolvimento da investigação na edição alemã mais recente da breve história de Norbert Frei, *Der Führerstaat: Nationalsozialistische Herrschaft 1933 bis 1945* (Munique, 2001 [1987]), pp. 282––304. As tentativas recentes de descredibilização dos trabalhos de Broszat com a justificação de que ele, tal como outros historiadores alemães da sua geração, pertenceu à Juventude Hitleriana quando era adolescente, e que, juntamente com muitos outros, foi inscrito no Partido Nazi (mas sem o seu conhecimento), não convencem, em especial, porque não abordam o que ele escreveu como historiador (Nicolas Berg, *Der Holocaust und die westdeutschen Historiker: Erforschung und Erinnerung* (Colónia, 2003), em esp., pp. 613–615).

36 De entre os muitos estudos e antologias, veja-se, por exemplo, Robert Gellately e Nathan Stoltzfus (org.), *Social Outsiders in Nazi Germany* (Princeton, 2001); Michael Burleigh e Wolfgang Wippermann, *The Racial State: Germany 1933––1945* (Cambridge, 1991); Henry Friedlander, *The Origins of Nazi Genocide: From Euthanasia to the Final Solution* (Chapel Hill, NC, 1995); Wolfgang

Ayass, *«Asoziale» im Nationalsozialismus* (Estugarda, 1995); Peter Longerich, *Politik der Vernichtung: Eine Gesamtdarstellung der nationalsozialistischen Judenverfolgung* (Munique, 1998); Ulrich Herbert, *Hitler's Foreign Workers: Enforced Foreign Labor in Germany under the Third Reich* (Cambridge, 1997 [1985]).

37 Richard J. Evans, *In Hitler's Shadow: West German Historians and the Attempt to Escape from the Nazi Past* (Nova Iorque, 1989); idem, *Rituals.*

38 Richard J. Evans, *Telling Lies About Hitler: The Holocaust, History, and the David Irving Trial* (Londres, 2002).

39 Peter Longerich, *Der ungeschriebene Befehl: Hitler und der Weg zur 'Endlösung'* (Munique, 2001), pp. 9–20.

40 Victor Klemperer, *LTI: Notizbuch eines Philologen* (Leipzig, 1985 [1946]).

Peculiaridades alemãs

1 As continuidades entre o *Reich* bismarckiano e a chegada do Terceiro *Reich* constituem a tese central de Hans-Ulrich Wehler, *Deutsche Gesellschaftsgeschichte,* III: *Von der «Deutschen Doppelrevolution» bis zum Beginn des Ersten Weltkrieges 1849-1914* (Munique, 1995), e Heinrich August Winkler, *Der lange Weg nach Westen,* I: *Deutsche Geschichte vom Ende des Alten Reiches bis zum Untergang der Weimarer Republik* (Munique, 2000).

2 Friedrich Meinecke, «Bismarck und das neue Deutschland», *in* idem, *Preussen und Deutschland'im 19. und 20. Jahrhundert* (Munique, 1918), pp. 510–531, traduzido e citado *in* Edgar Feuchtwanger, *Bismarck* (Londres, 2002), p. 7.

3 Elizabeth Knowles (org.), *The Oxford Dictionary of Quotations* (5.ª ed., Oxford, 1999), p. 116.

4 Citado sem atribuição *in* Alan J. P. Taylor, *Bismarck: The Man and the Statesman* (Londres, 1955), p. 115.

5 Para uma panorâmica breve e de qualidade sobre este período e o seguinte, veja-se David Blackbourn, *The Fontana History of Germany 1780-1918: The Long Nineteenth Century* (Londres, 1997); mais pormenores em James J. Sheehan, *German History 1770-1866* (Oxford, 1989); em Thomas Nipperdey, *Germany from Napoleon to Bismarck* (Princeton, 1986 [1983]), e ainda mais em Hans-Ulrich Wehler, *Deutsche Gesellschaftsgeschichte,* II: *Von der Reformära bis zur industriellen und politischen «Deutschen Doppelrevolution» 1815-1845/49* (Munique, 1987).

6 Taylor, *The Course,* p. 69.

7 Para o debate sobre esta questão, veja-se, em particular, Geoff Eley, *From Unification to Nazism: Reinterpreting the German Past* (Londres, 1986), pp. 254–282; David Blackbourn e Geoff Eley, *The Peculiarities of German History: Bourgeois Society and Politics in Nineteenth-Century Germany* (Oxford, 1984); Evans, *Rethinking German History,* pp. 93–22; Richard J. Evans (org.), *Society and Politics in Wilhelmine Germany* (Londres, 1978); Jürgen Kocka,

«German History Before Hitler: The Debate about the German *Sonderweg», Journal of Contemporary History,* 23 (1988), pp. 3–16; Robert G. Moeller, «The Kaiserreich Recast? Continuity and Change in Modern German Historiography», *Journal of Social History,* 17 (1984), pp. 655–683.

8 Bismarck foi bem servido pelos seus biógrafos. Para as duas melhores biografias sob a forma de narrativas, veja-se Ernst Engelberg, *Bismarck* (2 vols., Berlim, 1985 e 1990), e Otto Pflanze, *Bismarck* (3 vols., Princeton, 1990).

9 Heinrich August Winkler, *Der lange Weg nach Westen,* II: *Deutsche Geschichte vom 'Dritten Reich' bis zur Wiedervereinigung* (Munique, 2000), pp. 645–648.

10 Heinrich August Winkler, *The Long Shadow of the Reich: Weighing up German* History (The 2001 Annual Lecture of the German Historical Institute, Londres; Londres, 2002). Lothar Kettenacker, «Der Mythos vom Reich», *in* Karl H. Bohrer (org.), *Mythos und Moderne* (Frankfurt, 1983), pp. 262–289.

11 Karl Marx, «Randglossen zum Programm der deutschen Arbeiterpartei» (Kritik des Gothaer Programms, 1875), *in* Karl Marx, Friedrich Engels, *Ausgewählte Schriften* (2 vols., Berlim-Leste, 1968), II., pp. 11–28, na p. 25.

12 Otto Büsch, *Militärsystem und Sozialleben im alten Preussen 1713-1807: Die Anfänge der sozialen Militarisierung der preussischdeutschen Gesellschaft* (Berlim, 1962).

13 Horst Kohl (org.), *Die politischen Reden* des *Fürsten Bismarck* (14 vols., Estugarda, 1892–1905), II., pp. 29–30.

14 Lothar Gall, *Bismarck: The White Revolutionary* (2 vols., Londres, 1986 [1980]): o melhor estudo analítico sobre Bismarck.

15 Sobre a história da conscrição, veja-se Ute Frevert, *Die kasernierte Nation: Militärdienst und Zivilgesellschaft in Deutschland* (Munique, 2001); sobre o militarismo alemão num contexto mais lato, veja-se Volker R. Berghahn, *Militarism: The History of an International Debate 1861-1979* (Cambridge, 1984 [1981]), *idem* (org.), *Militarismus* (Colónia, 1975), Martin Kitchen, *A Military History of Germany from the Eighteenth Century to the Present Day* (Londres, 1975), e o clássico Gordon A. Craig, *The Politics of the Prussian* Army *1640--1945* (Nova Iorque, 1964 [1955]); reflexões não convencionais em Geoff Eley, «Army, State and Civil Society: Revisiting the Problem of German Militarism», *in* idem, *From Unification to Nazism,* pp. 85–109.

16 Martin Kitchen, *The German Officer Corps 1890-1914* (Oxford, 1968); Karl Demeter, *Das deutsche Offizierkorps in Gesellschaft und Staat 1650-1945* (Frankfurt, 1962). Sobre a ameaça permanente de um golpe de Estado, veja-se Volker R. Berghahn, *Germany and the Approach* of *War in 1914* (Londres, 1973), pp. 13–15.

17 Veja-se Richard J. Evans, *Rethinking German History,* pp. 248–290; idem, *Rereading German History: From Unification to Reunification 1800-1996* (Londres, 1997), pp. 65–86.

18 Ute Frevert, «Bourgeois Honour: Middle-class Duellists in Germany from the Late Eighteenth to the Early Twentieth Century», *in* David Blackbourn e

Richard J. Evans (org.), *The German Bourgeoisie: Essays on the Social History of the German Middle Class from the Late Eighteenth to the Early Twentieth Century* (Londres, 1991), pp. 255–292; e idem, *Ehrenmänner: Das Duell in der bürgerlichen Gesellschaft* (Munique, 1991).

19 Eley, *From Unification to Nazism,* pp. 85–109; Wehler, *Deutsche Gesellschaftsgeschichte,* III., pp. 873–885.

20 Michael Geyer, «Die Geschichte des deutschen Militärs von 1860-1956: Ein Bericht über die Forschungslage (1945-1975)», *in* Hans-Ulrich Wehler (org.), *Die moderne deutsche Geschichte in der internationalen Forscbung 1945–1975* (Gottingen, 1978), pp. 256–286; Helmut Bley, *Namibia under German Rule* (Hamburgo, 1996 [1968]).

21 Gesine Krüger, *Kriegshewältigung und Gescbicbtsbeivusstsein: Realität, Deutung und Verarbeitung des deutschen Kolonialkrieges in Namibia 1904 bis 1907* (Gottingen, 1999); Tilman Dedering, «"A Certain Rigorous Treatment of all Parts of the Nation": The Annihilation of the Herero in German Southwest Africa 1904», *in* Mark Levene e Penny Roberts (org.), *The Massacre in History* (Nova Iorque, 1999), pp. 205–212.

22 David Schoenbaum, *Zabern 1913: Consensus Politics in Imperial Germany* (Londres, 1982); Nicholas Stargardt, *The German Idea of Militarism 1866–1914* (Cambridge, 1994); Wehler, *Deutsche Gesellscbaftsgeschichte* III., pp. 1125–1129.

23 Ulrich von Hassell, *Die Hassell Tagebuscber 1938-1944* (org. Friedrich Freiherr Hiller von Gaertringen, Berlim, 1989), p. 436.

24 Wolfgang J. Mommsen, *Das Ringen um den nationalen Staat: Die Gründung und der innere Ausbau des Deutschen Reiches unter Otto von Bismarck 1850–1890* (Berlim, 1993), pp. 439–440; David Blackbourn, *Marpingen: Apparitions of the Virgin Mary in Bismarckian Germany* (Oxford, 1993).

25 Vernon Lidtke, *The Outlawed Party: Social Democracy in Germany, 1878–1890* (Princeton, 1966); Evans, *Rituals,* pp. 351–372.

26 De entre os muitos relatos da evolução dos sociais-democratas, veja-se Susanne Miller e Heinrich Potthoff, *A History of German Social Democracy: From 1848 to the Present* (Leamington Spa, 1986 [1983]), um útil texto introdutório da perspetiva dos sociais-democratas alemães de hoje; Detlef Lehnert, *Sozialdemokratie zwischen Protestbewegung und Regierungspartei 1848-1983* (Frankfurt, 1983), um relato breve de qualidade; e uma panorâmica mais recente, Stefan Berger, *Social Democracy and the Working Class in Nineteenth and Twentieth century Germany* (Londres, 2000).

27 Alex Hall, *Scandal, Sensation and Social Democracy: The SPD Press and Wilhelmine Germany 1890-1914* (Cambridge, 1977); Klaus Saul, «Der Staat und die "Mächte des Umsturzes": Ein Beitrag zu den Methoden antisozialistischer Repression und Agitation vom Scheitern des Sozialistengesetzes bis zur Jahrhundertwende», *Archiv für Sozialgeschichte,* 12 (1972), pp. 293–350; Alex Hall, «By Other Means: The Legal Struggle against the SPD in Wilhelmine Germany 1890-1900», *Historical Journal,* 17 (1974), pp. 365–386.

28 Para um sumário interessante, veja-se Gerhard A. Ritter, *Die deutschen Parteien 1830-1914: Parteien und Gesellschaft im konstitutionellen Regierungssystem* (Gottingen, 1985); o artigo clássico sobre este tema é M. Rainer Lepsius, «Parteisystem und Sozialstruktur: Zum Problem der Demokratisierung der deutschen Gesellschaft», *in* Gerhard A. Ritter (org.), *Die deutschen Parteien vor 1918* (Colónia, 1973), pp. 56–80.

29 Gerhard A. Ritter, *Wahigeschichtliches Arbeitsbuch: Materialien zur Statistik des Kaiserreichs 1871-1918* (Munique, 1980), p. 42.

30 Stanley Suval, *Electoral Politics in Wilhelmine Germany* (Chapel Hill, NC, 1985); Margaret L. Anderson, *Practicing Democracy: Elections and Political Culture in Imperial Germany* (Princeton, 2000).

31 Kurt Koszyk, *Deutsche Presse im 19. Jahrhundert: Geschichte der deutschen* Presse, II (Berlim, 1966).

32 Richard J. Evans (org.), *Kneipengespräche im Kaiserreich: Die Stimmungsberichte der Hamburger Politischen Polizei 1892-1914* (Reinbek, 1989).

33 Para uma breve panorâmica introdutória, veja-se Wehler, *Deutsche Gesellschaftsgeschichte,* III., pp. 961–965; mais pormenores em William W. Hagen, *Germans, Poles, and Jews: The Nationality Conflict in the Prussian East, 1772-1914* (Chicago, 1980).

34 Evans (org.), *Kneipengespräche,* pp. 361–383.

35 Volker R. Berghahn, *Der Tirpitz-Plan: Genesis und Verfall einer innenpolitischen Krisenstrategie unter Wilhelm II* (Düsseldorf, 1971).

36 Para uma análise recente e judiciosa sobre a personalidade e a influência do *Kaiser*, veja-se Christopher Clark, *Kaiser Wilhelm II* (Londres, 2000).

37 Geoffrey Hosking, *Russia: People and Empire 1552-1917* (Londres, 1997).

38 George L. Mosse, *The Nationalization of the Masses: Political Symbolism and Mass Movements in Germany from the Napoleonic Wars through the Third Reich* (Nova Iorque, 1975).

39 Alan Milward e Samuel B. Saul, *The Development of the Economies of Continental Europe 1850-1914* (Londres, 1977), pp. 19–20.

40 Veja-se, em geral, Hubert Kiesewetter, *Industrielle Revolution in Deutschland 1815-1914* (Frankfurt, 1989).

41 Volker Ullrich, *Die nervöse Grossmacht 1871-1918*: *Aufstieg und Untergang des deutscben Kaiserreichs* (Frankfurt, 1997); Joachim Radkau, *Das Zeitalter der Nervosität: Deutschland zwischen Bismarck und Hitler* (Munique, 1998).

42 August Nitschke *et al.* (org.), *Jahrhundertwende: Der Aufbruch in die Moderne 1880-1930* (2 vols., Reinbek, 1990).

43 Sobre estes argumentos, veja-se Blackbourn e Eley, *The Peculiarities.*

O evangelho do ódio

1 Peter Pulzer, *The Rise of Political Anti-Semitism in Germany and Austria* (Nova Iorque, 1964), pp. 112–113; Rosemarie Leuschen-Seppel, *Sozialdemokratie*

und Antisemitismus im Kaiserreich: Die Auseinandersetzung der Partei mit den konservativen und volkischen Strömungen des Antisemitismus 1871-1914 (Bona, 1978), pp. 140–142; Richard S. Levy, *The Downfall of the Anti-Semitic Political Parties in Imperial Germany* (New Haven, 1975). Veja-se também a obra pioneira de Paul W. Massing, *Rehearsal for Destruction* (Nova Iorque, 1949).

2 Adoto aqui a útil distinção de Marion Kaplan entre *assimilação,* que envolve a perda total da identidade cultural, e *aculturação*, que envolve a criação de uma identidade dupla num meio multicultural: veja-se Marion A. Kaplan, «The Acculturation, Assimilation, and Integration of Jews in Imperial Germany», *Year Book of the Leo Baeck Institute,* 27 (1982), pp. 3–35.

3 Till van Rahden, *Juden und andere Breslauer: Die Beziehungen zwischen Juden, Protestanten und Katholiken in einer deutschen Grossstadt von 1860 bis 1925* (Göttingen, 2000), pp. 147–149; Peter J. G. Pulzer, *Jews and the German State: The Political History of a Minority, 1848-1933* (Oxford, 1992), pp. 6–7; Shulamit Volkov, *Die Juden in Deutschland 1780-1918* (Munique, 1994); Usiel O. Schmelz, «Die demographische Entwicklung der Juden in Deutschland von der Mitte des 19. Jahrhunderts bis 1933», *Bulletin des Leo Baeck Instituts,* 83 (1989), pp. 15–62, nas pp. 39-41; Jacob Toury, *Soziale und politische Geschichte der Juden in Deutschland 1847-1871: Zwischen Revolution, Reaktion und Emanzipation* (Düsseldorf, 1977), p. 60; Monika Richarz, *Jüdisches Leben in Deutschland,* II: *Selbstzeugnisse zur Sozialgeschichte im Kaiserreich* (Estugarda, 1979), pp. 16–17; Anthony Kauders, *German Politics and the Jews: Düsseldorf and Nuremberg 1910-1933* (Oxford, 1996), p. 26; Kerstin Meiring, *Die christlich-judische Mischehe in Deutschland, 1840-1933* (Hamburgo, 1998).

4 Pulzer, *Jews,* pp. 106–120.

5 Dietz Bering, *The Stigma of Names: Antisemitism in German Daily Life, 1812--1933* (Cambridge, 1992 [1987]).

6 Pulzer, *Jews,* p. 5, II.

7 Niall Ferguson, *The World's Banker: The History of the House of Rothschild* (Londres, 1998); Fritz Stern, *Gold and Iron: Bismarck, Bleichröder and the Building of the German Empire* (Nova Iorque, 1977).

8 Robert Gellately, *The Politics of Economic Despair: Shopkeepers and German Politics, 1890-1914* (Londres, 1974), pp. 42–43; Richarz, *Jüdisches Leben,* II., pp. 17, 23–35.

9 *Ibid.*, pp. 31–34.

10 Peter Pulzer, «Jews and NationBuilding in Germany 1815-1918», *Year Book of the Leo Baeck Institute,* 41 (1996), pp. 199–214.

11 Veja-se, em particular, Werner E. Mosse, *Jews in the German Economy: The German-Jewish Economic Élite 1820-1935* (Oxford, 1987), e idem, *The German-Jewish Economic Élite 1820-1935: A Socio-Cultural Profile* (Oxford, 1989), duas excelentes obras de erudição académica, mas também celebrações nostálgicas das realizações do grupo social no qual Mosse nasceu.

12 Pulzer, *The Rise,* pp. 94–101, 113; Shulamit Volkov, *Jüdisches Leben und Antisemitismus im 19. und 20. Jahrhundert* (Munique, 1990).

13 Sobre Böckel e o movimento antissemita em geral, veja-se David Peal, «Antisemitism by Other Means? The Rural Cooperative Movement in Late 19th Century Germany», *in* Herbert A. Strauss (org.), *Hostages of Modernization: Studies on Modern Antisemitism 1870-1933/39: Germany – Great Britain – France* (Berlim, 1993), pp. 128–149; James N. Retallack, *Notables of the Right: The Conservative Party and Political Mobilization in Germany, 1876--1918* (Londres, 1988), em esp., pp. 91–99; Hans-Jürgen Puhle, *Agrarische Interessenpolitik und preussischer Konservatismus im wilhelminischen Reich 1893-1914: Ein Beitrag zur Analyse des Nationalismus in Deutschland am Beispiel* des *Bundes* der *Landwirte und der Deutsch Konservativen Partei* (Hanôver, 1967), em esp., pp. 111–140.

14 Pulzer, *The Rise,* pp. 53–55, 116; Wehler, *Deutsche Gesellschaftsgeschichte,* III., pp. 924–934; Thomas Nipperdey, *Deutsche Geschichte 1866-1918,* II: *Machtstaat vor der Demokratie* (Munique, 1992), pp. 289–311.

15 Para uma panorâmica geral clássica, veja-se Jacob Katz, *From Prejudice to Destruction: Anti-Semitism, 1700-1933* (Cambridge, MA. 1980). Sobre o antissemitismo católico na Alemanha, veja-se Olaf Blaschke, *Katholizismus und Antisemitismus im Deutschen Kaiserreich* (Gottingen, 1997); Helmut Walser Smith, «The Learned and the Popular Discourse of Anti-Semitism in the Catholic Milieu in the Kaiserreich», *Central European History,* 27 (1994), pp. 315–328. Werner Jochmann, *Gesellschaftskrise und Judenfeindschaft in Deutschland 1870-1945* (Hamburgo, 1988), oferece um bom capítulo introdutório, pp. 30–98. James F. Harris, *The People Speak! Anti-Semitism and Emancipation in Nineteenth-Century Bavaria* (Ann Arbor, 1994), rejeita precipitadamente os fatores socioeconómicos; a história do antissemitismo não se pode reduzir à influência inexplicada de um discurso generalista.

16 Wilhelm Marr, *Vom jüdischen Kriegsschauplatz: Eine Streitschrift* (Berne, 1879), p. 19, citado *in* Pulzer, *The Rise*, p. 50; veja-se também o panfleto de Marr *Der Sieg des judenthums über das Germanenthum* vom *nicht konfessionelien Standpunkt aus betrachtet* (Berlim, 1873).

17 Moshe Zimmermann, *Wilhelm Marr: The Patriarch of Anti-Semitism* (Nova Iorque, 1986), pp. 89, 150–51, 154; Daniela Kasischke-Wurm, *Antisemitismus im Spiegel der Hamburger Presse während des Kaiserreichs (1884-1914)* (Hamburgo, 1997) pp. 240–246.

18 *Ibid.*, pp. 77.

19 Wehler, *Deutsche Gesellschaftsgeschichte,* III., pp. 925–929.

20 Evans (org.), *Kneipengespräche,* p. 317.

21 *Ibid.*, pp. 313–321.

22 Leuschen-Seppel, *Sozialdemokratie,* em esp., pp. 36, 96, 100, 153, 171; Evans (org.), *Kneipengesprdche,* pp. 302–306, 318–319. Estes argumentos, apresentados em resposta às afirmações generalistas de Daniel J. Goldhagen, *Hitler's Willing Executioners: Ordinary Germans and the Holocaust* (Nova Iorque,

1996), podem ser seguidos mais pormenorizadamente em Evans, *Rereading,* pp. 119–144.

23 Stefan Scheil, *Die Entwicklung* des *politischen Antisemitismus in Deutschland zwischen 1881 und 1912: Eine wahlgeschichtliche Untersuchung* (Berlim, 1999).

24 Veja-se, em particular, Harris, *The People Speak!,* e Helmut Walser Smith, *The Butcher's Tale: Murder and Anti-Semitism in a German Town* (Nova Iorque, 2002) (o pormenor é excelente, mas exagera o significado da acusação de «assassinato ritual» numa vila obscura do remoto leste prussiano). Veja-se também Christoph Nonn, *Eine Stadt sucht einen Mörder: Gerücht, Gewalt und Antisemitismus im Kaiserreich* (Göttingen, 2002). Sobre as reações hostis da imprensa a uma acusação anterior de assassinato ritual, veja-se Kasischke--Wurm, *Antisemitismus,* pp. 175–182.

25 Provas em David Kertzer, *Unholy War: The Vatican's Role in the Rise of Modern Anti-Semitism* (Londres, 2001), embora o autor exagere no significado deste material. Para estudos sociais e culturais sobre o antissemitismo católico na Alemanha, que não deixam dúvidas quanto à sua abrangência, veja-se Blaschke, *Katholizismus und Antisemitismus;* Michael Langer, *Zwischen Vorurteil und Aggression: Zum Judenbild in der deutschspraehigen katholischen Volksbildung des 19. Jahrhunderts* (Friburgo, 1994); Walter Zwi Bacharach, *Anti-Jewish Prejudices in German-Catholic Sermons* (Lewiston, Pa., 1993); David Blackbourn, «Roman Catholics, the Centre Party and Anti-Semitism in Imperial Germany», *in* Paul Kennedy e Anthony Nicholls (org.), *Nationalist and Racialist Movements in Britain and Germany before 1914* (Londres, 1981), pp. 106–129; para uma comparação internacional, veja-se Olaf Blaschke e Aram Mattioli (org.), *Katholischer Antisemitismus im 19. Jahrhundert: Ursachen und Traditionen im internationalen Vergleich* (Zurique, 2000). Sobre os protestos dos camponeses e o antissemitismo da comunidade católica, veja-se Ian Farr, «Populism in the Countryside: The Peasant Leagues in Bavaria in the 1890s», *in* Evans (org.), *Society and Politics,* pp. 136–159.

26 Veja-se, por exemplo, Norbert Kampe, *Studenten und «Judenfrage» im deutschen Kaiserreich: Die Entstehung einer akademischen Trägerschicht des Antisemitismus* (Göttingen, 1988).

27 Stephen Wilson, *Ideology and Experience: Antisemitism in France at the Time of the Dreyfus Affair* (Nova Iorque, 1982 [1980]); John D. Klier e Shlomo Lambroza (org.) *Pogroms: Anti-Jewish Violence in Modern Russian History* (Cambridge, 1992).

28 David Blackbourn, *Populists and Patricians: Essays in Modern German History* (Londres, 1987), pp. 217–245 («The Politics of Demagogy in Imperial Germany»).

29 Julius Langbehn, *Rembrandt als Erzieher* (38.ª ed., Leipzig, 1891 [1890]), p. 292; idem, *Der Rembrandtdeutsche: Von einem Wahrheitsfreund* (Dresden, 1892), p. 184, ambos citados *in* Pulzer, *The Rise,* p. 242; veja-se também Fritz

Stern, *The Politics of Cultural Despair: A Study in the Rise of the German Ideology* (Nova Iorque, 1961).

30 A peça de Lessing, publicada em 1779, foi um apelo à tolerância religiosa, em especial para os judeus. Sobre a citação, veja-se Cosima Wagner, *Die Tagebücher* (ed. Martin Gregor-Dellin e Dietrich Mack, Munique, 1977), II., p. 852 (18 de dezembro de 1881); e pp. 159, 309; Jacob Katz, *The Darker Side of Genius: Richard Wagner's Anti-Semitism* (Hanôver, 1986), é um guia são sobre este tema controverso.

31 George L. Mosse, *The Crisis of German Ideology: Intellectual Origins of the Third Reich* (Londres, 1964), pp. 88–107; Annette Hein, *«Es ist viel "Hitler" in Wagner»: Rassismus undantisemitische Deutschtumsideologie in den «Bayreuther Blättern» (1878-1938)* (Tübingen, 1996).

32 Winfried Schüler, *Der Bayreuther Kreis von seiner Entstehung bis zum Ausgang der wilhelminischen Ära* (Münster, 1971); Andrea Mork, *Richard Wagner als politischer Schriftsteller: Weltanschauung und Wirkungsgeschichte* (Frankfurt, 1990); Houston Stewart Chamberlain, *Die Grundlagen des XIX. Jahrhunderts* (2 vols., Munique, 1899); Geoffrey G. Field, *Evangelist* of *Race: The Germanic Vision of Houston Stewart Chamberlain* (Nova Iorque, 1981).

33 Ludwig Woltmann, *Politische Anthropologie* (org. Otto Reche, Leipzig, 1936 [1900]), pp. 16–17, 267, citado *in* Mosse, *The Crisis,* pp. 100–102.

34 Woodruff D. Smith, *The Ideological Origins of Nazi Imperialism* (Nova Iorque, 1986), pp. 83–111; e Karl Lange, «Der Terminus "Lebensraum" in Hitlers *Mein Kampf», Vierteljahrshefte für Zeitgeschichte* (doravante *VfZ)* 13 (1965), pp. 426–37.

35 Paul Crook, *Darwinism, War and History: The Debate Over the Biology of War from the «Origin of Species» to the First World War* (Cambridge, 1994), em esp., pp. 30, 83; Imanuel Geiss (org.), *July 1914: The Outbreak of the First World War. Selected Documents* (Londres, 1967), p. 22; Holger Afflerbach, *Falkenhayn: Politisches Denken und Handeln im Kaiserreich* (Munique, 1994); veja-se Evans, *Rereading,* pp. 119–144, uma consideração geral da história e da historiografia do darwinismo social alemão.

36 Veja-se, em geral, Paul Weindling, *Health, Race and German Politics between National Unification and Nazism 1870-1945* (Cambridge, 1989), e Peter Weingart *et al., Rasse, Blut und Gene: Geschichte der Eugenik und Rassenhygiene in Deutschland* (Frankfurt, 1992 [1988]).

37 Sheila F. Weiss, *Race Hygiene and National Efficiency: The Eugenics of Wilhelm Schallmayer* (Berkeley, 1987); Evans, *Rituals,* p. 438; Roger Chickering, *Imperial Germany and a World Without War: The Peace Movement and German Society, 1892-1914* (Princeton, 1975), pp. 125–129.

38 O artigo pioneiro de Jeremy Noakes, «Nazism and Eugenics: The Background to the Nazi Sterilization Law of 14 July 1933», *in* Roger Bullen *et al.* (org.), *Ideas into Politics: Aspects of European History 1880-1950* (Londres, 1984), pp. 75–94, continua a ser um guia indispensável sobre estes vários pensadores.

39 Karl Heinz Roth, «Schein-Alternativen im Gesundheitswesen: Alfred Grotjahn (1869-1931) – Integrationsfigur etablierter Sozialmedizin und nationalsozialistischer "Rassenhygiene"», *in* Karl Heinz Roth (org.), *Erfassung zur Vernichtung: Von der Sozialhygiene zum «Gesetz über Sterbehilfe»* (Berlim, 1984), pp. 31–56; Sheila Weiss, «The Race Hygiene Movement in Germany», *in* Mark B. Adams (org.), *The Wellborn Science: Eugenics in Germany, France, Brazil, and Russia* (Nova Iorque, 1990), pp. 8–68.

40 O seu verdadeiro nome era Adolf Lanz, mas ele chamava-se a si próprio Jörg Lanz von Liebenfels por ser mais sonante. Hans-Walter Schmuhl, *Rassenhygiene, Nationalsozialismus, Euthanasie: Von der Verhütung zur Vernichtung «lebensunwerten Lebens», 1890-1945* (Göttingen, 1987); Wilfried Daim, *Der Mann, der Hitler die Ideen gab: Die sektiererischen Grundlagen des Nationalsozialismus* (Viena, 1985 [1958]).

41 Weiss, «The Race Hygiene Movement», pp. 9–11.

42 Max Weber, «Der Nationalstaat und die Volkswirtschaftpolitik», *in* idem, *Gesammelte politische Schriften* (org. J. Winckelmann, 3.ª ed., Tübingen, 1971), p. 23.

43 Richard Hinton Thomas, *Nietzsche in German Politics and Society 1890-1918* (Manchester, 1983), em esp., pp. 80–95. Para uma tentativa recente de avaliação da obra de Nietzsche neste contexto geral, veja-se Bernhard H. F. Taureck, *Nietzsche und der Faschismus: Ein Politikum* (Leipzig, 2000).

44 Steven E. Aschheim, *The Nietzsche Legacy in Germany 1890-1990* (Berkeley, 1992).

45 Mosse, *The Crisis*, pp. 204–207; Walter Laqueur, *Young Germany: A History of the German Youth Movement* (Londres, 1962); Jürgen Reulecke, *«Ich möchte einer werden* so *wie die...» Männerbünde im 20. Jahrhundert* (Frankfurt, 2001); Daim, *Der Mann,* pp. 71–72.

46 Alastair Thompson, *Left Liberals, the State, and Popular Politics in Wilhelmine Germany* (Oxford, 2000).

47 Stefan Breuer, *Ordnungen der Ungleichheit – die deutsche Rechte im Widerstreit ihrer Ideen 1871-1945* (Darmstadt, 2001), oferece uma panorâmica temática, sublinhando (pp. 370–376) a inexistência de uma síntese eficaz antes da chegada do nazismo.

O espírito de 1914

1 Andrew G. Whiteside, *The Socialism of Fools: Georg von Schönerer and Austrian Pan-Germanism* (Berkeley, 1975), em esp., p. 73.

2 John W. Boyer, *Political Radicalism in Late Imperial Vienna: Origins of the Christian Social Movement, 1848-1897* (Chicago, 1981).

3 Pulzer, *The Rise,* p. 207.

4 Brigitte Hamann, *Hitler's Vienna: A Dictator's Apprenticeship* (Oxford, 2000), pp. 236–253, oferece uma panorâmica completa de Schönerer e de outros ideólogos vienenses contemporâneos.

5 Carlile A. Macartney, *The Habsburg Empire 1790-1918* (Londres, 1968), pp. 632–635, 653–657, 666, 680, 799; Pulzer, *The Rise,* pp. 149–160, 170–174, 206–209; Carl E. Schorske, *Fin-de-Siecle Vienna: Politics and Culture* (Nova Iorque, 1980), pp. 116–180; Massing, *Rehearsal,* p. 241; Hellmuth von Gerlach, *Von rechts nach links* (Hildesheim, 1978 [1937]), pp. 112–114; Andrew G. Whiteside, *Austrian National Socialism before 1918* (Haia, 1962).

6 Woodruff D. Smith, *The German Colonial Empire* (Chapel Hill, NC, 1978); Fritz Ferdinand Müller, *Deutschland-Zanzibar-Ostafrika: Geschichte einer deutschen Kolonialeroberung 1884-1890* (Berlim, 1990 [1959]).

7 Gerhard Weidenfeller, *VDA: Verein für das Deutschtum im Ausland: Allgemeiner Deutscher Schulverein (1881-1918). Ein Beitrag zur Geschichte des deutschen Nationalismus und Imperialismus im Kaiserreich* (Berna, 1976).

8 Geoff Eley, *Reshaping the German Right: Radical Nationalism and Political Change after Bismarck* (Londres, 1980), p. 366; Roger Chickering, *We Men Who Feel Most German: A Cultural Study of the Pan-German League 1886--1914* (Londres, 1984), pp. 24–73; Wilhelm Deist, *Flottenpolitik und Flottenpropaganda: Das Nachrichtenbüro des Reichsmarineamts 1897-1914* (Estugarda, 1976); Richard Owen, «Military-Industrial Relations: Krupp and the Imperial Navy Office», *in* Evans (org.), *Society and Politics,* pp. 71–89; Marilyn Shevin Coetzee, *The German Army League: Popular Nationalism in Wilhelmine Germany* (Nova Iorque, 1990); Richard W. Tims, *Germanizing Prussian Poland: The H-K-T Society and the Struggle for the Eastern Marches in the German Empire 1894-1919* (Nova Iorque, 1941); Adam Galos *et al., Die Hakatisten: Der Deutsche Ostmarkenverein 1894-1934* (Berlim, 1966).

9 Chickering, *We Men,* pp. 128, 268–271; Coetzee, *The German Army League,* pp. 19–23; Ute Planert, *Antifeminismus im Kaiserreich: Diskurs, soziale Formation und politische Mentalität* (Göttingen, 1998), pp. 118–176.

10 Chickering, *We Men,* pp. 102–121.

11 *Ibid.*, pp. 284–286; Wehler, *Deutsche Gesellschaftsgeschichte* III., pp. 1071––1081; excertos em inglês *in* Roderick Stackelberg e Sally A. Winkle (org.), *The Nazi Germany Sourcebook: An Anthology of Texts* (Londres, 2002), pp. 20–26.

12 Chickering, *We Men,* pp. 74–97, 284–286.

13 *Ibid.*, pp. 122–132; e Klaus Bergmann, *Agrarromantik und Grossstadtfeindschaft* (Meisenheim, 1970).

14 Chickering, *We Men,* pp. 253–291; Eley, *Reshaping,* pp. 316–334; Dirk Stegmann, *Die Erben Bismarcks: Parteien und Verbände in der Spätphase des Wilhelminischen Deutschlands: Sammlungspolitik 1897-1914* (Colónia, 1970), pp. 348–352; Fritz Fischer, *War* of *Illusions: German Politics from 1911 to 1914* (Londres, 1975 [1969]).

15 Iris Hamel, *Völkischer Verband und nationale Gewerkschaft: Der Deutschnationale Handlungsgehilfenverband, 1893-1933* (Frankfurt, 1967); Planert, *Antifeminismus,* pp. 71–79.

16 Excertos do memorando e a resposta do *Kaiser* em Röhl, *From Bismarck to Hitler,* pp. 49–52, e em Stackelberg e Winkle (org.), *The Nazi Germany Sourcebook,* pp. 29–30.

17 Hartmut Pogge-von Strandmann, «Staatsstreichpläne, Alldeutsche und Bethmann Hollweg», *in* idem e Imanuel Geiss, *Die Erforderlichkeit des Unmöglichen: Deutschland am Vorabend des ersten Weltkrieges* (Frankfurt, 1965), pp. 7–45; os textos das respostas de Bethmann e do *Kaiser* constam nas páginas 32–39; as relações do *Kaiser* com Chamberlain estão documentadas em Röhl, *From Bismarck to Hitler,* pp. 41–48.

18 Para uma abordagem excelente das opiniões contemporâneas sobre a duração provável da guerra, veja-se Hew Strachan, *The First World War, I: To Arms* (Oxford, 2001), pp. 1005–1014.

19 Martin Kitchen, *The Silent Dictatorship: The Politics of the German High Command under Hindenburg and Ludendorff, 1916-1918* (Londres, 1976). A melhor panorâmica geral recente é Roger Chickering, *Imperial Germany and the Great War, 1914-1918* (Cambridge, 1998).

20 De entre uma quantidade enorme de obras, a melhor panorâmica recente é Figes, *A People's Tragedy.*

21 Robert Service *Lenin:* A *Political Life* (3 vols., Londres, 1985–1995) é a biografia de referência; a melhor maneira de abordar as tentativas de Lenine de promover uma revolução na Alemanha é através das atividades do emissário soviético Karl Radek; veja-se Marie-Luise Goldbach, *Karl Radek und die deutsch-sowjetischen Beziehungen 1918-1923* (Bona, 1973) e Warren Lerner, *Karl Radek: The Last International*ist (Stanford, CA, 1970).

22 Heinrich August Winkler, *Von der Revolution zur Stabilisierung: Arbeiter und Arbeiterbewegung in der Weimarer Republik 1918 bis 1924* (Bona, 1984), em esp., pp. 114–134, 468–552.

23 Sobre o contexto geral, Arno J. Mayer, *Politics and Diplomacy of Peacemaking: Containment and Counterrevolution at Versailles 1918-1919* (2.ª ed., Nova Iorque, 1969 [1967]); para um relato contemporâneo dos acontecimentos, Oszkár Jászi, *Revolution and Counter-Revolution in Hungary* (Londres, 1924).

24 *Berliner Tageblatt,* 1 de agosto de 1918, citado *in* David Welch, *Germany, Propaganda and Total War, 1914-1918: The Sins of Omission* (Londres, 2000), p. 241. Veja-se também Aribert Reimann, *Der grosse Krieg der Sprachen: Untersuchungen zur historischen Semantik in Deutschland und England zur Zeit des Ersten Weltkriegs* (Essen, 2000).

25 Para o melhor relato recente, veja-se Chickering, *Imperial Germany,* pp. 178–191.

26 Welch, *Germany,* pp. 241–242; Wilhelm Deist, «Censorship and Propaganda in Germany during the First World War», *in* Jean-Jacques Becker e Stéphane Audoin-Rouzeau (org.), *Les Sociétés européennes et la guerre de 1914-1918* (Paris, 1990), pp. 199–210; Alice Goldfarb Marquis, «Words as Weapons: Propaganda in Britain and Germany during the First World War», *Journal of Contemporary History,* 13 (1978), pp. 467–498.

Caos

1 Fritz Fischer, *Germany's Aims in the First World War* (Londres, 1967 [1961]), *passim.*

2 Bullitt Lowry, *Armistice 1918* (Kent, Ohio, 1996); Hugh Cecil e Peter Liddle (org.), *At the Eleventh Hour: Reflections, Hopes and Anxieties at the Closing of the Great War, 1918* (Barnsley, 1998).

3 *Stenographischer Bericht über die öffentlichen Verhandlungen des 15. Untersucbungsausschusses* der *verfassungsgebenden Nationalversammlung,* II (Berlim, 1920), pp. 700–701 (18 de novembro de 1919). Veja-se também Erich Ludendorff, *Kriegfuhrung und Politik* (Berlim, 1922), e Paul von Hindenburg, *Aus meinem Leben* (Leipzig, 1920), p. 403; em termos mais latos, Friedrich Freiherr Hiller von Gaertringen, «"DolchstossDiskussion" und "Dolchstosslegende" im Wandel von vier Jahrzehnten», *in* Waldemar Besson e Friedrich Freiherr Hiller von Gaertringen (org.), *Geschichtsund Gegenwartsbewusstsein* (Göttingen, 1963), pp. 122–160. Mais recentemente, Jeffrey Verhey, *The Spirit of 1914: Militarism, Myth and Mobilization in Germany* (Cambridge, 2000), pp. 219–223, e Chickering, *Imperial Germany,* pp. 189–191.

4 William II, *My Memoirs 1878-1918* (Londres, 1922), pp. 282–283. Em termos mais latos, veja-se Wilhelm Deist, «The Military Collapse of the German Empire: The Reality Behind the Stab-in-the-Back Myth», *War in History,* 3 (1996), pp. 186–207.

5 Friedrich Ebert, *Schriften, Aufzeichnungen, Reden* (2 vols., Dresden, 1936), II., p. 127; Ebert disse que a derrota era culpa da «preponderância do inimigo em efetivos e material» (p. 127).

6 Gerhard A. Ritter e Susanne Miller (org.) *Die deutsche Revolution 1918-1919 – Dokumente* (Frankfurt, 1968) é uma excelente seleção de documentos; Francis L. Carsten *Revolution in Central Europe 1918-1919* (Londres, 1972) é uma boa narrativa.

7 De entre uma grande quantidade de obras, veja-se Harold Temperley (org.), *A History of the Peace Conference of Paris* (6 vols., Londres, 1920–1924), e Manfred F. Boemeke *et al.* (org.), *The Treaty of Versailles:* A *Reassessment after 75 Years* (Washington, D.C., 1998), uma antologia de textos académicos publicada no octogésimo aniversário do fim da guerra.

8 Mayer, *Politics and Diplomacy.*

9 Arthur S. Link (org.), *The Papers of Woodrow Wilson* (69 vols., Princeton, 1984), XL, pp. 534–539; de foma mais geral, Lloyd E. Ambrosius, *Wilsonian Statecraft: Theory and Practice of Liberal Internationalism during World War I* (Wilmington, DE, 1991), Thomas J. Knock, *To End All Wars: Woodrow Wilson and the Quest for a New World Order* (Nova Iorque, 1992), e Arthur Walworth, *Wilson and his Peacemakers: American Diplomacy at the Paris Peace Conference, 1919* (Nova Iorque, 1986).

10 Winkler, *Von der Revolution,* pp. 94–95; Carsten, *Revolution,* pp. 271–298.

11 John Horne e Alan Kramer, *German Atrocities 1914: A History of Denial* (Londres, 2001), pp. 345–355, 446–450; Gerd Hankel, *Die Leipziger Prozesse: Deutsche Kriegsverbrechen und ihre strafrechtliche Verfolgung nach dem Ersten Weltkrieg* (Hamburgo, 2003).

12 Bruce Kent, *The Spoils of War: The Politics, Economics and Diplomacy of Reparations 1918-1932* (Oxford, 1989).

13 Alan Sharp, *The Versailles Settlement: Peacekeeping in Paris, 1919* (Londres, 1991).

14 Fischer, *Germany's Aims, passim.*

15 Para uma boa apologia dos tratados, veja-se Macmillan, *Peacemakers.*

16 Testemunho de Abel (doravante TA) p. 114, *in* Peter H. Merkl, *Political Violence under the Swastika: 581 Early Nazis* (Princeton, 1975), p. 191.

17 TA, 334, *ibid.*, pp. 192–193.

18 TA, 248, *ibid.*, pp. 194–195.

19 Veja-se o estudo clássico e ainda de referência de Fischer, *Germany's Aims.*

20 Eley, *Reshaping,* pp. 333, 339–342; Dirk Stegmann, «Zwischen Repression und Manipulation: Konservative Machteliten und Arbeiter- und Angestelltenbewegung 1910-1918: Ein Beitrag zur Vorgeschichte der DAP/NSDAP», *Archiv fur Sozialgeschichte,* 12 (1972), pp. 351–432.

21 Heinz Hagenlücke, *Die deutsche Vaterlandspartei: Die nationale Rechte am Ende des Kaiserreiches* (Düsseldorf, 1997); Verhey, *The Spirit of 1914*, pp. 178–185; Mosse, *The Crisis,* pp. 218–226.

22 Ernst Jünger, *In Stahlgewittern: Aus dem Tagebuch eines Stosstruppführers* (Hanôver, 1920). Para uma nova edição inglesa, veja-se *idem*, *Storm of Steel* (Londres, 2003).

23 Richard Bessel, *Germany after the First World War* (Oxford, 1993), pp. 256–261.

24 Theodore Abel, *Why Hitler Came to Power* (Cambridge, Mass., 1986 [1938]), p. 21, citando o *Frankfurter Zeitung* de 27 de novembro de 1918.

25 Citado *in* Abel, *Why Hitler,* 24, depoimentos 4.3.4, 2.3.2.

26 *Ibid.*, p. 26, citando o depoimento 4.1.2.

27 TA, 199, *in* Merkl, *Political Violence,* p. 167.

28 Depoimento 2.8.5, *in* Abel, *Why Hitler,* 2.7-8.

29 Christoph Jahr, *Gewöhnliche Soldaten: Desertion und Deserteure im deutschen und britischen Heer 1914-1918* (Göttingen, 1998); Benjamin Ziemann, «Fahnenflucht im deutschen Heer 1914-1918», *Militärgeschichtliche Mitteilungen,* 55 (1996), pp. 93–130.

30 Wolfgang Kruse, «Krieg und Klassenheer: Zur Revolutionierung der deutschen Armee im Ersten Weltkrieg», *Geschichte und Gesellschaft,* 22 (1996), pp. 530–561.

31 Merkl, *Political Violence,* pp. 152–172.

32 Robert W. Whalen, *Bitter Wounds: German Victims of the Great War, 1914-1939* (Ithaca, Nova Iorque, 1984); Deborah Cohen, *The War Come Home: Disabled Veterans in Britain and Germany, 1914-1918* (Berkeley, 2001); Bessel, *Germany,* pp. 274–279.

33 Volker R. Berghahn, *Der Stahlhelm: Bund der Frontsoldaten 1918-1935* (Düsseldorf, 1966), pp. 13–26, 105–106, 286; *Stahlhelm und Staat* (8 de maio de 1927), excertos traduzidos *in* Anton Kaes *et al.* (org.), *The Weimar Republic Sourcebook* (Berkeley, 1994), pp. 339–340.

34 Bessel, *Germany,* pp. 283–284; Ulrich Heinemann, *Die verdrängte Niederlage: Politische Öffentlichkeit und Kriegsschuldfrage in der Weimarer Republik* (Göttingen,1983).

35 Frevert, *Die kasernierte Nation;* Geoff Eley, «Army, State and Civil Society», *in* idem, *From Unification to Nazism,* pp. 85–109; em termos mais gerais, Berghahn (org.), *Militarismus.*

36 Evans, *Kneipengespräche,* pp. 31–32, 339.

37 Bessel, *Germany,* pp. 256–270.

38 Sebastian Haffner, *Defying Hitler: A Memoir* (Londres, 2002), pp. 10–15.

39 Michael Wildt, *Generation des Unbedingten: Das Führungskorps des Reichssicherbeitshauptamtes* (Hamburgo, 2002), pp. 41–52.

40 Berghahn, *Der Stahlhelm,* em esp., pp. 65–66; Karl Rohe, *Das Reichsbanner Schwarz Rot Gold: Ein Beitrag zur Geschichte und Struktur der politischen Kampfverbände zur Zeit der Weimarer Republik* (Düsseldorf, 1966); Kurt G. P. Schuster, *Der Rote Frontkampferbund 1924-1929: Beiträge zur Geschichte und Organisationsstruktur eines politischen Kampfbundes* (Düsseldorf, 1975).

41 James M. Diehl *Paramilitary Politics in Weimar Germany* (Bloomington, IN, 1977) é um guia útil para o submundo dos paramilitares. Veja-se também Martin Sabrow, *Der Rathenaumord: Rekonstruktion einer Verschwörung gegen die Republik von Weimar* (Munique, 1994), uma excelente investigação sobre o mundo dos conspiradores armados.

42 Erhard Lucas, *Märzrevolution im Ruhrgebiet* (3 vols., Frankfurt, 1970–1978), um clássico da história politicamente empenhada; George Eliasberg, *Der Ruhrkrieg von 1920* (Bona, 1974), um relato mais sóbrio, menos pormenorizado e tendente para os sociais-democratas moderados.

43 Veja-se o estudo clássico sobre esta literatura, Klaus Theweleit, *Male Fantasies* (2 vols., Cambridge, 1987 e 1989 [1978]); para algumas reservas, Evans, *Rereading,* pp. 115–118.

44 Sobre os Corpos Francos, Robert G. L. Waite, *Vanguard of Nazism. The Free Corps Movement in Postwar Germany 1918-1923* (Harvard, 1952), continua a ser um dos melhores relatos. Veja-se também Hagen Schulze, *Freikorps und Republik 1918-1920* (Boppard, 1969), e Emil J. Gumbel, *Verschwörer: Zur Geschichte und Soziologie* der *deutschen nationalistischen Geheimbünde 1918-1924* (Heidelberg, 1979 [1924]).

45 Volker Ullrich, *Der ruhelose Rebell: Karl Plättner 1893-1945. Eine Biographie* (Munique, 2000); Manfred Gebhardt, *Max Hoelz: Wege und Irrwege eine.*

As debilidades de Weimar

1 Citado *in* Winkler, *Von der Revolution* p. 39; veja-se também o interessante estudo de Dieter Dowe e Peter-Christian Witt, *Friedrich Ebert 1871-1925: Vom Arbeiterführer zum Reichspräsidenten* (Bona, 1987), e o catálogo de exposição de Walter Mühlhausen, *Friedrich Ebert: Sein Leben, sein Werk, seine Zeit* (Heidelberg, 1999). A biografia bastante informativa de Georg Kotowski, *Friedrich Ebert: Eine politische Biographie,* I: *Der Aufstieg eines deutschen Arbeiterführers 1871 bis 1917* (Wiesbaden, 1963), não foi terminada.

2 Anthony J. Nicholls, *Weimar and the Rise of Hitler* (4.ª ed., Londres, 2000 [1968]), um guia fiável para estes acontecimentos. Das histórias políticais gerais recentes, destacam-se Hans Mommsen, *The Rise and Fall of Weimar Democracy* (Chapel Hill, NC, 1996 [1989]), e Heinrich August Winkler, *Weimar 1918-1933: Die Geschichte der ersten deutschen Demokratie* (Munique, 1993).

3 Sobre este argumento, veja-se Theodor Eschenburg, *Die improvisierte Demokratie* (Munique, 1963). Outros estudos clássicos que ainda merecem leitura incluem a narrativa ricamente empírica de Erich Eyck, *A History of the Weimar Republic* (2. vols., Cambridge, 1962–1964 [1953-6]), escrita de uma perspetiva liberal, e os dois volumes do socialista Arthur Rosenberg, *The Birth of the German Republic* (Oxford, 1931 [1930]) e *A History of the German Republic* (Londres, 1936 [1935]), ambos cheios de teses estimulantes e controversas, em particular sobre as continuidades em relação ao período guilhermino.

4 Heinrich Hannover e Elisabeth Hannover-Drück, *Politische Justiz 1918-1933* (Frankfurt, 1966), pp. 76–77, 89.

5 Para opiniões divergentes sobre o Artigo 48.º, veja-se Nicholls, *Weimar,* pp. 36–37; Detlev J. K. Peukert, *The Weimar Republic: The Crisis of Classical Modernity* (Londres, 1991 [1987]), pp. 37–40; Harald Boldt, «Der Artikel 48 der Weimarer Reichsverfassung: Sein historischer Hintergrund und seine politische Funktion», *in* Michael Stürmer (org.), *Die Weimarer Republik: Belagerte Civitas* (Königstein im Taunus, 1980), pp. 288–309. A obra generalista de referência sobre a Constituição de Weimar é Ernst Rudolf Huber, *Deutsche Verfassungsgeschichte seit 1789*, V-VII (Estugarda, 1978–1984); veja-se também Reinhard Rürup, «Entstehung und Grundlagen der Weimarer Verfassung», *in* Eberhard Kolb (org.), *Vom Kaiserreich zur Weimarer Republik* (Colónia, 1972.), pp. 218–243. O abuso do Artigo 48.º por Ebert foi criticado pelos contemporâneos; veja-se Gerhard Schulz, «Artikel 48 in politisch-historischer Sicht», *in* Ernst Fraenkel (org.), *Der Staatsnotstand* (Berlim, 1965), pp. 39–71. Como apologia, veja-se Ludwig Richter, «Das präsidiale Notverordnungsrecht in den ersten Jahren der Weimarer Republik: Friedrich Ebert und die Anwendung des Artikels 48 der Weimarer Reichsverfassung», *in* Eberhard Kolb (ed.) *Friedrich Ebert als Reichspräsident: Amtsführung und Amtsverständnis* (Munique, 1997), pp. 207–258.

6 Dowe e Witt, *Friedrich Ebert,* pp. 155–157.

7 Werner Birkenfeld, «Der Rufmord am Reichsprasidenten: Zu Grenzformen des politischen Kampfes gegen die frühe Weimarer Republik 1919-1925», *Archiv für Sozialgeschichte,* 15 (1965), pp. 453–500.

8 Heinrich August Winkler, *Der Schein der Normalität: Arbeiter und Arbeiterbewegung in der Weimarer Republik 1924 bis 1930* (Bona, 1985), pp. 231–234.

9 Victor Klemperer, *Leben sammeln, nicht fragen wozu und warum,* II: *Tagebücher 1925-1932* (Berlim, 1996), p. 56 (14 de maio de 1925).

10 John W. Wheeler-Bennett, *Hindenburg: The Wooden Titan* (Londres, 1936), pp. 250–251. O retrato notavelmente perspicaz e informado oferecido por Wheeler-Bennett baseou-se em longas conversas com membros do círculo de Hindenburg e com muitos políticos conservadores alemães importantes com os quais tinha boas relações pessoais enquanto inglês da classe alta que geria uma coudelaria no norte da Alemanha. Veja-se também Walter Hubatsch, *Hindenburg und der Staat: Aus den Papieren des Generalfeldmarschalls und Reichspräsidenten von 1878 bis 1934* (Göttingen, 1966).

11 Andreas Dorpalen, *Hindenburg and the Weimar Republic* (Princeton, 1964), vê Hindenburg como uma figura apolítica relutantemente arrastado para a política pelo poder do seu mito pessoal.

12 Nicholls, *Weimar,* pp. 39–40; Jürgen Falter, *Hitlers Wähler* (Munique, 1991), pp. 130–135.

13 Veja-se o artigo clássico de Gerhard A. Ritter, «Kontinuität und Umformung des deutschen Parteiensystems 1918-1920», *in* Eberhard Kolb (org.), *Vom Kaiserreich zur Weimarer Republic* (Colónia, 1972), pp. 218–243.

14 Vernon L. Lidtke, *The Alternative Culture: Socialist Labor in Imperial Germany* (Nova Iorque, 1985).

15 Horstwalter Heitzer, *Der Volksverein für das katholische Deutschland im Kaiserreich 1890-1918* (Mainz, 1979); Gotthard Klein, *Der Volksverein für das katholische Deutschland 1890-1933: Geschichte, Bedeutung, Untergang* (Paderborn, 1996); Dirk Muller, *Arbeiter, Katholizismus, Staat: Der Volksverein für das katholische Deutschland und die katholischen Arbeiterorganisationen in der Weimarer Republik* (Bona, 1996); Doris Kaufmann, *Katholisches Milieu in Münster 1928-1933* (Düsseldorf, 1984).

16 Wilhelm L. Guttsman, *Workers' Culture in Weimar Germany: Between Tradition and Commitment* (Oxford, 1990).

17 Lynn Abrams, *Workers' Culture in Imperial Germany: Leisure and Recreation in the Rhineland and Westphalia* (Londres, 1992).

18 Bracher *et al.*, Die *nationalsozialistische Machtergreifung,* I., pp. 41, 58–59, citando a previsão de Max Weber de que tal iria acontecer.

19 Bracher, *Die Auflösung,* pp. 21–27, 64–95.

20 Veja-se Huber, *Deutsche Verfassungsgeschichte,* VI., p. 133, e a abordagem em Eberhard Kolb, *The Weimar Republic* (Londres, 1988), pp. 150–151. Sobre críticas à representação proporcional, veja-se, em especial, Eberhard Schanbacher, *Parlamentarische Wahlen und Wahlsystem in der Weimarer Republik:*

Wahlgesetxgebung und Wahlreform im Reich und in den Ländern (Düsseldorf, 1982). Falter, *Hitlers Wähler,* pp. 126–135, oferece algumas especulações que sustentam a perspetiva negativa.

21 Christoph Gusy, *Die Weimarer Reichsverfassung* (Tübingen, 1997), pp. 97–98.

22 Listas *in* Hagen Schulze, *Weimar: Deutschland 1917-1933* (Berlim, 1982).

23 Veja-se, por exemplo, Klaus Reimer, *Rheinlandfrage und Rheinlandbewegung (1918-1933): Ein Beitrag zur Geschichte der regionalistischen Bewegung in Deutschland* (Frankfurt, 1979).

24 Nicholls, *Weimar,* pp. 33–36, exagera os problemas causados. Sobre a Prússia, veja-se Hagen Schulze, *Otto Braun oder Preussens demokratische Sendung* (Frankfurt, 1977), Dietrich Orlow, *Weimar Prussia 1918-1925: The Unlikely Rock of Democracy* (Pittsburgh, 1986), e Hans-Peter Ehni, *Bollwerk Preussen? PreussenRegierung, Reich-Länder-Problem und Sozialdemokratie 1928-1932* (Bona, 1975).

25 Pormenores em Alfred Milatz, *Wähler und Wahlen in der Weimarer Republik* (Bona, 1965), e Jürgen Falter *et al.*, *Wahlen und Abstimmungen in der Weimarer Republik: Materialen zum Wahlverhalten 1919-1933* (Munique, 1986).

26 Schulze, *Weimar.*

27 Winkler, *Von der Revolution;* idem, *Der Schein;* idem, *Der Weg in die Katastrophe: Arbeiter und Arbeiterbewegung in der Weimarer Republik 1930 bis 1933* (Bona, 1987), uma panorâmica abrangente e exaustiva, e tendente para os sociais-democratas. Críticas duras em Bracher *et al.*, *Die nationalsozialistische Machtergreifung,* I., pp. 58–59; ênfase na crescente timidez «da meia-idade» do partido em Richard N. Hunt, *German Social Democracy 1918-1933* (New Haven, 1964), em esp., pp. 241–259.

28 Larry Eugene Jones, *German Liberalism and the Dissolution of the Weimar Party System, 1918-1933* (Chapel Hill, NC, 1988), pp. 67–80.

29 Erich Matthias e Rudolf Morsey, «Die Deutsche Staatspartei», *in* Matthias e Morsey (org.), *Das Ende der Parteien 1933: Darstellungen und Dokumente* (Düsseldorf, 1960), pp. 29–97, nas pp. 31–54; Werner Schneider, *Die Deutsche Demokratische Partei in der Weimarer Republik, 1924-1930* (Munique, 1978); Diehl, *Paramilitary Politics,* pp. 269–276; Jones, *German Liberalism,* pp. 369–374; Klaus Hornung, *Der Jungdeutsche Orden* (Düsseldorf, 1958).

30 Detlef Junker, *Die Deutsche Zentrumspartei und Hitler: Ein Beitrag zur Problematik des politischen Katholizismus in Deutschland* (Estugarda, 1969); Rudolf Morsey, *Der Untergang des politischen Katholizismus: Die Zentrumspartei zwischen christlichem Selbstverständnis und «Nationaler Erhebung» 1932/33* (Estugarda, 1977); Karsten Ruppert, *Im Dienst am Staat von Weimar: Das Zentrum als regierende Partei in der Weimarer Demokratie 1923-1930* (Düsseldorf, 1992). Sobre o Partido Popular da Baviera, veja-se Klaus Schönhoven, *Die Bayerische Volkspartei 1924-1932* (Düsseldorf, 1972). Sobre o contexto europeu, veja-se Eric Hobsbawm, *Age of Extremes: The Short Twentieth Century 1914-1991* (Londres, 1994), pp. 114–115.

31 Citado *in* Rudolf Morsey, «Die Deutsche Zentrumspartei», *in* Matthias e Morsey (org.), *Das Ende,* pp. 279–453, nas pp. 290–291.

32 Max Miller, *Eugen Bolz* (Estugarda, 1951), pp. 357–358, citado *in* Morsey, «Die Deutsche Zentrumspartei», p. 292; veja-se também Joachim Sailer, *Eugen Bolz und die Krise des politischen Katholizismus in der Weimarer Republik* (Tübingen, 1994).

33 John Cornwell, *Hitler's Pope: The Secret History of Pius XII* (Londres, 1999), em esp., pp. 96–97, 116–117, 120–151; muito baseado em Klaus Scholder, *The Churches and the Third Reich* (2 vols., Londres, 1987–1988 [1977, 1985]); Morsey, «Die Deutsche Zentrumspartei», p. 301, sobre a pressão do Vaticano.

34 Werner Angress, *Stillborn Revolution: The Communist Bid for Power in Germany, 1921-1923* (Princeton, 1963); Ben Fowkes, *Communism in Germany under the Weimar Republic* (Londres, 1984), pp. 148, 161; Eric D. Weitz, *Creating German Communism, 1890-1990; From Popular Protests to Socialist State* (Princeton, 1997), pp. 100–131; e, sobretudo, Hermann Weber, *Die Wandlung des deutschen Kommunismus: Die Stalinisierung der KPD in der Weimarer Republik* (2. vols., Frankfurt, 1969).

35 Para um exemplo entre muitos, Evans, *Rituals,* pp. 507–509, 574.

36 Maximilian Milller-Jabusch (org.), *Handbuch des öffentlichen Lebens* (Leipzig, 1931), pp. 442–445, excertos traduzidos *in* Kaes *et al.* (org.), *The Weimar Republic Sourcebook,* pp. 348–352; veja-se Mommsen, *The Rise and Fall,* pp. 253–260.

37 Bracher, *Die Auflösung,* pp. 309–330; Friedrich Freiherr Hiller von Gaertringen, «Die Deutschnationale Volkspartei», *in* Matthias e Morsey (eds.), *Das Ende,* pp. 541–652, nas pp. 543–549.

38 Henry Ashby Turner, Jr., *Gustav Stresemann and the Politics of the Weimar Republic* (Princeton, 1965 [1963]), pp. 250–251; Jonathan Wright, *Gustav Stresemann: Weimar's Greatest Statesman* (Oxford, 2002).

39 Broszat, *Der Staat Hitlers,* pp. 19–20.

40 Diehl, *Paramilitary Politics,* pp. 209–243; Berghahn, *Der Stahlhelm,* pp. 103–130.

41 Francis L. Carsten, *The Reichswehr and Politics 1918-1933* (Oxford, 1966), pp. 3–48; Wolfram Wette, *Gustav Noske: Eine politische Biographie* (Düsseldorf, 1987), pp. 399–459.

42 Carsten, *The Reichswehr,* pp. 106–107; Johannes Erger, *Der Kapp-Lüttwitz--Putsch: Ein Beitrag zur deutschen Innenpolitik 1919/20* (Düsseldorf, 1967); Erwin Könnemann *et al.* (org.), *Arbeiterklasse siegtüber Kapp und Lüttwitz* (2 vols., Berlim, 1971).

43 Citado *in* Carsten, *The Reichswehr,* p. 401.

44 Thilo Vogelsang (org.), «Neue Dokumente zur Geschichte der Reichswehr, 1930-1933», *VfZ* 2 (1954), pp. 397–436.

45 Friedrich von Rabenau, *Seeckt-aus seinem Leben 1918-1936* (Leipzig, 1940), pp. 359–361, e Otto-Ernst Schüddekopf, *Das Heer und die Republik – Quellen zur Politik der Reichswehrführung 1918 bis 1933* (Hanôver, 1955),

pp. 179–181. Veja-se também os estudos mais antigos de John W. Wheeler Bennett, *The Nemesis of Power: The German Army in Politics 1918-1945* (Londres, 1953), hoje bastante desatualizado, para uma opinião extremamente crítica do exército, e Harold J. Gordon, *The Reichswehr and the German Republic 1919-26* (Princeton, 1957), simpático para Seeckt. Pormenores básicos em Rainer Wohlfeil, «Heer und Republik», *in* Hans Meier-Welcker e Wolfgang von Groote (org.), *Handbuch zur deutschen Militargeschichte 1648-1939,* VI (Frankfurt, 1970), pp. 11–304.

46 Carsten, *The Reichswehr,* p. 276; Ernst Willi Hansen, *Reichswehr und Industrie: Rüstungswirtschaftliche Zusammenarbeit und wirtschaftliche Mobilmachungsvorbereitungen 1923-1932* (Boppard, 1978); Manfred Zeidler, *Reichswehr und Rote Armee 1920-1933: Wege und Stationen einer ungewöhnlichen Zusammenarbeit* (Munique, 1993); num contexto mais lato, Michael Geyer, *Aufrüstung oder Sicherheit: Reichswehr in der Krise der Machtpolitik, 1924-1936* (Wiesbaden, 1980), e Karl Nuss, *Militär und Wiederaufrüstung in der Weimarer Republik: Zur politischen Rolle und Entwicklung der Reichswehr* (Berlim, 1977).

47 Carsten, *The Reichswehr,* pp. 159–160, 168–169, 226.

48 Michael Geyer, «Professionals and Junkers: German Rearmament and Politics in the Weimar Republic», *in* Richard Bessel e Edgar Feuchtwanger (org.), *Social Change and Political Development in Weimar Germany* (Londres, 1981), pp. 77–133.

49 Veja-se o estudo clássico de Craig, *The Politics of the Prussian Army,* pp. 382–467.

50 Eberhard Kolb, «Die Reichsbahn vom Dawes-Plan bis zum Ende der Weimarer Republik», *in* Lothar Gall e Manfred Pohl (org.), *Die Eisenbahn in Deutschland: Von den Anfängen bis zur Gegenwart* (Munique, 1999), pp. 109–164, nas pp. 149–150.

51 Jane Caplan, *Government without Administration: State and Civil Service in Weimar and Nazi Germany* (Oxford, 1988), pp. 8–18, 60–61.

52 Gerhart Fieberg (org.), *Im Namen* des *deutschen Volkes: justiz und Nationalsozialismus* (Colónia, 1989), p. 8.

53 Bracher, *Die Auflösung,* pp. 162–172.

54 Caplan, *Government,* pp. 30–36.

55 *Ibid.*, pp. 33–57; Wolfgang Runge, *Politik und Beamtentum im Parteienstaat: Die Demokratisierung* der *politischen Beamten in Preussen zwischen 1918 und 1933* (Estugarda, 1965); Anthony J. Nicholls, «Die höhere Beamtenschaft in der Weimarer Zeit: Betrachtungen zu Problemen ihrer Haltung und ihrer Fortbildung», *in* Lothar Albertin e Werner Link (org.), *Politische Parteien auf dem Weg zur parlamentarischen Demokratie in Deutschland: Entwicklungslinien bis zur Gegenwart* (Düsseldorf, 1981), pp. 195–207; Hans Fenske, «Monarchisches Beamtentum und demokratischer Rechtsstaat: Zum Problem der Bürokratie in der Weimarer Republik», in *Demokratie und Verwaltung: 25 Jahre Hochschule für Verwaltung Speyer* (Berlim, 1972), pp. 117–136;

Rudolf Morsey, «Beamtenschaft und Verwaltung zwischen Republik und "Neuem Staat"», *in* Karl Dietrich Erdmann e Hagen Schulze (org.), *Weimar: Selbstpreisgabe einer Demokratie* (Düsseldorf, 1980), pp. 151–168; Eberhard Pikart, «Preussische Beamtenpolitik 1918-1933», *VfZ* 6 (1958), pp. 119–137.

56 Broszat, *Der Staat Hitlers,* pp. 17–19.

57 TA, 28, *in* Merkl, *Political Violence,* p. 513.

58 Veja-se Rainer Fattmann, *Bildungsbürger in der Defensive: Die akademische Beamtenschaft und der «Reichsbund der höheren Beamten» in der Weimarer Republik* (Göttingen, 2001).

A grande inflação

1 Sobre a questão dos objetivos de guerra da Alemanha (mas não sobre as origens da guerra, que não aborda em profundidade), a obra de referência continua a ser Fischer, *Germany's Aims.*

2 O processo inflacionário durante a guerra e no pós-guerra imediato é narrado de forma muito detalhada nas primeiras 150 páginas da história monumental de Gerald D. Feldman, *The Great Disorder: Politics, Eçonomic, and Society in the German Inflation, 1914-1924* (Nova Iorque, 1993). As taxas de câmbio do período em causa constam no quadro I (p. 5). A obra de Feldman ultrapassa as narrativas clássicas de Constantino Bresciani Turroni, *The Economics of Inflation: A Study of Currency Depreciation in Post-war Germany* (Londres, 1937), e Karsten Laursen e Jürgen Pedersen, *The German Inflation 1918-1923* (Amsterdão, 1964). Existe uma panorâmica sucinta da investigação em Theo Balderston, *Economics and Politics in the Weimar Republic* (Londres, 2002), pp. 34–60. Stephen B. Webb, *Hyperinflation and Stabilization in Weimar Germany* (Oxford, 1989), liga o processo inflacionário à questão das reparações.

3 Feldman, *The Great Disorder,* p. 5 (quadro I), e em termos mais latos, com numerosas citações e exemplos, nos capítulos 1–8; Kent, *The Spoils of War,* pp. 45–46, 142–158.

4 Feldman, *The Great Disorder,* pp. 837–839; num tom mais pessimista, Niall Ferguson, *Paper and Iron: Hamburg Business and German Politics in the Era of Inflation, 1897-1927* (Oxford, 1995), em esp., pp. 408–419.

5 Feldman, *The Great Disorder,* p. 5 (quadro I). Sobre a ocupação do Rur, veja-se Conan Fischer, *The Ruhr Crisis 1923-1924* (Oxford, 2003); Hermann J. Rupieper, *The Cuno Government and Reparations 1922-1923: Politics and Economics* (Haia, 1979); Klaus Schwabe (org.), *Die Ruhrkrise 1923: Wendepunkt der internationalen Beziehungen nach dem Ersten Weltkrieg* (Paderborn, 1985).

6 *Berliner Morgenpost* 251 (21 de outubro de 1923), «Zahlen-Wahnsinn, von Bruno H. Bürgel».

7 Norman Angell, *The Story of Money* (Nova Iorque, 1930), p. 332; Haffner, *Defying Hitler,* pp. 49–50.

8 Fritz Blaich, *Der schwarze Freitag: Inflation und Wirtschaftskrise* (Munique, 1985), pp. 14, 31.

9 *Wirtschaftskurve,* 2 (1923), I, pp. 29 e 4 (1923), pp. 21, citando as despesas de uma família com um filho e um rendimento médio, citado *in* Carl-Ludwig Holtfrerich, *The German Inflation 1914-1923: Causes and Effects in International Perspective* (Nova Iorque, 1986 [1980]), p. 261.

10 *Berliner Morgenpost,* 220 (15 de settembro de 1923), «Zurückgehaltene Ware: Weil der "morgige Preis" noch nicht bekannt ist».

11 Feldman, *The Great Disorder,* pp. 704–706.

12 Holtfrerich, *The German Inflation,* pp. 262–263.

13 Klemperer, *Leben sammeln,* I., p. 239 (26 de fevereiro de 1920).

14 *Ibid.*, p. 257 (28 de março de 1920).

15 *Ibid.*, p. 262 (1 de abril de 1920).

16 *Ibid.*, pp. 697 (27 de maio de 1923), 700–701 (1 e 2 de junho de 1923). Sobre a mania da especulação, veja-se também Haffner, *Defying Hitler,* pp. 46–47.

17 Klemperer, *Leben sammeln,* I., pp. 717 (24 de julho de 1923), 729 (3 de agosto de 1923).

18 *Ibid.*, p. 740 (27/28 de agosto de 1923).

19 *Ibid.*, p. 752 (9 de outubro de 1923).

20 *Ibid.*, p. 751 (9 de outubro de 1923).

21 *Ibid.*, p. 757 (2 de novembro de 1923).

22 *Ibid.*, p. 758 (7 e 16 de novembro de 1923).

23 *Berliner Morgenpost,* 213 (7 de setembro de 1923): «Nur noch dreissig Strassenbahn-Linien.»

24 Kent, *The Spoils of War,* pp. 245–248.

25 Feldman, *The Great Disorder,* pp. 741–747.

26 *Ibid.*, pp. 778–793.

27 *Ibid.*, pp. 754–835.

28 Derek H. Aldcroft, *From Versailles to Wall Street 1919-1929* (Londres, 1977), pp. 125–155.

29 Feldman, *The Great Disorder,* pp. 854–888.

30 Klemperer, *Leben sammeln,* I., pp. 761 (4 de dezembro de 1923), 763 (20 de dezembro de 1923).

31 Nikolaus Wachsmann, *Hitler's Prisons: Legal Terror in Nazi Germany* (2004), capítulo 2.

32 Michael Grüttner, «Working-Class Crime and the Labour Movement: Pilfering in the Hamburg Docks, 1888-1923», *in* Richard J. Evans (org.), *The German Working Class 1888-1933: The Politics of Everyday Life* (Londres, 1982), pp. 54–79.

33 Hans Ostwald, *Sittengeschichte der Inflation: Ein Kulturdokument aus den Jahren des Marksturzes* (Berlim, 1931), em esp., pp. 30–31.

34 Martin Geyer, *Verkehrte Welt: Revolution, Inflation, und Moderne. München 1914-1924* (Göttingen, 1998), *passim.*

35 Bernd Widdig, *Culture and Inflation in Weimar Germany* (Berkeley, 2001), pp. 113–133.

36 Geyer, *Verkehrte Welt*, pp. 243–318; num contexto geral, veja-se os estudos em Gerald D. Feldman (org.), *Die Nachwirkungen der Inflation auf die deutsche Geschichte 1924-1933* (Munique, 1985).

37 Para um estudo fascinante sobre um destes conflitos, veja-se Charles Medalen, «State Monopoly Capitalism in Germany: The Hibernia Affair», *Past and Present,* 78 (fevereiro de 1978), pp. 82–112.

38 Henry Ashby Turner, Jr., *German Big Business and the Rise of Hitler* (Nova Iorque, 1985), pp. 3–18; Gerald D. Feldman, *Army, Industry and Labor in Germany, 1914-1918* (Princeton, 1966); *idem*, «The Origins of the Stinnes-Legien Agreement: A Documentation», *Internationale Wissenschaftliche Korrespondenz zur Geschichte der deutschen Arbeiterbewegung,* 19/20 (1973), pp. 45–104.

39 Para um resumo dos debates sobre a natureza e a extensão do investimento das empresas durante a inflação, veja-se Harold James, *The German Slump: Politics and Economics, 1924-1936* (Oxford, 1986), pp. 125–130.

40 Peter Hayes, *Industry and Ideology: I. G. Farben in the Nazi Era* (Cambridge, 1987), pp. 16–17; Gerald D. Feldman, *Hugo Stinnes: Biographie eines Industriellen 1870-1924* (Munique, 1998).

41 Mary Nolan, *Visions of Modernity: American Business and the Modernization of Germany* (Nova Iorque, 1994).

42 Peukert, *The Weimar Republic,* pp. 112–117.

43 Robert Brady, *The Rationalization Movement in Germany: A Study in the Evolution of Economic Planning* (Berkeley, 1933); James, *The German Slump,* pp. 146–161.

44 Feldman, *The Great Disorder,* pp. 343–344; Harold James, «Economic Reasons for the Collapse of the Weimar Republic», *in* Ian Kershaw (org.), *Weimar: Why did German Democracy Fail?* (Londres, 1990), pp. 30–57, nas pp. 33–34; veja-se também Dieter Hertz-Eichenröde, *Wirtschaftskrise und Arbeitsbeschaffung: Konjunkturpolitik 1925/26 und die Grundlagen* der *Krisenpolitik Brünings* (Frankfurt, 1982); Fritz Blaich, *Die Wirtschaftskrise 1925/26 und die Reichsregierung: Von der Erwerbslosenfürsorge* zur *Konjunkturpolitik* (Kallmünz, 1977); Klaus-Dieter Krohn, *Stabilisierung und ökonomische Interessen: Die Finanzpolitik des deutschen Reiches 1923-1927* (Düsseldorf, 1974).

45 Bernd Weisbrod, *Schwerindustie in der Weimarer Republik: Interessenpolitik zwischen Stabtlisierung und Krise* (Wuppertal, 1978), pp. 415–456; James, *The German Slump,* pp. 162–223.

46 Richard Bessel, «Why did the Weimar Republic Collapse?», *in* Kershaw (org.), *Weimar,* pp. 120–152, na p. 136; Bernd Weisbrod, «The Crisis of German Unemployment Insurance in 1928/29 and its Political Repercussions», *in* Wolfgang J. Mommsen (org.), *The Emergence of the Welfare State in Britain and Germany, 1850-1950* (Londres, 1981), pp. 188–204; Richard J. Evans, «Introduction: The Experience of Mass Unemployment in the Weimar Republic», *in* Richard J. Evans e Dick Geary (org.), *The German Unemployed: Experiences and Consequences of Mass Unemployment from the Weimar Republic to the*

Third Reich (Londres, 1987), pp. 1–22, nas pp. 5–6; Merith Niehuss, «From Welfare Provision to Social Insurance: The Unemployed in Augsburg 1918-27», *in* Evans e Geary (org.), *The German Unemployed,* pp. 44–72.

47 Turner, *German Big Business,* pp. 19–46; Weisbrod, *Schwerindustrie;* veja-se também o breve esboço de J. Adam Tooze, «Big Business and the Continuities of German History, 1900-1945», *in* Panikos Panayi (org.), *Weimar and Nazi Germany: Continuities and Discontinuities* (Londres, 2001), pp. 173–198.

48 Sobre o escândalo de Barmat, veja-se Bernhard Fulda, «Press and Politics in Berlin, 1924-1930» (tese de doutoramento, Cambridge, 2003), pp. 63–71, 87–117.

49 Dick Geary, «Employers, Workers, and the Collapse of the Weimar Republic», *in* Kershaw (org.), *Weimar,* pp. 92–119.

Guerras culturais

1 Karl Rohe, *Wahlen und Wählertraditionen in Deutschland* (Frankfurt, 1992), p. 124.

2 Falter, *Hitlers Wähler,* pp. 327–328; Kurt Koszyk, *Deutsche Presse 1914-1945: Geschichte der deutschen Presse,* III (Berlim, 1972).

3 Babette Gross, *Willi Münzenberg: Eine politische Biographie* (Estugarda, 1967).

4 Erich Schairer, «Alfred Hugenberg», *Mit anderen Augen: Jahrbuch der deutschen Sonntagszeitung* (1929), pp. 18–21, traduzido e citado *in* Kaes *et al.* (org.), *The Weimar Republic Sourcebook,* pp. 72–74; Dankwart Guratzsch, *Macht durch Organisation: Die Grundlegung des Hugenbergschen Presseimperiums* (Düsseldorf, 1974), pp. 192–193, 244, 248.

5 Fulda, «Press and Politics», quadro I.

6 Modris Eksteins, *The Limits of Reason: The German Democratic Press and the Collapse of Weimar Democracy* (Oxford, 1975), pp. 129–130, 249–250.

7 Fulda, «Press and Politics», quadro I e capítulo I.

8 Falter, *Hitlers Wähler,* pp. 325–339.

9 Oswald Spengler, Der *Untergang des Aberedlandes: Umrisse einer Morphologie der Weltgeschichte,* I: *Gestalt und Wirklichkeit* (Viena, 1918), pp. 73–75.

10 Arthur Moeller van den Bruck, *Das Dritte Reich* (3.ª ed., Hamburgo, 1931 [Berlim, 1923]), em esp., pp. 300, 320; Gary D. Stark, *Entrepreneurs of Ideology: Neo-Conservative Publishers in Germany, 1890-1933* (Chapel Hill, NC 1981); Agnes Stansfield, «Das Dritte Reich: A Contribution to the Study of the "Third Kingdom" in German Literature from Herder to Hegel», *Modern Language Review,* 34 (1934), pp. 156–172. Moeller van den Bruck começou por chamar «Terceira Via» à sua utopia conservadora-revolucionária; veja-se Mosse, *The Crisis,* p. 281.

11 Edgar Jung, «Deutschland und die konservative Revolution», in *Deutsche über Deutschland* (Munique, 1932), pp. 369–382, excertos traduzidos *in* Kaes *et al.,* (org.), *The Weimar Republic Sourcebook,* pp. 352–354.

12 Jünger, *In Stahlgewittern;* veja-se também Nikolaus Wachsmann, «Marching under the Swastika? Ernst Jünger and National Socialism, 1918-33», *Journal of Contemporary History,* 33 (1998), pp. 573–589.

13 Theweleit, *Male Fantasies.*

14 O estudo de referência sobre esta e outras tendências de pensamento semelhantes é Kurt Sontheimer, *Antidemokratisches Denken in der Weimarer Republik* (Munique, 1978 [1962]).

15 James M. Ritchie, *German Literature under National Socialism* (Londres, 1983), pp. 10–11; veja-se também Peter Zimmermann, «Literatur im Dritten Reich», *in* Jan Berg *et al.* (org.), *Sozialgeschichte der deutschen Literatur von 1918 bis zur Gegenwart* (Frankfurt, 1981), pp. 361–416; e em particular, Jost Hermand e Frank Trommler, *Die Kultur der Weimarer Republik* (Munique, 1978), pp. 128–192.

16 Para uma boa panorâmica geral, veja-se Nitschke *et al.* (org.), *Jahrhundertwende;* sobre o «pânico moral» no período guilhermino, veja-se Richard J. Evans, *Tales from the German Underworld: Crime and Punishment in the Nineteenth Century* (Londres, 1998), pp. 166–212; Gary Stark, «Pornography, Society and the Law in Imperial Germany», *Central European History,* 14 (1981), pp. 200–220; Bram Dijkstra, *Idols of Perversity: Fantasies of Female Evil in Fin-de-Siècle Culture* (Nova Iorque, 1986); Robin Lenman, «Art, Society and the Law in Wilhelmine Germany: The Lex Heinze», *Oxford German Studies,* 8 (1973), pp. 86–113; Matthew Jefferies, *Imperial Culture in Germany, 1871-1918* (Londres, 2003); sobre a cultura de Weimar, veja-se Peukert, *The Weimar Republic,* pp. 164–177.

17 Hermand e Trommler, *Die Kultur,* pp. 193–260.

18 Karen Koehler, «The *Bauhaus,* 1919-1928: Gropius in Exile and the Museum of Modern Art, N. Y., 1938», *in* Richard A. Etlin (org.), *Art, Culture and Media under the Third Reich* (Chicago, 2002), pp. 287–315, nas pp. 288–292; Barbara Miller Lane, *Architecture and Politics in Germany, 1918-1945* (Cambridge, Mass., 1968), pp. 70–78; Shearer West, *The Visual Arts in Germany 1890-1936: Utopia and Despair* (Manchester, 2000), pp. 143–155; Hans Wingler, *The Bauhaus – Weimar, Dessau, Berlin, Chicago 1919-1944* (Cambridge, Mass., 1978); Frank Whitford, *The Bauhaus* (Londres, 1984).

19 Gerald D. Feldman, «Right-Wing Politics and the Film Industry: Emil Georg Strauss, Alfred Hugenberg, and the UFA, 1917-1933», *in* Christian Jansen *et al.* (org.), *Von der Aufgabe der Freiheit: Politische Verantwortung und bürgerliche Gesellschaft im 19. und 20. Jahrhundert: Festschrift für Hans Mommsen zum 5. November 1995* (Berlim, 1995), pp. 219–230; Siegfried Kracauer, *From Caligari to Hitler: A Psychological History of the German Film* (Princeton, 1947), pp. 214–216.

20 Andrew Kelly, *Filming All Quiet on the Western Front – «Brutal Cutting, Stupid Censors, Bigoted Politicos»* (Londres, 1998), reimpresso com o título *All Quiet on the Western Front: The Story of a Film* (Londres, 2002). Sobre a cultura de Weimar em geral, veja-se o ensaio clássico de Peter Gay, *Weimar*

Culture: The Outsider as Insider (Londres, 1969). Walter Laqueur, *Weimar: A Cultural, History 1918-1933* (Londres, 1974), é bom acerca da maioria conservadora e da minoria vanguardista; veja-se também, sobre as artes gráficas, Hermand e Trommler, *Die Kultur,* pp. 350–437.

21 Erik Levi, *Music in the Third Reich* (Londres, 1994), T-13; Hermand e Trommler, *Die Kultur,* pp. 279–350.

22 Michael H. Kater, *Different Drummers: Jazz in the Culture of Nazi Germany* (Nova Iorque, 1992), pp. 3–28; Peter Jelavich, *Berlin Cabaret* (Cambridge, MA, 1993), p. 202.

23 Peukert, *The Weimar Republic,* pp. 178–190.

24 TA, 43, *in* Merkl, *Political Violence,* p. 173.

25 Abrams, *Workers' Culture,* em esp. capítulo 7.

26 Richard J. Evans, *The Feminist Movement in Germany 1894-1933* (Londres, 1976), pp. 122, 141; Rudolph Binion, *Frau Lou: Nietzsche's Wayward Disciple* (Princeton, 1968), p. 447.

27 James D. Steakley, *The Homosexual Emancipation Movement in Germany* (Nova Iorque, 1975); John C. Fout, «Sexual Politics in Wilhelmine Germany: The Male Gender Crisis, Moral Purity, and Homophobia», *Journal of the History of Sexuality,* 2 (1992), pp. 388–421.

28 Veja-se o artigo pioneiro de Renate Bridenthal e Claudia Koonz, «Beyond *Kinder, Küche, Kirche:* Weimar Women in Politics and Work», *in* Renate Bridenthal *et al.* (org.), *When Biology Became Destiny: Women in Weimar and Nazi Germany* (Nova Iorque, 1984), pp. 33–65.

29 Planert, *Antifeminismus.*

30 Evans, *The Feminist Movement,* pp. 145–201; Klaus Höhnig, *Der Bund Deutscher Frauenvereine in der Weimarer Republik 1919-1923* (Egelsbach, 1995).

31 Atina Grossmann, *Reforming Sex: The German Movement for Birth Control and Abortion Reform 1920-1950* (Nova Iorque, 1995), p. 16; Steakley, *The Homosexual Emancipation Movement;* Fout, «Sexual Politics»; Charlotte Wolff, *Magnus Hirschfeld: A Portrait of a Pioneer in Sexology* (Londres, 1986).

32 James Woycke, *Birth Control in Germany 1871-1933* (Londres, 1988), pp. 113–116, 121, 147–148; Grossmann, *Reforming Sex;* Cornelie Usborne, *The Politics of the Body in Weimar Germany: Women's Reproductive Rights and Duties* (Londres, 1991).

33 Clifford Kirkpatrick, *Nazi Germany: Its Women and Family Life* (Nova Iorque, 1938), p. 36; Elizabeth Harvey, «Serving the Volk, Saving the Nation: Women in the Youth Movement and the Public Sphere in Weimar Germany», *in* Larry Eugene Jones e James Retallack (org.), *Elections, Mass Politics, and Social Change in Modern Germany: New Perspectives* (Nova Iorque, 1992), pp. 201–222; Irene Stoehr, «Neue Frau und alte Bewegung? Zum Generationskonflikt in der Frauenbewegung der Weimarer Republik», *in* Jutta Dalhoff *et al.* (org.), *Frauenmacht in der Geschichte* (Düsseldorf, 1986), pp. 390–400; Atina

Grossmann, «"Girikultur" or Thoroughly Rationalized Female: A New Woman in Weimar Germany», *in* Judith Friedlander *et al.* (org.), *Women in Culture and Politics: A Century of Change* (Bloomington, IN, 1986), pp. 62–80.

34 Raffael Scheck, *Mothers of the Nation: Right-Wing Women in German Politics, 1918-1923* (2004); Höhnig, *Der Bund;* Ute Planert (org.), *Nation, Politik und Geschlecht: Frauenbewegungen und Nationalismus in der Moderne* (Frankfurt, 2000).

35 Para testemunhos pessoais, veja-se Merkl, *Political Violence,* pp. 230–289; veja-se também Peter D. Stachura, *The German Youth Movement, 1900-1945: An Interpretative and Documentary History* (Londres, 1981), que contraria o enfoque de trabalhos anteriores nos aspetos protofascistas do movimento juvenil, tais como nos estudos clássicos de Laqueur, *Young Germany,* Howard Becker, *German Youth: Bond or Free?* (Nova Iorque, 1946), e Mosse, *The Crisis,* pp. 171–189. Veja-se, Jürgen Reulecke, «"Hat die Jugendbewegung den Nationalsozialismus vorbereitet?" Zum Umgang mit einer falschen Frage», *in* Wolfgang R. Krabbe (org.), *Politische Jugend in der Weimarer Republik* (Bochum, 1993), pp. 222–243.

36 Klemperer, *Leben sammeln,* II., p. 56 (14 de maio de 1925).

37 TA, 144, 173, *in* Merkl, *Political Violence,* pp. 290–310, em esp., pp. 303–304; Margret Kraul, *Das deutsche Gymnasium 1780-1980* (Frankfurt, 1984), pp. 127–156, uma panorâmica útil; Folkert Meyer, *Schule der Untertanen: Lehrer und Politik in Preussen 1848-1900* (Hamburgo, 1976), com uma visão muito negativa da influência política das escolas; Mosse, *The Crisis,* pp. 149–170, sublinhando as influências nacionalistas. Para uma boa antítese de Meyer, veja-se Marjorie Lamberti, «Elementary School Teachers and the Struggle against Social Democracy in Wilhelmine Germany», *History of Education Quarterly,* 12 (1992), pp. 74–97; idem, *State, Society and the Elementary School in Imperial Germany* (Nova Iorque, 1989).

38 Konrad H. Jarausch, *Deutsche Studenten 1800-1970* (Frankfurt, 1984), em esp., pp. 117–122; Michael S. Steinberg, *Sabers and Brown Shirts: The German Students' Path to National Socialism, 1918-1935* (Chicago, 1977); Geoffrey J. Giles, *Students and National Socialism* in *Germany* (Princeton, 1985), um estudo sobre a Universidade de Hamburgo. A tradução literal de *AStA, Allgemeiner Studenten-Ausschuss*, é «Comité Geral dos Estudantes».

39 Michael H. Kater, *Studentenschaft und Rechtsradikalismus in Deutschland 1918-1933: Eine sozialgeschichtliche Studie zur Bildungskrise in der Weimarer Republik* (Hamburgo, 1975); *idem*, «The Work Student: A Socio-Economic Phenomenon of Early Weimar Germany», *Journal of Contemporary History,* 10 (1975), pp. 71–94; Wildt, *Generation des Unbedingten,* pp. 72–80.

40 *Ibid.*, pp. 81–142.

41 Ulrich Herbert, *Best: Biographische Studien über Radikalismus, Weltanschauung und Vernunft 1903-1989* (Bona, 1996), pp. 42–68.

42 TA, 96, *in* Merkl, *Political Violence,* p. 236 (em itálico no original).

43 Maria Tatar, *Lustmord: Sexual Murder in Weimar Germany* (Princeton, 1995) (mas veja-se a minha recensão a este livro, que em muitos aspetos não é convincente, in *German History,* 14 (1996), pp. 414–415); mais convencional é Birgit Kreutzahler, *Das Bild* des *Verbrechers in Romanen der Weimarer Republik: Eine Untersuchung vor dem Hintergrund anderer gesellschaftlicher Verbrecherbilder und gesellschaftlicher Grundzüge der Weimarer Republik* (Frankfurt, 1987); Kracauer, *From Caligari;* Evans, *Rituals,* pp. 531–536.

44 Patrick Wagner, *Volksgemeinschaft ohne Verbrecher: Konzeptionen und Praxis der Kriminalpolizei in der Zeit der Weimarer Republik und* des *Nationalsozialismus* (Hamburgo, 1996), pp. 26–76, 153–179.

45 Evans, *Rituals,* pp. 487–610.

46 Fieberg (org.), *Im Namen,* pp. 10–22.

47 Johannes Leeb, in *Deutsche Richterzeitung,* 1921, col. 1301, citado *in* Fieberg (org.), *Im Namen,* pp. 24–27.

48 Hans Hattenhauer, «Wandlungen des Richterleitbildes im 19. und 20. Jahrhundert», *in* Ralf Dreier e Wolfgang Sellert (org.), *Recht und Justiz im «Dritten Reich»* (Frankfurt, 1989), pp. 9–33, nas pp. 13–16; Henning Grunwald, «Political Lawyers in the Weimar Republic» (dissertação de doutoramento, Cambridge, 2002).

49 Fieberg (org.), *Im Namen,* pp. 24–27.

50 Emil J. Gumbel, *Vier Jahre politischer Mord* (Berlim, 1924), pp. 73–75, com excertos e tabelas *in* Fieberg (org.), *Im Namen,* pp. 29–35.

51 As tentativas recentes e parcialmente convincentes de ver os juízes de Weimar sob um prisma mais favorável incluem Irmela Nahel, *Fememorde und Femernordproxesse in der Weimarer Republik* (Colónia, 1991), e Marcus Böttger, *Der Hochverrat in der hochstrichterlichen Rechtsprechung der Weimarer Republik: Ein Fall politischer Instrumentalisierung von Strafgesetzen?* (Frankfurt, 1998).

52 Hannover e Hannover-Drück, *Politische Justiz,* pp. 182–191; Kurt R. Grossmann, *Ossietzky: Ein deutscher Patriot* (Munique, 1963), pp. 195–219; Elke Suhr, *Carl von Ossietzky: Eine Biographie* (Colónia, 1988), pp. 162–168.

53 Hermann Schüler, *Auf der Flucht erschossen: Felix Fechenbach 1894-1933. Eine Biographie* (Colónia, 1981), pp. 171–192.

54 Ilse Staff, *Justiz im Dritten Reich: Eine Dokumentation* (2.ª ed., Frankfurt, 1978 [1964]), pp. 22–24.

55 Gotthard Jasper, *Der Schutz der Republik* (Tübingen, 1963).

56 Evans, *Rituals,* pp. 503–506.

57 Ingo Müller, *Hitler's Justice: The Courts of the Third Reich* (Londres, 1991 [1987]), pp. 10–24.

58 Hannover e Hannover-Drück, *Politische Justiz,* p. 77.

59 Ralph Angermund, *Deutsche Richterschaft 1918-1945*: *Krisenerfahrung, Illusion, Politische Rechtsprechung* (Frankfurt, 1990), pp. 33–34.

Aptos e inaptos

1 Wehler, *Deutsche Gesellschaftsgeschichte,* III., pp. 907–915, 1086–1090; Thomas Nipperdey, *Deutsche Geschichte 1866-1918,* I: *Arbeitswelt und Burgergeist* (Munique, 1990), pp. 335–373; as obras mais especializadas incluem Volker Hentschel, *Geschichte* der *deutschen Sozialpolitik* (*1880-1980*) (Frankfurt, 1983); Gerhard A. Ritter, *Soxialversicherung in Deutschland und England: Entstehung und Grundzuge im Vergleich* (Munique, 1983); e o estudo pioneiro de Karl Erich Born, *Staat und Sozialpolitik seit Bismarcks Sturz 1890-1914: Ein Beitrag zur Geschichte der innenpolitischen Entwicklung des deutschen Reiches 1880-1914* (Wiesbaden, 1957).

2 David F. Crew, *Germans on Welfare: From Weimar to Hitler* (Nova Iorque, 1998), pp. 16–31.

3 Artigos 119–122 e 151–165 da Constituição de Weimar (*in* Huber, *Deutsche Verfassungsgeschichte,* VVII).

4 Ludwig Preller *Sozialpolitik in der Weimarer Republik* (Düsseldorf, 1978 [1949]) continua a ser a obra dereferência indispensável; alguns estudos importantes mais recentes são Detlev J. K. Peukert, *Grenzen* der *Sozialdisziplinierung: Aufstieg und Krise* der *deutschen Jugendfürsorge 1878 bis 1932* (Colónia, 1986); Young-Sun Hong, *Welfare, Modernity, and the Weimar State, 1919-1933* (Princeton, 1998), e Crew, *Germans on Welfare.*

5 Otto Riebicke, *Was brachte der Weltkrieg? Tatsachen und Zahlen aus dem deutschen Ringen 1914-18* (Berlim, 1936), pp. 97–112.

6 Whalen, *Bitter Wounds,* pp. 156, 168.

7 Caplan, *Government,* pp. 51, 60; Bessel, «Why did the Weimar Republic Collapse?», pp. 120–134, nas pp. 123–125.

8 A legislação alemã sobre a proteção de dados proíbe o uso do nome completo das pessoas privadas.

9 Pormenores completos em Crew, *Germans on Welfare,* 107–115.

10 *Ibid*., em esp., pp. 204–208.

11 Sobre a propagação destas ideias, veja-se Richard F. Wetzell, *Inventing the Criminal: A History of German Criminology 1880-1945* (Chapel Hill, NC, 2000); em esp., pp. 107–178; Wachsmann, *Hitler's Prisons,* parte I; Regina Schulte, *Sperrbezirke: Tugendhaftigkeit und Prostitution in der burgerlichen Welt* (Frankfurt, 1979), pp. 174–204; Schmuhl, *Rassenhygiene,* pp. 31, 94; Evans, *Rituals,* pp. 526–536.

12 Wagner, *Volksgemeinschaft,* pp. 97–101.

13 Citado *in* Evans, *Rituals,* pp. 526–527.

14 Nikolaus Wachsmann *et al*., «"Die soziale Prognose wird damit sehr trube ...": Theodor Viernstein und die Kriminalbiologische Sammelstelle in Bayern», *in* Michael Farin (org.), *Polizeireport München 1799-1999* (Munique, 1999), pp. 250–287.

15 Karl Binding e Alfred Hoche, *Die Freigabe der Vernichtung lebensunwerten Lebens: Ihr Mass und ihre Form* (Leipzig, 1920); Michael Burleigh, *Death*

and Deliverance: «Euthanasia,» in Germany 1900-1945 (Cambridge, 1994), pp. 11–42; Hong, *Welfare,* pp. 29–276.

16 Victor Klemperer, *Curriculum Vitae: Erinnerungen 1881-1918* (2 vols., Berlim, 1996 [1989]).

17 Klemperer, *Leben sammeln,* I., pp. 8 (23 de novembro de 1918), 9 (24 de novembro de 1918).

18 *Ibid.*, pp. 97 (12 de abril de 1919), 109–110 (6 de maio de 1919).

19 Veja-se o interessante esboço biográfico de Martin Chalmers, *in* Victor Klemperer, *I Shall Bear Witness: The Diaries of Victor Klemperer 1933-1941* (Londres, 1998), pp. IX–XXI.

20 Klemperer, *Leben sammeln,* 1., p. 600 (29 de junho de 1922).

21 *Ibid.*, II., p. 377 (10 de setembro de 1927).

22 *Ibid.*, p. 571 (3 de setembro de 1929).

23 *Ibid.*, p. 312 (26 de dezembro de 1926).

24 *Ibid.*, I., p. 187 (27 de setembro de 1919).

25 *Ibid.*, I., p. 245 (14 de março de 1920).

26 *Ibid.*, p. 248 (14 de março de 1920).

27 *Ibid.*, pp. 433–434 (20 de abril de 1921).

28 *Ibid.*, II., p. 49 (27 de abril de 1925).

29 *Ibid.*, p. 758 (7 de agosto de 1932).

30 Martin Liepach, *Das Wahlverhalten der jüdischen Bevölkerung: Zur politischen Orientierung der Juden in der Weimarer Republik* (Tübingen, 1996), em esp., pp. 211–310; num contexto geral, Wolfgang Benz (org.) *Jüdisches Leben in der Weimarer Republik* (Tübingen, 1998), pp. 271–280; Donald L. Niewyk, *The Jews in Weimar Germany* (Baton Rouge, La., 1980), pp. 11–43.

31 Klaus Schwabe, «Die deutsche Politik und die Juden im Ersten Weltkrieg», *in* Hans Otto Horch (org.), *Judentum, Antisemitismus und europäische Kultur* (Tubingen, 1988), pp. 255–266; Egmont Zechlin, *Die deutsche Politik und die Juden im Ersten Weltkrieg* (Gottingen, 1969), em esp., 527–541; Saul Friedlander, «Die politischen Veränderungen der Kriegszeit und ihre Auswirkungen auf die Judenfrage», *in* Werner E. Mosse (org.), *Deutsches Judentum in Krieg und Revolution 1916-1923* (Tübingen, 1971), pp. 27–65. Veja-se, em geral, Jochmann, *Gesellschaftskrise,* pp. 99–170 («Die Ausbreitung des Antisemitismus in Deutschland 1914-1923») e 171–194 («Der Antisemitismus und seine Bedeutung fur den Untergang der Weimarer Republik»).

32 Stark, *Entrepreneurs,* pp. 141, 208–209.

33 Jack Wertheimer, *Unwelcome Strangers: East European Jews in Imperial Germany* (Nova Iorque, 1987), quadro IV; Wolfgang J. Mommsen, *Bürgerstolz und Weltmachtstreben: Deutschland unter Wilhelm II. 1890 bis 1918* (Berlim, 1995), pp. 434–440; Steven Aschheim, *Brothers and Strangers: The East European Jew in German and German Jewish Consciousness 1800-1923* (Madison, 1982).

34 *Vossische Zeitung,* 6 de novembro de 1923, excertos traduzidos *in* Peukert, *The Weimar Republic,* p. 160 (emendado); veja-se também David Clay Large,

«"Out with the Ostjuden": The Scheunenviertel Riots in Berlin, November 1923», *in* Werner Bergmann *et al.* (org.), *Exclusionary Violence: Antisemitic Riots in Modern Germany* (Ann Arbor, 2002), pp. 123–140, e Dirk Walter, *Antisemitische Kriminalität und Gewalt: Judenfeindschaft in der Weimarer Republik* (Bona, 1999), em esp., 151–154.

35 Peter Pulzer, «Der Anfang vom Ende», *in* Arnold Paucker (org.), *Die Juden im nationalsozialistischen Deutschland 1933-1944* (Tübingen, 1986), pp. 3–15; Trude Maurer, *Ostjuden in Deutschland, 1918-1933* (Hamburgo, 1986).

36 Kauders, *German Politics,* pp. 182–191; sobre o protestantismo, veja-se Kurt Nowak e Gérard Raulet (org.), *Protestantismus und Antisemitismus in der Weimarer Republik* (Frankfurt, 1994). Num contexto mais geral, veja-se Heinrich August Winkler, «Die deutsche Gesellschaft der Weimarer Republik und der Antisemitismus», *in* Bernd Martin e Ernst Schulin (org.), *Die Juden als Minderheit in der Geschichte* (Munique, 1981), pp. 271–289, e Jochmann, *Gesellschaftskrise,* pp. 99–170. Para um estudo local, veja-se Stefanie Schüler-Springorum, *Die jüdische Minderheit* in *Königsberg, Preussen 1871-1945* (Göttingen, 1996).

Os revolucionários boémios

1 Peter Jelavich, *Munich and Theatrical Modernism: Politics, Playwriting, and Performance 1890-1914* (Cambridge, MA, 1985), oferece um bom retrato dos meios teatrais contemporâneos de Munique.

2 Para uma descrição dramática de Eisner baseada numa leitura alargada e pouco convencional de fontes contemporâneas, veja-se Richard M. Watt, *The Kings Depart: The German Revolution and the Treaty of Versailles 1918-19* (Londres, 1973 [1968]), pp. 312–330, 354–381. Veja-se também Franz Schade, *Kurt Eisner und die bayerische Sozialdemokratie* (Hanôver, 1961), e Peter Kritzer, *Die bayerische Sozialdemokratie und die bayerische Politik in den Jahren 1918-1923* (Munique, 1969). Para uma biografia recente, veja-se Bernhard Grau, *Kurt Eisner 1867-1919: Eine Biographie* (Munique, 2001).

3 Allan Mitchell, *Revolution in Bavaria 1918/1919: The Eisner Regime and the Soviet Republic* (Princeton, 1965), pp. 171–172; Freya Eisner, *Kurt Eisner: Die Politik der libertären Sozialismus* (Frankfurt, 1979), pp. 175–180.

4 Sobre o sucedido e os acontecimentos subsequentes, veja-se Mitchell, *Revolution*; veja-se também Winkler, *On der Revolution,* pp. 184–190, e Heinrich Hillmayr, *Roter und weisser Terror in Bayern nach 1918: Erscheinungsformen und Folgen* der *Gewaltätigkeiten im Verlauf der revolutionären Ereignisse nach dem Ende* des *Ersten Weltkrieges* (Munique, 1974).

5 Watt, *The Kings Depart,* pp. 312–330, 354–381; outro relato vívido é David Clay Large, *Where Ghosts Walked: Munich's Road to the Third Reich* (Nova Iorque, 1997), pp. 76–92. Friedrich Hitzer, *Anton Graf Arco: Das Attentat auf Kurt Eisner und die Schüsse im Landtag* (Munique, 1988), conta a história do

assassino, investigada pelo autor para a escrita de um guião cinematográfico. Sobre Hoffmann, veja-se Diethard Hennig, *Johannes Hoffmann: Sozialdemokrat und Bayerischer Ministerpräsident: Biographie* (Munique, 1990).

6 Citado *in* Watt, *The Kings Depart,* p. 364; Hans Beyer, *Von der Novemberrevolution zur Räterepublik* in *München* (Berlim, 1957) (relato bem documentado escrito na RDA), em esp., pp. 77–78.

7 Watt, *The Kings Depart,* pp. 366–368.

8 Large, *Where Ghosts Walked*, p. 70.

9 Carsten, *Revolution,* pp. 218–223; Hannover e Hannover-Drück, *Politischejustiz,* pp. 53–75.

10 Veja-se Anthony Nicholls, «Hitler and the Bavarian Background to National Socialism», *in* idem e Eric Matthias (org.), *German Democracy and the Triumph* of *Hitler: Essays on Recent German History* (Londres, 1971), pp. 129–159.

11 Para um relato detalhado das atividades de Hitler em 1918–1919, veja-se Kershaw, *Hitler*, I., pp. 116–121, e Anton Joachimsthaler, *Hitlers Weg begann in München 1913-1923* (Munique, 2000 [1989]), pp. 177–319.

12 Kershaw, *Hitler* I., pp. 3–13, para uma separação judiciosa dos factos da lenda e da interpretação da especulação em relação aos primeiros anos da vida de Hitler.

13 Carl E. Schorske, «The Ringstrasse, its Critics, and the Birth of Urban Modernism», *in* idem, *Fin-de-Siècle Vienna*, pp. 24–115.

14 August Kubizek, *Adolf Hitler: Mein jugendfreund* (Graz, 1953), oferece muitos pormenores, mas veja-se a crítica de Franz Jetzinger, *Hitler's Youth* (Londres, 1958 [1956]), pp. 167–174.

15 A escassez de provas fiáveis sobre Hitler antes de 1919 levou a um intenso debate sobre a sua afirmação de que se tinha tornado um antissemita político radical antes da guerra, em Viena, como resultado dos seus encontros com judeus, em particular com «judeus do Leste», imigrantes da Galícia. A versão de Hitler parece ser exagerada, mas as tentativas recentes de argumentar que ele não era antissemita também não convencem. Veja-se Kershaw, *Hitler,* I, em esp., pp. 49–69, e Joachimsthaler, *Hitlers Weg*, pp. 45–49.

16 Adolf Hitler, *Mein Kampf* (trad. Ralph Manheim, introd. D.C. Watt, Londres, 1969 [1925/6]), pp. 39–41.

17 *Ibid.*, pp. 71, 88, 95.

18 Kershaw, *Hitler,* I., pp. 81–87; Joachimsthaler, *Hitlers Weg,* pp. 77–97. Relato de Hitler *in Mein Kampf,* pp. 116–117. Para uma descrição vívida da vida boémia em Schwabing, veja-se Large, *Where Ghosts Walked,* pp. 3–42.

19 Hitler, *Mein Kampf,* pp. 148–149.

20 Kershaw, *Hitler,* I., pp. 87–101.

21 Hitler, *Mein Kampf,* pp. 11–169.

22 Geyer, *Verkehrte Welt,* pp. 278–318.

23 Hitler para Adolf Gemlich, 16 de setembro de 1919, *in* Eberhard Jäckel e Axel Kuhn (org.), *Hitler: Sämtliche Aufzeichnungen 1905-1924* (Estugarda,

1980), pp. 88–90; Ernst Deuerlein, «Hitlers Eintritt in die Politik und die Reichswehr», *VfZ* 7 (1959), pp. 203–205.

24 «Anton Drexlers Politisches Erwachen» (1919), reproduzido *in* Albrecht Tyrell (ed.), *Führer befiehl...: Selbstzeugnisse aus der «Kampfzeit» der NSDAP* (Düsseldorf, 1969), pp. 20–22.

25 Tyrell (org.), *Führer befiehl,* pp. 22; Kershaw, *Hitler,* I., pp. 126–128, 131–139; Ernst Deuerlein (org.), *Der Aufstieg der NSDAP in Augenzeugenberichten* (Munique, 1974), pp. 56–61. Joachimsthaler, *Hitlers Weg,* pp. 198–319, separa os factos da lenda em relação a esta altura da vida de Hitler e arbitra nas controvérsias posteriores; Albrecht Tyrell, *Vom «Trommler» zum «Führer»: Der Wandel von Hitlers Selbstverständnis zwischen 1919 und 1924 und die Entwicklungder NSDAP* (Munique, 1975), oferece um relato bem informado do princípio da carreira política de Hitler. Veja-se também Werner Maser, *Die Frühgeschichte der NSDAP: Hitlers Weg bis 1924* (Frankfurt, 1965). Sobre a Sociedade de Thule, veja-se Reginald H. Phelps, «"Before Hitler Came": Thule Society and Germanen Orden», *Journal of Modern History,* 35 (1963), pp. 245–261.

26 Uwe Lohalm, *Völkischer Radikalismus: Die Geschichte des Deutscbvolkischen Schutz und Trutzbundes, 1919-1923* (Hamburgo, 1970).

27 Tyrell, *Vom Trommler,* pp. 72–89; Georg Franz-Willing, *Ursprung der Hitlerbewegung 1919-1922* (Preussisch Oldendorf, 1974 [1962]), pp. 38–109.

28 Broszat, *Der Staat Hitlers,* pp. 43–45.

29 Hitler, *Mein Kampf,* pp. 620–621 (tradução corrigida).

30 Reginald H. Phelps, «Hitler als Parteiredner im Jahre 1920», *VfZ* 11 (1963), pp. 274–330; Jäckel e Kuhn (org.), *Hitler,* pp. 115, 132, 166, 198, 252, 455, 656.

31 A frase «socialismo dos tontos» — originalmente «socialismo dos estúpidos» – é frequentemente atribuída a August Bebel, líder dos sociais-democratas antes da guerra, mas é provável que pertença ao democrata austríaco Ferdinand Kronawetter (Pulzer, *The Rise,* p. 269 e nota). Era muito usada pelos sociais-democratas alemães na última década do século XIX; veja-se Francis L. Carsten, *August Bebel und die Organisation der Massen* (Berlim, 1991), p. 165.

32 Franz-Willing, *Ursprung,* pp. 120–127; Broszat, *Der Staat Hitlers,* p. 39.

33 Ernst Nolte, *Three Faces of Fascism: Action Française, Italian Fascism, National Socialism* (Nova Iorque, 1969 [1963]); posteriormente, numa forma diferente e mais controversa, *Der europäische Bürgerkrieg 1917-1945: Nationalsozialismus und Bolschewismus* (Frankfurt, 1987), defendeu o primado do antibolchevismo.

34 Hitler, *Mein Kampf,* p. 289.

35 Todas as citações *in* Longerich, *Der ungeschriebene Befehl*, pp. 32–34.

O «golpe da cervejaria»

1 Bruno Thoss, *Der Ludendorff-Kreis: 1919-1923. München als Zentrum der mitteleuropäische Gegenrevolution zwischen Revolution und Hitler-Putsch* (Munique, 1978), oferece muitos pormenores.

2 Wolf Rüdiger Hess (org.), *Rudolf Hess: Briefe 1908-1933* (Munique, 1987), p. 251 (Hess para os pais, 24 de março de 1920).

3 Joachim C. Fest, *The Face of the Third Reich* (Londres, 1979 [1970]), pp. 283–314, para um esboço perspicaz do carácter de Hess; Smith, *The Ideological Origins,* pp. 223–240; Lange, «Der Terminus "Lebensraum"», pp. 426–437; Hans Grimm, *Volk ohne Raum* (Munique, 1926); Dietrich Orlow, «Rudolf Hess: Deputy Führer», *in* Ronald Smelser e Rainer Zitelmann (org.), *The Nazi Elite* (Londres, 1993 [1989]), pp. 74–84. Hans-Adolf Jacobsen, *Karl Haushofer: Leben und Werk* (2 vols., Boppard, 1979), com muitas reproduções dos escritos de Haushofer; Frank Ebeling, *Geopolitik: Karl Haushofer und seine Raumwissenschaft 1919-1945* (Berlim, 1994), um estudo das suas ideias.

4 Margarete Plewnia, *Auf dem Weg zu Hitler: Der völkische Publizist Dietrich Eckart* (Bremen, 1970); Tyrell, *Vom Trommler,* pp. 190–194; Alfred Rosenberg (ed.), *Dietrich Eckart. Ein Vermächtnis* (4.ª ed., Munique, 1937 [1928]), com uma seleção da poesia de Eckart.

5 Alfred Rosenberg, *Selected Writings* (ed. Robert Pois, Londres, 1970); Fest, *The Face*, pp. 247–258; Walter Laqueur, *Russia and Germany: A Century of Conflict* (Londres, 1965), pp. 55–61, 116–117, 148–153; Adolf Hitler, *Hitler's Table Talk 1941-1944: His Private Conversations* (Londres, 1973 [1953]), pp. 422–426; Norman Cohn, *Warrant for Genocide: The Myth of the Jewish World-Conspiracy and the Protocols of the Elders of Zion* (Londres, 1967), em esp., pp. 187–237; Reinhard Bollmus, «Alfred Rosenberg: National Socialism's "Chief Ideologue"», *in* Smelser e Zitelman (org.), *The Nazi Elite,* pp. 183–193; Robert Cecil, *The Myth of the Master Race: Alfred Rosenberg and Nazi Ideology* (Londres, 1972). Veja-se também, num contexto mais geral, Thomas Klepsch, *Nationalsozialistische Ideologie: Eine Beschreibung ihrer Struktur vor 1933* (Münster, 1990), e a excelente seleção de excertos de diversos ideólogos nazis *in* Barbara Miller Lane e Leila J. Rupp (org.), *Nazi Ideology before 1933: A Documentation* (Manchester, 1978).

6 Hans Frank, *Im Angesicht des Galgens: Deutung Hitlers und seiner Zeit auf Grund eigner Erlebisse und Erkenntnisse* (2.ª ed., Neuhaus, 1955 [1953]), sem número de página, citado *in* Fest, *The Face*, p. 330, e *ibid.*, pp. 38–42, citado *in* Kershaw, *Hitler,* I., p. 148; Christoph Klessmann, «Hans Frank: Party Jurist and Governor-General in Poland», *in* Smelser e Zitelmann (org.), *The Nazi Elite,* pp. 39–47.

7 Citando Deuerlein (org.), *Der Aufstieg,* pp. 108–112.

8 Dietrich Orlow, *The History of the Nazi Party,* I: *1919-1933* (Newton Abbot, 1971 [1969]), pp. 11–37.

9 Kershaw, *Hitler,* I., pp. 160–165; Deuerlein (org.), *Der Aufstieg,* pp. 135–141.

10 Kershaw, *Hitler,* I., pp. 175–180; Deuerlein (org.), *Der Aufstieg,* pp. 142–161.

11 Deuerlein (org.), *Der Aufstieg,* pp. 145–146.

12 Franz-Willing, *Ursprung,* p. 127.

13 Hannover e Hannover-Drück, *Politische Justiz,* pp. 105–144.

14 Kershaw, *Hitler*, I. pp. 170–173; Peter Longerich, *Die braunen Bataillone: Geschichte der SA* (Munique, 1989), pp. 9–32.

15 Conan Fischer, «Ernst Julius Röhm: Chief of Staff of the SA and Indispensable Outsider», *in* Smelser e Zitelmann (org.), *The Nazi Elite,* pp. 173–182.

16 Ernst Röhm, *Die Geschichte eines Hochverräters* (Munique, 1928), pp. 9, 365–366; Fest, *The Face,* pp. 206, 518–519 (n. 9).

17 Röhm, *Die Geschichte,* p. 363.

18 Deuerlein (org.), *Der Aufstieg,* pp.142–183, para relatos da violência crescente do movimento nazi neste período; Fischer, «Ernst Julius Rohm», para pormenores sobre a relação tensa de Röhm com Hitler.

19 Kershaw, *Hitler,* I, pp. 180–185.

20 O relato de referência é Adrian Lyttelton, *The Seizure of Power: Fascism in Italy 1919-1929* (Londres, 1973); Denis Mack Smith, *Mussolini* (Londres, 1981), é uma biografia devastadora; Richard J. B. Bosworth, *Mussolini* (Londres, 2002), é uma biografia de qualidade; sobre as origens dos estandartes do Partido Nazi, veja-se Franz-Willing, *Ursprung,* pp. 126–127. Sobre contactos e influências, veja-se Klaus-Peter Hoepke, *Die deutsche Rechte und der italienische Faschismus: Ein Beitrag zum Selbstverständnis und zur Politik von Gruppen und Verbänden der deutschen Rechten* (Düsseldorf, 1968), em esp., pp. 186–194, 292–295.

21 De entre uma literatura vasta e controversa, Stanley G. Payne, *A History of Fascism 1914-1945* (Londres, 1995), é a melhor panorâmica geral, e Kevin Passmore, *Fascism: A Very Short Introduction* (Oxford, 2002), é a melhor súmula. Roger Griffin, *International Fascism – Theories, Causes and the New Consensus* (Londres, 1998), é um texto teórico influente; Kershaw, *The Nazi Dictatorship,* pp. 26–46, oferece, como sempre, uma análise sensata e equilibrada à historiografia.

22 TA, 567, 199, *in* Merkl, *Political Violence,* pp. 196–197.

23 TA, 206, 379, *ibid.*; para uma análise invulgar ao caso de Schlageter, veja-se Karl Radek, «Leo Schlageter: The Wanderer in the Void», *in* Kaes *et al.* (org.), *The Weimar Republic Sourcebook,* pp. 312–314 (originalmente «Leo Schlageter: Der Wanderer ins Nichts», *Die Rote Fahne,* 144, 26 de junho de 1923). Para um relato detalhado da «resistência pacífica» que sublinha as suas raízes populares, veja-se Fischer, *The Ruhr Crisis,* pp. 84–181; sobre os antecedentes de Schlageter nos Corpos Francos, veja-se Waite, *Vanguard,* pp. 235–238; sobre o movimento de sabotagens organizado nos bastidores pelo exército alemão, veja-se Gerd Krüger, «"Ein Fanal des Widerstandes im Ruhrgebiet": Das "Unternehmen Wesel" in der Osternacht des Jahres 1923. Hingergründe eines angeblichen "Husarenstreiches"», *Mitteilungsblatt des Instituts für soziale Bewegungen,* 4 (2000), pp. 95–140.

24 Sander L. Gilman, *On Blackness without Blacks: Essays on the Image of the Black in Germany* (Boston, 1982).

25 TA, 183, *in* Merkl, *Political Violence,* p. 193.

26 Gisela Lebeltzer, «Der "Schwarze Schmach": Vorurteile – Propaganda – Mythos», *Geschichte und Gesellschaft,* 11 (1985), pp. 37–58; Keith Nelson, «"The Black Horror on the Rhine": Race as a Factor in Post-World War I Diplomacy», *Journal of Modern History,* 42 (1970), pp. 606–627; Sally Marks, «Black Watch on the Rhine: A Study in Propaganda, Prejudice and Prurience», *European Studies Review,* 13 (1983), pp. 297–334. Sobre o seu destino, veja-se Reiner Pommerin, *Sterilisierung der «Rheinlandbastarde»: Das Schicksal einer farbigen deutschen Minderheit 1918-1937* (Düsseldorf, 1979).

27 Richard J. Evans, «Hans von Hentig and the Politics of German Criminology», *in* Angelika Ebbinghaus e Karl Heinz Roth (org.), *Grenzgänge: Deutsche Geschichte des 20. Jahrhunderts im Spiegel von Publizistik, Rechtsprecbung und historischer Forschung* (Lüneburg, 1999), pp. 238–264.

28 Kershaw, *Hitler,* I., pp. 185–191; Georg Franz-Willing, *Krisenjahr der Hitlerbewegung 1923* (Preussisch Oldendorf, 1975); Helmuth Auerbach, «Hitlers politische Lehrjahre und die Miinchner Gesellschaft 1919-1923», *VfZ* 25 (1977), pp. 1–45; Franz-Willing, *Ursprung,* pp. 266–299; Ernst Hanfstaengl, *Zwischen Weissem und Braunem Haus: Memoiren eines politischen Aussenseiters* (Munique, 1970).

29 Opiniões de Hitler em Hitler, *Hitler's Table Talk,* pp. 154–156. Para um relato excelente, veja-se Robin Lenman, «Julius Streicher and the Origins of the NSDAP in Nuremberg, 1918-1923», *in* Nicholls e Matthias (org.), *German Democracy,* pp. 161–174 (fonte da opinião sobre a poesia de Streicher). Para um estudo sobre os «camisas-castanhas» da cidade, veja-se Eric G. Reiche, *The Development of the SA in Nürnberg, 1922-34* (Cambridge, 1986).

30 Anthony Nicholls, «Hitler and the Bavarian Background to National Socialism», *in* idem e Matthias (org.), *German Democracy,* p. 111.

31 Franz-Willing, *Krisenjahr,* pp. 295–318; sobre as atividades de Ludendorff, veja-se idem, *Putsch und Verbotszeit der Hitlerbewegung November 1923-Februar 1925* (Preussisch Oldendorf, 1977), pp. 9–65.

32 Fest, *The Face,* pp. 113–129; Richard Overy, *Goering: The «Iron Man»* (Londres, 1984); Alfred Kube, «Hermann Goering: Second Man in the Third Reich», *in* Smelser e Zitelmann (org.), *The Nazi Elite*, pp. 61–73, classifica Göring como um conservador «tardo-imperial»; veja-se também, do mesmo autor, *Pour le mérite und Hakenkreuz: Hermann Goering im Dritten Reich* (2.ª ed., Munique, 1987 [1986]), pp. 4–21; Stefan Martens, *Hermann Goering: «Erster Paladin* des *Führers» und «Zweiter Mann im Reich»* (Paderborn, 1985), pp. 15–19; Werner Maser, *Hermann Göring: Hitlers janusköpfiger Paladin: Die politische Biographie* (Berlim, 2000), pp. 13–55.

33 Franz-Willing, *Krisenjahr,* pormenoriza o desenvolvimento do Partido em 1923. Harold J. Gordon, *Hitler and the Beer Hall Putsch* (Princeton, 1972), oferece um relato exaustivo sobre o contexto político: veja-se, em especial, pp.

25–184 (parte I: «The Contenders in the Struggle for Power»). Sobre o registo documental, veja-se Ernst Deuerlein (org.), *Der Hitler-Putsch: Bayerische Dokumente zum 8./9. November 1923* (Estugarda, 1962), pp. 153–308; mais resumidamente, em Deuerlein (org.), *Der Aufstieg,* pp. 184–202.

34 Karl Alexander von Müller, depoimento como testemunha no julgamento de Hitler, citado *in* Deuerlein (org.), *Der Aufstieg,* pp. 192–196.

35 De entre muitos relatos dos acontecimentos, veja-se Kershaw, *Hitler,* I., pp. 205–212; Gordon, *Hitler and the Beer Hall Putsch,* pp. 270–409; Franz-Willing, *Putsch und Verbotszeit,* pp. 66–141; Deuerlein (org.), *Der Hitler-Putsch,* em esp., pp. 308–417, 487–515; documentos selecionados traduzidos em Noakes e Pridham (org.), *Nazism,* I., pp. 26–34. Sobre Göring, veja-se Maser, *Hermann Göring,* pp. 58–78.

A reconstrução do movimento

1 Bernd Steger, «Der Hitlerprozess und Bayerns Verhältnis zum Reich 1923/24», *VfZ* 23 (1977), pp. 441–466.

2 Deuerlein (org.), *Der Aufstieg,* pp. 203–230; para a transcrição e o julgamento completos, veja-se Lothar Gruchmann e Reinhard Weber (org.), *Der Hitler--Prozess 1924: Wortlaut der Hauptverhandlung vor dem Volksgericht München 1* (2 vols., Munique, 1997, 1999). Veja-se também Otto Gritschneider, *Bewährungsfrist für den Terroristen Adolf H.: Der Hitler-Putsch und die bayerische Justiz* (Munique, 1990), e idem, *Der Hitler-Prozess und sein Richter Georg Neithardt: Skandalurteil von 1924 ebnet Hitler den Weg* (Munique, 2001).

3 Citado *in* Tyrell, *Führer befiehl,* p. 67, tradução *in* Noakes e Pridham (org.), *Nazism,* I., pp. 34–35 (ligeiramente emendado); declarações completas de Hitler no tribunal *in* Jäckel e Kuhn (org.), *Hitler,* pp. 1061–1216; Deuerlein (org.), *Der Aufstieg,* pp. 203–228.

4 Veja-se o relato da sua génese e escrita *in* Kershaw, *Hitler*, I., pp. 240–253.

5 Hitler, *Mein Kampf,* p. 307.

6 *Ibid.*, pp. 597–599. A centralidade destas ideias para a visão que Hitler tinha do mundo foi estabelecida por Eberhard Jäckel, *Hitler's Weltanschauung: A Blueprint for Power* (Middletown, Conn., 1972 [1969]).

7 Adolf Hitler, *Hitler's Secret Book* (Nova Iorque, 1961); Martin Broszat, «Betrachtungen zu "Hitlers Zweitem Buch"», *VfZ* 9 (1981), pp. 417–429.

8 Werner Maser, *Hitlers Mein Kampf: Geschichte, Auszüge, Kommentare* (Munique, 1966), oferece pormenores sobre o livro, a sua escrita e o seu destino; Hermann Hammer, «Die deutschen Ausgaben von Hitlers "Mein Kampf"», *VfZ* 4 (1956), pp. 161–178, cobre a história da sua publicação. A opinião de que Hitler foi um oportunista sedento de poder sem objetivos consistentes é central na biografia clássica de Alan Bullock, *Hitler: A Study in Tyranny* (Londres, 1953); o argumento a favor da consistência foi avançado pela primeira vez em

Hugh Trevor-Roper, «The Mind of Adolf Hitler», *in* Hitler, *Hitler's Table Talk*, pp. vii-xxxv. As extravagâncias e os objetivos da política externa de Hitler são analisados em Geoffrey Stoakes, *Hitler and the Quest for World Dominion* (Leamington Spa, 1987).

9 Longerich, *Der ungescbriebene Befehl,* pp. 37–39.

10 Kershaw, *Hitler,* I., pp. 218–219, 223–224, 250–253; Broszat, *Der Staat Hitlers,* pp. 13–16.

11 Kershaw, *Hitler,* I. pp. 224–234. Para um relato detalhado sobre o Partido Nazi depois do julgamento e encarceramento do seu líder, veja-se Franz-Willing, *Putsch und Verbotszeit,* pp. 162–185.

12 Donald Cameron Watt, «Die bayerischen Bemühungen um Ausweisung Hitlers 1924», *VfZ* 6 (1958), pp. 270–280. Veja-se David Jablonsky, *The Nazi Party in Dissolution: Hitler and the Verbotszeit 1923-1925* (Londres, 1989), e Deuerlein (org.), *Der Aufstieg,* pp. 231–254.

13 Deuerlein (org.), *Der Aufstieg,* p. 245.

14 Fest, *The Face,* p. 215; Longerich, *Die braunen Battaillone,* p. 51–52.

15 Kershaw, *Hitler,* I., pp. 257–270.

16 Udo Kissenkoetter, «Gregor Strasser: Nazi Party Organizer or Weimar Politician?», *in* Smelser e Zitelmann (org.), *The Nazi Elite,* pp. 224–234.

17 Gregor Strasser para Oswald Spengler, 8 de julho de 1925, *in* Oswald Spengler, *Spengler Letters 1913-1936* (ed. Arthur Helps, Londres, 1966), p. 184.

18 Orlow, *The History of the Nazi Party,* I., pp. 66–67; veja-se também Udo Kissenkoetter, *Gregor Strasser und die NSDAP* (Estugarda, 1978); Peter D. Stachura, *Gregor Strasser and the Rise of Nazism* (Londres, 1983); Klepsch, *Nationalsozialistische Ideologie,* pp. 143–150.

19 Elke Fröhlich, «Joseph Goebbels: The Propagandist», *in* Smelser e Zitelmann (org.), *The Nazi Elite,* pp. 48–61; Ralf Georg Reuth, *Goebbels: Eine Biographie* (Munique, 1995), pp. 11–75; Michel Kai, *Vom Poeten zum Demagogen: Die schriftstellerischen Versuche Joseph Goebbels* (Colónia, 1999). Joachim C. Fest, «Joseph Goebbels: Eine Porträtskizze», *VfZ* 43 (1995), pp. 565–580, é uma reavaliação penetrante do carácter de Goebbels à luz do seu diário. Sobre o diário de Goebbels, veja-se Elke Fröhlich, «Joseph Goebbels und sein Tagebuch: Zu den handschriftlichen Aufzeichnungen von 1924 bis 1941», *VfZ* 35 (1987), pp. 489–522. A crítica de Bernd Sösemann, «Die Tagesaufzeichnungen des Joseph Goebbels und ihre unzulänglichen Veröffentlichungen», *Publizistik,* 37 (1992), pp. 213–244, não convence; as transcrições de Fröhlich não se destinaram a ser uma edição académica, mas uma forma de disponibilizar os diários aos historiadores.

20 Hugh Trevor-Roper, *The Last Days of Hitler* (Londres, 1947), p. 67 (citando Speer); Fröhlich, «Joseph Goebbels», p. 48.

21 Elke Fröhlich (org.), *Die Tagebücher von Joseph Goebbels: Sämtliche Fragmente,* part I: *Aufzeichnungen 1924-1941,* I: 27. 6. *1924-31.* 12. *1930* (Munique, 1987), p. 48 (23 de julho de 1924).

22 Fröhlich (org.), *Die Tagebücher,* I/I., pp. 134–135 (14 de outubro de 1925).

23 *Ibid.*, pp. 140–141 (6 de novembro de 1925); veja-se Reuth, *Goebbels*, pp. 76–147.

24 Fröhlich (org.), *Die Tagebücher,* I/I., pp. 161–162 (15 de fevereiro de 1926).

25 Kershaw, *Hitler,* I., pp. 270–277; Reuth, *Goebbels,* pp. 76–107; Helmut Heiber (org.), *The Early Goebbels Diaries: The Journals of Josef Goebbels from 1925--1926* (Londres, 1962), pp. 66–67.

26 Fröhlich (org.), *Die Tagebücher,* I/I., pp. 171–173 (13 de abril de 1926), 174––175 (19 de abril de 1926).

27 Kershaw, *Hitler,* I., pp. 277–279; Deuerlein (org.), *Der Aufstieg,* pp. 255–302. A palavra *Gau* («Região») invocava intencionalmente as divisões tribais da Alemanha no princípio da Idade Média.

28 Kershaw, *Hitler,* I., pp. 278–279; Orlow, *The History of the Nazi Party,* I., pp. 69–75.

29 Noakes e Pridham (org.), *Nazism,* I., pp. 36–56; Erwin Barth, *Joseph Goebbels und die Formierung des Führer-Mythos 1917 bis 1934* (Erlangen, 1999).

30 Sobre as atividades de Goebbels em Berlim, veja-se Reuth, *Goebbels,* pp. 108–268.

31 Citado *in ibid.*, p. 114.

32 Hoover Institution, Stanford, CA: NSDAP Hauptarchiv, bobina de microfilme 6, Akte 141: carta de Max Amann para Gustav Seifert, 27 de outubro de 1925.

33 Noakes e Pridham (org.), *Nazism,* I., p. 58.

34 Gerhard Schulz, *Zwischen Demokratie und Diktatur: Verfassungspolitik* und *Reichsreform in der Weimarer Republik* (3 vols., Berlim, 1963–1992), II: *Deutschland am Vorabend der Grossen Krise* (Berlim, 1987), pp. 149–307; Robert G. Moeller, «Winners as Losers in the German Inflation: Peasant Protest over the Controlled Economy», *in* Gerald D. Feldman *et al.* (org.), *The German Inflation: A Preliminary Balance* (Berlim, 1982), pp. 255–288.

35 Shelley Baranowski, *The Sanctity of Rural Life: Nobility, Protestantism and Nazism in Weimar Prussia* (Nova Iorque, 1995), pp. 120–123.

36 John E. Farquharson, *The Plough and the Swastika: The NSDAP and Agriculture in Germany, 1928-1945* (Londres, 1976), pp. 3–12, 25–33; Dieter Hertz-Eichenrode, *Politik und Landwirtschaft in Ostpreussen 1919-1930: Untersuchung eines Strukturproblems in der Weimarer Republik* (Opladen, 1969), pp. 88–89, 329–337.

37 Dieter Gessner, *Agrardepression und Präsidialregierungen in Deutschland 1930-1933: Probleme des Agrarkapitalismus am Ende der Weimarer Republik* (Düsseldorf, 1977), pp. 191–194; idem, *Agrarverbände in der Weimarer Republik: Wirtschaftliche und soziale Voraussetzungen agrarkonservativer Politik vor* 1933 (Düsseldorf, 1976), pp. 234–263.

38 Rudolf Rietzler, *«Kampf in der Nordmark»: Das Aufkommen des Nationalsozialismus in SchleswigHolstein (1919-1928)* (Neumünster, 1982); Frank Bajohr (org.), *Norddeutschland im Nationalsozialismus* (Hamburgo, 1993); e o clássico estudo regional de Jeremy Noakes, *The Nazi Party in Lower Saxony 1921-1933* (Oxford, 1971), em esp., pp. 104–107.

39 Noakes e Pridham (org.), *Nazism,* I., pp. 15, 61.

40 *Ibid.*, pp. 15, 61, citando Gottfried Feder, *Das Programm der NSDAP und seine weltanschaulichen Grundgedanken* (Munique, 1934), pp. 15–18.

41 Rudolf Heberle, *Landbevölkerung und Nationalsozialismus: Eine soziologische Untersuchung der politischen Willensbildung in Schleswig-Holstein 1918 bis 1932* (Estugarda, 1963), pp. 160–171; veja-se também idem, *From Democracy to Nazism: A Regional Case Study on Political Parties in Germany* (Nova Iorque, 1970 [1945]), um dos primeiros clássicos da sociologia eleitoral. Sobre a iniciativa de união de todos os tipos de agricultores num único grupo de pressão, veja-se Jens Flemming, *Landwirtschaftliche Interessen und Demokratie: Ländliche Gesellschaft, Agrarverbände und Staat 1890-1925* (Bona, 1978), pp. 323–327.

42 Claus-Christian W. Szejnmann, *Nazism in Central Germany: The Brownshirts in «Red» Saxony* (Nova Iorque, 1999), pp. 50–51; Falter *et al., Wahlen,* p. 98.

43 Geoffrey Pridham, *Hitler's Rise to Power: The Nazi Movement in Bavaria 1923-1933* (Londres, 1973), pp. 84–86.

44 Orlow, *The History of the Nazi Party,* I., pp. 173–175 (exagerando um pouco a coerência da estratégia eleitoral dos nazis); Winkler, *Weimar,* pp. 344–356.

45 Citações *in* Tyrell, *Vom Trommler,* pp. 163–173; *idem* (org.), *Führer befiehl,* pp. 129–130, 163–164; Kershaw, *Hitler,* I., p. 294.

46 Orlow, *The History of the Nazi Party,* I., pp. 167–171.

47 *Ibid.*, pp. 171–173.

48 Claudia Koonz, *Mothers in the Fatherland: Women, the Family, and Nazi Politics* (Londres, 1987), pp. 72–80.

49 Jill Stephenson, *The Nazi Organisation of Women* (Londres, 1981), pp. 23–74.

50 Peter D. Stachura, *Nazi Youth in the Weimar Republic* (Santa Barbara, Calif., 1975); Laqueur, *Young Germany,* p. 193; Arno Klönne, *Jugend im Dritten Reich: Dokumente und Analysen* (Colónia, 1982); Hans-Christian Brandenburg, *Die Geschichte der HJ. Wege und Irrwege einer Generation* (Colónia, 1968); Stachura, *The German Youth Movement.*

51 Daniel Horn, «The National Socialist *Schülerbund* and the Hitler Youth, 1929--1933», *Central European History,* 11 (1978), pp. 355–375; Martin Klaus, *Mädchen in der Hitlerjugend: Die Erziehung zur «deutschen Frau»* (Colónia, 1980).

52 Baldur von Schirach, *Die Feier der neuen Front* (Munique, 1929). Veja-se Michael Wortmann, «Baldur von Schirach: Student Leader, Hitler Youth Leader, *Gauleiter* in Vienna», *in* Smelser e Zitelmann (org.), *The Nazi Elite,* pp. 202–211.

53 Veja-se Arthur D. Brenner, *Emil J. Gumbel: Weimar German Pacifist and Professor* (Boston, 2001); citação da *Deutsche Republik,* 2 de julho de 1932, *in* Steven P. Remy, *The Heidelberg Myth: The Nazification and Denazification of a German University* (Cambridge, Mass., 2002), p. 11.

54 Geoffrey J. Giles, «The Rise of the National Socialist Students' Association and the Failure of Political Education in the Third Reich», *in* Peter D. Stachura

(org.), *The Shaping of the Nazi State* (Londres, 1978), pp. 160–185; Wortmann, «Baldur von Schirach», pp. 204–205; Kater, *Studentenschaft und Rechtsradikalismus;* Anselm Faust, *Der Nationalsozialistische Deutsche Studentenbund: Studenten und Nationalsozialismus in der Weimarer Republik* (Düsseldorf, 1973); Giles, *Students;* Steinberg, *Sabers and Brown Shirts;* Michael Grüttner, *Studenten im Dritten Reich* (Paderborn, 1995), pp. 19–42, 60.

55 Hans-Gerhard Schumann, *Nationalsozialismus und Gewerkschaftsbewegung: Die Vernichtung der deutschen Gewerkschaften und der Aufbau der «Deutschen Arbeitsfront»* (Hanôver, 1958).

56 Merkl, *Political Violence,* pp. 120, 208, 217, 220, 239, 244, 306, 372-373, 427, 515–516.

57 Hamel, *Völkischer Verband.*

58 TA, 271, *in* Merkl, *Political Violence,* p. 516.

59 Orlow, *The History of the Nazi Party,* I., pp. 271–276.

As raízes do ativismo

1 Merkl, *Political Violence,* avalia a fiabilidade dos relatos na introdução e tenta fazer uma análise quantitativa; Abel, *Why Hitler,* avalia a fiabilidade dos «*biograms*» na introdução, pp. 4–9. Para uma análise similar de ensaios autobiográficos por indíviduos que aderiram ao Partido antes de 1933, escritos em 1936–1937, veja-se Christoph Schmidt, «Zu den Motiven "alter Kämpfer" in der NSDAP», *in* Detlev Peukert e Jürgen Reulecke (org.), *Die Reihen fast geschlossen: Beiträge zur Geschichte des Alltags unterm Nationalsozialismus* (Wuppertal, 1981), pp. 21–44.

2 Merkl, *Political Violence,* pp. 446–447.

3 TA, 140, *ibid.*, p. 551.

4 *Ibid.*, pp. 453, 457, 505–509; sobre o papel da propaganda nazi neste período, veja-se Richard Bessel, «The Rise of the NSDAP and the Myth of Nazi Propaganda», *Wiener Library Bulletin,* 33 (1980); Ian Kershaw, «Ideology, Propaganda, and the Rise of the Nazi Party», *in* Peter D. Stachura (org.), *The Nazi Machtergreifung, 1933* (Londres, 1983), pp. 162–181; e, sobretudo, Gerhard Paul, *Aufstand der Bilder: Die NS-Propaganda vor 1933* (Bona, 1990).

5 Merkl, *Political Violence,* pp. 313–363, 383–384.

6 Rudolf Höss, *Commandant of Auschwitz* (Londres, 1959 [1951]), pp. 42–61.

7 *Ibid.*, pp. 61–63.

8 Jochen von Lang, «Martin Bormann: Hitler's Secretary», *in* Smelser e Zitelmann (eds.), *The Nazi Elite,* pp. 7–17; Fest, *The Face,* pp. 191–206.

9 A frase é de Waite, *Vanguard*; Merkl, *Political Violence,* rejeita este argumento de forma algo precipitada.

10 TA, 493, *in* Merkl, *Political Violence,* p. 375.

11 TA, 382, *ibid.*, p. 440.

12 TA, 434, 464, *ibid.*, pp. 444–445.

13 TA, 31, *ibid.*, pp. 544–545.
14 TA, 520, *ibid.*, p. 420.
15 TA, 415, *ibid.*, p. 400.
16 TA, 59, *ibid.*, p. 654.
17 TA, 548, *ibid.*, p. 416.
18 TA, 8, 31, 32, *ibid.*, pp. 486–487.
19 TA, 22, *ibid.*, p. 602; documentação sobre o incidente no comboio *in* Martin Broszat, «Die Anfänge der Berliner NSDAP 1926/27», *VfZ* 8 (1960), pp. 85–118, nas pp. 115–118.
20 Merkl, *Political Violence,* p. 617.
21 Giles, «The Rise», p. 163.
22 Merkl, *Political Violence,* p. 699.
23 Max Domarus (org.), *Hitler: Speeches and Proclamations 1932-1945: The Chronicle of* a *Dictatorship* (4 vols., Londres, 1990 [1962-3]), I., p. 114 (discurso proferido no Clube Industrial, em Düsseldorf).
24 Turner, *German Big Business,* pp. 114–124. Sobre os comunistas, veja-se Weber, *Die Wandlung,* I., pp. 294–318.
25 TA, 38, *in* Merkl, *Political Violence,* p. 539.
26 TA, 416, 326, *ibid.*, p. 540.
27 TA, 4, *ibid.*, p. 571.
28 Melita Maschmann, *Account Rendered: A Dossier on my Former Self* (Londres, 1964), pp. 174–175.
29 Thomas Krause, *Hamburg wird braun: Der Aufstieg der NSDAP 1921-1933* (Hamburgo, 1987), pp. 102–107, uma crítica convincente a Michael Kater, *The Nazi Party: A Social Profile of Members and Leaders, 1919-1945* (Oxford, 1983), pp. 32–38. O censo de 1935 apresenta a data de filiação de cada membro, o que permite calcular a composição do Partido em qualquer altura.
30 Detlef Mühlberger, «A Social Profile of the Saxon NSDAP Membership before 1933», *in* Szejnmann, *Nazism,* pp. 211–219; Broszat, *Der Staat Hitlers,* pp. 49–53; Detlef Mühlberger, *Hitler's Followers: Studies in the Sociology of the Nazi Movement* (Londres, 1991); Peter Manstein, *Die Mitglieder und Wähler der NSDAP 1919-1933: Untersuchungen zu ihrer schichtmässigen Zusammensetzung* (Frankfurt, 1990 [1987]).
31 Josef Ackermann, «Heinrich Himmler: Reichsführer-SS», *in* Smelser e Zitelmann (org.), *The Nazi Elite,* pp. 98–112; Alfred Andersch, *Der Vater eines Mörders: Eine Schulgeschichte* (Zurique, 1980), sobre o pai de Himmler; Bradley F. Smith, *Heinrich Himmler 1900-1926: A Nazi in the Making* (Stanford, Calif., 1971), a obra essencial sobre os primeiros anos da vida de Himmler.
32 Citado *in* Ackermann, «Heinrich Himmler», p. 103; veja-se também Josef Ackermann, *Himmler als Ideologe* (Göttingen, 1970).
33 Heinz Höhne, *The Order of the Death's Head: The Story of Hitler's* SS (Stanford, Calif., 1971 [1969]), pp. 26–39.
34 Fest, *The Face,* pp. 171–190; contudo, tal como muitos autores que escreveram sobre Himmler, assume uma perspetiva excessivamente condescendente.

Himmler terá sido muita coisa, mas, ao contrário do que Fest diz, nunca foi hesitante, pequeno-burguês nem medíocre. Veja-se Höhne, *The Order,* pp. 26–28, para um conjunto de descrições pitorescas de Himmler, geralmente influenciadas pelos conhecimentos retrospetivos.

35 *Ibid.*, pp. 40–46; sobre Darré, veja-se também Gustavo Corni, «Richard Walther Darré: The Blood and Soil Ideologue», *in* Smelser e Zitelmann (org.), *The Nazi Elite,* pp. 18–27; Horst Gies, *R. Walther Darré und die nationalsozialistische Bauernpolitik 1930 bis 1933* (Frankfurt, 1966).

36 Höhne, *The Order,* pp. 46–69; Hans Buchheim, «The SS - Instrument of Domination», *in* Helmut Krausnick *et al., Anatomy of the SS State* (Londres, 1968), pp. 127–203, nas pp. 140–143.

A Grande Depressão

1 Citado *in* Elizabeth Harvey, «Youth Unemployment and the State: Public Policies towards Unemployed Youth in Hamburg during the World Economic Crisis», *in* Evans e Geary (org.), *The German Unemployed,* pp. 142–170, na p. 161; veja-se também Wolfgang Ayass, «Vagrants and Beggars in Hitler's Reich», *in* Richard J. Evans (org.), *The German Underworld: Deviants and Outcasts in German History* (Londres, 1988), pp. 210–237, na p. 210.

2 Gertrud Staewen-Ordermann, *Menschen der Unordnung: Die proletarische Wirklichkeit im Arbeitsschicksal der ungelernten Grossstadtjugend* (Berlim, 1933), p. 86, citado *in* Detlev J. K. Peukert, *Jugend zwischen Krieg und Krise: Lebenswelten von Arbeiterjungen in der Weimarer Republik* (Colónia, 1987), p. 184; versão inglesa *in* idem, «The Lost Generation: Youth Unemployment at the End of the Weimar Republic», *in* Evans e Geary (org.), *The German Unemployed,* pp. 172–193, na p. 185.

3 Ruth Weiland, *Die Kinder der Arbeitslosen* (Eberswalde-Berlim, 1933), pp. 40–42, citado *in* Peukert, *Jugend,* p. 184.

4 Staewen-Ordemann, *Menschen der Unordnung,* p. 92, citado *in* Peukert, «The Lost Generation», p. 182.

5 Peukert, *Jugend,* pp. 251–284; Eve Rosenhaft, «The Unemployed in the Neighbourhood: Social Dislocation and Political Mobilisation in Germany 1929-33», *in* Evans e Geary (org.), *The German Unemployed,* pp. 194–227, em esp. pp. 209–211; *idem*, «Organising the "Lumpenproletariat": Cliques and Communists in Berlin during the Weimar Republic», *in* Richard J. Evans (org.), *The German Working Class 1888-1933: The Politics of Everyday Life* (Londres, 1982), pp. 174–219; *idem*, «Links gleich rechts? Militante Strassengewalt um 1930», *in* Thomas Lindenberger e Alf Lüdtke (org.), *Physische Gewalt: Studien zur Geschichte der Neuzeit* (Frankfurt, 1995), pp. 239–275; Hellmut Lessing e Manfred Liebel, *Wilde Cliquen: Szenen einer anderen Arbeiterbewegung* (Bensheim, 1981).

6 James, *The German Slump,* pp. 132–146.

7 Veja-se, em geral, Patricia Clavin, *The Great Depression in Europe, 1929--1939* (Londres, 2000), sublinhando o fracasso da cooperação internacional.

8 Charles P. Kindleberger, *The World in Depression 1929-1939* (Berkeley, 1987 [1973]), pp. 104–106.

9 Veja-se o relato vívido em Piers Brendon, *The Dark Valley:* A *Panorama of the 1930s* (Londres, 2000), pp. 62–65.

10 Charles H. Feinstein *et al.*, *The European Economy between the Wars* (Oxford, 1997), pp. 95–99; Theo Balderston, *The Origins and Course of the German Economic Crisis, 1923-1932* (Berlim, 1993); Balderston, *Economics*, pp. 77–99, sublinha a falta de confiança internacional.

11 Feinstein et *al.*, *The European Economy,* pp. 104–109; Brendan Brown, *Monetary Chaos in Europe: The End of an Era* (Londres, 1988).

12 Veja-se, em geral, Dieter Gessner, *Agrardepression und Präsidialregierungen,* e Farquharson, *The Plough and the Swastika,* pp. 1–12.

13 Dietmar Petzina, «The Extent and Causes of Unemployment in the Weimar Republic», *in* Peter D. Stachura (org.), *Unemployment and the Great Depression in Weimar Germany* (Londres, 1986), pp. 29–48, em esp., quadro 2.3, p. 35, baseado na útil compilação em Dietmar Petzina *et al.*, *Sozialgeschichtliches Arbeitsbuch,* III: *Materialien zur Geschichte des Deutschen Reiches 1914-1945* (Munique, 1978).

14 Pormenores de Preller, *Sozialpolitik,* p. 440.

15 Helgard Kramer, «Frankfurt's Working Women: Scapegoats or Winners of the Great Depression?», *in* Evans e Geary (org.), *The German Unemployed,* pp. 108–141, em esp., pp. 112–114.

16 Preller, *Sozialpolitik,* pp. 374, 420–421.

17 Rosenhaft, «The Unemployed in the Neighbourhood», um retrato vívido; veja-se, do mesmo autor, *Beating the Fascists? The German Communists and Political Violence 1929-1933* (Cambridge, 1983), e Klaus-Michael Mallmann, *Kommunisten in der Weimarer Republik: Sozialgeschichte einer revolutionären Bewegung* (Darmstadt, 1996), pp. 252–261. Sobre a controvérsia relacionada com o livro de Mallmann, veja-se Andreas Wirsching, «"Stalinisierung" oder entideologisierte "Nischengesellschaft"? Alte Einsichten und neue Thesen zum Charakter der KPD in der Weimarer Republik», *VfZ* 45 (1997), pp. 449–466, e Klaus-Michael Mallmann, «Gehorsame Parteisoldaten oder eigensinnige Akteure? Die Weimarer Kommunisten in der Kontroverse – eine Erwiderung», *VfZ* 47 (1999), pp. 401–415.

18 Anthony McElligott, «Mobilising the Unemployed: The KPD and the Unemployed Workers' Movement in Hamburg-Altona during the Weimar Republic», *in* Evans e Geary (org.), *The German Unemployed,* pp. 228–260; Michael Schneider, *Unterm Hakenkreuz: Arbeiter und Arbeiterbewegung 1933 bis 1939* (Bona, 1999), pp. 47–52.

19 Veja-se Anthony McElligott, *Contested City: Municipal Politics and the Rise of Nazism in Altona, 1917-1937* (Ann Arbor, 1998).

20 Mallmann, *Kommunisten,* pp. 261–283, 381–394.

21 Jan Valtin (pseud. de Richard Krebs), *Out of the Night* (Londres, 1941), pp. 3–36. Sobre a mistura de verdade e ficção neste notável *bestseller*, veja-se Michael Rohrwasser, *Der Stalinismus und die Renegaten: Die Literatur der Exkommunisten* (Estugarda, 1991), e, em especial, Dieter Nelles, «Jan Valtins "Tagebuch der Holle" – Legende und Wirklichkeit eines Schlüsselromans der Totalitarismustheorie», *1999; Zeitschrift für Sozialgeschichte des* 20. *und 21. Jahrhunderts,* 9 (1994), pp. 11–45. O livro («um clássico socialista») foi republicado por um grupo trotskista em Londres em 1988, com um excelente posfácio de Lynn Walsh *et al.* com pormenores sobre a vida e o trabalho do autor (pp. 659–674). Veja-se também o estudo recente de Ernst von Waldenfels, *Der Spion, der aus Deutschland kam: Das geheime Leben des Seemanns Richard Krebs* (Berlim, 2003).

22 Valtin, *Out of the Night* (1941), pp. 36–37.

23 *Ibid.*, pp. 64–78.

24 *Ibid.*, pp. 79–328.

25 Dick Geary, «Unemployment and Working-Class Solidarity: The German Experience 1929-33», *in* Evans e Geary (org.), *The German Unemployed,* pp. 261–280.

26 Weber, *Die Wandlung,* pp. 243–247; Fowkes, *Communism,* pp. 145–170; Weitz, *Creating German Communism,* pp. 284–286.

27 Hannes Heer, *Ernst Thälmann in Selbstzeugnissen und Bilddokumenten* (Reinbek, 1975); Willi Bredel, *Ernst Thälmann: Beitrag zu einem politischen Lebensbild* (Berlim, 1948); Irma Thälmann, *Erinnerungen an meinen Vater* (Berlim, 1955).

28 Klemperer, *Leben sammeln,* II., p. 721 (16 de julho de 1931).

29 McElligott, *Contested City,* p. 163.

30 Caplan, *Government,* p. 54 (quadro 2).

31 *Ibid.*, pp. 100–130.

32 Kershaw, *Hitler,* I., pp. 325–329; Günter Bartsch, *Zwischen drei Stühlen: Otto Strasser. Eine Biographie* (Coblença, 1990); Patrick Moreau, *Nationalsozialismus von «links»: Die «Kampfgemeinschaft Revolutionärer Nationalsozialisten» und die «Schwarze Front» Otto Strassers 1930-1935* (Estugarda, 1984).

33 Domarus, *Hitler,* I., pp. 88–114.

34 Turner, *German Big Business,* pp. 191–219.

A crise da democracia

1 Para um relato pormenorizado, veja-se Bracher, *Die Auflösung,* pp. 287–389; Dorpalen, *Hindenburg,* pp. 163–178; Wheeler-Bennett, *Hindenburg*, pp. 336–349; Winkler, *Der Schein,* pp. 726–823.

2 Bracher, *Die Auflösung,* pp. 229–284, para uma panorâmica da política do Reichswehr durante a crise; veja-se também Bracher *et al., Die nationalsozialistische Machtergreifung,* III., pp. 1–55; Carsten, *The Reichswehr,* pp. 309-363;

citação de Groener *in* Thilo Vogelsang, *Reichswehr, Staat und NSDAP: Beiträge zur deutschen Geschichte 1930-1932* (Estugarda, 1962), p. 95.

3 Carsten, *The Reichswehr,* pp. 310–311.

4 *Ibid.*, pp. 318–321; Broszat, *Der Staat Hitlers,* p. 25.

5 Kershaw, Hitler, I., pp. 337–338; Peter Bucher, *Der Reichswehrprozess: Der Hochverrat der Ulmer Reichswehroffiziere 1929-30* (Boppard, 1967), em esp., pp. 237–280; Deuerlein, *Der Aufstieg*, pp. 328–342; Reuth, *Goebbels*, p. 176.

6 Pormenores completos em Bucher, *Der Reichswehrprozess.*

7 Carsten, *The Reichswehr,* p. 323.

8 Heinrich Brüning, *Memoiren 1918-1934* (ed. Claire Nix e Theoderich Kampmann, Estugarda, 1970); William L. Patch, Jr., *Heinrich Brüning and the Dissolution of the Weimar Republic* (Cambridge, 1998), em esp., pp. 1–13; para avaliações divergentes da fiabilidade das memórias, veja-se Hans Mommsen, «Betrachtungen zu den Memoiren Heinrich Brünings», *Jahrbuch für die Geschichte Mittel und Ostdeutschlands,* 22 (1973), pp. 270–280; Ernest Hamburger, «Betrachtungen über Heinrich Brünings Memoiren», *Internationale Wissenschaftliche Korrespondenz zur Geschichte der deutschen Arbeiterbewegung,* 8 (1972), pp. 18–39; Arnold Brecht, «Gedanken über Brünings Memoiren,» *Politische Vierteljahresschrift,* 12 (1971), pp. 607–640.

9 Patch, *Heinrich Brüning,* é uma apologia informada e cuidadosamente investigada de Brüning, e atualiza Werner Conze neste aspeto; veja-se a recensão de Conze à primeira edição de Bracher, *Die Auflösung, in Historische Zeitschrift,* 183 (1957), pp. 378–382; para uma visão mais crítica, veja-se Bracher, *Die Auflösung,* pp. 303–528, e *idem*, «Brünings unpolitische Politik und die Auflösung der Weimarer Republik», *VfZ* 19 (1971), pp. 113–123. Para uma avaliação equilibrada do significado de 1930, veja-se Hans Mommsen, «Das Jahr 1930 als Zäsur in der deutschen Entwicklung der Zwischenkriegszeit», *in* Lothar Ehrlich e Jürgen John (org.), *Weimar 1930: Politik und Kultur im Vorfeld der NS-Diktatur* (Colónia, 1998). Hans Mommsen, *The Rise and Fall*, pp. 291–295, delineia de forma crítica e perspicaz o carácter de Brüning. Astrid Luise Mannes, *Heinrich Brüning: Leben, Wirken, Schicksal* (Munique, 1999), é uma boa biografia; Herbert Hömig, *Brüning: Kanzler in der Krise der Republik. Eine Weimarer Biographie* (Paderborn, 2000), é um importante estudo académico da carreira política de Brüning que procura oferecer uma perspetiva imparcial.

10 Brüning, *Memoiren,* pp. 247–248.

11 Veja-se Fulda, «Press and Politics» pp. 234–242.

12 Bernd Weisbrod, «Industrial Crisis Strategy in the Great Depression», *in* Jürgen Freiherr von Krudener (org.), *Economic Crisis and Political Collapse: The Weimar Republic, 1924-1933* (Nova Iorque, 1990), pp. 45–62; Peter-Christian Witt, «Finanzpolitik als Verfassungs und Gesellschaftspolitik: Überlegungen zur Finanzpolitik des Deutschen Reiches in den Jahren 1930 bis 1932», *Geschichte und Gesellschaft,* 8 (1982), pp. 387–414.

13 Hömig, *Bruning,* pp. 211–224.

14 Aldcroft, *From Versailles,* pp. 156–186.

15 Kent, *The Spoils of War,* pp. 322–372; Hömig, *Brüning,* pp. 235–257, 270–283.

16 Preller, *Sozialpolitik,* pp. 165, 440–448.

17 Kindleberger, *The World in Depression,* pp. 159–176.

18 James, *The German Slump,* pp. 283–323.

19 Hömig, *Brüning,* pp. 345–377.

20 Barry Eichengreen, *Golden Fetters: The Gold Standard and the Great Depression, 1919-1939* (Oxford, 1992), pp. 270–278, 286.

21 Sobre os planos de revisão da Constituição, veja-se o enorme estudo de Schulz, *Zwischen Demokratie und Diktatur.*

22 Kent, *The Spoils of War,* pp. 342–343; Patch, *Heinrich Brüning,* pp. 162–164.

23 Werner Jochmann, «Brünings Deflationspolitik und der Untergang der Weimarer Republik», *in* Dirk Stegmann *et al.* (org.), *Industrielle Gesellschaft und politisches System: Beiträge zurpolitischen Sozialgeschichte. Festschrift für Fritz Fischer zum siebzigsten Geburtstag* (Bona, 1978), pp. 97–112.

24 Carl-Ludwig Holtfrerich, «Economic Policy Options and the End of the Weimar Republic», *in* Kershaw (org.), *Weimar*, pp. 58–91, em esp., pp. 65–72. O ensaio clássico sobre este tema é o muito debatido: «Zwangslagen und Handlungsspielräume in der grossen Wirtschaftskrise der frühen dreissiger Jahre: Zur Revision des überlieferten Geschichtsbildes», da autoria de Knut Borchardt, publicado em 1979 e reproduzido in *Knut* Borchardt, *Wachstum, Krisen, Handlungsspielräume der Wirtschaftspolitik* (Göttingen, 1982), pp. 165–182, e idem, *Perspectives on Modern German Economic History and Policy* (Cambridge, 1991).

25 Kindleberger, *The World in Depression,* p. 174; Patch, *Heinrich Brüning,* pp. 111–115, 156–164, 193, 206–213.

26 Deutsches Volkslied-Archiv, Freiburg-im-Breisgau, Gr. II (citado *in* Evans, *Rituals,* p. 531, n. 14).

27 Sobre os decretos de emergência de Brüning e as políticas económicas da última fase do seu mandato, veja-se Hömig, *Brüning,* pp. 429–468.

28 Patch, *Heinrich Brüning,* pp. 13, 243–244.

29 Nicholls, *Weimar,* p. 179; Winkler, *Der Weg,* pp. 178–202.

30 Wolfgang Michalka e Gottfried Niedhart, *Die ungeliebte Republik; Dokumente zur Innen- und Aussenpolitik Weimars 1918-1933* (Munique, 1980), pp. 62, 262, 283–284; Noakes e Pridham (org.), *Nazism,* I., pp. 70–81; Paul, *Aufstand,* pp. 90–95.

31 Hiller von Gaertringen, «Die Deutschnationale Volkspartei», *in* Matthias e Morsey (org.), *Das Ende,* pp. 549–554.

32 Fröhlich (org.), *Die Tagebücher,* I/I. p. 603 (15 de setembro de 1930).

33 *Deutsche Allgemeine Zeitung* e *Die Rote Fahne,* 16 de setembro de 1930, citados *in* Falter, *Hitlers Wähler,* p. 32.

34 *Ibid.*, p. 33.

35 Paul, *Aufstand,* pp. 90–94; Richard Bessel, *Political Violence and the Rise of Nazism: The Storm Troopers in Eastern Germany 1925-1934* (Londres, 1984), pp. 22–23.

36 Esta é a tese principal de Richard F. Hamilton, *Who Voted for Hitler?* (Princeton, 1981). Para uma crítica perspicaz à falácia ecológica de Hamilton, veja-se Krause, *Hamburg wird braun,* pp. 176–177; Hamilton deteta uma correlação elevada entre áreas com um rendimento médio elevado e uma votação elevada nos nazis, mas não refere que estas áreas também tinham uma população numerosa de judeus abastados, e não é provável que tenham votado no Partido Nazi; é mais provável que o voto nos nazis nessas áreas tenha sido de pequenos empresários, lojistas, trabalhadores de colarinho branco e quejandos.

37 Falter, *Hitlers Wähler,* pp. 99, 110, 151–154.

38 *Ibid.*, pp. 136–146; Richard J. Evans, «German Women and the Triumph of Hitler», *Journal of Modern History,* 48 (1976), pp. 123–175; Helen L. Boak, «"Our Last Hope": Women's Votes for Hitler – A Reappraisal», *German Studies Review,* 12 (1989), pp. 289–310; Gerhard Schulz (org.), *Ploetz Weimarer Republik: Eine Nation in Umbruch* (Friburgo, 1987), p. 166.

39 Falter, *Hitlers Wähler,* pp. 154–193. Veja-se também a abordagem interessante à «perda de legitimidade das elites conservadoras e liberais» *in* Rohe, *Wahlen,* pp. 140–163.

40 Paul, *Aufstand,* pp. 93–94.

41 Falter, *Hitlers Wähler,* pp. 194–230; Falter *et al., Wahlen,* p. 44.

42 Jürgen Falter, «How Likely were Workers to Vote for the NSDAP?», *in* Conan Fischer (org.), *The Rise of National Socialism and the Working Classes in Weimar Germany* (Oxford, 1996), pp. 9–45; Szejnmann, *Nazism,* pp. 219–229.

43 Para um guia breve sobre a literatura controversa e com referências adicionais, veja-se Dick Geary, «Nazis and Workers before 193», *Australian Journal of Politics and History,* 48 (2002), pp. 40–51.

44 Falter, *Hitlers Wähler,* pp. 230–266; Hans Speier, *German White-Collar Workers and the Rise of Hitler* (New Haven, 1986).

45 Thomas Childers, *The Nazi Voter: The Social Foundations of Fascism in Germany, 1919-1933* (Chapel Hill, NC, 1981), pp. 262–269.

46 As tentativas para explicar o sucesso dos nazis em termos de uma reação economicamente racional de diversos grupos ao seu programa passam ao lado da questão central (William Brustein, *The Logic of Evil: The Social Origins of the Nazi Party, 1925-1933* (New Haven, 1996)).

A vitória da violência

1 Rosenhaft, *Beating the Fascists?,* pp. 60–64.

2 *Ibid.*, pp. 22–23 (com base em documentos da acusação); Reuth, *Goebbels,* pp. 157–162; Thomas Oertel, *Horst Wessel: Untersuchung einer Legende* (Colónia, 1988); Bernhard Fulda, «Horst Wessel: Media, Myth and Memory» (comunicação não publicada para o Research Seminar in Modern European History, Universidade de Cambridge, novembro de 2003); veja-se também «Ein politischer Totschlag», *Berliner Tageblatt,* 447 (23 de setembro de 1930).

3 Tyrell, *Führer befiehl,* pp. 296–297 (com base num relatório da polícia de Munique sobre um comício dos «camisas-castanhas» em novembro de 1929, que tem uma versão ligeiramente diferente da terceira linha da terceira estrofe. A quarta estrofe, não citada aqui, é uma repetição da primeira).

4 Reuth, *Goebbels,* p. 162 e p. 643, n. 109.

5 Tyrell, *Führer befiehl,* pp. 288–289.

6 Rosenhaft, *Beating the Fascists?,* p. 6, citando números *in* Adolf Ehrt, *Bewaffneter Aufstand! Enthüllungen über den kommunistischen Umsturzversuch am Vorabend der nationalen Revolution* (Berlim, 1933), p. 166; *Die Rote Fahne,* 21 de novembro de 1931; Nationalsozialistischer Deutscher Frontkämpferbund (org.), *Der NSDFB (Stahlhelm): Geschichte, Wesen und Aufgabe des Frontsoldatenbundes* (Berlim, 1935), pp. 58–61; Rohe, *Das Reichsbanner,* p. 342; Diehl, *Paramilitary Politics, passim.*

7 Rosenhaft, *Beating the Fascists?,* p. 6, usando as mesmas fontes; Rohe, *Das Reichsbanner,* p. 342.

8 *Stenographische Berichte über die Verhandlungen des deutschen Reichstags,* 445 (1932), pp. 1602–1604.

9 Valtin, *Out of the Night*, p. 218.

10 Rosenhaft, *Beating the Fascists?*, p. 8; Diehl, *Paramilitary Politics*, p. 287.

11 Sobre o efeito da amnistia de 20 de janeiro de 1933 sobre a violência numa cidade alemã, veja-se William S. Allen, *The Nazi Seizure of Power: The Experience of a Single German Town, 1922-1945* (Nova Iorque, 1984 [1965]), pp. 146–147.

12 Peter Lessmann, *Die preussische Schutzpolizei in der Weimarer Republik: Streifendienst und Strassenkampf* (Düsseldorf, 1989); Eric D. Kohler, «The Crisis in the Prussian Schutzpolizei 1930-32», *in* George L. Mosse (org.), *Police Forces in History* (Londres, 1975), pp. 131–150; Hsi-Huey Liang, *The Berlin Police Force in the Weimar Republic* (Berkeley, 1970); Siegfried Zalka, *Polizeigeschichte: Die Exekutive im Lichte der historischen Konfliktforschung. Untersuchungen über die Theorie und Praxis der preussischen Schutzpolizei in der Weimarer Republik zur Verhinderung und Bekämpfung innerer Unruben* (Lübeck, 1979); Jürgen Siggemann, *Die kasernierte Polizei und das Problem der inneren Sicherheit in der Weimarer Republik: Eine Studie zum Auf- und Ausbau des innerstaatlichen Sicherheitssystems in Deutschland 1918/19-1933* (Frankfurt am Main, 1980); Johannes Buder, *Die Reorganisation der preussischen Polizei 1918/1923* (Frankfurt, 1986); Johannes Schwarz, *Die bayerische Polizei und ihre historische Funktion bei der Aufrechterhaltung der öffentlichen Sicherheit in Bayern von 1919 bis 1933* (Munique, 1977). Veja-se também o relato interessante, mas nem sempre fiável, do ex-chefe da Polícia da Ordem de Hamburgo, Lothar Danner, *Ordnungspolizei Hamburg: Betrachtungen zu ihrer Geschichte 1918-1933* (Hamburgo, 1958).

13 Para um esboço interessante, veja-se Robert Gellately, *The Gestapo and German Society: Enforcing Racial Policy 1933-1945* (Oxford, 1990), pp. 22–26; Robert J. Goldstein, *Political Repression in Nineteenth-Century Europe* (Londres, 1983).

14 Christoph Graf, *Politische Polizei zwischen Demokratie und Diktatur* (Berlim, 1983).

15 Otto Buchwitz, *50 Jahre Funktionär der deutschen Arbeiterbewegung* (Estugarda, 1949), pp. 129–136.

16 Thomas Kurz, *«Blutmai»: Sozialdemokraten und Kommunisten im Brennpunkt der Berliner Ereignisse von 1929* (Bona, 1988); Chris Bowlby, «Blutmai 1929: Police, Parties and Proletarians in a Berlin Confrontation», *Historical Journal,* 29 (1986), pp. 137–158; contexto em Eve Rosenhaft, «WorkingClass Life and Working-Class Politics: Communists, Nazis, and the State in the Battle for the Streets, Berlin, 1928-1932», *in* Richard Bessel e Edgar J. Feuchtwanger (eds.), *Social Change and Political Development in Weimar Germany* (Londres, 1981), pp. 207–240.

17 George C. Browder, *Hitler's Enforcers: The Gestapo and the SS Security Service in the Nazi Revolution* (Nova Iorque, 1996), pp. 23–28.

18 Richard Bessel, «Militarisierung und Modernisierung: Polizeiliches Handeln in der Weimarer Republik», *in* Alf Lüdtke (org.), *«Sicherheit» und «Wohlfahrt»: Polizei, Gesellschaft und Herrschaft im 19. und 20. Jahrhundert* (Frankfurt, 1992), pp. 323–343; Theodor Lessing, *Haarmann: Die Gescbichte eines Werwolfs. Und andere Kriminalreportagen* (org. Rainer Marwedel, Frankfurt, 1989); Evans, *Rituals,* pp. 530–535, 591–610.

19 Browder, *Hitler's Enforcers,* pp. 28–29; Danner, *Ordnungspolizei,* p. 223.

20 Eichengreen, *Golden Fetters,* p. 286; Hömig, *Brüning,* pp. 525–536.

21 Patch, *Heinrich Brüning,* pp. 148–149; Bessel, *Political Violence,* pp. 54–66.

22 Höhne, *The Order,* pp. 51–62.

23 Herbert, *Best,* pp. 111–119; Patch, *Heinrich Brüning,* pp. 225–227.

24 *Ibid.*, pp. 228–229.

25 *Ibid.*, pp. 249–251; Bessel, *Political Violence,* pp. 29–31.

26 Patch, *Heinrich Brüning,* p. 251.

27 Bracher, *Die Auflösung,* pp. 377–388.

28 Thomas Mergel, *Parlamentarische Kultur in der Weimarer Republik: Politische Kommunikation, symbolische Politik und Öffentlichkeit im Reichstag* (Düsseldorf, 2002), pp. 179–181.

29 Carsten, *The Reichswehr,* pp. 259–263, 296–308. Breve caracterização interessante de Schleicher em Henry Ashby Turner, Jr., *Hitler's Thirty Days to Power: January 1933* (Londres, 1996), pp. 7, 19–21. Para uma análise perspicaz da relação de Schleicher com Groener, veja-se Theodor Eschenburg, «Die Rolle der Persönlichkeit in der Krise der Weimarer Republik: Hindenburg, Brüning, Groener, Schleicher», *VfZ* 9 (1961), pp. 1–29, em esp., pp. 7–13. Para o argumento paradoxal de que o que Schleicher realmente pretendeu foi preservar a democracia através do reforço do executivo, muito parecido com o que alguns historiadores argumentam no caso de Brüning, veja-se Wolfram Pyta, «Konstitutionelle Demokratie statt monarchischer Restauration: Die verfassungspolitische Konzeption Schleichers in der Weimarer Staatskrise», *VfZ* 47 (1999), pp. 417–441.

30 Rohe, *Das Reichsbanner,* pp. 360–365.

31 Carsten, *The Reichswehr,* p. 333.

32 Otto Meissner, *Staatssekretär unter Ebert - Hindenburg – Hitler: Der Schicksalsweg* des *deutschen* Volkes *von 1918-1945 wie ich ihn erlebte* (Hamburgo, 1950), pp. 215–217.

33 Rudolf Morsey, «Hitler als Braunschweiger Reigierungsrat», *VfZ* 8 (1960), pp. 419–448.

34 Donna Harsch, *German Social Democracy and the Rise of Nazism* (Chapel Hill, NC, 1993), p. 179.

35 *Vorwärts,* 10 de março de 1932, citado *in* Winkler, *Der Weg,* p. 514.

36 Harsch, *German Social Democracy,* p. 180, citando Carlo Mierendorff, «Der Hindenburgsieg 1932», *Sozialistische Monatshefte,* 4 de abril de 1932, p. 297; Erich Matthias, «Hindenburg zwischen den Fronten 1932», *VfZ* 8 (1960), pp. 75–84.

37 Winkler, *Der Weg,* p. 519; também Alfred Milatz, «Das Ende der Parteien im Spiegel der Wahlen 1930 bis 1933», *in* Matthias e Morsey (org.), *Das Ende,* pp. 743–793, nas pp. 761–766.

38 Falter, *et al., Wahlen,* p. 46; Broszat, *Der Staat Hitlers,* pp. 44–45.

39 Paul, *Aufstand,* p. 98.

40 Bracher, *Die Auflösung,* pp. 511–517, analisa judiciosamente a controvérsia subsequente sobre esta questão.

41 Gordon A. Craig, «Briefe Schleichers an Groener», *Die Welt als Geschichte,* 11 (1951), pp. 122–130; Reginald H. Phelps, «Aus den Groener Dokumenten», *Deutsche Rundschau,* 76 (1950), p. 1019, e 77 (1951), pp. 26–29; Hömig, *Brüning,* pp. 537–589.

42 Carta de demissão de Papen do Partido do Centro, *in* Georg Schreiber, *Brüning, Hitler, Schleicher: Das Zentrum in der Opposition* (Colónia, 1932), pp. 17–19, citado *in* Bracher, *Die Auflösung,* p. 536; veja-se também os comentários em Bracher, *Die Auflösung,* p. 656, e Morsey, «Die Deutsche Zentrumspartei», *in* Matthias e Morsey (org.), *Das Ende,* pp. 306–314. Para uma análise crítica de Papen, veja-se Joachim Petzold, *Franz von Papen: Ein deutsches Verhängnis* (Munique, 1995), e a abordagem crítica às suas memórias em Theodor Eschenburg, «Franz von Papen», *VfZ* 1 (1953), pp. 153–169.

43 Fest, *The Face,* p. 229–233; Richard W. Rolfs, *The Sorcerer's Apprentice: The Life of Franz von Papen* (Lanham, MD, 1996).

44 Veja-se Gabriel Liulevicius, *War Land on the Eastern Front: Culture, National Identity and German Occupation in World War I* (Cambridge, 2000).

45 Veja-se a caracterização contundente da ideologia do «Estado Novo» de Papen *in* Bracher, *Die Auflösung,* pp. 536–554.

46 Papen, citado *in* Walter Schotte, *Der neue Staat* (Berlim, 1932), pp. 110–124.

47 Evans, *Rituals,* pp. 613–644.

48 Fulda, «Press and Politics», cap. 4.

49 Edward W. Bennett, *German Rearmament and the West, 1932-1933* (Princeton, 1979), pp. 63–64, 69.

50 Valtin, *Out of the Night,* pp. 309–311, como sempre, exagera as intenções mortíferas e o nível de preparação dos Combatentes da Frente Vermelha.

51 McElligott, *Contested City,* pp., 192–195; Leon Schirmann, *Altonaer Blutsonntag 17. Juli 1932: Dichtung und Wahrheit* (Hamburgo, 1994).

52 Lessmann, *Die preussische Schutzpolizei,* pp. 349–370.

53 Rohe, *Das Reichsbanner,* pp. 431–435.

54 Matthias, «Die Sozialdemokratische Partei Deutschlands», *in* Matthias e Morsey (org.), *Das Ende,* pp. 141–145.

55 Bracher, *Die Auflösung,* pp. 559–600; Schulze, *Otto Braun,* pp. 745–786; Huber, *Deutsche Verfassungsgeschichte* VII., pp. 1015–1025, 1192–1197; Matthias, «Die Sozialdemokratische Partei Deutschlands», *in* Matthias e Morsey (org.), *Das Ende,* pp. 119–150; Schulz, *Zwischen Demokratie und Diktatur,* III., pp. 920–933; Broszat, *Der Staat Hitlers,* p. 89.

56 Evans, *Rituals,* pp. 614–615, para um exemplo. Veja-se Winkler, *Der Weg,* pp. 646–681, e Rudolf Morsey, «Zur Geschichte des "Preussenschlags" am 20. Juli 1932», *VfZ* 9 (1961), pp. 436–439.

57 Joseph Goebbels, *Vom Kaiserhof zur Reichskanzlei: Eine historische Darstellung in Tagebuchblättern (vom 1. Januar 1932 bis zum 1. Mai 1933)* (Munique, 1937 [1934]), pp. 131–135; Winkler, *Der Weg,* pp. 542–553, sobre as eleições prussianas.

Decisões fatídicas

1 Noakes e Pridham (org.), *Nazism,* 1., pp. 102–103; Martin Broszat, *Hitler and the Collapse of Weimar Germany* (Oxford, 1987 [1984]), pp. 82–91; Winkler, *Der Weg,* pp. 681–698.

2 Matthias, «Die Sozialdemokratische Partei Deutschlands», *in* Matthias e Morsey (org.), *Das Ende,* pp. 222–224 (documento n.º 11: Rundschreiben des Gauvorstandes Hannover des Reichsbanners, 5 de julho de 1932); Winkler, *Der Weg,* p. 515; Harsch, *German Social Democracy,* pp. 177–180; Richard Albrecht, «Symbolkampf in Deutschland 1932: Sergej Tschachotin und der "Symbolkrieg" der drei Pfeile gegen den Nationalsozialismus als Episode im Abwehrkampf der Arbeiterbewegung gegen den Faschismus in Deutschland», *Internationale Wissenschaftliche Korrespondenz zur Geschichte der deutschen Arbeiterbewegung,* 22 (1986), pp. 498–533.

3 Winkler, *Der Weg,* pp. 514–516.

4 Simon Taylor, *Germany 1918-1933; Revolution, Counter-Revolution and the Rise of Hitler* (Londres, 1983), pp. 112–116; Hans Bohrmann (org.), *Politische Plakate* (Dortmund, 1984), pp. 247–262.

5 Paul, *Aufstand,* p. 178 (citando de um discurso de Goebbels de 31 de julho de 1933).

6 *Ibid.*, pp. 133–176, 223–247, 253–266.

7 Sobre as eleições de julho de 1932, veja-se Winkler, *Der Weg,* pp. 681–692; síntese *in* Jürgen W. Falter, «Die Wähler der NSDAP 1928-1933: Sozialstruktur

und parteipolitische Herkunft», *in* Wolfgang Michalka (org.), *Die nationalsozialistische Machtergreifung* (Paderborn, 1984), pp. 47–59.

8 Falter, *Hitlers Wähler,* pp. 110–113, 369–371. Sobre a atração dos nazis para os trabalhadores, em particular para os que ainda estavam empregados, veja-se Szejnmann, *Nazism,* pp. 219–231.

9 Fröhlich (org.), *Die Tagebücher,* I/II., pp. 211–212 (1 de agosto de 1932).

10 Hannover e Hannover-Drück, *Politische Justiz,* pp. 301–310, citações p. 306; Paul Kluke, «Der Fall Potempa», *VfZ* 5 (1957), pp. 279–297; Richard Bessel, «The Potempa Murder», *Central European History,* 10 (1977), pp. 241–254. O decreto não criou nenhum crime capital; o homicídio, independentemente da motivação, já era coberto pela secção relevante do Código Penal. Foi um exercício de propaganda.

11 Hannover e Hannover-Drück, *Politische Justiz,* p. 308.

12 *Ibid.*, p. 310; Karl-Heinz Minuth (org.), *Akten der Reichskanzlei: Weimarer Republik. Das Kabinett von Papen, I. Juni bis 3. December 1932* (Boppard, 1989), pp. 146, 491–495. O direito legal de Papen de comutar as sentenças era extremamente dúbio porque pertencia ao chefe legalmente constituído do Estado prussiano, e a sua pretensão de fazer uso destes poderes foi judicialmente contestada. Os assassinos foram libertados da prisão em março de 1933 (Evans, *Rituals,* pp. 615–618, 627–628).

13 *Hitler: Reden, Schriften, Anordnungen. Februar 1925 bis Januar 1933* (5 vols., Institut für Zeitgeschichte, Munique, 1992–1998), V/I: *Von der Reichsprädsidentenwahl bis zur Machtergreifung, April 1932 – Januar 1933,* pp. 304–309.

14 Turner, *Hitler's Thirty Days,* pp. 14–15, seguindo Winkler, *Weimar,* pp. 510–524.

15 Christian Striefler, *Kampf um die Macht: Kommunisten und Nationalsozialisten am Ende der Weimarer Republik* (Berlim, 1993), em esp., pp. 177–186; Deuerlein (org.), *Der Aufstieg,* pp. 402–404. Veja-se também Paul, *Aufstand,* pp. 104–108.

16 Werner Jochmann (ed.), *Nationalsozialismus und Revolution: Ursprung und Geschichte der NSDAP in Hamburg 1922-1933* (Frankfurt, 1963), pp. 400, 402, 405, 413–414.

17 *Ibid.*, p. 405.

18 *Ibid.*, p. 406.

19 *Ibid.*, pp. 414, 416, 417.

20 Falter, *Hitlers Wähler,* pp. 34–38, 103–107.

21 *Vorwärts,* 13 de novembro de 1932, citado *in* Falter, *Hitlers Wähler,* p. 37.

22 Fröhlich (org.), *Die Tagebücher,* I/II., p. 272 (6 de novembro de 1932).

23 Falter, *Hitlers Wähler,* pp. 37–38, 106–107.

24 Bracher, *Die Auflösung,* pp. 644–662; Nicholls, *Weimar,* pp. 163–166.

25 Para a documentação, veja-se Thilo Vogelsang, «Zur Politik Schleichers gegenüber der NSDAP 1932», *VfZ* 6 (1958), pp. 86–118.

26 Fröhlich (org.), *Die Tagebücher,* I/II., pp. 276–288 (1 de dezembro de 1932).

27 Bracher, *Die Auflösung,* pp. 662–685; Stachura, *Gregor Strasser;* Kershaw, *Hitler,* I., pp. 396–403; Noakes e Pridham (org.), *Nazism,* pp. 110–115; Orlow, *The History of the Nazi Party,* I., pp. 291–296; Turner, *Hitler's Thirty Days,* pp. 23–28, 84–86, corrige relatos anteriores.

28 Turner, *Hitler's Thirty Days,* pp. 61–66; Paul, *Aufstand,* pp. 109–110.

29 Grüttner, *Studenten,* pp. 53–55.

30 Noakes e Pridham, *Nazism,* I., pp. 109–111.

31 Berghahn, *Der Stahlhelm,* pp. 187–246.

32 Theodor Duesterberg, *Der Stahlhelm und Hitler* (Wolfenbüttel, 1949), p. 39, citado *in* Turner, *Hitler's Thirty Days,* p. 154; veja-se também Berghahn, *Der Stahlhelm,* pp. 246–250.

33 Meissner, *Staatssekretär,* p. 247. Veja-se também Bracher, *Die Auflösung,* pp. 707–732; Noakes e Pridham (org.), *Nazism,* I., pp. 116–120.

34 Lutz, Graf Schwerin von Krosigk, *Es geschah in Deutschland: Menschenbilder unseres Jahrhunderts* (Tübingen, 1951), p. 147.

35 Ewald von Kleist-Schmenzin, «Die letzte Möglichkeit», *Politische Studien,* 10 (1959), pp. 89–92, na p. 92.

Começa o terror

1 *Deutsche Zeitung,* 27a (edição matinal, 1 de fevereiro de 1933, primeira página, coluna 2). Para uma seleção das notícias da imprensa, veja-se Wieland Eschenhagen (org.), *Die «Machtergreifung»: Tagebuch einer Wende nach presseberichten vom 1. Januar bis 6. März 1933* (Darmstadt, 1982).

2 *Berliner Illustrierte Nachtausgabe,* 26 (31 de janeiro de 1933), 2, coluna 4; *B.Z. am Mittag* 26 (Erste Beilage, 31 de janeiro de 1933), p. 3, legenda de imagem, col. 3; Peter Fritzsche, *Germans into Nazis* (Cambridge, MA, 1998), pp. 139–143; Hans-Joachim Hildenbrand, «Der Betrug mit dem Fackelzug», *in* Rolf Italiander (org.), *Wir erlebten das Ende der Weimarer Republik: Zeitgenossen berichten* (Düsseldorf, 1982), p. 165.

3 Wheeler-Bennett, *Hindenburg,* p. 435. Escusado será dizer, Ludendorff não estava presente.

4 *Deutsche Allgemeine Zeitung,* 51 (edição matinal, 31 de janeiro de 1933), primeira página.

5 *Berliner Börsen-Zeitung,* 51 (edição matinal, 31 de janeiro de 1933), primeira página, col. 2.

6 *Deutsche Allgemeine Zeitung,* 51 (edição matinal, 31 de janeiro de 1933), primeira página, col. 3.

7 *Deutsche Zeitung,* 27a (edição matinal, 1 de fevereiro de 1933), cabeçalho da primeira página.

8 Citado *in* Jochmann (org.), *Nationalsozialismus und Revolution,* p. 429; Fritzsche, *Germans,* p. 141.

9 Herbst, *Das nationalsozialistische Deutschland,* pp. 59–60.

10 Fröhlich (org.), *Die Tagebücher* I/II., pp. 357-359 (31 de janeiro de 1933).

11 *Deutsche Zeitung,* 26a (edição matinal, 31 de janeiro de 1933), primeira página, cols. 1–2.

12 Para dois exemplos, veja-se Bernd Burkhardt, *Eine Stadt wird braun: Die nationalsozialistische Machtergreifung in der Provinz. Eine Fallstudie* (Hamburgo, 1980), sobre a pequena cidade suábia de Mühlacker; Allen, *The Nazi Seizure of Power,* pp. 153–154, sobre a cidade nortenha de Northeim.

13 *Deutsche Zeitung,* 26b (edição vespertina, 31 de janeiro de 1933), primeira página, col. 3; *Vossische Zeitung* 52 (edição vespertina, 31 de janeiro de 1933), p. 3, col. 1.

14 Jochmann, *Nationalsozialismus und Revolution,* p. 423.

15 Maschmann, *Account Rendered,* pp. 11–12, (tradução corrigida).

16 Citado *in Deutsche Zeitung,* 27a (edição matinal, 1 de fevereiro de 1933), primeira página, col. 1.

17 *Deutsche Zeitung,* 26b (edição vespertina, 31 de janeiro de 1933), p. 3, col. 2: «Wieder zwei Todesopfer der roten Mordbestien.»

18 *Berliner Börsen-Zeitung,* 52 (edição vespertina, 31 de janeiro de 1933), p. 2, cols. 2–3.

19 *Welt am Abend,* 26 (31 de janeiro de 1933), pp. 1–2.

20 Hans-Joachim Althaus *et al., «Da ist nirgends nichts gewesen ausser hier»: Das «rote Mössingen» im Generalstreik gegen Hitler. Geschichte eines schwäbischen Arbeiterdorfes* (Berlim, 1982).

21 Allan Merson, *Communist Resistance in Nazi Germany* (Londres, 1985), pp. 25–28; Winkler, *Der Weg,* pp. 867–875.

22 Josef e Ruth Becker (org.), *Hitlers Machtergreifung: Dokumente vom Machtantritt Hitlers 30. Januar 1933 bis zur Besiegelung des Einparteienstaates 14. Juli 1933* (2.ª ed., Munique, 1992 [1983]), p. 45.

23 *Die Welt am Abend,* 27 (1 de fevereiro de 1933), cabeçalho da primeira página; *Die Rote Fahne,* 27 (1 de fevereiro de 1933), cabeçalho da primeira página.

24 Jochmann, *Nationalsozialismus und Revolution,* p. 421.

25 Camill Hoffmann, entrada de 30 de janeiro de 1933, citado *in* Johann Wilhelm Brügel e Norbert Frei (org.), «Berliner Tagebuch, 1932-1934: Aufzeichnungen des tschechoslowakischen Diplomaten Camill Hoffmann», *VfZ* 36 (1988), pp. 131–183, na p. 159.

26 Ministère des affaires étrangères (org.), *Documents Diplomatiques Français, 1932-1939,* série 1, vol. II (Paris, 1966), p. 552, François-Poncet para Boncour, 1 de fevereiro de 1933. Este é o tema central de Gotthard Jasper, *Die gescheiterte Zähmung: Wege zur Machtergreifung Hitlers 1930-1934* (Frankfurt, 1986), em esp., pp. 126–171. A muito citada «profecia» feita na altura pelo general Ludendorff, de que Hitler iria empurrar a Alemanha para o abismo (veja-se e.g. Kershaw, *Hitler* I., p. 427), é uma invenção posterior de Hans Frank: veja-se Fritz Tobias, «Ludendorff, Hindenburg, Hitler: Das Phantasieprodukt des Ludendorff-Briefes vom 30. Januar 1933», *in* Uwe Backes *et al.* (org.), *Die Schatten der Vergangenheit: Impulse zur Historisierung des*

Nationalsozialismus (Frankfurt, 1990), pp. 319–343, e Lothar Gruchmann, «Ludendorffs "prophetischer" Brief an Hindenburg vom Januar/Februar 1933», *VfZ* 47 (1999), pp. 559–562.

27 Robert J. O'Neill, *The German Army and the Nazi Party 1933-1939* (Londres, 1966), pp. 34–35.

28 Klaus-Jürgen Müller, *The Army, Politics and Society in Germany 1933-1945: Studies in the Army's Relation to Nazism* (Manchester, 1987), pp. 29–44. O'Neill, *The German Army,* pp. 35–45; Wolfgang Sauer, *Die Mobilmachung der Gewalt* (vol. III de Bracher *et al.*, *Die nationalsozialistische Machtergreifung),* pp. 41–84; Andreas Wirsching, «"Man kann nur Boden germanisieren": Eine neue Quelle zu Hitlers Rede vor den Spitzen der Reichswehr am 3. Februar 1933», *VfZ* 49 (2001), pp. 516–550. A versão integral do discurso de Hitler aos oficiais do exército de 3 de fevereiro de 1933, reproduzida neste artigo, foi recentemente descoberta no antigo arquivo do KGB, em Moscovo, tendo sido provavelmente disponibilizada pela filha de Hammerstein, que era simpatizante comunista. Para outras promessas semelhantes feitas pouco antes por Hitler, veja-se Thilo Vogelsang, «Hitlers Brief an Reichenau vom 4. Dezember 1932», *VfZ* 7 (1959), pp. 429–437.

29 Martin Broszat, «The Concentration Camps 1933-1945», *in* Helmut Krausnick *et al., Anatomy of the SS State* (Londres, 1968 [1965]), pp. 397–504, nas pp. 400–401; Bessel, *Political Violence*, pp. 98–99.

30 Siegfried Bahne, «Die Kommunistische Partei Deutschlands», *in* Matthias e Morsey (org.), *Das Ende,* pp. 655–739, na p. 690; Berghahn, *Der Stahlhelm,* p. 252.

31 Matthias, «Die Sozialdemokratische Partei Deutschlands», *in* Matthias e Morsey (org.), *Das Ende,* pp. 101–278, nas pp. 101–150.

32 Winkler, *Der Weg,* pp. 867–875. *Vorwärts* citado *in* ibid., p. 867.

33 Broszat, *Der Staat Hitlers,* p. 94.

34 Grzesinski para Klupsch *et al.,* 24 de fevereiro de 1933, documento 25 *in* Matthias, «Die Sozialdemokratische Partei Deutschlands», *in* Matthias e Morsey (org.), *Das Ende,* pp. 234–235.

35 Winkler, *Der Weg,* pp. 876–878.

36 Martin Kitchen, *The Coming of Austrian Fascism* (Londres, 1980), pp. 202–281; Francis L. Carsten, *Fascist Movements in Austria: From Schönerer to Hitler* (Londres, 1977), pp. 249–270.

37 Winkler, *Der Weg,* p. 868.

38 Domarus, *Hitler,* I., p. 247.

39 *Ibid.*, p. 254.

40 *Ibid.*, p. 253.

41 Morsey, «Die Deutsche Zentrumspartei», *in* Matthias e Morsey (org.), *Das Ende,* pp. 339–354; Broszat, *Der Staat Hitlers,* p. 95.

42 Domarus, *Hitler,* I., p. 256; Broszat, *Der Staat Hitlers,* p. 249.

43 Domarus, *Hitler,* I., p. 170.

44 *Ibid.*, p. 249 (10 de fevereiro de 1933).

45 *Ibid.*, pp. 247–250.
46 Jochmann (org.), *Nationalsozialismus und Revolution,* p. 431.
47 Domarus, *Hitler,* I., pp. 250–251.
48 Turner, *German Big Business,* pp. 330–332.
49 Paul, *Aufstand,* pp. 111–113.
50 *In* Bahne, «Die Kommunistische Partei Deutschlands», *in* Matthias e Morsey (org.), *Das Ende,* documento 3, pp. 728–731, na p. 731.
51 *Ibid.*, pp. 686–696.
52 Hans Mommsen, «Van der Lubbes Weg in den Reichstag – der Ablauf der Ereignisse», *in* Uwe Backes *et al., Reichstagsbrand: Aufklärung einer historischen Legende* (Munique, 1986), pp. 33–57, nas pp. 42–47.
53 Harry Graf Kessler, *Tagebücher 1918-1937* (org. Wolfgang Pfeiffer-Belli, Frankfurt, 1961), pp. 707–709.

O incêndio do *Reichstag*

1 Horst Karasek, *Der Brandstifter: Lehr- und Wanderjahre des Maurergesellen Marinus van der Lubbe, der 1933 auszog, den Reichstag anzuzünden* (Berlim, 1980); Martin Schouten, *Marinus van der Lubbe (1909-1934): Eine Biographie* (Frankfurt, 1999 [1986]); Fritz Tobias, *The Reichstag Fire: Legend and Truth* (Londres, 1962).
2 Mommsen, «Van der Lubbes Weg», pp. 33–42.
3 Fröhlich (org.), *Die Tagebücher,* parte I, vol. II, p. 383.
4 Rudolf Diels, *Lucifer ante Portas: Es spricht der erste Chef der Gestapo* (Estugarda, 1950), pp. 192–193.
5 Mommsen, «Van der Lubbes Weg»; Karasek, *Der Brandstifter;* Tobias, *The Reichstag Fire.* Os comunistas tentaram subsequentemente provar que os nazis estavam por trás do fogo posto, mas a autenticidade das declarações de van der Lubbe e a documentação conexa parecem não deixar dúvidas. Além do mais, foram encontradas numerosas falsificações entre as provas documentais destinadas a demonstrar o envolvimento dos nazis. Sobre as tentativas para provar a responsabilidade dos nazis, veja-se World Committee for the Victims of German Fascism (President Einstein) (org.), *The Brown Book of the Hitler Terror and the Burning of the Reichstag* (Londres, 1933), pp. 54–142; Walther Hofer e Alexander Bahar (org.), *Der Reichstagsbrand: Eine wissenschaftliche Dokumentation* (Freiburg im Breisgau, 1992 [1972, 1978]); sobre a exposição das deficiências desta obra, veja-se Backes *et al., Reichstagsbrand;* Karl-Heinz Janssen, «Geschichte aus der Dunkelkammer: Kabalen um dem Reichstagsbrand. Eine unvermeidliche Enthüllung», *Die Zeit*, 38 (14 de setembro de 1979), pp. 45–48; 39 (21 de setembro de 1979), pp. 20–24; 40 (28 de setembro de 1979), pp. 49–52; 41 (5 de outubro de 1979), pp. 57–60; Tobias, *The Reichstag Fire,* em esp., pp. 59–78; Hans Mommsen, «Der Reichstagsbrand und seine politischen Folgen», *VfZ* 12 (1964), pp. 351–413. Uma tentativa

recente de sugerir que o incêndio foi planeado pelos nazis assenta no exagero de similaridades entre documentos anteriores sobre poderes de emergência e o decreto do incêndio do Reichstag: veja-se Alexander Bahar e Wilfried Kugel, «Der Reichstagsbrand: Neue Aktenfunde entlarven die NSTäter», *Zeitschrift für Geschichtswissenschaft,* 43 (1995), pp. 823–832, e Jurgen Schmadeke *et al.*, «Der Reichstagsbrand im neuen Licht», *Historische Zeitschrift,* 269 (1999), pp. 603–651. A conclusão de Tobias e Mommsen de que van der Lubbe agiu sozinho permanece sólida.

6 Diels, *Lucifer,* pp. 193–195.

7 *Ibid.*, 180–182. Goebbels parece ter destruído o original do seu diário relativo aos últimos dias de fevereiro, um facto que levantou suspeitas aos proponentes da opinião de que o fogo foi posto pelos nazis. Na versão adulterada publicada com o título de *Vom Kaiserhof zur Reichskanzlei,* Goebbels diz acerca dos acontecimentos daquela noite: «O *Führer* não perdeu a compostura uma única vez: admirável» (Fröhlich (org.), *Die Tagebücher,* I/II., p. 383).

8 Diels, *Lucifer,* pp. 193–195.

9 Karl-Heinz Minuth (org.), *Akten der Reichskanzlei: Die Regierung Hitler,* I: *1933-1934* (2 vols., Boppard, 1983), I., p. 123; Ulrich Kolbe, «Zum Urteil über die "Reichstagsbrand-Notverordnung" vom 2.8. 2. 1933», *Geschichte in Wissenschaft und Unterricht,* 16 (1965), pp. 359–370; Broszat, *Der Staat Hitlers,* p. 92. Sobre Gürtner, veja-se Lothar Gruchmann, *Justiz im Dritten Reich 1933--1940: Anpassung und Unterwerfung in der Ära Gürtner* (Munique, 1988), pp. 70–83.

10 Minuth (org.), *Die Regierung Hitler 1933-1934,* I., pp. 128–131; Kolbe, «Zum Urteil», pp. 359–370.

11 Minuth (org.), *Die Regierung Hitler 1933-1934,* I., pp. 128–131; Broszat, «The Concentration Camps», pp. 400–402.

12 Minuth (org.), *Die Regierung Hitler 1933-1934,* I., p. 131.

13 Citado *in* Noakes e Pridham (org.), *Nazism,* I., p. 142. Para uma análise recente, veja-se Thomas Reithel e Irene Strenge, «Die Reichstagsbrandverordnung: Grundlegung der Diktatur mit den Instrumenten des Weimarer Ausnahmezustandes», *VfZ* 48 (2000), pp. 413–460.

14 Jochmann (org.), *Nationalsozialismus und Revolution,* p. 427.

15 Evans, *Rituals,* pp. 618–624.

16 DA, p. 31, *in* Merkl, *Political Violence,* p. 545 (retraduzido). A *sturm* («tempestade») era a unidade organizacional básica das SA.

17 Mason, *Social Policy,* pp. 73–87.

18 Bahne, «Die Kommunistische Partei», *in* Matthias e Morsey (org.), *Das Ende,* pp. 693–694, 699–700; Winkler, *Der Weg,* pp. 876–889; Weber, *Die Wandlung,* p. 246; World Committee (org.), *The Brown Book,* p. 184; Broszat, *Der Staat Hitlers,* pp. 101–102.

19 Merson, *Communist Resistance,* p. 57; Detlev J. K. Peukert, *Die KPD im Widerstand: Verfolgung und Untergrundarbeit an Rhein und Ruhr, 1933 bis 1945* (Wuppertal, 1980), pp. 75–78. Veja-se também Horst Duhnke, *Die KPD*

von 1933 bis 1945 (Colónia, 1972), pp. 101–109; idem, *Die KPD und das Ende von Weimar: Das Scheitern einer Politik 1932-1935* (Frankfurt, 1976), pp. 34–42.

20 Diels, *Lucifer,* p. 222. Veja-se também Hans Bernd Gisevius, *To the Bitter End* (Londres, 1948).

21 «Bericht des Obersten Parteigerichts an den Ministerpräsidenten Generalfeldmarschall Goring, 13. 2. 1939», documento ND 3063-PS *in Der Prozess gegen die Hauptkriegsverbrecber vor dem Internationalen Militärgerichtshof, Nürnberg* (Nuremberga, 1949), XXIII., pp. 20–29, na p. 26.

22 Paul, *Aufstand,* pp. 111–113.

23 Allen, *The Nazi Seizure of Power,* pp. 156–161.

24 Fröhlich (org.), *Die Tagebücher,* I/II., p. 387 (5 de março de 1933).

25 Allen, *The Nazi* Seizure *of Power,* p. 160, com um exemplo típico.

26 Falter *et al., Wahlen,* pp. 41, 44; Falter, *Hitlers Wähler,* pp. 38–39.

27 *Ibid.*, p. 40; sobre os católicos, veja-se Oded Heilbronner, *Catholicism, Political Culture and the Countryside: A Social History of the Nazi Party in South Germany* (Ann Arbor, 1998), p. 239.

28 Bessel, *Political Violence,* pp. 101–102.

29 Ulrich Klein, «SA-Terror und Bevölkerung in Wuppertal 1933/34», *in* Detlev Peukert e Jürgen Reulecke (org.), *Die Reihen fast geschlossen: Beiträge zur Geschichte des Alltags unterm Nationalsozialismus* (Wuppertal, 1981), pp. 45–64, na p. 51.

30 Winkler, *Der Weg,* pp. 890–891; World Committee (org.), *The Brown Book,* pp. 204–205; Schneider, *Unterm Hakenkreuz,* pp. 56–73.

31 Dieter Rebentisch e Angelika Raab (org.), *Neu-Isenburg zwischen Anpassung und Widerstand; Dokumente über Lebensbedingungen und politisches Verhalten 1933-1934* (Neu-Isenburg, 1978), p. 79.

32 Gerlinde Grahn, «Die Enteignung des Vermögens der Arbeiterbewegung und der politischen Emigration 1933 bis 1945», *1999: Zeitschrift fiir Sozialgeschichte* des *20. und 21. Jahrhunderts,* 12 (1997), pp. 13–38; Broszat, *Der Staat Hitlers*, p. 118.

33 Klein, «SA-Terror», pp. 51–53.

34 Broszat, *Der Staat Hitlers,* p. 256.

35 *Ibid.*, pp. 136–138.

36 Winkler, *Der Weg,* pp. 888–893, 898–900.

37 *Ibid.*, pp. 916–918.

38 *Ibid.*, pp. 929–932; Broszat, *Der Staat Hitlers,* pp. 118–119.

39 Harold Marcuse, *Legacies of Dachau: The Uses and Abuses of a Concentration Camp, 1933-2001* (Cambridge, 2001), pp. 21–23; Hans-Günter Richardi, *Schule der Gewalt: Das Konzentrationslager Dachau, 1933-1934* (Munique, 1983), pp. 48–87; Johannes Tuchel, *Organisationsgeschichte und Funktion der «Inspektion* der *Konzentrationslager» 1933-1938* (Boppard, 1991), pp. 121–158.

40 Bley, *Namibia under German Rule,* pp. 151, 198; Krüger, *Kriegsbewältigung,* pp. 138–144; Joachim Zeller, «"Wie Vieh wurden Hunderte zu Getriebenen

und wie Vieh begraben": Fotodokumente aus dem deutschen Konzentrationslager in Swakopmund/Namibia 1904-1908», *Zeitschrift für Geschichtswissenschaft,* 49 (2001), pp. 226–243.

41 Marcuse, *Legacies of Dachau,* pp. 21–22; Tuchel, *Organisationsgeschichte,* pp. 35–37; Andrej Kaminski, *Konzentrationslager 1896 bis heute: Eine Analyse* (Estugarda, 1982), pp. 34–38. Não existem provas convincentes de que Hitler ou Himmler se tenham inspirado nos campos de trabalho da Rússia soviética (veja-se Evans, *In Hitler's Shadow,* pp. 24–46).

42 Para o argumento de que o campo foi improvisado, veja-se Broszat, «The Concentration Camps», pp. 400–406.

43 Bessel, *Political Violence,* p. 117.

44 Friedrich Schlotterbeck, *The Darker the Night, the Brighter the Stars: A German Worker Remembers (1933-1945)* (Londres, 1947), pp. 22–36. Para outras considerações sobre a violência nazi, veja-se Lindenberger e Lüdtke (org.), *Physische Gewalt,* e Bernd Weisbrod, «Gewalt in der Politik: Zur politischen Kultur in Deutschland zwischen den beiden Weltkriegen», *Geschichte in Wissenschaft und Unterricht,* 43 (1992), pp. 391–404.

45 Numerosos casos detalhados em World Committee (org.), *The Brown Book,* pp. 216–218; sobre Jankowski, pp. 210–211. Veja-se também Diels, *Lucifer*, p. 222.

46 Günter Morsch, «Oranienburg – Sachsenhausen, Sachsenhausen – Oranienburg», *in* Ulrich Herbert *et al.* (org.), *Die nationalsozialistischen Konzentrationslager: Entwicklung und Struktur* (2 vols., Göttingen, 1998), pp. 111–134, na p. 119.

47 Tuchel, *Organisationsgeschichte,* p. 103; Karin Orth, *Das System der nationalsozialistischen Konzentrationslager* (Hamburgo, 1999), pp. 23–26.

48 Bahne, «Die Kommunistische Partei Deutschlands», *in* Matthias e Morsey (eds.), *Das Ende,* pp. 693–694, 699–700; Winkler, *Der Weg,* pp. 876–889; Broszat, «The Concentration Camps», pp. 406–407; Broszat *et al.* (org.), *Bayern,* I., pp. 24–41.

49 Fieberg (org.), *Im Namen,* p. 68; World Committee (org.), *The Brown Book*, p. 332, refere 500 homicídios até junho.

50 Domarus, *Hitler,* I., p. 263; Mason, *Social Policy,* p. 76, considera genuína a preocupação de Hitler com a desordem e refere que a liderança nazi era constantemente informada sobre a natureza e a extensão dos incidentes violentos.

51 Broszat, *Der Staat Hitlers,* III.

52 Rudolf Morsey (org.), *Das «Ermächtigungsgesetz» vom* 24. *März 1933: Quellen zur Geschichte und Interpretation des «Gesetzes zur Bebebung der Not von Volk und Reich»* (Düsseldorf, 1992), e Michael Frehse, *Ermächtigungsgesetzgebung im Deutschen Reich 1914-1933* (Pfaffenweiler, 1985), p. 145.

53 Matthias e Morsey (org.), *Das Ende,* p. xiii.

A destruição da democracia

1 Klaus-Jürgen Müller, «Der Tag von Potsdam und das Verhältnis der preussisch--deutschen Militär-Elite zum Nationalsozialismus», *in* Bernhard Kröner (org.), *Potsdam-Stadt, Armee, Residenz in der preussisch-deutschen Militärgeschichte* (Frankfurt, 1993), pp. 435–449; Frohlich (org.), *Die Tagebücher,* II., pp. 395–397 (22 de março de 1933); Werner Freitag, «Nationale Mythen und kirchliches Heil: Der "Tag von Potsdam"», *Westfällische Forschungen,* 41 (1991), pp. 379–430. Sobre o discurso de Hitler, veja-se Domarus, *Hitler,* I., pp. 272–274.

2 *Ibid*, p. 270.

3 Bracher, *Stufen,* pp. 213–236; Hans Schneider, «Das Ermächtigungsgesetz vom 24. März 1933», *VfZ* I (1953), pp. 197–221, em esp., pp. 207–208.

4 Junker, *Die Deutsche Zentrumspartei,* pp. 171–189; Morsey, «Die Deutsche Zentrumspartei», *in* Matthias e Morsey (org.), *Das Ende,* pp. 281–453; Josef Becker, «Zentrum und Ermächtigungsgesetz 1933: Dokumentation», *VfZ* 9 (1961), pp. 195–210; Rudolf Morsey, «Hitlers Verhandlungen mit der Zentrumsführung am 31. Januar 1933», *VfZ* 9 (1961), pp. 182–194.

5 Wilhelm Hoegner, *Der schwierige Aussenseiter: Erinnerungen eines Abgeordneten, Emigranten und Ministerpräsidenten* (Munique, 1959), p. 92.

6 Becker, «Zentrum und Ermächtigungsgesetz 1933»; Konrad Repgen, «Zur vatikanischen Strategie beim Reichskonkordat», *VfZ 31* (1983), pp. 506–535; Brüning, *Memoiren,* pp. 655–657; Domarus, *Hitler,* I., pp. 275–285.

7 Winkler, *Der Weg,* pp. 901–906; Hans J. L. Adolph, *Otto Wels und die Politik der deutschen Sozialdemokratie 1934-1939: Einepolitische Biographie* (Berlim, 1971), pp. 262–264; Willy Brandt, *Erinnerungen* (Frankfurt, 1989), p. 96; Hoegner, *Der Schwierige Aussenseiter,* p. 93.

8 Broszat, *Der Staat Hitlers,* p. 117 e nota. Sobre a Lei de Concessão de Plenos Poderes no contexto da produção de legislação na República de Weimar, veja-se Jörg Biesemann, *Das Ermächtigungsgesetz als Grundlage der Gesetzgebung im nationalsozialistischen Deutschland: Ein Beitrag zur Stellung des Gesetzes in der Verfassungsgeschichte 1919-1945* (Münster, 1992. [1985]).

9 Matthias, «Die Sozialdemokratische Partei Deutschlands», *in* Matthias e Morsey (org.), *Das Ende,* pp. 176–180; Winkler, *Der Weg*, pp. 867–898; Schumann, *Nationalsozialismus und Gewerkschaftsbewegung;* Hannes Heer, *Burgfrieden oder Klassenkampf: Zur Politik der sozialdemokratischen Gewerkschaften 1930-1933* (Neuwied, 1971), muito crítico dos líderes sindicalistas; Bernd Martin, «Die deutschen Gewerkschaften und die nationalsozialistische Machtübernahme», *Geschichte in Wissenschaft und Unterricht,* 36 (1985), pp. 605–631; Henryk Skzrypczak, «Das Ende der Gewerkschaften», *in* Wolfgang Michalka (ed.), *Die nationalsozialistische Machtergreifung* (Paderborn, 1984), pp. 97–110.

10 *Nationalsozialistische Betriebszellenorganisation.*

11 Winkler, *Der Weg,* pp. 898–909; Gunther Mai, «Die Nationalsozialistische Betriebszellen-Organisation: Zum Verhältnis von Arbeiterschaft und Nationalsozialismus», *VfZ* 31 (1983), pp. 573–613.

12 Schneider, *Unterm Hakenkreuz,* pp. 76–106, citação p. 89; Winkler, *Der Weg,* pp. 898–909; Herbst, *Das nationalsozialistische Deutschland,* pp. 68–70.

13 Wieland Elfferding, «Von der proletarischen Masse zum Kriegsvolk: Masse-naufmarsch und Öffentlichkeit im deutschen Faschismus am Beispiel des I. Mai 1933», *in* Neue Gesellschaft für bildende Kunst (org.), *Inszenierung der Macht: Ästhetische Faszination im Faschismus* (Berlim, 1987), pp. 17–50.

14 Peter Jahn (org.), *Die Gewerkschaften in der Endphase der Republik 1930-1933* (Colónia, 1988), pp. 888–892, 897–898, 916.

15 Dieter Fricke, *Kleine Geschichte des Ersten Mai: Die Maifeier in der deutschen und internationalen Arbeiterbewegung* (Berlim, 1980), pp. 224–229; Fritzsche, *Germans,* pp. 215–235.

16 Goebbels, *Vom Kaiserhof,* p. 299, e Fröhlich (org.), *Die Tagebücher,* I/II., p. 408 (17 de abril de 1933).

17 Winkler, *Der Weg*, p. 909–929; Michael Schneider, *A Brief History of the German Trade Unions* (Bona, 1991 [1989]), pp. 204–210.

18 Fröhlich (org.), *Die Tagebücher,* I/II., p. 416 (3 de maio de 1933).

19 Winkler, *Der Weg,* pp. 929–932; Grahn, «Die Enteignung»; Beate Dapper e Hans-Peter Rouette, «Zum Ermittelungsverfahren gegen Leipart und Genossen wegen Untreue vom 9. Mai 1933», *Internationale Wissenschaftliche Korrespondenz zur Geschichte der deutschen Arbeiterbewegung,* 20 (1984), pp. 509–535; Schneider, *Unterm Hakenkreuz,* pp. 107–117.

20 Winkler, *Der Weg,* pp. 931–940; Matthias, «Die Sozialdemokratische Partei Deutschlands», *in* Matthias e Morsey (org.), *Die Ende,* pp. 168–175, 166–175; sobre o suicídio de Pfülf, veja-se p. 254, n. 6; Broszat, *Der Staat Hitlers,* p. 120.

21 Fröhlich (org.), *Die Tagehücher* I/II., p. 437 (23 de junho de 1933).

22 Schüler, *Auf der Flucht erschossen,* pp. 241–248.

23 Para pormenores, veja-se Max Klinger (pseud.; i.e. Curt Geyer), *Volk in Ketten* (Karlsbad, 1934), em esp., pp. 96–97; Winkler, *Der Weg,* pp. 943–947; Franz Osterroth e Dieter Schuster, *Chronik der deutscben Sozialdemokratie* (Hanôver, 1963), p. 381; documentos *in* Erich Matthias, «Der Untergang der Sozialdemokratie 1933», *VfZ* 4 (1956), pp. 179–216, comentário pp. 250–286; sobre Berlim e os seus subúrbios, veja-se Reinhard Rürup (org.), *Topographie des Terrors: Gestapo, SS und Reichssicherheitshauptamt auf dem 'Prinz-Albert-Gelände': Eine Dokumentation* (Berlim, 1987), e Hans-Norbert Burkert *et al., «Machtergreifung» Berlin 1933: Stätten der Geschichte Berlins in Zusammenarbeit mit dem Pädagogischen Zentrum Berlin* (Berlim, 1982), pp. 20–94.

24 Bessel, *Political Violence,* pp. 41, 117–118; Paul Löbe, *Der Weg war lang: Lebenserinnerungen von Paul Löbe* (Berlim, 1954 [1950]), pp. 221–229.

25 Beth A. Griech-Polelle, *Bishop von Galen: German Catholicism and National Socialism* (New Haven, 2002), pp. 9–18.

26 *Ibid.*, pp. 31–32; Richard Steigmann-Gall, *The Holy Reich: Nazi Conceptions of Christianity, 1919-1945* (Nova Iorque, 2003), pp. 51–85.

27 Hans Müller (org.), *Katholische Kirche und Nationalsozialismus: Dokumente 1930-1935* (Munique, 1963), p. 79.

28 Thomas Fandel, «Konfessionalismus und Nationalsozialismus», *in* Olaf Blaschke (org.), *Konfessionen im Konflikt: Deutschland zwischen 1800 und 1970: Ein zweites konfessionelles Zeitalter* (Göttingen, 2002), pp. 199–334, nas pp. 314–315; Günther Lewy, *The Catholic Church and Nazi Germany* (Nova Iorque, 1964), pp. 94–112.

29 Müller, *Katholische Kirche,* p. 168; veja-se Scholder, *The Churches.*

30 Morsey, «Die Deutsche Zentrumspartei», *in* Matthias e Morsey (org.), *Das Ende,* pp. 83–86, citando o *Kölnische Volkszeitung* de 12 de maio de 1933.

31 Broszat, «The Concentration Camps», pp. 409–411.

32 Lewy, *The Catholic Church,* pp. 45–79.

33 Morsey, «Die Deutsche Zentrumspartei», *in* Matthias e Morsey (org.), *Das Ende,* pp. 387–411; Lewy, *The Catholic Church,* pp. 7–93.

34 Griech-Polelle, *Bishop von Galen,* pp. 45–46, 137–139.

35 Morsey, «Die Deutsche Staatspartei», *in* Matthias e Morsey (org.), *Das Ende,* pp. 55–72; Jones, *German Liberalism,* pp. 462–475 (também sobre o Partido Popular Alemão).

36 Hans Booms, «Die Deutsche Volkspartei», *in* Matthias e Morsey (org.), *Das Ende,* pp. 521–539.

37 Hiller von Gaertringen, «Die Deutschnationale Volkspartei», *in* Matthias e Morsey (org.), *Das Ende,* pp. 76–99; Larry Eugene Jones, «"The Greatest Stupidity of My Life": Alfred Hugenberg and the Formation of the Hitler Cabinet», *Journal of Contemporary History,* 27 (1992), pp. 63–87; cópia da carta de demissão de Hugenberg e outros documentos *in* Anton Ritthaler, «Eine Etappe auf Hitlers Weg zur ungeteilten Macht: Hugenbergs Riicktritt als Reichsminister», *VfZ* 8 (1960), pp. 193–219.

38 Hiller von Gaertringen, «Die Deutschnationale Volkspartei», *in* Matthias e Morsey (org.), *Das Ende,* pp. 599–603.

39 *Ibid.*, pp. 607–615.

40 Berghahn, *Der Stahlhelm,* pp. 253–270; Broszat, *Der Staat Hitlers,* p. 121.

41 Hiller yon Gaertringen, «Die Deutschnationale Volkspartei», *in* Matthias e Morsey (org.), *Das Ende,* pp. 603–607; Bessel, *Political Violence,* 120–121; Berghahn, *Der Stahlhelm,* pp. 68–74, 286.

42 Fröhlich (org.), *Die Tagebücher* I/II., p. 440 (28 de junho de 1933).

A «coordenação» da Alemanha

1 Hans-Georg Stümke, *Homosexuelle in Deutschland: Eine politische Geschichte* (Munique, 1989).

2 Relato testemunhal *in* Hans-Georg Stümke e Rudi Finkler, *Rosa Winkel, Rosa Listen: Homosexuelle und «Gesundes Volksempfinden» von Auschwitz bis heute* (Hamburgo, 1981), pp. 163–166, citado e traduzido *in* Burleigh e

Wippermann, *The Racial State,* pp. 189–190. Veja-se também Burkhard Jellonek, *Homosexuelle unter dem Hakenkreuz: Verfolgung von Homosexuellen im Dritten Reich* (Paderborn, 1990). Personal testimonies in Richard Plant, *The Pink Triangle: The Nazi War against Homosexuals* (Edimburgo, 1987).

3 Wolff, *Magnus Hirschfeld,* p. 414.

4 Grossmann, *Reforming Sex,* pp. 149–150; Gaby Zürn, «Von der Herbertstrasse nach Auschwitz», *in* Angelika Ebbinghaus (org.), *Opfer und Täterinnen: Frauenbiographien des Nationalsozialismus* (Nördlingen, 1987), pp. 91–101, na p. 93; Annette F. Timm, «The Ambivalent Outsider: Prostitution, Promiscuity, and VD Control in Nazi Berlin», *in* Gellately and Stoltzfus (org.), *Social Outsiders,* pp. 192–211; Christl Wickert, *Helene Stöcker 1869-1943: Frauenrechtlerin, Sexualreformerin und Pazifistin. Eine Biographie* (Bona, 1991), pp. 135–140; Gabriele Czarnowski, *Das kontrollierte Paar: Ehe- und Sexualpolitik im Nationalsozialismus* (Weinheim, 1991).

5 Grossmann, *Reforming Sex,* pp. 136–161.

6 Hong, *Welfare,* pp. 261–265; Burleigh, *Death and Deliverance,* pp. 11–42; Jochen-Christoph Kaiser *et al.* (org.), *Eugenik, Sterilisation, «Euthanasie»: Politische Biologie in Deutschland 1893-1945* (Berlim, 1992), pp. 100–102; idem, *Sozialer Protestantismus im* 20. *Jahrbundert: Beiträge zur Geschichte der Inneren Mission 1914-1945* (Munique, 1989).

7 Ayass, *«Asoziale» im Nationalsozialismus,* pp. 57–60.

8 Elizabeth Harvey, *Youth Welfare and the State in Weimar Germany* (Oxford, 1993), pp. 274–248; Ayass, *«Asoziale» in Nazionalsozialismus,* pp. 13–23; *idem*, «Vagrants and Beggars», pp. 211–217; veja-se também Marcus Gräser, *Der blockierte Wohlfahrtsstaat: Unterschichtjugend und Jugendfürsorge in der Weimarer Republik* (Göttingen, *1995*), pp. 216–230.

9 Wagner, *Volksgemeinschaft,* pp. 193–213.

10 Patrick Wagner, *Hitlers Kriminalisten: Die deutsche Kriminalpolixei und der Nationalsozialismus* (Munique, 2002), pp. 57–58.

11 Nikolaus Wachsmann, «From Indefinite Confinement to Extermination: "Habitual Criminals" in the Third Reich», *in* Gellately e Stoltzfus (org.), *Social Outsiders,* pp. 165–191; Wachsmann, *Hitler's Prisons,* capítulo 2.

12 Robert N. Proctor, *Racial Hygiene: Medicine under the Nazis* (Cambridge, Mass., 1988), p. 101.

13 Crew, *Germans on Welfare,* pp. 208–212.

14 Broszat, «The Concentration Camps», pp. 409–411.

15 Caplan, *Government,* pp. 139–141.

16 Noakes e Pridham (eds.), *Nazism,* II., pp. 26–31.

17 Citado *in* Hans Mommsen, *Beamtentum* im *Dritten Reich: Mit ausgewählten Quellen zur nationalsozialistischen Beamtenpolitik* (Estugarda, 1966), p. 162.

18 Broszat, *Der Staat Hitlers,* p. 254; Jürgen W. Falter, «"Die Märzgefallenen" von 1933: Neue Forschungsergebnisse zum sozialen Wandel innerhalb der NSDAPMITGLIEDSCHAFT während der Machtergreifungsphase», *Geschichte und Gesellschaft,* 24 (1998), pp. 595–616, na p. 616.

19 Caplan, *Government,* pp. 143–147; Bracher, *Stufen,* p. 244.

20 Bracher, *Stufen,* pp. 245–246; Fieberg (org.), *Im Namen,* pp. 87–94; Lothar Gruchmann, «Die Überleitung der Justizverwaltung auf das Reich 1933-1935», in *Vom Reichsjustizamt zum Bundesministerium der Justiz; Festschrift zum hundertjährigen Gründungstag des Reichsjustizamts* (Colónia, 1977), e Horst Göppinger, *Juristen jüdischer Abstammung im «Dritten Reich»: Entrechtung und Verfolgung* (Munique, 1990 [1963]), pp. 183–373.

21 Fieberg (org.), *Im Namen,* pp. 76–79, 272; Lothar Gruchmann, «Die Überteitung», in *Vom Reichsjustizamt zum Bundesministerium der Justiz,* pp. 119–160.

22 Bracher, *Stufen,* pp. 264–267; Hayes, *Industry and Ideology*, pp. 85–89.

23 Evans, *The Feminist Movement*, pp. 255–260.

24 Allen, *The Nazi Seizure of Power,* pp. 218–232.

25 Haffner, *Defying Hitler*, pp. 111, 114.

Notas discordantes

1 Josef Wulf, *Musik im Dritten Reich: Eine Dokumentation* (Gütersloh, 1963), p. 31; Fritz Busch, *Aus dem Leben eines Musikers* (Zurique, 1949), pp. 188–209; Levi, *Music,* pp. 42–43; World Committee (org.), *The Brown Book,* p. 180.

2 Michael H. Kater, *The Twisted Muse: Musicians and their Music in the Third Reich* (Nova Iorque, 1997), pp. 120–124, corrigindo as memórias de Busch. Sobre a conquista do poder na Saxónia pelos nazis, veja-se Szejnmann, *Nazism,* pp. 33–34.

3 Gerhard Splitt, *Richard Strauss 1933-1935: Aesthetik und Musikpolitik zu Beginn der nationalsozialistischen Herrschaft* (Pfaffenweiler, 1987), pp. 42–59; Bruno Walter, *Theme and Variations: An Autobiography* (Nova Iorque, 1966), pp. 295–300; Brigitte Hamann, *Winifred Wagner oder Hitlers Bayreuth* (Munique, 2002), pp. 117–156.

4 Peter Heyworth, *Otto Klemperer: His Life and Times,* I: *1885-1933* (Cambridge, 1983), pp. 413, 415.

5 Levi, *Music,* pp. 44–45; Christopher Hailey, *Franz Schreker, 1878-1934: A Cultural Biography* (Cambridge, 1993), pp. 273, 288; Schreker demitiu-se do cargo de diretor da Escola de Música de Berlim em 1932 por causa da persistente perseguição antissemita.

6 Wulf, *Musik,* p. 28, reprodução de Philharmonische Gesellschaft de Hamburgo para Kampfbund für deutsche Kultur, Gruppe Berlin, 6 de abril de 1933.

7 Levi, *Music,* pp. 39–41, 86, 107; veja-se Reinhold Brinkmann e Christoph Wolff (org.), *Driven into Paradise: The Musical Migration from Germany to the United States* (Berkeley, 1999).

8 Kater, *The Twisted Muse,* pp. 89–91, 120; veja-se também Michael Meyer, *The Politics of Music in the Third Reich* (Nova Iorque, 1991), pp. 19–26.

9 David Welch, *The Third Reich: Politics and Propaganda* (2.ª ed., Londres, 2002 [1993]), pp. 172–182, nas pp. 173–174.

10 Minuth (org.), *Die Regierung Hitler*, I., pp. 193–195. Veja-se Wolfram Werner, «Zur Geschichte des Reichsministeriums für Volksaufklärung und Propaganda und zur Überlieferung», *in* idem (org.), *Findbücher zu Beständen des Bundesarchivs,* XV: *Reichsministerium für Volksaufklärung und Propaganda* (Coblença, 1979).

11 Sobre a opinião generalizada de que Goebbels era «socialista», veja-se, por exemplo, Jochmann (org.), *Nationalsozialismus und Revolution,* pp. 407–408.

12 Discurso de 15 de março de 1933, citado *in* Welch, *The Third Reich,* pp. 174–175; sobre os debates acerca da questão em 1932, veja-se Frohlich (org.), *Die Tagebücher,* I/II., pp. 113–114, 393 (15 de março de 1933).

13 Frohlich, «Joseph Goebbels», *in* Smelser e Zitelmann (org.), *The Nazi Elite,* p. 55.

14 *Völkischer Beobachter,* 23 de março de 1933, citado *in* Welch, *The Third Reich,* pp. 22–23.

15 Citado *in* Reuth, *Goebbels,* p. 269.

16 Citado *in* Welch, *The Third Reich,* p. 75.

17 Citado *in ibid.*, p. 176.

18 Reuth, *Goebbels,* p. 271; Frohlich (org.), *Die Tagebücher,* I/II., pp. 388 (6 de março de 1933), 393 (13 de março de 1933), 395–397 (22 de março de 1933); Ansgar Diller, *Rundfunkpolitik im Dritten Reich* (Munique, 1980), p. 89; Zbynek A.B. Zeman, *Nazi Propaganda* (2.ª ed., Oxford, 1973 [1964]), p. 40. Sobre a estrutura do ministério, veja-se Welch, *The Third Reich,* pp. 29–31.

19 West, *The Visual Arts,* pp. 183–184, incluindo as citações.

20 Levi, *Music,* p. 246, n. 5.

21 Fred K. Prieberg, *Trial of Strength: Wilhelm Furtwängler and the Third Reich* (Londres, 1991), pp. 166–169, citando correspondência e memorandos publicados e não publicados. Sobre as opiniões de Furtwängler acerca de diversos tópicos, veja-se Michael Tanner (org.), *Wilhelm Furtwängler, Notebooks 1924-1945* (Londres, 1989).

22 Sobre a vida e as opiniões de Furtwängler, veja-se Prieberg, *Trial of Strength, passim;* sobre reservas em relação ao seu livro, veja-se Evans, *Rereading,* pp. 187–193.

23 Conversa reproduzida *in* Wulf, *Musik,* pp. 81–82. Max Reinhardt era um diretor de teatro muito conhecido.

24 Levi, *Music*, pp. 199–201.

25 *Berliner Lokal-Anzeiger,* 11 de abril de 1933, reproduzido *in* Wulf, *Musik,* pp. 82–83.

26 Levi, *Music,* pp. 198–202; Peter Cossé, «Die Geschichte», *in* Paul Badde *et al.* (org.), *Das Berliner Philharmonische Orchester* (Estugarda, 1987), pp. 10–17.

27 Kater, *Different Drummers,* pp. 29–33.

28 *Ibid.*, pp. 47–110.

29 Jelavich, *Berlin Cabaret,* pp. 228–258; «Hermann» na p. 229.

30 Volker Kühn (org.), *Deutschlands Erwachen: Kabarett unterm Hakenkreuz 1933-1945* (Weinheim, 1989), p. 335; veja-se Christian Goeschel, «Methodische

Überlegungen zur Geschichte der Selbsttötung im Nationalsozialismus», *in* Hans Medick (org.), *Selbsttötung als kulturelle Praxis* (a publicar, 2004).

A purga das artes

1 Josef Wulf, *Theater und Film im Dritten Reich: Eine Dokumentation* (Gütersloh, 1964), pp. 265–306.

2 David Thomson, *The New Biographical Dictionary of Film* (4.ª ed., 2002 [1975]). A afirmação, presente em algumas biografias de Marlene Dietrich, incluindo a sua autobiografia, de que ela emigrou por razões políticas e de que Hitler tentou convencê-la a regressar à Alemanha deve ser tratada com muito ceticismo.

3 David Welch, «Propaganda and the German Cinema 1933-1945» (tese de doutoramento não publicada, Universidade de Londres, 1979), apêndice I.

4 Birgit Bernard, «"Gleichschaltung" im Westdeutschen Rundfunk 1933/34», *in* Dieter Breuer e Gertrude Cepl-Kaufmann (org.), *Moderne und Nationalsozialismus im Rheinland* (Paderborn, 1997), pp. 301–310; Jochen Klepper, *Unter dem Schatten deiner Flügel: Aus den Tagebüchern der Jahre 1932-1942* (Estugarda, 1956), pp. 46, 65; Josef Wulf, *Presse und Funk im Dritten Reich: Eine Dokumentation* (Gütersloh, 1964), pp. 277–279, 280–284.

5 Fulda, «Press and Politics», pp. 231–233, 241–242.

6 Welch, *The Third Reich,* p. 46; texto da lei *in* Wulf, *Presse und Funk,* pp. 72–73.

7 *Ibid.*, pp. 19–38.

8 Welch, *The Third Reich,* pp. 43–48.

9 Grossmann, *Ossietzky,* pp. 224–274.

10 *Ibid.*, p. 267; Chris Hirte, *Erich Mühsam: «Ihr seht mich nicht feige». Biografie* (Berlim, 1985), pp. 431–450. Alguns relatos falam de homicídio (que é o mais provável), outros em suicídio.

11 Dieter Distl, *Ernst Toller: Eine politische Biographie* (Schrobenhausen, 1993), pp. 146–178.

12 Kelly, *All Quiet,* pp. 39–56.

13 Inge Jens (org.), *Thomas Mann an Ernst Bertram: Briefe aus den Jahren 1910--1955* (Pfullingen, 1960), p. 178 (carta de 18 de novembro de 1933), e Robert Faesi (org.), *Thomas Mann – Robert Faesi: Briefwechsel* (Zurique, 1962), p. 23 (Mann para Faesi, 28 de junho de 1933); Klaus Harpprecht, *Thomas Mann: Eine Biographie* (Reinbek, 1995), pp. 707–750; Kurt Sontheimer, «Thomas Mann als politischer Schriftsteller», *VfZ* 6 (1958), pp. 1–44; Josef Wulf, *Literatur und Dichtung im Dritten Reich: Eine Dokumentation* (Gütersloh, 1963), p. 24.

14 Ritchie, *German Literature,* pp. 187–199; Wulf, *Literatur, passim.*

15 Robert E. Norton, *Secret Germany: Stefan George and his Circle* (Ithaca, NY, 2002), é a biografia de referência. Sobre Jünger, veja-se Paul Noack, *Ernst Junger: Eine Biographie* (Berlim, 1998), pp. 121–151.

16 Citado *in* Wulf, *Literatur,* p. 132; veja-se também *Ritchie, German Literature,* pp. 9–10, 48–49, 111–132.

17 Frederic Spotts, *Hitler and the Power of Aesthetics* (Londres, 2002), p. 152; citações e contexto *in* West, *The Visual Arts,* pp. 183–184; Hitler, *Mein Kampf,* p. 235.

18 Rosamunde Neugebauer, «"Christus mit der Gasmaske" von George Grosz, oder: Wieviel Satire konnten Kirche und Staat in Deutschland um 1930 ertragen?», *in* Maria Rüger (org.), *Kunst und Kunstkritik der dreissiger Jahre: Standpunkte zu künstlerischen und ästhetischen Prozessen und Kontroversen* (Dresden, 1990), pp. 156–165.

19 Josef Wulf, *Die Bildenden Künste im Dritten Reich: Eine Dokumentation* (Gütersloh, 1963), pp. 49–51.

20 Peter Adam, *Arts of the Third Reich* (Londres, 1992), p. 59.

21 Jonathan Petropoulos, *The Faustian Bargain: The Art World in Nazi Germany* (Londres, 2000), p. 217. Veja-se também Brandon Taylor e Wilfried van der Will (org.), *The Nazification of Art: Art, Design, Music, Architecture and Film in the Third Reich* (Winchester, 1990).

22 Spotts, *Hitler,* pp. 153–155.

23 Petropoulos, *The Faustian Bargain,* pp. 14–16.

24 Adam, *Arts,* pp. 49–50; Wulf, *Die Bildenden Künste,* p. 36; Günter Busch, *Max Liebermann: Maler, Zeichner, Graphiker* (Frankfurt, 1986), p. 146; Peter Paret, *An Artist against the Third Reich: Ernst Barlach 1933-1938* (Cambridge, 2003), pp. 77–92. O funeral de Liebermann foi vigiado pela polícia política (Petropoulos, *The Faustian Bargain,* p. 217).

25 Sean Rainbird (org.), *Max Beckmann* (Londres, 2003), pp. 157–164, 273–274; Adam, *Arts,* p. 53; Petropoulos, *The Faustian Bargain,* pp. 216–221.

26 Wulf, *Die Bildenden Künste,* pp. 39–45; Koehler, «The *Bauhaus», pp.* 292––293; Igor Golomstock, *Totalitarian Art in the Soviet Union, Third Reich, Fascist Italy and the People's Republic of China* (Londres, 1990), p. 21; West, *The Visual Arts,* pp. 83–133.

27 Ritchie, *German Literature,* p. 187.

28 *Ibid.*, p. 189; Harpprecht, *Thomas Mann,* pp. 722–750.

29 Ritchie, *German Literature*, pp. 58–61; Lothar Gall, *Bürgertum in Deutschland* (Berlim, 1989), p. 466, sobre Bassermann e a sua família. Johst foi nomeado codiretor do teatro pouco depois. Veja-se Boguslaw Drewniak, *Das Theater im NS-Staat: Szenarium deutscher Zeitgeschichte 1933-1945* (Düsseldorf, 1983), pp. 46–47; Glen W. Gadberry (org.), *Theatre in the Third Reich, the Prewar Years: Essays on Theatre in Nazi Germany* (Westport, Conn., 1995), e John Londres (org.), *Theatre under the Nazis* (Manchester, 2000).

30 Ritchie, *German Literature,* pp. 58–61; «Wenn ich Kultur höre, entsichere ich meinen Browning» (Wulf, *Literatur,* 113).

31 Knowles (org.), *The Oxford Dictionary of Quotations,* p. 418, citação 17; para um primeiro relato pormenorizado da «guerra de aniquilação contra a cultura», veja-se World Committee (org.), *The Brown Book,* pp. 160–193.

«Contra o espírito não alemão»

1 Hugo Ott, *Martin Heidegger: A Political Life* (Londres, 1993), pp. 13–139.

2 *Ibid.*, pp. 140–148.

3 Martin Heidegger, *Die Selbstbehauptung der deutschen Universität: Rede, gehalten bei der feierlichen Übernahme des Rektorats der Universität Freiburg i. Br. am 27.5.1933* (Breslau, 1934), pp. 5, 7, 14–15, 22.

4 Hans Sluga, *Heidegger's Crisis: Philosophy and Politics in Nazi Germany* (Cambridge, Mass., 1993), pp. 1–4; Guido Schneeberger, *Nachlese zu Heidegger: Dokumente zu seinem Leben und Denken* (Berna, 1962), pp. 49–57. Veja-se também a biografia de Rüdiger Safranski, *Ein Meister aus Deutschland: Heidegger und seine Zeit* (Munique, 1994).

5 Ott, *Martin Heidegger,* pp. 169, 198–199.

6 Citado *in ibid.*, p. 185.

7 O único professor presente foi o historiador Gerhard Ritter. Veja-se Cornelissen, *Gerhard Ritter,* p. 239.

8 Citado *in* Ott, *Martin Heidegger,* p. 164, com uma análise nas pp. 165–166 da casuística usada pelos admiradores modernos de Heidegger para tentar explicar estes sentimentos. Para um conjunto interessante de estudos, veja-se Bernd Martin (org.), *Martin Heidegger und das «Dritte Reich» Ein Kompendium* (Darmstadt, 1989).

9 Remy, *The Heidelberg Myth,* p. 14.

10 Ott, *Martin Heidegger,* pp. 235–351.

11 Noakes e Pridham (org.), *Nazism,* II., pp. 249–250; para dois bons estudos localizados, veja-se Uwe Dietrich Adam, *Hochschule und Nationalsozialismus: Die Universität Tühingen im Dritten Reich* (Tübingen, 1977), e Notker Hammerstein, *Die Johann Wolfgang Goethe-Universität: Von* der *Stiftungsuniversität zur staatlichen Hochschule* (2 vols., Neuwied, 1989), I., pp. 171–211.

12 Klaus Fischer, «Der quantitative Beitrag der nach 1933 emigrierten Naturwissenschaftler zur deutschsprachigen physikalischen Forschung», *Berichte zur Wissenschaftsgeschichte,* 11 (1988), pp. 83–104, corrigindo números ligeiramente superiores em Alan D. Beyerchen, *Scientists under Hitler: Politics and the Physics Community in the Third Reich* (New Haven, 1977), pp. 43–47, e Norbert Schnappacher, «Das Mathematische Institut der Universität Göttingen», e Alf Rosenow, «Die Göttinger Physik unter dem Nationalsozialismus», ambos *in* Heinrich Becker *et al.* (org.), *Die Universität Göttingen unter dem Nationalsozialismus: Das verdrängte Kapitel ihrer 250 jährigen Geschichte* (Munique, 1987), pp. 345–373, 374–409.

13 Ute Deichmann, *Biologists under Hitler* (Cambridge, Mass., 1996 [1992.]), p. 26.

14 Beyerchen, *Scientists,* p. 43.

15 Max Born (org.), *The Born-Einstein Letters: Correspondence between Albert Einstein and Max and Hedwig Born from 1916 to 1955* (Londres, 1971), pp. 113–114.

16 Fritz Stern, *Dreams and Delusions: The Drama of German History* (Nova Iorque, 1987), pp. 51–76 («Fritz Haber: The Scientist in Power and in Exile»); Margit Szöllösi-Janze, *Fritz Haber 1868-1934: Eine Biographie* (Munique, 1998), pp. 643–691.

17 Max Planck, «Mein Besuch bei Hitler», *Physikalische Blätter,* 3 (1947), p. 143; Fritz Stern, *Einstein's German World* (Londres, 2000 [1999]), pp. 34–58.

18 Remy, *The Heidelberg Myth,* pp. 17–18. Veja-se Fritz Köhler, «Zur Vertreibung humanistischer Gelehrter 1933/34», *Blätter für deutsche und internationale Politik,* II (1966), pp. 696–707.

19 Beyerchen, *Scientists,* pp. 15–17, 63–64, 199–210.

20 Remy, *The Heidelberg Myth,* pp. 24–29; veja-se também Christian Jansen, *Professoren und Politik: Politisches Denken und Handeln der Heidelberger Hochschullehrer 1914-1935* (Göttingen, 1992).

21 Citado *in* Noakes e Pridham (org.), *Nazism,* II., p. 252.

22 *Ibid.*, II., p. 250; Turner, *German Big Business,* p. 337.

23 Remy, *The Heidelberg Myth,* p. 20.

24 *Ibid.*, p. 31.

25 Grüttner, *Studenten,* pp. 71–74.

26 *Ibid.*, pp. 81–86.

27 Axel Friedrichs (org.), *Die nationalsozialistische Revolution 1933* (Dokumente der deutschen Politik, I, Berlim, 1933), p. 277; Fröhlich (ed.), *Die Tagebücher,* I/II., p. 419 (11 de maio de 1933).

28 Diversas versões *in* Gerhard Sauder (org.), *Die Bücherverbrennung: Zum 10. Mai 1933* (Munique, 1983), pp. 89–95.

29 Clemens Zimmermann, «Die Bücherverbrennung am 17. Mai 1933 in Heidelberg: Studenten und Politik am Ende der Weimarer Republik», *in* Joachim--Felix Leonhard (org.), *Bücherverbrennung. Zensur, Verbot, Vernichtung unter* dem *Nationalsozialismus in Heidelberg* (Heidelberg, 1983), pp. 55–84.

30 Wolfgang Strätz, «Die studentische 'Aktion wider den undeutschen Geist'», *VfZ* 16 (1968), pp. 347–372 (atribuindo erroneamente a iniciativa ao Ministério da Propaganda); Jan-Pieter Barbian, *Literaturpolitik im «Dritten Reich»: Institutionen, Kompetenzen, Betätigungsfelder* (Frankfurt, 1993), pp. 54–60, 128–142; Hildegard Brenner, *Die Kunstpolitik des Nationalsozialismus* (Hamburgo, 1963), p. 186.

31 Leonidas E. Hill, «The Nazi Attack on 'Un-German' Literature, 1933-1945», *in* Jonathan Rose (org.), *The Holocaust and the Book* (Amherst, Mass., 2001), pp. 9–46; Sauder (org.), *Die Bücherverbrennung,* pp. 9–16; veja-se também Anselm Faust, «Die Hochschulen und der 'undeutsche Geist': Die Bücherverbrennung am 10. Mai 1933 und ihr Vorgeschichte», *in* Horst Denkler e Eberhard Lämmert (org.), *«Das war ein Vorspiel nur...»: Berliner Kolloquium zur Literaturpolitik im «Dritten Reich»* (Berlim, 1985), pp. 31–50; Grüttner, *Studenten,* pp. 75–77, observa que nos arquivos das associações académicas não existem instruções do recém-criado Ministério da Propaganda, e Goebbels não dá nenhuma indicação no seu diário de que a iniciativa tenha partido dele.

32 Rebentisch e Raab (org.), *Neu-Isenburg,* pp. 86–87.

33 Sobre os acontecimentos de Wartburg, veja-se Wehler, *Deutsche Gesellschaftsgeschichte,* II. pp. 334–336; o célebre comentário de Heine foi feito em *Almansor* (1823), p. 245, citado *in* (entre muitas outras antologias) Knowles (org.), *The Oxford Dictionary of Quotations,* p. 368. Na época, a morte na fogueira por fogo posto ainda era um castigo em vigor na Prússia e foi usado pela última vez em Berlim, em 1812 (Evans, *Rituals,* pp. 213–214).

34 Michael Wildt, «Violence against Jews in Germany, 1933-1939», *in* David Bankier (org.), *Probing the Depths of German Antisemitism: German Society and the Persecution of the Jews 1933-1941* (Jerusalém, 2000), pp. 181–209, nas pp. 181–182; Saul Friedlander, *Nazi Germany and the Jews: The Years of Persecution 1933-1939* (Londres, 1997), pp. 107–110; Walter, *Antisemitische Kriminalität,* pp. 236–243. Para um documento contemporâneo, veja-se Comité des Delegations Juives (org.), *Das Schwarzbuch: Tatsachen und Dokumente. Die Lage der Juden in Deutschland 1933* (Paris, 1934). Veja-se Shulamit Volkov, «Antisemitism as a Cultural Code: Reflections on the History and Historiography of Antisemitism in Imperial Germany», *Year Book of the Leo Baeck Institute,* 23 (1978), pp. 25–46.

35 Longerich, *Politik der Vernichtung,* pp. 26–30.

36 Gruchmann, *Justiz,* p. 126; Longerich, *Der ungeschriebene Befehl,* pp. 43–44.

37 Haffner, *Defying Hitler,* p. 125.

38 Halbmonatsbericht des Regierungspräsidenten von Niederbayern und der Oberpfalz, 30. 3. 1933, *in* Broszat *et al.* (org.), *Bayern,* I., p. 432.

39 Friedländer, *Nazi Germany and the Jews,* pp. 41–42.

40 World Committee (org.), *The Brown Book,* p. 237; sobre as perseguições aos judeus em geral, pp. 222–269.

41 Friedländer, *Nazi Germany and the Jews,* pp. 17–18.

42 Minuth (org.), *Die Regierung Hitler,* I., pp. 270–271; Longerich, *Der ungeschriebene Befehl,* pp. 44–46.

43 Frohlich (org.), *Die Tagebücher,* I/II., p. 398 (27 de março de 1933).

44 Moshe R. Gottlieb, *American Anti-Nazi Resistance, 1933-1941: An Historical Analysis* (Nova Iorque, 1982), pp. 15–24; Deborah E. Lipstadt, *Beyond Belief: The American Press and the Coming of the Holocaust, 1933-1945* (Nova Iorque, 1986).

45 Fröhlich (org.), *Die Tagebücher,* I/II., pp. 398–401; Reuth, *Goebbels,* p. 281; Klemperer, *I Shall Bear Witness,* pp. 9–10.

46 Longerich, *Politik der Vernichtung,* pp. 36–39; Avraham Barkai, *From Boycott to Annihilation: The Economic Struggle of German Jews, 1933-1945* (Hanôver, NH, 1989), pp. 17–25; Helmut Genschel, *Die Verdrängung der Juden aus der Wirtschaft im Dritten Reich* (Berlim, 1966), pp. 47–70.

47 Friedländer, *Nazi Germany and the Jews,* pp. 21–22; Broszat *et al.* (org.), *Bayern,* I., pp. 433–435; Klemperer, *I Shall Bear Witness,* p. 10.

48 Friedländer, *Nazi Germany and the Jews,* pp. 24–25; Haffner, *Defying Hitler,* pp. 131–133.

49 Longerich, *Politik der Vernichtung,* pp. 39–41.
50 Friedländer, *Nazi Germany and the Jews,* pp. 26–31.
51 Longerich, *Der ungeschriebene Befehl,* p. 46.
52 Longerich, *Politik der Vernichtung,* pp. 41–45.
53 Friedländer, *Nazi Germany and the Jews,* pp. 35–37.
54 Allen, *The Nazi Seizure of Power,* pp. 218–222.
55 Konrad Kwiet e Helmut Eschwege, *Selbstbehauptung und Widerstand: Deutsche Juden im Kampf um Existenz und Menschenwürde 1933-1945* (Hamburgo, 1984), pp. 50–56.
56 Klemperer, *I Shall Bear Witness,* pp. 5–9; idem, *Tagebücher 1933-1934 (Ich will Zeugnis ablegen bis zum Letzten),* I (Berlim, 1999 [1995]), pp. 6–15.

Uma «revolução da destruição»?

1 Norbert Frei, «'Machtergreifung': Anmerkungen zu einem historischen Begriff», *VfZ* 31 (1983), pp. 136–145. O termo «conquista do poder» entrou em voga através da obra magistral de Bracher, Schulz e Sauer, *Die Nationalsozialistische Machtergreifung*, mas o âmbito do seu trabalho vastíssimo deixou claro que, para eles, o conceito cobria o período de *depois* de 30 de janeiro até ao fim do verão do mesmo ano.
2 O conceito de «vácuo de poder» é um aspeto central da narrativa clássica de Bracher em *Die Auflösung.*
3 Veja-se as especulações fascinantes *in* Turner, *Hitler's Thirty Days,* pp. 172–176; julgo que subestimam o racismo e o antissemitismo do corpo de oficiais alemão, bem como o seu desejo de renovar a «tentativa de conquista de poder mundial» da Alemanha que apoiou com tanta determinação no princípio do século, mas os «ses» históricos são sempre especulativos e não há forma de saber se as minhas especulações são mais plausíveis do que as de Turner. Para algumas reflexões de carácter geral, veja-se Richard J. Evans, «Telling It Like It Wasn't», *BBC History Magazine,* 3 (2002), n.º 12, pp. 22–25.
4 Volker Rittberger (org.), *1933: Wie die Republik der Diktatur erlag* (Estugarda, 1983), em esp., pp. 217–221; Martin Blinkhorn, *Fascists and Conservatives: The Radical Right and the Establishment in Twentieth-Century Europe* (Londres, 1990); idem, *Fascism and the Right in Europe 1919-1945* (Londres, 2000); Payne, *A History of Fascism,* pp. 14–19.
5 Paul, *Aufstand,* pp. 255–263; Richard Bessel, «Violence as Propaganda: The Role of the Storm Troopers in the Rise of National Socialism», *in* Thomas Childers (org.), *The Formation of the Nazi Constituency, 1919-1933* (Londres, 1986), pp. 131–146.
6 Geoff Eley, «What Produces Fascism: Pre-Industrial Traditions or a Crisis of the Capitalist State?», *in* idem, *From Unification to Nazism,* pp. 254–284; Gessner, *Agrarverbände in der Weimarer Republik;* Geyer, «Professionals and

Junkers»; Peukert, *The Weimar Republic,* pp.275–281. Para um enfoque no papel das elites pré-industriais, veja-se Winkler, *Weimar,* p. 607.

7 Erdmann e Schulze (org.), *Weimar;* Heinz Höhne, *Die Machtergreifung: Deutschlands Weg in die Hitler-Diktatur* (Reinbek, 1983), capítulo 2 («Selbstmord einer Demokratie»).

8 Joseph Goebbels, *Der Angriff: Aufsätze aus der Kampfzeit* (Munique, 1935), p. 61.

9 Bracher, *The German Dictatorship,* p. 246.

10 *Ibid.*, pp. 248–250.

11 Thomas Balistier, *Gewalt und Ordnung: Kalkül und Faszination der SA* (Münster, 1989).

12 *Der Prozess,* XXVI., pp. 300–301 (783-PS), e Broszat, «The Concentration Camps», pp. 406–423.

13 Veja-se, por exemplo, Lothar Gruchmann, «Die bayerische Justiz im politischen Machtkampf 1933/34: Ihr Scheitern bei der Strafverfolgung von Mordfällen in Dachau», *in* Broszat *et al.* (org.), *Bayern,* II., pp. 415–428.

14 Wachsmann, *Hitler's Prisons,* capítulo 2.

15 Haffner, *Defying Hitler,* pp. 103–125. Dirk Schumann, *Politische Gewalt in der Weimarer Republik: Kampf um die Strasse und Furcht vor dem Bürgerkrieg* (Essen, 2001), em esp., pp. 271–368.

16 Hitler, *Hitler: Reden, Schriften, Anordnungen,* III., pp. 434–451, na p. 445.

17 Bessel, *Political Violence,* pp. 123–125.

18 Ludwig Binz, «Strafe oder Vernichtung?», *Völkischer Beobachter,* 5 de janeiro de 1929.

19 Hermann Rauschning, *Germany's Revolution of Destruction* (Londres, 1939 [1938]), pp. 94, 97–99, 127.

20 Bracher, *Stufen,* pp. 21–22.

21 Richard Bessel, «1933: A Failed Counter-Revolution», *in* Edgar E. Rice (org.), *Revolution and Counter-Revolution* (Oxford, 1991), pp. 109–227; Horst Möller, «Die nationalsozialistische Machtergreifung: Konterrevolution oder Revolution?», *VfZ* 31 (1983), pp. 25–51; Jeremy Noakes, «Nazism and Revolution», *in* Noel O'Sullivan (org.), *Revolutionary Theory and Political Reality* (Londres, 1983), pp. 73–100; Rainer Zitelmann, *Hitler: The Policies of Seduction* (Londres, 1999 [1987]).

22 Em particular, Jacob L. Talmon, *The Origins of Totalitarian Democracy* (Londres, 1952).

23 Bracher, *Stufen,* pp. 25–26.

24 Minuth (org.), *Die Regierung Hitler,* I., p. 630.

25 *Ibid.*, p. 634.

26 TA 6 e 99, *in* Merkl, *Political Violence,* p. 469.

27 Bracher, *Stufen,* p. 48.

28 Leon Trotsky, *The History of the Russian Revolution* (3 vols., Londres, 1967 [1933-4]), III., p. 289.

29 Domarus, *Hitler,* I., p. 487.

[30] Richard Löwenthal, «Die nationalsozialistische 'Machtergreifung' – eine Revolution? Ihr Platz unter den totalitären Revolutionen unseres Jahrhunderts», *in* Martin Broszat *et al.* (org.), *Deutschlands Weg in die Diktatur* (Berlim, 1983), pp. 42–74.

Bibliografia

Abel, Theodore, *Why Hitler Came to Power* (Cambridge, Mass., 1986 [1938]).

Abrams, Lynn, *Workers' Culture in Imperial Germany: Leisure and Recreation in the Rhineland and Westphalia* (Londres, 1992).

Ackermann, Josef, *Himmler als Ideologe* (Göttingen, 1970).

——, «Heinrich Himmler: Reichsfuhrer SS», *in* Smelser e Zitelmann (org.), *The Nazi Elite,* pp. 98-112.

Adam, Peter, *Arts of the Third Reich* (Londres, 1992).

Adam, Uwe Dietrich, *Hochschule und Nationalsozialismus: Die Universität Tübingen im Dritten Reich* (Tübingen, 1977).

Adolph, Hans J. L., *Otto Wels und die Politik der deutschen Sozialdemokratie 1934-1939: Eine politische Biographie* (Berlim, 1971).

Afflerbach, Holger, *Falkenhayn: Politisches Denken und Handeln im Kaiserreich* (Munique, 1994).

Albrecht, Richard, «Symbolkampf in Deutschland 1932: Sergej Tschachotin und der "Symbolkrieg" der drei Pfeile gegen den Nationalsozialismus als Episode im Abwehrkampf der Arbeiterbewegung gegen den Faschismus in Deutschland», *Internationale Wissenschaftliche Korrespondenz zur Geschichte der deutscben Arbeiterbewegung,* 22 (1986), pp. 498-533.

Aldcroft, Derek H., *From Versailles to Wall Street 1919-1929* (Londres, 1977).

Allen, William S., *The Nazi Seizure of Power: The Experience of a Single German Town, 1922-1945* (Nova Iorque, 1984 [19651]).

Althaus, Hans-Joachim, *et al., «Da ist nirgends nichts gewesen* ausser *hier»: Das «rote Mössingen» im Generalstreik gegen Hitler. Geschichte eines schwäbischen Arbeiterdorfes* (Berlim, 1982).

Ambrosius, Lloyd E., *Wilsonian Statecraft: Theory and Practice of Liberal Internationalism during World War I* (Wilmington, Del., 1991).

Andersch, Alfred, *Der Vater eines Mörders: Eine Schulgeschichte* (Zurique, 1980).

Anderson, Margaret L., *Practicing Democracy: Elections and Political Culture in Imperial Germany* (Princeton, 2000).

Angell, Norman, *The Story of Money* (Nova Iorque, 1930).

Angermund, Ralph, *Deutsche Richterschaft 1918-1945: Krisenerfahrung, Illusion, Politische Rechtsprechung* (Frankfurt am Main, 1990).

Angress, Werner, *Stillborn Revolution: The Communist Bid for Power in Germany, 1921-1923* (Princeton, 1963).
Arendt, Hannah, *The Origins of Totalitarianism* (Nova Iorque, 1958).
Aschheim, Steven E., *Brothers and Strangers: The East European Jew in German and German Jewish Consciousness 1800-1923* (Madison, 1982).
——, *The Nietzsche Legacy in Germany 1890-1990* (Berkeley, 1992).
Auerbach, Helmuth, «Hitlers politische Lehrjahre und die Münchner Gesellschaft 1919-1923», *VfZ* 25 (1977), I-45.
Ayass, Wolfgang, «Vagrants and Beggars in Hitler's Reich», in Evans (org.), *The German Underworld,* pp. 210-237.
——, *«Asoziale» im Nationalsozialismus* (Estugarda, 1995).
Ayçoberry, Pierre, *The Nazi Question: An Essay on the Interpretations of National Socialism (1922-1975)* (Nova Iorque, 1981).

Bacharach, Walter Zwi, *Anti-Jewish Prejudices in German-Catholic Sermons* (Lewiston, Pa., 1993).
Backes, Uwe, *et al., Reichstagsbrand: Aufklärung einer historischen Legende* (Munique, 1986).
Badde, Paul, *et al.* (org.), *Das Berliner Philharmonische Orchester* (Estugarda, 1987).
Bahar, Alexander, and Kugel, Wilfried, «Der Reichstagsbrand: Neue Aktenfunde entlarven die NS-Täter», *Zeitschrift für Geschichtswissenschaft,* 43 (1995), pp. 823-832.
Bahne, Siegfried, «Die Kommunistische Partei Deutschlands», in Matthias and Morsey (org.), *Das Ende,* pp. 655-739.
Bajohr, Frank (org.), *Norddeutschland im Nationalsozialismus* (Hamburgo, 1993).
Balderston, Theo, *The Origins and Course of the German Economic Crisis, 1923--1932* (Berlim, 1993).
——, *Economics and Politics in the Weimar Republic* (Londres, 2002).
Balistier, Thomas, *Gewalt und Ordnung: Kalkül* und *Faszination der SA* (Münster, 1989).
Baranowski, Shelley, *The Sanctity of Rural Life: Nobility, Protestantism and Nazism in Weimar Prussia* (Nova Iorque, 1995).
Barbian, Jan-Pieter, *Literaturpolitik im «Dritten* Reich»: *Institutionen, Kompetenzen, Betätigungsfelder* (Frankfurt am Main, 1993).
Barkai, Avraham, *From Boycott to Annihilation: The Economic Struggle of German Jews,* 1933-1945 (Hanôver, NH, 1989).
Barth, Erwin, *Joseph Goebbels und die Formierung des Führer-Mythos 1917 bis 1934* (Erlangen, 1999).
Bartsch, Günter, *Zwischen drei Stühlen: Otto Strasser. Eine Biographie* (Coblença, 1990).
Becker, Heinrich, *et al.* (org.), *Die Universität Göttingen unter dem Nationalsozialismus: Das verdrängte Kapitel ihrer 250 jährigen Geschichte* (Munique, 1987).

Becker, Howard, *German Youth: Bond or Free?* (Nova Iorque, 1946).
Becker, Josef, «Zentrum und Ermächtigungsgesetz 1933: Dokumentation» *VfZ* 9 (1961), pp. 195-210.
——, e Becker, Ruth (org.), *Hitlers Machtergreifung: Dokumente vom Machtantritt Hitlers 30. Januar 1933 bis zur Besiegelung des Einparteienstaates 14. Juli 1933* (2.ª ed., Munique, 1992 [1983]).
Bennett, Edward W., *German Rearmament and the West, 1932-1933* (Princeton, 1979).
Benz, Wolfgang (org.), *Jüdisches Leben in der Weimarer Republik* (Tübingen, 1998).
Berg, Nicolas, *Der Holocaust und die westdeutschen Historiker: Erforschung und Erinnerung* (Colónia, 2003).
Berger, Stefan, *Social Democracy and the Working Class in Nineteenth- and Twentieth-Century Germany* (Londres, 2000).
Berghahn, Volker R., *Der Stahlhelm: Bund der Frontsoldaten 1918 -1935* (Düsseldorf, 1966).
——, *Der Tirpitz-Plan: Genesis und Verfall einer innenpolitischen Krisenstrategie unter Wilhelm II.* (Düsseldorf, 1971).
——, *Germany and the Approach of War in 1914* (Londres, 1973).
——, (ed.), *Militarismus* (Colónia, 1975).
——, *Militarism: The History of an International Debate 1861-1979* (Cambridge, 1984 [1981]).
Bergmann, Klaus, *Agrarromantik und Grossstadtfeindschaft* (Meisenheim, 1970).
«Bericht des Obersten Parteigerichts an den Ministerpräsidenten Generalfeldmarschall Goring, 13.1.1939», documento ND 3063-PS *in Der Prozess,* XXII, pp. 20-29.
Bering, Dietz, *The Stigma of Names: Antisemitism in German Daily Life, 1812--1933* (Cambridge, 1992 [1987]).
Berliner Börsen-Zeitung 1933.
Berliner Illustrierte Nachtausgabe 1933.
Berliner Lokal Anzeiger 1933.
Berliner Morgenpost 1923.
Berliner Tageblatt 1930.
Bernard, Birgit, «"Gleichschaltung" im Westdeutschen Rundfunk 1933/34», *in* Dieter Breuer e Gertrude CeplKaufmann (eds.), *Moderne und Nationalsozialismus im Rheinland* (Paderborn, 1997), pp. 301-310.
Bessel, Richard, «The Potempa Murder», *Central European History,* 10 (1977), pp. 241-254.
——, «The Rise of the NSDAP and the Myth of Nazi Propaganda», *Wiener Library Bulletin,* 33 (1980), pp. 20-29.
——, *Political Violence and the Rise of Nazism: The Storm Troopers in Eastern Germany 1925-1934* (Londres, 1984).
——, «Violence as Propaganda: The Role of the Storm Troopers in the Rise of National Socialism», *in* Thomas Childers (org.), *The Formation of the Nazi Constituency, 1919-1933* (Londres, 1986), pp. 131-146.

——, «Why did the Weimar Republic Collapse?», *in* Kershaw (org.), *Weimar*, pp. 120-134.

——, «1933: A Failed CounterRevolution», *in* Edgar E. Rice (org.), *Revolution and Counter-Revolution* (Oxford, 1991), pp. 109-227.

——, «Militarisierung und Modernisierung: Polizeiliches Handeln in der Weimarer Republik», *in* Alf Lüdtke (org.), *'Sicherbeit' und 'Wohlfahrt': Polizei, Gesellschaft und Herrschaft im 19. und 20. Jahrhundert* (Frankfurt am Main, 1992), pp. 323-343.

——, *Germany after the First World War* (Oxford, 1993).

Beyer, Hans, *Von der Novemberrevolution zur Räterepublik in München* (Berlim, 1957).

Beyerchen, Alan D., *Scientists under Hitler: Politics and the Physics Community in the Third Reich* (New Haven, 1977).

Biesemann, Jörg, *Das Ermächtigungsgesetz als Grundlage der Gesetzgebung im nationalsozialistischen Deutschland: Ein Beitrag zur Stellung des Gesetzes in der Verfassungsgeschichte 1919-1945* (Münster, 1992 [1985]).

Binding, Karl e Hoche, Alfred, *Die Freigabe der Vernichtung lebensunwerten Lebens: Ihr Mass und ihre Form* (Leipzig, 1920).

Binion, Rudolph, *Frau Lou: Nietzsche's Wayward Disciple* (Princeton, 1968).

Birkenfeld, Werner, «Der Rufmord am Reichsprasidenten: Zu Grenzformen des politischen Kampfes gegen die frühe Weimarer Republik 1919-1925», *Archiv für Sozialgeschichte,* 15 (1965), pp. 453-500.

Blackbourn, David, «Roman Catholics, the Centre Party and Anti-Semitism in Imperial Germany», *in* Paul Kennedy e Anthony Nicholls (org.), *Nationalist and Racialist Movements in Britain and Germany before 1914* (Londres, 1981), pp. 106-129.

——, *Populists and Patricians: Essays in Modern German History* (Londres, 1987).

——, *Marpingen: Apparitions of the Virgin Mary in Bismarckian Germany* (Oxford, 1993).

——, *The Fontana History of Germany 1780-1918: The Long Nineteenth Century* (Londres, 1997).

——, e Eley, Geoff, *The Peculiarities of German History: Bourgeois Society and Politics in Nineteenth-Century Germany* (Oxford, 1984).

——, e Evans, Richard J. (org.), *The German Bourgeoisie: Essays on the Social History of the German Middle Class from the Late Eighteenth to the Early Twentieth Century* (Londres, 1991).

Blaich, Fritz, *Die Wirtschaftskrise 1925/26 und die Reichsregierung: Von der Erwerbslosenfürsorge zur Konjunkturpolitik* (Kallmünz, 1977).

——, *Der scbwarze Freitag: Inflation und Wirtschaftskrise* (Munique, 1985).

Blaschke, Olaf, *Katholizismus und Antisemitismus im Deutschen Kaiserreich* (Göttingen, 1997).

——, (org.), *Konfessionen im Konflikt: Deutschland zwischen 1800 und 1970; Ein zweites konfessionelles Zeitalter* (Göttingen, 2002).

——, e Mattioli, Aram (org.), *Katholischer Antisemitismus im 19. Jahrhundert: Ursachen und Traditionen* im *internationalen Vergleich* (Zurique, 2000).

Bley, Helmut, *Namibia under German Rule* (Hamburgo, 1996 [1968]).

Blinkhorn, Martin, *Fascists and Conservatives: The Radical Right and the Establishment in Twentieth-Century Europe* (Londres, 1990).

——, *Fascism and the Right in Europe 1919-1945* (Londres, 2000).

Boak, Helen L., «"Our Last Hope": Women's Votes for Hitler – A Reappraisal», *German Studies Review,* 12 (1989), pp. 289-310.

Boemeke, Manfred F., *et al.* (org.), *The Treaty of Versailles: A Reassessment after 75 Years* (Washington, DC, 1998).

Bohrmann, Hans (org.), *Politische Plakate* (Dortmund, 1984).

Boldt, Harald, «Der Artikel 48 der Weimarer Reichsverfassung: Sein historischer Hintergrund und seine politische Funktion», *in* Michael Stürmer (org.), *Die Weimarer Republik: Belagerte Civitas* (Königstein im Taunus, 1980), pp. 288-309.

Bollmus, Reinhard, «Alfred Rosenberg: National Socialism's "Chief Ideologue"», *in* Smelser e Zitelman (org.), *The Nazi Elite,* 183-193.

Booms, Hans, «Die Deutsche Volkspartei», in Matthias and Morsey (org.), *Das Ende,* pp. 521-539.

Borchardt, Knut, «Zwangslagen und Handlungsspielräume in der grossen Wirtschaftskrise der frühen dreissiger Jahre: Zur Revision des überlieferten Geschichtsbildes», *in* idem, *Wachstum, Krisen, Handlungsspielräume der Wirtschaftspolitik* (Göttingen, 1982), pp. 165-182.

——, *Perspectives on Modern German Economic History and Policy* (Cambridge, 1991).

Born, Karl Erich, *Staat und Sozialpolitik seit Bismarcks Sturz 1890-1914: Ein Beitrag zur Geschichte der innenpolitischen Entwicklung des deutschen Reiches 1890-1914* (Wiesbaden, 1957).

Born, Max (org.), *The Born-Einstein Letters: Correspondence between Albert Einstein and Max and Hedwig Born from 1916 to 1955* (Londres, 1971).

Bosworth, Richard J. B., *Mussolini* (Londres, 2002).

Böttger, Marcus, *Der Hochverrat in der höchstrichterlichen Rechtsprechung der Weimarer Republik: Ein Fall politischer Instrumentalisierung von Strafgesetzen?* (Frankfurt am Main, 1998).

Bowlby, Chris, «Blutmai 1929: Police, Parties and Proletarians in a Berlin Confrontation», *Historical Journal,* 29 (1986), 137-158.

Boyer, John W., *Political Radicalism in Late Imperial Vienna: Origins of the Christian Social Movement, 1848-1897* (Chicago, 1981).

Bracher, Karl Dietrich, *Die Auflosung der Weimarer Republik: Eine Studie zum Problem des Machtverfalls in der Demokratie* (3.ª ed., Villingen, 1960 [1955]).

——, *The German Dictatorship: The Origins, Structure, and Consequences of National Socialism* (Nova Iorque, 1970 [1969]).

——, «Brünings unpolitische Politik und die Auflösung der Weimarer Republik», *VfZ* 19 (1971), 113-123.

——, *Die totalitäre Erfahrung* (Munique, 1987).

——, *et al., Die nationalsozialistische Machtergreifung: Studien zur Errichtung des totalitären Herrschaftssystems in Deutschland 1933/34* (Frankfurt am Main, 1974 [1960]), I: *Stufen der Machtergreifung* (Bracher), II: *Die Anfänge des totalitären Massnahmestaates* (Schulz); III: *Die Mobilmachung der Gewalt* (Sauer).

Brady, Robert, *The Rationalization Movement in Germany: A Study in the Evolution of Economic Planning* (Berkeley, 1933).

Brandenburg, Hans-Christian, *Die Geschichte der HJ. Wege und Irrwege einer Generation* (Colónia, 1968).

Brandt, Willy, *Erinnerungen* (Frankfurt am Main, 1989).

Brecht, Arnold, «Gedanken über Brünings Memoiren», *Politische Vierteljahresschrift,* 12 (1971), pp. 607-640.

Bredel, Willi, *Ernst Thälmann: Beitrag zu einem politischen Lebensbild* (Berlim, 1948).

Brendon, Piers, *The Dark Valley: A Panorama of the 1930s* (Londres, 2000).

Brenner, Arthur *D., Emil J. Gumbel: Weimar German Pacifist and Professor* (Boston, 2001).

Brenner, Hildegard, *Die Kunstpolitik des Nationalsozialismus* (Hamburgo, 1963).

Bresciani-Turroni, Constantino, *The Economics of Inflation; A Study of Currency Depreciation in Post-War Germany* (Londres, 1937).

Breuer, Stefan, *Ordnung der Ungleichheit—die deutsche Rechte im Widerstreit ihrer Ideen 1871-1945* (Darmstadt, 2001).

Bridenthal, Renate, e Koonz, Claudia, «Beyond *Kinder, Küche, Kirche:* Weimar Women in Politics and Work», *in* Renate Bridenthal *et al.* (org.), *When Biology Became Destiny: Women in Weimar and Nazi Germany* (Nova Iorque, 1984), pp. 33-65.

Brinkmann, Reinhold, and Wolff, Christoph (org.), *Driven into Paradise: The Musical Migration from Germany to the United States* (Berkeley, 1999).

Broszat, Martin, «Die Anfänge der Berliner NSDAP 1926/27», *VfZ* 8 (1960), pp. 85-118.

——, «The Concentration Camps 1933-1945», *in* Helmut Krausnick *et al., Anatomy of the SS State* (Londres, 1968 [1965]), pp. 397-496.

——, *Der Staat Hitlers: Grundlegung und Entwicklung seiner inneren Verfassung* (Munique, 1969).

——, «Betrachtungen zu "Hitlers Zweitem Buch"», *VfZ* 9 (1981), pp. 417-429.

——, *Hitler and the Collapse of Weimar Germany* (Oxford, 1987 [1984]).

——, *et al.,* (org.), *Bayern in der NS-Zeit* (6 vols., Munique, 1977-83).

Browder, George C., *Hitler's Enforcers: The Gestapo and the SS Security Service in the Nazi Revolution* (Nova Iorque, 1996).

Brown, Brendan, *Monetary Chaos in Europe: The End of an Era* (Londres, 1988).

Brügel, Johann Wilhelm, and Frei, Norbert (org.), «Berliner Tagebuch, 1932-1934: Aufzeichnungen des tschechoslowakischen Diplomaten Camill Hoffmann», *VfZ* 36 (1988), pp. 131-183.

Brüning, Heinrich, *Memoiren 1918-1934* (org. Claire Nix e Theoderich Kampmann, Estugarda, 1970).

Brustein, William, *The Logic of Evil: The Social Origins of the Nazi Party, 1925--1933* (New Haven, 1996).

Bucher, Peter, *Der Reichswehrprozess: Der Hochverrat der Ulmer Reichswehroffiziere 1929-30* (Boppard, 1967).

Buchheim, Hans, «The SS - Instrument of Domination», in Helmut Krausnick *et al., Anatomy of the SS State* (Londres, 1968 [1965]), pp. 127-203.

Buchwitz, Otto, *50 Jahre Funktionär der deutschen Arbeiterbewegung* (Estugarda, 1949).

Buder, Johannes, *Die Reorganisation der preussischen Polizei* 1918/1923 (Frankfurt am Main, 1986).

Bullivant, Keith, «Thomas Mann and Politics in the Weimar Republic», *in idem* (org.), *Culture and Society in the Weimar Republic* (Manchester, 1977), pp. 24-38.

Bullock, Alan, *Hitler: A Study in Tyranny* (Londres, 1953).

Burkert, Hans-Norbert, *et al., «Machtergreifung» Berlin 1933: Stätten der Geschichte Berlins in Zusammenarbeit mit dem Pädagogischen Zentrum Berlin* (Berlim, 1982).

Burkhardt, Bernd, *Eine Stadt wird braun: Die nationalsozialistische Machtergreifung in der Provinz. Eine Fallstudie* (Hamburgo, 1980).

Burleigh, Michael, *Death and Deliverance: «Euthanasia», in Germany 1900--1945* (Cambridge, 1994).

——, *The Third Reich: A New History* (Londres, 2000).

——, e Wippermann, Wolfgang, *The Racial State: Germany 1933-1945* (Cambridge, 1991).

Busch, Fritz, *Aus dem Leben eines Musikers* (Zurique, 1949).

Busch, Günter, *Max Liebermann: Maler, Zeichner, Graphiker* (Frankfurt am Main, 1986).

Büsch, Otto, *Militärsystem und Sozialleben im alten Preussen 1713-1807: Die Anfänge der sozialen Militarisierung der preussischdeutschen Gesellschaft* (Berlim, 1962).

Butler, Rohan d'Olier, *The Roots of National Socialism 1783-1933* (Londres, 1941).

Caplan, Jane, *Government without Administration: State and Civil Service in Weimar and Nazi Germany* (Oxford, 1988).

——, «The Historiography of National Socialism», in Michael Bentley (org.), *Companion to Historiography* (Londres, 1997), pp. 545-590.

Carsten, Francis L., *The Reichswehr and Politics* 1918-1933 (Oxford, 1966).

——, *Revolution in Central Europe 1918-1919* (Londres, 1972).

——, *Fascist Movements in Austria: From Schönerer* to Hitler (Londres, 1977).

——, *August Bebel und die Organisation der Massen* (Berlim, 1991).

Cecil, Hugh, e Liddle, Peter (org.), *At the Eleventh Hour: Reflections, Hopes and Anxieties at the Closing of the Great War, 1918* (Barnsley, 1998).

Cecil, Robert, *The Myth of the Master Race: Alfred Rosenberg and Nazi Ideology* (Londres, 1972).

Chamberlain, Houston Stewart, *Die Grundlagen des XIX. Jahrhunderts* (2 vols., Munique, 1899).

Chickering, Roger, *Imperial Germany and a World without War: The Peace Movement and German Society, 1892-1914* (Princeton, 1975).

——, *We Men Who Feel Most German: A Cultural Study of the Pan-German League 1886-1914* (Londres, 1984).

——, *Imperial Germany and the Great War, 1914-1918* (Cambridge, 1998).

Childers, Thomas, *The Nazi Voter: The Social Foundations of Fascism in Germany, 1919-1933* (Chapel Hill, NC, 1981).

Clark, Christopher, *Kaiser Wilhelm II* (Londres, 2000).

Clavin, Patricia, *The Great Depression in Europe, 1929-1939* (Londres, 2000).

Coetzee, Marilyn S., *The German Army League: Popular Nationalism in Wilhelmine Germany* (Nova Iorque, 1990).

Cohen, Deborah, *The War Come Home: Disabled Veterans in Britain and Germany, 1914-1918* (Berkeley, 2001).

Cohn, Norman, *Warrant for Genocide: The Myth of the Jewish World Conspiracy and the Protocols of the Elders of Zion* (Londres, 1967).

Comité des Delegations Juives (org.), *Das Schwarzbuch: Tatsachen und Dokumente. Die Lage der Juden in Deutschland 1933* (Paris, 1934).

Conze, Werner, review of the first edition of Bracher, *Die Auflösung der Weimarer Republik, in Historische Zeitschrift,* 183 (1957), 378-382.

Cornelissen, Christoph, *Gerhard Ritter: Geschichtswissenschaft und Politik im 20. Jahrhundert* (Düsseldorf, 2001).

Corni, Gustavo, «Richard Walther Darré: The Blood and Soil Ideologue», *in* Smelser e Zitelmann (org.), *The Nazi Elite,* pp. 18-27.

Cornwell, John, *Hitler's Pope: The Secret History of Pius XII* (Londres, 1999).

Cossé, Peter, «Die Geschichte», *in* Badde *et al.* (org.), *Das Berliner Philharmonische Orchester,* pp. 10-17.

Craig, Gordon A., «Briefe Schleichers an Groener», *Die Welt als Geschichte,* 11 (1951), pp. 122-133.

——, *The Politics of the Prussian Army 1640-1945* (Nova Iorque, 1964 [1955]).

Crew, David F., *Germans on Welfare: From Weimar to Hitler* (Nova Iorque, 1998).

Crook, Paul, *Darwinism, War and History: The Debate over the Biology of War from the 'Origin of Species' to the First World War* (Cambridge, 1994).

Czarnowski, Gabriele, *Das kontrollierte Paar: Ehe- und Sexualpolitik im Nationalsozialismus* (Weinheim, 1991).

Daim, Wilfried, *Der Mann, der Hitler die Ideen gab: Die sektiererischen Grundlagen des Nationalsozialismus* (Viena, 1985 [1958]).

Danner, Lothar, *Ordnungspolizei Hamburg: Betrachtungen zu ihrer Geschichte 1918-1933* (Hamburgo, 1958).

Dapper, Beate, e Rouette, Hans-Peter, «Zum Ermittelungsverfahren gegen Leipart und Genossen wegen Untreue vom 9. Mai 1933», *Internationale Wissenschaftliche Korrespondenz zur Geschichte der deutschen Arbeiterbewegung,* 20 (1984), pp. 509-535.

Dedering, Tilman, «"A Certain Rigorous Treatment of all Parts of the Nation": The Annihilation of the Herero in German Southwest Africa 1904», *in* Mark Levene e Penny Roberts (org.), *The Massacre in History* (Nova Iorque, 1999), pp. 205-222.

Dehio, Ludwig, *Germany and World Politics* (Londres, 1959 [1955]).

Deichmann, Ute, *Biologists under Hitler* (Cambridge, Mass., 1996 [1992.]).

Deist, Wilhelm, *Flottenpolitik und Flottenpropaganda: Das Nachrichtenbüro des Reichsmarineamts 1897-1914* (Estugarda, 1976).

——, «Censorship and Propaganda in Germany during the First World War», *in* Jean-Jacques Becker e Stéphane Audoin-Rouzeau (org.), *Les Sociétés européennes et la guerre de 1914-1918* (Paris, 1990), pp. 199-210.

——, «The Military Collapse of the German Empire: The Reality Behind the Stab-in-the-Back Myth», *War in History,* 3 (1996), pp. 186-207.

Demeter, Karl, *Das deutsche Offizierkorps in Gesellschaft und Staat 1650-1945* (Frankfurt am Main, 1962).

Deuerlein, Ernst, «Hitlers Eintritt in die Politik und die Reichswehr», *VfZ* 7 (1959), pp. 203-205.

——, (org.), *Der Hitler-Putsch: Bayerische Dokumente zum 8./9. November 1923* (Estugarda, 1962).

——, (org.), *Der Aufstieg der NSDAP in Augenzeugenberichten* (Munique, 1974).

Deutsche Allgemeine Zeitung 1933.

Deutsche Zeitung 1933.

Diehl, James M., *Paramilitary Politics in Weimar Germany* (Bloomington, Ind., 1977).

Diels, Rudolf, *Lucifer ante Portas: Es spricht der erste Chef der Gestapo* (Estugarda, 1950).

Dijkstra, Bram, *Idols of Perversity: Fantasies of Female Evil in Fin-de-Siècle Culture* (Nova Iorque, 1986).

Diller, Ansgar, *Rundfunkpolitik im Dritten Reich* (Munique, 1980).

Distl, Dieter, *Ernst Toller: Eine politische Biographie* (Schrobenhausen, 1993).

Domarus, Max (org.), *Hitler: Speeches and Proclamations 1932-1945: The Chronicle of a Dictatorship* (4 vols., Londres, 1990 [1962-1963]).

Dorpalen, Andreas, *Hindenburg and the Weimar Republic* (Princeton, 1964).

——, *German History in Marxist Perspective: The East German Approach* (Detroit, 1988).

Dowe, Dieter, and Witt, Peter-Christian, *Fredrich Ebert* 1871-1925: *Vom Arbeiterführer zum Reichspräsidenten* (Bona, 1987).

Drewniak, Boguslav, *Das Theater im NS-Staat: Szenarium deutscher Zeitgeschichte* 1933-1945 (Düsseldorf, 1983).

Duhnke, Horst, *Die KPD von 1933 bis 1945* (Colónia, 1972).

——, *Die KPD und das Ende von Weimar: Das Scheitern einer Politik 1932-1935* (Frankfurt am Main, 1976).

Dülffer, Jost, *Nazi Germany 1933-1945: Faith and Annihilation* (Londres, 1996 [1992]).

Düsterberg, Theodor, *Der Stahlhelm und Hitler* (Wolfenbüttel, 1949).

Ebeling, Frank, *Geopolitik: Karl Haushofer und seine Raumwissenschaft 1919-1945* (Berlim, 1994).

Ebert, Friedrich, *Schriften, Aufzeichnungen, Reden* (2 vols., Dresden, 1936).

Ehni, Hans-Peter, *Bollwerk Preussen?Preussen-Regierung, Reich-Länder Problem und Sozialdemokratie 1928-1932* (Bona, 1975).

Ehrt, Adolf, *Bewaffneter Aufstand! Enthüllungen über den kommunistischen Umsturzversuch am Vorabend der nationalen Revolution* (Berlim, 1933).

Eichengreen, Barry, *Golden Fetters: The Gold Standard and the Great Depression, 1919-1939* (Oxford, 1992).

Eisner, Freya, *Kurt Eisner: Die Politik der libertären Sozialismus* (Frankfurt am Main, 1979).

Eksteins, Modris, *The Limits of Reason: The German Democratic Press and the Collapse of Weimar Democracy* (Oxford, 1975).

Eley, Geoff, *Reshaping the German Right: Radical Nationalism and Political Change after Bismarck* (Londres, 1980).

——, *From Unification to Nazism: Reinterpreting the German Past* (Londres, 1986).

Elfferding, Wieland, «Von der proletarischen Masse zum Kriegsvolk: Masseneaufmarsch und Öffentlichkeit im deutschen Faschismus am Beispiel des I. Mai 1933», *in* Neue Gesellschaft für bildende Kunst (org.), *Inszenierung der Macht: Ästhetische Faszination im Faschismus* (Berlim, 1987), pp. 17-50.

Eliasberg, George, *Der Ruhrkrieg von 1920* (Bona, 1974).

Engelberg, Ernst, *Bismarck* (2 vols., Berlim, 1985 e 1990).

Epstein, Klaus, recensão de William L. Shirer, *The Rise and Fall of the Third Reich,* in *Review of Politics,* 23 (1961), pp. 130-145.

Erdmann, Karl Dietrich, e Schulze, Hagen (org.), *Weimar: Selbstpreisgabe einer-Demokratie. Eine Bilanz heute* (Düsseldorf, 1980).

Erger, Johannes, *Der Kapp-LüttwitzPutsch: Ein Beitrag* zur *deutschen Innenpolitik 1919/20* (Düsseldorf, 1967).

Eschenburg, Theodor, «Franz von Papen», *VfZ* I (1953), pp. 153-169.

——, «Die Rolle der Persönlichkeit in der Krise der Weimarer Republik: Hindenburg, Brüning, Groener, Schleicher», *VfZ* 9 (1961), pp. 1-29.

——, *Die improvisierte Demokratie* (Munique, 1963).

Eschenhagen, Wieland (org.), Die *«Machtergreifung»: Tagebuch einer Wende nach Presseberichten vom I. Januar bis 6. März 1933* (Darmstadt, 1982).

Evans, Richard J., «German Women and the Triumph of Hitler», *Journal of Modern History,* 48 (1976), pp. 123-175.

——, *The Feminist Movement in Germany 1894-1933* (Londres, 1976).

——, (org.), *Society and Politics in Wilhelmine Germany* (Londres, 1978).
——, *Death in Hamburg: Society and Politics in the Cholera Years 1830-1910* (Oxford, 1987).
——, *Rethinking German History: Nineteenth-Century Germany and the Origins of the Third Reich* (Londres, 1987).
——, (org.), *The German Underworld: Deviants and Outcasts in German History* (Londres, 1988).
——, *In Hitler's Shadow: West German Historians and the Attempt to Escape from the Nazi Past* (Nova Iorque, 1989).
——, (org.), *Kneipengespräche im Kaiserreich: Die Stimmungsberichte der Hamburger Politischen Polizei 1892-1914* (Reinbek, 1989).
——, *Rituals of Retribution: Capital Punishment in Germany 1600-1987* (Oxford, 1996).
——, recensão de Maria Tatar, *Lustmord: Sexual Murder in Weimar Germany* (Princeton, 1995), *in German History,* 14 (1996), pp. 414-415.
——, *Rereading German History: From Unification to Reunification 1800-1996* (Londres, 1997).
——, *Tales from the German Underworld: Crime and Punishment in the Ninteenth Century* (Londres, 1998).
——, «Hans von Hentig and the Politics of German Criminology», *in* Angelika Ebbinghaus e Karl Heinz Roth (org.), *Grenzgänge: Deutsche Geschichte des* 20. *Jahrhunderts im Spiegel von Publizistik, Rechtsprechung und historischer Forschung* (Lüneburg, 1999), pp. 238-264.
——, *Telling Lies About Hitler: The Holocaust, History, and the David Irving Trial* (Londres, 2002).
——, «History, Memory, and the Law: The Historian as Expert Witness», *History and Theory,* 41 (2002), pp. 277-296.
——, «Telling It Like It Wasn't», BBC *History Magazine,* 3 (2002), n.º 12, pp. 22-25.
——, e Geary, Dick (org.), *The German Unemployed: Experiences and Consequences of Mass Unemployment from the Weimar Republic to the Third Reich* (Londres, 1987).
Eyck, Erich, *A History of the Weimar Republic* (2 vols., Cambridge, 1962-1964 [1953-6]).

Faesi, Robert (org.), *Thomas Mann - Robert Faesi: Briefwechsel* (Zurique, 1962).
Falter, Jürgen W., «Die Wähler der NSDAP 1928-1933: Sozialstruktur und parteipolitische Herkunft», *in* Wolfgang Michalka (org.), *Die nationalsozialistische Machtergreifung* (Paderborn, 1984), pp. 47-59.
——, *et al., Wahlen und Abstimmungen in der Weimarer Republik: Materialien zum Wahlverhalten* 1919-1933 (Munique, 1986).
——, *Hitlers Wähler* (Munique, 1991).
——, «How Likely were Workers to Vote for the NSDAP?», *in* Conan Fischer (org.), *The Rise of National Socialism and the Working Classes in Weimar Germany* (Oxford, 1996), pp. 9-45.

——, «"Die Märzgefallenen" von 1933: Neue Forschungsergebnisse zum sozialen Wandel innerhalb der NSDAPMitgliedschaft während der Machtergreifungsphase», *Geschichte und Gesellschaft,* 24 (1998), pp. 595-616.

Fandel, Thomas, «Konfessionalismus und Nationalsozialismus», *in* Blaschke (org.), *Konfessionen,* pp. 299-334.

Farquharson, John E., *The Plough and the Swastika: The NSDAP and Agriculture in Germany, 1928-1945* (Londres, 1976).

Farr, Ian, «Populism in the Countryside: The Peasant Leagues in Bavaria in the 1890s», *in* Evans (org.), *Society and Politics,* pp. 136-159.

Fattmann, Rainer, *Bildungsbürger in der Defensive: Die akademische Beamtenschaft und der «Reichsbund der höheren Beamten» in der Weimarer Republik* (Göttingen, 2001).

Faust, Anselm, *Der Nationalsozialistische Deutsche Studentenbund: Studenten und Nationalsozialismus in der Weimarer Republik* (Düsseldorf, 1973).

——, «Die Hochschulen und der "undeutsche Geist": Die Bucherverbrennung am 10. Mai 1933 und ihr Vorgeschichte», *in* Horst Denkler e Eberhard Lämmert (org.), *«Das war ein Vorspiel nur...»: Berliner Kolloquium zur Literaturpolitik im «Dritten Reich»* (Berlim, 1985), pp. 31-50.

Feder, Gottfried, *Das Programm der NSDAP und seine weltanschaulichen Grundgedanken* (Munique, 1934).

Feinstein, Charles H., *et al., The European Economy between the Wars* (Oxford, 1997).

Feldman, Gerald D., *Army, Industry and Labor in Germany,* 1914-1918 (Princeton, 1966).

——, «The Origins of the Stinnes-Legien Agreement: A Documentation», *Internationale Wissenschaftliche Korrespondenz zur Geschichte der deutschen Arbeiterbewegung,* 19/20 (1973), pp. 45-104.

——, (org.), *Die Nachwirkungen der Inflation auf die deutsche Geschichte 1924-1933* (Munique, 1985).

——, *The Great Disorder: Politics, Economic, and Society in the German Inflation,* 1914-1924 (Nova Iorque, 1993).

——, «Right-Wing Politics and the Film Industry: Emil Georg Strauss, Alfred Hugenberg, and the UFA, 1917-1933», *in* Christian Jansen *et al.* (org.), *Von der Aufgabe der Freiheit: Politische Verantwortung und bürgerliche Gesellschaft im 19. und 20. Jahrhundert: Festschrift für Hans Mommsen zum 5. November 1995* (Berlim, 1995), pp. 219-230.

——, *Hugo Stinnes: Biographie eines Industriellen 1870-1924* (Munique, 1998).

Fenske, Hans, «Monarchisches Beamtentum und demokratischer Rechtsstaat: Zum Problem der Bürokratie in der Weimarer Republik», *in Demokratie und Verwaltung: 25 Jahre Hochschule für Verwaltung Speyer* (Berlim, 1972), pp. 117-136.

Ferguson, Niall, *Paper and Iron: Hamburg Business and German Politics in the Era of Inflation, 1897-1927* (Oxford, 1995).

——, *The World's Banker: The History of the House of Rothschild* (Londres, 1998).

Fest, Joachim C., *The Face of the Third Reich* (Londres, 1979 [1970]).
——, «Joseph Goebbels: Eine Porträtskizze», *VfZ* 43 (1995), pp. 565-580.
Feuchtwanger, Edgar, *Bismarck* (Londres, 2002).
Fieberg, Gerhard (org.), *Im Namen des deutschen Volkes: Justiz und Nationalsozialismus* (Colónia, 1989).
Field, Geoffrey G., *Evangelist of Race: The Germanic Vision of Houston Stewart Chamberlain* (Nova Iorque, 1981).
Figes, Orlando, *A People's Tragedy: The Russian Revolution 1891-1924* (Londres, 1996).
Fischer, Conan, «Ernst Julius Röhm: Chief of Staff of the SA and Indispensable Outsider», *in* Smelser e Zitelmann (org.), *The Nazi Elite*, pp. 173-182.
——, *The Ruhr Crisis 1923-1924* (Oxford, 2003).
Fischer, Fritz, *Germany's Aims in the First World War* (Londres, 1967 [1961]).
——, *War of Illusions: German Politics from 1911 to 1914* (Londres, 1975 [1969]).
Fischer, Klaus, «Der quantitative Beitrag der nach 1933 emigrierten Naturwissenschaftler zur deutschsprachigen physikalischen Forschung», *Berichte zur Wissenschaftsgeschichte*, II (1988), pp. 83-104.
Flemming, Jens, *Landwirtschaftliche Interessen und Demokratie: Ländliche Gesellschaft, Agrarverbände und Staat 1890-1925* (Bona, 1978).
Fout, John C., «Sexual Politics in Wilhelmine Germany: The Male Gender Crisis, Moral Purity, and Homophobia», *Journal of the History of Sexuality*, 2 (1992), pp. 388-421.
Fowkes, Ben, *Communism in Germany under the Weimar Republic* (Londres, 1984).
Fraenkel, Ernst, *The Dual State* (Nova Iorque, 1941).
Frank, Hans, *Im Angesicht des Galgens: Deutung Hitlers und seiner Zeit auf Grund eigener Erlebnisse und Erkenntnisse* (2.ª ed., Neuhaus, 1955 [1953]).
Franz-Willing, Georg, *Ursprung der Hitlerbewegung 1919-1922* (Preussisch Olendorf, 1974 [1962]).
——, *Krisenjahr der Hitlerbewegung 1923* (Preussisch Oldendorf, 1975).
——, *Putsch und Verbotszeit der Hitlerbewegung November 1923-Februar 1925* (Preussisch Olendorf, 1977).
Frehse, Michael, *Ermächtigungsgesetzgebung im Deutschen Reich 1914-1933* (Pfaffenweiter, 1985).
Frei, Norbert, «"Machtergreifung": Anmerkungen zu einem historischen Begriff», *VfZ* 31 (1983), pp. 136-145.
——, *National Socialist Rule in Germany: The Führer State 1933-1945* (Oxford, 1993 [1987]).
——, *Der Führerstaat: Nationalsozialistische Herrschaft 1933 bis 1945* (Munique, 2001 [1987]).
Freitag, Werner, «Nationale Mythen und kirchliches Heil: Der "Tag von Potsdam"», *Westfälische Forschungen*, 41 (1991), pp. 379-430.
Frevert, Ute, «Bourgeois Honour: Middle-Class Duellists in Germany from the Late Eighteenth to the Early Twentieth Century», *in* Blackbourn and Evans (org.), *The German Bourgeoisie*, pp. 255-292.

——, *Ehrenmänner: Das Duell in der bürgerlichen Gesellschaft* (Munique, 1991).

——, *Die kasernierte Nation: Militärdienst und Zivilgesellschaft in Deutschland* (Munique, 2001).

Fricke, Dieter, *Kleine Geschichte des Ersten Mai: Die Maifeier in der deutschen und internationalen Arbeiterbewegung* (Berlim, 1980).

Friedlander, Henry, *The Origins of Nazi Genocide: From Euthanasia to the Final Solution* (Chapel Hill, NC, 1995).

Friedlander, Saul, «Die politischen Veränderungen der Kriegszeit und ihre Auswirkungen auf die Judenfrage», *in* Werner E. Mosse (org.), *Deutsches Judentum in Krieg und Revolution 1916-1923* (Tübingen, 1971), pp. 27-63.

——, *Nazi Germany and the Jews: The Years of Persecution 1933-1939* (Londres, 1997).

Friedrich, Carl J., e Brzezinski, Zbigniew K., *Totalitarian Dictatorship and Autocracy* (Nova Iorque, 1963).

Friedrichs, Axel (org.), *Die nationalsozialistische Revolution* 1933 (Dokumente der deutschen Politik, I, Berlim, 1933).

Fritzsche, Peter, *Germans into Nazis* (Cambridge, Mass., 1998).

Fröhlich, Elke, «Joseph Goebbels und sein Tagebuch: Zu den handschriftlichen Aufzeichnungen von 1924 bis 1941», *VfZ* 35 (1987), pp. 489-522.

——, (org.), *Die Tagebücher von Joseph Goebbels: Sämtliche Fragmente.* part I: *Aufzeichnungen* 1924-1941 (Munique, 1987).

——, «Joseph Goebbelsi The Propagandist», in Smelser and Zitelmann (org.), *The Nazi Elite,* pp. 48-61.

Fulda, Bernhard, «Press and Politics in Berlin, 1924-1930» (dissertação de doutoramento, Universidade de Cambridge, 2003).

——, «Horst Wessel: Media, Myth and Memory» (comunicação não publicada para o Research Seminar in Modern European History, Universidade de Cambridge, novembro de 2003).

Gadberry, Glen W. (org.), *Theatre in the Third Reich, the Prewar Years: Essays on Theatre in Nazi Germany* (Westport, Conn., 1995).

Gall, Lothar, *Bismarck: The White Revolutionary* (2 vols., Londres, 1986 [1980]).

——, *Bürgertum in Deutschland* (Berlim, 1989).

Galos, Adam, *et al., Die Hakatisten: Der Deutsche Ostmarkenverein 1894-1934* (Berlim, 1966).

Gay, Peter, *Weimar Culture: The Outsider as Insider* (Londres, 1969).

Geary, Dick, «Unemployment and Working-Class Solidarity: The German Experience 1929-33», *in* Evans e Geary (org.), *The German Unemployed,* pp. 261-280.

——, «Employers, Workers, and the Collapse of the Weimar Republic», *in* Kershaw (org.), *Weimar,* pp. 92-119.

——, «Nazis and Workers before 1933», *Australian Journal of Politics and History,* 48 (2002), pp. 40-51.

Gebhardt, Manfred, *Max Hoelz: Wege und Irrwege eines Revolutionärs* (Berlim, 1983).

Geiss, Imanuel (org.), *July 1914: The Outbreak of the First World War. Selected Documents* (Londres, *1967* [1965]).

——, «Kritischer Rückblick auf Friedrich Meinecke», in idem, *Studien über Geschichte und Geschichtswissenschaft* (Frankfurt am Main, 1972), pp. 89-107.

Gellately, Robert, *The Politics of Economic Despair: Shopkeepers and German Politics, 1890-1914* (Londres, 1974).

——, The *Gestapo and German Society: Enforcing Racial Policy 1933-1945* (Oxford, 1990).

——, e Stoltzfus, Nathan (org.), *Social Outsiders in Nazi Germany* (Princeton, 2001).

Genschel, Helmut, *Die Verdrängung der Juden aus der Wirtschaft im Dritten Reich* (Berlim, 1966).

Gerlach, Hellmuth von, *Von rechts nach links* (Hildesheim, 1978 [1937]).

Gessner, Dieter, *Agrarverbände in der Weimarer Republik: Wirtschaftliche und soziale Voraussetzungen agrarkonservativer Politik vor 1933* (Düsseldorf, 1976).

——, *Agrardepression und Präsidialregierungen in Deutschland 1930-1933: Probleme des Agrarkapitalismus am Ende der Weimarer Republik* (Düsseldorf, 1977).

Geyer, Martin, *Verkehrte Welt: Revolution, Inflation, und Moderne. München 1914-1924* (Göttingen, 1998).

Geyer, Michael, «Die Geschichte des deutschen Militärs von 1860-1956: Ein Bericht über die Forschungslage (1945-1975)», *in* Hans-Ulrich Wehler (org.), *Die moderne deutsche Geschichte in der internationalen Forschung 1945-1975* (Göttingen, 1978), pp. 256-286.

——, *Aufrüstung* oder *Sicherheit: Reichswehr* in der *Krise* der *Machtpolitik, 1924- 1936* (Wiesbaden, 1980).

——, «Professionals and Junkers: German Rearmament and Politics in the Weimar Republic», *in* Richard Bessel e Edgar Feuchtwanger (org.), *Social Change and Political Development in Weimar Germany* (Londres, 1981), pp. 77-113.

Gies, Horst, *R. Walther Darré und die nationalsozialistische Bauernpolitik* 1930 *bis* 1933 (Frankfurt am Main, 1966).

Giles, Geoffrey J., «The Rise of the National Socialist Students' Association and the Failure of Political Education in the Third Reich», *in* Peter Stachura (org.), *The Shaping of the Nazi State* (Londres, 1978), pp. 160-185.

——, *Students and National Socialism in Germany* (Princeton, 1985).

Gilman, Sander L., *On Blackness without Blacks: Essays on the Image of the Black in Germany* (Boston, 1982).

Gisevius, Hans Bernd, *To the Bitter End* (Londres, 1948).

Goebbels, Joseph, *Der Angriff: Aufsätze aus der Kampfzeit* (Munique, 1935).

——, *Vom Kaiserhof zur Reichskanzlei: Eine historische Darstellung in Tagebuchblattern (vom 1. Januar 1932 bis zum I. Mai 1933)* (Munique, 1937 [1934]).

Goeschel, Christian, «Methodische Überlegungen zur Geschichte der Selbsttötung im Nationalsozialismus», *in* Hans Medick (org.), *Selbsttötung als kulturelle Praxis* (a publicar, 2004).

Goldbach, Marie-Luise, *Karl Radek und die deutsch-sowjetischen Beziehungen 1918-1923* (Bona, 1973).

Goldhagen, Daniel J., *Hitler's Willing Executioners: Ordinary Germans and the Holocaust* (Nova Iorque, 1996).

Goldstein, Robert J., *Political Repression in Nineteenth-Century Europe* (Londres, 1983).

Golomstock, Igor, *Totalitarian Art in the Soviet Union, Third Reich, Fascist Italy and the People's Republic of China* (Londres, 1990).

Göppinger, *Horst, Juristen jüdischer Abstammung im «Dritten Reich»: Entrechtung und Verfolgung* (Munique, 1990 [1963]).

Gordon, Harold J., *The Reichswehr and the German Republic 1919-26* (Princeton, 1957).

——, *Hitler and the Beer Hall Putsch* (Princeton, 1972).

Gottlieb, Moshe R., *American Anti-Nazi Resistance, 1933-1941: An Historical Analysis* (Nova Iorque, 1982).

Graf, Christoph, *Politische Polizei zwischen Demokratie und Diktatur* (Berlim, 1983).

Grahn, Gerlinde, «Die Enteignung des Vermögens der Arbeiterbewegung und der politischen Emigration 1933 bis 1945», *1999: Zeitschrift für Sozialgeschichte des 20. und 21. Jahrhunderts,* 12. (1997), pp. 13-38.

Gräser, Marcus, *Der blockierte Wohlfahrtsstaat: Unterschichtjugend und Jugendfürsorge in der Weimarer Republik* (Göttingen, 1995).

Grau, Bernhard, *Kurt Eisner 1867-1919: Eine Biographie* (Munique, 2001).

Griech-Polelle, Beth A., *Bishop von Galen: German Catholicism and National Socialism* (New Haven, 2002).

Griffin, Roger, *International Fascism – Theories, Causes and the New Consensus* (Londres, 1998).

Grimm, Hans, *Volk ohne Raum* (Munique, 1926).

Gritschneider, Otto, *Bewährungsfrist für den Terroristen Adolf H.: Der Hitler-Putsch und die bayerische Justiz* (Munique, 1990).

——, *Der Hitler-Prozess und sein Richter Georg Neithardt: Skandalurteil von 1924 ebnet Hitler den Weg* (Munique, 2001).

Gross, Babette, *Willi Münzenberg: Eine politische Biographie* (Estugarda, 1967).

Grossmann, Atina, «"Girlkultur" or Thoroughly Rationalized Female: A New Woman in Weimar Germany», *in* Judith Friedlander *et al.* (org.), *Women in Culture and Politics: A Century of Change* (Bloomington, Ind., 1986), pp. 62-80.

——, *Reforming Sex: The German Movement for Birth Control and Abortion Reform 1920-1950* (Nova Iorque, 1995).

Grossmann, Kurt R., *Ossietzky: Ein deutscher Patriot* (Munique, 1963).

Gruchmann, Lothar, «Die Überleitung der Justizverwaltung auf das Reich 1933--1935», *in Vom Reichsjustizamt zum Bundesministerium der Justiz: Festschrift zum hundertjährigen Gründungstag* des *Reichsjustizamts* (Colónia, 1977).

——, «Die bayerische Justiz im politischen Machtkampf 1933/34: Ihr Scheitern bei der Strafverfolgung von Mordfällen in Dachau», *in* Broszat *et al.* (org.), *Bayern,* II, pp. 415-428.

——, *Justiz im Dritten Reich 1933-1940: Anpassung und Unterwerfung in der Ära Gürtner* (Munique, 1988).

——, «Ludendorffs "prophetischer" Brief an Hindenburg vom Januar/Februar 1933», *VfZ* 47 (1999), pp. 559-562.

——, e Weber, Reinhard (org.), *Der Hitler-Prozess 1924: Wortlaut der Hauptverhandlung vor dem Volksgericht München* 1 (2 vols., Munique, 1997, 1999).

Grunwald, Henning, «Political Lawyers in the Weimar Republic», (dissertação de doutoramento, Cambridge, 2002).

Grüttner, Michael, «Working-Class Crime and the Labour Movement: Pilfering in the Hamburg Docks, 1888-1923», *in* Richard J. Evans (org.), *The German Working Class 1888-1933: The Politics of Everyday Life* (Londres, 1982), pp. 54-79.

——, *Studenten im Dritten Reich* (Paderborn, 1995).

Gumbel, Emil J., *Vier Jahre politischer Mord* (Berlim, 1924).

——, *Verschwörer: Zur Geschichte und Soziologie der deutschen nationalistischen Geheimbünde 1918-1924* (Heidelberg, 1979 [1924]).

Guratzsch, Dankwart, *Macht durch Organisation: Die Grundlegung des Hugenbergschen Presseimperiums* (Düsseldorf, 1974).

Gusy, Christoph, *Die Weimarer Reichsverfassung* (Tübingen, 1997).

Guttsman, Wilhelm L., *Workers' Culture in Weimar Germany: Between Tradition and Commitment* (Oxford, 1990).

Haffner, Sebastian, *Defying Hitler: A Memoir* (Londres, 2002).

Hagen, William W., *Germans, Poles, and Jews: The Nationality Conflict in the Prussian East, 1772-1914* (Chicago, 1980).

Hagenlücke, Heinz, *Die deutsche Vaterlandspartei: Die nationale Rechte am Ende des Kaiserreiches* (Düsseldorf, 1997).

Hailey, Christopher, *Franz Schreker, 1878-1934: A Cultural Biography* (Cambridge, 1993).

Hall, Alex, «By Other Means: The Legal Struggle against the SPD in Wilhelmine Germany 1890-1900», *Historical Journal,* 17 (1974), pp. 365-386.

——, *Scandal, Sensation and Social Democracy: The SPD Press and Wilhelmine Germany 1890-1914* (Cambridge, 1977).

Hamann, Brigitte, *Hitler's Vienna: A Dictator's Apprenticeship* (Oxford, 2000).

——, *Winifred Wagner oder Hitlers Bayreuth* (Munique, 2002).

Hamburger, Ernest, «Betrachtungen über Heinrich Brünings Memoiren», *Internationale Wissenschaftliche Korrespondenz zur Geschichte der deutschen Arbeiterbewegung,* 8 (1972), pp. 18-39.

Hamel, Iris, *Völkischer Verband und nationale Gewerkschaft: Der Deutschnationale Handlungsgehilfenverband,* 1893-1933 (Frankfurt am Main, 1967).

Hamilton, Richard F., *Who Voted for Hitler?* (Princeton, 1981).

Hammer, Hermann, «Die deutschen Ausgaben von Hitlers "Mein Kampf"», *VfZ* 4 (1956), pp. 161-178.

Hammerstein, Notker, *Die Johann Wolfgang Goethe-Universität: Von der Stiftungsuniversität zur staatlichen Hochschule* (2 vols., Neuwied, 1989).

Hanfstaengl, Ernst, *Zwischen Weissenz und Braunem Haus: Memoiren eines politiscben Aussenseiters* (Munique, 1970).

Hänisch, Dirk, «A Social Profile of the Saxon NSDAP Voters», in Szejnmann, *Nazism,* pp. 219-231.

Hankel, Gerd, *Die Leipziger Prozesse: Deutsche Kriegsverbrechen und ihre strafrechtliche Verfolgung nach dem Ersten Weltkrieg* (Hamburgo, 2003).

Hannover, Heinrich e Hannover-Drück, Elisabeth, *Politische Justiz 1918-1933* (Frankfurt am Main, 1966).

Hansen, Ernst W., *Reichswehr und Industrie: Rüstungswirtschaftliche Zusammenarbeit und wirtschaftliche Mobilmachungsvorbereitungen 1923-1932* (Boppard, 1978).

Harpprecht, Klaus, *Thomas Mann: Eine Biographie* (Reinbek, 1995).

Harris, James F., *The People Speak! Anti-Semitism and Emancipation in Nineteenth-Century Bavaria* (Ann Arbor, 1994).

Harsch, Donna, *German Social Democracy and the Rise of Nazism* (Chapel Hill, NC, 1993).

Harvey, Elizabeth, «Youth Unemployment and the State: Public Policies towards Unemployed Youth in Hamburg during the World Economic Crisis», *in* Evans e Geary (org.), *The German Unemployed,* pp. 142-170.

——, «Serving the Volk, Saving the Nation: Women in the Youth Movement and the Public Sphere in Weimar Germany», *in* Larry Eugene Jones e James Retallack (org.), *Elections, Mass Politics, and Social Change in Modern Germany: New Perspectives* (Nova Iorque, 1992), pp. 201-222.

——, *Youth Welfare and the State in Weimar Germany* (Oxford, 1993).

Hassell, Ulrich von, Die *Hassell Tagebücher 1938-1944* (org. Friedrich Freiherr Hiller von Gaertringen, Berlim, 1989).

Hattenhauer, Hans, «Wandlungen des Richterleitbildes im 19. und 20. Jahrhundert», *in* Ralf Dreier and Wolfgang Sellert (org.), *Recht und Justiz im «Dritten Reich»* (Frankfurt am Main, 1989), pp. 9-33.

Hayes, Peter, *Industry and Ideology: I. G. Farben in the Nazi Era* (Cambridge, 1987).

Hearnshaw, Fossey J. C., *Germany the Aggressor throughout the Age* (Londres, 1940).

Heberle, Rudolf, *Landbevölkerung und Nationalsozialismus: Eine soziologiscbe Untersuchung der politischen Willensbildung in Schleswig-Holstein 1918 bis 1932* (Estugarda, 1963).

——, *From Democracy to Nazism: A Regional Case Study on Political Parties in Germany* (Nova Iorque, 1970 [1945]).

Heer, Hannes, *Burgfrieden oder Klassenkampf: Zur Politik der sozialdemokratischen Gewerkschaften 1930-1933* (Neuwied, 1971).

——, *Ernst Thälmann in Selbstzeugnissen und Bilddokumenten* (Reinbek, 1975).

Heiber, Helmut (org.), *The Early Goebbels Diaries: The Journal of Josef Goebbels from 1925-1926* (Londres, 1962).

Heidegger, Martin, *Die Selbstbehauptung der deutschen Universität: Rede, gehalten bei der feierlichen Übernahme des Rektorats der Universität Freiburg i. Br. am 27.5. 1933* (Breslau, 1934).

Heiden, Konrad, *Geschichte des Nationalsozialismus: Die Karriere einer Idee* (Berlim, 1932).

——, *Adolf Hitler: Das Zeitalter der Verantwortungslosigkeit. Eine Biographie* (Zurique, 1936).

Heilbronner, Oded, *Catholicism, Political Culture and the Countryside: A Social History of the Nazi Party in South Germany* (Ann Arbor, 1998).

Hein, Annette, *«Es ist viel "Hitler" in Wagner:» Rassismus und antisemitische Deutschtumsideologie in den «Bayreuther Blättern»* (*1878-1938*) (Tübingen, 1996).

Heinemann, Ulrich, *Die verdrängte Niederlage: Politische Offentlichkeit und Kriegsschuldfrage in der Weimarer Republik* (Göttingen, 1983).

Heitzer, Horstwalter, *Der Volksverein für das katholische Deutschland im Kaiserreich 1890-1918* (Mainz, 1979).

Hennig, Diethard, *Johannes Hoffmann: Sozialdemokrat und Bayerischer Ministerpräsident: Biographie* (Munique, 1990).

Hentschel, Volker, *Geschichte der deutschen Sozialpolitik* (*1880-1980*) (Frankfurt am Main, 1983).

Herbert, Ulrich, *Hitler's Foreign Workers: Enforced Foreign Labor in Germany under the Third Reich* (Cambridge, 1997 [1985]).

——, *Best: Biographische Studien über Radikalismus, Weltanscbauung und Vernunft 1903-1989* (Bona, 1996).

——, *et al.* (org.), *Die nationalsozialischer Konzentrationslager: Entwicklung und Struktur* (2 vols., Göttingen, 1998).

Herbst, Ludolf, *Das nationalsozialistische Deutschland 1933 -1945* (Frankfurt am Main, 1996).

Hermand, Jost, and Trommler, Frank, *Die Kultur der Weimarer Republik* (Munique, 1978).

Hertz-Eichenröde, Dieter, *Politik und Landwirtschaft in Ostpreussen 1919-1930: Untersuchung eines Strukturproblems in der Weimarer Republik* (Opladen, 1969).

——, *Wirtschaftskrise und Arbeitsbeschaffung: Konjunkturpolitik 1925/26 und die Grundlagen der Krisenpolitik Brünings* (Frankfurt am Main, 1982).

Hess, Wolf Rudiger (org.), *Rudolf Hess: Briefe 1908-1933* (Munique, 1987).

Heyworth, Peter, *Otto Klemperer: His Life and Times,* I: *1885-1933* (Cambridge, 1983).

Hildenbrand, Hans-Joachim, «Der Betrug mit dem Fackelzug», *in* Rolf Italiander (org.), *Wir erlebten das Ende der Weimarer Republik: Zeitgenossen berichten* (Düsseldorf, 1982), p. 165.

Hill, Leonidas E., «The Nazi Attack on "un-German" Literature, 1933-1945», *in* Jonathan Rose (org.), *The Holocaust and the Book* (Amherst, Mass., 2001), pp. 9-46.

Hiller von Gaertringen, Friedrich Freiherr, «Die Deutschnationale Volkspartei», in Matthias and Morsey (org.), *Das Ende,* pp. 541-652.

——, «"Dolchstoss-Diskussion" und "Dolchstosslegende" im Wandel von vier Jahrzehnten», *in* Waldemar Besson e Friedrich Freiherr Hiller von Gaertringen (org.), *Geschichts- und Gegenwartsbewusstsein* (Göttingen, 1963), pp. 122-160.

Hillmayr, Heinrich, *Roter und weisser Terror in Bayern nach 1918: Erscheinungsformen und Folgen der Gewaltätigkeiten im Verlauf der revolutionären Ereignisse nach dem Ende des Ersten Weltkrieges* (Munique, 1974).

Hindenburg, Paul von, *Aus meinem Leben* (Leipzig, 1920).

Hirte, Chris, *Erich Mühsam: «Ihr seht mich nicht feige.» Biografie* (Berlim, 1985).

Hitler, Adolf, *Mein Kampf* (trad. Ralph Manheim, introd. D. C. Watt, Londres, 1969 [1925/6]).

——, *Hitler's Secret Book* (Nova Iorque, 1961).

——, *Hitler's Table Talk 1941-1944: His Private Conversations* (Londres, 1973 [1953]).

——, *Hitler: Reden, Schriften, Anordnungen. Februar 1925 bis Januar 1933* (5 vols., Institut für Zeitgeschichte, Munique, 1992-1998).

Hitzer, Friedrich, *Anton Graf Arco: Das Attentat auf Kurt Eisner und die Schüsse im Landtag* (Munique, 1988).

Hobsbawm, Eric J., *Age of Extremes: The Short Twentieth Century 1914-1991* (Londres,1994).

Hoegner, Wilhelm, *Der schwierige Aussenseiter: Erinnerungen eines Abgeordneten, Emigranten und Ministerpräsidenten* (Munique, 1959).

Hoepke, Klaus-Peter, *Die deutsche Rechte und der italienische Faschismus: Ein Beitrag zum Selbstverständnis und zur Politik von Gruppen und Verbänden der deutschen Rechten* (Düsseldorf, 1968).

Hofer, Walther, and Bahar, Alexander (org.), *Der Reichstagsbrand: Eine wissenschaftliche Dokumentation* (Freiburg im Breisgau, 1992 [1972, 1978]).

Hohne, Heinz, *The Order of the Death's Head: The Story of Hitler's SS* (Stanford, Calif., 1971 [1969]).

——, *Die Machtergreifung: Deutschlands Weg in die HitlerDiktatur* (Reinbek, 1983).

Höhnig, Klaus, *Der Bund Deutscher Frauenvereine in der Weimarer Republik* 1919-1923 (Egelsbach, 1995).

Holtfrerich, Carl-Ludwig, *The German Inflation, 1914-1923: Causes and Effects in International Perspective* (Nova Iorque, 1986 [1980]).

——, «Economic Policy Options and the End of the Weimar Republic», *in* Kershaw (org.), *Weimar,* pp. 88-91.
Hömig, Herbert, *Brüning: Kanzler in der Krise der Republik. Eine Weimarer Biographie* (Paderborn, 2000).
Hong, Young-Sun, *Welfare, Modernity, and the Weimar State, 1919-1933* (Princeton, 1998).
Horn, Daniel, «The National Socialist *Schülerbund* and the Hitler Youth, 1929--1933», *Central European History,* II (1978), pp. 355-375.
Horne, John, and Kramer, Alan, *German Atrocities* 1914: *A History of Denial* (Londres, 2001).
Hornung, Klaus, *Der Jungdeutsche Orden* (Düsseldorf, 1958).
Hosking, Geoffrey, *Russia: People and Empire 1552-1917* (Londres, 1997).
Höss, Rudolf, *Commandant of Auschwitz* (Londres, 1959 [1951]).
Hubatsch, Walter, *Hindenburg und der Staat: Aus den Papieren des Generalfeldmarschalls und Reichspräsidenten von 1878 bis 1934* (Göttingen, 1966).
Huber, Ernst Rudolf, *Deutsche Verfassungsgeschichte seit* 1789, V-VII (Estugarda, 1978-1984).
Hunt, Richard N., *German Social Democracy 1918-1933* (New Haven, 1964).

Iggers, Georg G. (org.), *Marxist Historiography in Transformation: New Orientations in Recent East German History* (Oxford, 1992).

Jablonsky, David, *The Nazi Party in Dissolution: Hitler and the Verbotszeit 1923--1925* (Londres, 1989).
Jäckel, Eberhard, *Hitler's Weltanschauung: A Blueprint for Power* (Middletown, Conn., 1972 [1969]).
——, e Kuhn, Axel (org.), *Hitler: Sämtliche Aufzeichnungen 1905-1924* (Estugarda, 1980).
Jacobsen, Hans-Adolf, *Karl Haushofer: Leben und Werk* (2 vols., Boppard, 1979).
Jahn, Peter (org.), *Die Gewerkschaften in der Endphase der Republik* 1930-1933 (Colónia, 1988).
Jahr, Christoph, *Gewöhnliche Soldaten: Desertion und Deserteure im deutschen und britischen Heer 1914-1918* (Göttingen, 1998).
James, Harold, *The German Slump: Politics and Economics, 1924-1936* (Oxford, 1986).
——, «Economic Reasons for the Collapse of the Weimar Republic», in Kershaw (org.), *Weimar,* pp. 30-57.
Jansen, Christian, *Professoren und Politik: Politisches Denken und Handeln der Heidelberger Hochschullehrer 1914-1935* (Göttingen, 1992).
Janssen, Karl-Heinz, «Geschichte aus der Dunkelkammer: Kabalen um den Reichstagsbrand. Eine unvermeidliche Enthüllung», *Die Zeit,* 38 (14 de setembro de 1979), pp. 45-8; 39 (21 de setembro de 1979), pp. 20-24; 40 (28 de setembro de 1979), pp. 49-52; 41 (5 de outubro de 1979), pp. 57-60.
Jarausch, Konrad H., *Deutsche Studenten 1800-1970* (Frankfurt am Main, 1984).

Jasper, Gotthard, *Der Schutz der Republik* (Tübingen, 1963).
——, *Die gescheiterte Zähmung: Wege zur Machtergreifung Hitlers 1930-1934* (Frankfurt am Main, 1986).
Jászi, Oszkár, *Revolution and CounterRevolution in Hungary* (Londres, 1924).
Jefferies, Matthew, *Imperial Culture in Germany, 1871-1918* (Londres, 2003).
Jelavich, Peter, *Munich and Theatrical Modernism: Politics, Playwriting, and Performance 1890-1914* (Cambridge, Mass., 1985).
——, *Berlin Cabaret* (Cambridge, Mass., 1993).
Jellonek, Burkhard, *Homosexuelle unter dem Hakenkreuz: Verfolgung von Homosexuellen im Dritten Reich* (Paderborn, 1990).
Jens, Inge (org.), *Thomas Mann an Ernst Bertram: Briefe aus den Jahren 1910--1955* (Pfullingen, 1960).
Jesse, Eckard (org.), *Totalitarismus im 20. Jahrhundert* (Baden-Baden, 1996).
Jetzinger, Franz, *Hitler's Youth* (Londres, 1958 [1956]).
Joachimsthaler, Anton, *Hitlers* Weg *begann in München 1913-1923* (Munique, 2000 [1989]).
Jochmann, Werner (org.), *Nationalsozialismus und Revolution: Ursprung und Geschichte der NSDAP in Hamburg 1922-1933* (Frankfurt am Main, 1963).
——, «Brünings Deflationspolitik und der Untergang der Weimarer Republik», *in* Dirk Stegmann *et al.* (org.), *Industrielle Gesellschaft und politisches System: Beiträge zur politischen Sozialgeschichte. Festschrift für Fritz Fischer zum siebzigsten Geburtstag* (Bona, 1978), pp. 97-112.
——, *Gesellschaftskrise und Judenfeindschaft in Deutschland 1870-1945* (Hamburgo, 1988).
Jones, Larry Eugene, *German Liberalism and the Dissolution of the Weimar Party System, 1918-1933* (Chapel Hill, NC, 1988).
——, «"The Greatest Stupidity of My Life": Alfred Hugenberg and the Formation of the Hitler Cabinet», *Journal of Contemporary History,* 27 (1992), pp. 63-87.
Jünger, Ernst, *In Stahlgewittern: Aus dem Tagebuch eines Stosstruppführers* (Hanôver, 1920); *Storm of Steel* (Londres, 2003).
Junker, Detlef, *Die Deutsche Zentrumspartei und Hitler: Ein Beitrag zur Problematik des politischen Katholizismus in Deutschland* (Estugarda, 1969).

Kaes, Anton, *et al.* (org.), *The Weimar Republic Sourcebook* (Berkeley, 1994).
Kai, Michel, *Vom Poeten zum Demagogen: Die schriftstellerischen Versuche Joseph Goebbels'* (Colónia, 1999).
Kaiser, Jochen-Christoph, *Sozialer Protestantismus im 20. Jahrhundert: Beiträge zur Geschichte der Inneren Mission 1914-1945* (Munique, 1989).
——, *et al.* (org.), *Eugenik, Sterilisation, «Euthanasie»: Politische Biologie* in *Deutschland 1893-1945* (Berlim, 1992).
Kaminski, Andrej, *Konzentrationslager* 1896 *bis heute: Eine Analyse* (Estugarda, 1982).

Kampe, Norbert, *Studenten und «Judenfrage» im deutschen Kaiserreich: Die Entstehung einer akademischen Trägerschicht des Antisemitismus* (Gottingen, 1988).

Kaplan, Marion A., «The Acculturation, Assimilation, and Integration of Jews in Imperial Germany», *Year Book of the Leo Baeck Institute,* 27 (1982), pp. 3-35.

Karasek, Horst, *Der Brandstifter: Lehrund Wanderjahre des Maurergesellen Marinus van der Lubbe, der 1933 auszog, den Reichstag anzuzünden* (Berlim, 1980).

Kasischke-Wurm, Daniela, *Antisemitismus im Spiegel der Hamburger Presse während des Kaiserreichs (1884-1914)* (Hamburgo, 1997).

Kater, Michael H., *Studentenschaft und Rechtsradikalismus in Deutschland 1918--1933: Eine sozialgeschichtliche Studie zur Bildungskrise in* der *Weimarer Republik* (Hamburgo, 1975).

——, «The Work Student: A SocioEconomic Phenomenon of Early Weimar Germany», *Journal of Contemporary History,* 10 (1975), pp. 71-94.

——, *The Nazi Party: A Social Profile of Members and Leaders, 1919-1945* (Oxford, 1983).

——, *Different Drummers: Jazz in the Culture of Nazi Germany* (Nova Iorque, 1992).

——, *The Twisted Muse: Musicians and their Music in the Third Reich* (Nova Iorque, 1997).

Katz, Jacob, *The Darker Side of Genius: Richard Wagner's Anti-Semitism* (Hanôver, 1986).

——, *From Prejudice to Destruction: Anti-Semitism,* 1700-1933 (Cambridge, Mass., 1980).

Kauders, Anthony, *German Politics and the Jews: Düsseldorf and Nuremberg 1910-1933* (Oxford, 1996).

Kaufmann, Doris, *Katholisches Milieu in Münster* 1928-1933 (Düsseldorf, 1984).

Kelly, Andrew, *Filming All Quiet on the Western Front – «Brutal Cutting, Stupid Censors, Bigoted Politicos»* (Londres, 1998), reimpressão com título *All Quiet on the Western Front: The Story of a Film* (Londres, 2002).

Kent, Bruce, *The Spoils of War: The Politics, Economics and Diplomacy of Reparations 1918-1932* (Oxford, 1989).

Kershaw, Ian, *Popular Opinion and Political Dissent in the Third Reich: Bavaria 1933-1945* (Oxford, 1983).

——, «Ideology, Propaganda, and the Rise of the Nazi Party», *in* Peter D. Stachura (org.), *The Nazi Machtergreifung,* 1933 (Londres, 1983), pp. 162-181.

——, (org.), *Weimar: Why did German Democracy Fail?* (Londres, 1990).

——, *Hitler*, I: *1889-1936: Hubris* (Londres, 1998).

——, *Hitler,* II: *1936-1945: Nemesis* (Londres, 2000).

——, *The Nazi Dictatorship: Problems and Perspectives of Interpretation* (4.ª org., Londres, 2000 [1985]).

——, e Lewin, Moshe (org.), *Stalinism and Nazism: Dictatorships in Comparison* (Cambridge, 1997).

Kertzer, David, *Unholy War: The Vatican's Role in the Rise of Modern Anti-Semitism* (Londres, 2001).

Kessler, Harry Graf, *Tagebücher 1918-1937* (org. Wolfgang Pfeiffer-Belli, Frankfurt am Main, 1961).

Kettenacker, Lothar, «Der Mythos vom Reich», *in* Karl H. Bohrer (org.), *Mythos und Moderne* (Frankfurt am Main, 1983), pp. 262-289.

Kiesewetter, Hubert, *Industrielle Revolution in Deutschland 1815-1914* (Frankfurt am Main, 1989).

Kindleberger, Charles P., *The World in Depression 1929-1939* (Berkeley, 1987 [1973]).

Kirkpatrick, Clifford, *Nazi Germany: Its Women and Family Life* (Nova Iorque, 1938).

Kissenkoetter, Udo, *Gregor Strasser und die NSDAP* (Estugarda, 1978).

——, «Gregor Strasser: Nazi Party Organizer or Weimar Politician?», *in* Smelser e Zitelmann (org.), *The Nazi Elite*, pp. 224-234.

Kitchen, Martin, *The German Officer Corps 1890-1914* (Oxford, 1968).

——, *A Military History of Germany from the Eighteenth Century to the Present Day* (Londres, 1975).

——, *The Silent Dictatorship: The Politics of the German High Command under Hindenburg and Ludendorff, 1916-1918* (Londres, 1976).

——, *The Coming of Austrian Fascism* (Londres, 1980).

Klaus, Martin, *Mädchen in der Hitlerjugend: Die Erziehung zur «deutschen Frau»* (Colónia, 1980).

Klein, Gotthard, *Der Volksverein für das katholische Deutschland 1890-1933: Geschichte, Bedeutung, Untergang* (Paderborn, 1996).

Klein, Ulrich, «SA-Terror und Bevölkerung in Wuppertal 1933/34», *in* Detlev Peukert e Jürgen Reulecke (org.), *Die Reihen fast geschlossen: Beiträge zur Geschichte des Alltags unterm Nationalsozialismus* (Wuppertal, 1981) pp. 45-64.

Kleist-Schmenzin, Ewald von, «Die letzte Möglichkeit: Zur Ernennung Hitlers zur Reichskanzler an 30. Januar 1933», *Politische Studien*, 10 (1959), pp. 89-92.

Klemperer, Victor, *LTI: Notizbuch eines Philologen* (Leipzig, 1985 [1946]).

——, *Leben sammeln, nicht fragen wozu und warum*, I: *Tagebücher 1919-1925*; II: *Tagebücher 1925-1932* (Berlim, 1996).

——, *Curriculum Vitae: Erinnerungen 1881-1918* (2 vols., Berlim, 1996 [1989]).

——, *I Shall Bear Witness: The Diaries of Victor Klemperer 1933-1941* (Londres, 1998).

——, *Tagebücher 1933-1934* (*Ich will Zeugnis ablegen bis zum Letzten*, I); Berlim, 1999 [1995]).

Klepper, Jochen, *Unter dem Schatten deiner Flügel: Aus den Tagebüchern der Jahre 1932-1942* (Estugarda, 1956).

Klepsch, Thomas, *Nationalsozialistische Ideologie: Eine Beschreibung ihrer Struktur vor 1933* (Münster, 1990).

Klessmann, Christoph, «Hans Frank: Party Jurist and Governor-General in Poland», *in* Smelser e Zitelmann (org.), *The Nazi Elite*, pp. 39-47.

Klier, John D., e Lambroza, Shlomo (org.), *Pogroms: Anti-Jewish Violence in Modern Russian History* (Cambridge, 1992).

Klinger, Max (pseud.; i.e. Curt Geyer), *Volk in Ketten* (Karlsbad, 1934).

Klönne, Arno, *Jugend im Dritten Reich: Dokumente und Analysen* (Colónia, 1982).

Kluke, Paul, 'Der Fall Potempa', *VfZ* 5 (1957), pp. 279-297.

Knock, Thomas J., *To End All Wars: Woodrow Wilson and the Quest for a New World Order* (Nova Iorque, 1992).

Knowles, Elizabeth (org.), *The Oxford Dictionary of Quotations* (5.ª ed., Oxford, 1999).

Kocka, Jürgen, «German History Before Hitler: The Debate about the German *Sonderweg», Journal of Contemporary History,* 23 (1988), pp. 3-16.

Koehler, Karen, *«The Bauhaus,* 1919-1928: Gropius in Exile and the Museum of Modern Art, N. Y., 1938», *in* Richard A. Etlin (org.), *Art, Culture and Media under the Third Reich* (Chicago, 2002), pp. 287-315.

Kohl, Horst (org.), *Die politischen Reden des Fürsten Bismarck* (14 vols., Estugarda, 1892-1905).

Kohler, Eric D., «The Crisis in the Prussian Schutzpolizei 1930-32», *in* George L. Mosse (org.), *Police Forces in History* (Londres, 1975), pp. 131-150.

Köhler, Fritz, «Zur Vertreibung humanistischer Gelehrter 1933/34», *Blätter für deutsche und internationale Politik,* II (1966), pp. 696-707.

Kohn, Hans, *The Mind of Germany: The Education of a Nation* (Londres, 1961).

——, (org.), *German History: Some New German Views* (Boston, 1954).

Kolb, Eberhard, *The Weimar Republic* (Londres, 1988).

——, «Die Reichsbahn vom Dawes-Plan bis zum Ende der Weimarer Republik», *in* Lothar Gall e Manfred Pohl (org.), *Die Eisenbahn in Deutschland: Von den Anfängen bis zur Gegenwart* (Munique, 1999), pp. 109-164.

Kolbe, Ulrich, «Zum Urteil über die "Reichstagsbrand-Notverordnung" vom 28.2.1933», *Geschichte in Wissenschaft und Unterricht,* 16 (1965), pp. 359-370.

Könnemann, Erwin, *et al.* (org.), *Arbeiterklasse siegt über Kapp und Lüttwitz* (2 vols., Berlim, 1971).

Koonz, Claudia, *Mothers in the Fatherland: Women, the Family, and Nazi Politics* (Londres, 1987).

Koszyk, Kurt, *Deutsche Presse im* 19. *Jahrhundert: Geschichte der deutschen Presse,* II (Berlim, 1966).

——, *Deutsche Presse 1914-1945: Geschichte* der *deutschen Presse,* III (Berlim, 1972).

Kotowski, Georg, *Friedrich Ebert: Eine politische Biographie*, I: *Der Aufstieg eines deutschen Arbeiterführers 1871 bis 1917* (Wiesbaden, 1963).

Kracauer, Siegfried, *From Caligari to Hitler: A Psychological History of the German Film* (Princeton, 1947).

Kramer, Helgard, «Frankfurt's Working Women: Scapegoats or Winners of the Great Depression?», *in* Evans e Geary (org.), *The German Unemployed,* pp. 108-141.

Kraul, Margret, *Das deutsche Gymnasium 1780-1980* (Frankfurt am Main, 1984).

Krause, Thomas, *Hamburg wird braun: Der Aufstieg der NSDAP 1921-1933* (Hamburgo, 1987).

Kreutzahler, Birgit, *Das Bild des Verbrechers in Romanen der Weimarer Republik: Eine Untersuchung vor dem Hintergrund anderer gesellschaftlicher Verbrecherbilder und gesellschaftlicher Grundzüge der Weimarer Republik* (Frankfurt am Main, 1987).

Kritzer, Peter, *Die bayerische Sozialdemokratie und die bayerische Politik in den Jahren 1918-1923* (Munique, 1969).

Krohn, Klaus-Dieter, *Stabilisierung und ökonomische Interessen: Die Finanzpolitik des deutschen Reiches 1923-1927* (Düsseldorf, 1974).

Krüger, Gerd, «"Ein Fanal des Widerstandes im Ruhrgebiet": Das "Unternehmen Wesel" in der Osternacht des Jahres 1923. Hintergründe eines angeblichen "Husarenstreiches"», *Mitteilungsblatt des Instituts fur soziale Bewegungen,* 4 (2000), pp. 95-140.

Kruger, Gesine, *Kriegsbewältigung und Geschichtsbewusstsein: Realität, Deutung und Verarbeitung des deutschen Kolonialkrieges in Namibia 1904 bis 1907* (Göttingen, 1999).

Kruse, Wolfgang, «Krieg und Klassenheer: Zur Revolutionierung der deutschen Armee im Ersten Weltkrieg», *Geschichte und Gesellschaft,* 22 (1996), pp. 530-561.

Kube, Alfred, *Pour le mérite und Hakenkreuz: Hermann Goering* im *Dritten Reich* (2.ª ed., Munique, 1987 [1986]).

——, «Hermann Goering: Second Man in the Third Reich», *in* Smelser e Zitelmann (org.), *The Nazi Elite*, pp. 62-73.

Kubizek, August, *Adolf Hitler: Mein Jugendfreund* (Graz, 1953).

Kühn, Volker (org.), *Deutschlands Erwachen: Kabarett unterm Hakenkreuz 1933--1945* (Weinheim, 1989).

Kurz, Thomas, *«Blutmai»: Sozialdemokraten und Kommunisten* im *Brennpunkt der Berliner Ereignisse von 1929* (Bona, 1988).

Kwiet, Konrad, e Eschwege, Helmut, *Selbstbehauptung und Widerstand: Deutsche Juden im Kampf um Existenz und Menschenwürde 1933-1945* (Hamburgo, 1984).

Lamberti, Marjorie, *State, Society and the Elementary School in Imperial Germany* (Nova Iorque, 1989).

——, «Elementary School Teachers and the Struggle against Social Democracy in Wilhelmine Germany», *History of Education Quarterly,* 12 (1992), pp. 74-97.

Lane, Barbara Miller, *Architecture* and *Politics in Germany, 1918-1945* (Cambridge, Mass., 1968).

——, e Rupp, Leila J. (org.), *Nazi Ideology before 1933. A Documentation* (Manchester, 1978).

Lang, Jochen von, «Martin Bormann: Hitler's Secretary», *in* Smelser e Zitelmann (org.), *The Nazi Elite,* pp. 7-17.

Langbehn, Julius, *Rembrandt als Erzieher* (38.ª ed., Leipzig, 1891 [1890]), p. 292.

——, *Der Rembrandtdeutsche: Von einem Wahrheitsfreund* (Dresden, 1892).

Lange, Karl, «Der Terminus "Lebensraum" *in Hitlers Mein Kampf», VfZ* 13 (1965), pp. 426-437.

Langer, Michael, *Zwischen Vorurteil und Aggression: Zum Judenbild in der deutschsprachigen katholischen Volksbildung des 19. Jahrhunderts* (Friburgo, 1994).

Laqueur, Walter, *Young Germany: A History of the German Youth Movement* (Londres, 1962).

——, *Russia and Germany: A Century of Conflict* (Londres, 1965).

——, *Weimar: A Cultural History 1918-1933* (Londres, 1974).

Large, David Clay, *Where Ghosts Walked: Munich's Road to the Third Reich* (Nova Iorque, 1997).

——, «"Out with the Ostjuden": The Scheunenviertel Riots in Berlin, November 1923», *in* Werner Bergmann *et al.* (org.), *Exclusionary Violence: Antisemitic Riots in Modern Germany* (Ann Arbor, 2002), pp. 123-140.

Laski, Harold, *The Germans - are they Human?* (Londres, 1941).

Laursen, Karsten, e Pedersen, Jürgen, *The German Inflation 1918-1923* (Amsterdão, 1964).

Lebeltzer, Gisela, «Der "Schwarze Schmach": Vorurteile - Propaganda - Mythos», *Geschichte und Gesellschaft,* 11 (1985), pp. 37-58.

Lehnert, Detlef, *Sozialdemokratie zwischen Protestbewegung und Regierungs*partei *1848-1983* (Frankfurt am Main, 1983).

Lenman, Robin, «Julius Streicher and the Origins of the NSDAP in Nuremberg, 1918-1923», *in* Nicholls e Matthias (org.), *German Democracy,* pp. 161-174.

——, «Art, Society and the Law in Wilhelmine Germany: The Lex Heinze», *Oxford German Studies,* 8 (1973), pp. 86-113.

Lepsius, M. Rainer, «Parteisystem und Sozialstruktur: Zum Problem der Demokratisierung der deutschen Gesellschaft», *in* Gerhard A. Ritter (org.), *Die deutschen Parteien vor 1918* (Colónia, 1973), pp. 56-80.

Lerner, Warren, *Karl Radek: The Last Internationalist* (Stanford, Calif., 1970).

Lessing, Hellmut, and Liebel, Manfred, *Wilde Cliquen: Szenen einer anderen Arbeiterbewegung* (Bensheim, 1981).

Lessing, Theodor, *Haarmann: Die Geschichte eines Werwolfs. Und andere Kriminalreportagen* (org. Rainer Marwedel, Frankfurt am Main, 1989).

Lessmann, Peter, *Die preussische Schutzpolizei in der Weimarer Republik: Streifendienst und Strassenkampf* (Düsseldorf, 1989).

Leuschen-Seppel, Rosemarie, *Sozialdemokratie und Antisemitismus im Kaiserreich: Die Auseinandersetzung der Partei mit den konservativen und völkischen Strömungen des Antisemitismus 1871-1914* (Bona, 1978).

Levi, Erik, *Music in the Third Reich* (Londres, 1994).

Levy, Richard S., *The Downfall of the Anti-Semitic Political Parties in Imperial Germany* (New Haven, 1975).

Lewy, Günther, *The Catholic Church and Nazi Germany* (Nova Iorque, 1964).

Liang, Hsi-Huey, *The Berlin Police Force in the Weimar Republic* (Berkeley, 1970).

Lidtke, Vernon L., *The Outlawed Party: Social Democracy in Germany, 1878-1890* (Princeton, 1966).

——, *The Alternative Culture: Socialist Labor in Imperial Germany* (Nova Iorque, 1985).

Liepach, Martin, *Das Wahlverhalten der jüdischen Bevölkerung: Zur politischen Orientierung der Juden in der Weimarer Republik* (Tübingen, 1996).

Lindenberger, Thomas, and Lüdtke, Alf (org.), *Physische Gewalt: Studien zur Geschichte der Neuzeit* (Frankfurt am Main, 1995).

Link, Arthur S. (org.), *The Papers of Woodrow Wilson* (69 vols., Princeton, 1966).

Lipstadt, Deborah E., *Beyond Belief: The American Press and the Coming of the Holocaust, 1933-1945* (Nova Iorque, 1986).

Liulevicius, Vejas Gabriel, *War Land on the Eastern Front: Culture, National Identity and German Occupation in World War I* (Cambridge, 2000).

Lobe, Paul, *Der Weg war lang: Lebenserinnerungen von Paul Löbe* (Berlim, 1954 [1950]).

Lohalm, Uwe, *Völkischer Radikalismus:* Die *Geschichte* des *Deutschvölkischen Schutz- und Trutzbundes, 1919-1923* (Hamburgo, 1970).

London, John, *Theatre under the Nazis* (Manchester, 2000).

Longerich, Peter, *Die braunen Bataillone: Geschichte der SA* (Munique, 1989).

——, *Politik der Vernichtung: Eine Gesamtdarstellung der nationalsozialistischen Judenverfolgung* (Munique, 1998).

——, *Der ungeschriebene Befehl: Hitler und der Weg zur «Endlösung»* (Munique, 2001).

Löwenthal, Richard, «Die nationalsozialistische "Machtergreifung" – eine Revolution? Ihr Platz unter den totalitären Revolutionen unseres Jahrhunderts», *in* Martin Broszat *et al.* (org.), *Deutschlands Weg in die Diktatur* (Berlim, 1983), pp. 42-74.

Lowry, Bullitt, *Armistice 1918* (Kent, Ohio, 1996).

Lucas, Erhard, *Märzrevolution im Ruhrgebiet* (3 vols., Frankfurt am Main, 1970-1978).

Ludendorff, Erich, *Kriegführung und Politik* (Berlim, 1922).

Lyttelton, Adrian, *The Seizure of Power: Fascism in Italy 1919-1929* (Londres, 1973).

Macartney, Carlile A., *The Habsburg Empire 1790-1918* (Londres, 1968).

McElligott, Anthony, «Mobilising the Unemployed: The KPD and the Unemployed Workers' Movement in Hamburg-Altona during the Weimar Republic», *in* Evans e Geary (org.), *The German Unemployed,* pp. 228-260.

——, *Contested City: Municipal Politics and the Rise of Nazism in Altona, 1917-1937* (Ann Arbor, 1998).

Macmillan, Margaret, *Peacemakers: The Paris Conference of 1919 and its Attempt to End War* (Londres, 2001).

Mai, Gunther, «Die Nationalsozialistische BetriebszellenOrganisation: Zum Verhältnis von Arbeiterschaft und Nationalsozialismus», *VfZ* 31 (1983), pp. 573-613.

Mallmann, Klaus-Michael, *Kommunisten in der Weimarer Republik: Sozialgeschichte einer revolutionären Bewegung* (Darmstadt, 1996).

——, «Gehorsame Parteisoldaten oder eigensinnige Akteure? Die Weimarer Kommunisten in der Kontroverse – eine Erwiderung», *VfZ* 47 (1999), pp. 401-415.

Mannes, Astrid Luise, *Heinrich Brüning: Leben, Wirken, Schicksal* (Munique, 1999).

Manstein, Peter, *Die Mitglieder und Wähler der NSDAP 1919-1933: Untersuchungen zu ihrer schichtmässigen Zusammensetzung* (Frankfurt am Main, 1990 [1987]).

Marcuse, Harold, *Legacies of Dachau: The Uses and Abuses of a Concentration Camp, 1933-2001* (Cambridge, 2001).

Marks, Sally, «Black Watch on the Rhine: A Study in Propaganda, Prejudice and Prurience», *European Studies Review,* 13 (1983), pp. 297-334.

Marquis, Alice Goldfarb, «Words as Weapons: Propaganda in Britain and Germany during the First World War», *Journal of Contemporary History,* 13 (1978), pp. 467-498.

Marr, Wilhelm, *Der Sieg des Judenthums über das Germanenthum vom nicht konfessionellen Standpunkt aus betrachtet* (Berlim, 1873).

——, *Vom jüdischen Kriegsschauplatz: Eine Streitschrift* (Berna, 1879).

Martens, Stefan, *Hermann Goering: «Erster Paladin des Führers» und «Zweiter Mann im Reich»* (Paderborn, 1985).

Martin, Bernd, «Die deutschen Gewerkschaften und die nationalsozialistische Machtübernahme», *Geschichte in Wissenschaft und Unterricht,* 36 (1985), pp. 605-631.

——, (org.), *Martin Heidegger und das «Dritte Reich»: Ein Kompendium* (Darmstadt, 1989).

Marx, Karl, *The Eighteenth Brumaire of Louis Bonaparte* (1852), *in* Lewis Feuer (org.), *Marx and Engels: Basic Writings on Politics and Philosophy* (Nova Iorque, 1959), pp. 358-388.

——, «Randglossen zum Programm der deutschen Arbeiterpartei» (Kritik des Gothaer Programms, 1875), *in* Karl Marx e Friedrich Engels, *Ausgewählte Schriften* (2 vols., Berlim-Leste, 1968), II. pp. 11-28.

Maschmann, Melita, *Account Rendered: A Dossier on my Former Self* (trans. Geoffrey Strachan, Londres, 1964).

Maser, Werner, *Die Frühgeschichte* der *NSDAP: Hitlers Weg bis* 1924 (Frankfurt am Main, 1965).

——, *Hitlers Mein Kampf: Geschichte, Auszüge, Kommentare* (Munique, 1966).

——, *Hermann Göring: Hitlers janusköpfiger Paladin. Die politische Biographie* (Berlim, 2000).

Mason, Tim W., *Social Policy in the Third Reich: The Working Class and the «National Community»* (org. Jane Caplan, Providence, RI, 1993 [1977]).

——, *Nazism, Fascism and the Working Class: Essays by Tim Mason* (org. Jane Caplan, Cambridge, 1995).
Massing, Paul W., *Rehearsal for Destruction* (Nova Iorque, 1949).
Matthias, Erich, «Der Untergang der Sozialdemokratie 1933», *VfZ* 4 (1956), pp. 179-226, 250-286.
——, «Hindenburg zwischen den Fronten 1932», *VfZ* 8 (1960), pp. 75-84.
——, e Morsey, Rudolf (org.), *Das Ende der Parteien 1933: Darstellungen und Dokumente* (Düsseldorf, 1960).
——, «Die Sozialdemokratische Partei Deutschlands», *in* Matthias e Morsey (org.), *Das Ende,* pp. 101-278.
Maurer, Trude, *Ostjuden in Deutschland, 1918-1933* (Hamburgo, 1986).
Mayer, Arno J., *Politics and Diplomacy of Peacemaking: Containment and Counterrevolution at Versailles 1918-1919* (2.ª ed., Nova Iorque, 1969 [1967]).
Mazower, Mark, *Dark Continent: Europe's Twentieth Century* (Londres, 1998).
Medalen, Charles, «State Monopoly Capitalism in Germany: The Hibernia Affair», *Past and Present,* 78 (fevereiro de 1978), pp. 82-112.
Meinecke, Friedrich, «Bismarck und das neue Deutschland», *in idem, Preussen und Deutschland im 19. und 20. Jahrhundert* (Munique, 1918).
——, *Die deutsche Katastrophe* (Wiesbaden, 1946).
——, *The German Catastrophe: Reflections* and *Recollections* (Cambridge, Mass., 1950).
Meiring, Kerstin, *Die christlichjüdische Mischehe in Deutschland, 1840-1933* (Hamburgo, 1998).
Meissner, Otto, *Staatssekretär unter Ebert - Hindenburg - Hitler: Der Schicksalsweg des deutschen Volkes von 1918- 1945, wie ich ihn erlebte* (Hamburgo, 1950), pp. 216-217.
Mergel, Thomas, *Parlamentarische Kultur in der Weimarer Republik: Politische Kommunikation, symbolische Politik und Öffentlichkeit im Reichstag* (Düsseldorf, 2002).
Merkl, Peter H., *Political Violence under the Swastika: 581 Early Nazis* (Princeton, 1975).
Merson, Allan, *Communist Resistance in Nazi Germany* (Londres, 1985).
Meyer, Folkert, *Schule der Untertanen: Lehrer und Politik in Preussen* 1848-1900 (Hamburgo, 1976).
Meyer, Michael, *The Politics of Music in the Third Reich* (Nova Iorque, 1991).
Michalka, Wolfgang, e Niedhart, Gottfried, *Die ungeliebte Republik: Dokumente zur Innen- und Aussenpolitik Weimars 1918-1933* (Munique, 1980).
Mierendorff, Carlo, «Der Hindenburgsieg 1932», *Sozialistische Monatshefte,* 4 de abril de 1932, p. 197.
Milatz, Alfred, «Das Ende der Parteien im Spiegel der Wahlen 1930 bis 1933», *in* Matthias e Morsey (org.), *Das Ende,* pp. 743-793.
——, *Wähler und Wahlen in der Weimarer Republik* (Bona, 1965).
Miller, Max, *Eugen Bolz* (Estugarda, 1951).

Miller, Susanne, e Potthoff, Heinrich, *A History of German Social Democracy: From 1848 to the Present* (Leamington Spa, 1986 [1983]).

Milward, Alan, e Saul, Samuel B., *The Development of the Economies of Continental Europe 1850-1914* (Londres, 1977).

Ministère des affaires étrangères (org.), *Documents Diplomatiques Français,* 1932--1939, ser. I, vol. II (Paris, 1966).

Minuth, Karl-Heinz (org.), *Akten der Reichskanzlei: Weimarer Republik. Das Kabinett von Papen, I. Juni bis 3. December 1932* (Boppard, 1989).

——, (org.), *Akten der Reichskanzlei: Die Regierung Hitler,* I: *1933-1934* (2 vols., Boppard, 1983).

Mitchell, Allan, *Revolution in Bavaria 1918/1919: The Eisner Regime and the Soviet Republic* (Princeton, 1965).

Moeller, Robert G., «Winners as Losers in the German Inflation: Peasant Protest over the Controlled Economy», *in* Gerald D. Feldman *et al.* (org.), *The German Inflation: A Preliminary Balance* (Berlim, 1982), pp. 255-288.

——, «The Kaiserreich Recast? Continuity and Change in Modern German Historiography», *Journal of Social History,* 17 (1984), pp. 655-683.

Moeller van den Bruck, Arthur, *Das Dritte Reich* (3.ª ed., Hamburgo, 1931 [Berlim, 1923]).

Möller, Horst, «Die nationalsozialistische Machtergreifung: Konterrevolution oder Revolution?», *VfZ* 31 (1983), pp. 25-51.

Mommsen, Hans, «Der Reichstagsbrand und seine politischen Folgen», *VfZ* 12 (1964), 351-pp. 413.

——, *Beamtentum im Dritten Reich: Mit ausgewählten Quellen zur nationalsozialistischen Beamtenpolitik* (Estugarda, 1966).

——, «Betrachtungen zu den Memoiren Heinrich Brünings», *Jahrbuch für die Geschichte Mittel- und Ostdeutschlands,* 22 (1973), pp. 270-280.

——, «Van der Lubbes Weg in den Reichstag- der Ablauf der Ereignisse», *in* Backes *et al., Reichstagsbrand,* pp. 33-57.

——, Der *Nationalsozialismus und die deutsche Gesellschaft: Ausgewählte Aufsdtze* (Reinbek, 1991).

——, *From Weimar to Auschwitz: Essays in German History* (Princeton, 1991).

——, *The Rise and Fall of Weimar Democracy* (Chapel Hill, NC, 1996 [1989]).

——, «Das Jahr 1930 als Zäsur in der deutschen Entwicklung der Zwischenkriegszeit», *in* Lothar Ehrlich e Jürgen John (org.), *Weimar 1930: Politik und Kultur im Vorfeld der NSDiktatur* (Colónia, 1998), pp. 1-13.

Mommsen, Wolfgang J., *Das Ringen um den nationalen Staat: Die Gründung und der innere Ausbau des Deutschen Reiches unter Otto von Bismarck 1850-1890* (Berlim, 1993).

——, *Bürgertolz und Weltmachtstreben: Deutschland unter Wilhelm* II. *1890 bis 1918* (Berlim, 1995).

Moreau, Patrick, *Nationalsozialismus von «links»: Die «Kampfgemeinschaft Revolutionärer Nationalsozialisten» und die «Schwarze Front» Otto Strassers 1930-1935* (Estugarda, 1984).

Mork, Andrea, *Richard Wagner als politischer Schriftsteller: Weltanschauung und Wirkungsgeschichte* (Frankfurt am Main, 1990).

Morsch, Günter, «Oranienburg – Sachsenhausen, Sachsenhausen – Oranienburg», *in* Herbert *et al.* (org.), *Die nationalsozialistischen Konzentrationslager,* pp. 111-134.

Morsey, Rudolf, «Die Deutsche Zentrumspartei», *in* Matthias e Morsey (org.), *Das Ende,* pp. 279-453.

——, «Hitler als Braunschweiger Reigierungsrat», *VfZ* 8 (1960), pp. 419-448.

——, «Hitlers Verhandlungen mit der Zentrumsführung am 31. Januar 1933», *VfZ* 9 (1961), pp. 182-194.

——, «Zur Geschichte des "Preussenschlags" am 20. Juli 1932», *VfZ* 9 (1961), pp. 436-439.

——, *Der Untergang* des *politischen Katholizismus: Die Zentrumspartei zwischen christlichem Selbstverständnis und «Nationaler Erhebung» 1932/33* (Estugarda, 1977).

——, «Beamtenschaft und Verwaltung zwischen Republik und "Neuem Staat"», *in* Erdmann e Schulze (org.), *Weimar,* pp. 151-168.

——, *(org.), Das «Ermächtigungsgesetz» vom* 24. *März 1933: Quellen zur Geschichte und Interpretation des «Gesetzes zur Behebung der Not von Volk und Reich»* (Düsseldorf, 1992).

Mosse, George L., *The Crisis of German Ideology: Intellectual Origins of the* Third *Reich* (Londres, 1964).

——, *The Nationalization of the Masses: Political Symbolism and Mass Movements in Germany from the Napoleonic Wars through the Third Reich* (Nova Iorque, 1975).

Mosse, Werner E., *Jews in the German Economy: The German-Jewish Economic Élite 1820-1935* (Oxford, 1987).

——, *The German-Jewish Economic Élite 1820-1935: A Socio-Cultural Profile* (Oxford, 1989).

Mühlberger, Detlef, «A Social Profile of the Saxon NSDAP Membership before 1933», *in* Szejnmann, *Nazism,* pp. 211-219.

——, *Hitler's Followers: Studies in the Sociology of the Nazi Movement* (Londres, 1991).

Mühlhausen, Walter, *Friedrich Ebert: Sein Leben, sein Werk, seine Zeit* (Heidelberg, 1999).

Müller, Dirk, *Arbeiter, Katholizismus, Staat: Der Volksverein für das katholische Deutschland und die katholischen Arbeiterorganisationen in der Weimarer Republik* (Bona, 1996).

Müller, Fritz Ferdinand, *Deutschland-Zanzibar-Ostafrika: Geschichte einer deutschen Kolonialeroberung 1884-1890* (Berlim, 1990 [1959]).

Müller, Hans (org.), *Katholische Kirche und Nationalsozialismus: Dokumente 1930-1935* (Munique, 1963).

Müller, Ingo, *Hitler's Justice: The Courts of the Third Reich* (Londres, 1991 [1987]).

Müller, Klaus-Jürgen, *The Army, Politics and Society in Germany 1933-1945: Studies in the Army's Relation to Nazism* (Manchester, 1987).

——, «Der Tag von Potsdam und das Verhältnis der preussisch-deutschen Militär--Elite zum Nationalsozialismus», *in* Bernhard Kröner (org.), *Potsdam – Stadt, Armee, Residenz in der preussisch-deutschen Militärgeschichte* (Frankfurt am Main, 1993), pp. 435-449.

Müller-Jabusch, Maximilian (org.), *Handbuch* des *öffentlichen Lebens* (Leipzig, 1931).

Nahel, Irmela, *Fememorde und Fememordprozesse in der Weimarer Republik* (Colónia, 1991).

Nationalsozialistischer Deutscher Frontkämpferbund (org.), *Der NSDFB (Stahlhelm): Geschichte, Wesen und Aufgabe des Frontsoldatenbundes* (Berlim, 1935).

Nelles, Dieter, «Jan Valtins "Tagebuch der Hölle" - Legende und Wirklichkeit eines Schlüsselromans der Totalitarismustheorie», 1999: *Zeitschrift für Sozialgeschichte des 20. und 21. Jahrhunderts,* 9 (1994), pp. 11-45.

Nelson, Keith, «"The Black Horror on the Rhine": Race as a Factor in PostWorld War I Diplomacy», *Journal of Modern History,* 42 (1970), pp. 606-627.

Neugebauer, Rosamunde, «"Christus mit der Gasmaske" von George Grosz, oder: Wieviel Satire konnten Kirche und Staat in Deutschland um 1930 ertragen?», *in* Maria Rüger (org.), *Kunst und Kunstkritik der dreissiger Jahre: 29 Standpunkte zu künstlerischen und ästhetischen Prozessen und Kontroversen* (Dresden, 1990), pp. 156-165.

Neumann, Franz, *Behemoth: The Structure and Practice of National Socialism* (Nova Iorque, 1942).

Nicholls, Anthony J., «Die höhere Beamtenschaft in der Weimarer Zeit: Betrachtungen zu Problemen ihrer Haltung und ihrer Fortbildung», *in* Lothar Albertin e Werner Link (org.), *Politische Parteien auf dem Weg zur parlamentarischen Demokratie in Deutschland: Entwicklungslinien bis zur Gegenwart* (Düsseldorf, 1981), pp. 195-207.

——, *Weimar and the Rise of Hitler* (4.ª ed., Londres, 2000 [1968]).

——, e Matthias, Erich (org.), *German Democracy and the Triumph of Hitler: Essays in Recent German History* (Londres, 1971).

Niehuss, Merith, «From Welfare Provision to Social Insurance: The Unemployed in Augsburg 1918-27», *in* Evans e Geary (org.), *The German Unemployed,* pp. 44-72.

Niewyk, Donald L., *The Jews in Weimar Germany* (Baton Rouge, La., 1980).

Nipperdey, Thomas, *Germany from Napoleon to Bismarck* (Princeton, 1986 [1983]).

——, *Deutsche Geschichte 1866-1918*, I: *Arbeitswelt und Bürgergeist* (Munique, 1990).

——, *Deutsche Geschichte 1866-1918*, II: *Machtstaat vor der Demokratie* (Munique, 1992).

Nitschke, August, *et al.* (org.), *Jahrhundertwende: Der Aufbruch in die Moderne* 1880-1930 (2 vols., Reinbek, 1990).

Noack, Paul, *Ernst Jünger: Eine Biographie* (Berlim, 1998).

Noakes, Jeremy, *The Nazi Party in Lower Saxony 1921-1933* (Oxford, 1971).

——, «Nazism and Revolution», *in* Noel O'Sullivan (org.), *Revolutionary Theory and Political Reality* (Londres, 1983), pp. 73-100.

——, «Nazism and Eugenics: The Background to the Nazi Sterilization Law of 14 July 1933», *in* Roger Bullen *et al.* (org.), *Ideas into Politics: Aspects of European History 1880-1950* (Londres, 1984), pp. 75-94.

——, e Pridham, Geoffrey (org.), *Nazism 1919-1945* (4 vols., Exeter 1983-1998 [1974]).

Nolan, Mary, *Visions of Modernity: American Business and the Modernization of Germany* (Nova Iorque, 1994).

Nolte, Ernst, *Three Faces of Fascism: Action Française, Italian Fascism, National Socialism* (Nova Iorque, 1969 [1963]).

——, *Der europäische Bürgerkrieg 1917-1945; Nationalsozialismus und Bolschewismus* (Frankfurt am Main, 1987).

Nonn, Christoph, *Eine Stadt sucht einen Mörder: Gerücht, Gewalt und Antisemitismus im* Kaiserreich (Göttingen, 2002).

Norton, Robert E., *Secret Germany:Stefan George and his Circle* (Ithaca, NY, 2002).

Nowak, Kurt, e Raulet, Gérard (org.), *Protestantismus und Antisemitismus in der Weimarer Republik* (Frankfurt am Main, 1994).

Nuss, Karl, *Militär und Wiederaufrüstung in der Weimarer Republik: Zur politischen Rolle und Entwicklung der Reichswehr* (Berlim, 1977).

Oertel, Thomas, *Horst Wessel. Untersuchung einer Legende* (Colónia, 1988).

O'Neill, Robert J., *The German Army and the Nazi Party 1933-1939* (Londres, 1966).

Orlow, Dietrich, *The History of the Nazi Party,* I: *1919-1933* (Newton Abbot, 1971 [1969]).

——, *Weimar Prussia 1918-1925: The Unlikely Rock of Democracy* (Pittsburgh, 1986).

——, «Rudolf Hess: Deputy Führer», *in* Smelser e Zitelmann (org.), *The Nazi Elite,* pp. 74-84.

Orth, Karin, *Das System der nationalsozialistischen Konzentrationslager* (Hamburgo, 1999).

Osterroth, Franz, e Schuster, Dieter, *Chronik* der *deutschen Sozialdemokratie* (Hanôver, 1963).

Ostwald, Hans, *Sittengeschichte der Inflation: Ein Kulturdokument aus den Jahren des Marksturzes* (Berlim, 1931).

Ott, Hugo, *Martin Heidegger: A Political Life* (Londres, 1993).

Overy, Richard, *Goering: The «Iron Man»* (Londres, 1984).

Owen, Richard, «Military-Industrial Relations: Krupp and the Imperial Navy Office», *in* Evans (org.), *Society and Politics,* pp. 71-89.

Paret, Peter, *An Artist against the Third Reich: Ernst Barlach 1933-1938* (Cambridge, 2003).

Passmore, Kevin, *Fascism: A Very Short Introduction* (Oxford, 2002).

Patch, William L., Jr., *Heinrich Brüning and the Dissolution of the Weimar Republic* (Cambridge, 1998).

Paul, Gerhard, *Aufstand der Bilder: Die NS-Propaganda vor 1933* (Bona, 1990).

Payne, Stanley G., *A History of Fascism* 1914-1945 (Londres, 1995).

Peal, David, «Antisemitism by Other Means? The Rural Cooperative Movement in Late 19th Century Germany», *in* Herbert A. Strauss (org.), *Hostages of Modernization: Studies on Modern Antisemitism 1870-1933/39: Germany – Great Britain – France* (Berlim, 1993), pp. 128-149.

Petropoulos, Jonathan, *The Faustian Bargain: The Art World in Nazi Germany* (Londres, 2000).

Petzina, Dietmar, «The Extent and Causes of Unemployment in the Weimar Republic», *in* Peter D. Stachura (org.), *Unemployment and the Great Depression in* Weimar Germany (Londres, 1986), pp. 29-48.

——, *et al., Sozialgeschichtliches Arbeitsbuch,* III: *Materialien zur Geschichte des Deutschen Reiches 1914-1945* (Munique, 1978).

Petzold, Joachim, *Franz von Papen: Ein deutsches Verhängnis* (Munique, 1995).

Peukert, Detlev J. K., *Die KPD im Widerstand: Verfolgung und Untergrundarbeit an Rhein und Ruhr, 1933 bis 1945* (Wuppertal, 1980).

——, *Grenzen der Sozialdisziplinierung: Aufstieg und Krise der deutschen Jugendfiirsorge 1878 bis 1932* (Colónia, 1986).

——, «The Lost Generation: Youth Unemployment at the End of the Weimar Republic», *in* Evans e Geary (org.), *The German Unemployed,* pp. 172-193.

——, *Jugend zwiscben Krieg und Krise: Lebenswelten von Arbeiterjungen in der Weimarer Republik* (Colónia, 1987).

——, *Inside Nazi Germany: Conformity, Opposition and Racism in Everyday Life* (Londres, 1989 [1982.]).

——, *The Weimar Republic: The Crisis of Classical Modernity* (Londres, 1991 [1987]).

Pflanze, Otto, *Bismarck* (3 vols., Princeton, 1990).

Phelps, Reginald H., «Aus den Groener Dokumenten», *Deutsche Rundschau,* 76 (1950), 1019 e 77 (1951), pp. 26-29.

——, «"Before Hitler Came": Thule Society and Germanen Orden», *Journal of Modern History,* 35 (1963), pp. 145-161.

——, «Hitler als Parteiredner im Jahre 1920», *VfZ* 11 (1963), pp. 274-330.

Pikart, Eberhard, «Preussische Beamtenpolitik 1918-1933», *VfZ* 6 (1958), pp. 119-137.

Planck, Max, «Mein Besuch bei Hitler», *Physikalische Blätter,* 3 (1947), p. 143.

Planert, Ute, *Antifeminismus im Kaiserreich: Diskurs, soziale Formation und politische Mentalität* (Göttingen, 1998).

——, *Nation, Politik und Geschlecht: Frauenbewegungen und Nationalismus in der Moderne* (Frankfurt am Main, 2000).

Plant, Richard, *The Pink Triangle: The Nazi War against Homosexuals* (Edimburgo, 1987).

Plewnia, Margarete, *Auf dem Weg zu Hitler: Der völkische Publizist Dietrich Eckart* (Bremen, 1970).

Pogge-von Strandmann, Hartmut, «Staatsstreichpläne, Alldeutsche und Bethmann Hollweg», *in idem* e Imanuel Geiss, *Die Erforderlichkeit des Unmöglichen: Deutschland am Vorabend des ersten Weltkrieges* (Frankfurt am Main, 1965), pp. 7-45.

Pommerin, Reiner, *«Sterilisierung der Rheinlandbastarde:» Das Schicksal einer farbigen deutschen Minderheit 1918-1937* (Düsseldorf, 1979).

Preller, Ludwig, *Sozialpolitik in der Weimarer Republik* (Düsseldorf, 1978 [1949]).

Pridham, Geoffrey, *Hitler's Rise to Power: The Nazi Movement in Bavaria 1923--1933* (Londres, 1973).

Prieberg, Fred K., *Trial of Strength: Wilhelm Furtwängler and the Third Reich* (Londres, 1992).

Proctor, Robert N., *Racial Hygiene: Medicine under the Nazis* (Cambridge, Mass., 1988).

Der Prozess gegen die Hauptkriegsverbrecher vor dem Internationalen Militärgerichtshof (Nuremberga, 1947).

Puhle, Hans-Jürgen, *Agrarische Interessenpolitik und preussischer Konservatismus im wilhelminischen Reich 1893-1914: Ein Beitrag zur Analyse des Nationalismus in Deutschland am Beispiel des Bundes der Landwirte und der DeutschKonservativen Partei* (Hanôver, 1967).

Pulzer, Peter J. G., *The Rise of Political Anti-Semitism in Germany and Austria* (Nova Iorque, 1964).

——, «Der Anfang vom Ende», *in* Arnold Paucker (org.), *Die Juden im nationalsozialistischen Deutschland 1933-1944* (Tübingen, 1986), pp. 3-15.

——, *Jews and the German State: The Political History of* a *Minority, 1848-1933* (Oxford, 1992).

——, «Jews and Nation-Building in Germany 1815-1918», *Year Book of the Leo Baeck Institute,* 41 (1996), pp. 199-224.

Pyta, Wolfram, «Konstitutionelle Demokratie statt monarchischer Restauration: Die verfassungspolitische Konzeption Schleichers in der Weimarer Staatskrise», *VfZ* 47 (1999), pp. 417-441.

Rabenau, Friedrich von, *Seeckt – aus seinem Leben 1918-1936* (Leipzig, 1940).

Radkau, Joachim, *Das Zeitalter der Nervosität: Deutschland zwischen Bismarck und Hitler* (Munique, 1998).

Rahden, Till van, *Juden und andere Breslauer: Die Beziehungen zwischen Juden, Protestanten und Katholiken in einer deutschen Grossstadt von 1860 bis 1925* (Göttingen, 2000).

Rainbird, Sean (org.), *Max Beckmann* (Londres, 2003).

Rauschning, Hermann, *Germany's Revolution of Destruction* (Londres, 1939 [1938]).

Rebentisch, Dieter, e Raab, Angelika (org.), *Neu-Isenburg zwischen Anpassung und Widerstand: Dokumente über Lebensbedingungen und politisches Verhalten 1933-1934* (Neu-Isenburg, 1978).

Reiche, Eric G., *The Development of the SA in Nürnberg,* 1922-1934 (Cambridge, 1986).

Reimann, Aribert, *Der grosse Krieg der Sprachen: Untersuchungen zur historischen Semantik in Deutschland und England zur Zeit des Ersten Weltkriegs* (Essen, 2000).

Reimer, Klaus, *Rheinlandfrage und Rheinlandbewegung (1918-1933): Ein Beitrag zur Geschichte der regionalistischen Bewegung in Deutschland* (Frankfurt am Main, 1979).

Reithel, Thomas, e Strenge, Irene, «Die Reichstagsbrandverordnung: Grundlegung der Diktatur mit den Instrumenten des Weimarer Ausnahmezustandes», *VfZ* 48 (2000), pp. 413-460.

Remy, Steven P., *The Heidelberg Myth: The Nazification and Denazification of a German University* (Cambridge, Mass., 2002).

Repgen, Konrad, «Zur vatikanischen Strategie beim Reichskonkordat», *VfZ* 31 (1983), pp. 506-535.

Retallack, James N., *Notables of the Right: The Conservative Party and Political Mobilization in Germany, 1876-1918* (Londres, 1988).

Reulecke, Jürgen, «"Hat die Jugendbewegung den Nationalsozialismus vorbereitet?" Zum Umgang mit einer falschen Frage», *in* Wolfgang R. Krabbe (org.), *Politische Jugend in der Weimarer Republik* (Bochum, 1993), pp. 222-243.

——, *«Ich möchte einer werden so wie die ...» Männerbünde im 20. Jahrhundert* (Frankfurt am Main, 2001).

Reuth, Ralf Georg, *Goebbels: Eine Biographie* (Munique, 1995).

Richardi, Hans-Günter, *Schule der Gewalt: Das Konzentrationslager Dachau, 1933-1934* (Munique, 1983).

Richarz, Monika, *Jüdisches Leben in Deutschland,* II: *Selbstzeugnisse zur Sozialgeschichte im Kaiserreich* (Estugarda, 1979).

Richter, Ludwig, «Das präsidiale Notverordnungsrecht in den ersten Jahren der Weimarer Republik. Friedrich Ebert und die Anwendung des Artikels 48 der Weimarer Reichsverfassung», *in* Eberhard Kolb (org.), *Friedrich Ebert als Reichspräsident: Amtsführung und Amtsverständnis* (Munique, 1997), pp. 207-258.

Riebicke, Otto, *Was brauchte der Weltkrieg? Tatsachen und Zahlen aus dem deutschen Ringen 1914-18* (Berlim, 1936).

Rietzler, Rudolf, *«Kampf in der Nordmark»: Das Aufkommen des Nationalsozialismus in SchleswigHolstein (1919-1928)* (Neumünster, 1982).

Ritchie, James M., *German Literature under National Socialism* (Londres, 1983).

Rittberger, Volker (org.), *1933: Wie die Republik der Diktatur erlag* (Estugarda, 1983).

Ritter, Gerhard, *Europa und die deutsche Frage: Betrachtungen über die geschichtliche Eigenart des deutschen Staatsgedankens* (Munique, 1948).

——, «The Historical Foundations of the Rise of National-Socialism», *in* Maurice Beaumont *et al., The Third Reich: A Study Published under the Auspices of the International Council for Philosophy and Humanistic Studies with the Assistance of UNESCO* (Nova Iorque, 1955), pp. 381-416.

Ritter, Gerhard A., «Kontinuität und Umformung des deutschen Parteiensystems 1918-1920», *in* Eberhard Kolb (org.), *Vom Kaiserreich zur Weimarer Republik* (Colónia, 1972), pp. 218-243.

——, *Wahlgeschichtliches Arbeitsbuch: Materialien zur Statistik des Kaiserreichs 1871-1918* (Munique, 1980).

——, *Sozialversicherung in Deutschland und England: Entstehung und Grundzüge im Vergleich* (Munique, 1983).

——, *Die deutschen Parteien 1830-1914: Parteien und Gesellschaft* im *konstitutionellen Regierungssystem* (Göttingen, 1985).

——, e Miller, Susanne (org.), *Die deutsche Revolution 1918-1919: Dokumente* (Frankfurt am Main, 1968).

Ritthaler, Anton, «Eine Etappe auf Hitlers Weg zur ungeteilten Machti Hugenbergs Rücktritt als Reichsminister», *VfZ* 8 (1960), pp. 193-219.

Rohe, Karl, *Das Reicbsbanner Schwarz Rot Gold: Ein Beitrag zur Geschichte und Struktur der politischen Kampfverbände zur Zeit der Weimarer Republik* (Düsseldorf, 1966).

——, *Wahlen und Wählertraditionen in Deutschland* (Frankfurt am Main, 1992).

Röhl, John C. G. (org.), *From Bismarck to Hitler: The Problem of Continuity in German History* (Londres, 1970).

Röhm, Ernst, *Die Geschichte eines Hochverräters* (Munique, 1928).

Rohrwasser, Michael, *Der Stalinismus und die Renegaten: Die Literatur der Exkommunisten* (Estugarda, 1991).

Rolfs, Richard W., *The Sorcerer's Apprentice: The Life of Franz von Papen* (Lanham, Md., 1996).

Rosenberg, Alfred (org.), *Dietrich Eckart: Ein Vermächtnis* (4.ª ed., Munique, 1937 [1928]).

——, *Selected Writings* (org. Robert Pois, Londres, 1970).

Rosenberg, Arthur, *The Birth of the German Republic* (Oxford, 1931 [1930]).

——, *A History of the German Republic* (Londres, 1936 [1935]).

Rosenhaft, Eve, «Working-Class Life and Working-Class Politics: Communists, Nazis, and the State in the Battle for the Streets, Berlin, 1918-1932», *in* Richard Bessel e Edgar J. Feuchtwanger (org.), *Social Change and Political Development in Weimar Germany* (Londres, 1981), pp. 207-240.

——, «Organising the "Lumpenproletariat": Cliques and Communists in Berlin during the Weimar Republic», *in* Richard J. Evans (org.), *The German Working Class 1888-1933: The Politics of Everyday Life* (Londres, 1982), pp. 174-219.

——, *Beating the Fascists? The German Communists and Political Violence 1929-1933* (Cambridge, 1983).

——, «The Unemployed in the Neighbourhood: Social Dislocation and Political Mobilisation in Germany 1929-33», *in* Evans e Geary (org.), *The German Unemployed,* pp. 194-227.

——, «Links gleich rechts? Militante Strassengewalt um 1930», *in* Lindenberger e Lüdtke (org.), *Physische Gewalt,* pp. 239-275.

Rosenow, Ulf, «Die Göttinger Physik unter dem Nationalsozialismus», *in* Becker *et al.* (org.), *Die Universität Göttingen,* pp. 345-409.

Rote Fahne, Die, 1933.

Roth, Karl Heinz, «Schein-Alternativen im Gesundheitswesen: Alfred Grotjahn (1869-1931) – Integrationsfigur etablierter Sozialmedizin und nationalsozialistischer "Rassenhygiene"», *in* Karl Heinz Roth (org.), *Erfassung zur Vernichtung: Von der Sozialhygiene zum «Gesetz über Sterbehilfe»* (Berlim, 1984), pp. 31-56.

Rousso, Henry, *The Haunting Past: History, Memory, and Justice in Contemporary France* (Filadélfia, 2002 [1998]).

Ruck, Michael, *Bibliographie zum Nationalsozialismus* (2 vols., Darmstadt, 2000 [1995]).

Runge, Wolfgang, *Politik und Beamtentum in Parteienstaat: Die Demokratisierung der politischen Beamten in Preussen zwischen 1918 und 1933* (Estugarda, 1965).

Rupieper, Hermann J., *The Cuno Government and Reparations 1922-1923: Politics and Economics* (Haia, 1979).

Ruppert, Karsten, *Im Dienst am Staat von Weimar: Das Zentrum als regierende Partei in der Weimarer Demokratie 1923-1930* (Düsseldorf, 1992).

Rürup, Reinhard, «Entstehung und Grundlagen der Weimarer Verfassung», *in* Eberhard Kolb (org.), *Vom Kaiserreich zur Weimarer Republik* (Colónia, 1972), pp. 218-243.

——, (org.), *Topographie des Terrors: Gestapo, SS und Reichssicherheitshauptamt auf dem «Prinz-Albrecht-Gelände»: Eine Dokumentation* (Berlim, 1987).

Sabrow, Martin, *Der Rathenaumord: Rekonstruktion einer Verschwörung gegen die Republik von Weimar* (Munique, 1994).

Safranski, Rüdiger, *Ein Meister aus Deutschland: Heidegger und seine Zeit* (Munique, 1994).

Sailer, Joachim, *Eugen Bolz und die Krise des politischen Katholizismus in der Weimarer Republik* (Tübingen, 1994).

Sauder, Gerhard (org.), *Die Bücherverbrennung: Zum 10. Mai 1933* (Munique, 1983).

Saul, Klaus, «Der Staat und die "Mächte des Umsturzes": Ein Beitrag zu den Methoden antisozialistischer Repression und Agitation vom Scheitern des Sozialistengesetzes bis zur Jahrhundertwende», *Archiv für Sozialgeschichte,* 12 (1972), pp. 293-350.

Schade, Franz, *Kurt Eisner und die bayerische Sozialdemokratie* (Hanôver, 1961).

Schairer, Erich, «Alfred Hugenberg», *Mit anderen Augen: Jahrbuch der deutschen Sonntagszeitung* (1929), pp. 18-21.

Schanbacher, Eberhard, *Parlamentarische Wahlen und Wahlsystem in der Weimarer Republik: Wahlgesetzgebung und Wahlreform im Reich und in den Ländern* (Düsseldorf, 1982).

Schappacher, Norbert, «Das Mathematische Institut der Universität Göttingen», *in* Becker *et al.* (org.), *Die Universität Göttingen*, pp. 345-373.

Scheck, Raffael, *Mothers of the Nation: Right-Wing Women in German Politics, 1918-1923* (a publicar, 2004).

Scheil, Stefan, *Die Entwicklung des politischen Antisemitismus in Deutschland zwischen 1881 und 1912: Eine wahlgeschichtliche Untersuchung* (Berlim, 1999).

Schirach, Baldur von, *Die Feier der neuen Front* (Munique, 1929).

Schirmann, Leon, *Altonaer Blutsonntag 17. Juli 1932: Dichtung und Wahrheit* (Hamburgo, 1994).

Schlotterbeck, Friedrich, *The Darker the Night, the Brighter the Stars: A German Worker Remembers (1933-1945)* (Londres, 1947).

Schmädeke, Jürgen, *et al.*, «Der Reichstagsbrand im neuen Licht», *Historische Zeitschrift,* 269 (1999), pp. 603-651.

Schmelz, Usiel O., «Die demographische Entwicklung der Juden in Deutschland von der Mitte des 19. Jahrhunderts bis. 1933», *Bulletin des Leo Baeck Instituts,* 83 (1989), pp. 15-62.

Schmidt, Christoph, «Zu den Motiven "alter Kämpfer" in der NSDAP», *in* Detlev J. K. Peukert e Jürgen Reulecke (org.), *Die Reihen fast geschlossen: Beiträge zur Geschichte des Alltags unterm Nationalsozialismus* (Wuppertal, 1981), pp. 21-44.

Schmuhl, Hans-Walter, *Rassenhygiene, Nationalsozialismus, Euthanasie: Von der Verhütung zur Vernichtung «lebensunwerten Lebens», 1890-1945.* (Göttingen, 1987).

Schneeberger, Guido, *Nachlese zu Heidegger: Dokumente zu seinem Leben und Denken* (Berna, 1962).

Schneider, Hans, «Das Ermächtigungsgesetz vom 24. März 1933», *Vfz* I (1953), 197-221.

Schneider, Michael, *A Brief History of the German Trade Unions* (Bona, 1991 [1989]).

——, *Unterm Hakenkreuz: Arbeiter und Arbeiterbewegung 1933 bis 1939* (Bona, 1999).

Schneider, Werner, *Die Deutsche Demokratische Partei in der Weimarer Republik, 1924-1930* (Munique, 1978).

Schoenbaum, David, *Zabern 1913: Consensus Politics in Imperial Germany* (Londres, 1982.).

Scholder, Klaus, *The Churches and the Third Reich* (2 vols., Londres, 1987-1988 [1977, 1985]).

Schönhoven, Klaus, *Die Bayerische Volkspartei* 1924-1932 (Düsseldorf, 1972).

Schorske, Carl E., *Fin-de-Siècle Vienna: Politics and Culture* (Nova Iorque, 1980).
Schotte, Walter, *Der neue Staat* (Berlim, 1932).
Schouten, Martin, *Marinus van der Lubbe* (1909-1934): *Eine Biographie* (Frankfurt, 1999 [1986]).
Schreiber, Georg, *Brüning, Hitler, Schleicher: Das Zentrum in der Opposition* (Colónia, 1932).
Schiiddekopf, Otto-Ernst, *Das Heer und die Republik - Quellen zur Politik der Reichswehrführung 1918 bis 1933* (Hanôver, 1955).
Schüler, Hermann, *Auf der Flucht erschossen: Felix Fechenbach 1894-1933. Eine Biographie* (Colónia, 1981).
Schüler, Winfried, *Der Bayreuther Kreis von seiner Entstehung bis zum Ausgang der wilhelminischen Ara* (Münster, 1971).
Schüler-Springorum, Stefanie, *Die jüdische Minderheit in Königsberg, Preussen 1871-1945* (Göttingen, 1996).
Schulte, Regina, *Sperrbezirke: Tugendhaftigkeit und Prostitution in der bürgerlichen Welt* (Frankfurt am Main, 1979).
Schulz, Gerhard, *Zwischen Demokratie und Diktatur: Verfassungspolitik und Reichsreform in der* Weimarer *Republik* (3 vols., Berlim, 1963-1992).
——, «Artikel 48 in politisch-historischer Sicht», in Ernst Fraenkel (org.), *Der Staatsnotstand* (Berlim, 1965), pp. 39-71.
——, (org.), *Ploetz Weimarer Republik: Eine Nation im Umbruch* (Friburgo, 1987).
Schulze, *Hagen, Freikorps und Republik 1918-1920* (Boppard, 1969).
——, *Otto Braun oder Preussens demokratische Sendung* (Frankfurt am Main, 1977).
——, *Weimar: Deutschland 1917-1933* (Berlim, 1982).
Schumann, Hans-Gerhard, *Nationalsozialismus und Gewerkschaftsbewegung: Die Vernichtung der deutschen Gewerkschaften und* der *Aufbau der «Deutschen Arbeitsfront»* (Hanôver, 1958).
Schuster, Kurt G. P., *Der Rote Frontkämpferbund 1924-1929: Beiträge zur* Geschichte *und Organisationsstruktur eines politischen Kampfbundes* (Düsseldorf, 1975).
Schwabe, Klaus (org.), *Die Ruhrkrise 1923: Wendepunkt* der *internationalen Beziehungen nach dem Ersten Weltkrieg* (Paderborn, 1985).
——, «Die deutsche Politik und die Juden im Ersten Weltkrieg», *in* Hans Otto Horch (org.), *Judentum, Antisemitismus und europäische Kultur* (Tübingen, 1988), pp. 255-266.
Schwarz, Johannes, *Die bayerische Polizei und ihre historische Funktion bei der Aufrechterhaltung der öffentlichen Sicherheit in Bayern von 1919 bis 1933* (Munique, 1977).
Schwerin von Krosigk, Lutz Graf, *Es geschah in Deutschland: Menschenbilder unseres Jahrhunderts* (Tübingen, 1951).
Service, Robert, *Lenin: A Political Life* (3 vols., Londres, 1985-1995).
Shapiro, Leonard, *Totalitarianism* (Londres, 1972).

Sharp, Alan, *The Versailles Settlement: Peacekeeping in Paris,* 1919 (Londres, 1991).

Sheehan, James J., *German History 1770-1866* (Oxford, 1989).

Shirer, William L., *The Rise and Fall of the Third Reich: A History of Nazi Germany* (Nova Iorque, 1960).

Siggemann, Jürgen, *Die kasernierte Polizei und das Problem der inneren Sicherheit in der Weimarer Republik: Eine Studie zum Auf- und Ausbau des innerstaatlichen Sicherheitssystems in Deutschland 1918/19-1933* (Frankfurt am Main, 1980).

Skzrypczak, Henryk, «Das Ende der Gewerkschaften», *in* Wolfgang Michalka (org.), *Die nationalsozialistische Machtergreifung* (Paderborn, 1984), pp. 97-110.

Sluga, Hans, *Heidegger's Crisis: Philosophy and Politics in Nazi Germany* (Cambridge, Mass., 1993).

Smelser, Ronald, e Zitelmann, Rainer (org.), *The Nazi Elite* (Londres, 1989).

Smith, Bradley F., *Heinrich Himmler 1900-1926: A Nazi in the Making* (Stanford, Calif., 1971).

Smith, Denis Mack, *Mussolini* (Londres, 1981).

Smith, Helmut Walser, «The Learned and the Popular Discourse of Anti-Semitism in the Catholic Milieu in the Kaiserreich», *Central European History*, 27 (1994), pp. 315-328.

——, *The Butcher's Tale: Murder and Anti-Semitism in a German Town* (Nova Iorque, 2002).

Smith, Woodruff D., *The German Colonial Empire* (Chapel Hill, NC, 1978).

——, *The Ideological Origins of Nazi Imperialism* (Nova Iorque, 1986).

Snell, John L. (org.), *The Nazi Revolution - Germany's Guilt or Germany's Fate?* (Boston, 1959).

Sollner, Alfons (org.), *Totalitarismus: Eine Ideengeschichte des 20. jahrhunderts* (Berlim, 1997).

Sontheimer, Kurt, «Thomas Mann als politischer Schriftsteller», *VfZ* 6 (1958), pp. 1-44.

——, *Antidemokratisches Denken in der Weimarer Republik* (Munique, 1978 [1962]).

Sösemann, Bernd, «Die Tagesaufzeichnungen des Joseph Goebbels und ihre unzulänglichen Veröffentlichungen», *Publizistik,* 37 (1992), pp. 213-244.

Speier, Hans, *German White-Collar Workers and the Rise of Hitler* (New Haven, 1986).

Spengler, Oswald, *Der Untergang des Abendlandes: Umrisse einer Morphologie* der *Weltgeschichte,* I: *Gestalt und Wirklichkeit* (Viena, 1918).

——, *Spengler Letters 1913-1936* (org. Arthur Helps, Londres, 1966).

Splitt, Gerhard, *Richard Strauss 1933-1935: Aesthetik und Musikpolitik zu Beginn der nationalsozialistischen Herrschaft* (Pfaffenweiler, 1987).

Spotts, Frederic, *Hitler and the Power of Aesthetics* (Londres, 2002).

Stachura, Peter D., *Nazi Youth in the Weimar Republic* (Santa Barbara, Calif., 1975).

——, *The German Youth Movement, 1900-1945: An Interpretative and Documentary History* (Londres, 1981).

——, *Gregor Strasser and the Rise of Nazism* (Londres, 1983).

——, (org.), *Unemployment and the Great Depression in Weimar Germany* (Londres, 1986).

Stackelberg, Roderick, e Winkle, Sally A. (org.), *The Nazi Germany Sourcebook: An Anthology of Texts* (Londres, 2002).

Staewen-Ordermann, Gertrud, *Menschen der Unordnung: Die proletarische Wirklichkeit im Arbeitsschicksal der ungelernten Grossstadtjugend* (Berlim, 1933).

Staff, Ilse, *Justiz im Dritten Reich: Eine Dokumentation* (2.ª ed., Frankfurt am Main, 1978 [1964]).

Stansfield, Agnes, «Das Dritte Reich: A Contribution to the Study of the "Third Kingdom" *in* German Literature from Herder to Hegel», *Modern Language Review,* 34 (1934), pp. 136-172.

Stargardt, Nicholas, *The German Idea of Militarism 1866-1914* (Cambridge, 1994).

Stark, Gary D., «Pornography, Society and the Law in Imperial Germany», *Central European History,* 14 (1981), pp. 200-220.

——, *Entrepreneurs of Ideology: NeoConservative Publishers in Germany, 1890-1933* (Chapel Hill, NC, 1981).

Steakley, James D., *The Homosexual Emancipation Movement in Germany* (Nova Iorque, 1975).

Steger, Bernd, «Der Hitlerprozess und Bayerns Verhältnis zum Reich 1923/24», *VfZ* 23 (1977), pp. 441-466.

Stegmann, Dirk, *Die Erben Bismarcks: Parteien und Verbände in der Spätphase des Wilhelminischen Deutschlands: Sammlungspolitik 1897-1914* (Colónia, 1970).

——, «Zwischen Repression und Manipulation: Konservative Machteliten und Arbeiter- und Angestelltenbewegung 1910-1918. Ein Beitrag zur Vorgeschichte der DAP/NSDAP», *Archiv für Sozialgescbichte,* 12 (1972), pp. 351-433.

Steigmann-Gall, Richard, *The Holy Reich: Nazi Conceptions of Christianity, 1919-1945* (Nova Iorque, 2003).

Steinberg, Michael S., *Sabers and Brown Shirts: The German Students' Path* to *National Socialism, 1918-1935* (Chicago, 1977).

Steinle, Jürgen, «Hitler als "Betriebsunfall in der Geschichte"», *Geschichte in Wissenschaft und Unterricht,* 45 (1994), pp. 288-302.

Stenographischer Bericht über die öffentlichen Verhandlungen des 15. *Untersuchungsausschusses der verfassungsgebenden Nationalversammlung,* II (Berlim, 1920).

Stephenson, Jill, *The Nazi Organisation of Women* (Londres, 1981).

Stern, Fritz, *The Politics of Cultural Despair: A Study in the Rise of the German Ideology* (Nova Iorque, 1961).

——, *Gold and Iron: Bismarck, Bleichröder and the Building of the German Empire* (Nova Iorque, 1977).

——, *Dreams and Delusions: The Drama of German History* (Nova Iorque, 1987).

——, *Einstein's German World* (Londres, 2000 [1999]).

Stoakes, Geoffrey, *Hitler and the Quest for World Dominion* (Leamington Spa, 1987).

Stoehr, Irene, «Neue Frau und alte Bewegung? Zum Generationskonflikt in der Frauenbewegung der Weimarer Republik», *in* Jutta Dalhoff *et al.* (org.), *Frauenmacht in der Geschichte* (Düsseldorf, 1986), pp. 390-400.

Strachan, Hew, *The First World War,* I: *To Arms* (Oxford, 2001).

Strätz, Wolfgang, «Die studentische "Aktion wider den undeutschen Geist"», *VfZ* 16 (1968), pp. 347-372.

Striefler, Christian, *Kampf um die Macht: Kommunisten und Nationalsozialisten am Ende der Weimarer Republik* (Berlim, 1993).

Stümke, Hans-Georg, *Homosexuelle in Deutschland: Eine politische Geschichte* (Munique, 1989).

——, e Finkler, Rudi, *Rosa Winkel, Rosa Listen: Homosexuelle und «Gesundes Volksempfinden» von Auschwitz bis heute* (Hamburgo, 1981).

Suhr, Elke, *Carl von Ossietzky: Eine Biographie* (Colónia, 1988).

Suval, Stanley, *Electoral Politics in Wilhelmine Germany* (Chapel Hill, NC, 1985).

Szejnmann, Claus-Christian W., *Nazism in Central Germany: The Brownshirts in «Red» Saxony* (Nova Iorque, 1999).

Szöllösi-Janze, Margit, *Fritz Haber 1868-1934: Eine Biographie* (Munique, 1998).

Talmon, Jacob L., *The Origins of Totalitarian Democracy* (Londres, 1952).

Tanner, Michael (org.), *Wilhelm Furtwängler, Notebooks* 1924-1945 (Londres, 1989).

Tatar, Maria, *Lustmord: Sexual Murder in Weimar Germany* (Princeton, 1995).

Taureck, Bernhard H. F., *Nietzsche und der Faschismus: Ein Politikum* (Leipzig, 2000).

Taylor, Alan J. P., *The Course of German History* (Londres, 1945).

——, *Bismarck: The Man and the Statesman* (Londres, 1955).

Taylor, Brandon, e Will, Wilfried van der (org.), *The Nazification of Art: Art, Design, Music, Architecture and Film in the Third Reich* (Winchester, 1990).

Taylor, Simon, *Germany 1918-1933: Revolution, Counter-Revolution and the Rise of Hitler* (Londres, 1983).

Temperley, Harold (org.), *A History of the Peace Conference of Paris* (6 vols., Londres, 1920-1924).

Thälmann, Irma, *Erinnerungen an meinen Vater* (Berlim, 1955).

Thamer, Hans-Ulrich, *Verführung und Gewalt: Deutschland 1933-1945* (Berlim, 1986).

Theweleit, Klaus, *Male Fantasies* (2 vols., Cambridge, 1987 e 1989 [1978]).

Thomas, Richard Hinton, *Nietzsche in German Politics and Society 1890-1918* (Manchester, 1983).

Thompson, Alastair, *Left Liberals, the State, and Popular Politics in Wilhelmine Germany* (Oxford, 2000).

Thomson, David, *The New Biographical Dictionary of Film* (4.ª ed., 2002 [1975]).

Thoss, Bruno, *Der Ludendorff-Kreis:* 1919-1923. *München als Zentrum der mitteleuropäischen Gegenrevolution zwischen Revolution und Hitler-Putsch* (Munique, 1978).

Timm, Annette F., «The Ambivalent Outsider: Prostitution, Promiscuity, and VD Control in Nazi Berlin», *in* Gellately e Stoltzus (org.), *Social Outsiders,* pp. 192-211.

Tims, Richard W., *Germanizing Prussian Poland: The H-K-T Society and the Struggle for the Eastern Marches in the German Empire 1894-1919* (Nova Iorque, 1941).

Tobias, Fritz, *The Reichstag Fire: Legend and Truth* (Londres, 1962).

——, «Ludendorff, Hindenburg, Hitler: Das Phantasieprodukt des Ludendorff-Briefes vom 30. Januar 1933», *in* Uwe Backes *et al.* (org.), *Die Schatten* der *Vergangenheit:* Impulse *zur Historisierung des Nationalsozialismus* (Frankfurt am Main, 1990), pp. 319-343.

Tooze, J. Adam, «Big Business and the Continuities of German History, 1900--1945», *in* Panikos Panayi (org.), *Weimar and Nazi Germany: Continuities* and *Discontinuities* (Londres, 2001), pp. 173-198.

Toury, Jacob, *Soziale und politische Geschichte der Juden in Deutschland 1847--1871: Zwischen Revolution, Reaktion und Emanzipation* (Düsseldorf, 1977).

Trevor-Roper, Hugh R., *The Last Days of Hitler* (Londres, 1947).

——, «The Mind of Adolf Hitler», *in* Hitler, *Hitler's Table-Talk,* pp. vii-xxxv.

Trotsky, Leon, *The History of the Russian Revolution* (3 vols., Londres, 1967 [1933-1934]).

Tuchel, Johannes, *Organisationsgeschichte und Funktion der «Inspektion der Konzentrationslager» 1933-1938* (Boppard, 1991).

Turner, Henry Ashby, Jr., *Gustav Stresemann and the Politics of the Weimar Republic* (Princeton, 1965 [1963]).

——, *German Big Business and the Rise of Hitler* (Nova Iorque, 1985).

——, *Hitler's Thirty Days to Power: January 1933* (Londres, 1996).

Tyrell, Albrecht (org.), *Führer befiehl...: Selbstzeugnisse aus der «Kampfzeit» der NSDAP* (Düsseldorf, 1969).

——, *Vom «Trommler» zum «Führer»: Der Wandel von Hitlers Selbsverständnis zwischen* 1919 *und 1924 und* die *Entwicklung der NSDAP* (Munique, 1975).

Ullrich, Volker, *Die nervöse Grossmacht 1871-1918: Aufstieg und Untergang des deutschen Kaiserreichs* (Frankfurt am Main, 1997).

——, *Der ruhelose Rebell: Karl Plättner 1893-1945. Eine Biographie* (Munique, 2000).

Usborne, Cornelie, *The Politics of the Body in Weimar Germany: Women's Reproductive Rights and Duties* (Londres, 1991).

Valtin, Jan (pseud.; i.e. Richard Krebs), *Out of the Night* (Londres, 1941, reimpresso com posfácio de Lyn Walsh *et al.,* Londres, 1988).
Verhey, Jeffrey, *The Spirit of 1914: Militarism, Myth and Mobilization in Germany* (Cambridge, 2000).
Vermeil, Edmond, *Germany in the Twentieth Century* (Nova Iorque, 1956).
Viereck, Peter, *Metapolitics: From the Romantics to Hitler* (Nova Iorque, 1941).
Vogelsang, Thilo (org.), «Neue Dokumente zur Geschichte der Reichswehr, 1930-1933», *VfZ* 2 (1954), pp. 397-436.
——, «Zur Politik Schleichers gegenüber der NSDAP 1932», *VfZ* 6 (1958), pp. 86-118.
——, «Hitlers Brief an Reichenau vom 4. Dezember 1932», *VfZ* 7 (1959), pp. 429-437.
——, *Reichswehr, Staat und NSDAP: Beiträge zur deutschen Geschichte* 1932-1933 (Estugarda, 1962).
Völkischer Beobachter 1933.
Volkov, Shulamit, «Antisemitism as a Cultural Code: Reflections on the History and Historiography of Antisemitism in Imperial Germany», *Year Book of the Leo Baeck Institute,* 23 (1978), pp. 25-46.
——, *Jüdisches Leben und Antisemitismus im* 19. *und* 20. *Jahrhundert* (Munique, 1990).
——, *Die Juden in Deutschland 1780- 1918* (Munique, 1994).
Vossische Zeitung 1933.

Wachsmann, Nikolaus, «Marching under the Swastika? Ernst Jünger and National Socialism, 1918-33», *Journal of Contemporary History,* 33 (1998), pp. 573-589.
——, «From Indefinite Confinement to Extermination: "Habitual Criminals" in the Third Reich», *in* Gellately e Stoltzfus (org.), *Social Outsiders,* pp. 165-191.
——, *Hitler's Prisons: Legal Terror in Nazi Germany* (a publicar, 2004).
——, *et al.,* «"Die soziale Prognose wird damit sehr trübe ...": Theodor Viernstein und die Kriminalbiologische Sammelstelle in Bayern», *in* Michael Farin (org.), *Polizeireport München 1799-1999* (Munique, 1999), pp. 250-287.
Wagner, Cosima, *Die Tagebücher* (org. Martin Gregor-Dellin e Dietrich Mack, Munique, 1977).
Wagner, Patrick, *Volksgemeinschaft ohne Verbrecher: Konzeptionen und Praxis der Kriminalpolizei in der Zeit der Weimarer Republik und des Nationalsozialismus* (Hamburgo, 1996).
——, *Hitlers Kriminalisten: Die deutsche Kriminalpolizei und der Nationalsozialismus* (Munique, 2002).
Waite, Robert G. L., *Vanguard of Nazism: The Free Corps Movement in* Postwar *Germany 1918-1923* (Cambridge, Mass., 1952).

Waldenfels, Ernst von, *Der Spion, der aus Deutschland kam: Das geheime Leben des Seemanns Richard Krebs* (Berlim, 2003).

Walter, Bruno, *Theme and Variations: An Autobiography* (Nova Iorque, 1966).

Walter, Dirk, *Antisemitische Kriminalität und Gewalt: Judenfeindschaft in der Weimarer Republik* (Bona, 1999).

Walworth, Arthur, *Wilson and his Peacemakers: American Diplomacy at the Paris Peace Conference, 1919* (Nova Iorque, 1986).

Watt, Donald Cameron, «Die bayerischen Bemühungen um Ausweisung Hitlers 1924», *VfZ* 6 (1958), pp. 270-280.

Watt, Richard M., *The Kings Depart: The German Revolution and the Treaty of Versailles 1918-19* (Londres, 1973 [1968]).

Webb, Steven B., *Hyperinflation and Stabilization in Weimar Germany* (Oxford, 1989).

Weber, Hermann, *Die Wandlung des deutschen Kommunismus: Die Stalinisierung der KPD in der Weimarer Republik* (2 vols., Frankfurt am Main, 1969).

Weber, Max, «Der Nationalstaat und die Volkswirtschaftspolitik», *in idem*, *Gesammelte politische Schriften* (3.ª ed., Tübingen, 1971).

Wehler, Hans-Ulrich, *Deutsche Gesellschaftsgeschichte,* II: *Von der Reformära bis zur industriellen und politischen «Deutschen Doppelrevolution» 1815--1845/49* (Munique, 1987).

——, *Deutsche Gesellschaftsgeschichte,* III: *Von der «Deutschen Doppelrevolution» bis zum Beginn des Ersten Weltkrieges 1849-1914* (Munique, 1995).

Weidenfeller, Gerhard, VDA: *Verein für das Deutschtum im Ausland: Allgemeiner Deutscher Schulverein (1881-1918). Ein Beitrag zur Geschichte des deutschen Nationalismus und Imperialisms im Kaiserreich* (Berna, 1976).

Weiland, Ruth, *Die Kinder der Arbeitslosen* (Eberswalde-Berlim, 1933).

Weindling, Paul, *Health, Race and German Politics between National Unification and Nazism 1870-1945* (Cambridge, 1989).

Weingart, Peter, *et al., Rasse, Blut und Gene: Geschichte der Eugenik und Rassenhygiene* in Deutschland (Frankfurt am Main, 1992 [1988]).

Weisbrod, Bernd, *Schwerindustie in der Weimarer Republik: Interessenpolitik zwischen Stabilisierung und Krise* (Wuppertal, 1978).

——, «The Crisis of German Unemployment Insurance in 1928/29 and its Political Repercussions», *in* Wolfgang J. Mommsen (org.), *The Emergence of the Welfare State in Britain and Germany, 1850-1950* (Londres, 1981), pp. 188-204.

——, «Industrial Crisis Strategy in the Great Depression», *in* Jürgen Freiherr von Krudener (org.), *Economic Crisis and Political Collapse: The Weimar Republic, 1924-1933* (Nova Iorque, 1990), pp. 45-62.

——, «Gewalt in der Politik: Zur politischen Kultur in Deutschland zwischen den beiden Weltkriegen», *Geschichte in Wissenschaft und Unterricht,* 43 (1992), pp. 391-404.

Weiss, Sheila F., *Race Hygiene and National Efficiency: The Eugenics of Wilhelm Schallmayer* (Berkeley, 1987).

——, «The Race Hygiene Movement in Germany, 1904-1945», *in* Mark B. Adams (org.), *The Wellborn Science: Eugenics in Germany, France, Brazil, and Russia* (Nova Iorque, 1990), pp. 8-68.

Weitz, Eric D., *Creating German Communism, 1890-1990: From Popular Protests to Socialist State* (Princeton, 1997).

Welch, David, «Propaganda and the German Cinema 1933-1945» (dissertação de doutoramento não publicada, Universidade de Londres, 1979).

——, *Germany, Propaganda and Total War, 1914-1978: The Sins of Omission.* (Londres, 2000).

——, *The Third Reich: Politics and Propaganda* (2.ª ed., Londres, 2002 [1993]).

Welt am Abend, Die, 1933.

Wendt, Bernd-Jürgen, *Deutschland 1933-1945: Das Dritte Reich. Handbuch zur Geschichte* (Hanôver, 1995).

Werner, Wolfram, «Zur Geschichte des Reichsministeriums fur Volksaufklärung und Propaganda und zur Überliererung», *in idem* (org.), *Findbücher zu Beständen des Bundesarchivs,* XV: *Reichsministerium für Volksaufklärung und Propaganda* (Coblença, 1979).

Wertheimer, Jack, *Unwelcome Strangers: East European Jews in Imperial Germany* (Nova Iorque, 1987).

West, Shearer, *The Visual Arts in Germany 1890-1936: Utopia and Despair* (Manchester, 2000).

Wette, Wolfram, *Gustav Noske: Eine politische Biographie* (Düsseldorf, 1987).

Wetzell, Richard F., *Inventing the Criminal: A History of German Criminology 1880-1945* (Chapel Hill, NC, 2000).

Whalen, Robert W., *Bitter Wounds: German Victims of the Great War, 1914-1939* (Ithaca, NY, 1984).

Wheeler-Bennett, John W., *Hindenburg: The Wooden Titan* (Londres, 1936).

——, *The Nemesis of Power: The German Army in Politics 1918-1945* (Londres, 1953).

Whiteside, Andrew G., *Austrian National Socialism before 1918* (Haia, 1962).

——, *The Socialism of Fools: Georg von Schönerer and Austrian Pan-Germanism* (Berkeley, 1975).

Whitford, Frank, *The Bauhaus* (Londres, 1984).

Wickert, Christl, *Helene Stöcker* 1869-1943: *Frauenrechtlerin, Sexualreformerin und Pazifistin. Eine Biographie* (Bona, 1991).

Widdig, Bernd, *Culture and Inflation in Weimar Germany* (Berkeley, 2001).

Wildt, Michael, «Violence against Jews in Germany, 1933-1939», *in* David Bankier (org.), *Probing the Depths of German Antisemitism: German Society and the Persecution of the Jews 1933-1941* (Jerusalém, 2000), pp. 181-209.

——, *Generation des Unbedingten: Das Führungskorps des Reichssicherheitshauptamtes* (Hamburgo, 2002).

William II, *My Memoirs 1878-1918* (Londres, 1922).

Wilson, Stephen, *Ideology and Experience: Antisemitism in France at the Time of the Dreyfus Affair* (Nova Iorque, 1982 [1980]).

Wingler, Hans, *The Bauhaus - Weimar, Dessau, Berlin, Chicago 1919-1944* (Cambridge, Mass., 1978).

Winkler, Heinrich August, «Die deutsche Gesellschaft der Weimarer Republik und der Antisemitismus», *in* Bernd Martin e Ernst Schulin (org.), *Die Juden als Minderheit in der Geschichte* (Munique, 1981), pp. 271-289.

——, *Von der Revolution zur Stabilisierung: Arbeiter und Arbeiterbewegung in der Weimarer Republik 1918 bis 1924* (Bona, 1984).

——, *Der Schein der Normalität: Arbeiter und Arbeiterbewegung in der Weimarer Republik 1924 bis 1930* (Bona, 1985).

——, *Der Weg in die Katastrophe: Arbeiter und Arbeiterbewegung in der Weimarer Republik 1930 bis 1933* (Bona, 1987).

——, *Weimar 1918-1933: Die Geschichte der ersten deutschen Demokratie* (Munique, 1999).

——, *Der lange Weg nach Westen, I: Deutsche Geschichte vom Ende des Alten Reiches bis zum Untergang der Weimarer Republik;* II: *Deutsche Geschichte vom «Dritten Reich» bis zur Wiedervereinigung* (Munique, 2000).

——, *The Long Shadow of the Reich: Weighing up German History* (The 2001 Annual Lecture of the German Historical Institute, London; Londres, 2002).

Wippermann, Wolfgang, «Friedrich Meineckes "Die deutsche Katastrophe": Ein Versuch zur deutschen Vergangenheitsbewältigung», *in* Michael Erbe (org.), *Friedrich Meinecke heute: Bericht über ein Gedenk-Colloquium zu seinem 25. Todestag am 5. und 6. April 1979* (Berlim, 1981), pp. 101-121.

Wirsching, Andreas, «"Stalinisierung" oder entideologisierte "Nischengesellschaft"? Alte Einsichten und neue Thesen zum Charakter der KPD in der Weimarer Republik», *VfZ* 45 (1997), pp. 449-466.

——, «"Man kann nur Boden germanisieren": Eine neue Quelle zu Hitlers Rede vor den Spitzen der Reichswehr am 3. Februar 1933», *VfZ* 49 (2001), pp. 516-550.

Witt, Peter-Christian, «Finanzpolitik als Verfassungs- und Gesellschaftspolitik: Überlegungen zur Finanzpolitik des Deutschen Reiches in den Jahren 1930 bis 1932», *Geschichte und Gesellschaft,* 8 (1982), pp. 387-414.

Wohlfeil, Rainer, «Heer und Republik», *in* Hans Meier-Welcker e Wolfgang von Groote (org.), *Handbuch zur deutschen Militärgeschichte 1648-1939,* VI (Frankfurt am Main, 1970), pp. 11-304.

Wolff, Charlotte, *Magnus Hirschfeld: A Portrait of a Pioneer in Sexology* (Londres, 1986).

Woltmann, Ludwig, *Politische Anthropologie* (org. Otto Reche, Leipzig, 1936 [1900]).

World Committee for the Victims of German Fascism (President Einstein) (org.), *The Brown Book of the Hitler Terror and the Burning of the Reichstag* (Londres, 1933).

Wortmann, Michael, «Baldur von Schirach: Student Leader, Hitler Youth Leader, *Gauleiter* in Vienna», *in* Smelser e Zitelmann (org.), *The Nazi Elite,* pp. 202-211.

Woycke, James, *Birth Control in Germany 1871-1933* (Londres, 1988).
Wright, Jonathan, *Gustav Stresemann: Weimar's Greatest Statesman* (Oxford, 2002).
Wulf, Josef, *Musik im Dritten Reich: Eine Dokumentation* (Gütersloh, 1963).
——, *Die Bildenden Künste im Dritten Reich: Eine Dokumentation* (Gütersloh, 1963).
——, *Literatur und Dichtung im Dritten Reich: Eine Dokumentation* (Gütersloh, 1963).
——, *Theater und Film im Dritten Reich: Eine Dokumentation* (Gütersloh, 1964).
——, *Presse und Funk im Dritten Reich: Eine Dokumentation* (Gütersloh, 1964).

Zalka, Siegfried, *Polizeigeschichte: Die Exekutive im Lichte der historischen Konfliktforschung. Untersuchungen über die Theorie und Praxis der preussischen Schutzpolizei in der Weimarer Republik zur Verhinderung und Bekämpfung innerer Unruhen* (Lübeck, 1979).
Zechlin, Egmont, *Die deutsche Politik und die Juden im Ersten Weltkrieg* (Gottingen, 1969).
Zeidler, Manfred, *Reichswehr und Rote Armee 1920-1933: Wege und Stationen einer ungewöhnlichen Zusammenarbeit* (Munique, 1993).
Zeller, Joachim, «"Wie Vieh wurden Hunderte zu Getriebenen und wie Vieh begraben": Fotodokumente aus dem deutschen Konzentrationslager in Swakopmund /Namibia 1904-1908», *Zeitschrift für Geschichtswissenschaft,* 49 (2001), pp. 226-243.
Zeman, Zbynek A, B., *Nazi Propaganda* (2.ª ed., Oxford, 1973 [1964]).
Ziemann, Benjamin, «Fahnenflucht im deutschen Heer 1914-1918», *Militärgeschichtliche Mitteilungen,* 55 (1996), pp. 93-130.
Zimmermann, Clemens, «Die Bücherverbrennung am 17. Mai 1933 in Heidelberg: Studenten und Politik am Ende der Weimarer Republik», *in* Joachim-Felix Leonhard (org.), *Bücherverbrennung: Zensur,* Verbot, *Vernichtung unter dem Nationalsozialismus in Heidelberg* (Heidelberg, 1983), pp. 55-84.
Zimmermann, Moshe, *Wilhelm Marr: The Patriarch of Anti-Semitism* (Nova Iorque, 1986).
Zimmermann, Peter, «Literatur im Dritten Reich», *in* Jan Berg *et al.* (org.), *Sozialgeschichte der deutschen Literatur von 1918 bis zur Gegenwart* (Frankfurt am Main, 1981), pp. 361-416.
Zitelmann, Rainer, *Hitler: The Policies of Seduction* (Londres, 1999 [1987]).
Zürn, Gaby, «"Von der Herbertstrasse nach Auschwitz"», *in* Angelika Ebbinghaus (org.), *Opfer und Täterinnen: Frauenbiographien des Nationalsozialismus* (Nördlingen, 1987), pp. 91-101.

Índice remissivo

Os números a negrito indicam mapas.

I.G. Farben, 160, 164, 506

Ministério dos Negócios Estrangeiros, 43, 347